대통령
수상
준대통령

국가의 권력구조

대통령 수상 준대통령

-국가의 권력구조-

최한수 지음

인간사랑

서문

이 책은 권력구조에 대한 핵심적 내용과 그 운영과정을 기술한 것이다. 국가의 권력구조는 3개의 기본 유형, 즉 대통령제, 의회제, 준대통령제로 구별된다. 대통령제는 미국, 의회제는 영국, 그리고 준대통령제는 프랑스의 권력구조에 각각 기원을 두고 있는데, 현존하는 모든 국가는 이 3개의 유형을 기본으로 하는 각각의 권력구조를 채택하여 운영하고 있다. 따라서 이 책의 기술내용도 미국의 대통령제와 영국의 의회제, 프랑스의 준대통령제를 중심으로 하고 있다.

권력구조는 정치체계의 기본으로 각 나라의 헌법에 규정된다. 따라서 각 나라의 정치체계를 이해하기 위해서는 그 나라의 권력구조를 먼저 이해해야 한다. 그러나 헌법에 규정된 권력구조는 국가수반, 정부수반 그리고 의회와의 제도적인 상호작용들만을 정해놓았을 뿐이다. 그러나 이들 간의 상호작용은 정치 엘리트의 행태 및 정당들의 활동과 선거결과들에 의해 헌법의 제도적 범위를 넘어선다. 따라서 권력구조에 대한 이해는 정치과정 그 자체에 대한 이해와 관련되어야 한다.

우리나라는 제헌 및 그 이후의 9차례에 걸친 헌법개정의 대부분이 권력구조에 관한 것이었다. 그러나 권력구조의 변화는 우리나라의 정치과정에 적합한 구조로의 발전보다는 특정 지배자나 정파 간의 권력게임을 배경으로 하였기 때문에 권력의 변화에 따라 기형적으로 달라져왔다.

현재의 권력구조는 80년대 후반의 민주화 과정에서 국민적 동의를 배경으로 각 정파 간에 합의를 통해서 마련된 것이다. 그러나 새로운 헌법도 그동안의 '권위주의' 구조에 대한 반제를 핵심으로 하고 있는 한계를 지니고 있기 때문에 이미 정치권을 중심으로 '개헌'이 새로운 정치과제로 제기되고 있다. 특히 지금까지의 권력구조 변화는 헌법을 토대로 하는 제도적 내용에 한정된 것이었다. 이것은 정원을 가꾸는 데 토양이나 돌, 물 그리고 다른 정원수를 고려하지 않고 특정 나무만을 바꾸는 것과 같다. 권력구조는 단순한 헌법의 문제가 아니라 정치과정의 문제인 것이다.

이 책은 우리나라의 이러한 사정을 감안하여 권력구조를 헌법규정의 제도적 측면뿐만 아니라 그 헌법의 운용과정에 관련되는 국가수반, 행정수반, 의회, 정당들 간의 행태 및 상호관계를 비교적으로 기술하고자 했다. 그러나 각 국가의 권력구조에 대한 기술이 필자의 관찰과정을 거친 분석적 기술이 아니라 관련국가의 권력구조에 관한 제한된 문헌을 중심으로 하다 보니 필자가 구명(究明)하고자 했던 목표에 많이 부족한 아쉬움을 갖는다.

그럼에도 권력구조의 중요성에 비해 이 분야의 저서가 많지 않을 뿐만 아니라 대부분이 법적인 제도를 중심으로 하고 있는 상황에서 이 책은 제도뿐만 아니라 과정론적 관점의 기술이라는 점에서 나름의 의미가 있다고 본다. 다만 필자의 불면함으로 부족한 점이 많을 것이다. 독자 제현들의 비판과 토론을 통해 보완될 수 있는 기회를 기대한다.

이 책을 쓰는 데 여러분의 도움을 받았다. 국회의 박희태 의원(전 한나라당 대표최고위원, 국회부의장)은 우리나라 권력구조의 문제에 관한 현실적 문제제기와 함께 이 책을 쓰는 데 연구비를 후원해 주셨다. 국회입법연구관 이현출 박사는 관련자료를 수집하고 내용을 구성하는 데 도움을 주었고, 건국대학교 법과대학의 홍완식 교수는 원고를 읽고 귀중한 코멘트를 해주었으며, 선거관리위원회에 재직하다 미국 미주리대학에 유학중인 문은영 양은 문헌정리에 도움을 주었고 편집진은 난삽한 원고를 잘 다듬어 주셨다. 또한 인간사랑의 여국동 사장은 기꺼이 이 책의 출판에 응해주셨다. 이분들의 성원과 후원이 없었다면 아마 이 정도의 졸저마저도 탄생하지 못했을 것이다. 마음 속으로부터 깊게 감사 드린다.

정해년 9월 건국대학교 상허관 연구실에서

해정(海井) 최한수

차례

서문 · 5

서론 · 21

Ⅰ. 주요 용어의 개념 · 21

1. 개념과 정의 · 21
2. 정치체계와 기능 · 25

1) 정치 · 25 2) 체계와 기능의 개념 · 29

Ⅱ. 민주정치와 독재정치 · 32

1. 민주정치체계 · 32

1) 민주주의와 민주정치 · 32 2) 자유민주주의 · 36

3) 민주정치의 현실과 과제 · 40

2. 입헌독재체계 · 46
3. 권위주의 독재체계 · 50

1) 권위주의 독재의 본질 · 50 2) 의사민주정치 · 55

3) 준독재 · 58 4) 관료적 권위주의 · 62

5) 군부정권 · 66 6) 1당 정권 · 71

4. 전체주의 독재체계 • 73
1) 본질과 기원 • 73 2) 전체주의의 고전적 이론 • 75
3) 전체주의 개념에 대한 일반적 비판 • 81

Ⅲ. 권력구조론 • 83
1. 권력구조의 개념 • 83
2. 권력구조의 분류와 유형 • 85
1) 분류 • 85 2) 유형 • 88 3) 권력구조의 발전 • 92

대통령제 • 95

Ⅰ. 대통령제의 개념과 기원 • 95
1. 대통령제의 개념 • 95
2. 대통령제의 기원 • 99

Ⅱ. 대통령제의 본질 • 105
1. 대통령제의 기준 • 106
1) 버니의 명제 • 106 2) 기타의 명제들 • 111

2. 대통령제의 특성 • 118

Ⅲ. 대통령의 선출과 임기 • 123

1. 대통령선거의 방법 • 123

1) 단순다수제 • 124 2) 절대다수제 • 125

3) 선거인단에 의한 선거 • 127

2. 당선자의 권력독점 • 129

3. 대통령의 임기 • 133

1) 임기의 고정성과 경직성 • 133 2) 대통령의 연임 • 138

3) 대통령직의 대행과 승계 • 143 4) 레임 덕 • 147

Ⅳ. 대통령의 탄핵 • 149

1. 탄핵의 개념 • 150

2. 탄핵사유 • 154

3. 탄핵의 정치적 함의 • 155

4. 탄핵배경 • 159

Ⅴ. 대통령의 지위와 리더십 • 165
1. 국민적 대표 • 166
2. 국민의 정신적 지도자 • 170
3. 국가적 비전의 제시자 • 172
4. 정당의 지도자 • 173

Ⅵ. 대통령의 권력 • 177
1. 대통령 권력의 특성 • 177
1) 헌정론 • 177 2) 책무론 • 178 3) 특권론 • 179
2. 대통령의 집행권 • 180
3. 대통령의 입법권 • 183
1) 법률안 발의권 • 184 2) 거부권 • 187
3) 긴급명령권 • 193 4) 국민투표권 • 197

Ⅶ. 한국 대통령제의 특성 • 199
1. 역대 대통령제의 특성 • 199
1) 비교의 대상과 방법 • 200
2) 역대 정권별 대통령제 부합성 • 204

2. 역대 공화국의 항목별 특성 • 207

1) 대통령 선출 • 207 2) 국회해산권 • 212

3) 의원의 각료겸임 • 213 4) 대통령의 총리임명권 • 213

5) 국회의 국무위원 불신임 • 214

3. 대통령의 입법권 • 216

1) 법률안 발의권 • 216 2) 거부권 • 217

3) 긴급명령권 • 218 4) 국민투표권 • 222

Ⅷ. 한국의 대통령 탄핵 • 225

1. 개요 • 225

2. 탄핵의 요인 • 226

1) 제도적인 권력균형 • 227 2) 탄핵안 처리의 제도 • 229

3) 국회의 당파적 세력균형 • 230

4) 대통령의 대중적 인기와 여론 • 231

5) 탄핵추진 정당(한나라당과 민주당)의 내부요인 • 233

6) 탄핵사유에 대한 정당성 • 235

7) 대통령의 리더십 • 236

3. 탄핵의 실패와 정치적 함의 • 237

Ⅸ. 대통령제의 평가 • 245
1. 민주성 • 245
2. 안정성 • 252
3. 우리나라 대통령제의 과제 • 255

의회제 • 259

Ⅰ. 의회제의 개념과 기원 • 259
1. 의회제의 개념 • 259
2. 의회제의 기원 • 263

Ⅱ. 의회제의 본질 • 271
1. 의회제의 기준 • 271
1) 버니의 명제 • 271
2. 의회제의 특성 • 276
1) 고전적 의회제 • 276 2) 현대적 의회제 • 279
3) 고전적 의회제와 현대적 의회제의 차이점 • 286
3. 의회제의 변화배경 • 291

Ⅲ. 정부의 유형 · 295
1. 정부의 본질과 유형 · 295
2. 다수정부 · 298
1) 1당다수정부 · 298 2) 연합다수정부 · 299
3. 소수정부 · 300
1) 1당소수정부 · 301 2) 연합소수정부 · 302

Ⅳ. 연합정부의 구성 · 304
1. 연합의 유형 · 304
1) 의회연합 · 305 2) 선거연합 · 306 3) 정부연합 · 309
2. 연합정부의 구성이론 · 311
3. 연합정부의 구성원칙 · 323
4. 연합정부의 구성과정 · 326
1) 제1단계 : 수상 후보의 선택 · 327
2) 제2단계 : 정당 간의 권력배분 · 328
3) 제3단계 : 수상의 인준 · 329

Ⅴ. 소수정부의 구성 · 331
1. 소수정부의 본질 · 331

2. 소수정부 구성배경 • 333
3. 소수정부의 존립배경 • 340

Ⅵ. 국가수반과 수상 • 346
1. 국가수반의 역할 • 346
1) 입법적 기능 • 347 2) 정부구성의 기능 • 348
2. 수상의 지위와 역할 • 349
1) 수상과 의회 • 352 2) 수상과 정당 • 354 3) 수상과 공중 • 356
4) 수상과 매스 미디어 • 357 5) 수상과 각료 및 관료 • 358
3. 수상의 대표성 • 359
4. 수상의 권력 • 360
1) 각료의 선임 • 360 2) 의회해산 • 362 3) 정책의 추진 • 367

Ⅶ. 정부의 종료와 안정성 • 370
1. 정부종료의 본질 • 371
2. 정부종료의 배경 • 376
1) 의회의 임기만료에 의한 종료 • 376 2) 의회의 임기중 종료 • 377
3) 정부종료의 실태 • 381 4) 소수정부의 종료실태 • 383

3. 정부의 안정성 • 385
1) 안정성의 본질 • 385 2) 정부의 안정성과 정당체계 • 388

Ⅷ. 의회제의 평가 • 400
1. 의회제의 순기능과 역기능 • 400
1) 순기능 • 400 2) 순 · 역의 양면적 기능 • 402
3) 역기능 • 406
2. 의회제의 조건 • 407
3. 우리나라의 적실성 • 408

준대통령제 • 411

Ⅰ. 준대통령제의 개념과 기원 • 411
1. 준대통령제의 개념 • 412
1) 개념의 연원 • 412 2) 준대통령제의 개념 • 421
2. 기원과 발전 • 424

II. 준대통령제의 본질 • 434
1. 준대통령제의 기준 • 434
2. 준대통령제의 특성 • 439
3. 준대통령제의 국가별 특성 • 443

III. 대통령의 선거와 권력 • 449
1. 대통령선거 • 449
1) 프랑스의 대통령선거 • 450 2) 핀란드의 대통령선거 • 453
2. 각국의 대통령 권력 • 454
1) 입법적 권력 • 457 2) 비입법적 권력 • 459
3. 프랑스 대통령의 권력 • 462
1) 입법적 권력 • 464 2) 비입법적 권력 • 467 3) 정치적 역할 • 471
4. 핀란드 대통령의 권력 • 474
1) 입법적 권력 • 475 2) 비입법적 권력 • 476

IV. 정부와 수상 • 481
1. 정부의 본질과 수상의 지위 • 481
2. 수상의 권력 • 483
1) 프랑스 수상의 권력 • 484

2) 프랑스의 대통령과 수상의 권력분할 • 487
3) 프랑스의 대통령과 수상의 관계 • 489
3. 핀란드의 정부와 수상 • 494

Ⅴ. 동거정부 • 496
1. 동거정부의 본질 • 496
1) 대통령제 정부 • 498 2) 의회제 정부 • 500
3) 준대통령제 정부 • 500
2. 프랑스 동거정부 • 503
1) 동거정부 제1기 • 509 2) 동거정부 제2기 • 512
3) 동거정부 제3기 • 514
3. 프랑스 정부형태의 특성 • 515

Ⅵ. 의회와 정부 • 524
1. 프랑스 의회의 특성 • 524
2. 프랑스의 의회와 정부의 관계 • 528
3. 프랑스의 헌법위원회 • 532
4. 핀란드의 의회 • 535

Ⅶ. 준대통령제의 평가 538
1. 순기능적 측면 • 539
2. 역기능적 측면 • 540
3. 우리나라의 적실성 • 541

참고문헌 • 545
색인 • 563

서론

Ⅰ. 주요 용어의 개념

1. 개념과 정의

학문은 물론 일상생활을 하는 데도 어느 분야든 가장 많이 등장하는 용어가 '개념'이다. 예를 들면 '정치의 개념', '사회의 개념', '과학의 개념' 등이다. 그런가 하면 "개념을 잘 잡아야 한다"는 말도 한다. 이러한 예들에서 '개념'이라는 용어는 무엇을 나타내는가?

개념을 가장 간단한 다른 용어로 나타내면 '상징'이다. 즉 개념은 어떤 사물이나 현상의 특성을 상징하는 내용이다. "개념을 잘 잡아야 한다"는 말은 곧 어떤 사물이나 현상의 특성을 상징적으로 가장 잘 묘사해야 한다는 것이다. 개념은 또한 어떤 사물이나 현상의 특성을 대표하는 내용이다. '과학의 개념'이라면 과학의 현상이나 특성에 관한 대표적인 내용의 기술이다.

사실적인 예를 들면 '소(cow)의 개념'이라고 표현할 때 '소'라는 단어는 하나의 개념을 갖는다든가 혹은 '소'가 하나의 개념을 나타낸다는 말이다. 즉 '소'는 '소'가 갖는 개념을 나타내는 '표시(label)'이며, 이 라벨로서의 '소'는 동물 가운데 가축의 일종으로서의 특성을 나타내는 개념을 함의하는 것이다. 이런 점에서 일반적으로 '소의 개념'이라는 표현을 사용하는데, 이 말은 '소'가 갖는 배타적 특성을 가리키는 것이다. 일반적으로 '소의 개념'이라는 형식으로 사용하는 외에 "'소'와 같은 개념들은 가축을 나타낸다"는 식으로 사용해 언뜻 보기에는 '소' 자체가 개념같이 보이지만 실은 이것은 '소의 개념'이란 의미로 사용되는 것이다.

개념은 관련되는 현상이 다양할수록 경험적 관련성으로부터 멀리 떨어지는데, 이를 추상성이 높다고 말한다. 예를 들면 '소'는 우리가 직접 목도할 수 있는 추상성의 수준이 낮은 개념을 갖지만 '동물'은 그 개념이 더 많은 현상에 적용되기 때문에 상대적으로 추상성이 높다. 소는 기껏해야 암소, 황소, 송아지 등 몇 종류로 한정되지만 동물은 야생동물과 가축동물이 있고, 가축동물 중에서도 소는 말, 개, 고양이 등 다양한 종류 속의 하나인 것이다.

'소'는 우리가 눈으로 보고 손으로 감지할 수 있는 감각의 대상이기 때문에 소의 개념을 언어나 문자로 쉽게 상징할 수 있다. 그러나 '정치', '민주주의' 또는 '집단안보' 등의 개념은 눈으로 보거나 손으로 만져서 알 수 있는 대상이 아니다. 정치와 관련되는 행동은 눈으로 보거나 직접 참여하는 경우가 있다는 점에서 감각의 대상이지만, 단순히 사고(思考)의 범주에서 맴돌기도 하는, 칸트가 제기한 감각에 대한 오성(悟性)에 해당되기도 한다. 이처럼 개념들은 감성과 오성의 모든 범주에 연계될 뿐만 아니라 그 범위에서도 매우 많은 현상과 관련되며, 범위가 넓을 수록 추상성이 높다고 말한다.

개념은 추상성의 수준이 낮을수록 우리가 오관을 통해 느낄 수 있다는 점에서 의사소통이 용이하고 확실하지만 이것이 반드시 좋은 것만은 아니다. 추상성이 높을수록 관련되는 현상과 그 현상들 가운데 유사성에 대한 가정과 상징이 더 많을 수 있기 때문이다. 그러나 너무 광범위하고 모호하면 분명한 의미를 전달할 수 없고, 많은 의미를 내포하면 결국 어떤 의미도 가질 수 없게 된다. '소'처럼 익숙한 단어는 이미 고정되었지만 사회과학 등에서 사용되는 추상적인 용어들은 사용자에 따라 각기 다른 내용으로 기술될 수 있다. 예를 들면 '체계'와 '제도', '구조' 등은 부분적으로 다른 의미를 갖지만 공통적으로 같은 내용도 담고 있기 때문에 사용자에 따라서 개념이 선택된다. 어떤 사람은 '정당체계'로, 다른 사람은 '정당제도'로 부르는 것은 이 때문이다. 이것은 같은 개념을 다른 단어로 부르는 것이다.

과학적 개념은 구별되는 독특한 내용을 가져야 하는 것처럼 구별되는 독특한 내용은 또한 구별되는 표시, 즉 독특한 단어로 상징되어야 한다. 과학적 개념이 동의어에 의해 구성된다면 그 개념은 독특성이 상실되고 사회적 실체에 관한 정확하고 엄격한 기술과 설명의 손상을 가져올 수 있다.[1] 따라서 개념은 어떤 공통적인 한정적 특성을 가질 수 있거나 혹은 한 개념은 다른 개념의 하부 짝(set)이 될 수 있지만 그들은 비슷한 내용을 가져서는 안 된다. 레디에이는 이론적 연구와 경험적 연구에서 사회적 개념들에 관한 기능과 요건을 아래와 같이 제시한다.[2]

[1] Valeri G. Ledyaev, *Power : A Conceptual Analysis*(Commack, New York : Nova Science Publishers, Inc. 1997), 31.
[2] *Ibid.*, 25.

1. 기본적 이론의 단위로, 현실세계에 관한 지식의 실질적 부분을 측정하고 전달하며,
2. 과학적 커뮤니케이션을 제공하고,
3. 학습을 돕는(heuristic) 기능과 함께 연구도구 및 과학적 발견 도구로써의 기능을 수행하며,
4. 이 기능을 수행하기 위해 개념의 내용에 관한 일련의 일반 원칙, 즉 논리적 구조와 실질적 유용성에 따라 정의되어야 한다.

전통적인 개념들은 오랜 기간을 거치면서 내용이 구체적으로 형성되거나 또는 시대에 따라 그 내용이 변화된다. 따라서 개념은 개념 및 이론의 틀 내에서 다른 용어와 정의적 연계를 갖도록 형성되어야 한다. 이 연계는 개념의 의미를 구체화하고 그들 사이의 유사성과 차이성을 도출하며 대규모 이론구조를 이해하는 데 도움이 된다. 개념형성은 또한 개념의 형식과 구조에 관련되며, 개념의 구조는 개념의 분명한 이해와 구별을 제공할 수 있어야 한다.

개념의 설명력과 실제적 유용성은 다르지만 실제적 유용성과 타당성은 개념의 경험적 중요성과 항상 결합된다. 모든 개념들이 직접 관찰 가능한 대상과 연계되는 것은 아니지만, 그들은 다른 개념과 논리적 관계 때문에 경험적으로 중요하다. 개념의 실질적 유용성은 그들의 학습적 유용성, 즉 과학적 탐구에서 (연구모델의 부분이나) 연구모델의 역할을 수행하는 능력에 좌우된다. 개념은 중요한 과학적 문제를 반영해야 하고, 그들의 해법에 기여해야 한다.[3] 사회적 개념은 기존의 축적된 지식과 진

[3] *Ibid.*, 31.

보된 연구모델과 연계되면 실제적으로 훨씬 더 유용하다.

개념이 유용하려면 정의되어야 한다. 정의는 단어의 의미가 아니라 사안의 본질을 지적하기 위해 고안된 것이다. 정의는 개념의 내용 가운데 다른 개념과 배타적인 핵심을 한정한 의미이다. 즉 정의는 어느 개념의 핵심적 내용이다. 따라서 개념이 갖는 다양한 내용의 핵심을 한정하는 것은 한정하는 자에 따라서 다를 수 있다. 결국 하나의 용어에 대한 개념이 다를 수 있는 것처럼 하나의 개념에 대한 정의도 다를 수 있는 것은 바로 이 때문이다. 예를 들면 다음에 토론할 정치와 민주주의의 다양한 개념과 다양한 정의가 제기되는 것은 바로 이 때문이다. 정의과정에서 유의되어야 할 점은 정의되는 개념이 정의에 다시 동원되지 않도록 해야 하는 것이다.

2. 정치체계와 기능

1) 정치

'정치(politic)'는 가장 오래되고 또 가장 빈번히 사용되고 있는 용어 중의 하나이다.[4] 그러나 정치의 개념이 무엇을 나타내는지에 관해서는 아직까지 합의되지 않은 모호한 상태이다. '정치'라는 단어는 원래 그리스어로 도시국가(city-state)를 의미하는 'polis'에서 유래되었다. polis는

4 정치의 개념에 관한 내용은 최한수, 『정치학연구방법론』(서울 : 대왕사, 1994)의 내용을 발췌한 것임.

'도시국가(city-state)'로 번역되지만 politics에 관한 그리스의 개념은 보다 정확하게는 사람들이 전체 공동체에 관한 문제들을 토론하고 공공 이익이나 공동선을 실현하려는 행동을 말했다.[5] 정치는 특히 그리스 철학자 플라톤(Plato : 427-347 B.C) 및 아리스토텔레스(Aristotle : 384-322 B.C)에 의해 정치현상을 대표하는 개념으로 발전되었는데, 당시 이들을 중심으로 한 아테네인들(Athenians)은 정치를 공공 이익(public interest)의 추구로 생각했다.

15-16세기 유럽에서 국가가 전문화되고 복잡해지면서 대규모 행정구조의 발전과 함께 정치는 '국가의 작용(the operation of the state)'으로 간주되었다. 1900년대에 들어서면서 정치학자들은 정치의 실체를 권력의 설명을 통해 찾으려는 시도를 하게 되었고, 미국의 메리암(Charles E. Merriam)과 그의 제자인 라스웰(Harld D. Lasswell), 그리고 달(Robert A. Dahl) 등이 대표적 학자이다. 라스웰은 그의 유명한 명제이기도 한『정치 : 누가 무엇을 언제, 어떻게 획득하는가에 관한 것(*Politics : Who Gets What, When, How*)』[6]에서 정치를 각기 이용 가능한 영향력의 획득으로 구체화시키고 있다. 즉 그에게 정치는 이러한 영향력을 얻는 과정이다. 여기에서 가치란 존경이나 수입, 안정 등 사회에서 요구되는 광범위한 대상들이며, 이러한 가치의 대부분은 엘리트가 획득하고 나머지는 대중들에게 돌아간다. 따라서 그의 명제에서 'who'는 권력을 갖거나 권력을 가질 수 있는 요소에 접근하는 자들, 즉 권력이나 기술 또는 어느 다른 영향력을 갖고 있는 사람들로서 바로 정치인을 가리킨다. 이들은 사회의 자원을 처분할 수 있는

5 Chares F. Andrain, *Political Life and Social Change*(Belmlont, Calif. : Duxbury Press, 1970), 8.

6 H. D. Lasswell, *Politics : Who Get What, When, How*(New York : Neridian Books, 1958).

결정을 내릴 수 있는 권한을 가지고 있는 사람들이다. 전통사회에서는 군주를 비롯해 귀족계급이 이런 부류였고, 그 신분은 세습적으로 유지되었다. 현대사회에서는 그 사회의 구성원들에 의해 임기제로 선출된다.

한편 달은 정치를 일반적으로 공권력, 즉 정부의 행위와 관련되는 통제, 영향력, 권력, 권위 등과 연계시켰다.[7] 이러한 관점은 이미 베버(Max Weber)로부터 제기되었는데, 정부 관리들의 입장에서 일정한 영토 내에서 물리적 강제의 위협이 상존하고 그것이 계속적으로 수행된다면 정치적이라고 할 수 있다는 것이다.[8]

현대 정치학자들은 정치생활의 결정적인 요소로써 법률적 지배나 강제적 권력, 또는 국가제도보다는 그 제도의 운영과정과 그 결과에 더 많은 관심을 갖는다. 그뿐만 아니라 그러한 국가의 여러 제도와 관련되는 사회제도, 더 나아가서는 그러한 구조에 관련되는 또 다른 제도나 구조, 그리고 시민에 이르기까지를 정치의 범주로 보고 관심을 갖는다. 이들은 정치를 사회 모든 분야에서 발견하려고 한다.[9] 이러한 관점에서 볼 때 정치생활은 사회체계(social system) 내에서 발생하는 일련의 상호작용 과정으로, 여기에는 사회의 구성원 또는 구성집단들 간의 갈등이 깔려 있으며, 그에 대한 조정이 필요하게 된다.[10]

7 R. A. Dahl, *Modern Political Analysis*(New York : Prentice-Hall, 1984), 9-10.

8 M. Weber, *The Theory of Social and Economics Organization*, trans. A. M. Henderson & Talcott Parsons(New York : Oxford Univ. Press, 1947), 145-154.

9 대표적 학자인 벤틀리(Arthur Bentley)는 정치과정의 특성을 발견하는 최선의 방법은 성문헌법이나 법률의 지배가 아니라 인간들의 실제적 생활에 나타나는 정치집단의 관찰에서 비롯된다는 점을 주장했다. Arthur Bentley, *The Process of Government*(Cambridge, Mass. : Balknap Press of Harvard Univ. Press, 1967).

10 이런 점에서 다이크(Dyke)는 정치를 공공 이슈(issue)에 대해 상충되는 요구를 추구하는 개인들 간의 투쟁으로 보았다. Van Dyke, *Political Science : A Philosophical Analysis*(Standford, Cal. : Standford Univ. Press, 1960), 134. 그런가 하면 정치를

이와 관련해 이스턴(David Easton)의 '가치의 권위적 배분'이라는 정의는 이 문제를 적절히 기술해 준다.[11] 이 정의에서 가치는 요구나 필요이고 권위는 사회의 구성원들에게 속박이나 의무감의 바탕이 되는 인식적인 문제이다. 그러나 이러한 인식의 기저에 주체가 있는 것은 물론이다. 그 주체는 추상적으로는 권력이다. 그리고 이 권력은 여러 규범과 제도를 바탕으로 사회구성원 모두에게 행사되는 힘이다. 가치의 배분은 결국 권력적 강제와 규범적 자율에 의해 이루어지게 된다. 물론 이스턴의 이러한 정의는 정치과정의 결과를 바탕으로 하는 인식적 기술이라는 한계를 갖는다.

정치가 어떻게 기술되더라도 결국은 국민을 배경으로 하는 대표들이 정책과 구속력 있는 결정을 다루고 그 결과를 집행하는 활동의 범주에 존재한다. 물론 여기에는 변화, 갈등, 협조가 내포된다. 정책결정에는 개인 및 집단들 간의 교섭과 협상 등의 과정을 밟게 된다. 정책결정은 국민들이 그 결정에 복종해야 한다고 느낄 때 구속력을 가지며, 복종은 국가가 강제력을 독점적으로 행사하는 경우와 구체적 보상이나 이익을 원하는 데에 연유한다. 이러한 측면에서 정치는 "사회적 자원을 통제할 수 있는 힘인 권력을 둘러싼 투쟁 및 권력을 통한 사회적 가치에 대한 갈등의 조정과 집합적인 결정(collective decisions)을 만드는 과정"이라고 정의할 수 있다.

개인들, 집단 및 국가들 간의 무혈적 갈등으로 보기도 한다. John C. Ponovan & Richard E. Morgan, *People Power and Politics*(Mass. : Addison-Wesley Publishing Co, 1981), 4.

[11] David Easton, "An Approach to the Analysis of Political System," *World Politics. 9* (1957), 383-400 ; *The Political System : An Inquiry in to the State of Political Science*, (New York : Alfred A. Knof, 1971), 129 ; *A Framework for Political Analysis*(Chicago : The Univ. of Chicago Press, 1979) 참조.

2) 체계와 기능의 개념

사회과학에서 '체계', '기능'이라는 용어가 빈번히 등장한다. 예를 들면 '정치체계', '정당체계', '대통령체계', '의회체계' 등이다. 이러한 용어들은 또한 '기능'이라는 단어와도 함께 쓰인다. '정치의 기능', '정당의 기능', '대통령제의 기능', '의회제의 기능' 등은 이를 잘 보여준다. 그렇다면 '체계'나 '기능'의 개념은 무엇인가?

정치현상을 기술하는 주요한 개념인 '체계(system)'는 어떤 사회현상들이 각각 구분되는 부분들로 구성되어 상호 의존관계에서 상호작용한다는 관점으로 보는 것이다. 즉, 체계는 그 안에 여러 구조들을 포함하며, 이 구조들은 나름의 구별되는 특성을 가지고 서로 상호작용을 통해서 어떤 결과를 가져오는 '구성부분들 간의 상호 의존관계'[12]이다. 따라서 정치체계는 정부나 국회, 정당 등 여러 기구와 시민사회 등의 각 부분들로 구성되어 이 구성체들이 상호 의존적 관계에서 상호작용하는 현상이라고 할 수 있다. 체계적 관점은 이러한 체계가 또 다시 하위체계(sub-system)를 이룬다고 보는데, 예를 들면 정치체계 안에는 정부, 의회, 정당, 군부 등 여러 부분들과 이러한 유기체적 속성 외에 여러 관습 및 제도 등도 나름의 기능을 수행한다는 점에서 체계라고 부르며, 역시 정치체계의 하위체계, 즉 정당체계, 선거체계 등을 구성한다.

이러한 구성부분들이 반드시 어떤 기구일 필요는 없다. 예를 들면 '선거체계'라면 선거구, 투표방식, 당선자 결정방식 등의 부분들과 그들의

12 G. A. Almond & Powell, Jr., eds., *Comparative Politics : A Developmental Approach* (Boston : Little, Brown and Co., 1966), 19.

상호작용을 상징한다. 이런 점에서 '체계' 라는 용어가 다른 단어와 함께 사용될 때, 예를 들면 정치체계, 정당체계, 의회체계 등으로 사용되는 경우 이것은 정치나 정당, 의회를 '체계적 개념의 관점' 에서 본다는 의미로서 사실상은 정치나 정당, 의회 그 자체를 가리킨다. '체계적 개념의 관점' 은 바로 구조기능주의자들의 관점으로서 이를 구조기능주의적 관점이라고 부른다.

구조기능주의자들이 사회현상이나 정치현상을 체계적 관점에서 보는 이유는 사회나 정치체계 등이 여러 부분들로 구성되어 구조를 이루며, 어떤 어떤 역할을 통한 결과의 산출, 즉 기능을 수행하고 있다고 인식하는 데서 비롯된다. 따라서 체계는 구조와 기능을 함의한다. 여기에서 구조는 공간에서 어떤 현상의 조직으로 어느 한 시점에서 현상의 모양이나 형태를 강조하는 '사진' 에 해당한다. 이런 구조는 또한 사회적으로 제도(institution), 기구(mechanism), 장치(arrangement) 등을 나타내며, 이러한 구조들이 수행하는 절차 및 이를 통해 나타나는 어떤 기능을 말한다. 이런 점에서 체계와 제도, 그리고 기구나 장치는 상호 교환적으로 사용될 수도 있는 용어들이다. 다만 추상성의 정도에서 다소 차이가 있다. 즉 체계보다는 구조가, 구조보다는 제도가, 제도보다는 기구, 그리고 기구보다는 장치가 더 경험적인 개념들의 실체에 접근한다. 이러한 개념들은 어떤 목적을 가지고 관습이나 법에 의해 이루어진 질서나 순서, 배열의 모습으로 추상성이 낮을수록 개념이 상징하는 대상의 윤곽은 명료해진다. 이러한 점에서 개념들의 정의는 추상상이 높은 개념을 추상성이 낮은 개념으로 의미를 한정함으로써 의미전달을 더 구체화할 수 있다.

체계나 구조와 관련되는 '기능' 은 목표와 관련해 이루어진 어떤 현상의 전개과정과 그 결과를 의미한다. 즉 기능은 어떤 구조가 목적을 수행하는 과정과 결과이다.

정치체계는 구조와 기능, 즉 목표와 과정 및 결과에 따라 다양한 유형으로 구분될 수 있다. 일반적으로는 정치구조와 과정의 민주성을 기준으로 민주정치체계와 권위주의 정치체계로 구별한다. 민주정치체계는 입헌주의를 구현하는 체계를 말하며, 예외적으로 입헌독재체계가 수반된다. 반면에 권위주의 체계는 독재체계로서 그 정도에 따라 권위주의 체계와 전체주의 체계, 그리고 군부독재체계 등으로 세분된다. 체계이론은 정치체계로 불리면서 정치현상의 중요한 기능과 그들의 상호작용 및 상호 의존성의 기능을 제시한다. 정권(political regime)은 이러한 기능들이 제도와 절차 및 그들의 특정 관계로 구조되고 유형화되는 특정 방식과 수단을 의미한다.[13] 모든 정권들은 그들이 수립한 제도를 통해서 이러한 기능들을 수행하기 위해 여러 다양한 시도를 한다.

13 Roy C. Macridis, *Modern Political Regimes : Patterns and Institutions*(Boston : Little, Brown and Company, 1986), 3.

Ⅱ. 민주정치와 독재정치

1. 민주정치체계

1) 민주주의와 민주정치

'민주주의'와 '민주정치', '자유민주주의'는 다른 개념을 갖는 다른 용어인 동시에 같은 개념을 갖는 다른 용어이기도 한다. 민주주의는 이념이나 사상적 측면에서 규범적으로, 그리고 민주정치와 자유민주주의는 정치과정에서 경험적으로 민주주의와 혼용되는 용어이다. 민주주의와 민주정치, 그리고 자유민주주의의 혼용은 심각한 개념적 혼란을 초래하게 된다. 세계에 얼마나 많은 민주주의의 유형이 있는지에 관해서는 정치학자와 관찰자들 사이에도 의견이 일치하지 않는다. 학자들이 약 150개의 연구문헌을 고찰한 결과 민주주의에 대한 하위 타입이 550개를 넘어 개념적 혼란이 극심한 실정이다.[14]

민주주의에 대한 명칭상의 어느 하위 타입은 단지 특정 제도적 특성이나 완전한 민주주의의 유형을 나타내지만 실은 많은 하위 타입은 민주주의의 축소된 형태를 나타낸다. 예를 들면 민주주의가 민주정치, 자유민주주의, 참여민주주의 그리고 폴리아키(polyarchy)에서 선거민주주

[14] D. Collier and S. Levitsky, "Democracy with Adjectives : Conceptual Innovation in Comparative Research," *World Politics 49*, No. 3(1997), 430–451.

의에 이르면 민주주의 개념은 '선거' 로 축소된다. 달(Robert A. Dahl)은 폴리아키라는 개념을 도입해 민주정치는 적어도 정치체계에 대해 요구하고, 표현하며, 정부의 대응으로부터의 모든 기회의 조건이 동등해야 하며, 이를 위해서는 결사, 표현, 자유롭고 공정한 선거에 대한 제도적 보장이 필요하다고 주장한다.[15] 오도넬(G. O'Donnel)은 슘페터니안의 선거주의가 갖는 오류를 배제하면서도 폴리아키 개념을 '선거의 제도화' 에 모은다.[16]

'민주주의' 의 개념은 다양하지만 핵심적으로는 두 가지를 함의한다. 하나는 인간의 자유와 평등을 의미한다. 민주주의가 이러한 의미로 사용되는 경우를 '규범적 개념' 이라고 한다. 즉 민주주의는 인간의 자유와 평등을 이상으로 이를 추구하는 이념인 동시에 사상이다. 그러나 민주주의의 규범적 개념이 함유하고 있는 '자유' 와 '평등' 은 상호 배타적 요소이기 때문에 이를 둘러싼 사상적 논쟁과 이념적 갈등은 인류의 역사와 함께 지금까지 이어지고 있으며 앞으로도 계속 이어질 과제이다. 규범적 민주주의는 이상과 목표의 당위성은 강조하지만 구체적인 실천적 방법을 제시하지 못하고 있기 때문에 경험적 민주주의가 필요하게 되었고, 여기에서는 이를 규범적 개념과 구별하기 위해 민주정치로 부른다.

경험적 개념으로서의 민주주의는 바로 민주정치이며, 이 경우 민주정치와 민주주의는 같은 의미로 혼용된다.[17] 따라서 민주정치는 민주주의의 규범적 개념을 구현하는 데 가장 적합한 정치체계의 특성에 관한 것

15 Robert A. Dahl, *Polyarchy : Participation and Opposition*(New Haven : Yale University Press, 1971), 3.

16 Guillermo O'Donnell, "Illusions about Consolidation," *Journal of Democracy* 7, No. 2(1996), 36.

17 이에 관해서는 최한수, 『자유와 평등』(서울 : 동명사, 2003)을 참조할 것.

으로서, 인간의 자유와 평등을 보장하는 데 현실적으로 최선이라고 상정되는 정치방식으로써의 '정치체계'를 의미한다. 결국 민주정치는 "각자가 유권자들로부터 표를 얻기 위한 경쟁적 투쟁의 수단을 통해 정치권력 획득의 정치적 결정에 도달하는 체계"[18]라는 슘페터(J. Schumpeter)의 정의에서 출발한다. 슘페터식의 정의는 서구 정치학자나 정치인, 그리고 관료들의 공통적 인식으로 자리 잡았다.

민주정치가 대의정치를 기본으로 할 수밖에 없는 상황에서 대표를 선출하는 선거는 민주정치의 출발이다. 아울러 대표의 선출은 대표의 교체를 포함하기 때문에 선거는 곧 시민들의 대표에 대한 통제이다. 그러나 시민들이 선거를 통해 대표를 선출하고 이 과정에서 대표의 교체 및 통제가 얼마나 효율적인지, 그것이 민주주의에 얼마나 합당한지는 상당한 의문을 갖는다. 이미 루소(J. J. Rousseau)는 "시민은 대표를 선출할 때만 주인이고 투표용지가 투표함에 떨어지는 순간 노예로 전락한다"고 갈파한 바 있다. 이런 점에서 슘페터식의 정의는 칼(Terry Karl)이 '선거주의의 오류'로 부르는 과실을 범할 위험이 있다.[19] 즉 여러 정당이 선거에 참여해 선거가 제대로 이루어진다고 할지라도 나름의 결점을 갖는다. 우선 민주정치체계의 다른 범위, 즉 권력경쟁이나 정권의 정당성 확보 등에서는 선거가 중요한 기능을 하면서도 많은 유권자들이 권력경쟁이나 이익증진 및 옹호에서 어느 정도 배제될 수밖에 없으며, 많은 분야의 정책결정이 선출된 공직자의 통제 밖에서 이루어지는 것을 무시하게 된다.[20]

18 Joseph Schumpeter, *Capitalism, Socialism, and Democracy*(New York : Harper, 1947), 269.

19 Larry Diamond, *Developing Democracy : Toward Consolidation*(Baltimore : The John Hopkins University Press, 1999), 9.

20 Terry Lynn Karl, "Imposing Consent? Electoralism Versus Democratization in El

민주주의의 선거적 개념, 즉 선거민주주의는 민주정치의 중요한 기준으로 입법부와 행정부의 공직자가 정규적이고 경쟁적이며 보통선거의 다당경쟁적 선거를 통해 충원되는 시민적인 입헌체계이다. 이 최소한의 개념은 학문과 정책에서 대중적으로 자리 잡고, 몇몇 학자와 이론가들에 의해 여러 수준으로 확대되고 명확해졌다.

다이아먼드(L. Diamond)는 선거를 통해 선택된 정부가 일반적으로 그렇지 않은 정부보다 더 나으며, 이런 정부는 책임, 반응, 평화 속에 예측 가능한 좋은 지배에 대한 최선의 전망을 가능하게 하고, 아울러 다음의 세 가지 관점에서 자유에 대한 도구라고 보았다. 즉 첫째, 자유롭고 공정한 선거는 본래부터 조직, 표현, 반대의 확실한 정치적 권리를 필요로 하며, 이러한 근본적인 정치적 권리는 광범위한 시민의 자유와 동떨어져서는 존재하기 어렵고, 둘째, 독자적으로 결정할 기회와 사람들이 스스로 선택한 법의 지배 하에서 살 기회를 최대화하고, 셋째, 도덕적 자율성과 시민 각자의 능력이 규범적 선택을 함으로써 가장 심오한 수준에서 자치가 가능하도록 한다는 것이다.[21]

그러나 선거민주주의는 '절차'에 지나치게 무게를 둔다. 민주정치가 결국은 인간의 자유와 평등을 구현하기 위한 방식이라면 절차도 이 문제와 직접 관련되어야 하는 것은 물론이다. 그럼에도 선거민주주의는 '이상'과 '방식'을 분리함으로써 형식과 절차주의가 가치와 내용을 덮어버리는 결과를 초래했다. 이러한 점에서 선거민주주의는 자유민주주의라

Salvador," Paul Drake and Eduardo Silva (eds.), *Elections and Democratization in Latin America, 1980–1985*(San Diego : Center for Iberian and Latin American Studies, Center for US/Mexican Studies, University of California at San Diego, 1986), 9–36.

21 L. Diamond, J. J. Linz, and S. M. Lipset, "What Makes for Democracy?" L. Diamond, J. J. Linz, and S. M. Lipset (eds.), *Politics in Developing Countries : Comparing Experiences with Democracy*(Boulder, Colo. : Lynne Rienner, 1995), 3.

는 상대적으로 가치지향적 개념을 발전시켰다. 선거민주주의 이론들은 가난하거나 소수인종, 지역적 소수집단들이 민주적 권리를 제대로 행사하지 못하며 정치적 억압과 소외를 당하고 있다는 점을 중시하지 못하는 단점을 갖는다.

그럼에도 민주정치체계는 인간의 자유와 평등을 최대로 구현할 수 있는 원리를 바탕으로 마련해 그 사회 절대다수 구성원들의 동의를 통해 정통성을 확보한 안정된 제도이다. 민주정치 수준의 향상은 공적인 토의 범위를 확대하고 역사적으로 무시되고 소외되어 온 집단에 대해 권력을 부여하게 된다. 또한 시민의 경쟁성과 정부의 반응성, 즉 민주주의의 깊이와 폭을 증대하는 개혁을 통해 대중의 지적 교양과 선출된 공직자의 정당성, 즉 지배능력을 증가시킬 것이다. 정치과정에서 시민경쟁과 참여의 증가는 사회생활의 다른 분야로 확대될 것이고, 자발적인 결사 및 공동체 네트워크의 참여와 같은 시민 약속은 신뢰성, 상호 이익, 그리고 협력의 촉진 및 냉소주의의 감소, 그리고 정치적 참여를 고취하며, 경제발전과 민주적 안정성, 사회발전을 용이하게 할 것이다.[22] 민주정치는 광범위한 자유와 실질적인 정권교체 및 정책의 선택이 가능하며, 약소집단들에게도 정치적인 조직과 동원이 가능하기 때문에 사회적 불의를 줄이고 잘못된 정책과 부패를 바로 잡는 최선의 장기적 전망을 제공한다.[23]

2) 자유민주주의

자유민주주의는 만연한 민주정치가 갖는 의사성(疑似性)을 배제하고

[22] L. Diamond, J. J. Linz, and S. M. Lipset, "What Makes for Democracy?" L. Diamond, J. J. Linz and S. M. Lipset (eds.), *op. cit.*, 18.
[23] Larry Diamond, *op. cit.*, 18.

보다 순수한 민주성을 강조하는 민주정치의 다른 용어이다. 따라서 민주정치보다는 자유민주주의가 더 민주적이라는 이미지를 제공한다. 자유민주주의는 형식적이고 중간적 개념인 선거주의적 개념의 극복을 전제하는데 아래와 같은 특성을 갖는다.[24] 첫째, 지배자는 유권자에게 직, 간접적으로 책임을 지되 이 책임은 우선 선거를 통한 피지배자에 대한 지배자의 수직적 책임 외에 공직자 상호 간의 수평적 책임도 포함된다. 이러한 책임은 권력행사를 제한하고 적법하고 신중한 절차와 과정을 담보한다. 둘째, 개인 및 집단의 자유는 물론 정치와 시민적 다원주의를 위한 강력한 규정을 확립함으로써 주기적 선거 외에 계속적인 이익의 표출과 대표의 과정을 통해서 경쟁적 이익과 가치들이 표현되고 실제로 경쟁될 수 있다. 이러한 자유민주주의는 구체적으로 아래와 같은 요소를 갖는다.[25]

1. 선출된 공직자가 헌법의 이론으로써 뿐만 아니라 실제로 국가의 통제 및 국가의 핵심적 결정과 배분을 좌우하고, 특히 군부는 시민이 선출한 공직자에게 복종한다.
2. 정부의 제도들(독립적 사법부, 의회, 수평적 책임을 갖는 다른 기관 등)의 자율적 권한에 의해 행정권이 법적으로, 실제적으로 통제된다.
3. 주요 야당에 대한 지지투표 및 정권교체의 가능성, 그리고 선거결과가 미확정적일 뿐만 아니라, 비록 선거가 초기단계이고 선거에 관한 규칙들이 군소정당들에게는 의석확보가 어렵게 되어 있다고 할지라도 어떤 집단이든 헌법의 원리를 고수하면 정당결성 및 선거

24 *Ibid.*, 10
25 *Ibid.*, 11–12.

경쟁에서 배제되지 않는다.

4. 문화, 인종, 종교 등과 관련하여 다른 소수집단이 정치과정에서 자신들의 이익을 표현하거나 그들의 언어를 말하거나 문화를 시현하는 것이(실제 또는 법률적으로) 금지되지 않는다.
5. 시민들이 정당 및 선거 외의 조직을 결성하고 가입할 자유를 가짐으로써 다양하고 독립적인 결사와 운동을 포함해 그들의 이익과 가치를 표현하고 대표할 다양하고 작동하는 통로를 가진다.
6. 시민들이 (정치적으로) 자유롭게 접근하는 (독립적) 매체를 포함해 대체정보원이 존재한다.
7. 개인들이 신념, 의견, 토론, 연설, 출판, 집회, 시위, 청원의 실질적 자유를 갖는다.
8. 시민들은 (정치적 자원에서 어느 정도 불평등 할지라도) 법 앞에 정치적으로 평등하다.
9. 독립적이고 차별적이지 않은 사법부에 의해 개인과 집단의 자유가 효과적으로 보호되고 사법부의 결정이 다른 권력의 중심부에 의해 수용되고 존중된다.
10. 국가뿐만 아니라 조직화된 비국가적 또는 반국가적 세력으로부터의 시민에 대한 부당한 감금, 망명, 테러, 고문 및 개인생활의 간섭에 대해 법이 보호한다.

이상의 10가지 조건이 구현되기 위해서는 합당한 헌법이 필요하다. 자유민주주의에서 모든 시민들은 진정한 법의 지배 하에서 정치 및 법적 평등을 누리며, 국가와 국가기관들도 스스로 법의 지배를 받는다. 자유와 다원주의의 기능은 '법의 지배'를 전제로 하는 것이다. 특히 헌법은 공동체의 정치제도를 한정하는 일단의 규칙이다. 그러나 모든 공동체, 심지어는 독재체계도 헌법을 갖고 있다. 따라서 헌법은 그 내용이 정의를 바탕으로 그 공동체 구성원의 절대다수가 자유로운 의사결정을 통해서 선택되어야 한다. 이 헌법이야말로 자유민주주의를 정당화하고 존재할 수 있는 바탕을 마련해 주는 기반이다. 이런 점에서 자유민주주의는 국민의 자발적 동의를 바탕으로 하는 헌법에 기초한 입헌주의이다. 민주정치는 바로 입헌주의로서, 개인의 자의에 의한 지배가 아니라 정당한 헌법에 의한 지배를 의미하는 것이다.

헌법은 정부를 안내하며 그 요점이 성문으로 구체화되어 나타나는 규범적 구조이다. 입헌주의는 또한 입헌국가인 동시에 정의의 국가로 국가가 법에 따라 예측 가능하게 활동하며, 선출된 정부의 공직자가 법을 위반하면 법정이 제재를 가하는 구조이다. 입헌국가의 정부는 바로 입헌정부로서 정부권력이 법률적으로 확실하게 규정되고, 규제적인 방식에서 행사되며 제한된다. 이러한 제한들은 실질적이거나 절차적인 것으로 묘사할 수 있다. 실질적인 제한은 정부가 어떤 일들을 할 권리를 부정하는 것이다. 예를 들면 국가에서 특정 종교를 국교로 인정하지 못하는 경우이다. 절차상의 제한은 정부가 어떤 일을 할 수 있지만 그것은 어떤 규정된 형태나 순서에 따라야 하는 것을 의미한다.

입헌정부의 헌법은 프랑스의 정치철학자 몽테스키외(Montesquieu, 1869-1755)의 권력분리사상을 바탕으로 하여 시민의 본질, 권리, 의무를 상정하면서 투표권, 공무담임권, 양심의 기본적인 자유, 통신, 이전 등의 자유를 명기하고 있으며, 제2차 세계대전 이후에 많은 헌법들은 복지, 안전, 노동의 '사회적 권리'에 관한 규정도 두고 있다. 그러나 헌법의 이러한 규정들은 실제 운용되는 과정에서 많은 변질이 초래된다. 헌법의 규정이 운영과정에서 어떻게 변질되었는가는 바로 민주성의 척도가 된다. 즉 실제의 규정은 민주적으로 이루어져 있으나 운용과정의 구조적인 비민주성은 입헌주주의의 겉과 속을 다르게 만든다. 특히 입헌민주정치를 표방하는 권위주의 정치체계에서는 형식적인 규정은 민주성이 높으나 사회 · 정치적 맥락에서 실제로는 그 의미가 구현되지 못하는 경우가 많다.

한편 입헌정부는 '효율성'에서 독재보다 못할 수 있다. 프리드리히(Carl J. Friedrich)는 이와 관련해 국가 및 민족건설이라는 광범위한 맥락에서 권력이 분리 및 제한되고 인권이 효과적으로 보장된 순수한 입헌정권 아래에서 국민적 통합이 달성될 수 있을지에 의심을 제기했다.[26] 그럼에도 입헌정부는 어느 특정 세력이나 개인에 의해 비민주적으로 전락되는 것을 막고 민주적 정치과정을 공고히 하며, 민주정치과정은 인간의 발전을 증진하고 사회의 구성원들에게 공유된 이익을 보호하며 증진하는 최고의 수단을 제공하는 것을 목표로 한다. 민주정부일수록 광범위한 시민에 더 반응하고, 표현, 조직, 정치적 선호에 대한 기회가 많을수록 정책결정에 대표될 가능성이 있는 선호와 이익의 수와 다양성이 증대한다.[27]

3) 민주정치의 현실과 과제

각 나라의 민주정치체계로의 이행, 즉 정치발전 과정을 보면 1974년까지 지상에는 약 40여 개의 민주체계 국가가 존재하였으며, 1970년대 말과 1980년대 초에 몇몇 국가가 권위주의체계에서 민주체계로 전환했

26 C. J. Friedrich, *Constitutional Government and Democracy*(Mass. : Ginn-Blaisd-ell, 1968), 166.

27 Robert A. Dahl, Polyarchy, *op. cit.*, 26.

고, 1980년대 중반 세계적으로 민주정치체계의 확산이 괄목할 만하게 이루어진 것으로 나타났다.[28] 즉 1995년 말에는 민주체계에 대한 평가기준에 따라 최대 117개 국가에서 최소 76개 국가가 여기에 달했다. 또한 1970년대 중엽에 남유럽에서 시작된 민주화 경향은 1970년대 말과 1980년대 초 남미의 군부정권으로 확산되기 시작해 1980년대 중엽과 말까지 동남 및 남아시아에 도달했고, 1980년대 말 동구와 구소련에서 공산주의자의 권위주의 지배로부터 전환의 동요가 나타났으며, 중앙아프리카에서도 민주체계로의 경향을 보였다.

최근의 민주화 경향은 1990년 남아프리카로 확산되었는데, 그해 2월에 국민협의회가 출범하고 만델라가 석방되었으며 남아프리카의 아프리카의회를 합법화했다. 1998년까지 아프리카 대륙에는 민주정치체계를 어떻게 평가하느냐에 따라 민주체계에 해당하는 국가가 최소 9개에서 최대 17개 국가에 이르렀다. 예를 들면 터키, 인도, 스리랑카, 콜롬비아, 러시아는 민주국가로 분류된다. 그러나 인도는 예외라고 해도 엄격한 자유민주주의 개념을 기준으로 하면 이 나라들은 민주국가 기준에 미달한다. 형식적으로는 민주국가라고 할지라도 인권침해가 광범위하게 이루어지고 있기 때문이다.

또한 민주정치에 대한 핵심이 무엇이든 선거가 항상 실시되는 것이 아니라 간헐적으로 실시되고, 특히 민주적 전환의 초기단계에서 시민들은 정당들이 제시하는 대안들 사이에서만 선택할 수밖에 없는 한계를 가지고 있다.[29] 그럼에도 한 나라가 민주적인가 아닌가에 대한 평가의 토대는 선거가 어떻게 실시되고 그 결과가 어떻게 이행되느냐 하는 점이

28 Larry Diamond, *op. cit.*, 1.
29 Philippe C. Schmitter and Terry Lynn Karl, "What Democracy Is … and Is Not," *Journal of Democracy 2*, No. 3 (1991), 78.

고, 이는 곧 정치발전과 관련된다.

또한 이러한 나라들이 민주정치체계라고 해서 정치구조와 과정이 동일한 것은 물론 아니다. 각 나라마다 서로 다른 제도와 과정을 갖는다. 우선 권력구조에서 대통령제와 의회제, 그리고 준대통령제 등 다양한 형태를 갖는다. 그리고 정치체계와 관련되는 각종 제도도 각기 다르다. 물론 이 나라들이 최고의 목표로 추구하는 것은 '자유', '평등'으로 동일하다. 그렇다면 왜 동일한 목표를 추구하면서 그 제도와 과정이 그렇게 다른가? 여기에는 역사 · 문화적 배경과 함께 그러한 제도를 선택할 때의 특수한 사정, 그리고 이 과정에서 그 나라의 엘리트와 대중들이 갖는 정치문화 등 복합적 요인들의 산물이다. 따라서 이 문제는 별도의 토론이 요구된다.

민주정치가 모든 국면에서 기회의 평등이 상당히 이루어진, 이른바 합당한 민주사회를 반드시 보장하거나[30] 독재정권보다 경제 및 행정적으로 더 효율적이고 더 질서 있으며 관리가 가능한 것은 아니다.[31] 다이아먼드도 민주정치에 관한 어떤 개념은 표현 및 결사의 기본적 자유를 분명하게 함의하지만, 다른 측면에서는 아직 시민권의 중대한 억압이 자행되며, 허점이 많고 불완전한 법의 지배 사이의 어느 곳에 위치한다고 주장한다.[32]

선거민주주의가 더 민주적, 즉 더 자유주의적이고 입헌적이며 더 높은 경쟁성, 책임성, 포괄성, 참여도를 가질 수 있는 것과 마찬가지로 부자유, 남용, 부패, 배제, 협소, 무반응, 무책임을 더 초래할 수 있으며, 자

30 J. J. Linz, *The Breakdown of Democratic Regimes : Crisis, Breakdown, and Reequilibration* (Baltimore : John Hopkins University Press, 1987), 97.

31 Philippe C. Schmitter and Terry Lynn Karl, *op. cit.*, 85-87.

32 Larry Diamond, *op. cit.*, 13.

유민주주의는 또한 정치적 책임성, 경쟁성, 반응성, 접근성의 수준에서 향상 또는 하강될 수 있다.[33] 따라서 일반적으로 민주화는 선한 일이고 민주정치는 최선의 정부형태이지만 민주정치가 만능이거나 완전한 축복은 아니다. 자유민주주의를 표방하는 이태리, 일본, 벨기에, 프랑스, 미국과 대부분의 산업화된 민주국가들도 부패, 정실, 권력에 대한 불평등한 접근, 유권자 무관심에 대한 외면과 냉소의 현상이 끊이지 않는다.

아리스토텔레스 시대로 거슬러 가면, 민주정치사상의 핵심적 형성자들은 최선의 실현 가능한 정부형태는 혼합정부나 입헌정부로서 이러한 정부에서는 자유가 법의 지배에 의해 억제되며, 특히 인민의 지배는 질서와 안정을 유지하는 국가제도에 의해 경감된다고 생각했다. 아리스토텔레스는 순수민주주의 상태에서 다수가 최고 권력을 갖고, 그들의 법령이 법을 대신하는 곳에서는 선동가가 나타나며, 민주주의는 폭정의 형태로 퇴보한다는 것을 보았다.[34]

자유민주주의는 경험적 측면에서도 개인의 자유 및 결사의 자유에 대한 보장에 심각한 결함을 가질 수도 있다. 모든 시민들이 대략의 동등한 정치자원을 갖고 정부가 완전하게 혹은 거의 완전하게 모든 시민들에게 반응하는 완전한 민주정치는 지금도 존재하지 않으며, 근대국가 어느 곳에서도 결코 존재하지 않았다. 민주주의가 향상되고 고무된다고 해서 사회가 직면한 모든 사회 및 경제적 문제가 해결되는 것도 아닐 것이다.

민주정치가 정치 엘리트의 지배를 제도화하고 자본가의 부의 축척이 정당화되는 제도를 바탕으로 하는 한 지배 엘리트의 순환이나 평등한 조건의 형성은 사실상 불가능하다. 특히 지배 엘리트와 자본의 결합을

33 L. Diamond, J. J. Linz, and S. M. Lipset, "What Makes for Democracy?" L. Diamond, J. J. Linz, and S. M. Lipset (eds.), *op. cit.*, 19.

34 *Ibid.*, 2.

바탕으로 민주정치가 소수를 위한 수단으로 전락한다면 지배계급과 피지배계급은 계속 레일 위를 달리게 될 수밖에 없을 것이다. 이것은 민주정치가 갖는 최대의 딜레마요 과제이다.

우리나라는 1980년대 후반 시민항쟁을 통해 제도적으로 민주정치체계의 도정에 들어섰고, 제6공화국의 출범과 함께 민주정치제도는 확립단계로 접어들었다. 군부의 유산 속에서 군부세력과 민주세력이 합의한 헌법이 마련되고 그에 따라 민주적인 선거가 실시되었다. 민주정치 시대에 들어서면서 실시된 선거는 자유로운 경쟁이 보장되었지만 야권의 분열로 군부정권 수립에 제2인자로 가담했던 노태우가 승리하는 아이러니를 낳았으나 국회는 야당이 다수를 점함으로써 노태우 정권은 소수정권으로 전락되었다.

노태우 정권과 민주세력의 한 축을 대표하는 야당의 지도자 김영삼이 통합하면서 한국의 지배그룹은 전통적인 민주 대 반민주, 혹은 군부 대 민간그룹의 대립구도에서 지역적으로 영남과 호남, 이념적으로 보수와 진보세력으로 재편되었다. 이러한 정치구도 속에서 민주세력을 대표하던 김영삼이 집권하면서 군부독재의 잔재를 청산하는 작업을 전개했다. 그러나 김영삼 정권은 독재의 반제로서 자유의 폭은 확대했으나 평등의 폭을 확장하는 적극적 정책은 보이지 않았다. 이어 집권한 김대중 정권은 서민대중에 대한 복지정책을 통해서 평등을 보완하려 했지만 IMF에 의한 경제침체로 가시적 성과를 내지 못했다.

김영삼, 김대중 정권을 통해서 다져온 민주주의 토대를 바탕으로 노무현 정권은 그간의 어느 정권보다 평등정책을 추구했다. 그러나 노무현 정권의 평등정책은 경제성장을 통해 파이(pie), 즉 총량을 키운 다음에 그를 통한 복지정책을 통해서 평등을 확대하는 정책이라기보다는 분배를 통해 평등을 실현하려는 인식을 주면서 자유주의자들로부터 사회주의적이라는 비판을 받았다. 노무현 정권의 평등추구정책은 극도의 경제불황 속에서 분배는 고사하고 복지마저 고갈되고 소수의 가진 자들은 물론이거니와 다수의 수혜대상자들도 불만을 갖는 하향평균의 역기능에 직면했다. 따라서 민주정치의 발전이 외형적인 민주주의의 발전으로 비칠 수는 있어도 정치체계의 민주성이 곧 민주주의를 담보하는 것은 아니며, 오히려 정부의 정책방향과 수행이 민주주의에 크게 영향을 미친다는 점을 보여준 것이다.

우리나라의 민주정치는 제도적 발전을 추구하는 과정에서 권위주의의 깊은 의식에서 완전히 빠져나오지 못한 채 과거의 의식과 이상적 제도의 엇박자로 파열음을 계속 내고 있다. 지배 엘리트들은 머리 속에 남아 있는 권위주의를 민주정치로 포장하고, 자본가들은 경제성장을 이유로 강자에게 절대적으로 유리한 시장주의적 경제운영 방식이 지속되기를 바란다. 그러나 시민사회는 한편으로는 자유주의와 시장주의 경제, 다른 한편으로는 사회주의적 경제를 내세운다. 그러나 공통적인 것은 과거의 권위주의와 관치경제의 의식에서 해방되지 못하고 있다는 점이다. 따라서 무엇보다도 중요한 것은 문화로써의 민주정치, 즉 의식으로부터 민주정치를 확립한 다음에 제도로써의 민주정치로 접근해야 한다는 점이다. 특히 제도로써의 민주정치에 대한 접근은 역시 각각의 정파와 사회의 이해집단들이 소아적 태도에서 벗어나 국가와 미래의 관점에서 접근해야 하는 것이다.

2. 입헌독재체계

민주정치는 기본적으로 시민 각자의 자유롭고 자발적 의사에 의해 지배양식이 결정되고 그 규칙에 따라 시민에 의해 공정하게 선출된 대표가 지배하는 구조이다. 이러한 구조는 안정된 사회적 여건에서는 제대로 기능할 수 있으나 전쟁이나 천재지변 등 혼란상황에서는 보완장치가 요구된다. 이러한 장치가 바로 입헌독재체계이다. 입헌독재체계는 보완장치로써의 대안적 정치체계로써 스스로를 민주정치체계로 위장하는 것이 아니라 명시적이고 공개적으로 독재체계를 표방하면서 국민들이 자발적으로 수용하며, 다른 독재체계와 달리 입헌독재로 부른다.

'입헌독재(constitutional dictatorship)'라는 말은 자가당착같이 보인다. 민주주의를 함의하는 입헌과 반민주주의의를 의미하는 독재의 결합이기 때문이다. 그러나 '독재(dictatorship)' 자체가 원래 우리가 오늘날 보는 것과 같이 완전한 반입헌적 의미를 준 것은 아니었다. 'dictatorship' 자체는 로마공화국의 초 · 중세의 입헌적 실제로부터 나왔으며, 의미론적으로 'dictator'는 라틴어 동사 dicere(to speak, or to say)와 관련된다. 따라서 'dictator'는 무엇이 하여지도록 말하는 사람이다. 이런 점에서 보면 독재의 역사적 개념은 입헌적 이외에 다른 것이 될 수 없기 때문에 '입헌적'으로 '독재'를 수식하는 것은 거의 중복되는 것이다.

입헌적 독재라는 말은 많은 예가 있을지라도 과장된 수식어로서, 미국을 포함한 모든 입헌국가에서 간헐적으로 사용하는 전체적인 긴급권과 절차에 대한 일반적인 기술적 용어이다. 입헌독재의 원리는 다음의 3가지 근본적 사실에서 이론적 근거를 찾는다.

1. 민주적 입헌국가의 복잡한 정부체계는 정상적이고 평화로운 조건에서 기능하도록 설계되어 있고, 종종 중대한 국가적 위기를 감당하기에는 불충분하다.
2. 민주적 입헌정부가 위기에 봉착할 때에는 위난을 극복하고 정상조건을 회복하기 위해서는 필요한 정도가 무엇이든 민주적 입헌정부가 일시적으로 변경되어야 한다. 변경은 정부가 더 많은 권한을 갖고 국민은 더 적은 권리를 갖는 것이다. 민주국가의 위기는 전쟁, 반란, 경제불황 등 3가지로 요약된다.
3. 어떤 예에서는 철저한 독재가 될 수도 있는 이 강력한 정부는 국가독립의 보전, 현존 헌정질서의 유지, 국민의 정치적 및 사회적 자유의 방어 이외에 다른 목적을 가질 수 없다.[35]

원래의 독재인 로마공화국의 독재는 어떤 중대한 비상상태에서 국가를 지배하도록 위임된 사람에게 법률적인 전제권력의 부여를 포함한다. 그러나 독재의 목표가 달성되면 곧바로 정규 권한으로 이 권력을 반환하고 정상적 시대의 정부를 회복한다. 로마에서는 외국과의 전쟁이나 시민반란 등에 의해 국가가 위험한 시기에 처하면 이러한 치명적인 위험을 보호하기 위해 한 사람의 독재자가 모든 필요한 조치를 취할 충분한 권력을 갖고 임명되었다. 그러나 로마 독재자의 권력의 위험은 두 가지 핵심적 방향에서 제한되었다.

[35] Clinton L. Rossiter, *Constitutional Dictatorship : Crisis Government in the Modern Democracies*(Westport Conn. : Greenwood Press, Publishers, 1948), 5-7.

1. 기간은 최대 6개월,
2. 범위는 개인적으로 로마 정체의 입헌구조를 바꿀 수 없다.

로마 독재는 입헌정부의 영원한 파괴가 아니라 오히려 정상적인 헌법 실천과정에서 일종의 임시조치였다. 이러한 로마 모델에 따른 입헌독재는 오늘날의 입헌정권도 다음과 같은 위기나 비상사태의 상황에 직면하면 입헌독재에 의존하도록 만든다.[36]

1. 외국과의 전쟁
2. 국내반란(내란)
3. 경기침체
4. 천재지변

외국과 전쟁을 하는 경우에는 국가의 강력한 통제가 필요하게 된다. 이것은 외국과의 전쟁이 국가 상황의 강력한 통제를 가져왔던 역사적 경험에서 분명해진다. 전쟁기간 처칠(W. Churchill)의 권력은 히틀러(Hitler) 시대의 권력에 비해 결코 적지 않은 독재적 권력이었고 의회는 정상적 역할을 할 수 없었다. 내란 진압은 종종 입헌독재에 의지하는 이유가 된다.

미국의 1930년대 대공항(Great Depression)과 같은 경제적 위기는 자유방임주의적인 미국 정부로 하여금 경제통제에 관해 비상대권을 갖고 경

[36] Mark N. Hagopian, *Regimes, Movements, and Ideologies*(New York : Longman, 1984), 42–43.

제개입의 방향으로 돌아서게 만들었다. 근대 산업사회에서 경제적 어려움은 외국과의 전쟁 또는 내전만큼이나 중요한 과제이다. 아울러 홍수나 지진과 같은 천재(天災)도 거대한 파괴적 잠재력을 갖고 있기 때문에 근대 정부는 비상한 방법으로 대처할 것이다.

한편 입헌독재는 실제적인 독재를 확립하기 위한 수단으로써 빈번히 사전에 시험적으로 사용된다. 따라서 우리는 조작된 위기와 실제적인 위기를 구별할 수 있어야 한다. 1979년 10월 박정희 대통령 피격사건이 일어나자 군부는 국가안보와 사회안정을 구실로 장기간 계엄통치를 실시하였다. 그러나 사회의 안정이 계엄으로 유지된 것은 아니었다. 오히려 민주화를 요구하는 시민들의 저항을 불러왔다. 이 과정에서 군부는 권력을 장악했던 것이다.

정부차원에서 입헌독재는 행정부에 권력이 집중됨을 의미한다. 입법부와 사법부는 그들의 정상적인 활동을 다소 포기하고 그들의 활동을 행정부에 넘기거나 기능을 일시 정지시킨다. 예를 들면 행정부가 명령에 의해 의회를 지배할 때 의회는 활동을 하지 않고 존재하거나 해산된다. 그리고 후에 행정부의 명령과 행위는 입법부 활동에 의해 추인되어야 한다. 마찬가지로 계엄령 하에서 정상적인 사법절차는 군 법령에 따른 체포와 재판에 의해 대체된다. 이렇게 대체된 상황의 결과는 시민의 삶과 활동에 대한 정부의 통제권이 증대되는 것이다.

입헌독재의 정당성은 일시적 수단이 가능한 한 빨리 입헌적 정상상태로 복귀한다는 데 있다. 행정부는 법령 제정권을 입법부에 환원하고 사법부는 그들의 자율권과 이전의 사법권을 회복하게 된다. 그리고 시민 및 각종 집단들은 정치적 통제에서 벗어나 과거와 같이 자유롭게 활동할 것이다. 입헌독재는 국민의 동의를 바탕으로 국민 전체에 닥친 난제를 극복하기 위해 일정기간 동안 국민 스스로가 자신들의 자유와 평등을 제한하는 것이다. 이것은 향후 더 확고한 자유와 평등을 위한 일시적 희생이다. 그러나 입헌독재는 결국 그 기간이라도 민주주의 정신과는 배치되는 것이기 때문에 철저한 사후 통제장치가 전제되어야 한다. 따라서 입헌독재는 민주정치체계의 기존 권력구조에 근본적인 변화를 가져오는 것이 아니라 일부 조항의 권한이 일시적으로 조정되는 것뿐이다.

입헌독재가 위장된 쿠데타로 독재의 결과를 가져오는 것을 제외한다고 해도 헌정상태로 완전하고 명확하게 복귀하는 것은 결코 기대될 수 없다. 이것은 바로 제도적인 균형이 얼마 동안 원래의 모습을 잃어 굴곡되고 남용되기 때문이다. 가장 활발하게 원상으로 되돌아가는 헌정 및 정치체계라도—원상회복이 아무리 바람직하게 이루어진다고 해도—그 당시의 유형으로 되돌아갈 수는 없다. 결국 홍수가 휩쓸고 간 자국처럼 입헌독재도 비록 권력의 일시적인 융합을 의미하지만 종료 후에도 원상태로 말끔히 분립되기는 어렵다는 점에 유의해야 한다.

3. 권위주의 독재체계

1) 권위주의 독재의 본질

'권위(authority)'는 라틴어 동사인 augere(augment : 증가하다)와 관련된다.[37] 권위의 가장 간결한 의미는 '도덕적 영향력'이다.[38] 그러나 권위

[37] Givanni Sartori, *The Theory of Democracy Revisited : Part 1*(Chatham, New Jersey : Chatham House Publishers, Inc., 1987), 186.
[38] *Ibid.*, 188.

주의는 다르다. '권위주의' 라는 용어는 1) 자유가 권위에 의해 제한되고, 2) 이 권위는 거의 제한 없이 자체적으로 행사되는 상황을 의미한다.[39] 정치체계와 관련한 용어로서 '권위주의' 는 파시즘에 의해 찬양하는 이름으로 주조되었다.[40] 이러한 점에서 오늘날 권위주의 정권이라는 용어는 약간의 혼란이 있을 수 있다. 왜냐하면 모든 정당한 정부는 권위를 가지고 또한 그것을 행사할 수 있기 때문이다. 그러나 '권위주의' 라는 용어는 권위에 대한 복종이 자유에 대치되는 뜻으로 많이 사용되고 있으며, 여기에 정권이 추가되어 '권위주의 정권' 으로 사용되면 권위가 행사되는 방법에 대해 거의 어떤 통제도 없는 비민주정권, 즉 독재정권을 가리키는 말로 사용된다.

독재정치는 유사한 개념들에 의해 종종 의미가 혼돈된다. 독재정치(autocracy)와 전제정치(tyranny), 권위주의(authoritarianism)에 관한 전통적인 정의들은 아주 유사하지만 차이가 있다. 권위주의는 정권의 본질과 정권의 관리구조에 대한 본질을 나타내는 데 반해 전자의 둘은 지배자의 본질을 나타낸다.[41] '권위주의' 라는 용어는 독재의 두 형태, 즉 군부나 정당독재에 모두 적용될 수 있지만, 실은 정부의 형태가 아니라 군부 또는 정당지배의 의미에서 정권의 형태만을 묘사하는 것이다. 그리고 정당지배의 경우에 그것은 전체주의나 권위주의, 혹은 공산주의나 파쇼주의 어느 것이 될 수 있다.

포괄적으로 독재정치는 일인의 지배자가 절대적인 집행권을 휘두르는 지배를 말한다. 독재정권은 권력을 제한하는 법률적인 규정이 확립

39 Leonard Schapiro, *Totalitarianism*(London : The Pall Mall Press, 1972), 39.
40 *Ibid.*, 189.
41 Amos Perlmutter, *Modern Authoritarianism : A Comparative Institutional Analysis*(New Haven : Yale University Press, 1981), 1.

되어 있지 않으며, 권력에 대한 책임성이나 질서 있는 승계도 이루어지지 않는다. 지배는 독단적이고 오직 힘에 의해 지탱될 뿐이다. 독재정권은 권력구조의 영속성과 제도화가 결핍되어 있다는 점에서, 그리고 매우 한정된 권위와 개인적 지도력에 의존하고 있다는 점에서 정치적으로 불완전하다. 전제정치도 법률에 의해 제도화된 왕의 지배가 아닌 독단적 정권이라는 점에서는 독재정치와 사실상 동의어지만 16–7세기의 고전적인 형태이다. 전제적 권위는 정복에 의해 확보되고 공포로 유지된다.

그러나 권위주의 독재, 특히 근대의 권위주의 독재는 비록 제한적이며 배타적이라 하더라도 정치 엘리트와 대중적 지지 및 정치적 동원에 의지하며, 무엇보다도 전문화된 정치구조와 제도들에 의존한다는 점에서 다른 독재와 구별된다.[42] 독재정치와 민주정치(입헌정치)를 크게 구분한다면 그 핵심적인 차이는 모든 입헌정권이 법에 의해 제한되어 있는, 즉 정부가 권력을 행사하는 데 실체적 규칙과 절차에 둘러싸여 있는 데 반해 독재는 법에 의해 동일한 방법이나 동일한 정도로 그렇게 되어 있지 않다는 것이다.

그러나 군주제나 전통적인 정부형태에는 독재의 개념을 적용하기 어려운 데 비해 권위주의 정권은 훨씬 광범위하게 적용될 수 있다. 특히 권위주의 정권의 예에는 족장제나 제사장제, 그리고 중세 군주제까지도 광범위하게 포함된다. 그러다 보니 일부의 권위주의 이론가들은 이러한 전근대적인 비민주정권을 배제하기 위해 '권위주의' 용어를 재정의하게 되었다. 재정의된 권위주의의 일부 정의는 비민주적 범주의 다른 형태와 너무 극단적인 차이가 있기 때문에 역시 배제된다.[43] 그렇지만 이론

42 *Ibid.*, 2.

43 예를 들면 린즈(Linz)는 권위주의에 대한 분석(1964)에서 전통적인 군주제뿐만 아니라 전체주의도 제외했다. J. J. Linz, "An authoritarian Regime : Spain," in E.

가들은 다양한 비민주정권과 정부형태를 어떻게 다룰지에 관한 문제로 인하여 곤혹스럽다.

예를 들면 군부정권에 대해 아렌트(H. Arent)[44]나 프리드리히(C. J. Friedrich)[45] 등은 전체주의 독재로 분류한다. 반면에 린즈(J. J. Linz)[46]는 군부정권을 권위주의 정권으로 분류하며, 아울러 정당독재를 권위주의 개념 속에 포함하고 전체주의 정권보다는 약한 독재로 분류해 탈전체주의 정당정권에 대한 분류문제를 해소했다. 전체주의로 분류하기에는 부적절해 보이는 1960년대, 특히 아프리카에서 발생한 많은 1당 독재정권을 비롯해 제3세계 정당독재들과 전체주의 국면을 넘어선 많은 권위주의 정권들은 권위주의 정권으로 불릴 수 있다. 린즈는 전체주의 정권들의 이념적 자극이 약화되고 동원 대신에 무관심이 늘어나며, 사유화가 확대되고, 관료와 관리자가 당으로부터 독립성을 확보해 가면 어떤 유형의 권위주의 정권과 배우 비슷하게 발전될 수 있다고 보았다.[47]

펄뮤터(A. Perlmutter)는 비민주정부의 전근대 형태를 배제하지 않고 모든 비민주적 체계는 권위주의적이라고 보았다. 그는 권위주의 관념에 대해 현대와 초기를 분명히 구별해 초기의 의미는 소수의 이름으로 소수에 의한 지배로, 근대의 권위주의는 다수의 이름으로 소수에 의한 지배로 구분했다.[48] 더욱이 권위주의 정권의 제도적 관점을 강조하면서 이것

Allardt and S. Rokkan(eds.), *Mass Politics*(New York : Free Press, 1970, 초판은 1964년), 269–70.

44 H. Arendt, *The Origins of Totalitarianism*(Cleveland and New York : Meridian, 1962, 초판은 1951년), 420.

45 C. J. Friedrich and Z. K. Brzezinski, *Totalitarian Dictatorship and Autocracy*(New York : Praeger, 1961, 초판은 1956), 279.

46 J. J. Linz, "A, authoritarian Regime : Spain," in E. Allardt and S. Rokkan(eds.), *op. cit.*, 267.

47 *Ibid.*, 281.

이 권위주의 정권의 정치적 행태와 역동성을 설명하는 가장 유용한 방식이라고 주장한다.[49] 한편 린즈는 권위주의의 개념을 권력의 행사, 조직화, 사회와의 연계방식에 초점을 모은다.[50] 권위주의는 정부(government)라기보다는 정권(regime)으로서 그 특성은 다음과 같이 요약될 수 있다.

1. 권위주의는 제한되지 않는 다원주의, 즉 제도화된 정치적 다원주의로서 민주주의에 상반되는 제한되고 반응하지 않는 정치적 다원주의이다.[51] 여기에서 제한은 1) 심각 또는 온건, 2) 법적 혹은 사실적, 3) 정당이나 정치집단 또는 이익집단에 대한 한정 등으로 구분될 수 있다. 그러나 중요한 점은 정권과 독립된 집단이 존재하며 어느 정도 정치적 영향력을 행사한다는 것이다. 하나의 극단적 예는 가톨릭 교회에 독립성과 영향력을 허용한 스페인의 프랑코 총독의 절대주의 정권이다.
2. 권위주의 정권은 정교하고 지도적인 '이념(Ideology)'이 부재하는 대신에 '정신성(mentalities)'이 존재한다.[52] 이것은 독일의 사회학자 가이게(Theodor Geige)의 구별에 의한 것인데, 이념은 지적으로 계발되고 조직화된 사고체계이며, 정신성은 이성보다는 감성적인 사고와 느낌의 방식이다.[53] 그렇다고 이것이 권위주의 정권에는 이념

48 A. Perlmutter, *Modern Authoritarianism : A Comparative Institutional Analysis*(New Haven : Yale University Press, 1981). *op. cit.*, ch. 2.
49 *Ibid.*, 62–63.
50 Juan J. Linz, *Totalitarian and Authoritarian Regimes*(Boulder, Colorado : Lynne Rienner Publishers, 2000), 160.
51 J. J. Linz, "An Authoritarian Regime : Spain," in E. Allardt and S. Rokkan (eds.), *op. cit.*, 255–6.
52 *Ibid.*, 255–8.
53 Juan J. Linz, *Totalitarian and Authoritarian Regimes, op. cit.*, 162.

이 존재하지 않는다는 것은 아니다.

3. 대부분의 권위주의 정권의 역사를 통해 볼 때 격렬하고 광범위한 '정치적 동원'은 존재하지 않는다.[54] 권위주의 정권에서 정치적 동원은 규칙이라기보다는 예외이다. 이 예외는 상당하고 매우 강렬한 대중 참여가 일어나는 동안 권위주의 정권 초기단계에서 발생한다. 그러나 그러한 정권의 발전단계에서도 그러한 동원은 나타날 수 있다. 특히 정권이 독재나 민주적 방향으로 더 이동하지 않으면 동원과 참여는 궁극적으로 확인하기가 어렵다.
4. 리더는 공식적으로 분명치 않은 한계 내에서 권력을 행사하지만 실제로는 아주 예측 가능하며,[55] 정권의 유일한 리더 혹은 여러 지도자들이 절대주의자로 보일 때라도 실제로 이 권력은 전체적으로 임의(discretionary) 또는 독단적 형식보다는 예측 가능한 한계 내에서 행사된다.

2) 의사민주정치(pseudodemocracy)

민주정치와 비민주정치, 그리고 독재는 그 구분이 모호한 경우가 있다. 어느 정권도 스스로 독재 또는 비민주정권이라고 규정하지 않고 대부분은 민주정치체계라고 주장하기 때문이다. 지구상에서 가장 혹독한 독재정치체계인 북한도 그 명칭부터 '조선민주주의 인민공화국'이다.

민주정치체계와 독재정치체계를 이분법적으로 구분하면 전자가 아닌

54 J. J. Linz, "An Authoritarian Regime : Spain," in E. Allardt and S. Rokkan (eds.), *op. cit.*, 255, 259.
55 *Ibid.*, 255.

경우는 후자에 속한다고 할 수 있다. 그러나 민주정치체계나 독재체계가 계량적 구분을 갖는 것이 아니라 주관적 기준의 정도 문제이기 때문에 그 경계를 긋기가 어렵다. 이를 아래의 〈도표 1〉과 같이 나타낼 수 있다.

〈도표 1〉 민주정치체계와 독재정치체계의 연속 모델

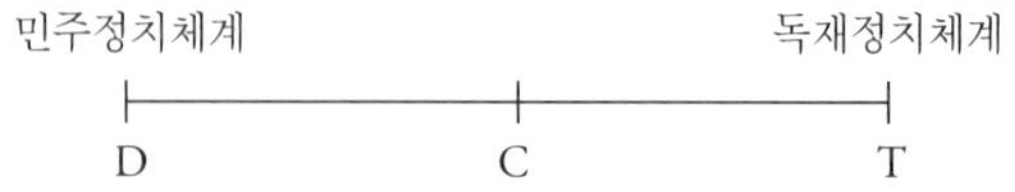

이상의 〈도표 1〉에서 민주정치체계는 D에서 출발해 T를 향한 어느 지점까지를, 그리고 독재체계는 그 반대의 경우를 나타낸다. 여기에서 D와 T 사이의 어느 영역은 민주정치체계로 분류하기에는 독재적 요소가 들어 있으며, 그렇다고 독재체계로 분류하기도 애매할 수 있다. 즉 민주성과 독재성이 혼재해 있는 경우이다. 그러나 어느 정권도 자신의 체계를 독재체계로 부르지는 않기 때문에 이러한 체계를 민주체계로 부르는 경우는 다이아먼드 등이 구분하는 의사민주체계일 수밖에 없다.[56] 이러한 의사민주체계는 구체적으로 비민주체계 또는 독재체계로서 위의 도표의 C지점을 중심으로 D와 T의 어느 부분이 포함되는 영역이다.

의사민주정치체계는 다당 및 선거민주주의를 충족하는 많은 입헌적 장치를 가졌으나 적어도 하나의 핵심적 요건, 즉 집권당이 권력에서 밀려날 수 있을 만큼의 충분한 공정경쟁이 결여된 정치체계를 말한다.[57] 이것은 다당의 선거경쟁과 같은 공식적인 민주정치제도의 존재가 권위주

56 Larry Diamond, *Developing Democracy, op. cit.*, 15 : L. Diamond, J. J. Linz, and S. M. Lipset, "What Makes for Democracy?" *op. cit.*, 8.

57 Larry Diamond, *Developing Democracy, op. cit.*, 15.

의 지배에 대한 실상(종종 부분적 정당성)에 가면을 씌우기 때문이다.[58]

의사민주체계에는 준민주정치(semidemocracy) 및 사르토리 용어로서 상대적으로 제도화된 집권당이 매체를 통제하고 합법적인 야당에게 공정하고 확실한 권력경쟁의 기회를 사실상 부정하는 '패권정당체계' [고전적 예로 멕시코(1988년까지), 세네갈, 싱가포르]뿐만 아니라 패권정당 정권을 넘어 집권당의 비민주적 지배가 약화되어(케냐에서처럼) 경쟁적이 되거나, 고도로 의인화되고 빈약하게 제도화되든가(카자흐스탄) 더 경쟁적 체계로 분해되는 과정에서 다당 선거체계의 경우도 포함된다.[59]

의사민주정치를 다른 비민주정치와 구별하는 것은 의사민주정치가 집권당에 대해 어느 정도는 실제적이고 독립적인 반대활동을 전개하는 합법적 야당을 허용한다는 측면을 고려하는 것이다. 전형적으로 이러한 정치적 관용은 대부분 억압적인 권위주의 정권에서는 불가능하며, 시민사회의 조직적인 다원주의 및 반대활동의 여지로 마련된다. 따라서 의사민주정치는 다른 권위주의 정권보다는 어느 정도 자유의 수준이 높은 경향이다. 그러한 관점에서 합법적 야당의 출현, 정권경쟁과 총선에서의 승리, 시민사회를 위한 보다 큰 공간은 이후의 민주적 발전을 위한 중요한 기반을 구성하게 된다. 결국 의사민주정치는 민주정치가 아니라는 점에서 준민주체계이다.

58 L. Diamond, J. J. Linz, and S. M. Lipset, "What Makes for Democracy?" *op. cit.*, 7.
59 Larry Diamond, *Developing Democracy*, *op. cit.*, 15–16.

3) 준독재

의사민주주의는 표면적으로는 비록 권위주의 정권으로 보이지는 않을지라도 다당의 선거경쟁과 같은 형식적인 민주적 정치제도를 통해서 권위주의 지배의 실상을 감추며, 국가가 강제권력을 빈번히 사용할 뿐만 아니라 만연한 선거부정은 야당에게 권력에 대한 실질적 경쟁기회를 부정하기 때문에 민주정치에는 훨씬 미치지 못한다. 이러한 체계에서 가장 의존하는 위장전략은 준경쟁적 선거이다. 따라서 준경쟁적 선거를 통한 의사민주정치는 '준경쟁적 선거독재'라고 할 수 있으며 '준(경쟁적)독재' 혹은 단순히 준독재로 표시할 수 있다. 이러한 준독재는 다당 준경쟁적 선거를 허용함으로써 민주적 신뢰성이나 선거의 정당성을 추구하는 데 훨씬 우월하다.

준경쟁적 선거는 정권의 통제를 받는 꼭두각시 야당들이 참여하는 들러리 다당 선거라고 해도 비경쟁적 선거처럼 야당의 경쟁이 완전히 봉쇄된 선거는 아니다. 준경쟁적 선거에서 집권당은 들러리가 아닌, 어느 정도 자율성을 가진 다른 정당과 득표경쟁을 한다. 그러나 준경쟁적 선거는 집권당에게는 특별한 혜택이지만 그외의 다른 정당에게는 장애가 되는 여러 방법으로 인해 야당이 승리할 가능성은 없다. 집권당에 부여되는 특별한 이점은 투개표 조작, 여러 형태의 선거부정, 매표, 기타 선거지원을 위한 정부자금에 의한 공공사업 등과 같은 선거의 '고객관계'이다. 야당에 대한 방해는 야당 지도자의 체포나 대중매체에 대한 접근 제한 등 다양하다.

준독재는 핵심적인 공직이 선거의 승리를 통해서 획득되는 것이 아니기 때문에 지배 엘리트는 선거결과와 관계없이 그들의 위치를 더 안전하게 할 수 있다. 예를 들면 어떤 의원은 선거를 통해 선출되는 것이 아니라 지명되고, 대통령은 입법부나 다른 선거인단에 의해 간접선거에 의해서만 선출된다. 그러나 공직자에 대해 간접선거나 임명은 상대적으로 선거경쟁의 폭을 줄이기 때문에 정권의 민주적 위장이 쉽게 노출될 수 있다.

준독재정치는 1910-1917년 혁명 후에 수립된 멕시코 정권을 들 수 있다. 멕시코의 경우 특히 1920-1930년대에 군부 쪽에서 책임을 맡았을 때는 정권의 민주적 위장이 확실하지 않았으나 1940년대에 권력이 민간과 공식 정당인 제도혁명당(PRI)에 이양된 후 1970년대의 정치개혁으로 경쟁적인 야당이 참여하게 되기까지 이런 현상은 강화되었다. 1970-1980년대의 니카라과의 산디니스타(sandinista), 파나마의 1970년대 이후 1981년까지의 군부지도자 토리조스(Torrijos) 정권과 이 이후 노리에가(Noriega) 지배, 과테말라와 엘살바도르의 군부지배 등도 이에 해당한다. 한국의 1970년대 유신정권도 이의 전형이다. 유신정권에서 대통령은 관제선거로 선출된 '통일주체국민회의 대의원'이라는 선거인단에 의해, 그리고 국회의원의 1/3은 사실상 대통령이 임명하는 체계였다.

준독재의 더 유명한 사례는 아르헨티나에서 페론(Peron)의 민주적 지배가 개인적 준독재로 전환된 것이다. 1944-1945년 군부정권에서 노동복지장관으로서 많은 시민의 지지를 받은 페론과 그의 지지자들은 1946년 실시된 민주적 대통령선거와 총선거에서 승리했다. 그러나 페론 대통령과 그의 정당은 그들의 정치적 운명을 통제되지 않은 민주주의의 예측불가능한 과정에 맡길 준비가 되어 있지 않았고, 몇 년 내에 아르헨티나의 민주주의는 준독재로 전환되었으며, 야당을 방해하고 페론주의 당을 보조하기 위한 교활한 비민주의적 조치들이 광범위하게 사용되었다.[60]

1960-1980년대의 브라질 군부지배도 준독재의 경우이다. 브라질의

준독재는 1965년 군부에 의해 제도화되었다. 대통령은 국민이 아닌 의회에서 선출되고 의회도 간접선거로 구성되었다. 군부는 모든 정당을 해산하고 창당요건으로 최소 상원 20석, 하원 120석을 기준으로 하였다. 이 조치로 민족혁신동맹이라는 공식 정당에 새로운 길을 열어준 반면, 여러 야당 정파에게는 스스로 1당을 형성하도록 하는 것 외에 어떤 선택도 가로막았다. 군부는 야당인 '브라질 민주운동(MDB)'이 분열되기를 기대했다. 1970년대 양당 준경쟁 선거체계는 반정부의 전환점을 마련했다. 1974년 대통령이 자유화 조치를 통해 언론검열의 완화 등 억압적인 조치를 완화하고 야당의 언론접촉을 해제함으로써 야당(MDB)의 지지율이 급상승했다. 아울러 선거과정은 확실하고 경쟁적인 구조로 변화되었고, 1982년 의회선거에서 야당의 승리, 1985년 대통령선거에서 민간인 당선 등으로 브라질의 준독재는 민주화로 향하게 되었다.

헌팅톤(S. P. Huntington)은 세계적인 민주화의 첫 두 물결, 즉 미국과 프랑스혁명에 뿌리를 둔 제1의 물결과 제2차 세계대전에서 출발한 제2의 물결은 각각 1922–1942과 1958–1975년에 시작된 '역의 물결'에 이끌려 다시 권위주의로 회귀했다고 지적한다.[61] 민주화와 권위주의의 순환적 유형은 남미의 군부개입과 지배에 대한 오랜 경험에 의한 지역적 기반에서 확인된다. 헌팅톤은 미래의 제3의 '역의 물결'에 관한 잠재적 이유와 아울러 재출현할 수 있는 권위주의 형태를 구별했다.[62] 즉 20세기 말에 주요 비민주적 정권의 정당성에 관한 이념적 자원이었던 마르크스–

60 P. Brooker, *Twentieth–Century Dictatorships : The Ideological One Party States*(Basingstoke : Macmillan, 1995), 175.

61 S. P. Huntington, *The Third Wave : Democratization in the Late Twentieth Century* (Norman : University of Oklahoma Press, 1991), 16–21, 290.

62 *Ibid.*, 292–94.

레닌주의는 불신을 받게 되었고, 민주적 규범을 전반적으로 수용한 민주정부가 과거보다는 정당성의 부담을 덜 갖지만 복지, 번영, 평등, 정의, 국내질서, 대외안보 등에 대한 계속되는 무능은 비록 민주정부일지라도 시간이 지나면서 정당성이 손상될 수 있다는 것이다. 대신 권위주의의 실패에 대한 기억은 희미해지고, 민주적 실패에 대한 분노는 점점 증가할 수 있으며, 아래와 같은 1920년대와 1960년대의 여러 권위주의 형태가 다시 출현할 수 있다는 것이다.

1. **권위주의적 민족주의** : 제3세계 국가들 및 동유럽에 익숙한 현상이 될 수 있다. 1989-1990년대 동유럽에서 혁명은 주로 반공 민주화 운동이었는가? 혹은 반소 민족주의 운동이었는가? 후자라면 동유럽에 권위주의적 민족주의 정권이 돌아올 수 있다.
2. **종교적 독재** : 종교적인 근본주의는 이란에서 가장 극적으로 전파되었다. 거의 모든 근본주의 운동은 그들이 정치참여를 특정 종교적 분파에게 한정한다는 점에서 반민주적이다.
3. **과두독재** : 과두독재는 민주화가 진전되면서 부유한 나라와 가난한 나라 모두에서 발전할 수 있다.
4. **공동독재** : 공동독재는 둘 이상의 인종이나 종교적 분파가 정치에 참여하는 민주주의에서 출연할 수 있으며, 북아일랜드, 남아프리카, 스리랑카 등에서처럼 한 집단이 사회 전체를 통제하려고 할 때 야기될 수 있다.
5. **인민독재** : 인민독재는 재산권이나 다른 특권형태의 민주주의의 보호에 대한 반응으로서 과거에 그들이 일어났던 것처럼 미래에 일어날 수 있다.

헌팅톤은 독재가 준독재의 준경쟁적 선거를 도입해 민주적 위장 뒤에 숨겨져 소생할 것이라고 예측한다. 이 민주적 위장 뒤에는 위에서 예견한 어떤 형태의 독재를 숨길 것이며, 이 위장은 이미 중앙아시아의 새로운 민족주의 정권, 이란의 종교독재, 말레이시아의 공동적 (인종)정권, 멕시코의 장기 지속적인 인민독재에 의해 이미 모습을 드러냈다는 것이다.

4) 관료적 권위주의

권위주의 정권의 한 유형으로 오도넬(O'Donnel)은 린즈의 권위주의 정의를 사용해 권위주의에 관료주의가 합쳐진 관료적 권위주의(bureaucratic authoritarianism) 이론을 발전시켰다.[63] 오도넬의 관료적 권위주의에서 '관료적' 이라는 기술은 정확히 자신 스스로의 설명이 아니라, 자노스(A. C. Janos)의 1930년대 동유럽의 비민주적 정부에 관한 최근의 분석으로부터 차용한 것이다. 자노스는 유고슬라비아와 헝가리, 루마니아, 폴란드에서 지배적인 정치계급을 형성한 공무원과 군부의 행정-군부 복합을 '관료' 라고 부르고, '관료' 라는 표현이 고도로 근대화된 권위주의 유형의 전형적 특징이라고 주장했다.

이 이론은 1960-1970년대에 남미의 브라질(1964), 아르헨티나(1966과 1976), 페루(1968), 칠레(1973),우루과이(1973) 등에서 군사 쿠데타를 통해 출현한 민중배제적 군부지배체계를 경험적인 준거로 발전시킨 이

63 Guillermo O'Donnell, *Modernization and Bureaucratic Authoritarianism : Studies in South American Politics*(Berkeley : University of California Press, 1979, 초판은 1973), 76, 91.

론으로, 단적으로 말하면 관료적 권위주의는 1964년에 브라질과 아르헨티나에서 정착된 정치체계이다. 여기에서 권위주의는 남미 정치체계들의 낮은 근대화 수준 및 비민주성을 함의하고 있으며, 관료주의는 사회부문들에서 조직능력의 성장, 정부의 포섭에 의한 통제전략, 기술관료들의 경력유형과 권력기반, 대규모 관료조직의 중추적 역할 등 근대화 수준이 높은 특징을 나타낸다.

관료적 권위주의 이론은 기본적으로 산업발전(공업화)과 민주화 사이에 높은 긍정적 관계가 있다는 립셋(S. M. Lipset)의 고전적 가설[64]에 대한 반제이다. 즉 브라질과 아르헨티나 등은 1930년대부터 추진된 수입대체 공업화 및 민중적 내수 확대정책은 정치 · 사회적으로는 민중부문의 활성화를 초래했으나 1960년대의 사태변화가 수출지향적 공업화로 나아가게 됨에 따라 민중부문의 배제가 요청되고, 이는 군부의 권위주의로 나아간다는 것이다.

관료적 권위주의의 발전과 기원, 목표 그리고 구조에 관한 범위에서 오도넬은 린즈의 권위주의에 관한 일반이론보다 더 논리적이고 체계적이며 다면화된 설명을 제시했다.[65] 오도넬의 이론은 정권의 특징적 형태—고도의 근대화 수준—에 훨씬 더 밀접히 연계되어 있고, 아울러 정

64 Seymour Martin Lipset, "Some Social ReQuisites of Democracy : Economic Development and Political Legitimacy," *American Political Science Review 53*(1959), 69-105.

65 이와 관련하여 린즈는 권위주의 정권의 하위 타입의 하나로 오도넬의 '관료적 권위주의 정권에' 군부를 포함한 관료적-군부 권위주의 정권모델을 기술했다. 이 모델은 관료나 군 장교에 의한 지배적인 연합이지만 이들이 독점적으로 통제하는 것은 아니다. 그리고 특정 이념과 관계없이 다른 집단을 지배하거나 포함하며 대중 단일정당의 창당이나 지배적인 역할은 하지 않고 관료적 정신성의 범위에서 실용적으로 행동하는 정권이다. Juan J. Linz, *Totalitarian and Authoritarian Regimes, op. cit.*, 184-208.

권의 기원에 관해 더 깊고 논리적인 설명을 제공한다. 그러므로 '관료적 권위주의'가 곧 정치학에서 가장 널리 알려진 개념의 하나가 되고 남미 비민주정부의 분석에 의해 가장 널리 사용되는 하나라는 것은 놀라운 일이 아니다.

이 개념은 거대한 공공 관료(군부와 공무원)와 사적 관료(기업)가 수행하는 핵심적 역할뿐만 아니라 전문 기술관료의 역할, 사회영역의 조직적인 세력, 그리고 소중한 보호(encapsulation), 즉 사회적 영역의 정치적 대표를 정부의존의 이익집단이나 또는 정당에 참여시키는 보호를 통해 사회적 영역을 통제하려는 정부의 시도도 포함한다.[66] 이러한 보호는 결국 민중영역을 정치적으로 배제하고 활동을 약화시키려는 정부의 기도와 연계된다. 정부는 이러한 영역의 조직적 기반을 제거해 순수한 정치적 요구를 더 이상 제기하지 못하도록 하고 정부가 지원하는 정당만 참여를 허용하거나 모든 선거활동을 억압함으로써 선거영역을 제거할 수도 있다.[67]

이 체계에는 고위 행정직들이 고도로 관료화된 조직들—군대, 공공 관료기관, 대규모 민간기업—안에서 성공적인 경력을 가진 사람들에 의해 독과점적으로 권력이 점유되며, 정치 및 경제적인 배제, 탈정치화 현상이 나타나고, 정치적 배제로 인해 시민권이 억압되며, 결국은 민주주의 제도를 파괴한다. 몇몇 소수의 민간 대기업체에 대한 과도한 특혜로 전체 사회의 자원이 불균등하게 분배됨으로써 기존의 불평등은 더욱 심

66 *Ibid.*, 51, 95.

67 A. C. Janos, "The One Party State and Social Mobilization : East Europe between the Wars," in S. P. Hunting and C. H. Moore (eds.), *Authoritarian Politics in Modern Society : Dynamics of Established One–Party Systems* (New York : Basic Books, 1970), 205.

화된다.

관료적 권위주의에 관한 관념은 남미의 신권위주의에 관한 조사연구를 위한 출발점이었지만,[68] 이에 관심 있는 모든 학자가 관료적 권위주의 모델, 특히 관료적 권위주의 모델의 경제적 관점을 받아들인 것은 아니다. 세라(Sera)는 베네수엘라와 콜롬비아는 관료적 권위주의가 필요 없이 국가의 생산을 국제화했고, 심지어는 오도넬의 연구대상이었던 브라질의 경제적 성공조차도 권위주의 정부가 필요했던 것은 아니라고 지적했다.[69] 카프만(R. R. Kaufman)도 오도넬의 브라질에 대한 경제적 성공에 비교할 만한 나라의 증거로 멕시코 사례와 관료적 권위주의의 필요가 없는 아르헨티나의 예를 들었다.[70] 1980년대 동안 그리고 1990년대로 들어서면서 관료적 권위주의 모델을 경시하거나 비판하는 글들이 증가했다. 예를 들면 개인지배적인 칠레의 피노체트(Pinochet)의 고도의 근대화 권위주의 정권과 같은 적용할 수 없는 사례가 나타났다.[71] 고도의 근대화 경제문제와 목표에 관한 분석도 경시되었다. 예를 들면 1970년대에 아르헨티나, 칠레, 우루과이에 수립된 고도의 근대화 권위주의 정권의 경제정책에 관한 분석은 이 나라들이 약간은 관료적 권위주의 경제모델의 특징을 공유하는 신보수주의적 정책을 집행했다고 주장했다.[72]

68 D. Collier (ed.), *The Authoritarianism in Latin America* (Princeton : Princeton University Press, 1979).

69 J. Sera, "Three Mistaken Theses Regarding the Connection Between Industrialization and Authoritarian Regimes," in D. Collier (ed.), *The Authoritarianism in Latin America* (Princeton : Princeton University Press, 1979).

70 R. R. Kaufman, "Industrial Change and Authoritarian Rule in Latin America : A Concrete Review of the Bureaucratic–Authoritarian Model," in D. Collier (ed.), *op. cit.*

71 K. L. Remmer, Neopatrimonialism : The Politics of Military Rule in Chile, 1973–1987, *Comparative Politics* 21, (1989), 2.

관료적 권위주의는 관료주의가 갖는 비민주성의 일면과 군부지배의 비민주성이라는 측면을 동시에 갖지만, 그렇다고 이것이 관료주의의 비민주성에 군부지배의 비민주성을 더해 양적으로 비민주성이 그만큼 강화되는 것은 물론 아니다. 관료주의가 비민주성을 가졌다는 것은 국민에 의해 선출된 대표가 공공 정책을 만들어야 한다는 대의민주주의 입장에서 볼 때, 비선출된 관료들이 공공 정책을 결정한다는 데서 비롯되는 것이다. 이런 점에서 오히려 군부지배보다는 민간관료가 지배에 가세되었다는 점에서 비민주성을 엷게 하는 희석용이 될 수도 있는 것이다. 관료적 권위주의는 그 토대가 군부라는 점에서 보통 군부정권에 포함시키는가 하면[73] 조합주의와 군부정권에 걸치기도 한다.[74] 그러나 군부정권은 그 나름의 독특한 독재정치체계이다.

5) 군부정권

군부정권은 군의 정치개입으로 비롯되며, 군의 정치개입 동기는 군부정권의 유형과 형태에 중요한 배경이 된다. 군의 정치개입은 가장 큰 정치적인 행위로써 원칙과 이익, 야망과 희생 등의 복잡한 요인들이 혼합된 것이다. 그러면 군이 왜 정치에 개입하는가? 그 요인은 다양하겠지만 다양한 나라의 다양한 배경을 가진 군인들의 동기를 이론화하는 데는 한계가 있을 수밖에 없다.[75]

72 H. E. Schamis, "Reconceptualizing Latin American Authoritarianism in the 1970s : From Bureaucratic-Authoritarianism to Neoconservatism," *Comparative Politics* 23, 2(1991), 209-10.

73 M. N. Hagopian, *op. cit.*, 128-130.

74 A. Perlmutter, *op. cit.*, 124-125.

75 예를 들면 아프리카 군부의 불만에 관한 최근의 연구는 "야망과 불만을 가진 장

쟈노위치(M. Janowitz)는 군부의 정치활동, 특히 제3세계의 군부정치에 특별히 영향력을 미치는 요인으로 과도한 민족주의(hypernationalism), 청교도주의(puritanism), 집산주의(collectivism), 반정치(antipolitics) 등 4가지를 든다.[76] 과도한 민족주의는 비정상적으로 확대된 민족주의로 민족적 단결, 국가건설, 그리고 심지어는 민족적 굴욕에 대한 복수의 관념이 군인들의 정신상태 속에 무겁게 나타나는 것이다. 민간정부를 공격하는 군부의 민족적 바탕은 대개 정부가 민족적 영광을 아주 열렬히 옹호하지 않는다든가, 외국이나 동맹국의 영향력 하에 들어간다든가, 또는 정부가 국내의 집단을 단결시키려는 노력을 하지 않는다든가, 또는 방위비 증액의 약속을 정부가 지키지 않는다는 등의 내용이다. 이런 또는 다른 이유들은 군부로 하여금 민간인 지도자들을 사실상 민족운명을 저버리는 배신자들로 판단하게 만든다. 이 경우 군부에게 나타나는 다음의 행동은 그들을 축출하고 그들의 자리를 차지하는 쿠데타이다.

청교도주의는 실질적인 정책보다는 생활양식과 더 관계되는데, 군인들은 호사스럽고 우쭐대는 것보다 엄격하고 강인한 생활방식에 더 가치를 부여한다. 군인들은 민간 정치지도자들의 고급생활과 부패를 보게 될 때 종종 경멸과 혐오를 느끼게 된다. 그들은 그러한 정치인들을 자신들 및 국가에 대해 모욕적이며, 나약하고 무기력한 것으로 생각한다. 그러한 기생충은 지배를 담당할 만한 가치가 없기 때문에 그들을 제거하는 것은 군인의 신성한 의무가 되는 것이다.

교들, 그리고 그들은 분열되고, 비구조적이며, 불안정한 정치체계에서 많은 자유와 넓은 행동반경을 가진 장교들의 개인적 동기에 관한 요인의 강조가 충분하지 않았다"고 지적한다. Samuel Decalo, *Coups and Army Rule in Africa*(New Haven : Yale University Press, 1976), 21.

76 M. Janowitz, *The Military in Political Development of New Nations*(Chicago : University of Chicago Press, 1967), 64–65.

집산주의는 일종의 '집산적 공기업'인 군부가 사회 · 정치 및 경제적 변화를 성취하기 위한 기반으로써 집산적인 공기업을 수용하는 것이다. 아프리카와 아랍의 몇몇 군부정권에서 모호한 '사회주의'가 유행하는 부분적인 속성은 바로 여기에서 기인할 것이다. 군부는 집산적 공기업이 가장 효과적인 조직이라고 생각하고 경제에 좋다고 결론짓는다. 더욱이 계획과 지시를 중앙기획위원회가 내리는 '지시경제'에 대한 구집산주의자 사고는 모든 강경노선을 가진 장교들의 꿈과 아주 잘 일치한다.

화이너(S. E. Flner)는 군부지배 형태를 군부의 장교가 국가의 대통령이나 행정수반으로서 정식으로 취임한 군사혁명위원회(junta)나 군사정부에 의한 공개적인 군부지배로 구분했다.[77] 군부의 직접 지배 하의 '준시민화된' 지배에서는 모든 시민제도들이 단지 군부에 종속되고 군부로부터 나오는 '시민의 올가미(trapping)'이다.[78] 반면에 군부의 영향과 견해에 대해 균형세력으로서 활동할 수 있는 적절한 '시민세력들'로서 정당이나 기타 조직화된 시민세력이 군부독재에 의해 발전된다. 군부지배는 막후에서 시민정부를 통제하는 간접형태를 취할 수 있다. 이 경우 제한적 간접지배 유형은 정부에 대한 군부의 통제가 단지 간헐적이고 제한된 목적을 확보하기 위한 것이고, 완전한 간접지배 유형은 군부가 민간정부의 모든 활동에 대해 지속적으로 통제하는 것이다.[79]

펄뮤터(A. Perlmutter)는 군부의 지배를 전제자(arbitrator)와 지배자(rule) 혹은 집정관(praetorian) 유형으로 분류하고 전제자 유형은 1) 현존 사회질

[77] S. E. Finer, *The Man on Horseback : The Role of the Military in Politics*, 2nd (Harmondsworth : Penguin, 1976), 149-51, 245-6.

[78] *Ibid.*, 159.

[79] *Ibid.*, 151-7.

서의 수용, 2) 분쟁이 해결된 후에 병영에 기꺼이 복귀, 3) 독립된 정치조직의 부재와 군부지배의 극대화에 대한 열망의 결여 등의 특징을 가지며, 지배자 혹은 집정관 유형은 1) 현존 질서 및 정통성에 대한 도전의 거부, 2) 시민지배에 대한 신뢰성 및 병영복귀에 대한 기대감 부재, 3) 정치조직의 존재와 군부지배 극대화 경향의 특징으로 구별했다.[80] 그는 또한 군부정권의 또 다른 유형으로 '당-군부(party-army)' 정권을 들었는데, 이 유형의 구조적 특성은 군부에 의해 조직 혹은 관리되든 정당이 출현한다는 것이다.[81]

한편 래파포트(D. Rappaport)는 군부사회의 특성을 다음과 같은 4가지로 구분하였다.[82] 즉 1) 정부의 형태와 기능에 관한 합의가 아주 약하다. 입헌주의는 근본적인 문제에 어떤 합의를 가정하는 반면에, 군부사회는 '게임의 규칙'에 대한 합의가 없을 뿐만 아니라 합의를 한다고 해도 그것을 준수하지 않는다. 2) 부(富)와 권력에 대한 무방비 상태의 투쟁이 존재하며, 어떤 의미에서 모든 정치는 이런 일들을 위한 투쟁인데, 군부사회는 특히 무자비하다. 즉 제어력이 없다. 3) 소수의 거부들은 마르크스의 자본주의 마지막 단계에 대한 시나리오를 회상시키는 측면에서 빈곤으로 고통받는 대중들에 직면한다. 4) 전체적으로 정통성은 매우 낮고 불안정성은 매우 높기 때문에 정치 및 행정구조들은 제도화의 수준이 빈약하다. 낮은 공공 도덕으로 인해 부패와 금전에 의한 매수가 정치생활의 목적이요 수단인 것처럼 보인다.

80 H. Arendt, *The Or,gins of Totalitarianism*(New York : Meridian, 1964, 첫판은 1951년) 104-8.

81 *Ibid.*, 145-7.

82 D. Rappaport, "A Comparative Theory of Military and Political Types," in S. P. Huntington(ed.), *Changeinge Patterns of Military Politics*(New York : Free Press, 1970), 20.

헌팅톤은 군부사회의 유형을 정치참여의 수준에 따라 과두적, 중산계급적, 대중 집정관주의 등 3가지로 분류했다. 과두적 군부사회는 대중의 정치화가 거의 제로(0)상태일 때, 중산계급 군부사회는 대중의 정치화가 중간 정도일 때, 그리고 대중적 집정관주의는 대중의 정치화가 높을 때이다.

과두적 집정관주의에서 정치적으로 적절한 공중은 전통적인 명사들-귀족, 고위 성직자, 상-중류계급, 대지주, 고위 관료들에 한정된다. 대중의 정치활동은 거의 나타나지 않고, 비록 나타난다고 해도 단명하게 폭동, 반란 및 그와 유사한 형태를 취한다. 이러한 상황에서 군부 쿠데타는 장기적인 정책의 변화보다는 지배집단의 변경에 목적을 둔다. 군부의 목표는 권력, 돈, 승진, 더 좋은 조건 등으로 한정되어 있다. 전통적인 19세기 남미나 20세기 중동의 군부 쿠데타는 이러한 시나리오를 드러내 보인다.[83]

과두적 정권의 중산계급적 정권으로의 전환은 중간급 장교들의 개혁 쿠데타나 약진으로부터 비롯된다. 과두적 정권을 붕괴시킨 장교들은 민족통합과 발전, 사회 및 경제개혁, 어느 정도의 정치참여 확대의 성취에 목표를 둔 개혁 프로그램을 가지고 권력을 획득한다. 새로운 정부는 토지개혁, 교육, 공공 사업 등 사회적 변화를 질서 있게 추진하지만 구질서를 완전히 변화시키지는 못한다. 개혁과 확대된 참여에도 불구하고 중산계급 집정관주의는 계속되는 군부 쿠데타에 시달린다. 이러한 쿠데타 중에는 구체계로 회귀가 불가능한 단계까지 개혁을 추진하기 위한 것과 이러한 변화에 대한 제동의 시도가 얽혀 있다.[84]

83 S. P. Huntington, *Political Order in Changing Societies*(New Haven : Yale University Press, 1968), 199–201.

84 S. P. Huntington, "Patterns of Violence in World Politics," in S. P. Huntington (ed.),

대중적 집정관주의는 보편화된 정치화와 함께 상대적으로 근대화되고 도시화된 사회에서 보여진다. 고전적인 사례는 1955년 아르헨티나에서 페론이 군부를 축출한 것이다. 페론은 하위계급의 지지를 받고 있었으며, 대부분의 군부 실력자들과 상반된 입장이었고, '타당주의(justicalism)' 부류의 이념을 신봉하였다. 그의 선동적 정치유형과 개혁은 아르헨티나 군부에게는 도저히 감당하기 어려운 것이었다. 페론의 추방이후 아르헨티나는 입헌정부와 또 다른 군부 쿠데타와의 사이에서 다소간의 동요가 있었다. 1970년대 초 노령의 페론은 선거에 의한 대통령으로 권좌에 복귀하였다. 그는 곧 사망하고 그의 미망인이 권력을 승계하였으나 그녀 역시 또 다른 군부 쿠데타에 의해 권력으로부터 물러났다.

헌팅톤의 분류유형과 군부의 정치적 역할에 대한 서술은 주로 남미의 경험을 바탕으로 한 것으로서 널리 적용되지는 않는다. 그 자신도 세계의 다른 지역은 매우 다른 정치적 역사를 가졌다는 것과 남미와 아프리카 상황은 아주 다르다는 것도 인정했다.[85] 그러나 그의 분석이 갖는 이러한 약점에도 불구하고 집정관주의에 대한 개념과 서술은 군부지배의 연구에 중요한 기여를 했다.

6) 1당 정권

군부정권 외에 권위주의 독재의 또 다른 중요한 유형은 1당 정권이다. 여기에서의 1당은 정당의 수적인 의미보다 정당의 활동과 세력을 의미

Changing Patterns of Military Politics, op. cit., 36.
85 *Ibid.*, 199–200.

한다. 즉 군소 위성정당이 있지만 그것은 화장하는 데 필요한 분가루일 뿐이고, 실제 기능하는 정당은 하나로서 과거 이태리 무솔리니 정권 하의 파쇼당이 대표적이다. 1당 정권은 이념, 중앙집권, 당–국가와의 관계, 진실한 입헌주의의 자취 및 다른 분야에서 현저한 차이점을 갖고 있다.

헌팅톤은 일당체계를 하나의 유효한 정당만 존재하고 다른 정당은 존재할지라도 어떤 일의 과정에서 거의 효력을 가지 못하는 정치체계로 정의하고 1당 체계의 하위 타입으로 1) 혁명적 1당 체계, 2) 독점적(exclusionary) 1당 체계, 3) 확립된 1당 정권 등으로 구별했다.[86] 혁명적 1당 체계는 전체주의 체계나 아프리카 및 다른 제3세계 1당 국가가 해당된다. 이런 정당은 이념(사회주의, 공산주의, 파시즘—모든 이념은 보통 민족주의가 가미된다)이 확산되고 실행되기를 희망하기 때문에 강력한 조직을 발전시킨다. 당의 조직은 고도로 중앙집권적이며 규율은 엄격하다.

독점적 1당 체계는 양분된 사회에서 정치적으로 종속된 부분의 정치적 활동을 억압하고 제한하려는 유형으로 권위주의 이론과 매우 관련이 깊다. 라이베리아, 남아프리카, 북아일랜드, 터키의 케마 정권, 중국과 대만의 국민당 등이다. 확립된 1당 정권은 양분된 사회의 쟁점에 봉착하지 않으며, 혁명적 특성보다는 행정적이다. 당의 동원된 대중 참여나 목표를 수립하고 정책을 결정하는 데 이념의 중요성은 감소한다. 또한 대중의 참여보다는 기존 집단의 지도자들과의 연계를 확립하는 데 더 관심을 갖는다. 혁명적 1당이 동원 정당으로 변화지향적이라면 확립된 1당은 다원정당으로 안정을 지지한다.

86 S. P. Huntington, "Social and Institutional Dynamics of One–Party systems," in S. P. Huntington and C. H. Moore(eds.), *Authoritarian Politics in Modern Society : The Dynamics of Established One Party System*(New York : Basic Books, 1970), 5.

4. 전체주의 독재체계

1) 본질과 기원

정권으로서의 전체주의는 전체주의 독재, 전체주의 지배, 전체주의 국가 등 여러 가지로 불린다. 전체주의에 관한 문헌은 광대하고, 복잡하며, 아주 논쟁적이고, 50년 이상 거슬러 뻗쳐 있다. '전체주의'라는 용어는 이태리 파시스트의 이념에 관한 부분으로 무솔리니(Mussolini)가 의회의 잔존 반대세력을 공격하면서 '파시스트의 강렬한 전체주의적 의지'라는 표현을 사용하면서 '국가 내에서 전부, 국가 외에서 전무, 국가에 대한 반대의 전무'와 같이 함축적으로 묘사되었다.

이 용어는 제2차 세계대전 기간에 세 급진적인 독재정치체계, 즉 이태리 파시즘, 독일 국가사회주의, 소련의 스탈린주의에 적용되었다. 전체주의는 우선 이념적으로 상충되는 두 국가, 즉 나치 독일과 러시아의 이념적 차이를 넘어 구조적 동질성을 강조하는 점에서 중요한 표시가 되었다. 이 두 체계에서 전체주의라는 용어는 무솔리니가 자랑하였으나 결코 이루지는 못한 '개인의 모든 행동에 대한 전체적 통제'를 정확히 묘사하는 것으로 생각되었다.[87] 그러나 1950년대에 전체주의는 서구 정치학에서 현저한 개념으로 재출현했고, 파시스트 정권은 물론 공산주의 정권을 묘사하는 데 사용되었다. 즉 전체주의는 제1차 세계대전 이후 정

87 William S. Allen, "Totalitarianism : The Concept and The Reality," in Ernest A. Menze (ed.), *Totalitarianism Reconsidered*(New York : National University Publications Kennikat Press, 1981), 98.

치적 용어와 이론적인 개념으로 확립되었고, 이론가들은 이 용어를 이어받아 모든 함의에 관해 탐구했다.

전체주의 독재의 개념은 40년 과정을 거쳐 공산주의 독재는 물론 파시스트 독재의 분석에 중요한 도구가 되었다. 독재의 비교연구라는 관점에서 보면 '전체주의 지배'에 관한 개념의 발전은 코헨(Hans Kohn)이 처음 적용했고, 이어 미국의 사회 및 정치학자들에 의해 스탈린 체계로 이어졌다.[88] 제2차 세계대전 이전까지 미국인들은 이 단어를 파시스트 이태리 또는 나치 독일, 그리고 소련에 적용했다. 제2차 세계대전 이후 이 용어는 광범위하고 무분별하게 사용되면서 부정확해졌으나 다양한 정권에 적용되었는데, 예를 들면 소련, 독일, 이태리뿐만 아니라 그들을 모방하거나 유사한 정권들, 즉 1949년 이후의 중국과 쿠바, 동구의 인민주의 국가에 사용되었다.

대부분의 전체주의 정의는 완전한 중앙집권, 정치사회 및 지적 생활 모든 분야의 획일적 통제에 의한 지배모델로서 근대 독재를 기술한다. 전체주의는 대의민주주의의 다원체계를 거부하지만 동시에 인민의 지배, 인민의 민주적 합의와 일치에 관한 고도의 상태를 스스로 잘 나타낸다.[89]

이처럼 전체주의에 대한 개념이 다양한 상황에서 '전체주의적' 정권의 특징을 분석해 보려는 돋보이는 시도는 1951년 아렌트(Arendt),[90] 1954

88 Hans Kohn, "Communist and Fascist Dictatorship : A Comparative Study," in, Guy Stanton Ford(ed.), *Dictatorship in the Modern World*(Minneapolis : University of Minnesota Press, 1939) 참조.

89 Karl Dietrich Bracher, "The Disputed Concept of Totalitarianism," in Ernest A. Menze(ed.), *Totalitarianism Reconsidered*(New York : National University Publications Kennikat Press, 1981), 15.

90 H. Arendt, *op. cit.*

년 프리드리히(Carl J. Friedrich)와 브레진스키(Zbigniew K. Brzezinski)[91]의 저작에서 나타난다. 사실 전체주의에 관한 이론이나 개념들은 여러 해 동안 비민주적 정권의 연구에 대한 가장 역동적인 접근방식이었다. 그러나 1960년대 이후부터 전체주의에 관한 관념이 유용성에서 가치를 잃었다는 의견들이 점증하게 되었다. 그리고 샤피로(Schapiro)와 같은 제2세대의 저작에도 불구하고 전체주의에 관한 관념은 1950–1960년대에 지녔던 저명성을 회복하지 못하고 있다.

2) 전체주의의 고전적 이론

(1) 아렌트의 이론

아렌트는 전체주의를 새롭고 극단적인 독재형태로 묘사했다. 그녀는 전체주의 독재의 예로써 히틀러의 나치 정권과 스탈린의 공산정권만을 들었는데, 더 정확히 말하면 전체주의 정권은 독일에서 히틀러의 나치독재가 1938년에서 1945년에 존재했고, 소련에서는 1929년 이후 공산주의 독재가 존재했으며, 제2차 세계대전 이후 동유럽에서 새롭게 수립된 공산주의 정권은 소련에 바탕을 둔 공산주의 운동의 확산에 불과하다는 것이다.[92] 그녀는 전체주의가 대중을 인종의 이름으로 조직했건 혹은 계급의 이름으로 조직했건 실제로는 차이가 없다고 선언하고, 우익 나치나 좌

91 C. J. Friedrich and Zbigniew Brzezinski, *Totalitarian Dictatorship and Autocracy* (New York : Praeger, 1956) 이 책은 많은 비판을 받아왔다. 이 비판의 일부는 1965년 Friedrich 혼자 낸 개정판에 담겨 있다. 여기에서는 초판의 강한 관심으로 인해 초판을 중심으로 토론되고 있다.

92 H. Arendt, *op. cit.*, 10, 308, 419.

익 공산주의, 그리고 전체주의 사이의 이념적 · 정책적 차이를 경시했다.[93] 아렌트의 전체주의 이론의 특성중의 하나는 전체주의가 '각각의, 그리고 모든 생활국면에서 각 개인 혼자의 항구적 지배'와 '지상의 전체 인구에 대한 총체적 지배'를 추구한다는 것이다.[94]

아렌트는 전체주의 정권은 전체주의 운동의 대중조직으로부터 발생하며, 대중(mass)의 주요한 특성은 사회의 원자화와 극단적 개인주의화를 경험하는 인민의 의미에서 정상적인 사회관계의 결핍에 의해 창조된 사회적으로 고립된 무리로 보았다.[95] 이런 사람들은 정상적인 정당을 지지하는 사회적이고 덜 개인주의적인 사람보다 전체주의 운동에 더 쉽게 가담할 수 있고, 만일 원자화된 대중들이 순순한 구성원의 의미에서 대중들을 구성한다면 그들은 전체주의 정권이 수립될 수 있는 강력한 전체주의 운동을 만들어낼 수 있다는 것이다.

아렌트는 사회적으로 원자화된 대중들은 독일보다는 소련에서 매우 다른 방식으로 만들어졌다고 본다.[96] 즉 나치운동은 1930년대 초에 민주 독일을 괴롭히는 경제, 사회 그리고 정치적 위기에 의해 만들어진 사회적으로 원자화된 대중들의 지지를 획득함으로써 권력에 오르게 되었으나 소련에서 사회적으로 원자화된 대중들은 공산주의 운동이 공산주의 1당 독재를 수립한 후에 만들어졌으며, 소련의 새로운 지도자 스탈린 하에서 공산독재는 준자본계급 구조의 파괴와 강력한 정치적 숙청에 의해 그러한 대중을 만들어냈다는 것이다.

반면에 탈몬(J. L. Talmon)은 프랑스혁명과 관련해 『전체주의적 민주

93 *Ibid.*, 313.
94 *Ibid.*, 326, 392.
95 *Ibid.*, 308–17.
96 *Ibid.*, 312–24, 378–80.

주의』로 부른 그의 저서에서 좌익 전체주의와 우익 전체주의 사이의 구별을 강조했다.[97] 전체주의에 관한 좌-우익 차이의 의미는 전체주의에 관한 이론가와 사용자에게 성가신 쟁점으로 남아 있다. 펄무터는 탈몬의 전체주의에 대한 좌-우익의 구별은 중요하지 않으며, 소련에서 정당의 국가지배, 나치 독일에서 정당과 국가 모두를 히틀러와 그의 정치경찰의 지배에 대해 설명하는 것이 중요하다고 본다.[98]

(2) 프리드리히와 브레진스키의 이론

프리드리히와 브레진스키는 아렌트보다 더 상세하고 널리 적용 가능한 기술적 이론을 제공했다.[99] 더 새로운 이론의 예들은 1936년 이후의 나치 독일, 파시스트 이태리, 공산 소련과 동유럽과 중국에 새롭게 수립된 공산정권이다. 그러나 가장 두드러지고 중요한 이론의 관점은 전체주의 독재의 특성이 6가지 서로 관련되고 상호 지원하는 특징의 증후군에서 발견된다는 것이다. 6가지 증후군은 1) 공식적 이념, 2) 엘리트-지시의 단일 대중정당, 3) 테러경찰 통제체계, 4) 매스 미디어 통제권의 거의 완전한 독점, 5) 지배정당의 독점적인 무기의 통제, 6) 중앙통제 및 지시경제를 포함한다.

프리드리히와 브레진스키는 공산주의와 파시스트 전체주의 정권들은 기본적으로는 같으나 전체적으로는 결코 같지 않다고 주장하고 기원과 정치제도 그리고 공표한 목표에서의 차이를 지적했다. 그러나 현저

97 J. L. Talmon, *The Origins of Totalitarian Democracy*(London : Secker and Warburg, 1952), 1–2, 6–7.

98 A. Perlmutter, *op. cit.*, 63.

99 C. J. Friedrich and Zbigniew Brzezinski, *Totalitarian Dictatorship and Autocracy*(New York : Praeger, 1961년, 초판은 1956), 9.

한 차이에도 불구하고 공산주의와 파시스트 정권은 전체주의 독재로 함께 분류될 만한 충분한 유사성이 있으며, 군주제 형태와도 구별되고 전체주의 6가지 증후군을 드러낸 어느 정권도 없다고 주장한다.

전체주의 정권의 구조에 관한 그들의 기술은 광범위하고, 아렌트의 분석과 어느 정도 분명한 유사성을 보인다. 특히 이들은 전체주의의 절대주의적 지도자를 정권구조의 유일한 특성으로 생각했다. 즉 지도자는 1) 다른 유형의 정치지도자보다 거의 절대적인 권력을 소유하며, 2) 준종교적이거나 준카리스마적 감정주의와 지도자의 신비적 정체성을 가진 독특한 지도력의 형태를 구현하고, 3) 정권의 정당이 조직보다는 지도자에 대한 추종이 되도록 전체적으로 지도자에게 종속된다.

프리드리히와 브레진스키는 공산주의 정권에서 정당에 주어진 강력한 역할은 공산주의와 파시스트 전체주의 사이의 중요한 구조적 차이라는 점도 인정했다.[100] 파시스트 정권에서 정당은 상대적으로 제한된 행정적 역할이 부여되고 국가에 대한 권력에서 동등할 뿐인 반면에, 공산주의 정권에서 정당관료제는 국가소유, 통제경제체제에서 지극히 중요한 역할을 수행하고 스탈린 이후 소련에서 국가의 행정기관을 꿰뚫고 통제하는 강력한 관료제가 되었다.

(3) 전체주의의 제2세대 이론

전체주의에 관한 두 고전적 이론 사이의 차이는 전체주의의 용어에 대한 다른 해석과 정의에 대한 맛보기일 뿐이다. 거의 10여 명 이상의 이론가들이 자신들의 정의를 만들었고, 연구자들은 10여 개 이상의 20세기 이전의 정권에 그것을 적용하고 정치인들은 그것을 반공주의의 논리

100 *Ibid.*, 32, 34–6, 273–4, 279–81.

에 적용했는데, 어떤 학자들은 이처럼 느슨하게 사용된 용어는 회피되거나 사용이 포기될 것이라고 믿었지만[101] 다른 사람들은 이 두 고전적 이론에 의해 만들어진 기초를 더욱 다지고자 했다.

후자의 대표적 인물인 샤피로(L. Schaplro)는 제2세대 이론가로서 아렌트와 견해를 같이하면서 프리드리히와 브레진스키의 6가지 증후군과 비슷한 접근방식을 채택했다. 그의 상황과 중심의 두 목록은 6가지 증후군과 비슷한 영역을 다루고, 이 증후군의 특징으로 동원을 중요하게 추가하고 지배의 특징적 도구로써 테러경찰을 배제했다.[102]

샤피로는 전체주의의 개념이 소련에 더 이상 적용될 수 없고 다른 공산주의 국가들 가운데 발견될 수 있는 현재의 다양한 정권들에게 자동적으로 적용할 수도 없다는 커티스(M. Curtis)의 주장[103]에 대해 정면으로 반박했다.[104] 사실 전체주의 이론에 불만을 가진 정치학자들은 현대 공산주의체계에 관한 다수의 새로운 개념과 모델을 발전시켰다. 즉 지배된 사회, 명령사회, 조직 혹은 단일 조직사회, 이념적 체계, 일원주의체계, 동원체계, 가장 효과적인 관료체계 등이다. 그들은 또한 원래는 서구 또는 민주정치 모델로 발전된 파벌-갈등과 이익집단 접근방식을 공산주의체계에 적용하기 시작했다.[105]

101 Benjamin R. Barber, "Conceptu,l Foundations of Totalitarianism," in Benjamin R. Barber, Carl J. Friedrich, and Michael Curtis(eds.), *Totalitarianism in Perspective : Three Views*(New York : Praeger, 1969). T. H. Rigby, "Total-itarianism and Change in Communist Systems," *Comparative Politics*, 4(1972).

102 L. Schapiro, *Totalitarianism*(London : Pall Mall, 1972), 20, 38, 45, 119.

103 M. Curtis, "Retreat from Totalitarianism," in Benjamin R. Barber, Carl J. Friedrich, and Michael Curtis(eds.), *Totalitarianism in Perspective: Three Views*(New York : Praeger, 1969).

104 L. Schapiro, *op. cit.*, 107.

105 J. F. Hough and M. Fainsod, *How the Soviet Union Is Governed*(Cambridge, Mass. :

샤피로는 당시의 구소련이 이제는 더 이상 전체주의 지도자나 테러로부터 고통당하지 않고, 이념적 책무도 감소되었으며, 반대자도 나타나고 이익집단의 형태에서 다원주의 어떤 신호를 인정하면서도 전체주의 지배의 본질은 아직도 계속되며, 이러한 발전들이 전체주의 개념이 유행에서 뒤떨어졌다는 것을 의미하는 것은 아니라고 주장했다.[106] 그는 전체주의가 강도와 전체성에서 실제로 다양하다는 것을 제시함으로써 개념에 더 유연성을 부여했다. 그리고 하나 또는 그 이상의 특징이 약화되거나 사라질 때라도 정권의 전체주의 본질은 아직도 분명히 분리가 가능하다는 것이다.

제2세대들의 노력에도 불구하고 전체주의에 관한 관념은 그 이전의 중요성을 다시 얻지 못했다. 1970년대 현대 공산주의 정권에 대한 대부분의 분석가들은 새로운 모델이나 접근방식, 특히 관료정치 모델 혹은 제도적 다원주의[107]와 같은 정책결정 쟁점에 초점을 맞춘 새로운 접근방법을 계속 개발했다. 1980년대까지 나치와 같은 전체주의의 고전적 예조차도 실제로 전체주의 '이상'에 아주 미치지 못했다는 것은 점점 더 분명해졌다.

히틀러의 독일과 스탈린의 소련에 대한 역사적 연구는 1) 사회와 개인, 특히 '감정과 정신(heart and mind)'에 대한 통제는 결코 전체(total)가 아니었다. 2) 지도자는 그의 부하와 정권의 제도 및 조직에 대한 전체적인 정치적 통제는 결코 행사하지 않았다는 것이다.[108] 사실 이미 어떤 역사

Haverd University Press, 1979).

106 L. Schapiro, *op. cit.*, 109, 112–13, 115. 117.

107 J. F. Hough, *The Soviet Union and Social Science Theory*(Cambridge, Mass. : Harvard University Press, 1977), ch. 2. ; J. F. Hough and M. Fainsod, *op. cit.*, 1979), 547–8.

108 W. S. Allen, *The Nazi Seizure of Power*(New York : F. Watts, 1984), I ; Kershaw, *Popular Opinion ad Political Dissent in the Third Reich : Bavaria 1933–1945*(Ox-

적 연구는 행태에 관한 전체주의 통제가 놀랍게도 약했고, 특히 히틀러의 독일과 스탈린의 소련에서 농촌지역에는 시민들의 태도를 홀로 내버려두었다는 것을 제시한다.[109] 히틀러와 스탈린 정권과 같은 무서운 정권조차 전체주의의 고전적 개념에 이르지 못했다는 1960년대의 이 분명한 각성은 새로운 제3세계 독재, 특히 1960년대에 출현한 아프리카 1당 국가의 빈발과 같은, 어떤 정권에 그 개념을 적용하려는 의욕이 거의 없는 이유를 설명할 수 있다.

3) 전체주의 개념에 대한 일반적 비판

전체주의 개념에 대한 일반적 비판은 3가지로 모아진다. 첫째는, 전체주의 개념이 냉전시대 미국의 이념적 무기이기 때문에 유용성을 부정하는 비판적 주장이다.[110] 이 견해에서 '전체주의'라는 용어가 민주주의에 대한 대항이념(counter ideology)으로 사용됨으로써 씻을 수 없는 해독을 입혔으며, 엄격한 도덕적 이분법은 고결한 '자유세계'와 악덕한 동구 공산주의의 '전체주의' 사이를 만들었다는 것이다. 이것은 이 용어가 과학적이고 객관적이기보다는 가치가 개입된 개념이라는 지적과 상통한다.

ford : Oxford University Press, 1983) ; M. Broszat, *The Hitler State*(London : Longman, 1981) ; J. A. Getty, *Origins of the Great Purges : The soviet Communist Party Reconsidered, 1933–1938*(Cambridge : Cambridge University Press, 1985).

109 M. Fainsod, *Smolensk Under Soviet Rule*(Cambridge, Mass : Harvard University Press, 1958) ; E. N. Peterson, *The Limits of Hitler's Power*(Princeton : Princeton University Press, 1969).

110 Benjamin R. Barber, "Conceptual Foundations of Totalitarianism," in Benjamin R. Barber, Carl J. Friedrich, and Michael Curtis (eds.), *op. cit.*

이러한 관점에서의 비판은 프리드리히와 브레진스키의 '기본적으로 같다'는 명제가 사실상은 제2차 세계대전의 독일, 이태리, 일본 등 미운 적과 함께 공산주의를 동등하다고 여겼다는 것이다. 그러나 기본적으로 같다는 것은 결국 같은 속에서도 상대적 차이를 전제하고 있다는 것을 유의해야 한다.

둘째는, 전체주의 개념의 퇴화에 관한 것으로 구소련에 대해 이 이론을 적용한 것은 인정하지만 스탈린 사후 사실상 전체주의 정권이 존재하지 않았다는 주장들이다. 그러나 모택동의 중국이나 김일성과 김정일의 북한 등을 이런 이론으로 토론하는 것은 아직도 유용하다.

셋째는, 전체주의 이론이 대대적인 과장을 포함한다는 비난이다. 이러한 비판의 한 설명은 다원주의자의 주장인데, 그들은 전체주의 이론은 소위 전체주의 정권에서의 권력구조와 정책과정을 너무 단순화했다고 비난한다. 그러나 더 신중한 다원주의자의 비판이 지적하는 것처럼 구소련 권력구조에 관한 비전체주의적 설명도 순수한 다원주의로 묘사될 수는 없을 것이다.[111]

111 H. Gordon Skilling, "Interest Groups and Communist Politics : An Introduction," in H. G. Skilling and F. Griffith, *Interest Groups in Soviet Politics*(Princeton : Princeton University Press, 1973), 17.

Ⅲ. 권력구조론

1. 권력구조의 개념

'권력구조(power structure)'는 '권력'과 '구조'로 구성된 합성 개념으로 다양한 의미를 갖는다. 영어 power는 라틴어 potestas 또는 potentia (ability)에서 유래되었는데, 로마에서 potentia는 한 사람 혹은 사물이 다른 사람 혹은 사물에게 영향을 미치는 능력을 의미했다. 그러나 정치현상에서 권력은 이보다 더 넓게 사용된다. 즉 권력은 국가의 정책을 수립하고 집행할 수 있는 힘으로서, 국민을 대신해서 국가의 자원을 관리 · 운영하고 구성원들에게 법을 집행하는 과정을 통해서 국가의 존망과 국민의 생사여탈을 좌우하는 매우 중요한 수단이다. 따라서 권력은 국민으로부터 제도적으로(선거나 법에 의한) 위임받아 제도적으로 사용해야 한다.

'구조(structure)'도 아주 복잡하고 모호한 개념을 갖는다. 어원은 라틴어 동사인 건축하다(struere), 함께 쌓아올리다, 배열하다(structus)에서 유래해 17세기까지는 주로 건물이 물리적 틀을 갖추게 되는 물리적 틀의 사고(思考)와 관련되었다.[112] 스펜서(Herbert Spencer)가 '구조'라는 단어를 생물학으로부터 차용해 사회과학에 적용시키면서[113] '구조'는 독특하

112 M. Glucksmann, *Structalist Analysis in Contemporary Social Thought : A Comparison of the Theories of Claude Levi–Strauss and Louis Althusser*(London : Routledge and Kegan Paul, 1974), 15.

고 유용하지만 상대적으로 모호한 개념을 갖게 된 것이다.

구조를 어떤 형태나 형체를 구성하고 있는 부분들 간의 질서 있는 '배열'이라고 하면 구조는 부분들이 전제된다. 예를 들면 철탑에서 하나의 철골은 철탑구조의 부분이 될 수 있다. 여기에서 구조는 대상의 부분, 또는 대상 그 자체들 간의 안정적 관계를 나타내는 경험적이고 기술(describable)적이라는 특성을 갖는다. 따라서 구조는 대상들에 대한 이론이 아니라 대상들의 부분들 간의 관계에 관한 기술인 것이다.[114] 정치구조는 정치체계 내의 주요한 개별 또는 집합적 행위자들 간의 권력관계의 안정적 유형을 의미한다.[115]

권력구조는 정치체계의 정치과정에서 이러한 권력이 체계적으로 배열되어 질서 있게 운영되는 형태를 나타낸다. 정치체계는 정치현상을 구성하는 각 부분들의 상호작용을 총칭하는 용어로서 대표적 구성요소는 3권, 즉 입법, 사법, 행정의 권력과 시민 등이다. 이 정치체계는 또한 각각의 구성부분들을 연결하는 많은 하위 체계들, 예를 들면 정당, 시민단체, 이익집단 등 여러 부분들이 작용한다. 따라서 광의적인 측면에서 권력구조는 이 모든 부분들의 권력(여기에는 법률적 권력과 영향력이 포함된다)의 구성관계와 질서를 의미한다.

현대 민주국가의 권력은 후자의 경우, 즉 입법과 행정 및 사법으로 분리되어 균형을 갖추고 시민이 참여하는 상황에서 상호 견제하면서 행사되도록 제도화되어 있고, 이를 광의적으로 국가의 권력구조라고 부를 수

113 Edmund R. Leach, "The History of the Concept," *International Encyclopedia of the Social Sciences*, 2nd., vol. 14, 482–489.

114 D. Easton, *The analysis of Political Structure*(New York : Routledge, Chapman and Hall, Inc., 1990), 51.

115 *Ibid.*, 60–64.

있다. 반면에 협의적인 의미에서 권력구조는 국가의 공식적인 권력기관인 입법, 사법, 행정부 각각의 권력, 특히 입법부와 행정부 간의 권력의 구성관계나 배열을 의미한다. 이 가운데 핵심은 입법부와 행정부로서 권력구조는 결국 입법부와 행정부의 권력관계를 의미한다. 이 책에서 사용하는 권력구조도 바로 협의의 정의로서의 권력구조이다.

한 정치체계가 민주적이던 비민주적이던 각기 권력구조를 가지고 있으며, 국가의 권력구조는 그 권력구조가 작용하는 정치체계의 민주성을 결정할 뿐만 아니라 또한 정부형태를 결정하게 되며, 정치제도들을 형성하고 정치제도들은 지배의 통로(channel)가 된다.

2. 권력구조의 분류와 유형

1) 분류

분류는 어떤 현상을 대상으로 같은 특성끼리 가려놓는 것이다. 어떤 현상이나 사물을 분류하는 목적은 그 현상이나 사물의 속성을 분명히 하고 다른 현상이나 사물과의 비교를 통해서 그 속성의 장단점을 파악해 그 현상이나 사물을 발전시키기 위한 것이다. 분류를 위해서는 어떤 기준이 필요한데, 각 나라의 권력구조를 공통적인 기준에 의해 분류한다면 그 나라의 권력구조에 대한 속성을 더 잘 파악할 뿐만 아니라, 이를 통해서 그 권력구조의 장단점뿐만 아니라 적실성도 발견할 수 있다.

권력구조의 분류와 관련해 학계나 현실 정치계에서는 3가지 유형, 즉 대통령제, 의회제, 준대통령제 등으로 분류하고 있으며, 이는 보편적 유형으로 자리하고 있다.[116] 그러나 권력구조를 이 3가지 유형으로 분류하는 기준에 대해서는 학자마다 견해가 다양하다. 이러한 다양한 분류기준으로 인해 각각의 권력구조의 특성이 다르게 주장된다. 예를 들면 의회제의 요소가 대통령제의 특성에 포함되는가 하면 준대통령제의 특성이 의회제 또는 대통령제의 특성으로 분류된다. 이러한 배경은 분류자들의 기준에도 기인하지만, 다른 한편으로는 각 나라의 정치과정이 다양하기 때문이다.

권력구조는 각 나라의 의회 및 정부의 권한이 다르고 의회와 정부의 관계도 다르며, 이렇게 다른 의회와 정부 간의 결합으로 나타나는 정치과정도 다르기 때문에 내용도 다양할 수밖에 없다. 따라서 어떤 제한된 기준으로 이러한 권력구조를 분류하기는 쉽지 않을 뿐만 아니라, 구체적이고 보편적 기준을 바탕으로 분류된 권력구조라도 항상 예외적 내용이 포함될 수 있기 때문에 권력구조의 유형별 특성에 대한 논쟁은 불가피하다.

결국 권력구조의 구별은 기본적인 특징들의 차이를 토대로 범주화될 수밖에 없고, 이렇게 구별된 권력구조들은 같은 범주에 포함된다고 해도 기본적인 내용이 유사할 뿐이지 전체적으로 같은 것은 아니다. 예를 들어 아르헨티나는 미국의 영향을 받아 미국과 같은 순수 대통령제라고 해도 법률적으로 아주 다르다.[117] 동일한 분류 속에서도 그 기준이 일치하

116 물론 앞에서 토론한 것처럼 대통령제와 의회제를 세분해 권력의 중심에 따라 수상-대통령제 정권(premier-presidential regime) 또는 수상-대통령제(premier-presidentialism) 등으로 분류하는 학자도 있다. Matthew Soberg Shugart & John M. Carey, *Presidents and Assemblies Constitutional Design and Electoral Dynamics*(New York : Cambridge University Press, 1992). 우리나라에서는 이원집정부제라는 용어도 사용하는데, 이에 관해서는 준대통령제에서 자세히 토론할 것이다.

는 것도 아니다. 따라서 권력구조에 대한 분류는 각 권력구조들을 새로운 범주로 분류하기보다는 기존의 분류된 3가지 권력구조들의 기준에 대한 분석을 토대로 그 특성을 분명히 하고 각각의 권력구조들이 민주적이고 안정적으로 운영될 수 있는 방향을 모색하는 데 분류의 의미가 있다.

그러나 정치현상은 기본적으로는 제도라는 레일 위에서 전개되지만 상황에 따라서는 레일을 일탈하여 달리거나 혹은 새로운 레일을 설치한다. 이러한 변화는 행위자들이 제도를 운용하는 과정에서 야기된다. 제도로부터의 일탈범위가 낮은 경우를 '제도화 수준이 높다' 고 말하고 일탈 정도가 높은 경우를 '제도화 수준이 낮다' 고 말한다. 권력구조와 관련하여 제도화 수준이 극단적으로 낮다면 집권자가 자의적으로 국정을 운영하는 형태로 곧 권위주의 체계에 해당한다.

권력구조 특성에 대한 기술과 분류는 단순한 이론적 분류가 아니라 의회제는 영국의 권력구조를 중심으로 하고 대통령제는 미국의 권력구조를 기본으로 한다. 그리고 영국이나 미국의 권력구조를 변형된 구조들과 구별하기 위해서 '순수의회제', '순수대통령제' 로 부르기도 한다. 한편 준대통령제는 프랑스의 권력구조를 모델로 하는데, 근원적으로는 의회제와 대통령제를 근간으로 하고 있다는 점에서 영국의 의회제 특성과 미국의 대통령제 특성은 권력구조를 구별하는 데 중요한 우선적인 기준이 될 수 있다.

특히 영국과 미국은 각각의 권력구조를 통해 지금까지 토론된 정치적 민주주의를 가장 잘 구현하는 정치체계라는 점에서 두 나라의 권력구조

117 J. J. Linz, "Presidential or Parliamentary Democracy : Does It Make a Difference," in J. J. Linz and A. Valenzuela (eds.), *The Failure of Presidential Democracy Vol. 1 : Comparative Perspective*(Baltimore, MD : The Johns Hopkins Univ. Press, 1994), 5.

가 갖는 민주성과 안정성이 인정되었을 뿐만 아니라 오랜 역사적 전통과 함께 논리적으로 잘 다듬어졌다. 그렇다고 이 나라들의 권력구조가 두 권력구조, 즉 의회제와 대통령제에 절대성을 가졌거나 최선의 제도라는 것은 아니다. 이 나라들의 권력구조가 모델이 되었다고 해도 현실과 논리가 일치하지 않을 수 있고, 의회제와 대통령제의 특성 가운데 논리적으로는 상호 배타적이어야 할 부분이 공통적일 수도 있다.

2) 유형

권력구조의 유형은 행정부의 집행권에 대한 기원에 의해 좌우된다. 집행권은 권력 가운데 가장 강력하고 핵심적인 권력이기 때문이다. 집행권은 국민으로부터 직접 나오는 경우와 의회로부터 나오는 경우로 대별되는데, 전자의 경우는 대통령제이고 후자는 의회제로 분류된다. 대통령제에서 국민들은 행정수반인 대통령을 직접 선출하는 반면에 의회제에서는 의원들을 선출한 뒤에 의회로부터 정부수반이 선출된다. 한편 준대통령제는 국민으로부터 직접 선출되어 집행권의 일부를 갖는 대통령과 의회로부터 선출되는 정부수반이 공존하는 구조이다. 이를 〈도표 2〉로 나타내 보기로 한다.

다음의 〈도표 2〉에서

1. 정부가 의회, 즉 A지점을 중심으로 탄생하면 의회제,
2. 정부가 대통령, 즉 E지점을 중심으로 탄생하면 대통령제
3. 권력의 중심이 C지점, 즉 의회제 요소 반과 대통령제 요소 반이 모아지는 형태는 의회제와 대통령제의 혼합제, 즉 준대통령제로 각각

〈도표 2〉 권력구조의 분류 및 유형

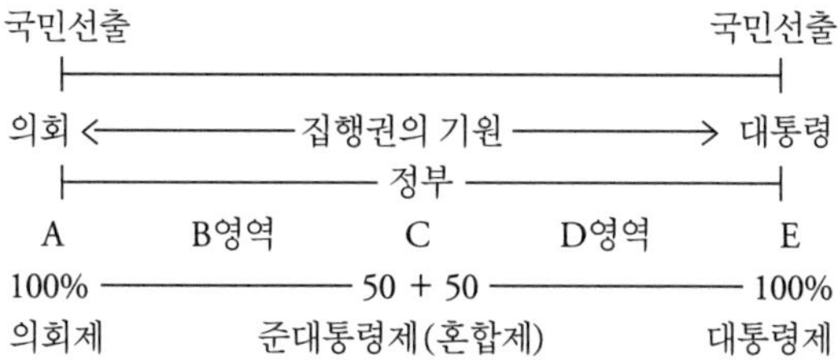

부를 수 있다.

각각의 권력구조는 위의 도형에서 A부터 E지점까지의 사이 어느 곳에 위치한다고 볼 수 있다. 물론 어느 권력구조의 유형도 A와 E에 100% 일치하는 경우는 없을 것이다. 다만 A에 가까울수록 고전적 의회제로서 대표적인 경우가 프랑스 3, 4공화국과 독일의 바이마르공화국이다. E의 경우는 남미의 민주화 이전 대통령제, 그리고 베트남, 필리핀, 한국의 권위주의 정권 당시가 대표적이다. 그러나 여기에서는 이러한 예들을 배제하고 민주정권의 권력구조를 토대로 해 현재 각 나라에서 운영되고 있는 권력구조 가운데 A지점에서 C지점까지, 즉 B영역을 중심으로 하는 영역에서 C형태(혼합제)에 포함되지 않는 영역을 의회제, 그리고 C지점에서 E지점 사이, 즉 D의 영역에서 C구조에 포함되지 않는 구조를 대통령제로 구별할 수 있을 것이다.

여기에서 문제는 C의 유형을 제외한 B영역과 D영역에 걸친 권력구조라고 해도 어느 권력구조는 A와 C 사이에서 보다 A방향으로, 그리고 어느 권력구조는 E와 C 사이에서 보다 E 사이로 기운 구조가 있을 수 있다. 그렇다면 이들을 어떻게 구별할 것인가? 이 문제는 권력구조를 구별하는 목적에 따라 어느 정도 세분하느냐와 관계된다. 특히 C지점,

즉 혼합제의 경우는 A와 E 사이를 3등분해 3가지 구조로 구분했으나 이를 4등분해 4가지 또는 그 이상으로 분류할 수도 있을 것이다.[118]

그런데 모든 권력구조가 A, B, C지점에 반드시 일치하는 것은 아니다. 왜냐하면 모든 정부(의회제 혹은 대통령제 및 준대통령제의 정부)의 권력은 집행에 앞서 의회로부터 정책에 대한 동의, 즉 입법적 승인을 받아야 하기 때문이다. 여기에서 정부와 의회의 권력게임이 시작된다. 권력구조는 이 게임의 룰에 따라 그 형태를 달리한다. 예를 들면 국민으로부터 직접 선출되는 대통령과 의회로부터 탄생하는 수상 사이의 권력배분에 바탕을 두고 수상이 더 큰 집행권을 행사하는 나라는 '수상-대통령제', 대통령이 더 큰 권한을 행사하는 국가는 '대통령-의회제'로 구분하는 경우가 있는가 하면,[119] 대통령제, 반대통령제(half-presidential system), 준대통령제, 의회제로 구분하는 경우도 있으며,[120] 대통령제를 순수대통령제와 준대통령제 외에 대통령의 권력행사에 따라서 무제한적 대통령제, 제한적 대통령제 등으로 구분하기도 한다.[121]

권력구조의 대표적 형태인 대통령제나 의회제 혹은 준대통령제는 대통령과 의회의 지위 및 제도적인 권력관계를 나타낼 뿐이다. 실제로 대

118 슈가트 등은 4등분해 〈의회제, 수상-대통령제, 대통령-수상제, 대통령제〉로 분류하기도 한다. Matthew Soberg Shugart & John M. Carey, *op. cit.*, 23-27, 55-75.

119 Matthew Soberg Shugart & John M. Carey, *op. cit.*, 230. 이에 대해 사르토리는 불필요한 구분이라고 주정한다. Giovanni Sartori, *Comparative Constitutional Engineering*(New York : New York University Press, 1997), 126.

120 Horst Bahro, Bernhard H. Bayerlein & Ernst Veser, "Duverger's Concept : Semi-Presidential Government Revisit," *European Journal of Political Research, 34*(2) (1998), 207.

121 Alan Siaroff, "Comparative Presidencies : The Inadequacy of the Presidential, Semi-Presidential and Parliamentary Distinction," *European Journal of Political Research* 42(2003), 287-312.

통령이나 수상 그리고 의회의 권력행사는 의회 내의 정당세력과 깊은 관계를 갖는다. 즉 이들의 권력행사는 제도적인 게임의 룰 외에도 의회를 구성하고 있는 정파의 세력에 따라 승패가 좌우되는데, 이 세력판도에 따라 정부형태가 결정된다. 따라서 권력구조는 고정적인 데 비해 정부형태는 의회의 세력판도에 좌우되는 가변적 형태이다.

대통령제에서 집권당이 입법부의 다수를 차지했을 경우는 '다수정부 형태'로서, 대통령은 상대적으로 강한 권한을 행사할 수 있으나 그 반대의 경우는 '소수정부 형태'[122]로 야당의 절대적 협력에 매달려야 한다. 의회제도 '다수당 내각'의 경우는 수상이 강력한 권력을 행사할 수 있지만 '소수내각'이나 '연합정부'의 형태는 야당 또는 연합정당과 권력을 공유하게 된다. 물론 준대통령제도 의회의 세력분포에 따라 '대통령 중심 정부' 또는 '동거정부' 등으로 부른다. '정부형태'는 바로 이러한 관계를 바탕으로 해 정부의 구성과 권한에 관한 개념을 나타낸다고 할 수 있다. 이런 측면에서 보면 '정부형태'는 '권력구조'의 하위개념으로 그 관계를 〈표 1〉과 같이 구별할 수 있을 것이다.[123] 그럼에도 '권력구조'라는 용어는 '정부형태'라는 용어와 혼용되고 있다.[124] 이것은 다른 용어와 다른

122 여기에서 말하는 "소수정부는 일반적으로 말하는 분점정부"이다. 그러나 필자의 견해로는 분점정부란 용어가 부적절 하다는 판단에서 소수정부라는 용어로 사용하기로 한다. 이에 대한 자세한 내용은 뒤에서 토론 될 것이다.

123 권력구조와 정권(regime)및 정부(government)라는 용어를 사용하면서 일반적인 용어로는 대통령제(presidentialism), 의회제(parliamentarism)를 사용하고 개별정부를 지칭하는 경우에는 대통령정부(presidential government), 혹은 수상-대통령제 정권(premier-presidential regime) 또는 수상-대통령제(premier-presidentialism) 등으로 사용하는 경우도 있다. Matthew Soberg Shugart & John M. Carey, P*residents and Assemblies Constitutional Design and Electoral Dynamics*(New York : Cambridge University Press, 1992).

124 '권력구조'를 '정부형태'로 부르는 것은 아마 현재 운영되는 각각의 권력구조(대통령제, 준대통령제, 의회제)를 대표하는 정부형태가 대통령제의 경우 순수

개념을 동일한 개념으로 잘못 사용하는 것이다.

〈표 1〉 권력구조와 정부형태의 개념요소 차이

권력구조	정부형태
대통령제 준대통령제 의회제	다수정부, 소수정부 대통령 중심 정부, 동거정부 다수정부, 소수정부, 연합정부(양당연합, 다당연합)

* 권력구조의 다른 명칭으로 대통령제는 대통령의 권력집중도에 따라 모방적 대통령제, 신대통령제, 그리고 준대통령제는 수상-대통령제, 대통령-수상제, 의회제는 내각의 권력집중도에 따라 내각제, 수상제등으로 불리기도 한다.

3) 권력구조의 발전

지구상의 각 나라들은 각기 다른 특성의 권력구조를 가지고 있다. 그러나 이러한 권력구조는 위에서 토론한 것처럼 크게 3가지 범주, 즉 대통령제, 의회제, 준대통령제로 분류된다. 따라서 각 나라의 권력구조는 이 3가지 유형 중 어느 하나에 속한다고 할 수 있다. 그러나 각 나라의 권력구조가 이 3가지 범주의 어느 하나에 속한다고 할지라도 구체적으로는 각기 다른 구조를 갖는다. 이것은 권려구조가 그 나라의 역사 · 문화적 배경과 권력구조를 결정하는 상황적 배경을 바탕으로 하기 때문이다.

군주제에서 현대 정치체계로 이행하는 과정에서 어떤 변화를 겪었는가? 즉 점진적인 발전이었는가(영국), 어떤 형태의 혁명을 경험했는가(프

대통령제, 의회제의 경우 의회제, 준대통령제의 경우 대통령중심정부형태라는 점에서 이 정부형태들에 관해서 권력구조와 동일한 개념으로 사용하고 이를 더 확대하면서 나타난 현상으로 보여진다.

랑스, 러시아, 중국), 어떤 나라의 식민지배를 경험했는가(미국), 군부지배나 혹은 권위주의 정치체계를 경험했는가(남미, 동구) 등의 배경은 관련 국가들이 현대국가로 이행하면서 권력구조의 생성과 선택에 절대적 영향을 미쳤다. 또한 권력구조의 선택은 이 나라들의 민주화 과정과 직접적 관계를 가진다. 권력구조가 비민주적 상황에서 집권세력에 의해 만들어졌는가? 혹은 야당의 의사가 반영되고 정치권이 타협을 통한 합의를 바탕으로 하고 국민이 자발적으로 수용했는가? 이러한 배경은 그 나라 권력구조의 특성을 좌우하게 된다.

권력구조는 기원론적인 측면에서 오랜 기간에 점진적 변화를 거치면서 역사의 발전과 함께 봉건적 권력구조에서 근대적 권력구조로 이행되어 왔다. 이러한 이행은 군주가 독점하던 권력을 단계적으로 의회에 이양하는 과정이었다. 군주의 권력은 점차 감소되고 결국은 상징성만 남게 되었다. 군주가 가졌던 권력은 1차적으로 의회에 넘겨졌으며, 의회는 내각을 구성해 그의 집행을 위임해 놓고 감시하였다. 이러한 형태를 우리는 고전적 의회제라고 부른다. 그러나 오늘날 의회의 권력은 다시 내각 쪽으로 기울면서 의회제라는 명칭은 내각제로 변했다. 그러나 매스미디어의 발전 및 세계화 현상과 더불어 내각의 수반은 각료 중의 1인에서 각료들의 상위의 1인으로 지위와 역할이 변화되고 국가의 업무와 국민의 관심이 수상에게 집중되어 가면서 내각제는 다시 수상제라는 이름으로도 불려지게 되었다.

한편 신대륙 아메리카에서는 평등주의를 바탕으로 영국의 군주통치에 저항해 영국식민지로부터 독립함으로써 권력을 가지고 있는 군주가 존재하지 않았다. 여기에서 미국인들은 대통령제를 만들어 국민들의 의사로 권력을 부여했다. 그리고 의회로 하여금 이를 엄격하게 통제하게 만들었다. 대통령제가 최초로 탄생하게 된 것이다.

각각의 권력구조 형태는 의회와 대통령직을 양극으로 한다. 의회제 쪽의 극단인 고전적 의회제는 행정부의 권한이 의회의 수중에 있는 구조이다. 대통령제 방향의 가장 끝단은 신대통령제나 모방적 대통령제로 대통령이 절대적 권력을 행사하는 반면에 의회의 견제는 약한 구조이다. 이러한 권력구조는 제3세계 국가들이 독립 또는 군부의 정치개입 과정에서 나타난 권위주의 체계의 전형적 권력구조이다.

의회제와 대통령제는 권력이 어느 일방에 집중되면서 그에 따른 역기능이 노정되었다. 대표적으로 의회제를 채택하고 있던 프랑스와 독일에서 특히 정권과 정치의 불안정이 이어졌다. 이를 극복하고자 시도한 것이 프랑스였다. 프랑스는 1958년 개헌을 통해 의회제와 대통령제를 접목한 새로운 권력구조의 시험에 들어갔다. 이를 두고 혼합제 또는 준대통령제로 부른다. 프랑스에서 시작된 준대통령제는 권력이 의회나 정부 어느 쪽에 집중되는 것을 피하려 한다는 점에서 20세기 이후에 탄생한 국가들의 여러 복잡한 국내 정치세력들 간에 선호될 수 있는 대상이었다.

각국의 권력구조는 결국 의회제와 대통령제를 놓고 권력을 가진 세력과 이에 도전하는 세력 간의 갈등 속에 힘의 균형에 따라 이 제도들을 변화시키면서 여러 유형으로 변질되어 오늘날에는 실로 다양한 형태가 존재한다. 그러나 세계의 모든 나라들의 권력구조는 결과적으로 영국과 미국의 권력구조 어느 하나 또는 이 둘의 부분적인 결합이다. 이런 가운데 민주정치체계의 바람직한 모델로 인식되고 있는 영국과 미국의 권력구조는 완전한 모델은 아니더라도 오랜 기원과 함께 역사적 과정을 거쳐 다듬어지면서 이상적인 모델로 확립되어왔고, 그 뒤를 이어 프랑스가 조합한 준대통령제가 새로운 제3의 권력구조로 자리 잡으면서 번식되고 있다.

대통령제

Ⅰ. 대통령제의 개념과 기원

1. 대통령제의 개념

대통령제의 개념은 대통령제가 갖는 특성 가운데 어느 부분을 강조하느냐에 따라 다양하게 구성할 수 있으나 기본적으로는 대통령이 국가 및 정부의 수반인 권력구조의 한 형태이다. 여기에서 대통령은 국민의 직접선거를 통해 고정된 임기로 선출된다. 이것이 정부가 의회의 불신임 대상이 되는 의회제나 준대통령제와의 차이이다.

대통령을 가리키는 president는 라틴어 praesidere, 즉 '전면 혹은 상석에 앉다'는 의미와 '보호한다'는 의미에서 파생된 것으로, 역사적으로는 강력한 행정권보다는 후견인 또는 보호의 의미로 사용되었다. 이러한 어원에서 출발한 대통령을 중심으로 하는 대통령제는 대통령이 국가의 최고 지도자로서 대외적으로 국가를 대표할 뿐만 아니라 대내적으로 행정부의 수반으로서 행정부의 집행을 관장하는 구조이다. 이것은 국가수반과 정부수반이 분리되어 있는 의회제 혹은 준대통령제와 구별된다. 이러한 점에서 대통령제는 일반적으로 1) 국가수반이 고정된 임기로 국민으로부터 직접 선출(직선 혹은 간선으로)되며, 2) 국가수반이 동시에 정부수반이고, 3) 정부와 입법부가 상호 불신임이나 해산의 대상이 되지 않는 권력구조를 함의한다.

메텐하임(Mettenheim)은 최근 대통령제의 정의는 행정부의 직접선거를 강조하고 권력의 분리를 경시하는 경향인데, 이는 권위주의적인 행정부의 직접선거, 입법부와 행정부의 분리 및 경쟁선거 사이를 구별하지 못하는 것이라고 비판하고 대통령제의 핵심적 특성을 "행정부와 입법부가 고정된 임기로 분리 선거되는 것"[1]으로 정의한다. 이 정의가 담고 있는 내용은 행정부와 입법부의 권력분립을 기본으로 1) 대통령의 국민 직접선출과 임기의 고정, 2) 정부의 의회해산 및 의회의 정부 불신임 불가 등이다.[2] 한편 사르토리(G. Sartori)도 대통령제를 이와 유사하게 1) 국가수반인 대통령이 국민의 직접 선거로 대통령직을 확보하며, 2) 대통령의 정해진 임기 중에는 의회의 불신임에 의해 퇴임하지 않고, 3) 대통령은 자신이 임명한 내각의 수반이어야 한다는 것으로 정의한다.[3]

1 Kurt von Mettenheim, "Presidential Institutions and Democratic Politics," in Kurt von Mettenheim (ed.), *Presidential Institutions and Democratic Politics : Comparing Regional and National Contexts*(Baltimore and London : the Johns Hopkins University Press, 1997), 2.

2 페터스도 대통령제를 권력의 분리로 정의한다. B. Guy Peters, "The Separation of Powers in Parliamentary Systems," in Kurt von Mettenheim (ed.), *op. cit.*, 68.

3 Giovanni Sartori, "Neither Presidentialism nor Parliamentarism," in J. J. Linz and A. Valenzuela (eds.), The Failure of Presidential Democracy(Baltimore : The Johns

모든 민주정치체계에서는 의회를 국민의 직접선출로 구성한다. 따라서 직접선출의 핵심 대상은 정부, 즉 대통령인데, 사르토리는 이를 구체적으로 적시하고 있다. 그러나 '국가수반의 국민 직접선출과 임기의 고정'은 준대통령제나 의회제에서도 나타나기 때문에 필요한 내용이지만 이것만으로 충분한 것은 아니다.[4] 오히려 이 정의에는 대통령과 수상의 지위와 역할이 제외되어 있다. 이런 점에서 대통령제는 국가수반과 행정수반이 일치한다는 조건이 중요하다. 이것은 국가수반과 정부수반이 분리되는 준대통령제와 의회제와의 분명한 차이이다.

어떤 용어에 대한 개념이나 본질에 대한 기술 또는 정의는 최대한 배타적 속성을 기술해야 한다. 그러나 사회과학의 현상은 배타적으로 단절되기 어렵다. 특히 동일한 범주에 속한 어떤 상태를 기술하는 경우는 같은 범주 내의 공유되는 기본 속성을 배제하기는 쉽지 않다. 여기에서의 대통령제도 의회제나 준대통령제와 함께 권력구조의 범주에 포함되는 하나의 현상이라는 점에서 기본적으로 공유되는 속성을 갖는다.

그러면 위에서 대통령제의 특성으로 제시된 명제(P)를 예를 들어 보기로 한다.

P 1 : 국가원수와 정부수반이 일치한다.

이 명제는 준대통령제와 의회제는 양자가 모두 분리된다는 점에서 분명한 배타적 속성을 갖는다. 그러나 이 명제는 단지 국가수반직과 행정수반직을 1인이 담당한다는 내용만을 나타낼 뿐이다.

Hopkins University Press, 1994). 106–107.

4 예를 들면 핀란드, 오스트리아, 아이슬란드, 아일랜드는 대통령이 국민으로부터 직접 선출되지만 대통령으로서의 권한이 거의 또는 전혀 없기 때문이다.

P 2 : 국가수반을 고정된 임기로 국민이 직접 선거한다.

이 명제는 준대통령제도 해당된다. 따라서 이 명제는 정의에 대한 배타성이 약화된다.

P 3 : 행정부와 의회는 상호 불신임과 해산이 불가하다.

이 명제는 명제 2의 일부 내용과 서로 중복된다. 즉 '고정된 임기'는 의회제에서 나타나는 의회의 정부 불신임에 대한 배제를 의미하기 때문이다. 그러나 P 2는 대신 의회의 임기 고정에 관한 내용이 빠져 있다. 그렇다면 P 2를 "국가수반과 의회는 고정된 임기로 … " 하면 명제 3은 불필요할 것으로 생각된다. 그러나 이 경우 행정부와 의회 간의 임기에 대한 상호관계의 내용이 나타나지 않기 때문에 배타성은 충족되지만 현상을 구체적으로 기술하는 정의로서는 부족하다. 따라서 P 1, 2, 3의 내용을 모두 포함해야 권력구조의 현상을 구성하게 된다.

사회현상, 특히 상호 관련되는 제도에 대한 정의는 결국 부분적으로 내용의 중복이 불가피하다. 다만 여기에서 유의해야 되는 것은 동일한 용어의 중복이나 정의되는 용어의 반복은 피해야 한다는 점이다. 이러한 점에서 대통령제는 위의 3가지 명제를 토대로 하여 "국민이 고정된 임기의 국가수반인 동시에 정부수반이며, 의회와 독립적인 대통령과 역시 대통령과 독립적인 고정된 임기의 의회를 직접 선출하는 권력구조"이다.

2. 대통령제의 기원

대통령제는 미국에서 최초로 창안해 실시해 오면서 전 세계적으로 전파된 제도로서, 미국이 1776년 영국으로부터 독립하면서 헌법 기초자들에 의해 1781년에 마련한 대통령제 시안을 6년간 시행한 뒤에 1787년 발표된 헌법에 확립한 구조이다. 미국은 영국의 군주통치에서 정치적 혁명을 통해 독립한 나라로 국가를 통치할 군주가 존재할 수 없었다. 당시 미국인들은 영국 국왕의 지배로부터 벗어나는 것이 현명한 일인가 하는 문제에서 시작해 현실적 문제에 대해 아주 다양한 입장을 가지고 있었다.

미국은 1781년 각 주들이 연합규약을 채택하고 1787년 헌법을 제정한 사이에 입법의회가 유일한 정부기관이었지만 각 주에 대한 강제권한도 없었다. 1787년 5월에 심의를 시작했던 헌법제정회의에서는 연합규약에 의해 수립된 무능한 의회 대신 광범위한 권력을 집행할 수 있는 중앙정부가 설립되어야 한다고 믿었다.

헌법제정회의 대표자들은 새로운 정부가 독립적인 3부, 즉 입법부, 사법부, 행정부로 구성되며, 각 부는 서로 균형을 이루는 독자적인 권력을 갖는다는 데 합의한 바 있었다. 또한 입법부, 즉 의회는 영국처럼 양원으로 구성해야 한다는 데도 합의했다. 그러나 비교적 큰 주들은 입법부 내의 비례대표제를 주장한 반면에 작은 주들은 모든 주에 동등한 주 대표제를 요구했다. 이러한 갈등은 결국 대타협, 즉 상원은 주 대표제를 적용하고 하원은 인구비례에 의한 의석수를 적용함으로써 해결되었다.

건국자들은 새로운 제도에 권력을 부여하는 데 '균형적 정부' 이론에 주의를 기울였고, 프랑스의 이론가 몽테스키외(Montesquieu)가 주창한 법의 정신을 인용했다. 몽테스키외는 권력을 입법권, 국가의 권리에 기반을 둔 행정권, 시민의 권리를 기초로 하는 사법권으로 구분하고, 입법권과 행정권이 한 사람이나 혹은 한 기관에 통합되거나 사법권이 입법권이나 행정권으로부터 분리되지 않는다면 진정한 시민의 자유는 존재하지 않는다고 주장한다.[5]

몽테스키외의 이런 용어들은 언뜻 보기에는 죤 로크(J. Locke)의 「정부에 관한 두 논문(Two Treatises of Government)」 12장의 입법, 행정, 연방적 권력으로의 분리에 해당하는 것 같지만 몽테스키외는 로크의 행정 및 연방을 하나로 묶어 시민법에 기초한 '사법권(judiciary)'의 집행으로 불렀다.[6] 몽테스키외의 이런 제언은 제임스 매디슨(J. Madison)에 의해 그대로 인용되었고,[7] 죤 로크의 「정부에 관한 두 논문」은 가장 강력한 철학적 영향력을 미쳤다. 로크는 정부의 권력을 입법권 혹은 법을 제정하는 권력, 그리고 행정권 또는 법을 강제하는 권력과 전쟁 및 평화, 연맹과 동맹, 그리고 다른 외교관계의 '연방적' 권력으로 나누었으며, 사법권을 구체화하지는 않았으나 가정적으로 왕위계승법(the Act of Settlement)에 의해 사법권의 독립성을 보호하고자 했다.[8] 이러한 관념은 곧 미국 헌법의 기초가 되어 권력구조에 반영되었다.

미국의 권력구조는 32세인 알렉산더 해밀턴(A. Hamilton)과 36세의 제

5 Charles Louis de Secondat Montesquieu, "The Spirit of the Laws," in Arend Lijphart (ed.), *Parliamentary versus Presidential Government*(Oxford : Oxford University Press, 1992), 48.

6 Lee Cameron McDonald, *Western Political Theory*(New York : Harcourt Brace Jovanovich, Inc., 1968), 378.

7 James Madison, *The Federalist* No. 47, 48.

8 Louis W. Koenig, *The Chief Executive*(3th ed.) (New York : Harcourt Brace Jovanovich, Inc. 1975), 27–28.

임스 매디슨 등 두 젊은이에 의해 완성된 88편의 짧은 논문들의 묶음인 『연방주의자 논문집(*The Federalist Papers*)』을 통해서 얻어진 교훈을 바탕으로 했다. 그 가운데 정부의 권한을 제한하고 권력의 남용을 방지할 수 있는 방법으로 정치문헌에서 '견제와 균형(checks and blances)'이라는 개념을 찾아내 최초로 언급했다. 해밀턴과 매디슨 두 사람은 양원제 입법부를 가장 강력한 정부 부서로 보면서 원래 양원제 입법부와 관련해 주로 사용되는 '견제와 균형'의 개념을 도입한 것이다.

대통령직의 구성은 무엇보다도 중요한 두 구조적 개념, 즉 권력의 분리 및 견제와 균형에 충실했다. 동일한 목적을 향해 방향이 모아졌지만 하나는 분리와 독립, 다른 하나는 상호작용과 의존으로 서로 상충된다. 권력의 분리는 헌법기초자로 잘 알려진 몇몇 중요한 정치적 문헌의 저술가들의 저작에 담긴 기본적인 원칙이었다. 저술가들 간에 이 권력의 분리방법은 달랐지만 분리된 권력의 본질과 목적은 공통적이었다.

견제와 균형은 강력한 행정적 책임과 전제적 방향으로 이끄는 유혹으로부터 벗어나는 제2의 중요한 원칙으로 영향력 있는 저술가들에 의해 잘 표출되었다. 정부의 안정과 목적은 상호 경쟁에 의해 고무된 다소 동등한 권력 간에 정교한 균형을 통해 가장 잘 성취된다.[9] 중앙집권적인 권력의 횡포를 막기 위해 다양한 정부 부서들의 권력을 분리시킨다는 개념은 보다 큰 범주의 견제와 균형에 해당된다.

그러나 「연방주의자 논문집」은 권력분리가 정부의 효율성과 유효성을 증대시킨다는 또 다른 미덕을 발견했다. 해밀턴은 국방과 공정한 법의 행사, 개인의 자유와 재산을 보호하기 위해서는 행정부의 힘이 필수적이라고 보았다. 행정적인 권한이 대통령 한 사람에게 부여되는 이유

9 *Ibid.*, 28.

도 바로 이와 같은 다양한 요구들 때문이다. 다수가 행정책임자가 되면 정부의 마비상태가 초래될 수 있고, 심각한 국가비상시에 가장 중요한 정부 조치들을 방해할 수도 있기 때문이다.

행정부의 견제에 대한 합의는 어려운 과제였다. 과거 영국의 군주와 신대륙 총통의 집행권 남용이 제도적 균형의 유지를 필수로 하는 현 입법부의 과도성과 결합되었다. 문제는 분리된 기관의 독립성에 손상을 주지 않고 그들의 법적인 권력행사를 방해하지 않는 균형을 유지하는 것이었다. 결국 그들이 가장 위험하다고 믿는 권력을 견제하는 것으로 문제를 해결했다. 반면에 권력의 침해로부터 일반적 보호를 보장받는 장치(거부권행사 등)도 포함시켰다. 행정부의 권력을 방어하기 위해 사용된 전통적 무기는 거부권이었다. 이론적으로 거부권은 입법부에 의해 위협당하는 행정부의 특권을 보호하기 위한 장치였다.

헌법제정회의 내에서는 강력하고 단일한 행정수반의 지위창출에 대한 논의도 분분했다. 몇몇 주에서는 여러 위원들로 이루어진 행정자문위원회를 운영하고 있었는데, 그 제도는 수년 동안 스위스에서 상당한 성공을 거둔 뒤에 채택된 것이었다. 벤자민 프랭클린(B. Franklin)은 미국에서도 그와 유사한 제도를 채택해야 한다고 주장했다. 영국 왕실의 과도한 행정권에 대해 여전히 분개하고 있던 수많은 대표자들은 최고 권력자의 강력한 지위에 대해 우려를 표명했다. '대통령(president)'이란 이름을 도입하는 데도 의견이 분분했다. 총독(governor)은 식민지의 지배자라는 나쁜 관념 때문에 배제되었고 대신 '대통령'은 단순한 행정관(the Executive)과 구별하고 무해한 용어라는 점에서 선택되었다.[10]

10 J. A. Pika & J. A. Maltese, *The Politics of the Presidency*(6th) (Washington, D. C. : CQ Press, 2004), 8.

유럽의 주요 국가들이 군주제를 세습하고 있던 당시 상황에서 제한된 임기를 가진 대통령을 선출한다는 것은 가히 혁명적인 생각이었다. 1787년에 채택된 헌법은 대통령에게 행정권을 부여했으나 한 사람의 대통령이 엄격한 견제와 균형 하에 권력을 행사해야 한다는 주장도 관철되었다. 그 원칙은 오늘날까지 지속되고 있다.

미국의 이러한 대통령제는 역사적으로 발전해 오고 있다. 나름의 비판적인 측면이 있음에도 미국의 경험을 토대로 하여 대통령제의 이상적인 모델로 간주되고 있으나 시대상황에 따라, 대통령에 따라 사실상 변화를 거듭해 오고 있다.[11]

기본적으로 미국의 대통령제는 대통령이 국민으로부터 직접 선출된다는 점에서 권력분립을 통한 견제와 균형체계 속에서도 막강한 정당성을 가진다. 대통령은 국가수반으로서 입법부가 개별 이익의 총의를 대표하는 데 비해 일반의사로서의 국가이익을 대표한다는 점에서 가장 강력한 영향력을 가진다. 동시에 행정부의 수반으로서 국정에 대한 주도적 위치, 그리고 집행권의 보유, 또한 입법부의 동일 정당소속 의원의 지도자라는 점 등에서 대통령은 실제로 입법부의 우위에 있다고 할 수 있다.

대통령은 또한 제도화된 참모진과 행정부의 일원적 구조 속에 행정부의 모든 권력을 그 자신의 책임 하에 수행한다. 내각은 헌법상의 기관이 아니고 단순한 보좌기관(minister가 아니라 secretary)에 불과하기 때문에 대통령은 내각에 구속되지 않는다. 내각은 대통령의 국정수행 방향을 충실히 수행하게 된다.

11 Richard Rose, *The Postmodern President*(Chatham, New Jersey : Chatham House Publishers, Inc., 1988).

미국의 대통령제는 엄격한 권력의 분리가 확립되어 있다. 권력의 분리는 중앙정부의 수평적 분립과 지방정부와의 수직적 분산(연방제)을 통해 권력의 독점에 따른 전횡을 철저히 배제하고 자유에 대한 보호를 실천하고 있다. 특히 대통령과 입법부는 엄격히 분리되어 행정부 각료(또는 어느 다른 공직도)와 의원과의 겸직이 금지된다. 이런 점에서 미국은 분점민주주의(Divided Democracy)라고도 불린다.[12] 또한 대통령은 입법부의 신임대상이 아니며, 입법부도 또한 해산의 대상이 아니다.

대통령은 입법부 내 한 정당의 지도자라는 점에서 대통령과 입법부는 밀접한 관련을 가지고 있다. 이것은 대통령이 정책을 추진하는 데는 유용하나 국민통합에는 역기능적일 수 있다. 특히 행정부와 입법부 및 사법부는 '견제와 균형'을 바탕으로 하는 구조이다. 대통령은 입법부로부터 견제될 수 있고 입법부의 견제는 백악관에 의해 균형을 취하게 된다.

제2차 세계대전 이후 신생국 가운데 특히 미국의 영향권에 속했던 국가들이 독립과 동시에 미국의 대통령제를 모델로 하여 국가를 건설했다. 이 과정에서 상당수의 국가들은 권력에 대한 갈등으로 미국의 대통령제를 모델로 하면서도 각 나라의 독특한 권력구조를 만들어냈다. 또한 1960년대 남미를 진원지로 해 풍미한 군의 정치개입은 대통령제를 표방하면서도 군이 스스로의 지배를 안전하게 만들기 위해 대통령 권력을 강화해 신대통령제나 모방적 대통령제의 비민주체계를 가져왔다. 따라서 순수한 대통령제는 미국의 모델과 이를 바탕으로 하고 대의민주정치의 이상을 반영한 이론적 특성이 결합된 형태이다.

12 James A. Thurber, "Introduction : The Roots of Divided Democracy," James A. Thurber(ed.), *Divided Democracy*(Washington, D. C. : A Division of Congressional Quarterly Inc., 1991), 2–6.

Ⅱ. 대통령제의 본질

자연과 사회의 모든 사물이나 현상은 어떤 원리를 갖는다. 원리는 그 사물이나 현상이 존재하고 작동하는 근본적이고 기본적인 토대이며, 이 원리가 작동하면서 배타적인 기능을 수행하게 되면 나름의 구별되는 결과를 나타내게 되는데, 이를 특성이라고 부른다.

권력구조도 각각 나름의 배타적인 속성, 즉 특성을 기준으로 하여 분류된다. 특성은 그 범위를 좁게 잡으면 보편성이 확대되지만 넓게 잡으면 예외성이 늘어나기 때문에 특성에 대한 일반적 기준을 정하기는 어렵다. 이런 견지에서 여기에서는 여러 학자들의 견해를 토대로 대통령제의 기준과 특성을 중심으로 기술하기로 한다.

사물이나 현상의 본질은 기준과 그에 따른 특성에 의해 구별될 수 있다. 이런 점에서 '본질'은 '기준'과 '특성'을 포괄하는 개념으로 구성된다. 아울러 '기준'과 '특성'이 '본질'에 공통적으로 포함되는 개념을 갖는다는 점에서 '기준'과 '특성'은 궁극적으로는 상호 교환적인 의미를 전달한다. 즉 사물이나 현상의 특성은 그 특성의 배타성을 나타내기 위한 기준으로 구분될 수도 있는 것이다. 따라서 양자는 결국 같은 의미를 담고 있다고 할지라도 특성을 보다 분명하게 이해하기 위해서는 같은 현상을 (비록 중복된다고 해도) 기준과 특성으로 구분하는 것이 필요하다. 따라서 기준과 특성을 모두 기준 또는 특성으로 묶을 수도 있겠지만 여기에서는 권력구조들의 차이점을 비교하는 데 본질을 기준과 특성으로 구분하여 기술하고자 한다.

1. 대통령제의 기준

권력구조는 기본적으로 국가수반과 행정수반, 그리고 입법부 등 3자와의 관계이며, 모든 권력구조, 즉 대통령제와 의회제 그리고 준대통령제는 각각 이러한 3자와의 관계를 모두 포함한다. 각각의 권력구조별 차이는 이 3자관계의 구조적 차이이다. 따라서 대통령제의 특성도 이러한 구조적 관계에서 무엇을 강조하느냐에 따라 다양한 주장들이 제기될 수 있다. 어떤 권력구조를 대통령제라고 할 수 있는가? 즉 대통령제를 다른 권력구조, 즉 의회제나 준대통령제와 구별할 수 있는 기준은 무엇인가? 이러한 기준은 결국 각각의 권력구조의 특성을 좌우하게 된다. 각각의 권력구조에 대한 학자들의 주장이 다양한 것은 바로 이러한 기준에 대한 주장의 차이에서 비롯된다. 여기에서는 먼저 대통령제에 관한 여러 학자들의 다양한 주장들을 고찰하고, 이를 토대로 대통령제의 특성을 정리하기로 한다.

1) 버니의 명제

여러 주장들 가운데 버니(Verney)가 1959년에 출간한 의회제와 대통령제에 대한 11가지의 명제는 대통령제와 의회제 등 민주적인 권력구조에 대한 기준을 가장 대표적으로 언급한 것이다. 그의 이 명제는 거의 반세기 전에 제시되었기 때문에 그동안 변질되어 온 특성 및 오늘의 현실, 그리고 그동안 축적된 이론들과는 구별되는 점이 있음에도 오늘의 정부

형태에 대한 정의의 토대를 이루고 있다. 여기에서는 그가 대통령제의 기준으로 예시한 11개항을 통해서 대통령제의 기준을 살펴보기로 한다.[13]

1. **의회와 행정부는 분리되어 의회는 오직 의회로 존치된다** : 미국은 건국 과정에서 영국의 왕정을 폐지하고 왕과 그의 정부를 대신해 대통령을 둠으로써 외견상 진정한 혁명의 모습을 보였다. 미국에서 수립된 대통령제는 미국에서 의회제가 불필요하고 실용성이 없는 제도로 만들었다. 의회(미국에서는 하원)는 의회로 남아 있다.
2. **행정부는 대통령과 분리되지 않으며, 대통령은 의회의 선거시기에 정해진 임기로 국민들로부터 선출된다** : 대통령이 정해진 임기로 선출됨으로써 심각한 범죄에 의한 탄핵을 제외하고는 의회로부터 사임을 강요당하지 않는다. 또한 대통령제의 중요한 기능은 대통령선거를 의회선거와 동시에 실시하는 것인데, 이것은 정당의 단합과 쟁점을 명확히 할 수 있다.
3. **정부의 수반이 국가의 수반이다** : 초기 의회군주제에서는 국가수반이 역시 정부수반이었다. 대통령제에서는 정부의 수반이 되는 사람이 동시에 국가수반이 된다. 이것은 중요한 차이이다.
4. **대통령은 그의 부하가 되는 각료의 임명권을 갖는다** : 각료의 임명은 공식적으로는 규칙상 의회나 다른 기관(예를 들면 미국은 상원, 필리핀은 임명위원회)의 인준의 대상이어서 대통령의 선택은 바로 의회의 인준을 받는 사람으로 제한되는 것처럼 보인다. 그러나 실제로 대통령은 아주 광범위하게 선택권을 행사할 수 있다.

[13] Douglas Verney, *The Analysis of Political Systems*(Glencoe, London : The Free Press, 1959), 39-56.

5. **대통령은 유일한 집행자이다** : 수상이 동등한 각료들 중의 1인자인 집합적인 의회제와는 달리 대통령 정부는 개별적인 경향이다. 미국에서 대통령이 자신의 각료들(secretaries)과의 회동을 묘사하는 '내각'이라는 용어는 의회제에서의 내각과 다르다.
6. **의원과 각료의 겸직이 허용되지 않는다** : 의회의원은 정부의 직에 겸직이 허용되지 않으며, 마찬가지로 대통령이나 그의 참모들도 의원 겸직이 불허된다. 다만 각료들은 의회에 참석해 토론에 참가할 수 있다.
7. **행정부는 헌법에 책임이 있다** : 의회제 정부와는 달리 대통령은 의회에 대해 책임을 지지 않고 헌법에 대해 책임을 진다. 구정치제도(anciens regimes)에서 이것은 모호한 개념이었지만 대통령제에서는 헌법문서에 어느 정도 정확하게 기록되어 있다. 의회는 대통령에 대해 탄핵과정을 통해 궁극적으로 헌법에 책임을 지도록 한다. 이것은 대통령이 그의 정치적 역량에 대해 의회의 신임에 좌우된다는 것을 의미하는 것이 아니다. 탄핵은 대통령이 성문규정에 따라 사법적 처벌에 응하도록 강요하는 것이지 대통령의 일반적인 직무수행에 관한 정치적 통제를 행사하는 것과는 아주 다르다. 정치적 책임은 정부와 의회 간의 일상적 관계를 의미한다. 반면에 탄핵은 종국적인 파멸이고 궁극적으로는 벌이다.
8. **대통령은 의회를 해산하거나 지배할 수 없다** : 의회는 대통령을 해임할 수 없는 동시에 대통령도 의회를 해산할 수 없다. 따라서 어느 쪽도 서로를 통제할 위치가 아닌 견제와 균형의 체계이다. 반면에 대통령이 의회를 해산할 수 있는 강력한 권한을 가진 경우의 예로는 칠레(Chile), 파라과이(Paraguay)가 있다.
9. **의회는 궁극적으로 다른 정부기관에 비해 우월하며 행정부와 입법부사**

이에 융합은 없다 : 의회제에서 볼 수 있는 의회와 행정부 권력의 융합은 대통령제에서는 권력의 분리로 대체된다. 헌법상 정부는 의회의 절차에 간섭할 수 없으며, 의회도 행정부의 영역을 침범할 수 없고, 행정부가 의회를 해산하는 일은 더욱 있을 수 없다. 대통령이 의회를 해산할 수 없는 그 이상으로 의회도 대통령의 사임을 강요할 수 없다. 제3의 기관인 사법부는 행정부 및 의회의 위헌을 선언하게 된다. 대통령제에서는 다른 기관에 대해 서로 견제와 균형을 유지시키며, 어느 기관도 다른 기관을 지배하지 못한다. 그러나 진정한 의미에서 궁극적으로 우월한 기관은 의회이다. 대통령은 헌법상 상당한 권한을 부여받고 있지만, 의회가 대통령에게 필요한 권한의 사용을 인정하지 않으면 대통령은 권력이 없게 된다. 그리고 대통령의 행동이 헌법을 위반하면 의회는 그를 탄핵할 수 있다. 또한 사법부는 의회와 행정부 사이에 심각하게 상충되는 문제에 대해서는 의회의 의사를 따라야 한다. 왜냐하면 의회는 개헌의 권한이 있기 때문이다. 따라서 미국의 헌법은 때로 주장되는 것처럼 단순히 '판사가 말하는 것' 이 아니다.

10. **행정부가 직접 유권자에게 책임을 진다** : 의회제 국가에서는 정부가 국민에 의해 선출되는 것이 아니라 의회로부터 선출되고 국가수반에 의해 임명된다. 반면에 대통령 정부는 유권자의 투표에 좌우되며, 정치체계의 모든 사람 중에서 대통령만(부통령이 존재하면 부통령도 함께)은 전체 유권자로부터 선출된다. 대통령은 의원들에게 말할 수 있다. "당신들은 선거구민을 대표하지만 나는 전체 국민을 대표한다." 이것은 국민을 대표하는 것은 바로 대통령뿐이라는 것이다.

11. **정치체계에서 권력의 핵심이 없다** : 의회제의 정치활동은 그들의 중심

> 이 의회에 있다. 국가수반, 정부, 선출된 의원들, 정당, 이익집단, 유권자 등 모두는 의회의 우월성을 인정한다. 대통령제에서도 유사한 힘의 중심이 있는 것처럼 보인다. 그러나 그렇지 않다. 대통령제는 권력의 집중 대신 분산이 있고, 통합 대신 분할이 있다. 미국의 대통령 관저인 백악관(White House)은 의회 의사당(Capitol)과 마주하고 있다. 이러한 지리적 분산은 그들의 정치적 분리를 상징한다.

버니의 이러한 기준은 주로 미국 대통령제의 원칙과 운영을 바탕으로 기술된 것으로, 대통령제의 발전배경과 그 원리 등이 담겨 있고 대통령제의 특성에 관한 내용은 일부 중복되거나 추상적이다. 또한 당시의 칠레나 파라과이 등 민주성이 약한 예외적인 예를 들어 대통령이 의회를 해산하는 사례를 일반화하고 있다. 이와 관련해 슈가트(M. S. Shugart)와 캐리(J. M. Carey)는 버니의 대통령제에 대한 11개의 기준이 상당히 모호하고 중복된다고 전제하고 이를 다음의 6가지로 재정리했다.[14]

1. 국가수반이 곧 행정수반이다.
2. 대통령이 내각의 각료를 임명한다.
3. 의회와 행정부의 구성원이 다르다.
4. 행정부는 의회의 신임의 대상이 아니다
5. 대통령이 의회를 해산할 수 없다.
6. 의회는 정부의 최고 기관이다.

[14] Matthew Soberg Shugart & John M. Carey, Presidents and Assemblies : Constitutional Design and Electoral Dynamics(New York : Cambridge University Press, 1992), 20. 주 3.

그러나 이러한 정리도 역시 중복성과 모호성을 내포한다. 의회와 행정부의 구성원이 다르다는 기준은 의회제와 대통령제에서 나라에 따라 다르다. 의회가 정부의 최고 기관이라는 점도 모호하다. 그러나 앞에서 기술한 것처럼 대통령제에 대한 정의도 내용이 중복될 수밖에 없다는 점을 상기하면 버니가 제시한 11가지의 대통령제의 명제들은 대통령제를 이해하는 데 중요한 기준이 될 수 있다.

2) 기타의 명제들

대통령제의 기준은 대통령제의 특성을 구별하는 조건이다. 이미 위에서 버니의 11가지 명제를 통해서 대통령제의 기준을 살펴보았다. 여기에서는 여러 학자들이 대통령제에 관해 제시하는 기준에 대해 보기로 한다. 대통령제의 기준에 대한 대부분의 학자들의 주장은 유사하다. 다만 접근하는 관점에 따라 강조점이 다를 수 있고, 이러한 배경에서 각자가 제시하는 조건 가운데 부분적으로 다른 내용이 나타난다.

슈가트는 여러 학자와 대통령제에 관한 글을 발표했는데, 그는 캐리와의 공저,[15] 그리고 해가드(S. Haggard)와의 논문[16] 및 메인워링(S. Mainwaring)과의 글[17] 등, 함께 참여한 학자에 따라 핵심은 같지만 변형된 표현으로 대통령제의 기준을 제하는데, 그들의 대통령제(순수 대통령제)의 기

15 *Ibid.*

16 Matthew Soberg Shugart and Stephan Haggard, "Institutions and Public Policy in Presidential Systems," in Stephan Haggard and Mathew D. Mccubbins(eds.), *Presidents, Parliaments, and Policy*(New York : Cambridge University, 2001), 1–17.

17 Scott Mainwaring and Matthew S. Shugart(eds.), *Presidentialism, and Democracy in Latin America*(New York : Cambridge University Press, 1997).

준은 다음의 4개항이다.[18]

1. 행정수반(대통령)을 국민이 선출하고,
2. 행정수반 및 의회의 임기가 고정되며, 상호 신임을 조건으로 하지 않고,
3. 선출된 행정수반이 정부의 구성원을 임명하고 지휘하며,
4. 대통령은 헌법상 인정된 입법권(예를 들면 거부권)을 갖는다.

슈가트 등은 이상의 기준 가운데 1–3항은 대통령이 유권자들에 의해 선출된다는 점을 구체화하는 외에 정부 및 의회의 분리기원과 생존의 핵심을 담고 있다고 주장한다. 4항의 기준은 권력의 형성과 유지에 관한 것은 아니지만, 만일 대통령이 (거부권과 같은) 입법권을 갖지 않는다면 거의 명목상의 행정수반에 불과할 것이라는 지적이다. 대통령에게 입법권을 인정하는 것은 대통령선거를 통해 국민들이 정책에 대해 실질적으로 집행할 수 있도록 보장하는 것이다. 그러나 이상의 기준 가운데 1–3항의 기준을 확보한 대통령은 당시에 베네수엘라(Venezuela) 한 나라뿐이며, 이 나라도 4항은 충족되지 못하고 있다고 설명한다.

한편 슈가트는 메인워링과의 공저에서는 대통령제의 기준을 1) 행정수반(대통령)의 국민 선출, 2) 대통령과 의회의 임기고정 등 두 가지로 한정한다.[19] 여기에서 대통령을 국민이 선출한다는 것은 일반적으로 직접선거를 의미하지만 그러한 원칙에서 크게 벗어나지 않는 범위에서 국민으로부터 선출된 선거인단에 의한 선거(미국의 예)도 포함된다.[20] 임기의

18 *Ibid.*, 19–20.
19 Scott Mainwaring and Matthew S. Shugart (eds.), *op. cit.*, 14.
20 1973년 이전의 칠레나 현재의 볼리비아(Bolivia)처럼 의회가 최다득표 2인 중

고정은 대통령이 의회를 해산 할 수 없고 의회도 대통령을 불신임할 수 없다는 것이다.[21]

그렇다고 이 기준이 1) 행정수반(수상)이 국민으로부터 직접 선출되는 것이 아니라 의회에서 선출되고, 2) 임기가 정해지지 않아서 수상과 내각의 임기는 의회다수의 신임에 좌우되기 때문에 상황에 따라 의회는 정부를 불신임하며 정부는 의회를 해산하고 조기 선거를 요구하는 의회제와 일치하는 것도 아니다.

대통령제의 근본적인 특성은—그 유형에 무슨 변인들이 존재하던—분리기원(대중의 행정부 선거)과 분리생존(행정부도 입법부도 서로의 임기단축이 불가능한)이다. 대통령제의 이 두 가지 한정적 특성을 2×2로 표시하면 〈표 1〉과 같다.

〈표 1〉 대통령제의 개념화

정부수반의 선출	임기 고정	
	예	아니오
유권자	대통령제	혼합제(이스라엘)
입법부	혼합제(스위스)	의회제

Scott Mainwaring and Matthew S. Shugart (eds), *op. cit.*, 15.

린즈(J. J. Linz)는 권력구조에 대한 연구가 엄밀한 제도적 접근[22]이나

에서 최종 한 명을 선출하는 경우는 대통령을 대중이 직접선거하는 것이라고 볼 수 없기 때문이 분명히 대통령제가 아니다. Scott Mainwaring and Matthew S. Shugart (eds.), *op. cit.*, 16–7.

21 *Ibid.*, 17.

22 예를 들면 Matthew Soberg Shugart & John M. Carey, *op cit.*

헌법주의자의 관점도 아닌 대통령제에 관한 정치적 논리(logic)라고 강조하면서[23] 대통령제의 특성을 '이원적 민주적 정통성'과 '경직성' 등 두 가지로 요약한다.[24] 이원적인 민주적 정통성은 국민에 의해 직접(혹은 대통령만을 선출하기 위한 목적으로 국민으로부터 선출된 선거인단) 선출되고 행정부를 통제하는 대통령과 역시 국민들로부터 선출된 의원(단원 혹은 양원)이 모두 민주적 정통성을 향유한다는 것이다. 또한 '경직성'은 대통령과 의원이 정해진 임기로 선출되며, 대통령의 임기는 입법부로부터는 독립되어 있고, 입법부의 존속도 또한 대통령으로부터 독립되어 있다는 점을 나타낸다.

린즈는 이 두 가지 내용이 대통령제의 특성인 동시에 그가 대통령제가 갖는 문제들로 지적하는 임기제한이나 연임금지, 대통령의 유고시에 부통령에 의한 자동승계, 내각의 각료임면의 자유, 국가수반과 행정수반의 동일성, 대통령직의 의인화 등도 여기에서 파생된다고 주장한다. 그는 이 두 가지의 핵심적 기준에 앞서 대통령은 행정수반일 뿐만 아니라 국가의 상징적 수반이라는 점도 지적한다.

사르토리(G. Sartori)는 대통령제가 1) 국가의 수반이 국민의 투표로(직선 혹은 간선으로) 선출되어 정해진 임기 동안 집권하며, 2) 의회가 각료를 임명하거나 해임할 수 없고, 3) 국가수반이 동시에 정부수반이라는 3가지 기준들 중의 하나 또는 그 이상을 충족시키지만[25] 이 기준은 현실에서는 제대로 적용되지 않는다고 지적한다.[26] 그는 두 번째 기준이 대통령제

23 Juan J. Linz, "Presidential or Parliamentary Democracy : Does It Make a Difference," in J. J. Linz and A. Valenzuela (eds.), *op cit.*, 75.

24 *Ibid.*, 6.

25 Giovanni Sartori, "Neither Presidentialism nor Parliamentarism," in J. J. Linz and A. Valenzuela (eds.), *op. cit.*, 106.

26 예를 들면, 이 기준대로라면 오스트리아, 아이슬란드, 아일랜드도 포르투갈, 프

를 규정하는 데 첫째 기준보다 훨씬 더 적합하지만, 이 기준이 추가되는 경우 대통령제나 준대통령제 모두가 포함될 수 있기 때문에 세 번째의 기준이 이를 보완해야 한다는 것이다. 따라서 사르토리가 제시하는 이른바 '순수' 대통령제의 기준은 아래와 같다.[27]

1. 국가수반인 대통령이 국민의 직접선거로 대통령직을 확보한다.
2. 대통령이 정해진 임기 중에는 의회의 불신임에 의해 퇴임하지 않는다.
3. 대통령은 자신이 임명한 내각의 수반이어야 한다.

사르토리는 대통령제의 기준에서 대통령의 직접선거와 간접선거를 구분하는 기준은 대통령선거의 중간집단(선거인단이든 혹은 의회이든)들이 스스로의 판단에 따라 결정할 수 있는가 없는가의 여부에 달려 있다고 본다. 만일 중간집단이 국민의 선거결과를 그대로 추인하는 경우라면 간접선거와 직접선거의 차이는 중요하지 않다. 만일 중간집단이 스스로의 결정에 의해 선택 한다면 국민들의 투표로 선출된다는 기준을 위반하게 된다. 사르토리는 또한 대통령이 임명한 내각을 주도하는 문제와 관련해, 대통령과 총리가 권력을 분할하는가의 여부에 따라 다양한 범주가 있을 수 있으며, 이상과 같은 기준을 적용할 때 현재 대통령제를 채택하고 있는 나라의 대부분은 라틴아메리카에 있는 국가들로 본다.[28]

레이파트(A. Lljphart)도 대통령제의 특성에 대해 미국을 중심적인 예로 하고 민주적 역사가 긴 남미의 코스타리카와 베네수엘라를 예로 하여 대통령제의 필수적 요소라고 간주하는 것은 아니라는 전제에서 아래

랑스도, 미국과 함께 대통령제로 분류된다.
27 *Ibid.*, 106–107.
28 *Ibid.*, 107.

의 6가지로 기준을 범주화했다.[29]

1. 대통령은 의회의 해산권을 갖지 않는다. 이것은 대통령제의 공통적인 특성으로 대통령의 권력을 축소하고 의회의 권력을 증대시키며, 아울러 대통령과 의회를 더 균형 및 합의 정향적인 관계로 만든다.
2. 대통령은 의회가 가결한 법안에 대해 거부권을 가지며, 거부권은 의회의 극단적 다수에 의해서만 재의결될 수 있다. 이러한 거부권은 대통령의 권력을 아주 강화하며, 의회의 상, 하 양원 외에 제3원과 같은 역할을 하게 만든다. 이것은 라이커가 말한 '미국에서 발견된 제3원 의회(tricameral legislature)'[30]와 일치하는 것이다.
3. 대통령은 의회의 간섭을 받지 않고 각료를 임명할 수 있다. 미국 헌법의 '자문과 동의' 규정에도 불구하고 대통령은 사실상 각료구성에 완전한 권력을 갖는다. 코스타리카와 베네수엘라는 2/3의 가결로 각료의 불신임이 가능하다. 각료의 임명권을 대통령이 독자적으로 행사하는 국가(이러한 모델에 해당하거나 경험을 가진 국가)로는 브라질(Brazil), 칠레(Chile), 콜롬비아(Colombia), 코스타리카(Costa Rica), 도미니카 공화국(Dom.Rep.), 엘살바도르(El Salvador) 등을 들 수 있으나 필리핀(Philippines), 나이제리아(Nigeria), 미국, 한국 등은 의회의 실질적 혹은 형식적 인준이 요구된다. 대법원은 의회나 행정부의 과도한 권력을 견제할 수 있다.

29 Arent Lijphart, "Presidentialism and Majoritarian Democracy : theoretical Observations," in J. J. Linz and A. Valenzuela(eds.), *The Failure of Presidential Democracy* (Baltimore : The Johns Hopkins University Press, 1994), 99–101.

30 William H. Riker, "Electoral Systems and Constitutional Restraints," in Arend Lijphart and Bernard Grofman(eds.), *Choosing an Electoral System: Issues and Alternatives* (New York : Praeger, 1984), 109.

4. 대통령은 정부수반일 뿐만 아니라 국가수반이다. 대통령제에서는 국가수반과 정부수반의 두 기능이 대통령 한사람에게 결합되어 있고, 이것은 대통령의 지위를 상당히 강화한다.
5. 대통령은 연임 이상은 할 수 없다. 이 규정은 분명히 대통령의 권력을 감소시키지만 엄격히 적용된다. 코스타리카에서는 연임이 금지되며, 베네수엘라도 계속 연임은 불가능하다. 이 경우 대통령은 당선되자마자 '레임 덕(Lame duck)'이 시작될 수 있다. 이 임기제한은 대통령제에서는 공통적인데, 대통령 권력의 위험성에 대해 광범위하게 인식된 징후로서 아주 중요하다. 그러나 칸토(H. Kantor)가 "대통령의 재임을 1차 연임 이내로 제한하는 것은 진정한 민주주의 위반이며, 국민들은 자신이 선택하고 싶은 사람은 누구든지 선택하도록 허용되어야 한다"[31]고 지적한 것처럼 연임 이상을 금지하는 것은 '선출된 정치인'들은 다시 선출되고자 하는 동기로 인해 유권자의 욕구에 반응한다는 민주주의 가정과도 상충될 수 있다.
6. 대통령은 의회의원을 겸직할 수 없다. 이 점은 의회제에서 총리와 각료들이 동시에 의회의원이 되는 것과 차이가 나는 점이다. 국가수반으로서 대통령과 의회가 물리적으로 격리되어 있다는 점, 대통령의 국가원수로서의 존엄성이나 대통령이 일반적으로 대통령 처소에 산다는 점 등은 대통령직을 강화시켜 주고, 따라서 다수제에 영향을 미친다.

31 Harry Kantor, "Efforts made by Various Latin American Countries to Limit the Power of President," in Thomas V. Dibacco (ed.), *Presidential Power in Latin American Politics* (New York : Praeger, 1977), 21–32.

2. 대통령제의 특성

지금까지 대통령제에 관해서는 버니의 견해와 관련 학자들이 주장하는 대통령제의 기준 및 특성을 고찰했다. 이상의 주장들을 토대로 하면 대통령제의 특성은 1) 대통령의 국민직접 선출, 2) 국가수반과 정부수반의 일치, 3) 대통령의 의회해산 및 의회의 정부 불신임 불가, 4) 대통령의 각료임명권, 5) 대통령과 각료의 의회의원 겸직 불가, 6) 대통령의 거부권 보유, 7) 의회와 행정부의 분리, 8) 대통령의 임기고정, 9) 대통령의 연임 이상 불가 등으로 정리된다.

이 내용 가운데 '의회와 행정부의 분리' 와 '대통령의 임기고정' 은 '대통령의 의회해산 및 의회의 정부 불신임 불가' 로 구체화되었다. '대통령의 연임 이상 불가' 는 사실상 대통령제를 채택하고 있는 나라의 보편적 현상으로서 하나의 특성으로 정착되고 있다. 이러한 배경은 장기집권이 권력의 독점과 부패를 유발할 수 있다는 우려에서 제기된 것이다. 그러나 다른 대통령제의 기준을 갖추었는데도 민주적인 방식으로 연임 이상을 허용한다고 해서 대통령제가 아니라고 할 수 없을 뿐만 아니라, 이 내용이 대통령제를 의회제 및 준대통령제와 구별하는 데 필요한 기준은 아니다.

따라서 이 3가지 내용을 제외하면 6가지, 즉 1) 국가수반과 정부수반의 일치, 2) 정부의 입법부 해산 및 입법부의 정부 불신임 불가, 3) 대통령의 거부권과 긴급권 보유, 4) 대통령의 국민직접 선출, 5) 대통령의 각료 임명권, 6) 의원의 대통령 및 각료겸직 금지 등이 대통령제의 핵심 특성을 구성하는데, 이의 내용을 기술하기로 한다.

1. **국가수반과 정부수반의 일치** : 대통령은 국가를 대표하는 국가의 원수이자 행정수반으로서 행정부를 통제한다. 여기에서 국가수반의 지위는 의회제의 상징적이고 의전적인 지위와는 다르다. 반면에 의회제는 국가수반과 행정수반이 분리되며, 국가수반은 상징적이고 의전적 지위에 한정된다.
2. **정부의 입법부 해산 및 입법부의 정부 불신임 불가** : 입법부가 대통령을 불신임해 정해진 임기 중에 사임하게 할 수 없는 것처럼 대통령도 입법부를 해산할 수 없다. 따라서 대통령의 임기와 입법부의 임기는 고정된다. 대통령에 대한 불신임과 의회에 대한 해산 불가는 기본적으로 양자의 임기 보장에 필요한 조건이지만, 다른 한편으로는 행정부와 입법부가 각기 민주적 정통성을 갖고 각자의 분리된 권한을 가진 독립적인 기관이라는 점을 나타낸다. 따라서 어느 한쪽이 다른 한쪽의 임기를 단축시키는 것은 이러한 정통성, 분리성, 독립성을 훼손하는 것이다. 정부와 입법부가 임기를 상호 보장하는 특성은 의회제 및 준대통령제와 구별되는 특성이다.
3. **대통령의 거부권과 긴급권 보유** : 대통령의 거부권은 입법부의 입법권에 대한 반동으로써의 견제권력인 동시에 적극적 권력이기도 하다. 거부권은 대통령이 직접 입법을 할 수는 없다고 해도 입법부의 입법에 대한 최소한의 견제권력이다. 한편 대통령은 국가원수 및 행정수반으로서 국가가 긴급한 위기상황에 직면했을 때 이에 신속히 대처하기 위한 집행자로서의 특권인 긴급권을 갖는다.
4. **대통령의 국민 직접 선출** : 대통령은 입법부(양원제의 경우 상, 하 양원)에서 간접적으로 선출되는 것이 아니라 일반 대중(예외적으로 사실상 국민의 직접선출의 효과를 갖는 미국의 선거인단 선거)을 통해 선

출되는 것이다. 이 기준과 관련해서는 다음의 몇 가지가 유의되어야 한다.

1) 국민에 의한 투표결과 두 후보가 동일한 득표를 했을 경우 둘 가운데 한명을 국회에서 선출하는 것은 예외적이다. 이것은 다시 선거를 실시하는 여러 문제를 피하기 위한 방법으로 실제 이러한 일이 일어나기는 거의 불가능하다.
2) 국민의 직접선거로 최고 득표자 2명을 선출한 뒤에 그 가운데 1명을 국회에서 선출하는 것은 (동일한 득표자 가운데 1인을 국회에서 선택하는 방법과 달리) 국민에 의한 직접 선출이라고 할 수 없으며, 따라서 대통령제의 국민에 의한 직접 선출에 해당하지 않는다.
3) 대통령을 국민이 선출한다는 것은 일반적으로 직접선거를 의미하지만, 그러한 원칙에서 크게 벗어나지 않는 범위에서 국민으로부터 선출된 선거인단에 의한 선거(미국의 예)도 포함된다. 국회가 아닌 다른 방식의 간접선거는 몇 가지 방식이 있다. 우선 미국의 경우처럼 선거인단에 의한 선출이다. 이 방식은 국민이 선거인단을 직접 선출하고, 선출된 선거인단은 자신들의 판단이 아니라 유권자들의 선택을 그대로 이행하기 때문에 국민의 직접선거나 다름없다.
4) 국민이 선거인단을 직접 선거해도 그 선거인단이 스스로의 선택에 의해 대통령을 선거하는 경우(한국의 제5공화국)는 사실상 직접선거라고 하기 어렵다. 이것은 대통령이 국회에서 선출되지 않는다는 형식적인 측면에서는 대통령제이지만 그 실질적인 내용은 비민주적이며 비대통령제적이다. 물론 선거인단을 정당공천제로 한다고 하지만 투표과정에서 여러 요인들이 작용할 수 있다. 예를 들면 권력에 의한 선거인단 후보의 조종이나 회유 등

이다. 이처럼 비민주적인 선거결과는 사실상 민주적 정치체계를 벗어나는 권력구조이다. 다만 대통령을 국민이 직접 선출하는 조건은 준대통령제의 경우도 마찬가지라는 점에서 대통령제의 배타적 특성은 아니다.

5. **대통령의 각료임면권** : 정부수반으로서의 대통령은 모든 각료의 임면권자이다. 행정부의 각료임명에 대해 입법부의 동의와 인준에 관한 절차적 규정이 있다고 해도 사실상은 대통령이 각료를 임명하고 해임한다. 이 경우 입법부는 임명된 각료에 대해 인사청문회 등을 통해 견제의 역할을 수행한다. 우리나라는 국무총리의 임명은 국회의 동의를 필수요건으로 하고 있지만 그렇다고 대통령이 총리를 임명제청하는 과정에서 야당이 다수라고 해도 독자적으로 제청할 수 있고, 특별한 결격사유가 없는 한 수용된다. 그리고 총리의 입법부 동의는 법률적 절차이지만 각료의 경우는 정치적 절차이기 때문에 최종 결정은 대통령의 권력이다.

6. **의원의 대통령 및 각료겸직 불가** : 대통령이 의회의원을 겸한다는 것은 물리적으로 가능하지 않다. 그러나 의회의원이 대통령에 의해 임면되는 각료직을 겸하는 것은 정부와 입법부가 이원적인 민주적 정통성과 함께 권력의 분리를 통해 상호 견제와 균형의 관계라는 점과 상치된다.[32] 대통령제에서 각료는 대통령을 보좌하는 대통령의 부하이고 대통령이 임면권을 행사한다. 대통령제에서 이러한 겸직이 가능하다면 결국 대통령이 입법부를 통제하는 셈이 되어 대통령제의 원리에서 벗어나는 것이다. 행정수반인 대통령이 의원을 겸

32 린즈는 묵시적으로 이 점을 지적한다. J. J. Linz, "Presidential or Parliamentary Democracy : Does It Make a Difference," in J. J. Linz and A. Valenzuela (eds.), *op cit.*, 6.

할 수 없고 의원이 각료직을 겸할 수 없다는 점은 행정수반인 수상이 의원일 뿐만 아니라 의원이 각료를 겸하는 의회제와 구별되는 특성이다. 의회제는 이러한 겸직을 통해서 정부와 입법부의 융합적 관계를 형성한다.

이상에서 대통령제의 특성을 6가지로 요약해 살펴보았다. 그러나 이상의 특성들이 절대적인 것은 아니며 범주적인 것이다. 대통령제를 채택하고 있는 각 나라들은 각기 독특한 제도와 운영을 하고 있기 때문에 어느 부문에서는 이 특성에 절대적으로 부합하지만 다른 부문에서는 모호한 경우도 있을 수 있다. 가까운 예로 우리나라는 의원이 각료직을 겸임하는가 하면 오히려 준대통령제인 프랑스는 금지되는 경우이다.

Ⅲ. 대통령의 선출과 임기

1. 대통령선거의 방법

선거는 민주주의 실현의 가장 구체적이고 분명하며 제도화된 방식이요 절차이다. 선거는 또한 시민이 직접 지배하는 것이 아니라 지배할 사람(지배자)을 선택하는 방법으로, 정치에 참여하는 가장 구체적인 제도로써 '국민에 의한 지배'를 실현하는 가장 이상적이고(현재까지는) 현실적인 방법이다. 다른 방법보다도 선거체계를 택한 이유는 그것이 합의의 가장 공통적인 측정치라는 데 있다. 즉 국민에 의해 정치가 이루어진다는 현상을 가장 적절히 상징하는 개념은 바로 '선거'가 갖고 있는 것이다. 특히 선거는 정치가 실제와 상징성의 결합이라고 할 때, 그 본래의 의미는 차치하고서라도 민주주의를 가장 간명하게 전달해 주는 링컨(A. Lincohn)의 '국민의, 국민에 의한, 국민을 위한' 정치를 실현하는 가장 구체적인 방법이기도 하다. 그러나 선거제도 그 자체가 이러한 의의를 살려주는 것은 물론 아니다.

선거가 민주주의를 구현하는 민주적 방법, 즉 민주정치 방법으로써의 의미를 실현할 수 있어야 함에도 선거는 제도와 방법에 따라 유권자의 실제 의사는 여러 형태로 달리 해석된다. 따라서 선거가 본래의 기능인 '국민에 의한 지배', 즉 민주정치의 기능을 수행하기 위해서는 최소한 1) 보통선거권, 2) 정규적인 선거의 실시, 3) 정당의 결성과 후보자 공천권, 4) 주요 공직선거를 통한 선출, 5) 자유롭고 공정한 선거운동, 6) 자유와 비밀투표의 보장과 공정한 개표 및 집계, 승자의 취임 및 집무권한 등과 같은 조건이 충족되어야 한다.[33]

민주정치체계의 대통령선거는 국민이 직접 선거하는 것을 조건으로 한다. 대통령을 국민이 직접 선거하지 않으면 대통령제에서 변질된 것이다. 따라서 대통령제에 속하는 국가들은 국민의 직접선거를 기본원칙으로 하고 있다. 그러나 미국은 유권자들이 선거인단을 선거하는 방식으로 외형상 간접선거의 단계를 거치지만 실질적 내용은 직접선거나 마찬가지이다. 대통령을 선출하는 방법은 단순다수제나 절대다수제인데, 절대다수제는 다시 재투표제와 선택투표제가 있다.

1) 단순다수제

다수제는 단순다수제와 절대다수제가 있다. 단순다수제는 유권자가 여러 후보자 가운데 한명에게 기표하고 가장 많은 표를 확보한 후보가 당선되는 제도로 '상대적 다수제', '단순다수 1회 투표제', '1위제' 등으로 불린다. 이 방법은 유권자도 투표하기 쉽고 당선자를 결정하기도 간단하기 때문에 대부분의 나라가 채택하고 있다. 그러나 상대적 다수득표자를 당선자로 하는 이 방법은 3인 이상의 후보자가 난립하는 경우 유권자의 과반수 이하의 지지를 받은 대통령이 탄생되어 대통령으로서의 국민적 정당성과 지지기반의 취약이라는 단점을 갖는다. 이러한 예는

33 David Butler, Howard R. Penniman, and Austin Ranney, "Introduction : Democratic and Nondemocratic Elections," D. Butler, H. R. Penniman and A. Ranney (eds.), *Democracy at the Polls : A Comparative Study of Competitive National Elections* (Washington : American Enterprise Institution for Public Policy Research, 1981), 3.

멕시코, 타이완 그리고 우리나라의 경우가 대표적이다.

2) 절대다수제

절대다수제는 후보자 가운데 과반수, 즉 총투표자의 유효투표수를 둘로 나눈 표보다 최소한 1표가 더 많은(N/2+1) 득표자가 당선되는 제도이다. 절대다수제는 재투표제(Second Ballot System)와 선택투표제(Alternative Vote)의 두 유형이 있다.

(1) 재투표제

재투표제는 결선투표제로 불리는데, 1차 투표에서 투표의 절대다수를 획득하는 후보가 없으면 최다득표 2인 후보를 대상으로 재투표를 실시하는 것이다. 이 방법에 대한 전통적인 인식은 첫 번째 투표는 주로 뜻이 있거나 혹은 충심으로 열의를 나타내는 것으로 간주되지만, 두 번째 투표는 두 주요 경쟁자들 간에 더 결정적 투표로 간주되며, 이러한 곳에서는 전략적 고려와 좌우 정당 진영 간의 동맹이 강력한 역할을 하게 된다.

이 제도는 소수당에 불리하며, 유권자들이 최소한 두 번 투표소에 가야 하기 때문에 유권자들을 불편하게 만들어 투표율을 저하시킬 수 있다. 재투표제는 절대다수의 기준이 투표자이기 때문에 전체 유권자의 절대다수를 대표하는 것이 아니라는 한계와 두 번 선거실시의 번잡성 및 그에 따른 소요비용, 그리고 1차 투표결과와 2차 투표결과의 차이 등에 대한 가치배제의 문제점을 가진다. 또한 1차 투표에서 선두 후보가 2차 투표에서 패배하는 결과도 가져온다. 프랑스의 1995년 선거의 1차 투표에서는 죠스팽(사회당)이 23.3% 득표로 1위, 시라크(공화연맹)가 20.8%

로 2위를 했으나 재투표에서는 각각 47.4%, 52.6%의 득표로 시라크가 당선되었다. 이러한 결과를 위해 1위와 2위 후보는 3위 이하의 후보를 대상으로 전략적 연합을 시도할 것이고, 선거연합을 목표로 하는 정치세력들이나 야심가들이 대통령선거에 대거 출마하게 될 것이다.

선거연합은 대통령선거 이전부터 1차 투표 이후 2차 투표가 실시되기까지 후보, 정당, 이념, 기타 지역별로 다양한 형태의 합종연횡이 시도될 것이다. 이 과정에서 소수세력이 다수세력의 발목을 잡고 과대대표될 수도 있다. 어느 한 세력과 연대하는 경우 당선이 가능한 후보는 자신을 지지하는 세력과 연합 상대의 지지율과의 비례에 맞추어 권력을 분할하기보다는 군소세력에 더 많은 권력을 주게 될 것이기 때문이다.

절대다수제는 사실상 재투표제로서 프랑스가 대통령선거와 의회선거에서 채택하고 있으며, 준대통령제 국가의 대통령 직접선출의 경우를 포함해 오스트리아, 콜롬비아, 핀란드, 러시아 등을 비롯해 25개의 대통령 직접선거 국가 중 15개 국가, 그리고 세계의 24개국 하원선거에서 사용되고 있다.

(2) 선택투표제

선택투표제는 1차 투표에서 절대다수자가 없을 때를 가정해 소수득표자의 표를 다수득표자에게 전환하는 제도로서 앞에서 토론한 재투표제의 한계를 극복하기 위한 방식이다. 유권자들은 후보자들 가운데 선호하는 순서대로 1, 2, 3의 순위를 표기한다. 당선되기 위해서는 절대다수를 득표해야 한다. 1차 선호의 계산결과 50%이상 득표자가 없으면 최저득표자가 제외되고 이 표의 제2순위 선택자에게 표를 재배분하며, 다수득표자가 나올 때까지 이 과정을 계속한다.

유권자들은 후보자, 정당, 이념, 정책 외에 지역적 배경까지 고려해 1

순위와 2순위를 선택하게 될 것이다. 선호투표에서 승패는 군소후보를 지지하는 유권자들의 차순위 선호가 좌우할 수 있다. 예를 들어 5명의 후보가 경쟁할 때 어느 후보도 절대다수를 득표하지 못하는 경우 5위, 4위, 3위의 순으로 두 번째 선호자를 가려내어 재배분하는 과정이 필요하다. 따라서 5–3위를 차지한 후보를 1순위로 선택한 유권자가 1, 2위의 어느 후보를 2순위로 선택했는가가 당락을 좌우하게 된다. 이 경우 1, 2위 후보가 1차 배분의 득표율이 30% 내외에 머물고 3위 이하의 득표자를 지지한 유권자가 3위 이하 후보를 차순위로 선택해 선택순위가 3위 이하의 지지에 의해 절대다수를 확보했다면 당선자는 외형적으로는 절대다수이지만 내용은 소극적 지지에 의해 당선된 것이기 때문에 대표성과 정당성에서 프랑스의 재투표제에는 미치지 못한다고 할 수 있다.

선호투표제는 대통령 권력이 약한 준대통령제의 경우는 적절할 수 있다. 대통령이 강력한 권력을 갖지 않은 경우 대통령 권력을 둘러싼 경쟁보다는 의회 권력의 경쟁이 더 치열할 수 있기 때문이다. 그러나 대통령 권력이 절대적인 대통령제에서는 대통령직을 둘러싼 경쟁은 권력경쟁의 최대 이벤트이다. 이러한 상황에서는 자신이 지지하는 후보와 경쟁상대는 배척의 대상이 되기 때문에 유권자들은 2순위 선택을 역으로 할 수 있으며, 그 결과 다수가 원하는 인물이 배제될 수 있다. 선택투표제는 아일랜드의 대통령선거에서 '선호투표(preferential voting)'로 알려지고 있다.

3) 선거인단에 의한 선거

대통령제의 원조인 미국의 대통령선거제도는 독특하게 선거인단 선거를 통해 대통령을 선출한다. 대통령은 대중투표에 의해 직접선출되는 것이 아니다. 미국의 유권자들은 대통령선거가 실시되는 해의 11월 첫째 화요일에 각 주단위로 대통령 및 부통령 후보에 대한 투표를 실시하는데, 이 투표(일반투표)에서 승리한 후보자들은 그 주의 모든 선거인단표(법적으로 그 후보를 지지하기로 서약한 선거위원들)를 획득한다. 유권자들은 투표할 때, 자신들이 직접 대통령을 뽑는다고 생각하지만 선거인단이 존재하기 때문에 직접선거가 아니라 간접선거이다. 대신 유권자들의 투표는 각 주별로 집계되며(1964년 이후 컬럼비아지구 포함), 각 주는 주내의 다수득표 후보의 모든 유권자의 표를 집계한다.

각 주는 상원과 하원 수에 해당하는 선거인단 표를 갖는다. 이것은 알라스카처럼 인구밀도가 낮은 주일지라도 최소한 3표를 갖는다는 것을 의미한다. 그럼에도 인구가 많은 주는 훨씬 더 많은 선거인단을 갖기 때문에 대통령 후보들은 뉴욕, 캘리포니아, 뉴저지, 펜실베니아, 오하이오, 일리노이 등에 득표활동을 집중한다. 선거인단은 각 주의 당원들로부터 지명된 인물들로 미국의 상하의원 535명과 컬럼비아 특별구의 3명 등 모두 538명이다.

대통령에 당선되기 위해서는 최소한 270표를 확보해야 한다. 만일 절대다수 득표자가 없을 경우 상위 3명 중에서 하원의원들이 주별로 투표하게 되며, 부통령의 경우는 상위 2명 가운데에서 상원이 결정한다. 그러나 미국은 양당제가 정착되어 양당의 후보들에게 표가 몰리기 때문에 제3의 후보가 선거인단을 차지하기는 어렵다. 예를 들면 1992년 로스 페로(Ross Perot)는 일반투표에서 18.9%의 득표율을 확보했으나 여러 주에 걸쳐 분산 득표한 것이기 때문에 단 한명의 선거인단도 확보하지 못했다.

미국의 선거제도는 선거구별 인구표차로 인해 박빙의 경쟁상태의 경우에는 일반 유권자의 득표에서는 이기고 선거인단 확보에서 패배할 수 있는 개연성을 갖고 있다. 2000년 선거결과 공화당의 부시(G. W. Bush)는 271-266의 선거인단표로 이겼지만 경쟁자인 민주당의 고어(Al Gore)는 일반 유권자표에서는 50여만 표를 더 이겼다.

모든 선거방법은 각각 나름의 장단점을 갖고 있다. 대통령선거는 다행이 지역분할선거가 아니라 전국을 하나의 선거구로 한다는 점에서 유권자 표의 등가성은 문제가 되지 않는다. 다만 대통령의 대의성을 강화하기 위해 당선자의 득표율이 절대다수라면 이상적이만, 그러한 목표를 이루기 위한 선거방식은 선거과정과 절차가 복잡한 것이 단점이다. 따라서 선거제도가 갖는 단점을 보완하는 대안으로는 유권자가 후보자를 충분하고 올바르게 인식해 판단하고 투표할 수 있는 선거운동의 절차와 방법 등을 민주적이고 효율적으로 마련하고 건실한 정당체계를 유지하는 것이 필요하다.

대통령선거에서 또 하나의 차이는 대통령선거가 의회선거와 연계되는지 그리고 분리되는지의 여부에 관한 문제이다. 미국은 대통령의 임기가 4년이다. 그러나 임기 6년의 상원의원1/3과 임기 2년의 하원의원은 매 2년마다 선거한다. 따라서 대통령선거 때에는 1/3의 상원의원과 전체의 하원선거가 동시에 실시된다. 아울러 대통령의 임기 2년 차에도 1/3의 상원의원과 전체 하원의원의 선거가 실시되는데 이 선거를 대통령 임기의 반에 실시된다고 해서 중간선거로 불린다.

2. 당선자의 권력독점

대통령선거 결과 승자와 패자의 명암은 극명하게 갈린다. 대통령선거는 오직 한 후보와 한 정당만이 승리할 수 있고, 다른 모든 후보는 패배하는 '전부 혹은 전무 게임(all or nothing game)'이다. 승자는 대통령이 되어 대통령직에 부여된 권력을 행사하며, 승자를 도왔던 각 분야의 전문가들은 정부의 각 분야에 충원된다. 승자의 정당은 대통령의 정책을 함께 추진해 나가는 동반자의 위치가 된다.

반면에 패자는 기회가 좋으면 야당의 지도자가 되지만 내부로부터 처참한 도전에 직면하거나 정치권에서 멀어진다. 패자 쪽은 정부의 어느 직위도 차지하지 못하고 대통령 후보를 비롯한 그의 참모들과 전문가들은 정치적 역할이나 정책적 역할에서 배제되어 사실상 사라지게 된다. 패자가 속했던 정당은 정부를 견제하고 비판할 뿐 자신들이 내건 정책은 사장될 수밖에 없다. 린즈는 이런 현상을 '승자독점, 패자전실(winner take all, loser lose all)'로 표현하면서 다른 한편으로는 '제로섬(Zero-sum)' 게임의 특성으로 불렀다.[34] 이것은 대통령선거에서 승리한 측이 정부의 요직을 독점하는 현상을 말한다.

한편 호로위즈(D. L. Horowitz)는 승자독점의 문제는 이론상으로 제도의 문제가 아니라 선거제도의 기능이며, 승자독점을 피하기 위해서는 의회제로의 전환이 아니라 공고한 다수당과 소수당들이 필요하고 다수당이 없는 곳에서는 연합이 필요하다고 주장한다.[35]

대통령이 입법부 다수를 기반으로 하는 경우 '독점'적 지위를 확보하는 것은 의회제의 경우에도 유사하다. 영국처럼 1당 정권의 경우는 대통령제와 마찬가지로 권력독점의 결과를 가져온다. 규율이 확립된 정당과

34 Juan J. Linz, "Presidential or Parliamentary Democracy : Does It Make a Difference," in J. J. Linz and A. Valenzuela (eds.), *op. cit.*, 14–15, 19.

35 Donald L. Horowitz, "Comparing Democratic Systems," *Journal of Democracy, 1/4*, (Fall 1990), 73–9.

단순다수 소선구제의 결합, 그리고 수상의 의회해산권 때문에 영국 모델은 입법부가 수상에 대해 견제를 거의 하지 못한다. 원칙적으로는 여당이 내각을 통제하지만 실제로는 의원들의 선거운명이 정당의 리더십과 매우 밀접히 연관되어 있기 때문에 특별한 제안에 대한 장점과 관계없이 의원들은 소속정당의 입법과 정책주도를 지지한다.[36] 입법부에서 1당 다수의 경우 불심임은 거의 불가능하고 정부에 대해 견제할 야당은 거의 없다. 결국 1당 정부의 의회제는 대통령제보다 승자독점에 대한 접근을 더 촉진하며, 대중 투표의 중요한 차이가 없음에도 불구하고[37] 1당은 집권기간 전체의 행정부와 입법부를 통제한다.[38] 이처럼 다수당을 가진 의회제는 집행부에 대해 견제력이 가장 약하며, 따라서 대통령제보다 승자독점을 더 촉진할 수도 있다.[39]

그러나 이러한 상황은 영국형 다수제 민주주의에서나 가능하고, 의회선거에서 어느 한 정당이 51%의 의석을 확보하는 경우는 드물다. 의회제를 채택하고 있는 나라의 대부분이 비례대표제의 선거제도이고 다당제이기 때문이다. 만약 한 정당의 의석 점유율이 51% 이하라면 연합정부의 구성을 통해서 다른 정당과 권력을 분할하거나 혹은 소수정부를 구성해야 한다. 정당의 지도자나 수상은 수상직을 유지하기 위해 원내의 지지자들에게 주의를 기울여야 하기 때문에 대통령과 동일한 위치에 있

36 Scott Mainwaring and Matthew S. Shugart (eds.), *op. cit.*, 39.

37 영국의 보수당은 1970−80년대 3번에 걸쳐 44% 이하의 지지율로 60% 이상의 의석을 확보했다.

38 Scott Mainwaring and Matthew S. Shugart (eds.), *op. cit.*, 39.

39 Donald L. Horowitz, "Comparing Democratic Systems," *op. cit.*, 73−9 ; George Tsebelis, "Decision Making in Political Systems : Veto Players in Presidentialism, Parliamentarism, Multicameralism and Multipartyism," *British Journal of Political Science 25*(1995), 289−325.

을 수는 없다. 특히 의회제는 수상이 의회에서 선출되고 소속정당 의원들의 변함 없는 지지가 이어져야 하며, 정당의 규율이 확립되어 의회 내에서 결속이 이루어져야 가능하다.

승자독점 현상은 당선자의 득표율이 낮을수록 증가된다고 볼 수 있다. 권력의 독점을 100으로 하고 이를 득표율로 나눈 것을 독점률로 하면 득표율이 낮을수록 독점률은 높게 되는 것이다. 미국은 양대 정당의 후보가 1% 내외의 근소한 비율에 의해 승패가 좌우된다. 이 경우 51%의 득표율로 100%의 권력을 갖는 셈이다. 그러나 대통령선거에 참여하는 정당이 많을수록 당선자의 득표율은 낮아지고, 만일 4개 정당이 치열한 경쟁을 벌인다면 산술적으로 26%의 득표율로 당선이 가능하며, 이 경우는 26%의 득표율로 100%의 권력을 갖기 때문에 상대적으로 독점률이 높은 것이다. 이런 점에서 보면 절대다수제나 대통령 선거과정에서의 선거연합은 독점률을 낮추는 기능을 하게 된다.

승자독점은 내각제의 합의민주주의의 관점에서 보면 대표성과 민주성의 취약성을 갖게 만든다. 따라서 이를 극복하기 위해서는 다수와 소수당 대표를 모두 포함해 복수의 공동 또는 복수의 행정부를 채택할 수 있는데, 우루과이(Uruguay)는 가치 있는 참고대상이다.

승자독점은 또한 권력의 분할이나 독점의 문제 이상으로 패자 측의 정책이 사장된다는 점에서 승자 측이 패자 측의 일정부분의 정책을 채택하는 정치관행의 확립도 하나의 방안이다. 즉 대통령은 야당후보가 제시했던 정책공약 가운데 최소한 30% 이상을 정부의 정책으로 반영하되 정책의 선별권은 정부에 부여하고 이 정책에 대해서만은 야당도 적극 협력하는 것이다.

이러한 정책공유 방식은 자칫 정당의 정체성을 모호하게 할 수 있지만 그 정책을 정당실명화하면 그 정책에 대한 타당성의 책임은 두 정당이 공유하되 오히려 야당에게 귀속될 수 있고, 이러한 과정에서 야당도 집권당의 정책 일부에 대해 협조한다면 대통령제의 '교착상태'는 상당히 완화될 수 있을 것이다.

3. 대통령의 임기

1) 임기의 고정성과 경직성

대통령제에서 대통령의 임기는 고정된다. 대통령의 임기는 헌법에 규정되는데, 대개 4-5년이며 우리나라의 경우는 5년이다. 여기에서 '고정'은 헌법에 명시된 재직기간 중에 입법부로부터 불신임되어 물러나지 않는다는 것을 의미하는 것으로, 의회제에서 수상이 의회에 대해 책임을 지는 것과 대조된다. 따라서 탄핵에 의한 사임은 예외이다.

대통령 임기의 고정은 정부의 안정과 정책의 계속성을 유지하고 예측성을 증대시킨다는 긍정적 측면을 갖는다. 아울러 대통령 임기의 고정성은 입법부의 독립성과 임기의 고정성을 동반함으로써 정부의 안정을 담보한다. 그러나 대통령 임기의 고정성은 정부의 안정성과 함께 '경직성'이라는 과제를 제기한다. 린즈는 이러한 '경직성'이 의회제의 불안정성과 비예측성에 대한 대통령제의 장점으로 보일 수 있지만 정치과정에서 변화하는 상황에 제대로 대처할 수 없도록 만든다는 점에서 현실적으로는 대통령제가 내재하고 있는 문제라고 진단하는데, 이러한 대통령 임기의 고정성은 정치과정에 몇 가지 근본적 딜레마를 안겨준다.[40]

1. 대중의 인기가 낮은 행정수반이 무엇을 할 것인가의 문제와 설령 인기가 어느 정도 있다고 해도 입법부에서 완강한 다수 야당에 직면할 경우 무엇을 할 수 있겠는가의 문제이다.

비록 국민의 강력한 지지를 받는 새로운 대통령이 선출된 경우에도 대통령선거 이전에 선출된 적대적 입법부에 직면하면 대통령은 효과적으로 입법계획을 주도하고 수행하기가 어렵다. 소수당의 대통령은 항상 입법부의 다수당 의원들과 다투게 되고, 의원들은 경쟁적인 입법 프로그램의 수행을 시도할 것이다. 이 경우 대통령의 리더십은 어떤 수상보다도 약화된다.

의회제는 의회의 다수연합 정권으로 이를 해소할 수 있다. 의회제에서는 수상이 추문에 관련되거나 직무를 계속하면 심각한 정치적 위기를 유발할 수 있을 때 교체될 수 있으며, 소속정당의 통제력을 상실한 경우는 소속정당에 의해, 또는 새로운 연합의 형성이나 소수 정부를 용인하는 정당들의 지지철회에 의해 교체될 수 있다.

2. 대통령에 대한 불신임투표의 선택권이 없기 때문에 대중적 인기가 낮고 무책임하며 무기력한 대통령이라도 축출하기가 어려울 뿐만 아니라 사임하도록 할 제도적 수단도 없다.

선거과정에서 검증되지 못한 대통령으로서의 자질의 결함, 국정운영의 미숙 등에 의한 정책판단의 심각한 오류나 비효율에 대한 책임을 지도록 할 수도 없다. 대부분의 대통령제는 탄핵규정을 갖고 있지만 경직된 규정으로써 절대다수의 동의를 요하기 때문에 행

[40] Juan J. Linz, "Presidential or Parliamentary Democracy : Does It Make a Difference," in J. J. Linz and A. Valenzuela (eds.), *op. cit.*, 9 참조.

정수반으로서 헌정절차의 무시나 위법의 증거가 있을 때만이 사용할 수 있고, 대통령을 면직시키려는 시도가 정권 자체를 위험에 빠뜨리게 하기 때문에 위기에서 융통성을 거의 제공하지 못한다. 대통령도 불신임을 조건으로 새로운 총선거를 요구하기 위한 의회해산이나 어떤 다른 방법을 통해서도 권한을 강화할 수도 없다.

3. 대통령제는 정부의 위기를 가져오는 어떤 종류의 변화에 직면해도 대통령의 정해진 임기 동안 현 행정부를 다른 정부로 대체할 수 없다. 특히 예측하지 못한 상황이 전개되고 급변하는 상황에 직면했을 때 대통령의 지배는 의회제보다 더 예측이 어려우며 상황대처가 취약할 수 있다.

수상은 신임요구로 그의 민주적 정당성과 권한을 항상 강화할 수 있는 반면에 대통령은 소속정당이나 그의 선출을 묵인한 다른 정당들로부터 신임을 잃어도 대체할 수 없고, 정치적 양극화가 극에 달해 폭력이나 비합법적인 방법으로 국가를 전복할 위험을 초래하는 긴장에 이르러도 반대파와 타협할 어떤 유능한 인물로 대체될 수도 없다.[41]

대통령제가 갖는 이런 경직성은 어떤 조건 하에서 조기총선을 통해 타개하는 방법으로 치유할 수 있다.[42] 행정부와 입법부의 교착상태를 완화하기 위한 고육책으로 일정기간 교착상태가 계속될 경우 대통령의 의회해산권이나 입법부의 대통령 해임권을 부여하는 것도 하나의 방법이다. 또는 대통령이나 입법부의 다수가 대통령 및 입법부 모두의 조기

41 *Ibid.*, 7.

42 Scott Mainwaring and Matthew S. Shugart, Juan Linz, "Presidentialism, and Democracy : A Critical Appraisal," *Comparative Politics, 29*, No. 4 (July 1997), 453.

선거를 요구하거나 소환투표 등을 통해 어느 정도의 치유방안을 모색하는 것이다.

그러나 이것은 정해진 임기에 의해 정의되는 대통령제로부터의 일탈이고 대통령제의 변질이다. 왜냐하면 행정부의 권력은 유권자에게 되돌아가지 않고는 재구성될 수 없기 때문이다. 입법부가 행정부를 해임할 뿐만 아니라 행정부가 입법부를 해산하고 새로운 총선거가 실시되면 이것은 새로운 혼합형태이다. 어떤 제도도 완벽하지는 않다. 따라서 모든 제도는 변화의 대상이다. 그러나 하나의 제도는 오랜 역사성을 갖고 다듬어져 왔다는 점에서 어떤 변화를 시도하는 경우에는 그 제도의 본래의 원리를 바탕으로 그 나라의 정치문화 등 여러 상황에 대한 장단점을 면밀하게 고려해야 한다.

우리나라 대통령의 임기는 현재 5년으로 고정되어 있으나 시대별로 달랐다. 제헌 당시에는 4년에 1차의 연임이 가능했다. 그러나 이어 이승만은 발췌개헌을 통해 연임조항을 철폐하고 장기집권의 길을 열어놓았다. 3-4공화국의 박정희도 연임 이후 3선의 길을 터놓으면서 역시 장기집권의 레일을 폈으나 국민의 저항으로 선거에 의한 집권연장이 어렵게 되자 유신 쿠데타를 통해 6년 임기의 무제한 연임이 가능한 종신 집권제를 만들었다. 5공화국의 전두환은 장기집권의 반제로 7년 단임제의 간선제를 마치 민주화인 양 도입하였다. 그러나 1987년 시민항쟁은 여야당의 합의로 5년 임기의 직선 단임제를 채택했다. 5년 단임제는 장기집권의 폐해를 막는다는 것이 우선 목적이었다. 장기집권은 곧 독재라는 도식에 사로잡힌 의식의 결과였다.

우리나라의 대통령 임기는 결국 국정운영의 민주성, 안정성, 책임성 등을 토대로 판단하고 결정한 것이 아니라 집권자(대통령) 측에서는 권력을 얼마나 오랫동안 유지할 것인가, 그리고 반대자 측에서는 어떻게 그것을 제한하느냐의 목적과 논리에서 결정되어 왔다. 5년 단임제가 이제 20년을 넘기고 있다. 일부에서는 개헌문제를 제기하고 있다. 그 핵심 중의 하나가 바로 5년 단임의 문제인데, 이것은 5년의 경직성에 대한 문제가 아니라 단임이 대통령의 책임성과 반응성을 약화시킨다는 주장이다. 대통령에 당선되면 다시 선거를 통한 심판이 불필요하기 때문에 유권자의 입장에서는 그의 책임을 물을 수 없고, 대통령의 입장에서는 국민의 눈치를 볼 필요가 없기 때문에 국민의 요구에 반응이 약하다는 것이다. 단임이기 때문에 레임 덕이 조기에 초래된다는 주장도 있다. 따라서 4년 중임제가 필요하다는 주장이다.

대통령은 퇴임해도 대통령이 소속된 정당은 다른 선거(국회의원선거, 지방선거)에서 대통령의 책임과 유권자의 심판이 가능하지만 이러한 과정이 당장의 선거를 의식하는 반응에는 미치기 어려울 것이다. 따라서 단임제는 대통령의 반응성을 약화시키는 중요한 요인일 수 있다. 그러나 대통령의 모든 활동이 선거를 의식하는 것은 아니고, 연임 대통령의 경우 2차 임기의 4년은 단임과 다를 바 없다. 또한 레임 덕도 같은 상황이며, 특히 레임 덕은 임기의 문제가 아니라 대통령의 리더십과 관련되는 문제이다. 이런 점에서 대통령 임기의 문제는 정책의 안정성 및 일관성과 책임성 및 반응성 등과 관련해 장단점이 상반될 수 있지만 대통령제의 결정적 장단점의 문제는 아니라고 할 수 있다.

한편 우리나라는 대통령의 임기는 5년인 데 비해 의원의 임기와 지방자치단체의 장과 의원의 임기는 4년이기 때문에 동시선거는 불가능하다. 따라서 대통령선거와 국회의원선거, 지방선거가 각각 분리되어 평균 매 1.6년 만에 선거가 실시되는 셈이다. 미국처럼 중간선거가 대통령 중간평가의 기능을 수행한다는 점에서 모든 선거를 동시에 실시하기보다는 2회 정도로 나누어 실시하는 것도 나름의 의미를 갖는다. 그렇다면 행정의 장, 즉 대통령과 자치단체장을 하나로, 국회의원과 지방의원을 다른 하나로 통합해 매 2년마다 선거를 실시하는 것이 이상적일 수 있다. 이를 위해서는 대통령 임기와 자치단체장의 임기를 일치시키는 방안도 고려될 수 있다.

2) 대통령의 연임

대통령제의 대통령 임기는 대개 4–5년이다. 그러나 대부분의 대통령제 국가들은 대통령이 한번의 임기를 마친 후에 다시 대통령 선거경쟁에 참여할 수 있으며, 당선되면 다시 두 번째 임기의 대통령직을 차지하게 된다. 연임은 바로 최초의 임기를 마친 후에 다시 선거에 출마해서 당선되어 대통령직을 수행하는 것을 의미한다. 대부분의 대통령제에서 연임은 오직 한 차례, 즉 4년 임기의 경우 '4년+4년' 으로 한정하고 그 이상은 금지하고 있다. 우리나라의 경우처럼 단임제로 한정하는 경우도 있다. 이것은 절대권력이나 장기권력의 부패 위험성을 차단하기 위한 것이다.

이러한 단임 또는 연임제와 중임제는 다르다. 연임제는 계속해서 두 번 임기의 대통령직을 맡는 것이고 중임은 중간에 한 번 이상의 임기를 거른 다음에 다시 대통령직을 맡는 것이다. 따라서 단임제는 한 사람이 단 한 차례의 임기에 한해서 대통령직을 맡는 것이지만 단순히 연임만을 제한하면 중임은 가능할 수 있다. 그러나 실제로 한 번 또는 두 번의 임기(연임)를 마친 대통령이 한 번의 임기를 거른 후에 다시 대통령에 당선되기는 사실상 흔한 일이 아니기 때문에 관심의 대상이 아니다. 우리나라 헌법은 사실상 '연임' 을 '중임' 으로 모호하게 표현해 왔으나 6차 개정에서는 '계속 재임' 이라는 표현으로 '연임' 과 '중임' 을 실질적으로 구별했다.

대통령제의 안정성이 한 정권에게 부여된 임기를 채운다는 것을 의미한다면 임기를 채우는 의의는 바로 정책의 지속성과 예측 가능성에 있다. 따라서 대통령제에서 한 대통령이 임기를 마치고 다시 선거에 도전해 당선될 수 있다면 정책의 지속 가능성은 그만큼 높으며 예측성은 이에 비례할 것이다. 이런 점에서 대통령제가 안정성과 예측성을 증대하려면 임기가 길고 연임 횟수가 많아야 할 것이다.

대통령제의 임기제한은 대통령이 더 이상 지지를 받지 못해도 민주적으로 선출된 정부수반을 퇴임시키거나 인기 높은 대통령이라도 헌법제한을 벗어나 임기를 연장하기도 불가능한 경직성처럼 다음과 같은 문제들을 안게 된다.

1. 유능하고 국민에게 인기높은 대통령이라도 정해진 임기가 끝나면 사임해야 한다는 점에서 비롯된다. 이러한 대통령은 국민이 원하면 더 집권하는 것이 국가를 위해 유익하다는 주장과 국가운영을 한 개인의 자질에 의존한다는 것은 너무 단순하다는 반론이 있을 수 있다.
2. 더 근원적인 문제로 국민의 선택권을 제한한다. 칸토는 "대통령을 연임 이상을 금지하는 제한은 진정한 민주주의 위반이며, 국민들은 자신이 선택하고 싶은 사람은 누구든지 선택하도록 허용되어야 한다"[43]고 주장한다. 레이파트(Lijphart)는 이러한 점에서 연임 이상을 금지하는 것은 선출된 정치인들은 다시 선출되고자 하는 동기로 인

43 Harry Kantor, Efforts Made by Various Latin American Countries to Limit the Power of President, in Thomas V. Dibacco (ed.), *Presidential Power in Latin American Politics* (New York : Praeger, 1977), 21–32.

해 유권자의 욕구에 반응한다는 민주주의 가정과도 상충된다고 전제한다.[44]

3. 연임의 불가능은 당선되자마자 '레임 덕'이 시작되는 한 원인이 될 수 있다는 주장이다.[45] 행정부와 입법부가 교착상태에 있는 동안 대통령이 정책을 추진할 도구가 결핍되어 있는 상황에서 연임이 금지된 경우 대통령은 곧바로 레임 덕에 빠지며, 많은 대통령들은 자신의 정당을 강력히 통제하는 상황에서 임기를 시작하지만 레임 덕이 나타나는 상황에서는 그의 통제력도 상실하며, 그렇다고 수상처럼 의회를 해산하고 새로운 총선거를 실시할 수도 없고, 지지의 결핍 때문에 내실 있는 정책을 집행하지 못하면서 고통스럽게 임기의 종료를 기다려야 한다는 것이다. 그러나 연임과 레임 덕이 상관성을 갖는지는 매우 복잡한 문제이다. 곧 물러날 대통령에 대한 복종심이 약해지고 그에 따라 대통령의 영향력이 약화된다면 레임 덕이 '임기 말'의 문제라고 할 수 있지만 이에 대해서는 또 다른 분석이 필요한 대상이다.
4. 대통령의 연임이 권력의 공고화를 통한 독재의 위험을 초래한다는 측면이다. 절대권력은 절대적으로 부패한다는 말처럼 대통령제에 연임제한규정이 없으면 장기집권이 가능하고 장기집권은 대통령 권력의 독재화와 그에 따른 정치적 부패가 초래될 수 있다. 실제로 대통령의 임기를 장기적으로는 2회의 연임, 그리고 엄격하게는 1회

44 Arent Lijphart "Presidentialism and Majoritarian Democracy : Theoretical Observations," in J. J. Linz and A. Valenzuela (eds.), *op. cit.*, 99–101.

45 *Loc. cit.* ; Scott Mainwaring, "Presidentialism, Multiparty Systems, and Democracy : The Difficult Combination," *Comparative Political Studies 26, 2* (July 1993), 198–228.

의 단임으로 제한하는 배경은 여기에 있다.

대통령제의 효시인 미국의 경우 대통령의 임기를 2회 연임으로 한정한 것은 제퍼슨(Thomas Jefferson)이었다. 그는 2회 이상의 연임은 민주주의의 원칙에 위배된다면서 전제정치와 부패는 정치적 공직의 순환을 통해서 피해질 수 있다고 생각했다. 이러한 제퍼슨의 생각은 결국 미국의 대통령 임기에 관한 입헌적 관행으로 굳어졌다. 그러나 이러한 관행은 민주당의 루즈벨트(F. D. Roosevelt)가 1932년부터 4회 연임하는 기록을 세움으로써 무너졌다. 그리고 1928년 집권 이후 1932년부터 대통령선거에서 연패한 공화당은 루즈벨트가 2회 연임 이후 3선에 도전하자 2회 연임정신을 들어 반대에 나서게 되었다. 2회 연임 제한조항은 1951년까지 각 주 입법부의 비준을 거쳐 1952년 대통령선거에서부터 적용되어 오늘에 이르고 있다.

현재 많은 나라에서 단임원칙은 강한 상징적 중요성을 획득했다. 비민주적인 독재자의 장기집권의 기억이 단임의 요구로 나타난 것이다. 대부분의 대통령제에서 대통령직의 임기를 한 번 혹은 길어야 두 번으로 제한하려는 시도는 바로 대통령에 대한 권력집중의 우려에서 비롯되는 것이다.

그러나 대통령이 마지막 임기 동안 수행한 국정에 대해서는 그 공과에 대해 보상이나 인책의 방법이 없다. 물론 대통령의 공과는 다음 대통령선거나 이웃한 의회선거에 어느 정도 반영될 것이라고 가정할 수는 있다. 집권당의 대통령 후보는 전임자가 성공적인 대통령인 경우 동일시하려고 할 것이고, 실패한 경우 그와 차별화를 시도할 것이다. 인기리에 대통령 임기를 마치는 대통령이 속한 정당의 후보는 그 대통령의 후광을 이어받을 것이다. 그러나 인기가 낮은 대통령의 정당에 소속한 후보는 그 부채를 안아야 한다. 그렇기 때문에 인기가 낮은 대통령은 선거

전에 그 정당을 떠나는 것으로 후계자의 부담을 덜어주려고 시도한다.

IMF사태로 인기가 추락한 김영삼 대통령의 신한국당 탈당이 극명한 예이다. 그러나 다음 대통령선거의 결과를 전임 대통령의 인기 여부로 분석하기는 어려운 과제이다. 결국 대통령의 국정운영에 대한 공과는 당사자에 한정 될 수밖에 없다. 따라서 재선에 출마할 수 없는 대통령이 책임을 질 방법은 없다.[46] 그러한 대통령은 결점에 대해 유권자들로부터 처벌받을 수도 없고, 앞서의 선거보다 더 많은 득표나 동일한 득표로 연임에 성공해서 보상받을 수도 없다. 반면에 재선의 기회를 갖는 현직 대통령은 인기를 높이기 위해 여러 조치들을 취할 것이다.

앞에서 기술한 것처럼 우리나라는 이승만과 박정희 정권에서 제도적으로는 1차 연임제였지만 변칙적으로 헌법을 변경해 장기집권을 기도했다. 그러나 이승만은 4·19혁명으로 축출되었고, 박정희는 국민으로부터 직접선거가 불리해지자 6년 임기의 간접선거제도를 바탕으로 하는 독제체제를 마련했었다. 박정희가 시해된 뒤에 군부를 배경으로 권력을 장악한 전두환은 정권을 유지하는 데 장기집권에 대한 국민의 반감을 이용해 7년 단임제를 도입했다. 전두환의 퇴임과 함께 시민혁명으로 촉진된 민주화 과정에서 정치권은 5년 단임제를 합의하게 되었다. 결국 단임제는 장기집권으로 인한 각종의 폐해, 특히 대통령 독재의 우려를 반영하는 것이다. 5년 단임제가 우리 정치문화와 민주성, 안정성에 어떤 요인으로 작용하는지에 대한 진단이 결어되었다는 점에서 임기문제는 토론의 대상일 수밖에 없다.

46 Juan J. Linz, "Presidential or Parliamentary Democracy : Does it Make a Difference," in J. J. Linz and A. Valenzuela (eds.), *op. cit.*, 12–13.

3) 대통령직의 대행과 승계

대통령제의 임기 고정성으로 인한 가장 불안한 경우는 대통령이 재임 중 어떤 사유로 인해 예기치 못한 상황에서 역할이 중단되고 국민으로부터 직접 선출되지 않은 인물을 후임자로 대체해야 하는 경우이다. 대통령직은 고정된 임기를 갖지만 대통령은 임기 중에 어떤 이유로 일시적 또는 완전히 대통령직에서 물러나게 될 수 있다. 이러한 일은 각 나라의 헌법규정에 따라 다를 수 있다.

일시적인 대통령직 대행의 경우는 대통령의 직무가 잠시 중지됨에 따라 헌법상 자격이 부여된 인물에게 그 기간 동안 대통령직의 권한을 부여하는 것이다. 예를 들면 우리나라의 경우 입법부가 대통령에 대해 탄핵을 의결하면 헌재의 결정이 내려질 때까지 직무가 정지된다. 또는 직무가 불가능할 정도의 질병상태인 경우 사후 대처가 이루어질 때까지 일시적으로 직무가 정지될 수 있다. 이 경우 헌법상 자격이 부여된 인물(우리나라는 국무총리이지만 헌법규정에 따라 부통령 혹은 국회의장)이 대통령의 권한을 대행하게 된다. 그렇더라도 대통령직은 현직 대통령에게 보유되며, 단지 대통령의 역할만을 일시적으로 대행되는 것이다.

대통령직의 권한이 대행될 때는 실제의 대통령이 존재하는 상황에서 대통령직의 권한을 행사하는 한시적인 대행자가 존재하는 이원구조가 된다. 이 구조 속에서 권한의 대행자가 할 수 있는 일은 일상적인 행정권에 한정될 수밖에 없다. 새로운 정책을 수립하거나 기존의 정책이라도 집행에 들어가지 않은 정책의 집행을 시작하기는 어렵다. 특히 정치적인 역할은 사실상 배제된다. 비록 권한이 정지되었다고 해도 대통령이 존재하고, 그 대통령이 복귀할 수 없다는 확신이 없고, 또한 그 대통령의 세력들이 포진하고 있는 상황에서 아무리 야심이 있는 인물이라고 해도 섣불리 행동하지는 않을 것이다.

대통령의 권한대행체계는 이런 점에서 주인을 대신해서 점원이 일시적으로 판매하는 상점에 비유될 수 있다. 새로운 판매전략을 수립하거나 점포를 확장 또는 축소할 수도 없다. 새로운 상품을 들여오거나 기존 상품에 대한 바겐세일을 할 수도 없다. 매일매일 판매되는 일용품을 보충하는 정도이다. 권한대행체계는 최대의 기대효과가 현상유지이고 이는 국정이 겨우 숨만 쉴 뿐 역동적으로 전진하지 않는다는 점에서 국가적으로 비효율적이고 불행한 위기상황이라고 할 수 있다.

완전히 대통령직에서 물러나는 것은 대통령이 사망하거나 탄핵심판이 확정되는 경우이며, 이때는 헌법상 승계대상자에게 대통령직을 인계해야 한다. 사망자는 당연히 대통령직을 수행할 수 없으며, 탄핵이 확정된 경우도 대통령직에서 완전히 물러나 전직 대통령의 자리로 이동하게 된다. 그리고 대통령직의 승계자는 법이 정한 범위 내에서 전직 대통령의 잔여임기 일부 또는 전부의 기간 대통령직을 맡게 된다.

승계의 문제는 다소 복잡하다. 대통령제에서 대통령과 부통령이 공존하는 경우 대통령의 유고시에는 부통령이 자동적으로 대통령직을 이어받는다. 대통령의 사망이나 통치불능의 우발성에서 부통령의 자동승계는 대통령에 대한 국민의 직접선거의 의미를 현저하게 훼손한다. 국민이 대통령과 부통령을 선거할 때, 과연 얼마나 많은 유권자가 대통령의 유고를 가정하고 그 상황에서 부통령이 대통령이 될 것이라고 생각했을까? 만일 직전의 대통령 선거에서 그 부통령이 대통령 후보로 출마했을 경우 상대후보를 제압할 수 있었을 것인가?

대통령선거에서 부통령 후보는 이론적으로는 대통령 후보가 가질 수 있는 약점(예를 들면 인종, 지역, 종교, 계급 등)을 보완할 수 있겠지만 부통령 후보가 좌우할 수 있는 지지율이 얼마나 될 것인가? 만일 대통령 후보의 단점에 대한 보완적 역할이 충분하다고 해도 그것이 곧 대통령으로서의 자질을 가리키는 것은 아니고 그 부통령에 한해 유용한 자원인 것이다. 따라서 부통령은 승계가 이루어지는 상황—비록 승계가 이루어지는 그 상황이 아닐지라도—에 대통령으로서 반드시 최선의 적임자가 아닐 수 있다. 린즈도 대통령의 유고시에 부통령이 대통령직을 자동으로 승계하는 제도를 대통령제에서 매우 복잡한 문제 중의 하나로 든다.[47]

1. 대통령과 부통령이 따로 선출되어 대통령과 정책적으로 다른 의견을 갖거나 부통령이 다른 정당이나 또는 다른 정당연합을 대표하는 인물인 경우, 대통령 지지세력은 이 승계자가 자신들의 정치적 견해를 대표하지 않으며 국민들의 정통성도 확보하지 못한다고 느낄 수 있다.
2. 부통령이 대통령의 러닝메이트라고 하더라도 대통령 후보가 부통령 후보를 선택할 때는 대통령으로서의 능력이나 국민신임의 차원과는 관계없이 대통령 후보 개인이나 정파의 선택에 의해 이루어지고, 정상적인 상황이라면 유권자나 정당지도자, 정치 엘리트 어느 누구도 바라지 않았을 사람이 단지 부통령이라는 이유만으로 갑자기 대통령직을 수행하는 것은 문제라는 것이다.

린즈의 지적은 매우 예리하면서도 일면 극단적 상황을 상정한 것이다. 대통령에 당선된 인물이 그 나라에서 최고의 인재라는 보장이 없는 것처럼 부통령이 대통령보다 열등하다는 증거도 없다. 오히려 대통령보

47 *Ibid.*, 32–33.

다 부통령의 능력이 더 낳을 수도 있다. 다만 국민이 대통령으로 선출하지 않은 인물이 대통령을 한다는 점에서 보면 대표성과 특히 국민의 직접선출이라는 원리와 어긋나는 것이다.

한편 대통령과 부통령 분리선거의 경우에 대통령과 부통령의 정파가 다르면 갈등이 우려되고, 미국처럼 대통령 후보와 부통령 후보가 러닝메이트인 경우 국민의 선택권이 제한될 수 있기 때문에 민주적 선거의 의미가 퇴색된다. 분리선거에서 서로 다른 정파의 대통령과 부통령이 당선되는 경우는 상호 간의 갈등이 불가피하지만 그 갈등의 심각성은 각 나라의 정치문화, 의회의 세력, 대통령과 부통령의 권한, 각자의 퍼스낼리티 등 다양한 요인에 좌우될 것이다. 그러나 오히려 건강한 긴장관계는 집권당(대통령 소속당)과 준집권당(부통령 소속당)이 국정에 공동책임을 진다는 점에서 순기능적 측면에 대한 연구가 필요한 과제이다.

우리나라에서는 대통령이 궐위되면 국무총리가 승계한다. 그리고 그로부터 60일 이내에 대통령을 선거한다. 부통령제도가 없기 때문에 미국처럼 승계자가 대통령의 잔여임기를 다 채우는 것이 아니고 단지 후임 대통령을 선출하기 위한 과도기간(최장 60일)에 한해서 승계하고, 이것은 예외적 경우이기 때문에 충분히 수용 가능한 상황이라고 할 수 있다. 오히려 60일이 후임 대통령을 선택하는 데 과연 충분한 기간인지에 대한 검토가 필요하다. 일부에서는 부통령제 도입을 주장한다. 그러나 그 배경은 권력의 분담이다. 즉 대통령에게 부과된 과중한 업무를 분담할 뿐만 아니라 집중된 권력도 분산하자는 것이다.

그러나 업무의 분담은 세력균형에 따라 복잡한 상황을 초래할 수 있다. 대통령과 부통령이 동일 정당이면 부통령은 대통령의 그늘에서 시간을 보내야 한다. 서로 다른 정당이면 업무를 둘러싸고 권한과 책임의 문제로 갈등에 빠질 수 있다. 부통령의 권한을 아무리 체계적으로 조정해도 대통령의 의사를 벗어나 임의로 행동할 부통령은 찾기 어려울 것이고, 대통령의 정책방향이 아무리 옳다고 해도 순종만 할 반대당의 부통령도 드물 것이다.

4) 레임 덕

대통령의 임기 말, 특히 더 이상 대통령에 출마할 기회가 없는 대통령의 경우 퇴임 1년여 전부터 권력누수 현상, 즉 레임 덕 현상이 나타나는 것으로 인식하고 있다.[48] 레임 덕(lame duck)은 임기 말 권력의 누수현상을 의미한다. 임기 말은 대체로 마지막 임기 1년을 가리킨다. 헤드크(J. R. Hodtke)는 레임 덕의 개념이 3선 출마를 거부한 미국의 제3대 대통령 제퍼슨으로부터 기원된 것으로 보면서, 1952년 선거부터 대통령의 임기를 연임(4년+4년)으로 제한하는 법안(22조 수정)이 시행되면서 대통령의 레임 덕 증후군이 만들어졌다고 주장한다.[49]

헤드크는 중임 대통령을 대상으로 연임 제한조항 이전과 이후의 재선 대통령의 임기 말을 토대로 하여 정책수행에 관한 대통령의 권력행사를 경험적으로 분석하고 레임 덕 증후군은 정치적 실체보다 정치적 신화로 더 나타난다고 결론지었다.[50] 아울러 그는 당파정치와 외적 요인에 의한 사건이 임기제한보다 대통령 권력과 업무수행에 더 큰 영향을 미쳤다고

48 Scott Mainwaring, "Presidentialism, Multiparty Systems, and Democracy : The Difficult Combination," *Comparative Political Studies 26*, 2(July 1993), 198–228.
49 James R. Hedtke, *Lame Duck Presidents–Myth or Reality*(New York : The Edwin Mellen Press, 2002), 38, 60.
50 *Ibid.*, 214.

전제하고, 임기제한이 레임 덕 증후군의 원인이거나 레임 덕 현상을 촉진시킨다는 가설은 입증되지 않는다고 밝혔다.[51]

그렇다면 레임 덕은 허상이다. 그러나 이것은 대통령 개인의 리더십에 의해 좌우될 것이다. 대통령이 국민으로부터 인기가 높다면 그의 영향력은 퇴임일자와 관계없이 공고할 것이다. 그러나 국민의 지지를 받지 못한다면 취임 후 이른바 허니문이 지나면서 권력의 누수현상이 나타날 수 있을 것이다. 특히 국민의 인기없는 대통령의 퇴임날짜가 가까와지는 경우 행정부와 타협이 내키지 않은 의원들에게는 정부에 대한 비타협적 태도를 완강하게 만들 수 있다.

51 *Loc. cit.*

Ⅳ. 대통령의 탄핵

2004년 3월 12일 우리나라 국회는 노무현 대통령에 대한 탄핵소추안(탄핵안)을 가결함으로써 대통령을 탄핵(소추)했다. 헌정사상 초유의 일이다. 대통령에 대한 탄핵은 국민이 직접 선출한 대통령을 입법부가 축출하려는 시도라는 점에서 예사로운 일이 아닌 최대의 정치적 충격 중 하나이며 우리에게 생소한 사건이었다. 우리나라에서 대통령에 대한 탄핵은 헌법에 문자로만 기재되어 있을 뿐 정부수립 이후 제기되거나 시도된 적이 없을 뿐만 아니라 외국에서도 드문 일이다. 그것이 우리에게 현실로 다가왔던 것이다. 헌법재판소가 2개월여의 심의 끝에 기각결정을 내림으로써 대통령은 파면위기에서 벗어나 정상적 지위를 회복했지만 탄핵이 우리 정치사회에 미친 영향은 대단히 크다.[52]

정치학은 현실 정치현상을 토대로 이론을 정립하지만 현실정치는 정치행동의 방향을 설정하는 데 이러한 정치이론을 참고한다. 만일 우리 정치권, 특히 당시 야권이 탄핵에 대한 본질, 탄핵의 조건, 탄핵의 영향 등에 대한 지식을 가졌더라면 패배할 게임을 전개했을까?

노무현 대통령에 대한 탄핵을 계기로 대통령에 대한 탄핵은 다른 나라에서나 가끔 제기되는 문제가 아니라 이제 우리의 현실문제로 대두됨으로써 법리적인 측면은 물론이거니와 정치학적인 측면에서 중요한 연구과제로 대두되었다. 그러나 탄핵에 대해서는 우리나라는 물론이거니

52 탄핵에 관한 이하의 내용은 최한수, "노무현 대통령탄핵에 관한 소고," 『대한정치학회보』, 제13집 3호, 2006, 97-106의 내용의 일부를 재구성한 것임.

와 외국에도 충분한 연구가 이루어지 않았다. 특히 탄핵을 주도하는 의원들의 행동을 설명할 현존 모델은 없다.[53] 다만 주로 역사가나 언론 또는 법률학자들에 의해 연구되고 그 내용도 서술적이거나 탄핵의 정당성을 판단하는 규범적 측면이다.[54] 그리고 이러한 연구내용도 주로 결과에 대한 판단이지 원인과 과정에 대한 분석은 아니다. 여기에서 필요한 것은 바로 탄핵에 대한 정치학적 접근을 통해 탄핵의 본질과 탄핵과정을 설명할 수 있는 모델을 발견하는 일이다.[55]

1. 탄핵의 개념

탄핵(impeachment)은 14세기 영국에서 의회가 관리에 대해 책임을 추궁하는 도구로 사용한 것인데,[56] 미국 식민지 의회도 이를 채용해 사용한 이래 현재로 이어져 오고 있고,[57] 대통령제의 우리나라도 제헌 이래 이 제도를 채택하고 있다. 미국에서 탄핵은 하원에서 탄핵안의 가결, 즉 소추

53 Michael J. Gerhardt, *The Federal Impeachment Process : A Constitutional and Historical Analysis*(2nd) (Chicago : The University of Chicago Press, 2000), Xi.

54 Jody C. Baumgartner, “Introduction : Comparative Presidential Impeachment,” in Jody C. Baumgartner and Naoko Kada(eds.), *Checking Executive Power : Presidential Impeachment in Comparative Perspective*(Westport, Connecticut : Praeger, 2003), 3.

55 이러한 측면에서 필자가 아는 한 바움가트너와 카다의 연구, Jody C. Baumgartner and Naoko Kada(eds.), *op. cit.*는 이 분야에 개척적이라고 할 수 있다.

56 Raoul Berger, *Impeachment : The Constitutional Problems*(Cambridge, Massachusetts : Harvard University Press, 1973), 1.

57 Walter Ehrlich, *Presidential Impeachment : An American Dilemma*(Saint Charles, Missouri : Forum Press, 1974), ch. 1.

한 것을 의미한다. 여기에서 탄핵은 유죄나 무죄일 수 있고, 유죄가 되더라도 심판기관(미국의 경우 상원)에서 '유죄판결'이 되어야 축출되며, 그렇지 않은 경우는 면소(acquittal)가 된다. 따라서 미국의 앤드류 존슨(Andrew Johnson)이나 클린턴(W. J. Clinton) 대통령은 탄핵되었지만 상원의 탄핵심판이 부결되어 파면 대신 면소되었기 때문에 대통령직을 유지한 것이다.

우리나라에서는 '탄핵'의 개념이 매우 모호하게 사용되어 혼란이 초래되고 있는데,[58] 그 이유는 탄핵이 여러 단계의 정치적 · 법적 절차를 거치기 때문이다. 탄핵의 공식적 절차는 국회가 탄핵소추를 발의한 이후 다음 4가지의 시나리오가 가능하다.

1. 명문규정에는 없지만 정치적으로 '철회'나 '폐기'이다. 이것은 야권의 전략이나 야권과 대통령 또는 집권당과의 협의를 통해서 이루어질 수 있다.
2. 헌법에 따른 '표결'이다. 여기에는 '부결'과 '가결(의결)'의 경우가 있다. 국회가 탄핵소추안을 가결하면 이는 '탄핵소추의 의결'이고 당사자는 권한행사가 정지된다.
3. 국회가 이 '소추의결서'를 헌법재판소에 제출함으로써 '탄핵심판'을 청구한다. 여기에서 국회는 '탄핵소추기관'이고 헌법재판소는 '탄핵심판기관'으로서, 결국 탄핵은 국회의 '소추'와 헌법재판소의 '심판'으로 분리된다. 이를 기소와 재판의 절차에 비교하면 국회의 탄핵소추 의결은 공직자가 파면될 만한 죄를 저질렀다는 국회

58 『국어사전』(이희승 편, 민중서관)에 탄핵은 "… 일정한 소추방식에 의해 파면시키는 절차"이다. 그러나 이 의미로는 소추와 파면 어느 것인지를 판단할 수 없다.

의 공식적인 기소이고, 헌법재판소의 심판은 이에 대한 판결인 것이다.[59]

4. 탄핵심판청구에 대해 헌법재판소는 '탄핵결정' 혹은 '기각'의 결정을 내리는데, 탄핵결정은 곧 파면을 의미한다. 여기에서 '파면'은 물론 '유죄판결'이다. 그러나 '기각'이 곧 무죄인 것은 아니다. 유죄가 인정되더라도 '중대한 법위반'이 아니라면 노무현 대통령의 경우처럼 '파면'이 아니라 기각을 통해서 '면소'가 된다.

여기에서 '탄핵'의 개념적 혼란은 이 용어가 '탄핵소추'와 '탄핵심판' 어느 하나를 의미하는지 또는 이 둘 모두를 의미하는지의 문제이다. 탄핵이 전자를 의미하는 경우는 탄핵기관은 국회이고 노무현 대통령은 탄핵된 것이지만, 후자의 경우면 탄핵기관은 헌법재판소이고 노무현 대통령은 탄핵되지 않은 것이다. 둘 모두를 의미한다면 탄핵기관은 국회와 헌법재판소이고 노무현 대통령은 탄핵되다가 도중에 취소된 것이다. 따라서 이 경우는 '탄핵'이라는 용어만으로는 의미전달이 이루어질 수 없으며, '탄핵소추', '탄핵심판', '탄핵결정' 등으로 분리 사용되어야 한다. 특히 탄핵을 헌법재판소의 '탄핵결정'으로 보는 경우 아래와 같은 몇 가지 문제가 따른다.

59 여기에서 단핵소추기관과 탄핵심판기관은 나라마다 다르다. 단원제인 한국은 입법부가 국회지만 브라질, 콜롬비아, 필리핀, 러시아, 미국은 하원이 탄핵의 소추기관이며 프랑스와 마다가스카르(Madagascar)는 상하 양원이 판단한다. 그리고 탄핵심판기관은 한국(헌재)과 브라질(대법원), 마다가스카르(헌재)는 사법부인 반면에 위의 다른 다라들은 상원이다. Jody C. Baumgartner, "Introduction : Comparative Presidential Impeachment," in Jody C. Baumgartner and Naoko Kada(eds.), *op. cit.*, 11 참조.

1. 탄핵은 국민적 정통성을 가고 국민을 대표하는 대통령을 또 다른 국민대표기관인 국회가 통제하는 제도이다. 그렇다면 탄핵은 국회의 권한에 귀속된다. 그러나 탄핵을 헌법재판소의 심판으로 본다면 국회의 의결은 탄핵의 예비단계에 불과하고 실질적인 탄핵기관은 국회가 아니라 헌법재판소가 되는 셈이다. 그러나 헌법재판소의 기능은 스스로 어떤 사안에 대한 '결정' 기관이 아니라 다른 기관의 청구를 '심판' 하는 기관이다. 헌법재판소는 국회의 심판청구에 대해 파면이나 기각결정을 하게 된다.
2. 헌법재판소의 탄핵심판청구 기각이 피청구인의 완전 무죄를 의미하는 것이 아니고 유죄이지만 파면할 정도로 법위반이 중대하지 않아 기각하는 경우는 '무죄판결' 이 아니라 유죄라도 '유죄판결' 이 아닌 '면소' 로서 사실상 국회의 탄핵소추의 의의는 존재함에도 그 의미를 전달할 수 없다. 이 경우 탄핵소추는 사실상 백지상태로 원천무효가 되고 완전히 부정되며 탄핵은 없었던 일이 된다.

따라서 탄핵은 국회의 탄핵소추의 의결을 의미하고, 그 이후의 헌법재판소 결정은 이미 이루어진 탄핵에 대한 심판을 가리키는 것으로 구분해야 할 것이다. 이런 점에서 노무현 대통령은 탄핵되었다. 다만 일부 유죄는 인정되지만 중대한 법위반이 아니라서 '유죄판결' 이 내려진 것이 아니라 면소된 것이다. 미국의 앤드류 존슨이나 클린턴 대통령도 같은 맥락이다.

2. 탄핵사유

의회의 탄핵은 탄핵대상의 어떤 행위, 즉 탄핵사유를 전제로 한다. 그러나 탄핵사유는 대단히 모호한 대상으로 이에 대한 분명하고 구체적인 기준에 대한 합의는 없다. 미국의 경우 헌법에 반역죄와 수뢰죄, 그밖의 중대범죄나 경죄가 탄핵사유가 된다고 규정되어 있지만 '중대범죄나 경죄' 에 관한 구체적 기준도 없어, 1970년 당시 공화당 하원의 리더였던 포드(Gerald R. Ford : 후에 대통령이 됨)가 "하원의 다수가 그 당시에 그렇게 생각하고 상원의 2/3가 인정하는 모든 범죄"[60]라고 규정한 정의가 실질적인 기준이 되고 있다. 그러나 어떤 행동이 탄핵사유가 되는지에 대한 문제는 기소 여부, 행위의 공, 사적 여부, 입법부와 사법부의 견해차이 등에 따라 얼마든지 달라질 수 있다. 이와 관련해 대통령들은 "위법 때문이 아니라 … 입법부의 다수 야당이 정책적 차이에 너무 진저리를 느낄 때 탄핵에 직면한다"[61]는 퍼킨스(W. B. Perkins)의 말은 시사적이다. 결국 대통령에 대한 탄핵은 대통령과 야당 간의 당파성을 바탕으로 한 권력게임이라고 볼 수 있다.

탄핵절차가 입법부 차원에서 이루어지는 경우, 탄핵은 완전한 정치적 결정이지만[62] 최종 판결이 사법심판의 대상인 경우는 정치적 결정이 사

60 Emily Field Van Tassel & Paul Finkelman, *Impeachable Offenses : A Documentary History from 1787 to the Present*(Washington, D.C. : Congressional Quarterly Inc., 1999), 55.

61 William B. Perkins, "The Political Nature of Presidential Impeachment in the United States," in Jody C. Baumgartner and Naoko Kada(eds.), *op. cit.*, 156.

62 미국의 경우 어떤 사법기관도 탄핵절차에 대한 심의권이나 상원의 최종결정을

법적 결정의 영향을 받는다. 미국의 경우 탄핵은 공통적으로 범죄의 기소와 동등화되는 범죄적 절차나 사법적 행위가 아니고, 비범죄(noncriminal) 혹은 범죄적인 잘못을 저지른 정부 관리를 파면하기 위한 정치적 절차이다.[63]

그러나 우리나라의 경우 탄핵은 국회에서 정치적으로 이루어지지만 그에 대한 심판은 헌법재판소의 9명의 재판관 가운데 6명 이상의 판단에 좌우된다. 이때 헌법재판소의 심판기준은 대통령의 경우 대통령의 파면을 정당화할 정도로 '중대한' 법위반의 경우로서 "대통령의 직을 유지하는 것이 더 이상 헌법수호의 관점에서 용납될 수 없거나 대통령이 국민의 신임을 배신해 국정을 담당할 자격을 상실한 경우"이다(2004헌나1). 여기에서 후자의 요건은 비록 사법적 기준이지만 정치적 판단을 토대로 할 수밖에 없다는 점에서 '정치의 사법화'인 동시에 '사법의 정치화'라고 할 수 있다.

3. 탄핵의 정치적 함의

탄핵은 그 자체가 정치적 결정이라는 점에서 정치적으로 중요한 의미를 갖는다. 즉 탄핵은 입법부와 행정부의 엄밀한 기능의 분리를 통한 행정부 권한에 대한 견제이고 법치주의의 궁극적 구현이다. 대통령제는 행정부의 견제를 희생해 안정을 극대화하고자 설계된 권력구조라는 점

파기할 권한을 갖지 못한다는 취지이다. M. B. Schnapper(ed.), *Presidential Impeachment*(Washington, D.C. : Public Affairs Press, 1974), 82.

63 Walter Ehrlich, *op. cit.*, 67.

에서 대통령을 임기 중에 물러나게 할 수 있는 방법은 사망이나 또는 쿠데타 등에 의한 비합법적인 방법 외에 합법적 절차에 의한 방법은 오직 탄핵뿐이다. 따라서 탄핵은 그나마 대통령제의 임기고정성이 초래하는 경직성[64]의 돌파구인 것이다.

탄핵은 의회제의 불신임과 유사하지만 그보다 훨씬 극단적 조치로써 입법부가 강력한 권력을 가진 대통령을 합법적으로 축출할 수 있는 제도를 실제로 집행한다는 점에서 역설적으로 가장 근본적인 민주적 요소이다.[65] 이런 점에서 탄핵은 권력을 악용하고 부패한 관리를 제거하는 데 필요한 것으로, 두려운 어떤 것이 아니라 오히려 권력의 남용과 폭정(tyranny)을 막고, 신중해야 하지만 필요한 때는 언제나 사용되어야 하는 정당한 수단이다.[66]

탄핵의 정치적 요소는 또한 탄핵이 대통령직을 놓고 정파 간에 전개하는 게임의 양상으로 전개된다는 점에서도 나타난다. 정당은 존재의 의미를 유권자의 지지를 바탕으로 하는 권력획득과 유지에 둔다. 따라서 정당들은 존재 자체가 권력게임이다. 이러한 정당들, 특히 야당에게 대통령선거와 총선거 외에 대통령을 축출할 수 있는 탄핵은 중요한 게임인 것이다. 야권은 왜 탄핵을 추진하는가?

1. 궁극적으로는 대통령을 파면하고 이어 실시되는 대통령선거에서 정권의 획득을 목표로 할 것이다.

64 Juan J. Linz, 1994, "Presidential or Parliamentary Democracy : Does It Make a Difference," in J. J. Linz and A. Valenzuela (eds.), *op. cit.*, 8–9.

65 Jody C. Baumgartner, "Introduction : Comparative Presidential Impeachment," in Jody C. Baumgartner and Naoko Kada (eds.), *op. cit.*, 3.

66 Walter Ehrlich, *op. cit.*, Preface.

2. 대통령의 파면에까지는 이르지 못해도 총선거과정에서 대통령의 직무를 정지시킴으로써 대통령이 집권당에게는 긍정적으로 그리고 야당에게는 부정적으로 행사할 수 있는 영향력을 차단시킬 수 있다는 기대를 가질 수 있다.
3. 대통령의 탄핵 그 자체를 통해서 대통령과 집권당의 실정을 법적으로 공식화함으로써 야당은 반사이익을 기대할 수 있다.
4. 만일 탄핵이 대통령을 축출하는 결과를 가져온다면 일단 탄핵을 주도한 야권은 내부적인 결속과 당의 규율이 강화되고, 특히 탄핵을 지휘한 지도자의 리더십도 강화될 것이다.

반면에 대통령과 집권당에게는 야당의 기대가 충족되는 만큼 손해를 보게 된다. 따라서 대통령의 탄핵은 쟁점이 제기되는 순간부터 대통령 스스로가 판단해 자진 사임하지 않는 한 대통령과 사회의 여론을 배경으로 게임에 참가하는 세력들 간의 주도면밀한 전략차원에서 이루어질 것이다. 탄핵의 성공과 실패, 그리고 탄핵이 성공하는 경우 대통령 파면과 면소에 따라 정당들은 아래의 〈표 2〉에서 나타난 것처럼 각각 이해득실이 다를 것이다.

〈표 2〉 탄핵 추진 정파에 대한 이해득실

탄핵(성공 ○ 실패 ×)	대통령 파면	여론(지지 ○ 반대 ×)
○	○	○
○	○	×
○	×	○
○	×	×
×	×	○
×	×	×

1. 탄핵이 성공했을 경우는
   1) 대통령을 축출하고 여론의 지지를 확보하는 최상의 경우로 이어 실시되는 대통령선거나 의회선거에서 승리의 가능성이 높다.
   2) 대통령의 파면에는 성공하지만 여론의 지지를 잃는 경우로 대통령선거나 총선거의 승리가 어려울 것이기 때문에 실익이 없다.
   3) 대통령은 파면되지 않았지만 여론의 지지를 확보하는 경우로 당장 정권획득은 어려우나 다른 선거에서 승리할 가능성을 갖는다.
   4) 탄핵심판에서 대통령은 면소되고 여론으로부터도 비판의 대상이 되는 경우로, 당장 정권획득이 불가능할 뿐만 아니라 이어 실시되는 다른 선거에서도 승리하지 못하는 결과를 갖는 경우이다.
2. 탄핵의 실패는 탄핵소추의 의결에서 가결정족수 부족으로 부결되거나 탄핵심판에서 면소되는 것이다. 이 경우
   1) 여론은 탄핵을 추진한 야권 또는 탄핵을 막은 여권에 호의적이거나 혹은 그 반대로 나타날 것이다. 탄핵의 추진과정에서 야당에 대한 손실이 바로 대통령과 집권당의 득이 된다고 볼 수는 없다.
   2) 야당이 설령 지나치게 정파적으로 탄핵을 추진해서 여론이 비판적이라고 해도 적어도 대통령에 대한 범죄사실(비록 대통령이 면소되었다고 해도)에 대한 공방은 결국 대통령 개인이나 대통령직에 부정적 인식을 남기게 되는 역기능이 존재할 것이다.

4. 탄핵배경

의원들이 대통령에 대한 탄핵을 주도하고 의결하거나 의원 또는 재판관들이 이를 심판결정하는 데는 나름의 배경들이 존재하게 된다. 이러한 배경, 즉 요인들은 대통령의 탄핵에 대한 상응하는 사유뿐만 아니라 탄핵을 추진하는 의원들이 추진동기를 가질 수 있는 조건들이 충족되어야 한다. 그러면 어떤 상황들이 탄핵을 추진하고 결정하게 만드는가? 이에 대한 답은 정치현상의 복잡성만큼이나 다양하고 복잡할 것이다. 특히 탄핵이 아주 드문 현상이기 때문에 이를 설명할 모델도 찾기 어렵다.

이와 관련해 바움가트너(J. C. Baumgatner)와 카다(N. Kada)가 제시하는 요인들은 나름의 의미를 갖는다.[67] 바움가트너는 대통령에 대한 탄핵 시도의 발단과 결과를 조건 짓는 요인들을 다음과 같이 구분한다.[68]

1. **여러 정부 기관들 간의 제도적인 권력균형** : 기본적으로 입법부와 대통령과의 관계로 양자 어느 쪽이 더 우월한 힘을 갖고 있는가의 문제이다. 대통령이 입법부에 비해 위약한 상황에서 입법부에 대해 영향력을 행사하려 든다면 탄핵의 가능성이 높고, 역으로 대통령이 상대적으로 강한 권력을 갖는다면 탄핵은 입법부가 행정부를 통제

67 탄핵에 관한 연구가 주로 법과 역사적 측면에서 연구되어 온 상황에서 바움가트너와 카다는 정치적 관점에서 탄핵의 연구를 개척하고 있다는 점에서 이들의 기술은 정치적 관점에서 탄핵을 연구하는 데 중요한 단초를 제공한다고 할 수 있다.

68 Jody C. Baumgartner Jody C. Baumgartner, "Introduction : Comparative Presidential Impeachment," in Jody C. Baumgartner and Naoko Kada (eds.), *op. cit.*, 7–13.

하려는 헌법-법률적 방식이 될 뿐이며, 대통령이 사법부 구성원의 인선과정에 영향력을 행사하고 이 기관들이 탄핵 결정과정에 관여한다면 탄핵은 상대적으로 어렵다.

2. **탄핵에 대한 헌법과 성문법 규정** : 입법부에서 탄핵가결 정족수(재적의원 1/2 혹은 2/3 등)의 최소기준과 탄핵결정이 입법부(하원 또는 상원) 또는 사법부(대법원 혹은 헌법재판소 등) 어느 기관들이 관련되는가의 문제로, 탄핵이 당파적 게임이라는 점에서 탄핵가결 정족수가 낮을수록, 그리고 입법부 차원에서 탄핵이 심판되는 것이 사법부가 개입하는 경우보다 쉬울 것이라는 점이다.
3. **정당정치의 구조** : 탄핵을 결정하는 입법부의 당파적 구성으로, 이것은 대통령의 탄핵이 전형적으로 특별한 당파적인 함의를 갖기 때문이다.
4. **대통령의 잘못에 관한 단언 이전에 대통령의 인기** : 대통령의 대중적 인기는 대통령의 탄핵에 관련되는 국회의원과 법관들의 탄핵절차의 시도 여부나 방법에 영향을 미치기 때문에 인기가 높은 대통령은 인기가 낮은 대통령보다 탄핵이 어렵다.
5. **미디어 환경, 경제적 조건, 국제적 압력을 포함한 기타 요인들** : 모든 다른 일이 동일하게 일어난다면 자유로운 언론환경을 가진 나라에서 대통령의 잘못이 정치적 스캔들로 변형될 가능성이 크며, 열악한 경제상태도 특히 대통령이 그러한 상태에 책임이 있다고 생각하는 경우 국민들에게 탄핵 시도의 지지 가능성을 높인다.

한편 카다는 어떤 대통령은 입법부의 지지로 탄핵을 방어하는가 하면 다른 대통령은 그렇지 못한가의 물음에서 의원들이 대통령의 지지 여부를 결정하는 공통적인 요인으로 아래의 4가지를 든다.[69]

1. 탄핵에 대한 표결의 최소 기준
2. 탄핵을 결정하는 입법부의 당파적 구성
3. 대통령의 후원(patronage)
4. 여론

카다가 제시하는 요인들은 바움가트너가 제시하는 요인들과 대부분 같은 내용이다. 다만 대통령의 후원(patronage)은 대통령을 탄핵할 것인가 아니면 방어해 줄 것인가에 관한 의원들의 결정에 핵심적 요소의 하나로 어느 정치체계에서나 대통령에게 가장 중요한 정치적 도구이며, 정당의 결속력과 규율이 결핍된 나라에서 후원은 대통령이 가진 가장 중요한 단일 도구이다.[70]

카다는 또한 여론과 관련해 여론의 효과를 사전조건 효과(precondition effect)와 결심 효과(resolution effect)로 구분하고 있는데,[71] 전자는 탄핵절차 이전에 대통령을 공격하려는 의원들의 의지를 변경시키는 효과이고, 후자는 대통령의 운명을 결정하는 시기에 여론이 의원들의 행동에 크게 영향을 미치는 효과이다. 일반적으로 인기가 낮은 대통령일수록 의원들이 대통령을 탄핵하려는 유인동기가 크고, 인기가 높은 대통령은 그 반대이나 여론의 사전조건 및 결심효과는 탄핵과정의 시점과 다른 요인들에 의해 어느 정도 제한된다는 것이다. 특히 중요한 것은 선거의 시점으로, 만일 의원들이 선거 이전에 즉시 탄핵에 투표해야 한다면 투표가 선

69 Naoko Kada, "Comparative Presidential Impeachment : Conclusions," in Jody C. Baumgartner and Naoko Kada(eds.), *op. cit.*, 144–150.

70 *Ibid.*, 148.

71 *Ibid.*, 148–150.

거 이후에 실시되는 것보다 여론의 비중이 훨씬 더 강하게 느껴질 것이며,[72] 선거의 시점과는 별개로 의원들에 대한 여론의 효과는 주로 정당과 대통령이 입법부의 행태에 미치는 영향에 좌우된다는 것이다.

바움가트너와 카다 등이 제시한 조건은 탄핵이 이루어진 나라들의 탄핵배경을 중심으로 추려낸 공통적 조건이라는 점에서 나름의 의미를 갖는다. 그러나 탄핵추진의 동인이나 동력이 이러한 조건에 한정되는 것은 물론 아니다. 이러한 조건 외에도 각 나라의 다양한 구조적 · 상황적 조건들이 있을 것이다. 왜냐하면 각 나라는 각기 다른 정치문화와 다른 정치과정, 그리고 다른 퍼스낼리티를 가진 엘리트와 국민들이 있기 때문이다. 그리고 탄핵추진에 대한 객관적 조건 외에도 추진주체의 내부적 요인도 가정할 수 있다. 예를 들면 탄핵을 통해서 정당 내부의 어떤 파벌이나 지도자가 얻는 이익이다. 특히 간과할 수 없는 것이 탄핵사유이다. 탄핵사유는 탄핵추진 전 단계의 요인이다. 탄핵사유는 탄핵 추진과정에서 탄핵을 가결하는 의원들이나 심판하는 재판관들의 태도형성에 영향을 미칠 뿐만 아니라 탄핵에 대한 여론에 영향을 미치게 된다. 따라서 각각의 탄핵에 대한 분석은 이상의 요인들과 함께 그 상황에 적합한 요인들을 기준으로 해야 할 것이다.

바움가트너 등은 탄핵의 조건에 대해 여러 요인들을 제시한다. 이를 토대로 우리나라와 관련해 예외적이거나 불필요한 항목들[73]을 제외하고

72 카다의 이러한 기술은 인식적 측면이 강하다. 퍼킨스는 실증적 분석을 통해서 의원들의 탄핵에 대한 표결행태에서 재선에 대한 투표동기의 증거는 약하다고 주장한다. William B. Perkins, "The Political Nature of Presidential Impeachment in the United States," in Jody C. Baumgartner and Naoko Kada, *op. cit.*, 40–42.

73 예를 들면 국제적 압력이나 언론환경 등이다. 즉 노무현 대통령 탄핵에 국제적 압력이 작용했다는 흔적은 없고 열악한 경제상태는 이미 대통령의 인기에 반영되었기 때문에 별도의 조건으로 분석할 필요가 없을 것이다. 언론환경에 관한

우리의 과정에 관련된다고 판단되는 요인들을 추가해 7가지, 즉 제도적 권력균형, 탄핵안 처리의 제도, 국회의 당파적 세력균형, 대통령의 대중적 인기(지지도)와 여론(탄핵에 대한 여론), 탄핵을 추진하는 정당의 내부요인, 대통령의 리더십을 설정하고 이를 개념적인 틀로 나타내면 〈도표 1〉과 같다.

〈도표 1〉 탄핵요인과 탄핵과의 관계에 대한 개념적 틀

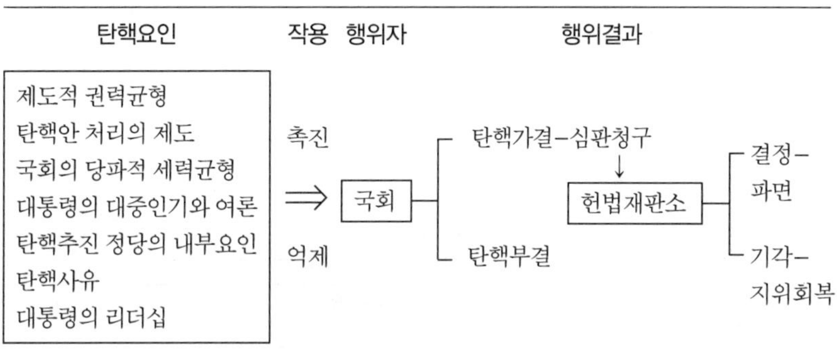

여기에 제시된 탄핵요인의 작용이 촉진적이냐 억제적이냐에 따라서 국회의 탄핵가결 또는 부결의 결과가 도출될 것이다. 물론 여기에 제시된 요인들이 절대적인 것은 아니다. 관점에 따라서는 다른 요인들(예를 들면 언론의 작용, 경제상황)의 작용도 분석대상이 될 수 있을 것이다.

문제는 다소 복잡하지만 대통령의 잘못을 제기하고 야당의 주장을 자유롭게 전파할 수 있는 매체들이 존재한다는 점에서 오랫동안 권위주의 언론을 접했던 야당의원들에게 우리의 언론매체 특히 인쇄매체는 촉진적 탄핵조건일 수 있다. 다만 노무현 대통령 탄핵의 경우 언론의 추적보도나 언론의 보도가 정치적 스캔들로 확대된 것이 아니라는 점에서 역시 예외적인 조건들이다.

입법부의 탄핵안에 대한 의결은 그에 대한 관련기관(사법기관 또는 양원제의 경우 상원 등)의 심판과 유권자의 반응을 통해서 최종적인 정치적 성공 여부가 결정된다. 만일 심판기관에서 각하되면 국회의 탄핵결정은 효력을 갖지 못한다. 그리고 탄핵의 사유나 절차에 대해 국민이 동의한다면 탄핵을 추진한 야권은 국민의 지지를 모을 수 있겠지만 국민의 동의가 부족하다면 탄핵추진은 오히려 거대한 역풍으로 작용될 수 있다. 이에 대한 관계는 개념적으로 〈도표 2〉로 나타낼 수 있을 것이다.

〈도표 2〉 탄핵과 유권자 반응과의 관계

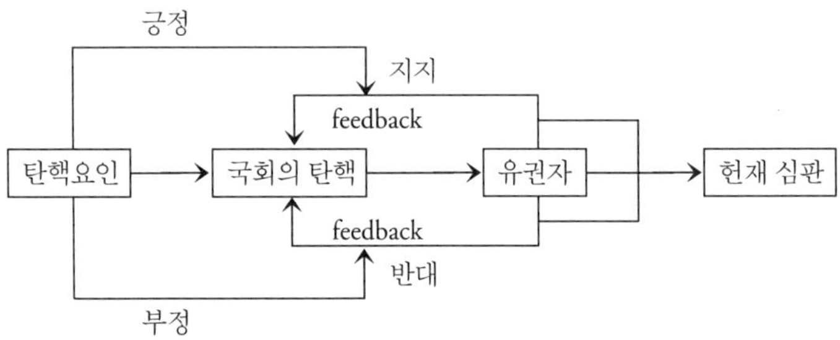

탄핵요인과 국회의 탄핵에 대한 유권자들의 반응은 긍정과 부정, 그리고 그에 따라 탄핵을 추진한 정당에 대해 지지와 반대로 나타날 것이다. 따라서 탄핵요인이 국회의원들에게는 촉진요인으로 작용하면서도 유권자들에게는 부정적 요인으로 작용한다면 국회의 야권과 다수 유권자 사이에 불일치가 나타나고 탄핵 주도 정당은 총선거에서 유권자들의 저항에 직면할 수 있다.

V. 대통령의 지위와 리더십

프랑스의 루이 14세(Louis XIV)는 "짐은 곧 국가이다"라고 말한 바 있다. 절대왕조의 절대군주의 지위를 적나라하게 표현한 말이다. 민주국가에서는 국민이 주인이고 대통령은 국민의 심부름꾼이라고 말한다. 그러나 일찍이 루소(Jean Jacques Rousseau)는 "국민들은 대표를 선거하는 동안만 자유롭고, 대표들이 선출되자마자 국민들은 노예로 전락된다"[74]고 주장한 바 있다. 물론 오늘날 국민은 노예가 아니지만 그렇다고 대통령을 심부름꾼으로 인식하는 사람도 거의 없다.

대통령은 대통령직(presidency)이 부여하는 막강한 제도적 권력을 가진다. 이러한 권력은 헌법과 법률, 대통령령뿐만 아니라 행정부가 갖는 모든 권력의 통제를 통해서 행사된다. 대통령은 이러한 제도적 권력 외에 사회의 모든 분야에서 지도적 영향력을 행사하게 된다. 이러한 영향력, 즉 비제도적 권력은 대통령의 지위와 관련된다. 즉 대통령은 법을 근거로한 제도적 권력을 행사하지 않더라도 '대통령직'이라는 '지위'가 기능적으로 영향력을 만들어내는 것이다. 이러한 지위에 의한 영향력은 바로 대통령의 리더십과 관련된다.

74 J. J. Rousseau, Social Contract, *BK. III*, No. XV.

1. 국민적 대표

대통령은 국민이 직접선거를 통해서 선출한 국민의 대표이다. 그러면 '대표'는 누구인가? 대표가 무엇을 하고, 어떻게 행동해야 하며, 그의 역할은 어떻게 한정되어야 하는지, 즉 대표의 활동에 대한 범위나 규범 등에 관한 주장은 다양하고 혼란스러운 가운데 특히 최근의 이론가들은 '대표'가 모호하며 여러 의미로 사용된다는 것을 지적한다.[75] 그런 만큼 대통령의 국민적 대표로서의 지위와 역할에 관한 주장도 다양하다. 따라서 우선 대표에 관한 개념을 통해 대통령의 대표로서의 지위와 역할을 알아보기로 한다.

홉스(Thomos Hobbes)에게 대표는 오직 신에게만 책임이 있고 신민에 대해서는 어떤 책임도 없다는 인식에서 왕권신수설에 바탕을 둔 군주지배를 정당화하고 있다.[76] 반면에 로크(John Locke)에게 대표는 국민의 생

75 Heinz Eulau, *et al.*, "The Role of the Representative : Some Empirical Observations on the Theory of Edmund Burke," *American Political Science Review* 53(Sept. 1959), 742–743.

76 홉스(Hobbes)는 『리바이던(*Leviathan*)』 16장에서 인간을 '자연적 인간과 인위적 인간'으로 구별하고 자연적 인간은 그의 말과 행동들이 그 자신의 것으로 생각되는 사람이며, 인위적 인간은 그의 말과 행동이 어느 다른 사람의 것으로 생각되는 사람으로서 대표를 일종의 인위적 인간으로 보았다. Hanna Fenichel Pitkin, *The Concept of Representation*(Berkeley, LA. : Univ. of Calif. Press, 1972), 16. 홉스에게 자연 상태는 생존을 위한 만인에 의한 만인이 투쟁하는 전쟁상태로 인간은 이런 상태에서 벗어나기 위해 사회적 계약장치 뿐만 아니라 대표개념을 사용한다. *Ibid.*, 29. 그러나 홉스의 대표는 지배자(sovereign)로서 그의 행동에는 제한이 없으며 그가 하고자 하는 어느 일이나 그의 신민들에게 의무를 지울 수 있는 전제적 대표로서 '절대주의'적이다. *Ibid.*, 29–34.

명과 자유, 그리고 재산을 보호하는 사람이다. 로크는 인간은 그들이 갖고 있는 특권(property), 즉 생명, 자유, 재산을 상호 보존하기 위해 스스로 정부를 갖게 된다고 보았다.[77] 특히 그는 대표가 시민의 특권을 보호하지 못할 때는 그에게 위임한 대표권을 박탈할 수 있음을 강조함으로써[78] 시민이 주기적 선거를 통해 대표를 선택하는 현대적 의미의 대표개념을 제시하였다. 따라서 홉스의 대표가 전제군주라면 로크의 대표는 입헌군주의 개념을 함의한다.

대표에 관한 주목되는 이론은 지혜로운 엘리트로서의 대표,[79] 그리고 이와 대조되는 이익대표가 있다. 이익대표는 아담 스미스(Adam Smith)와 벤담(Jeremy Bentham)의 공리주의 전통[80] 및 미국 건국자들의 사상[81]에서 주로 영향을 받은 개념으로 대표는 각 집단의 이익을 표출 또는 취합

77 John Locke, *Second Treatise of Government*(C. B. Macpherson, ed.) (Indianapolis : Hackett Publishing Co., Inc., 1980), 65–66.

78 *Ibid.*, 77–78.

79 버크는 대표를 사회의 지배집단으로서 지혜로운 엘리트로 보았다. J. S. Hoffman & Paul Levack (ed.), *E. Burke's Politics*(New York : Alfred A. Knopt, 1949), 301, 397–398. 버크에게는 정치는 의사(意思)가 아니라 지혜에 의존해야 하며 국가의 선(善)은 일반의사가 아니라 전체의 일반적 이성에서 나온 것으로 이해되었다. *Ibid.*, 116 ; Samuel H. Beer, "The Representation on Interests in British Government : Historical Background," *American Political Science Review, 51* (Sept 1957), 616. 그의 대표에 대한 개념은 선거구의 지역적 대표가 아니라 지역에서 선출되었어도 국가의 대표이다. Ernest Barker, *Essays on Government*(Oxford, 1951), 199. 버크의 이러한 전제는 그가 개인이나 집단 또는 하나 이상의 이익이 경쟁되는 집단이나 지역에 대해 고려하지 않는 데서 출발한다. H. F. Pitkin, *op. cit.*, 174.

80 Adam Smith, *An Inquiry into the Nature and Causes of the Wealth of Nations*(New York : 1937), IV ; T.V. Hutchinson, "Bentham As an Economist," *Economic Journal, 66*(June 1956), 288–306 참조.

81 Alexander Hamilton, *James Madison and John Jay, The Federalist Papers*, No. 60 참조 ; John A. Fairlie, "The Nature of Political Representation," *American Political Science Review, 34*(April 1940), 244.

해 상이한 집단 간의 이익을 조정하는 역할자이다.[82] 따라서 대표들의 행위는 그만한 권력이 부여되어야 한다.[83]

대표의 유형도 다양해 시민이 권력을 위임한 실질적 대표 외에 전근대 사회에서 제물(祭物 : 양 등)을 바치는 것과 같은 주로 종교적인 목적의 상징성을 갖고 있는 대표도 있었다. 이런 형태의 대표를 상징적 대표(Symbolic Representation)라고 말한다. 현대사회에서 상징적 대표의 존재는 종교 등 비정치적 분야에 한정되거나 권력과는 분리되는 현상이다.

82 Bentley는 민주적 정부형태가 분리된 이익을 가진 집단들 간의 적절한 균형을 통해 달성될 수 있다고 주장하였다. A. Bentley, The Process of Government(Cambridge, Mass. : Balknap Press of Harvard Univ. Press, 1967) Truman은 이를 더욱 발전시켜 20C 민주주의는 다양화된 이익집단들 간의 다원적 투쟁으로 보았다. D. Truman, The Governmental Process(New York : Knopf, 1951). 이러한 논리는 여러 정치 및 사회학자들의 논저에 포함되기에 이르렀고 서구민주주의 모델이 되었다. R. A Dahl, *A Preface to Democratic Theory* (Chicago : University of Chicago Press, 1956) ; R. A. Dahl and Charles Lindblom (eds.), *Politics : A Study in Basing Point Legislation*(Ithaca : Cornell University Press, 1952) ; W. Kornhauser, *The Politics of Mass Society*(Glencoe : Free Press, 1959) ; S. M. Lipset, *Political Man*(New York : Doubleday, 1960) ; Nelson Polsby, *Community Power and Political Theory* (New Haven : Yale University Press, 1963).

83 대표를 대표와 구성원들 간의 동의관계로 보는 견해는 John P. Plamentz, Consent, Freedom and Political Oblizationl(London, 1938), 117-118. 이밖에 대표에 관한 정의도 다양하다. 예를 들면 대표가 '어느 조직의 구성원들의 행동이 다른 사람들에게 의무를 지우고, 그들에 의해 그 정당성과 의무가 받아 지는 것.' M. Weber, Economy and Society, G. Roth & C. Wittich(ed.) (New York : Bedminster Press, 1968), 122. '권한의 위임이나 인정으로 그 자신을 대행(act for)할 또 다른 권리를 인정하는 것,' Joseph Tussman, "The Political Theory of Thomas Hobbes" (mpuhl, diss, 1947), 117-118. H F. Pitkin, *op. cit.*, 43에서 재인용. 또는 '어느 다른 사람의 동의로써 하는 행위,' John P. Plamenatz, *Consent, Freedom and Political Obiligation*(London, 1938), 117-118. '대표와 구성원들 간의 동의,' "Thoughts on the Cause of the Present Discontents" (1770), Burks's Politics, eds, Ross J.S. Hoffman and Paul Levack(New York, 1949), 28 등으로 정의가 다양하다. 한사람에게 권위를 주고 그를 대표로 만들어 '권한을 부여하는 행위들은 선거이다.' Harvey Pinney, "Governmentby Whose Consent?" *Social Science,13*(1938, 10), 298.

상징적 대표가 단순히 대리(stand for)뿐만 아니라 대행(acting for)까지 한다면 파시스트적 사고로 발전될 수 있다.[84] 이 두 가지 요소를 겸한 상징적 대표는 동원력이나 추진력에서 능률적일 수 있으나 민주적 자질과 철저한 제도로 뒷받침되지 못한 경우 독재의 위험은 상존하게 된다.

대통령의 대표로서의 지위는 매우 복잡해 대표에 관한 이론가들이 제시한 모든 요소를 대부분 담고 있다. 대통령이 홉스니안 대표가 아닌 것은 분명하다. 그러나 기본적으로 버크(Edmund Burke)의 엘리트로서의 위치와 로크의 수탁자로서의 대표, 그리고 국민으로부터 권력을 위임받은 대리와 대행자이다. 특히 대통령은 선거를 통해서 선출되며, 이 과정에서 아담 스미스가 갈파한 이익대표로서의 특성도 갖는다. 즉 대통령은 한 정파의 대표로서 선거에 입후보해 당선되었다는 점에서 이익대표로서의 지위와 국민적 대표로서의 지위를 동시에 갖는다.

여기에서 대통령의 대표로서의 지위는 루소가 말하는 일반의사(general will), 즉 시민 각자가 가지고 있는 의사의 총합을 대표할 수 있는가의

84 상징적 대표는 어느 특별한 경우에 존재하기도 존재하지 않기도 한다. 만일 누가 믿는다면 그것은 존재하고 믿지 않으면 존재하지 않는 것이다. 따라서 상징적인 대표는 이성적인 적당한 기준이라기보다는 감정적 · 비이성적인 심리적 반응이라고 볼 수 있다. 그러나 상징이 지도자로서의 대표의 위치를 정당화 할 수는 없기 때문에 상징적 대표는 정당화에 요구되는 요소들을 촉진하는 리더십 기술로써 비합법적이거나 감정적인 신념의 요소가 강조되지 않을 수 없다. 예를 들면 파시스트(Fascist) 이론의 극단주의자에게는 피지배자를 지배자에게 적합하도록 변화시키는 것과 지배자를 피지배자에게 적합하도록 변화시키는 행위가 매우 중요하다. 이와 관련해 바커는 파시스트 독재자(Fascist dictator)는 많은 추종자를 갖고 있으나 근본적인 사실은 이 추종자들이 지도자의 의지를 대표하거나 반영하는 것이지 지도자가 추종자의 의지를 대표하거나 반영하는 것이 아니며 [Ernest Barkar, *Reflections on Government*(London : Oxford University, 1942), 377], 이러한 전도현상은 강제나 교묘한 선전술에 의해 야기될 수 있을 것이라고 진단한다. *Ibid.*, 109.

문제가 제기된다. 일찍이 루소는 국민들이 대표를 가질 수 있다는 것을 부정했다. 그에게 지배권은 본질적으로 일반의사로 구성되며, 그 의사는 어느 누구에게 대표될 수도 없고 양도될 수도 없는 국민 각자의 권리이기 때문에 국민의 대표는 단지 국민의 위임자가 될 수 있을 뿐이라는 것이다.[85]

21세기 들어 국가의 역할이 강화되면서 특히 대통령의 역할이 증대되고 있다. 또한 매스 미디어의 기능이 강화되면서 대통령 지위에 대한 이미지 정치가 자칫 대통령의 상징적 리더십으로 연계될 소지도 있다. 대통령의 상징적 대표성이 강화될수록 제도적 리더십이 감성적 리더십으로 변화되면 대중영합주의가 출연하거나 대통령 권력의 독재화가 우려되는 것이다.

2. 국민의 정신적 지도자

대통령은 당시뿐만 아니라 미래의 국민 마음 속에도 살아남는 정신적 지도자로서 국민의 삶의 표본이다. 대통령은 대통령으로서는 물론 시민으로서의 삶에서 국민의 모델이 된다. 대통령의 삶은 그 당시의 사회구성원의 모범이고 당위적 가치를 지니며 국민의 삶의 기준과 합치되어야 한다. 따라서 대통령은 부인 및 가족과 함께 국민의 표준적 생활을 창조하고 유지하는 역할을 하게 되며, 일상의 생활에 윤리와 도덕적으로 엄격한 기준이 요구될 뿐만 아니라 그 시대의 정신과 가치를 유지하고 대

85 *Loc. cit.*

변해야 한다.

대통령은 국민들이 국가에 대해 가져야 할 정서나 애국심을 옹호한다. 그러나 애국심이 자칫 민족주의를 자극하는 것을 경계해야 한다. 민족주의는 민족의 이익과 가치가 모든 다른 이익과 가치에 우선한다는 교조(doctrine)이고, 개인이 민족국가에 대해 의무가 있다고 느끼는 최고의 충성심이 담긴 마음의 상태로써 정치적 공동체와 민족을 구성하는 사람들이 이 집단에 대해 최초 최후의 충성심을 보이는 신념이다. 그러나 민족주의는 배타적이고 이기적이다. 타민족에는 관심이 없고 자신의 민족에 대한 집단안보를 확실히 하는 삶의 방식으로 일종의 종교적 신념이고 제국주의적 피가 흐른다. 따라서 세계화 시대의 대통령은 민족주의를 정치체계 내에서 일정한 주권의 모든 지배대상인 국민주의로 극복해야 한다. 즉 대통령은 애국심의 발로를 민족주의를 바탕으로 하기보다는 국민주의를 바탕으로 해야 한다.

대통령은 국군묘지에 헌화한다. 국가를 위해 일하다 순직하거나 부상한 사람을 조문하고 위로한다. 이를 통해서 대통령은 국민들에게 애국심을 고취하고 지키도록 한다. 대통령은 농어촌의 방문을 통해 농업과 어업의 중요성을 인식시킨다. 노인요양소나 고아원의 방문을 통해서 경로사상과 불우한 이웃에 대한 사랑이 우리사회에 지녀야할 가치이고 신념이라는 것을 확신시킨다. 개천절, 제헌절, 광복절을 기념하면서 나라의 자유와 정의에 대한 신념을 지켜나간다는 의미를 강조한다.

3. 국가적 비전의 제시자

대통령은 국민들에게 현재뿐만 아니라 미래의 비전을 제시해야 한다. 국민은 자신들을 통해 현재를 확인하고 대통령의 비전을 통해 미래를 본다. 비전은 공동체가 미래로 나가는 데 필요한 의미와 방향을 제시하고 그를 고취하는 로드맵(roadmap)이다.[86] 국가 최고 지도자로서 대통령은 국민들이 앞으로 추구해야 할 목표가 무엇이고, 그러한 목표를 추구하는 목적이 무엇이며, 어떻게 행동할 것인가의 방향을 제시해야 한다. 이러한 비전은 국민을 하나로 통합하고 에너지의 결집을 통해서 국력을 증대 · 강화한다.

대통령의 권력은 제도에 의해 이어지는 것이지만 비전은 리더십을 바탕으로 하기 때문에 어느 대통령이 퇴임한 후에도 국민들에게 상징적으로 남아 국민의 정신으로 흐르게 된다. 미국의 링컨 대통령의 평등, 케네디 대통령의 애국과 용기, 그리고 박정희 대통령의 근대화의 비전이 바로 그 예이다. 물론 이러한 비전은 의회제의 수상도 발휘할 수 있다. 영국 처칠의 국가를 위한 처절한 노력, 블레어의 제3의 이데올로기 추구 등은 그와 같은 예이다.

대통령은 또한 어떤 정책을 통해서 자신의 철학과 이념을 반영함으로써 그의 비전을 제시하고 실현시킨다. 미국 사회의 평화의 증진, 경기침체 회복, 빈곤 퇴치, 강한 미국 등은 바로 대통령이 제시했던 비전들이

86 Thomas E. Cronin and Michael A. Genovese, *The Paradoxes of the American Presidency* (2nd) (New York : Oxford University Press, 2004), 116.

다. 우리나라도 정의사회 구현, 보통사람의 시대, 문민정부, 남북화해협력, 지역주의 극복 등은 역대 대통령들이 주창하고 또한 이의 실현을 위해 각각 정책을 마련했던 비전들이다. 이러한 비전과 정책은 물론 대통령의 철학과 이념을 바탕으로 한다는 점에서 역대 정부별로 그 방향은 다를 수밖에 없다.

대통령의 비전은 대통령이 효과적인 리더십을 발휘할 때 그 영향력이 커진다. "대통령직이 아마추어를 위한 공간이 아니다"[87]는 노이스타트(R. E. Neustadt)의 갈파는 바로 대통령에 필요한 요건이 풍부한 정책경험과 전문성을 필요로 한다는 것이고, 이러한 자원은 바로 대통령의 리더십 자원이다.

그러나 대통령의 비전이 선거용으로 급조되거나 정권의 위기를 타개하기 위한 여론 호도용이라면 구체적인 정책으로 구현되지 못하고 정치적 구호로 전락되기 십상이다. 특히 권위주의 체계의 대통령들이 위약한 정통성을 극복하기 위해 현란한 구호성 비전을 제시해 놓고 용두사미가 되는 경우가 있다. 후진사회일수록 이러한 구호성 비전이 난무한다.

4. 정당의 지도자

대통령은 소속정당의 최고 지도자인 동시에 입법부의 각 정파에 대해서도 영향력을 갖는다. 여기에는 대통령으로서의 지위뿐만 아니라 대통

87 Richard E. Neustadt, *Presidential Power and the Modern Presidents : The Politics of Leadership From Roosevelt to Reagan*(New York : The Free Press, 1990), 152–153 ; 162.

령의 인성적 역량도 요구된다. 카리스마가 있는 대통령은 입법부나 정당을 관리하는 데 훨씬 더 편한 입장이 될 것이다. 물론 이것은 의회제에서도 마찬가지이다. 수상이 국민들로부터 인기 있고 여론으로부터 높은 지지를 받으면 입법부와 소속정당의 의원들에게 영향력은 더 강화될 것이고, 상대적으로 반대당의 도전도 둔화될 것이다. 메인워링(S. Mainwaring)은 대통령의 이러한 능력을 당파적 권력(partisan power)으로 분류한다.[88]

대통령의 당파적 권력은 정책에 대한 대통령의 영향력 정도를 좌우한다. 대통령이 다수당의 확고한 지도자라면 헌법적 권력이 약해도 우월한 세력을 가진 것으로 나타날 것이다. 물론 대통령이 실질적인 입법권을 가졌다면 소속정당이 다수가 아니라도 현저한 영향력을 갖는다. 이 경우는 소속정당이나 연합정당에서 도전적인 지도자들이 존재해도 정책에 대해 독자적인 영향력을 행사할 수 있을 것이다. 반면에 헌법적인 입법권이 없는 대통령은 비록 다수당을 배경으로 한다고 해도 그 정당 자체가 분열되어 있는 상황이면 대통령의 리더십에 따라서 정책에 대한 흔적을 남기기 어렵다. 따라서 대통령의 권력은 헌법적 권력과 당파적 권력의 상호작용을 고려해야 한다.

대통령이 집권당 최고 지도자의 위치에 있는 것은 당연하다. 미국의 대통령은 소속정당의 상징적 지도자로서 역할이 한정된다. 그러나 이러한 상징성은 유권자가 그 정당을 지지하거나 거부하는 태도에 중요한 영향을 미치는 요인으로 작용하기 때문에 정당의 절대적 무기가 된다. 대통령의 인기가 높으면 그 정당의 지지도가 상승하는 것은 당연하다.

미국의 대통령제는 다른 나라와는 달리 정당의 위계적 통제구조가 거

88 Scott Mainwaring and Matthew S. Shugart (eds.), *op. cit.*, 40.

의 존재하지 않는다는 점에서 입법부의 독자성과 자율성이 구조적으로 확고히 보장된다. 의원들이 입법부에서 표결하는 데 일사불란하게 응집할 필요도 없으며,[89] 자율적인 판단에 의해 여야관계를 형성한다. 집권당 의원들이 대통령의 정책에 순종하는 것은 대통령의 통제력 때문이라기보다는 대통령이 가지고 있는 유권자들로부터의 지지 때문이다. 소속정당 의원들은 대통령의 인기를 자신들에 대한 유권자들의 지지로 확보해 재선되는 바탕으로 활용해야 하는 전술적 고려가 있는 것이다. 군림할 요소가 강한 미국 대통령의 권력은 정당과 입법부의 이러한 구조적 배경과 연방국가의 특성, 그리고 평등주의적 정치문화가 조화 있게 견제하고 있는 것이다.

미국을 제외한 대부분의 나라에서 대통령은 집권당에 더 강력한 영향력을 행사한다. 우리나라의 경우 집권당에 대한 대통령의 영향력은 절대적이다. 군부정권은 물론 민주화 이후의 김영삼, 김대중 대통령도 집권당에 대해 절대적인 권력을 행사했다. 여기에서 절대적 권력은 대통령이 각종 선거의 후보자 추천이나 정당의 여러 당직자의 충원, 그리고 정당의 규약이나 운영은 물론이고 국회의 여러 직책과 운영을 좌우하는 것이다.

노무현 대통령의 경우 소속정당에 대해 자율성을 보장한다고 공언했다. 그러나 이것은 대통령이 소속정당에 직접적인 방법으로 영향력을 행사하지 않는다는 의미로 이해하는 것이 적절할 것이다. 집권당에서 대통령의 의사를 나타낼 인물은 얼마든지 있으며, 이 수단으로 대통령은 얼마든지 자신의 의사를 반영할 수 있기 때문이다. 대통령이 소속된 집권

89 1983년의 통계자료는 미국 하원의 경우 표결에서 정당의 통일성은 민주당이 76%, 공화당이 74%로 나타났다. E. C. Ladd, *The American Polity*(New York : W. W. Norton & Compony, 1985), 132.

당은 입법이나 예산 심의과정에서 대통령의 의사를 대변하게 된다. 집권당 소속 의원들의 의정활동은 바로 대통령의 의사를 실천하는 것으로 볼 수 있다. 이 과정에서 대통령은 집권당을 기반으로 설득을 통해서 야당과 끊임없는 긴장과 갈등을 헤쳐나간다. 권력은 강제적 권한에 의해 목적을 이루지만 리더십을 발휘할 수 있는 주요한 무기는 노이스타트가 말한 '설득력'[90]이다.

대통령은 '국가원수'로서의 법적 지위를 갖는다. 국가원수로서의 지위는 어떤 정책분야에 관해 야당과 대립하는 '정부수반'의 위치를 초월하기 때문에 야당과의 갈등관계를 초월할 수 있는 지위이다. 즉 대통령은 정부수반으로서는 당파적 위치에 놓이지만 국가원수로서는 초당적 위치에 존재하게 되는 것이다.

90 Richard E. Neustadt, *op. cit.*, 11.

Ⅵ. 대통령의 권력

대통령의 권력은 대통령직(presidency)에 부여된 제도적인 권한이다. 대통령직은 체계의 부분으로 이 체계는 정치참여자들의 무리, 즉 입법부, 법원, 언론, 이익집단, 관료들로서 이 모든 무리들은 모두 권력을 요구한다.[91] 그리고 대통령은 이 체계의 한 부분으로 대통령의 권력은 그 범위가 광범위하고 유형이 다양하기 때문에 그 한계에 대한 주장도 다양하다. 미국은 헌법 제2조의 "행정권은 대통령에 속한다"는 조항을 놓고 대통령 권력의 범위에 대한 의견이 다양한데, 이와 관련해 대통령의 권력의 특성은 3가지, 즉 헌정론(constitution theory), 책무론(stewardship theory), 특권론(prerogative theory) 등으로 주장된다.[92]

1. 대통령 권력의 특성

1) 헌정론

헌정론은 대통령의 권력은 헌법에 적시되거나 입법부가 헌법적 권력 내에서 인정한 범위로 엄격히 제한되어야 하고, 단언적인 헌법이나 법

91 Thomas E. Cronin and Michael A. Genovese, *op. cit.*, 103.

92 J. A. Pika & J. A. Maltese, *The Politics of the Presidency*(6th) (Washington, D. C. : CQ Press, 2004), 13.

적 규정에 의해서만 정당화되고 옹호되어야 하며, 그렇지 않으면 대통령의 권력은 존재하지 않는다는 주장이다.[93] 대통령의 권력이 권위주의적으로 전락되는 것을 막을 필요가 있는 민주화 도상의 국가들에게는 필요한 과정이다. 그러나 헌정론은 대통령의 권력을 기계적으로 재단하기 때문에 대통령의 결단이 필요한 중요한 사항에 대한 대처능력이 취약할 수밖에 없다.

2) 책무론

책무론은 대통령의 역할이 헌법이나 입법부의 헌법적 권력 내에서 입법부가 가결한 법률이 엄격히 금하지 않은 것이라면 어느 것이라도 가능하다는 주장이다. 헌정론이 대통령 권력의 소극적 행사라면 책무론은 적극적 권력이다. 이러한 주장은 특히 루즈벨트 대통령이 옹호했는데, 그는 "만일 헌법이나 법률이 그러한 행동을 금지하지 않는다면 대통령은 국가의 필요에 의한 어떤 일이든지 하는 것은 권리요 의무"라는 신념을 갖는다고 밝히고 있다.[94] 책무론은 대통령으로 하여금 창의적 리더십을 발휘할 수 있는 길을 열어주고 있다.

93 William Howard Taft, *Our Chief Magistrate and His Powers*(New York : Columbia University Press, 1916), 139-140.

94 Theodore Roosevelt, *Autobiography*(New York : Macmillan, 1913), 388-389.

3) 특권론

특권론은 책무론보다 더 확장된 권력이다. 즉 대통령은 금지되지 않은 어느 것이나 할 수 있도록 허용되었을 뿐만 아니라 국가의 이익이 될 때는 명백하게 금지된 일도 하도록 허용된다는 것이다. 특권론은 국가적 이익에 관한 일에 대해 대통령에게 비상대권을 부여하는 이론이다. 책무론은 헌법과 법률에 금지되지 않은 권한의 행사이지만 특권론은 금지된 권한도 행사할 수 있다는 점에서 입헌독재적 권력의 인정이다. 특권을 행사한 미국의 예로는 남북전쟁 시작에서 링컨 대통령이다. 그러나 민주정치가 정착되지 않는 정치체계에서 이러한 특권은 자칫 권력의 강화와 유지를 위한 수단으로 악용될 수 있고, 우리나라도 그러한 경험을 가지고 있다.

현대의 대통령 권력의 특성은 이러한 3가지 주장이 부분적으로 포함되어 있다. 이러한 대통령의 권력은 대통령의 권력에 대한 행태, 국가가 처한 상황, 그리고 대통령의 리더십 등에 의해 다양하게 표출될 것이다. 예를 들면 미국 대통령직은 20세기 후반 반세기 동안 엄청난 변화를 겪으면서 1788년부터 1933년까지를 '전통적 대통령직', 그 이후 현재까지를 '현대적 대통령직' 으로 구별한다.[95] 전통적 대통령직이 미국인들을 전제왕조의 권력남용과 선거독재의 출현으로부터 보호하기 위한 것이었

95 Fred I. Greenstein, "Nine Presidents in Search of a Modern Presidency," in Greenstein (ed.), *Leadership in the Modern Presidency*(Cambridge, MA : harvard University Press, 1988), 296–352 ; John Hart, *The Presidential Branch*(New York : Pergamon Press, 1987) ; Malcolm Shaw (ed.), *The modern Presidency : From Roosevelt to Reagan* (New York : harper & Row, 1987).

다면 현대적 대통령직은 1930년대 대공항에 대한 프랭클린 루즈벨트의 대응에서 비롯되었다. 이후 제2차 세계대전을 거치면서 국제사회에서 패권적 지위를 차지하게 된 미국의 대통령직을 말한다. 반면에 현대 국제질서는 어느 특정 국가의 패권적 지위보다는 상호 의존적 체계가 불가피하면서 미국의 대통력직도 변화를 보이고, 이를 현대 후기 대통령직으로 부르기도 한다.[96]

2. 대통령의 집행권

대통령의 집행권은 헌법이나 법률 또는 행정적 기반에 의한 역할을 의미하며, 구체적으로는 국가수반으로서의 역할과 행정수반으로서의 행정권을 말한다. 이러한 집행권은 각 나라별로 차이가 있지만 근본적 권력은 유사하다.

대통령은 국가수반으로서 최고의 외교적 권력을 행사한다. 대통령은 국가를 대표해 다른 국가와의 모든 관계에서 1차적인 공적 책임을 진다. 대통령은 각국의 국가 정상들과 회담해 각 나라와 대외적 관계를 결정하며, 대사와 외교사절을 임명하고 외교사절과 그밖의 외국 공직자들을 접견한다. 대통령은 또한 다른 나라와의 조약을 체결할 권한을 가진다. 물론 이러한 조약의 체결에는 입법부의 비준이 필요하다. 그러나 외교에 관한 문제, 특히 외국과 조약을 체계하는 문제는 입법부가 대통령의 권력 행사에 큰 장애가 되는 것은 아니다. 대통령은 또한 국군 통수권자

96 Richard Rose, *The Postmodern President*(Chatham, NJ : Chatham House, 1988).

로 육, 해, 공군을 소집할 수 있다.

대통령은 행정부의 수반으로서 사법부 등 극히 일부 분야를 제외하고는 국가정책의 전반적 집행권을 장악하고 있다. 대통령의 집행권은 당연한 권력으로서 헌법과 법률 그리고 대통령령에서 구체적으로 명시하고 있다. 대통령은 행정부 자체 내에서 중앙정부의 행정 각부 및 각 지방자치단체의 주요 인사와 활동을 관할할 뿐만 아니라 헌법에 규정된 행정 및 사법부에 대한 고위 공직자의 임명권을 갖는다. 대통령의 집행권은 각각의 해당 부처를 통해서 이루어지기 때문에 여기에 관련되는 인력은 각 부처의 관련 공직자들이다.

대통령의 권력이 각 부처에 연계되는 과정에는 대통령을 직접 보좌하는 스태프들이 있다. 이러한 스태프는 대통령의 권력에 비례해 그 규모가 달라진다. 예를 들면 미국의 경우 대통령직의 기능과 대통령의 역할이 계속 변해오면서 스태프의 규모도 변해왔다. 1933년 프랭클린 루주벨트 대통령은 불과 몇 명의 보좌관의 도움을 받았으나 20세기 말에는 전체 3500여 명 이상, 백악관에만 400명 이상이 보좌한다.

우리나라 대통령도 이러한 권력을 행사한다. 2003년을 기준으로 청와대에는 대통령비서실장을 비롯해 480여 명의 스태프들이 대통령을 보좌한다.[97] 국가수반으로서의 권력 외에 대통령의 대표적 집행권은 인사권으로 대통령이 지명할 수 있는 대상은 국무총리와 대법원장, 헌법재판소장 등 입법부를 제외한 3권의 수장과 기타 고위직 등이다. 헌법에는 대통령이 이들을 국회의 동의로 임명한다고 규정되어 있지만 임명은 형식적 절차이고 실질적 권력은 국회동의 전에 '지명' 하는 권력이다

헌법 86조의 "국무총리는 국회의 동의를 얻어 대통령이 임명한다"고

97 중앙일보, 2003. 4. 25.

규정되어 있지만, 이 규정에는 국회의 동의 전에 '대통령 지명' 과정이 생략되어 있다. 즉 국회의 동의는 대통령이 지명한 총리 후보자를 대상으로 한다. 국회는 동의를 하지 않을 권한 외에 다른 방법, 즉 국회에서 총리를 선출할 권력은 없다. 이 점이 의회제 또는 준대통령제와 다른 점이다. 따라서 집권당이 소수당인 경우 야당과의 타협이 필요하고 다수 야당이 반대하면 국회의 동의를 얻는 데 실패하게 된다. 그 다음에 대통령이 선택할 수 있는 방안은 야당으로부터 결정적인 흠이 잡히지 않고 국민의 여론이 절대적으로 반대의 대상이 아닌 인물을 선택하는 것이며, 결국 야당도 무한정으로 반대할 수 없는 상황에서 동의하게 된다. 결국 총리의 선임권은 대통령에게 속하며 국회는 견제권력을 갖는 셈이다. 이러한 절차는 대법원장, 감사원장, 대법관, 헌법재판소장 등 다른 고위직도 만찬가지이다.

대통령은 또한 각료의 임명권을 갖는다. 우리나라의 헌법은 국무총리가 각료의 임명을 제청하고, 해임을 건의하며, 대통령의 명에 의해 행정각부를 통할할 수 있고, 대통령은 국무위원을 임명하는 데 총리의 제청을 조건으로 한다. 이 문구대로라면 대통령은 국무총리의 제청이 없으면 국무위원을 임명할 수 없다. 국무위원에 대한 실질적 인사권은 국무총리에게 있는 것이다. 그러나 국무총리가 이러한 권한을 실질적으로 행사하기 위해서는 그만한 배경이 있어야 한다. 가장 큰 배경은 입법부의 다수당이다. 즉 입법부의 다수당을 배경으로 입법부로부터 선출되어야 한다. 그러나 실질적인 임명권이 대통령에게 있는 국무총리가 대통령의 의사를 벗어나 국무위원을 제청하기는 사실상 불가능하다. 실제 우리나라의 국무위원 제청은 대통령의 의사를 따른 절차적 제청권이라는 점에서 총리의 각료제청권은 무의미한 조항이 되고 있다.

대통령은 국무회의의 의장이 된다. 국무회의는 1) 국정의 기본계획과

정부의 일반정책, 2) 전쟁, 강화 기타 중요한 대외정책, 3) 헌법개정안, 국민투표안, 조약안, 법률안 및 대통령령안, 4) 예산, 결산 등 재정에 관한 중요사항, 5) 임시국회 소집요구, 6) 행정각부의 중요한 정책의 수립과 조정, 7) 검찰과 군의 고위직 임명 등에 관한 사항을 심의한다. 이러한 국무회의를 대통령이 주재한다는 것은 대통령이 이러한 사항의 결정권을 갖고 있다는 것을 의미한다.

대통령의 이러한 권력은 행정수반으로서의 헌법과 국회의 정책결정(법률결정)에 따라 수행하는 일상적인 것이다. 그러나 대통령이 입법부가 추진하는 새로운 정책을 반대하면서 현상을 유지하거나 대통령 스스로 현상을 타파하고 새로운 정책을 추지하고자 한다면 그에 상응하는 특별한 권력이나 새로운 법률이 필요하다.

3. 대통령의 입법권

대통령의 권력 가운데 주목되는 것은 입법권이다. 대통령의 입법권은 대통령제가 권력분립을 기본원리로 한다는 점에서, 그리고 대통령이 입법부가 가결한 법률의 범위 안에서 행사하는 집행권을 초월해 집행할 법을 독자적으로 만들 수 있다는 점에서 특권의 일종이다. 대통령의 입법권은 법률안 발의권, 거부권, 긴급명령권, 국민투표권 등으로 구분될 수 있다.

1) 법률안 발의권

대통령제는 권력의 분리를 원칙으로 한다. 이에 대한 핵심적 내용은 앞에서 토론한 것처럼 임기의 보장과 입법권 및 집행권의 분리이다. 첫째, 임기의 보장은 대통령과 입법부가 상호 불신임하거나 해임하지 않는 원칙이다. 둘째, 입법권과 집행권의 분리는 입법권은 국회가 그리고 행정사항의 집행은 대통령을 수반으로 하는 행정부가 맡는 것이다. 따라서 이 두 가지 내용이 변질되면 대통령제의 원리에서 벗어나게 된다.

정상적인 입법과정은 〈발의-심의-가결-공포〉의 4단계를 거치게 된다. 대통령제의 원리는 이 4단계 가운데 앞의 3단계를 입법부가 주도하며 대통령이 나머지의 마지막 단계인 공포를 하게 된다. 그리고 마지막 단계에서 대통령이 거부권을 행사하는 경우는 공포 대신 대통령의 〈거부권 행사-국회재의-가결 또는 폐기〉의 과정을 거친다.

발의되지 않은 법률이 가결될 수 없는 것처럼 가결된 법률도 공포되어야 효력을 발생한다. 그러나 정치의 관행으로 볼 때 입법부에서 가결된 법률은 특별한 경우가 아니면 거의 공포된다. 따라서 입법권의 핵심은 발의와 가결에 모아지고, 입법부가 입법권을 가진다는 것은 바로 국회가 아니면 법안의 발의와 가결을 할 수 없다는 의미이다. 그럼에도 불구하고 대통령제의 대부분의 국가에서 정부는 필요한 경우에 언제나 법률안을 발의하고 있다. 그렇다면 이러한 구조를 어떻게 이해해야 할 것인가? 용어의 개념은 현상의 상징이고, 법률적 용어의 가장 구체적 현상은 규정이다. 미국의 헌법은 "… 모든 입법권은 합중국 의회에 귀속된다(제1조)"고 규정하고 있고 실제 법률안의 제출은 의회의 고유한 권한이다. 그러나 미국의 헌법(7조)은 또한 대통령의 법률안 거부권을 인정하고, 실제로 이러한 규정에 따른 거부권 행사가 이루어지고 있다.

우리나라의 헌법(제40조)은 "입법권은 국회에 속한다"라고 규정하고 있으면서도 "국회의원은 물론이지만 정부도 법률안의 제출이 가능하다(제52조)." 하지만 국회에서 가결된 법률안에 대해 대통령은 거부권을 행사할 수 있다(헌법 52조). 결국 미국에서 입법부의 입법권은 법률안 발의와 의결권을, 우리나라는 의결권만을 의미하는 것이다. 정부의 법률안 제출권을 인정하는 나라는 비단 우리나라뿐만 아니라 대통령제를 채택하고 있는 다른 나라도 비슷하다. 아울러 미국도 형식적으로는 의원만 법률안을 제출할 수 있지만 실질적으로는 의원을 통해 정부가 법률안을 제출하고 있는 실정이다. 이러한 점에서 보면 입법부가 갖는 입법권의 핵심은 '법률안의 의결'이다. 따라서 입법권은 광의로는 법률안 제출-의결-거부 또는 공포를 포괄하지만 협의의 의미로는 '의결'로 한정된다고 할 수 있다. 그리고 제출권은 입법부와 정부가 함께 가지며 의결권은 입법부가, 공포권과 거부권은 대통령이 행사하는 것이다.

행정부의 법률안 발의는 두 가지 형태로 이루어진다. 하나는 정부의 직접 발의이고 다른 하나는 정부가 소속정당의 의원을 통해서 간접적으로 발의하는 것이다. 직접 발의는 대부분의 대통령제 국가들에서 채택하고 있다. 슈가트 등이 대통령을 직접 선거하는 35개 국가(따라서 여기에는 준대통령제도 포함됨)를 대상으로 분석한 결과[98] 브라질, 칠레, 콜롬비아, 우루과이 등의 경우는 특이하게도 오히려 대통령이 특정의 핵심적인 정책분야에 대해서 독점적으로 입법부에 법률안을 발의할 수 있는 것으로 나타났다.[99]

98 Matthew Soberg Shugart & John M. Carey, *op. cit.*, 155, Table 8.2 참조.
99 *Ibid.*, 139.

정부의 직접적 법안 발의권은 장단점을 공유한다. 긍정적인 측면은 현대사회가 전문화되고 복잡해짐에 따라서 개인 및 집단 간의 갈등이 심화되고, 그에 따른 관련법이 필요하며, 이러한 법은 집행 당사자인 관료집단에서 성안하는 것이 기능적이다. 그러나 정부가 제출하는 법안이 자칫 행정부 중심의 행정편의적 성격이 강해지면 관료주의가 팽배해지고, 이는 곧 행정국가의 관료독재의 우려를 낳게 된다. 따라서 정부 발의 법률안은 국회에서 더 세심하게 심의하도록 제도적 장치를 만들 필요가 있다.

간접적 제출방식은 미국에서 채택하고 있다. 대통령제의 원조이며 순수 대통령제를 유지하고 있는 미국은 행정부의 법률안 제출권을 배제한다. 즉 대통령이나 행정부는 입법부에 법률안을 제출할 수 없다. 이것은 입법부와 행정부의 분리를 통한 상호 견제와 균형의 관계를 유지하는 상징이다. 그렇다고 이것이 대통령이 원하는 법률을 만들 수 없다는 것은 아니다. 대통령은 소속정당의 의원들에게 법안을 대신 제출하도록 해 간접적으로 법안을 발의함으로써 사실상 다른 형태로 입법권을 행사한다. 무엇보다도 의회에 대한 연두교서와 기타의 다른 메시지는 의원들에게 대통령의 생각을 알린다. 연두교서 연설 직후 대통령은 자신의 시정(施政)에 대한 소개를 위해 '행정부 법안' 초안을 의회에 보낸다.

대통령이 사실상 법률안을 제출함에도 불구하고 형식적으로 이를 제한하고 있는 배경은 입법부와 대통령 간의 철저한 '권력의 분리' 원칙에 입각한 것이다. 그렇다면 헌법상 대통령(정부)의 법률안 제출권을 제한하고 대신 실제로는 소속정당의 의원들을 통해 간접적으로 제출한다면 대통령(정부)이 직접 제출하는 것과 무슨 차이가 있는가?

대통령이 의도하는 법안을 대통령이나 정부가 직접 발안하는 대신 소속정당을 통해서 간접적으로 제안하는 경우는 결국 의회의 한 부분을 차지하는 의원들을 거친다는 의미이다. 이 과정에서 법안이 입법부에 제출되기 전에 의원의 차원에서 검토되고 대통령이나 정부의 독자적 의도가 조정될 수 있다. 이것은 입법부의 처리과정(야당과의 타협 등)을 효과적으로 만들게 됨으로써 법률의 질과 입법부 운영의 효율성을 제고할 수 있다.

그러나 대통령이 직접 입법부에 법률안을 제출하게 되면 이 절차가 생략되고 대통령이나 정부는 소속정당의 의원들에 대한 필요성이 그만큼 줄어들게 된다. 이것은 결국 자칫 입법부나 정당에 대해 대통령의 지위를 우월하게 만들어 입법부의 입법권이 무력화되고 입법부가 대통령의 예속화나 행정부의 시녀화가 되어 단순한 통법부(通法部)로 전락하게 만들 우려가 있다. 만일 입법부가 그 고유권한을 대통령에게 양보한다면 대통령은 그 이상의 다른 권한도 강화할 수 있고, 결국 권력의 견제와 균형이 일그러지면 권력분리의 원리에 위기가 초래될 수 있는 것이다.

2) 거부권

입법은 어의적으로는 법률의 제정을 의미하며, 효력의 발생을 전제로 한다. 그러나 입법부에서 법률안이 발의되어 가결되는 것으로 효력을 발생하는 것은 아니다. 법률이 효력을 발휘하기 위해서는 두 가지 조건이 충족되어야 한다.

1. 대통령이 공포하거나 재의를 요구하지 않는 경우이다.

입법부는 법률안을 가결한 뒤에 정부에 이송하고, 대통령은 이 법안에 대해 법률이 정한 기간 내(보통 10일이나 2주가 되지만 긴급을 요하는 경우에는 입법부의 긴급에 의해 5일로 단축되는 경우도 있다)[100] 공포하거나 이를 공포하지 않더라도 거부권의 행사, 즉 재의를 요구하지 않을 경우에 효력을 갖게 된다. 대통령이 서명, 공포하는 경우는 그 법안의 내용이 무엇이든 입법부의 결정대로 그것을 수용하는 것이다.

2. 대통령이 재의의 요구, 즉 거부권을 행사하더라도 입법부가 일정한 요건을 충족해 재의결하면 법률로 확정되어 효력을 발생한다.

재의의 요구는 사실상 그 법의 내용을 거부하는 것이기 때문에 이를 통상 거부권으로 부른다. 즉 거부권(veto power)은 대통령의 헌법적 권력 가운데 하나로 입법부가 가결한 법안에 대해 행정수반이 동의를 거부하고 입법부에 반송하는 권력이다.

거부권(veto)은 라틴어 'I forbid'에서 유래되고 16세기 초 로마에서부터 시작되었는데, 영국에서는 왕이 주체가 되어 입법부에 대해 사용하는 권력이었다. 미국에서는 독립 전에는 영국 총독이 식민지 입법부를 견제하는 거부권으로 사용된 이후 현재까지 행정수반의 입법부 견제수단으로 이어져 오고 있다.[101]

미국의 연방헌법 제7조 제2항은 상원과 하원을 통과한 모든 법률안은 법률로서 성립하기 전에 대통령에게 이송되어야 하며, 대통령이 승인하는 경우에는 이에 서명하고, 승인하지 아니하는 경우에는 이의서를 첨부해 발의한 입법부에 환부하도록 규정하고 있다. 또한 법률안이 대통령에게 이송된 후 10일 이내(일요일은 제외)에 대통령이 환부하지 않을 때에는 그 법률안은 대통령이 서명한 경우와 같이 법률로 성립한다. 다

100 Matthew Soberg Shugart & John M. Carey, *op. cit.*, 135.

101 Robert J. Spitzer, *The Presidential Veto*(New York : State University of New York Press, 1988), 1–69.

만 입법부의 휴회로 인해 환부할 수 없는 경우에는 법률로서 성립하지 아니한다.

미국 대통령의 거부권 행사에는 보통 5가지 이유가 주어진다. 1) 법안의 위헌성, 2) 대통령의 독립성 침해, 3) 상책이 아닌 공공정책, 4) 집행 불가능, 5) 비용과다 등이다. 이러한 이유들 모두 또는 어느 부분은 정치적 고려에 의해 좌우될 것이다.[102]

대통령이 거부권을 행사한 법안은 다시 입법부로 환부되는데, 이 법안에 대해 만일 입법부가 상당한 다수로 다시 가결하지 못하면 그 법안은 법률이 되지 못한다. 행정수반의 거부 이후에 입법부가 그 법안을 다시 가결하는 경우 이것을 '거부권 재의결(veto override)' 또는 '재의'라고 부른다. 대통령의 거부를 재의하는 규정은 단순다수로부터 절대다수에 이르기까지 나라마다 다양하다. 그러나 가장 공통적인 거부권 재의절차는 절대다수의 경우(브라질, 콜롬비아)와 2/3의 요건(아르헨티나, 칠레, 미국)이다. 거부권에는 또한 거부가 아니라 대통령이 공포를 연기하고 재심의를 요구하는 사례로 베네수엘라의 경우처럼 상대적으로 규정이 약할 수 있다.

거부권은 방어적 권력의 일종이다. 메인워링과 슈가트는 대통령의 권력을 주도적 권력(proactive power)과 방어적 권력(reactive power)으로 구분하는데,[103] 거부권은 입법부의 다수가 현상을 변화시키려는 시도에 대해 대통령이 반대하고 현상을 유지하도록 허용된 방어적 권력인 것이다.

102 미국 역대 대통령 가운데 거부권을 가장 많이 행사한 대통령은 클레베랜드로 4년 재임기간 414회이며, 다음은 프랭클린 대통령으로 3기 12년 임기중 635회에 이른다. Roger H. Davidson and Walter J. Oleszek, *Congress and Its Members* (7th) (Washington, D. C. : A Division of Congressional Quarterly Inc., 2000), 292–294.

103 Scott Mainwaring and Matthew S. Shugart (eds.), *op. cit.*, 41.

만일 법안이 거부되고 입법부가 그것을 성공적으로 재의결하지 않는다면 현 상태는 계속 이어진다. 이것은 대통령에게 입법부가 현상을 변경하려고 시도하는 데 대한 반동으로 현상을 옹호하도록 허용하는 반동적 입법권이다. 이런 점에서 거부권은 대통령에게 기존의 입장을 유지하는 수단[104]인 동시에 대통령에게 법안이 담고 있는 내용 이상을 얻도록 하는 것이 아니라, 오히려 대통령에게 변화를 차단하도록 하는 보수적 도구이다.[105] 대통령의 거부권은 유보거부와 항목거부로 구별된다.

(1) 유보거부(Pocket veto)

대통령이 전체적인 법안을 수용하거나 거부하는 것은 일괄거부(package)로 알려진 거부권을 행사하는 것이다. 대통령이 법안에 대해 일괄거부권을 행사하면(만일 재의결이 안 되면) 그 법안에 의해 다뤄지는 모든 범위의 정책은 복귀상태(reversionary point)가 된다. 재정정책에 관련된 법안에 대한 복귀상태는 제로 지출이나 현 수준의 지출로 한정되는 것이 일반적이다. 규제와 같은 다른 분야는 주로 현 상태이다.

유보거부는 대통령 자신이 원하지 않는 법률안이 정부로 이송된 경우 그로부터 남은 입법부의 회기가 10일 미만일 경우 이 법률안을 공포하지 않은 채 기간 내에 유보하고 있음으로써 이 법률의 효력을 상실하게 만드는 것이다. 따라서 대통령의 입장에서 유보거부권은 입법부의 재의라는 위험성 없이 원하지 않는 법률을 거부하는 것이다. 위에서 토론한

104 Roderick Kiewiet and Mathew D. McCubbins, "Presidential Influence on Congressional Appropriations Decisions," *American Journal of Political Science 32*, 3 (August 1988), 731.

105 Scott Mainwaring and Matthew S. Shugart (eds.), *op. cit.*, 42 ; Stephan Haggard and Mathew D. Mccubbins (eds.), *Presidents, Parliaments, and Policy*(New York : Cambridge University, 2001), 75.

거부권이 법률을 입법부로 직접 환송함으로써 직접 거부하기 때문에 이를 직접거부(direct vote)라고 부르기도 한다. 유보거부권은 입법과정에서 최후로 대통령이 입법부의 입법권을 부정하는 권한이라는 점에서 입법부에 비해 상당한 권력이 부여된 것이지만 적극적으로 재의를 요청하지 않는다는 점에서 피동적 거부권이다.

(2) 항목거부(Item Veto)

항목거부는 대통령이 법안의 특정 규정을 거부할 수 있도록 허용하는 것을 말한다. 일반적으로 항목거부로 알려진 이 사실상의 부분거부에서 대통령은 자신이 동의하는 법안의 항목이나 조항을 공포할 수 있으며, 동의하지 않는 부분만을 거부하거나 재심을 위해 입법부로 반송할 수 있다.

이 권한은 남미 몇몇 국가의 헌법에서 볼 수 있는데, 법안에 대한 대통령의 '전체 혹은 부분'의 반대능력을 언급하지만 이것은 결국 전체 법안이 재심을 위해 반송되어야 하는 것을 시사하는 것이다. 대통령이 이미 반대를 전달한 항목만은 재심의될 수 있으나 만일 입법부가 헌법상 나름대로 규정된 재의의 다수요건에 의해서 동일한 법안을 통과시키지 않거나 대통령에게 법안을 회송하지 않는다면 어떤 법안도 부분이 공포될 수는 없다. 아르헨티나(1853), 칠레(1925), 콜롬비아(1886, 1991) 그리고 에콰도르의 헌법이 이런 유형의 규정을 가진 헌법이었다. 그러나 대통령에게 법안의 부분을 선별적으로 공포하게 하는 헌법규정은 없다.[106] 남미 이외에 필리핀(1935, 1987)에서는 단지 예산이나 세출예산에 관한 부분거부가 수용된다.

106 Scott Mainwaring and Matthew S. Shugart (eds), *op. cit.*, 44.

미국의 경우 대통령들은 입법부에 대해 항목거부권을 요구했으나 수용되지 않다가 여러 우여곡절 끝에 세출예산 항목에 부여되었다. 레이건(R. Reagan) 대통령은 미국의 43개 주지사가 갖고 있는 항목거부권을 국민 전체를 위해 대통령에게도 부여해 줄 것을 요구했으나 무산되었다. 이어 1996년 4월에 이 법안이 처리되어 클린턴(B. Clinton) 대통령이 서명했으나 공화당은 클린턴이 선거 중간에 이 권한을 사용하지 못하도록 1997년 1월이 지나 효력을 발휘하도록 했다.[107] 이로써 미국의 대통령도 주지사와 같이 항목별 거부권을 행사할 수 있도록 되었으나 이 항목거부권이 어느 법률안의 내용을 부분적으로 거부하는 것은 아니고, 행정부가 세출예산의 부분을 입법부에 반송하거나 거부 또는 삭제하는 권력이다.

미국 대통령의 항목거부권은 3가지 특정 항목, 즉 임의 지출, 새로운 명칭의 지출, 특별조세 수혜(limited tax benefits) 등의 어느 항목에 대해 5일 내에 행사할 수 있다.[108] 거부권은 입법부가 30일 내에 재의결하지 않으면 자동으로 효력을 발생하는데, 입법부는 양원 각기 단순다수로 의결이 가능하다. 이 경우 대통령은 전통적 방법의 거부권을 행사할 수 있는데, 입법부는 이에 대해서는 양원에서 2/3의 이상의 찬성으로 재의결해야 한다.

항목거부권은 입법부로 하여금 많은 법안을 한꺼번에 대통령에게 이송하는 대신 법률안을 따로 떼어내 행정부가 수용할 수 있는 마지막 포장을 정교하게 만들도록 한다. 결과적으로 대통령의 항목거부권은 성가신 일괄거부보다 더 유연하고 설득력을 갖게 해 대통령의 권력을 훨씬

107 Louis Fisher, *Constitutional Conflicts Between Congress and the President*(4th) (Lawrence, Kansas : University Press of kansas, 1997), 136-140.

108 George C. Edwards Ⅲ, Stephen J. Wayne, *Presidential Leadership*(6th,) (Belmont, CA : Wadsworth/Thomson Learning, 2003), 368.

더 증대시킨다.

3) 긴급명령권

긴급명령권(긴급권)은 대통령이 입법부의 사전 동의 없이 기존의 법을 대신하는 조치를 취하는 것으로 일종의 입헌독재적 권력이다. 대통령은 국가가 천재지변이나 전쟁 또는 사회경제적으로 중대한 위기에 직면했을 경우에 대처하기 위해 긴급명령을 발동할 수 있다. 이것은 일반적인 행정명령이나 규칙과는 다르고, 기존의 법률이 갖는 효력을 대체한다는 점에서 사실상 입법적 기능에 해당한다. 물론 이러한 법은 입법부로부터 동의를 필요로 하기 때문에 한시적인 권력이다.

대부분의 헌법은 대통령에게 긴급명령에 의해 새로운 법을 선포할 수 있는 권력을 부여하고 있다.[109] 대통령의 긴급명령권은 입법부에 법안을 제출하는 권한과 관련되지만 입법부가 법안을 제출하고 대통령이 거부하는 정상적 관계와 정반대의 관계이다. 법률안은 입법부에서 가결되어

109 아르헨티나, 브라질, 콜롬비아, 러시아는 법에 의한 사전 권한이 요구되지 않고, 즉시 효력을 발행하는 입법적 긴급권을 선포할 권한을 대통령에게 부여했다. 브리질의 경우는 30일 이내에 법으로 전환되지 않으면 효력을 상실하는 긴급명령이다. Stephan Haggard and Mathew D. Mccubbins(eds.), *op. cit.*, 73. 콜롬비아에서 대통령들은 긴급명령권을 광범위하게 입법하기위해 강력한 긴급조치권을 사용한다. 아르헨티나는 신헌법(1994)에 이 권한을 성문화했다. 1979, 1993년의 페루 헌법은 대통령의 긴급권을 재정문제로 제한했다. 1987년의 니카라과 헌법에는 행정 및 재정적 긴급법에 대한 유사한 규정이 있었는데, 1995년 헌법개혁에서 긴급권에 대한 참고 후에 "법의 힘으로써(with force of law)"라는 구절을 삭제하고 긴급법을 순수히 행정적 사안으로 제한했다. Scott Mainwaring and Matthew S. Shugart(eds.), *op. cit.*, 45.

대통령의 서명을 받아야 효력이 발생되지만, 긴급명령권은 단순히 행정부에서 발의한 법안이 아니라 행정부가 발동한 법이나 규칙이다. 긴급권은 법의 효력을 가지며 입법부의 사전 동의 없이 현존 법을 대신할 수 있다. 이러한 긴급명령은 입법부가 구체적으로 그 명령을 수용 또는 거부하는 행동을 취하게 되며, 입법부로부터 거부되지 않으면 효력이 유지된다.

거부권이 논리적으로 반동적 권력이라면 긴급명령권은 그 반대인 대통령이 입법적 현상에 대한 새로운 상태를 만들거나 시도할 수 있는 주도적 권력이다. 반동적 권력이 입법부가 현상을 변경하려고 통과시킨 법을 반대해 현상을 유지할 수 있는 대통령의 능력을 의미한다면, 주도적 권력은 대통령이 새로운 현상을 수립하는 권력이다.[110] 이런 점에서 윌슨(Woodrow Wilson)은 거부권을 '입법부의 제3기관'이라고 불렀다.[111]

긴급명령은 새로운 현상을 효과적으로 수립해 왔다. 대부분의 남미 헌법들은 대통령이나 각료에게 기존 법의 조항을 집행하기 위한 규제적 본질의 긴급명령을 발할 권력을 갖도록 규정한다.[112] 슈가트와 캐리는 대통령에게 인정된 긴급명령을 두 가지 형태로 구분한다.[113]

1. 특정 정책분야에서 긴급권을 통해 법을 만드는 헌법적 권력이다.

   이러한 긴급명령권은 입법부가 그것을 취소하지 않으면 법이 된다. 그러나 대통령이 이런 긴급명령을 입법부의 견제 없이 멋대로

110 Scott Mainwaring and Matthew S. Shugart (eds.), *op. cit.*, 44.

111 Woodrow Wilson, *Congressional Government*(Boston : Houghton Mifflin, 1885), 52.

112 에콰도르 대통령은 경제긴급조치를 선언할 수 있다. 그리고 만일 입법부가 그에 대한 투표로 거부하지 않으면 15일 이후에 법이 된다. 그러나 긴급명령권의 형태에서는 이 규정은 대통령이 발표하자마자 법의 힘의 조치를 주는 다른 것과는 현저히 다르다.

113 Matthew Soberg Shugart & John M. Carey, *op. cit.*, 140-142.

사용하도록 내버려두는 것은 아니다. 이 권력은 브라질, 칠레, 아이슬란드를 포함하는 몇 개 나라에서 나타나는데 여러 제한이 있다. 예를 들면 브라질 대통령은 이론적으로는 긴급사태를 선언할 수 있지만, 입법부는 그것을 무효로 할 수 있는 투표를 준비한다. 물론 대통령은 다시 긴급권을 반복할 수 있지만 이 과정에는 많은 장애가 있다. 즉 입법부가 재의할 수 있는 규정을 2/3에서 절대다수 등으로 용이하게 만들 수 있다.

2. 입법부가 대통령에게 위임한 긴급명령권에 의해 법을 만드는 권력이다. 대통령에게 긴급 입법권을 허용하는 헌법에서는 입법부에 대항권을 부여한다. 예를 들면 브라질과 콜롬비아의 경우 대통령의 거부권에 대한 재의 요건을 완화하고 있다.

메인워링과 슈가트는 또한 긴급명령권(decree power)을 1) 입법적 긴급명령권(legislative decree authority), 2) 긴급조치권(emergency power), 3) 긴급명령법(decree-law)으로 구별한다.

1. 입법적 긴급명령권은 대통령에게 새로운 정책방침을 수립할 수 있는 권력으로서, 기존의 법을 집행하기 위한 규칙으로서의 긴급명령인 규칙권한(regulatory authority) 또는 행정적 긴급명령권과는 구별된다. 행정적 긴급명령의 예는 대통령령이나 부령이다.
2. 긴급조치권(emergency power)은 어떤 권리의 일시적인 정지에 관한 것으로, 대통령이 때로는 입법부의 동의 또는 동의 없이 무질서나 재난의 조건에서 어떤 헌법적 권리를 일시 정지하도록 위임받은 권력이다. 이것은 중요한 권력이고 남용의 대상으로서, 극단적인 경우 1970년대 우루과이와 필리핀 그리고 우리나라처럼 헌법 자체의

파기를 초래한다. 따라서 민주적 기능의 틀 내에서 대통령에게 새로운 입헌적 현 상태를 수립하도록 허용하는 긴급명령권 형태(예를 들면 새로운 조세나 통화, 연금제도 등)와는 개념적으로 다른 긴급조치권을 유지하는 것이 중요하다.

3. 긴급명령법은 대통령의 긴급조치권이 선포(issue)되기 전에 입법부에 의해 사전 위임이 요구되는 권력으로서 위임권한(delegated faculty)으로 불린다.[114] 긴급명령법은 많은 남미국가들의 헌법에서 볼 수 있는데, 입법부가 대통령에게 긴급명령법에 의해 어떤 일을 결정할 권력을 인정하는 법령을 의결하도록 허용하고 있다. 이 유형의 권력은 특정 분야의 정책을 제시하고 아울러 기한을 규정해야 하는데, 입법부의 또 다른 법령에 의해 연장되지 않으면 자동으로 만료된다. 이 위임 긴급권력은 범위가 매우 좁게 한정되어 베네수엘라 입법부가 1993년 5–15%의 부가가치세를 긴급명령법에 의해 수립하도록 한 것이 그 예이다. 만일 대통령이 입법부로부터 인정된 권력 하에서 법률적 긴급명령(legislative decree)을 발하는 경우—엄격한 보고의무와 수용 가능한 정책범위에 엄격한 제한을 갖지만—그러한 정책을 단지 대통령 선호의 정책으로 보는 것은 잘못이다.

예를 들면, 아르헨티나의 경우 입법부의 사전위임이 없는 상황에서 광범위한 정책분야에 긴급명령을 발할 권력을 대통령에게 허용한다. 1989년 새로 취임한 메넴(Menem) 대통령은 국가 개혁과 긴급한 경제정책 분야에 한정된 새로운 법을 발효할 권력을 입법부로부터 얻었다. 메넴 대통령의 '필요하고 긴급한 긴급명령'의 광범위한 사용 때문에 아르헨티나의 민주주의는 대통령이 공식적인 입법부

114 Scott Mainwaring and Matthew S. Shugart (eds.), *op. cit.*, 46–47.

와 사법부의 견제 없이 긴급명령에 의해 지배하는 '위임민주주의'로 조롱되었다.[115]

4) 국민투표권

입법은 의회의 중요한 기능 중의 하나이다. 그러나 입법이 의회를 통해서만 가능한 것은 아니다. 즉 입법은 의회를 통해서 뿐만 아니라 의회 밖에서 이루어질 수도 있다. 의회 밖 입법의 대표적인 경우는 긴급조치권으로 의회에 참여하는 군사정권뿐만 아니라 민주적으로 임명된 행정부도 의회에 대표를 보내거나 혹은 규제권한의 수단을 통해서 행정법을 제정한다. 입헌주의 국가들도 행정입법의 수단을 통해서 행정부가 법을 만드는 것을 인정한다.

대통령의 국민투표권도 의회 밖에서 이루어지는 입법의 한 유형이다. 국민투표제도는 고전적 입법제도로서 대통령의 절대적 입법권의 일종인데, 의원 대신 의회 밖에서 유권자가 입법에 참여하도록 국민의 주도권을 허용하는 방법이다. 국민투표는 대개 헌법을 개정하는 등의 중요 국가 사안에 대해 적용되는데, 국민투표의 발의는 의회 외에 대통령이 할 수 있다는 점에서 사실상 의회권력의 제한이요 대통령 권력의 확대이다.

대통령은 또한 국민투표를 통해 국회를 거치지 않고 바로 국민을 대상으로 자신이 원하는 정책을 실현할 수 있다. 즉 국민투표는 정부의 정책결정이나 또는 정부의 그러한 결정에 정당성을 부여하는 수단으로써

115 Guillermo O'Donnell, Delegative Democracy, *Journal of Democracy* 5(1) (January 1994), 55-69.

헌법적 입법에 도달하기 위해 채용되는데, 오직 스위스에서만은 일반 법률제정에도 적용한다. 특히 국민투표권은 대통령으로서 야당이 지배하는 국회를 헤치고 나오고 싶거나 자신의 국회에 대한 영향력을 더 강화해 보이고 싶을 때, 혹은 국회와 국민을 향해 과감한 정치적 승부수를 던지고자 할 때 사용할 수 있는 무기이다. 그러나 국민투표는 전 국민(유권자)이 동원되는 번잡하고 복잡한 정치행사라는 점에서, 그리고 대통령이 국민투표에서 패배하면 국민으로부터 불신임당하는 정치적 의미를 갖기 때문에 부담스런 권력이다.

민주주의 국가들 가운데에서도 국민투표제도의 사용에는 상당한 차이가 있다. 스위스, 이태리, 아일랜드, 뉴질랜드, 오스트레일리아, 덴마크 등의 몇몇 국가에서는 자주 사용되지만 이 제도를 전혀 사용하지 않는 나라도 있다. 참고로 OECD 국가의 국민투표 시행상황은 아래의 〈표 3〉과 같다. 한편 국민투표를 빈번하게 적용하지 않는 배경에는 처리비용과 참여에 대한 대표제의 선호 등이 작용할 것이다.

〈표 3〉 OECD 국가의 국민투표시행건수(1970-97)

국가	시행건수	국가	시행건수	국가	시행건수
스위스	221	터키	3	벨지움	0
이태리	47	오스트리아	2	독일	0
오스트레일리아	17	그리스	2	아이슬란드	0
아일랜드	16	노르웨이	2	일본	0
뉴질랜드	13	스웨덴	2	룩셈부르크	0
덴마크	6	캐나다	1	네덜란드	0
프랑스	3	핀란드	1	포르투갈	0
스페인	3	영국	1	미국	0

자료 : Jan-Erik Lane and Svante Ersson, *The New Institutional Politics : Performance and Outcomes*(New York : Routledge, 2000), 151.

Ⅷ. 한국 대통령제의 특성

1. 역대 대통령제의 특성

한국의 권력구조는 대통령제로 표방된다. 그러나 준대통령제로 분류하는 경우도 있다.[116] 이것은 우리나라의 권력구조가 대통령제에 의회제적 요소가 포함되었다는 것을 나타낸다. 대통령이 국가원수인 동시에 행정수반이고 국민에 의해 직선되며 국회의 신임대상이 아니라는 점에서 우리나라의 권력구조는 분명히 대통령제의 필요조건을 갖추고 있다. 그러나 의원의 국무위원 겸직 허용, 국회의 국무총리 및 국무위원 해임건의, 정부의 법률안제출권 등은 의회제의 충분조건이다. 결국 우리나라의 권력구조는 대통령제이면서도 의회제적 요소를 포함한 변형된 대통령제인 것이다.

일반적으로 우리나라 헌법의 권력구조는 제2공화국은 이미 의회제,[117] 제1공화국과 3-6공화국은 대통령제로 분류된다. 그러면 대통령제로서의 우리나라의 권력구조는 구체적으로 어떤 특성을 가지고 있는가?

제2공화국을 제외한 다른 역대 정권은 설령 대통령제라고 하더라도

116 Robert Elgie, "The Politics of Semi-Presidentialism," in Robert Elgie(ed.), Semi-Presidentialism in Europe(New York : Oxford University Press, 1999), 14.

117 1. 국가수반과 정부수반을 국회를 통해 간접적으로 선출했고 2. 국가수반과 정부수반이 분리되어 있었으며 3. 국가수반이 의전적 지위에 한정되어 있었고 4. 정부가 다수당의 신임에 기초하고 정부가 국회의 해산권을 가진 것 등을 골자로 하고 있다는 점에서 분명한 의회제에 해당한다.

순수 대통령제를 기준으로 할 때 의회제적 요소가 어느 분야에 어느 정도 가미되었는가에 따라서 외형적으로 대통령제라고 하더라도 그 특성은 다를 것이다. 따라서 한국의 권력구조에 대한 객관적 평가와 미래지향적 방향을 설정하기 위해서는 한국의 권력구조, 즉 역대 정권의 대통령제와 함께 현행 대통령제에 대한 비교분석이 전제되어야 한다.[118] 그렇다고 이것이 순수 대통령제는 이상적이고 혼합적 구조는 나쁘다는 것을 의미하는 것은 물론 아니다.

1) 비교의 대상과 방법

역대 정권의 권력구조에 대한 분석은 대통령제 권력구조와 관련된 아래와 같은 7가지 특성을 기준으로 우리나라의 대통령제로 불리는 역대 정권의 헌법규정을 대상으로 하며, 이 분석을 통해 역대 정권별 권력구조가 순수 대통령제의 기준에 일치하는 정도, 즉 부합성과 각 항목별 부합성과 특성을 알아보기로 한다.

1. 대통령의 국민 직접선거(혹은 간접선거)
2. 의회의 정부 불신임 불가
3. 대통령의 의회해산 불가
4. 국가수반과 행정수반의 일치
5. 의원과 각료의 겸직 불가

118 이하의 내용은 최한수, "한국 역대정권의 대통령제 권력구조 특성에 관한 연구", 『대한 정치학회보』, 제13집 2호(2005)의 내용을 옮겨온 것임.

6. 대통령의 행정부 각료임면권
7. 대통령의 거부권

부합성과 관련해서는 대통령제의 7가지 특성 가운데 모든 정권이 공통적이기 때문에 비교 자체가 불필요한 '국가원수와 정부수반의 일치' 부분과 '대통령의 거부권'[119]을 제외한 5가지 내용을 중심으로 한다.

권력구조의 특성에 관한 분석은 분석대상과 단위에 따라 여러 관점에서 접근될 수 있겠지만 여기에서는 역사적 제도주의 방법으로 접근하고자 한다.[120] 분석대상이 제1공화국부터 6공화국까지의 장기적인 기간의 헌법을 대상으로 하는 거시적 차원이라는 점에서 역사적 제도주의 관점의 분석은 대표적으로는 역대 정권의 민주성과 안정성 등이 권력구조의 특성과 어떤 관계가 있는가를 구명하는 데 특히 유용할 것이다.

119 대통령의 거부권에 대한 국회의 재의 요건은 제1공화국과 제3공화국 1기의 경우 과반수 출석이지만 그밖의 경우는 2/3 출석으로 강화되어 상대적으로 대통령의 거부권이 강화되었으나(대통령 권한 참조) 여기에서는 그것이 대통령의 부합성의 정도를 판단하는 데는 큰 차이가 없기 때문에 공통사항으로 보고 제외한 것임.

120 역사적 제도주의는 1960년대와 1970년대에 풍미했던 행태주의 관점의 반응으로 신제도주의에서 비롯되었는데, 역사적 제도주의와 함께 합리적 선택 제도주의, 사회학적 제도주의로 구분된다(Peter A. Hall and Rosemary C. R. Taylor, "Political Science and the Three New Institutionalisms," Political Studies, Vol. 44, No. 5, 1996, 936–957). 이 가운데 역사적 제도주의는 정체(polity)의 조직적 구조가 수행하는 공식적 혹은 비공식적 규칙이나 절차를 의미한다(Kathleen Thelen and Sven Steinmo "Historical Institutionalism in Comparative Politics," Sven Steinmo, Kathleen Thelen and Frak Longstreth(eds.), Structuring Politics : Historical Institutionalism in Comparative Analysis(Cambridge : Cambridge Univ. Press, 1992, 2)). 역사적 행태주의가 미시적 차원의 단기와 중기의 변화를 연구문제로 한다면 역사적 제도주의는 거시적 차원의 장기적 변화를 대상으로 한다(David Brian Robertson "The Return to History and the New Institutionalism in American Political Science," Social Science History, Vol. 17, No. 1, 1993, 8–9).

이러한 분석은 헌법규정 가운데 관련되는 내용의 계량화를 통해서 가능하며, 계량화는 로퍼(S. D. Roper)[121]와 슈가트[122] 등의 척도를 원용하고자 한다. 로퍼는 준대통령제 정권 가운데 수상-대통령제로 분류한 국가들을 대상으로 대통령의 법적 및 비법적 권력을 계량적으로 분석했으며 슈가트 등은 대통령제 국가의 대통령 권력을 분석했는데, 이러한 분석에서 핵심 대상은 헌법이다. 그러나 이러한 연구는 몇 가지 한계를 갖는다.

1. 통계적 분석이 순수 대통령제에 대한 부합성, 그리고 역대 정권의 대통령 권력에 대한 비교(대통령의 권력부분에 기술됨) 등 외형적 판단은 가능하지만 헌법규정의 부호화를 통해 헌법규정의 양적 측정은 불가능하기 때문에 단지 서열적 비교만 가능하다는 점이다.

   헌법의 계량적 분석은 헌법내용의 부호화(coding)를 통해 가능하지만 쉽지 않은 작업이다. 유사한 내용도 각 헌법마다 표현이 다르고, 유사한 표현도 해석의 차이가 있을 뿐만 아니라 권력의 양을 측정하기가 어렵기 때문이다. 그리고 이러한 구별은 역대 정권별로 어느 정권 대통령직의 권력이 더 큰지에 대한 서열적 차이만을 보여준다. 이러한 분석은 물론 헌법조문에 대한 구문별 분석에서 필자의 주관적 판단이라는 한계도 갖는다. 따라서 이것은 슈가트 등이 지적한 것처럼 완전한 방법은 아니나— 예를 들면 이러한 분석 방법은 다른 특성보다 어떤 특성에 더 가중치를 부여하는 것이 정당하다고 인정될 수 있어야 하며— 완전히 비계량적 · 인상적인 등급이나 혹은 비교적인 대통령직의 권력에 대한 평가가 전혀 없는

121 Steven D. Roper, "Are all Semipresidential Regimes the Same? : A Comparison of Premier-Presidential Regimes," *Comparative Politics 34*(2002), 256.

122 Matthew Soberg Shugart & John M. Carey, *op. cit.*, 148.

것보다는 낫다.[123]

2. 이러한 분석결과를 토대로 한 각각의 헌법 특성이 어떤 기능을 수행했는지, 즉 헌법에 대한 통계적 분석이 민주성과 안정성 등에 어떤 의미를 갖는지에 대한 해답은 그 헌법에 적용된 사회의 각종 현상에 대한 연구와 연계되어야 하기 때문에 매우 복잡한 과제로서 여기에서의 토론범위를 넘어선다. 그러나 여기에서의 단순한 서열적 비교연구도 곧 사회현상과의 연계연구에 기초적 자료가 된다는 점에서 나름의 가치가 있다고 본다.

헌법내용의 부호화 방법은 헌법규정에서 대통령제에 가장 근접하는 순서로 0, 1, 2의 점수를 부여하며, 이 경우 0은 헌법내용상으로 대통령제에 가장 부합하며, 이 점수의 합 중 가장 낮은 경우가 가장 부합한다고 해석할 수 있다. 5가지 분석항목에 대해 아래와 같이 점수를 부여하고자 한다.

① 대통령선거 :
 1) 국민직선=0, 2) 국민간접선거=1, 3) 국회간접선거=2.

② 대통령의 국회해산 :
 1) 해산불가=0, 2) 조건적 해산가능=1, 3) 무조건 해산가능=2.

③ 의원의 각료겸임 :
 1) 겸임금지=0, 2) 제한적 가능=1, 3) 무제한적 가능=2.

④ 대통령의 총리임명권 :
 1) 직접임명=0, 2) 국회의 승인 또는 동의=1, 3) 임명권 부재=2.

123 *Ibid.*, 49.

⑤ 국무위원에 대한 국회의 불신임 :

1) 불신임권 부재=0, 2) 불신임건의=1, 3) 불신임결의=2.

이상의 점수를 토대로 해 역대 공화국의 정권별로 합산한 결과는 대통령제의 부합성을 측정하는 척도가 될 수 있다.

2) 역대 정권별 대통령제 부합성

역대 정권별 헌법에서 5가지 관련항목에 대해 부여한 점수의 합계는 아래 〈표 4〉와 같다.

〈표 4〉가 보여주는 것처럼 역대 정권의 부합성의 척도는 최대 1에서 최고 8까지 다양하다. 대통령제의 부합성이 0이라면 완전 일치하는 것으로 평가할 수 있다.

〈표 4〉 역대공화국의 정권별 대통령제 부합성

권력구조특성 항목	역대 공화국 및 정권							
	제1공			제3공		제4공	제5공	제6공
	제1기	제2기	제3기	제1기	제1기			
① 대통령선거	2	0	0	0	0	1	1	0
② 대통령의 국회해산	0	0	0	0	0	2	1	0
③ 의원의 각료겸임	2	2	2	0	2	2	2	2
④ 대통령의 총리임명권	1	1	1	0	0	1	1	1
⑤ 국무위원에 대한 국회의 불신임	0	2	2	1	1	2	2	1
합 계	5	5	5	1	3	8	7	4

대통령제의 기준으로 제2공화국을 제외한 역대 정권을 분석한 결과는 각기 정도의 차이는 있지만 0을 벗어나고 있다는 점에서 내각제적인 요소가 부분적으로 가미된 것으로 나타났다. 제3공화국(제1기정권)이 대통령제의 기준에 가장 부합했고, 아울러 대통령의 권한이 낮게 나타났다. 역대 정권별 부합성을 보면 제3공화국 제1기(척도 1)가 '국무위원에 대한 불신임' 조항 하나를 제외하고는 4가지 항목에서 대통령제에 일치했다. 이 '국무위원에 대한 불신임'에 관한 규정은 의회제의 정부에 대한 불신임의 요소를 가미한 것이라는 점에서 일단 대통령제의 순수성을 훼손하는 부분이지만, 각료는 단순히 대통령부하에 대한 책임의 문제라는 점에서 '불신임' 조항이 대통령제의 본질을 변화시키는 내용은 아니다.

이런 점에서 제3공화국은 순수 대통령제에 부합되는 권력구조를 갖고 있었다. 제3공화국이 박정희의 군부 쿠데타에 의해 탄생된 정권이라는 점에서 헌정제도에 대한 부정적 인식과는 달리 오히려 대통령제 모델에 가장 근접한 순수한 권력구조 형태였다는 점은 의외이다. 그렇다고 이것이 제3공화국이 가장 민주적인 권력구조였다는 것을 의미하는 것은 아니다. 그러나 적어도 대통령의 권력을 강화하기 위해 대통령제 권력구조의 기본 원칙을 변형해 내각제적 요소를 가미하거나 대통령의 권한을 강화하는 신대통령제나 모방적 대통령제를 벗어났다는 점은 분명하다.

부합성은 제3공화국 정권 다음으로 제6공화국, 제1공화국 순으로 이어진다. 결국 부합성의 정도에서 제4공화국이 제3공화국에 비해 8배의 정도로 벗어난다(여기에서 8배는 제3공화국 제1기 정권과의 단순한 비교정도를 구별하는 서열척도이다). 한편 4, 5공화국은 5가지 특성 가운데 일치하는 항목이 하나도 없다. 따라서 4, 5공화국은 대통령을 직선하고 대통령이 국회의 신임대상이 아니라는 점에서는 대통령제의 형태를 갖고 있으나 대통령제의 권력구조가 갖는 본질에서 벗어난 구조라고 할 수 있다.

분석대상 가운데는 대통령제를 본질적으로 변질시키는 내용과 단지 부분적으로 내각제의 요소가 가미되는 경우로 구별할 수 있다. 여기에서 본질적 요소란 그 권력구조의 특성을 본질적으로 변화시키는 데 작용할 수 있는 요소이고, 부분적 요소란 부분적으로 변질의 배경이 될 수 있는 요소를 의미한다. 동일한 척도라고 해도 항목별로 대통령제의 본질적 요소 그 자체냐 혹은 본질적 요소의 부분에 해당되느냐에 따라 실제의 부합성은 차이가 날 수 있기 때문이다.

예를 들면 대통령의 국회해산권과 총리임명권은 점수로는 각각 0에서 2까지의 범위지만 전자는 대통령제의 본질을 준대통령제 또는 의회제로 변화시킬 수 있는 요소이고, 후자는 이로 인해 대통령제의 본질이 변화되는 것은 아니지만 순수성이 훼손되어 부합성이 낮아지는 경우이다. 따라서 동일한 점수에도 불구하고 내용적으로는 차이가 있다. 그렇다고 항목별로 가중치를 부여하는 것도 지나치게 자의적이다. 이 경우 본질적 요소보다는 부분적 요소의 점수에 의해 합계가 좌우되는 경우라면 타당성의 문제가 제기될 수 있으나 다행이 〈표 4〉에서 보는 것처럼 우리나라 역대 정권에서 본질적 요소가 부분적 요소로 인해 합계가 전도되는 경우는 없다. 따라서 이 부합성에 대한 통계는 나름의 타당성을 갖는다고 할 수 있다.

본질적 요소는 4, 5공화국에서 대통령의 국회해산권, 제3공화국(제1기) 정권을 제외한 모든 정권에서 의원의 각료겸직 허용이다. 의원의 각료겸직이 결국 대통령과 국회 간의 균형관계를 손상시키고 결국 국회가 정부의 시녀로 전락되는 배경이 될 수 있다는 점에 유념해야 한다. 대통령의 국회해산권은 권위주의 시대의 산물로 이제 독재의 박물관에 소장된 대상이다. 그러나 의원의 각료겸직은 현재도 이어지고 있다는 점에서 이에 대한 심층적 연구를 통한 대안의 마련이 필요하다.

부분적 요소는—실은 본질적이지만 총리직이 단지 대통령을 보좌하는 위치라는 점에서—제3공화국을 제외한 모든 정권에서 대통령의 총리임명에 대한 국회의 승인 또는 동의권, 그리고 국무위원에 대한 국회의 불신임 의결권 등이다. 물론 이러한 조항은 대통령이 국회에서 다수당을 확보하지 못해 소수정부가 되고 대통령이 야당과 갈등관계에 처하면 총리는 물론 각료의 제청권자가 부재하는 국정 공백상태가 우려된다는 점에서 간과될 내용은 아니다.

현재의 제6공화국의 권력구조는 제3공화국 제2기 정권과 비교해도 대통령제에 부합성이 낮았다. 이런 점에서 우리나라가 대통령제를 계속 유지하는 경우 제3공화국 제1기 헌법은 그 내용과 그 당시 운영실태를 중심으로 민주성 및 안정성에 대한 심층적 연구가 이루어지면 앞으로 우리 헌법의 적합한 방향을 모색하는 데 유용한 길잡이가 될 것이다. 그러면 역대 공화국의 헌법에 대한 5가지의 각 항목별 특성을 살펴보기로 한다.

2. 역대 공화국의 항목별 특성

1) 대통령 선출

대통령의 선출방식과 관련한 대통령제의 특성은 그 대통령이 대통령으로서의 권력을 행사할 수 있느냐의 권력의 문제와 선출의 민주적 정당성의 문제이다. 1948년 제헌 이후 9차례의 개헌을 통해 대통령의 선거제도는 국회의 간접선거에서 국민의 직접선거, 통일주체국민회의 대의원, 선거인단 등에 의한 간접선거 방식을 거쳐 현재의 직접선거 방식으로 이어졌다. 간접선거 방식의 경우는 의회제의 요소이거나 민주적 정당성의 문제를 의심해야 할 것이다.

우리나라에서 제1공화국의 초대 대통령을 국회에서 간접방식으로 선출한 것은 제헌을 주도한 세력(한민당)들과 대통령으로 확정시되던 이승만의 정략적 합의에 의한 변칙이었다. 한민당은 의회제를 상정한 헌법을 준비했으나 이승만의 돌이킬 수 없는 대통령제 요구에 의회제의 국가원수 위치에 행정수반의 권한을 부여했던 것이다. 그러나 국회의 간접선거는 국민의 직접선거가 아니라는 점 외에도 결국 대통령을 국회의 울타리에 안에 놓아 국회의 권한을 강화하는 결과를 가져오기 때문에 대통령의 권력이 제한될 수밖에 없다는 점에서 의회제적 요소가 강하다고 할 수 있다.

또한 제4, 5공화국은 강력한 권한을 가진 대통령을 관제 선거인단에 의한 간접선거로 선출했기 때문에 민주성에 중대한 흠결을 가지고 있는 권위주의 정권이었다. 간접선거 방식은 관제 대의원이나 관제 선거인단을 통한 안정적 권력장악과 장기집권을 위한 독재체계의 전형이었다.

현재의 제6공화국 선거제도는 1980년 민주항쟁을 통해 시민이 쟁취해낸 선거제도이다. 현행 대통령선거는 유권자가 대통령 후보자를 대상으로 1인 1표를 행사해 최고득표자가 당선되는 단순다수제 방법이다. 제6공화국 1기인 13대 대통령선거에서 16대 선거까지의 각 후보자별 득표율은 다음의 〈표 5〉와 같다.

13대 대통령 당선자 노태우는 투표자의 36.6%에 불과한 득표율로 대통령이 되었으나 전체 유권자에 대한 비율로는 단지 32.96%, 즉 1/3의 적극적 지지로 대통령이 되었다. 13대 대통령선거는 대구 · 경북을 지역

〈표 5〉 13-16대 대통령선거 후보자별 득표율

13대	후보자	노태우	김영삼	김대중	김종필	신정일
	득표율	36.6	28.0	27.1	8.1	0.2
14대	후보자	김영삼	김대중	정주영	박찬종	
	득표율	42.0	33.8	16.3	6.4	
15대	후보자	김대중	이회창	이인제	권영길	
	득표율	40.28	38.75	19.2	1.2	
16대	후보자	노무현	이회창	권영길		
	득표율	48.91	46.59	3.9		

배경으로 하는 노태우, 부산 · 경남의 김영삼, 광주 · 전남북을 지역배경으로 하는 김대중, 충청권을 배경으로 하는 김종필의 지역대결 구도였다.

14대 대통령선거는 13대 대통령 후보 가운데 노태우, 김영삼, 김종필이 통합해 김영삼을 후보로 하고 다른 경쟁자였던 김대중과 현대그룹을 배경으로 하는 재벌 소유의 정주영이 경쟁하는 선거였다. 노태우, 김영삼, 김종필의 통합은 김대중의 호남을 제외하고 대구 · 경북과 부산 · 경남의 영남권과 충청도의 지역연합이었다. 따라서 14대 대통령선거는 호남과 영남 · 충청의 연합과 호남의 지역대립이었다. 여기에 현대그룹을 배경으로 하는 정주영이 끼어든 것이다.

김영삼은 13대의 대통령 당선자 노태우의 득표율 36.6%보다도 더 높은 42.0%를 득표했으나 역시 과반수에는 이르지 못했을 뿐만 아니라 전체 유권자의 비율로는 34.79%로 역시 30%내외였다. 김영삼의 득표율은 13대 노태우 후보의 대구 · 경북에서 압도적 지지를 받았던 것처럼 영남권의 압도적 지지를 바탕으로 한 것이었다. 김영삼을 중심으로 하는 영남권의 결집은 김대중을 중심으로 하는 호남권의 결집을 초래하면서 영남과 호남의 지역주의를 심화시키게 되었다.

15대 대통령선거는 영남권을 중심으로 한 김영삼 세력을 이어받은 이회창과 호남을 중심으로 해 충청권의 김종필 세력과 연대한 김대중의 경쟁이었는데, 당선자 김대중과 차점자 이회창의 득표율 차이는 불과 1.53%였다. 특히 당선자가 유효투표의 40.28%를 득표했으나 역시 전체 유권자의 비율로 보면 31.97%로 1/3의 범주 내에 머물고 있다. 16대 대통령 당선자 노무현도 투표자로부터는 48.91%를 득표했으나 역시 과반수의 득표에 이르지 못한 것은 물론이고, 전체 유권자로부터는 34.33%에 불과한 가운데 차점자와 2.32%의 근소한 차이에 머물렀다.

우리나라의 대통령선거는 극명한 지역주의가 작용해 13, 14대는 물론이지만 15대 대통령선거에서 호남지역에서는 90% 이상을 득표한 김대중 후보가 영남지역에서는 울산에서 최대 15.4%의 득표율에 그쳤는데, 그밖에 부산은 15.3%, 대구 12.5%, 경북 13.7%, 경남 11%에 불과했다. 이처럼 지역주의가 작용하는 경우 특히 대통령은 항상 지역적 거부세력을 안고 국정을 운영해야 한다. 그뿐만 아니라 대통령에 대한 거부세력은 또한 다른 선거에서도 같은 태도를 보이기 때문에 국회도 지역주의를 바탕으로 세력분포가 형성되어 정파의 대립은 곧 지역의 대립화의 양상을 나타낸다.

이상에서 보는 것처럼 단순다수제의 대통령선거방식은 우리나라가 민주화 이후에 실시한 4번의 대통령선거에서 모든 대통령이 과반수에 이르지 못하는 득표율을 획득했을 뿐만 아니라 전체 유권자로부터의 득표율은 30% 범주에 머물고 있음을 알 수 있다. 그것도 특정 연고지역에서는 압도적인 지지를 받은 반면에 배타적 지역에서는 상대적으로 아주 낮은 지지율을 획득했다.

대통령 당선자는 결국 게임의 규칙에는 합당했으나 전체 유권자 과반수의 지지를 획득하지 못했음은 물론 전국의 각 지역으로부터의 고른 지지는 더욱 받지 못했다. 특히 배타지역으로부터는 임기 내내 비판의 대상이었다. 즉 노태우, 김영삼 대통령은 재임 중에 호남으로부터 비판의 대상이었으며, 김대중 대통령은 그의 국정운영에 대해 영남지역으로부터는 임기 내내 지지를 얻지 못했다.

지역주의 선거결과에 대한 강력한 처방은 나이지리아 대통령선거제도가 보여준다. 대통령에 당선되기 위해서는 전국 19개 주의 2/3주에서 최소한 25%를 득표해야 한다. 이 이중적 요건(25%와 2/3지역)은 대통령이 다인종으로부터의 지지를 보장하기 위한 것이다.[124] 그러나 우리나라의 지역주의는 인종이나 종교 등 인구학적 배경이 아니라 권위주의 정권에서 지배그룹에 의해 인위적으로 조성된 상황이라는 점에서 지역주의를 타파하기 위한 제도를 도입하는 것은 오히려 지역주의를 고착화시키는 역기능을 초래할 우려가 있다.

단순 다수제가 30%를 약간 웃도는 득표율로 집권하는 데 따른 정당성의 위기를 극복하는 과제를 가지고 있다는 점에서 새로운 선거제도의 도입문제도 하나의 과제이다. 대안으로 가장 가까이 있는 제도가 프랑스의 방법인데, 두 번의 선거로 인한 번잡성과 선거연합의 기능에 대한 토론이 필요하다. 결국 선거과정에서 적절한 인물이 당선될 수 있도록 정당과 언론, 시민단체 그리고 시민 스스로가 적극 참여하는 제도나 문화가 필요하다.

우리나라의 대통령선거는 주요 정당들의 정치적 전쟁이다. 후보를 중심으로 정당이 결집할 뿐만 아니라 사회의 각 분야 집단들, 그리고 학계의 많은 전문가들도 어느 후보 편에서 지원활동을 전개한다. 정당에 속

124 Donald L. Horowitz, "Comparing Democratic Systems," in Arend Lijphart(ed.), *Parliamentary versus Presidential Government*(Oxford : Oxford University Press, 1992), 203.

한 사람들은 각 분야 유권자들을 대상으로 하는 득표활동을 하는 반면에 전문가들은 정책과 전략을 담아낸다. 선거결과에 따라 정치인은 집권당이나 야당의 위치에서 각각 자신들의 목소리를 낸다. 그러나 패자편의 전문가들은 현실정치에서는 설 땅을 잃는다. 이런 상황에서 코드인사, 돌려막기 인사라는 용어가 등장했다. 대통령선거 경쟁에 함께 했던 인물들만을 기용하다 보니 이들이 각각의 직책을 돌아가면서 담당한다는 말이다. 따라서 아무리 유능한 전문가라고 해도 선거에서 반대편에 섰던 사람은 국정에 그 능력을 발휘할 수 있는 기회를 가질 수 없다. 반면에 상대적으로 능력이 부족한데도 선거운동에 참여했던 자기 편 사람들 중에서만 충원한다면 이것은 분명 국가의 인적 자원을 제대로 활용하지 못한다는 점에서 국가적 손해이다.

2) 국회해산권

대통령제의 본질적 특성 가운데 하나는 대통령의 국회해산이 불가능하다는 점인데도 제4, 5공화국은 대통령의 국회해산권을 인정함으로써 대통령제 특성의 뇌관을 배제하고 있다. 4공화국은 대통령에게 독단적 해산권을 부여하고 5공화국은 국회의장의 자문, 국무회의의 심의 등 몇 가지 조건을 추가했지만 사실은 수식어에 불과하다. 다만 5공화국의 경우는 국회구성 후 1년 이내에 해산할 수 없는 제한규정이 있다. 그러나 어떤 절차나 조건 하에서도 국회가 대통령을 불신임할 수 없는 상황(대통령이 행정수반인 동시에 국가수반이라는 점)에서 대통령에게 국민으로부터 직접 선출된 국회를 일반적으로 해산할 수 있는 권력을 부여한 것은 권위주의 체계의 신대통령제나 모방적 대통령제의 특성을 갖는다.

3) 의원의 각료겸임

의원의 각료겸임은 대통령제나 내각제 모두에서 현실적으로 많은 예외를 갖고 있는 대상이지만 대통령제에서의 겸직은 논리적으로 부적절함에도 우리 헌법은 제3공화국 제1기 정권(62년 헌법)을 제외하고는 모든 정권에서 겸임을 무제한적으로 허용함으로써 의회제적 요소를 갖고 있다. 의원과 각료의 겸직이 당연시되는 것은 아마도 우리의 권력구조가 제헌과정에서 내각제 헌법을 토대로 대통령제의 헌법을 만들었고, 특히 제1공화국의 발췌개헌 헌법이 내각제와 대통령제의 부분적인 발췌였으며, 이것이 우리 헌법 골간의 전통이 되었다는 인식에서 수용되고 있는 것 같다. 특히 민주화 과정에서 여야가 합의한 제6공화국 헌법에도 이를 수용한 것은 특이하다.

4) 대통령의 총리임명권

대통령제의 대통령은 각료(국무총리와 장관)에 대해 독자적인 임면권을 갖는다. 국무총리 이하 국무위원직이 사실상 대통령을 보좌하는 지위임에도 불구하고 이들의 임면에 대해서 우리 헌법은 제3공화국을 제외하고 국회의 '승인(제1공화국)' 또는 '동의(4-6공화국)'의 대상으로 하고 있어서 대통령제에 완전히 부합하지 못하고 있다. 물론 국무총리 이하의 각료에 대해서 국무총리가 추천하는 절차는 임면권자인 대통령에 대한 견제라기보다는 보좌역할로 보아야 한다. 국무총리의 각료추천권은 실제는 형식적 절차이지만 총리가 부재한 상황이라면 추천권자의 부재로써 절차상 위헌의 소지를 갖기 때문에 대통령의 인사권에 대한 중요한 견제이다.

대통령의 국무총리 인선에 대한 국회의 견제는 국민으로부터 직접 수임받은 대통령의 행정권에 대한 침해일 수 있는 반면에 국회의 행정부에 대한 견제라는 양면성을 갖지만 기본적으로는 집행부의 수장인 대통령의 권한이 존중되어야 한다. 다만 국회의 동의절차에 선행되는 인사청문회는 대통령의 인사권을 존중하면서도 대상인물에 대한 검증이라는 점에서 '동의'와는 다른 문제이다.

5) 국회의 국무위원 불신임

내각제의 정부 불신임은 정부수반 이하 전 각료의 퇴진과 함께 국회해산으로 새로운 정부가 들어서는 중대한 문제이지만 우리나라 국회의 국무위원 불신임은 내각제의 정부 불신임과는 판이하게 다르다. 즉 우리 헌법의 총리와 각료에 대한 불신임은 정부수반인 대통령을 제외한 대통령 부하들에 대한 교체에 불과하다. 그러나 대통령은 그 지위가 인정된다고 해도 국정운영과 정치적인 양면에 큰 손상을 받는다는 점에서 중요한 과제이다.

제1공화국의 경우 제헌헌법에서는 해임건의 조항이 없었으나 발췌개헌(52년)에서는 국회가 대통령을 제외한 정부에 대한 불신임으로 총리 및 각료 전원이 총사직하도록 국회의 권한을 강화했다. 그러나 54년 개헌에서는 다시 각료에 대한 개별적 불신임 결의로 약간 완화했다가 3공화국에서는 해임건의로 국회의 권한을 상대적으로 약화시켰다. 4, 5공화국에서는 총리에 대한 해임의결의 경우 내각 총사퇴와 개별 각료에 대한 해임의결을 병행시킴으로써 대통령제와 거리를 두다가 6공화국은 다시 각료에 대한 해임건의로 국회의 권력을 상대적으로 약화시킴으로써 사실상 순수 대통령제에 다가갔다. 특히 권위주의 체제였던 4, 5공화국에서 국회의 국무위원에 대한 견제권한을 강화시킨 것은 외견상으로 국회의 권력을 신장시키고 대통령 권력을 약화시켜 내각제의 방향으로 이동한 것 같지만 실은 집권세력이 국회 내에서 다수의석을 확보할 선거제도(유신정우회 및 동반 당선제에서 의석수에 의한 전국구 의원 배분 등)를 배수진으로 하고 있었다는 점에서 실효성은 의문시되는 내용이었다.

그러나 실질적이든 형식적이든 대통령의 내각구성에 대한 국회의 이러한 견제권력은 대통령제의 성격을 벗어나는 것이다. 이에 대해 '대통령제와 내각제의 혼합'[125]이라고 보는 견해도 있다. 그러나 이러한 결과는 내각제 헌법의 틀을 바탕으로 대통령제 헌법을 만든 배경과 관련되지만 두 제도의 '혼합'이라는 의미는 자칫 혼란을 불러올 수 있다. 다른 단서가 없는 '대통령제와 내각제의 혼합'이라는 표현은 자칫 5 : 5의 혼합에서부터 9 : 1의 혼합까지 여러 의미가 전달될 수 있고, 만일 5 : 5의 주변이라면 이는 대통령제가 아닌 준대통령제이다.

특히 국무총리나 각료에 대한 불신임 문제는 대통령의 국회견제(예를 들면 긴급권, 거부권 등)처럼 국회의 정부에 대한 견제에 불과하며, 특히 국무총리는 정부수반이 아니라 정부수반을 보좌하는 지위에 지나지 않고, 국무총리나 대통령이 국회를 해산할 수 있는 권한이 없다는 점은 의회제가 가져야 할 핵심적 요소가 빠진 것이다. 따라서 이러한 구조는 대통령제의 권력구조를 기본으로 하고 의회제적 요소의 일부분이 가미된 것이다.

125 김철수, 『헌법질서론』(수학사, 1971), 260.

3. 대통령의 입법권

우리나라는 제헌 이래 역대 정권별로 헌법을 개정하면서 대통령의 권력이 달라졌다. 특히 대통령 권력의 정도는 대통령제의 특성뿐만 아니라 정치체계의 민주성 여부와도 직접적 관련을 가져 대통령직의 권력과 민주성은 반비례하는 현상을 보였다. 여기에서는 현재의 대통령 권력뿐만 아니라 역대 정권별로 대통령의 제도적 권력의 특성과 정도가 어떠했는지에 대한 비교를 통해서 현재의 권력의 특성을 반추하도록 한다.

1) 법률안 발의권

우리나라의 대통령은 미국의 대통령처럼 의회의원을 거치는 부담스런 과정 없이 바로 정부안으로 법률안을 제출할 수 있는 권력을 가지고 있다. 역대 정권의 헌법은 국회의원과 정부가 법률안을 제출할 수 있도록 규정하고 있는데, 역대 국회에서 정부가 발의한 법안은 오히려 국회가 발한 건수를 능가한다.

국회의 법률안 발의 실태를 보면 제헌국회에서 17대 국회 1년까지 총 발의된 법률안은 12,772건이다. 이 가운데 정부 발의가 7,500건으로 58.7%, 의원 발의가 5,272건으로 41.3%를 차지해 의원 발의보다 정부 발의가 더 많은 실정이다. 이런 배경으로 인해서 국회를 입법부라기보다는 통법부라는 별명이 부여되기까지 했다. 이러한 별명은 입법과정에서 국회의 무기력함과 정부의 강력한 주도력을 상징하는 것이다.

특히 정부가 국회에 법률안을 발의하는 과정에서 집권당 소속의원들과도 협의할 필요가 없다는 점에서 집권당은 정부가 주도하는 입법과정에서 보조역할에 한정될 수 있다. 국회의 법률안 심의과정에서 집권당은 정부가 제출안 법률안의 당위성을 강변하면서 야당의 반대에 맞서 가결시켜야 할 짐만을 지게 될 수 있다.

2) 거부권

국회에서 의결된 법률안은 정부로 이송되어 15일 이내에 대통령이 공포한다(헌법 53조). 그러나 대통령은 정부로 이송된 법률안에 이의가 있을 경우 15일 이내에 국회로 환부하고 재의를 요구할 수 있다. 이 경우 국회가 재적의원 과반수의 출석과 출석의원 2/3의 찬성으로 재의결하면 법률로 확정된다. 따라서 집권당이나 대통령이 과반수 이상의 의원들에게 영향을 미칠 수 있다면 대통령은 국회의 법률안에 대해 거부권을 관철시킬 수 있다. 반면에 야당의석이 과반수이면 대통령의 거부권은 무용지물이 된다.

다만 대통령은 법률안의 일부 또는 수정하여 재의를 요구할 수는 없도록 규정되어 있어 대통령의 부분 거부권을 인정하지 않고 있다. 부분거부는 자칫 국회에서 결의한 법률안이 대통령의 의사에 따라 재단되는 것을 막기 위한 필요한 제한장치이다.

대통령의 거부권 행사는 대통령의 제도적 권력이지만 국회와 대립하는 정치적 행위의 성격을 갖는다. 따라서 대통령의 거부권 행사는 대통령과 야당 간의 정치쟁점으로 비화할 수 있다. 예를 들면 2003년 11월 야당이 지배하는 국회에서 가결된 '대통령 측근비리 특검 법안'을 노무현 대통령이 거부하자 야당은 일제히 들고 일어나 대통령과 야당 간의 정치쟁점으로 비화되었었다.

거부권은 국회의 재의요건이 제1공화국 정권에서는 재적 과반수 출석과 2/3 이상의 찬성, 제3-6공화국에서는 재적의원 2/3 출석과 과반수 또는 2/3 이상 찬성으로 '2/3의 찬성'을 요건으로 하고 있다. 따라서 재의요건이 과반수보다 강화되므로 대통령의 거부권은 상당한 의미를 가지고 있다. 즉 대통령이 국회에서 1/3 이상의 의원들을 관리할 수 있다면 자신이 원하지 않는 법안에 대해서는 거부권을 통해 효력을 발휘하지 못하게 할 수 있는 것이다.

우리나라에서 대통령의 거부권 행사에 대해 국회가 재의결한 것은 1954년의 '형사소송법', 그리고 앞에서 제기한 '노무현 대통령 측근비리 특검법'이다. 국회는 '특검법'을 2003년 11월 10일 재적 272명 중 193명의 찬성으로 가결시켰으나 노무현 대통령이 거부권을 행사하자 2003년 12월 4일 209표로 재의결했던 것이다.

3) 긴급명령권

대통령의 긴급명령권은 긴급권과 계엄권으로 구분된다. 대통령의 긴급명령 및 계엄권은 대통령이 국회의 권력을 독단적으로 행사하는 것이다. 특히 계엄선포는 대통령에게 3권이 집중되어 입헌독재 형태를 취하기 때문에 대통령이 권력에 대한 야심을 갖는다면 변칙적으로 악용될 소지가 있다. 권위주의 정권에서는 권력의 강화와 장기집권의 수단으로 이러한 명령들이 자주 악용되었던 경험이 있다. 물론 민주정치가 작용하는 상황에서는 대통령이 불순한 의도나 편의적으로 남용하기는 쉽지 않다. 그러나 이러한 명령은 곧 한시적인 독재화를 의미하며, 일단 적용된 독재현상은 그 잔재가 남을 수 있기 때문에 항상 경계의 대상이다.

헌법에서 대통령의 긴급권은 1) 내우, 외환, 천재지변과 재정, 경제상의 위기에 공공의 안녕질서유지를 위한 조치(긴급재정경제처분 및 명령), 2) 국가위기에 관계되는 중대한 상태에서 국가보위를 위한 조치(긴급명령), 3) 전시, 사변 또는 이에 준하는 국가 비상사태에 계엄선포 조치(계엄선포) 등 3가지 유형으로 나뉘고 있다. 이러한 긴급권은 역대 공화국별로 권력의 정도가 각기 다르다. 우선 국회의 '집회가 불가능하거나 기다릴 여유가 없을 때'로 한정한 경우와 대통령이 아무 때나 할 수 있도록 무제한의 기회를 준 경우도 있다. 또한 긴급상황을 구체적으로 한정한 경우와 포괄적으로 정한 경우, 긴급처분의 시점을 '필요한 때'로 한정한 경우와 '필요하다고 판단할 때'로 해 대통령에게 재량권을 준 경우, 조치의 내용도 '최소한으로 필요한 조치'에 한정되는 경우에서부터 '국민의 자유와 권리를 잠정적으로 정지'하는 범위까지 확대되는 경우 등 역대 정권별로 다양하다. 이상의 명령들은 지체없이 국회에 보고하고 승인을 얻어야 하며, 승인을 얻지 못하면 효력을 상실한다.

대통령은 또한 전시, 사변 또는 이에 준하는 국가 비상사태에 병력으로써 군사상의 필요에 응하거나 공공의 안녕질서를 유지할 필요가 있을 때에는 법률이 정하는 바에 의해 비상계엄 또는 경비계엄을 선포할 수 있다. 비상계엄이 선포된 때에는 법률이 정하는 바에 의해 영장제도, 언론, 출판, 집회, 결사의 자유, 정부나 법원의 권한에 관해 특별한 조치를 할 수 있다.

계엄을 선포한 때에는 대통령은 지체없이 국회에 통고해야 하며, 국회가 재적의원 과반수의 찬성으로 계엄의 해제를 요구한 때에는 대통령은 이를 해제해야 한다(헌법 77조). 국회의 임시회는 국회 재적의원 1/4이상의 요구로 가능할 뿐만 아니라 대통령도 소집을 요구할 수 있다. 따라서 집회를 기다릴 여유가 없는 상황이란 아주 예외적일 수밖에 없다. 또한 계엄선포도 국회 재적의원 과반수가 요구하면 해제해야 한다.

역대 정권별로 긴급권의 정도를 비교하기 위해 앞에서 우리나라 대통령제의 부합성을 계량적으로 측정한 방법으로 헌법규정을 구문단위로 구분해 대통령직 권력의 강도별로 2, 1, 0의 점수를 부여했다. 권력이 부재한 경우는 0으로 한다. 예를 들면 대통령의 긴급권에 대한 발동시점을 1) 긴급한 조치가 필요한 때, 2) 긴급조치가 필요하다고 판단할 때로 구분한다면 '필요한 때' 보다 필요하다고 판단될 때' 가 강한 권력이기 때문에 점수는 각각 1과 2이다. 이러한 방법으로 우리나라 헌법규정에 나타난 긴급권을 정도별로 구분하여 측정한 결과는 아래의 〈표 6〉과 같다.

〈표 6〉 역대 공화국 및 정권별 긴급권의 정도

긴급권 내용별 항목	역대 공화국 및 정권							
	제1공			제3공		제4공	제5공	제6공
	제1기	제2기	제3기	제1기	제1기			
① 긴급조치의 긴급상황	1	1	1	1	1	2	1	1
② 긴급조치 및 명령시점	1	1	1	1	1	2	2	1
③ 긴급조치와 국회소집 상황	1	1	1	1	1	2	2	1
④ 긴급조치 국회대응	1	1	1	1	1	2	1	1
⑤ 긴급조치의 사법적 심사대상 여부	1	1	1	1	1	2	1	1
⑥ 긴급조치 내용	1	1	1	1	1	2	2	1
합 계	6 1	6 1	6 1	6 1	6 1	12 2	9 1.5	6 1

① 긴급조치의 긴급상황
- 중대한 위기나 위협을 받는 상황=1
- 중대한 위협을 받을 우려가 있는 경우=2

② 긴급조치 및 명령시점
- 긴급한 조치가 필요한 때=1
- 긴급조치가 필요하다고 판단할 때에=2

③ 긴급조치와 국회의 집회
- 집회나 활동불가 또는 폐회 중=1
- 국회의 집회와 관계없이=2

④ 긴급조치 국회대응
- 국회의 승인 또는 해제 대상=1
- 국회의 건의 가능대상=2

⑤ 사법적 심사대상 여부
- 심사대상=1
- 심사대상에서 제외=2

⑥ 긴급조치내용
- 최소한으로 필요한 재정, 경제상의 처분 및 국정전반과 정부나 법원의 권한에 관해 긴급조치 가능=1
- 헌법상 국민의 자유와 권리를 잠정적으로 정지=2 등이다.

역대 정권별 긴급조치권의 정도는 유신정권의 제4공화국이 다른 정권의 2배, 그리고 전두환 군부 정권이 1.5로 높게 나타났다. 4, 5공화국의 긴급조치권은 국가안위나 공공의 안녕을 위한 사회질서를 위한 장치가 아니라 독재정권의 유지를 위해 반대세력의 탄압을 위한 수단이었다. 4, 5공화국은 박정희와 전두환의 권위주의 체계로 각각 '대통령군주제', '군주적 대통령제'라고 할 수 있다.[126] '대통령군주제'는 명칭으로는 대통령제이지만 실제는 군주제라는 의미이고, '군주적 대통령제'는 군주처럼 권력을 행사할 수 있는 대통령제로 구별하는 개념으로 사용했다. 따라서 전자가 후자에 비해 훨씬 더 독재적이라고 할 수 있다. 특히 4, 5공화국의 긴급명령권은 국민적 동의가 없는 부당한 권력의 행사로 사회안녕이

126 대통령군주제는 황제적 대통령직(Imperial Presidency) (Arthur M. Schlesinger, Imperial Presidency(Boston, Houghton Mifflin, 1973))과는 다르다. 황제적 대통령제가 강력한 대통령의 지위를 나타낸다면 대통령군주제는 대통령이 곧 군주와 같은 권한을 갖는다는 의미이다.

아니라 그에 대한 저항으로 인해 오히려 사회혼란이 초래된다는 것을 보여준 역사적 경험이었다.

4) 국민투표권

대통령은 외교, 국방, 통일, 기타 국가안위에 관한 중요정책을 국민투표에 붙일 수 있다(헌법 72조). 여기에서 외교, 국방, 통일에 관한 정책은 그 대상이 비교적 구체적이다. 그러나 '국가안위에 관한 중요정책' 은 많은 논란의 대상이다. 국가안위에 관한 정책을 확대 해석하면 대통령의 국민투표권의 범위는 상대적으로 넓어지고, 이것은 대통령의 입법권의 확대를 의미한다. 따라서 국민투표에 관한 규정은 보다 구체적으로 기술되어야 할 대상이다. 그러나 특별한 사안의 경우, 즉 헌법개정안은 대통령이 제안할 수 있어도 국민투표 회부에 앞서 국회에서 2/3의 찬성으로 가결되어야 하기 때문에 국회와의 사전합의 없이는 사실상 불가능한 권한이다.

우리나라 제1, 3공화국 헌법에는 헌법개정의 확정과 관련해 국회의 재적의원 1/3 이상 또는 국회의원선거권자 50만 명 이상의 찬성으로 개정안을 제안할 수 있으며, 이 개정안은 대통령이 30일 이상의 기간 동안 이를 공고한 뒤에 국회가 이를 30일 이내에 2/3 찬성으로 의결해야 하며, 국회가 의결한 후 60일 이내에 국민투표에 붙여 국회의원 선거권자 과반수의 투표와 투표자 과반수의 찬성을 얻어 확정하도록 규정하고 있다. 이 규정은 대통령이 국회를 배제한 채 주도하는 것이 아니라 국회가 2/3 이상의 찬성으로 의결한 사항을 공고하는 역할에 한정된다는 점에서 대통령의 실질적 입법권력으로 볼 수 없다.

반면에 제4공화국에서는 "대통령은 필요하다고 인정할 때에는 국가의 중요한 정책을 국민투표에 붙일 수 있다"고 규정해 대통령에게 무제한의 국민투표권을 허용하고 있다. 그러나 제5, 6공화국은 "대통령은 필요하다고 인정할 때에는 외교, 국방, 통일 기타 국가안위에 관한 중요정책을 국민투표에 붙일 수 있다"고 규정해 국민투표의 대상에 제한을 두고 있다. 그러나 앞에서 지적한 것처럼 '국가안위'라는 포괄적이고 모호한 규정은 대통령이 국민투표권을 정략적으로 악용할 소지를 담고 있다.

그동안 우리의 헌정사에는 1962년 12월 17일 이후 1987년 10월 27일까지 모두 6차례의 국민투표가 실시되었다. 제1차 국민투표는 1961년 5 · 16 쿠데타 이후 국가재건 최고회의가 2년 7개월간의 군정 이후 민정이양에 앞서 헌법개정안을 확정하기 위해 1962년 12월 17일 최초로 실시하였다. 이 결과 전국 유권자 85.3%가 투표에 참가하고 투표자의 78.8%가 찬성하였다. 제2차 국민투표는 1969년 대통령의 3선 허용을 골자로 하는 헌법개정안에 관한 것으로, 대통령의 신임과 함께 10월 19일에 실시되어 15,048,925명의 유권자 중에 11,604,038명이 투표하고 투표자 중 65.1%의 찬성을 얻었다. 제3차 국민투표는 1972년 10월 17일에 박정희 대통령의 특별선언에 따라 헌정을 중단한 채 이른바 유신헌법 개정안에 대한 국민투표를 1972년 11월 21일에 실시했는데, 유권자 중 91.9%의 투표에 91.5%의 찬성으로 이 법안을 가결시켰다. 이로써 제4공화국인 유신체제가 시작된 것이다.

제4차 국민투표는 유신헌법(維新憲法)이 시행된 지 2년 3개월 만인 1975년 2월 12일에 유신체제에 대한 찬 · 반을 묻는 것이었는데, 선거결과는 79.9% 투표율에 73%의 찬성으로 정부 여당(공화당)의 의도대로 관철되었다. 제5차 국민투표는 1979년 10월 26일 박정희 대통령이 시해되고 국가권력의 공백을 틈타 군부를 장악한 전두환 계엄사령관이 대통령직을 장악하고(9월 1일) 제5공화국을 출범시킬 헌법안(제8차 개정)에 대한 것이었다. 투표의 결과는 전국적으로 투표율 95.5%에 91.6%의 절대적 지지율을 나타냈다. 제6차 국민투표는 1987년 6월 29일 정부 및 집권당과 야당이 합의한 대통령직선제 개헌안(1987년 9월 21일 국회에서 의결 공고)에 대한 투표로 10월 27일 실시되었다. 이를 토대로 1988년 6공화국이 출범해 현재에 이르고 있다.

국민투표는 준대통령제인 프랑스에서 대통령 드골이 자신의 정책을 국회나 내각의 찬성 없이 밀고나가기 위해 8년 동안 6번을 실시한 것으로 유명하다. 드골은 5번은 국민의 지지를 획득했으나 마지막 6번째 부결되어 사임하기에 이르렀다(프랑스 권력구조 참조). 현대의 국민투표는 대통령이 사전에 여론을 면밀하게 측정할 수 있기 때문에 부결될 사안에 대해 실시할 이유가 없을 것이다. 그럼에도 국민투표권은 대통령의 정치적 무기가 되어서는 안 되며, 국민의 총의를 모으는 도구로 삼아야 한다. 국민투표는 국가정책을 추진하는 데 모든 국민을 참여시켜 총의를 구하고 국민적 합의와 힘을 창출하는 도구여야 하는 것이다.

Ⅷ. 한국의 대통령 탄핵

1. 개요

우리나라에서 대통령에 대한 탄핵은 현재까지 노무현 대통령에 대한 탄핵이 유일한 사례이다. 노무현 대통령에 대한 탄핵은 2004년 2월 하순 한나라당과 민주당 등 야권이 노무현 대통령에게 선거관리위원회가 결정한 선거법 위반사실[127]을 사과하고 재발방지를 약속하지 않으면 탄핵을 발의하기로 함으로써 시작되었다. 그러나 청와대가 이를 거부하자 3월 9일 양당은 재적의원 과반수인 136명에서 13명이 초과하는 159명의 서명으로 탄핵안을 국회에 접수시켜 본회의에 보고되었다. 특히 노무현 대통령이 11일 기자회견에서 야당이 요구하는 사과 대신 총선거와 재신임을 연계해 탄핵을 해소하겠다고 말하자 야권은 극도의 반발분위기가 조성되었다.

탄핵안은 당초 탄핵에 대해 반대 입장이던 의원들뿐만 아니라 자민련까지 가세해 3월 12일 국회의장이 질서유지권을 발동, 의장석을 점거하고 있던 열린우리당 의원들을 끌어낸 후 탄핵에 대한 무기명 투표를 실시해 195명의 의원이 투표한 가운데 가결정족수 181명을 훨씬 넘는 193명의 찬성으로 가결되었다.

127 노무현 대통령의 선거법 위반내용은 "국민들이(열린우리당)을 압도적으로 지지해 줄 것으로 기대한다"발언(2월 24일)으로 중앙선거관리위원회가 "공무원의 선거중립 의무를 규정한 선거법 9조 위반"이라는 결론을 내렸다(3월 3일).

탄핵안은 본회의에 보고된 후에 본회의의 결의로 국회법사위원회에서 조사할 수 있으나 국회는 이를 생략했다. 탄핵사유의 핵심이 어떤 의혹에서 출발하는 것이 아니라 이미 선거관리위원회에서 결정을 내린 선거법 위반에 관한 것이기 때문이라는 점도 있었겠지만, 권력형 부정부패와 국민경제, 국정파탄 부분은 나름의 조사가 필요한 사항인데도 여당의 극한적인 반대와 17대 총선을 한 달여 앞둔 시점에서 국회는 조사활동 자체가 사실상 불가능한 상황이었다. 특히 탄핵추진이 문제제기에서 발의까지 불과 보름여 기간에 국민들이 어리둥절한 상황에서 쫓기듯 일사천리로 이루어졌기 때문에 국회의 역할은 탄핵에 대해 정치적 처리보다는 오로지 법률적 요건인 발의와 가결에 한정되어 있었다.

국회에서 가결된 탄핵소추 의결서는 헌법재판소에 제출되었고, 헌법재판소는 이로부터 180일 이내에 전원재판부를 개최해 심리해야 하며, 재판관 9명 가운데 6명 이상이 찬성하면 탄핵안이 가결돼 대통령이 파면된다는 규정에 따라 탄핵안은 5월 14일 헌법재판소에서 기각되면서 대통령은 직위를 유지하게 되었다. 그러면 노무현 대통령의 탄핵배경과 탄핵이 갖는 정치적 의미에 관해 토론해 보기로 한다.[128]

2. 탄핵의 요인

노무현 대통령에 대한 탄핵이 보름여 만에 일사천리로 이루어진 배경

128 탄핵에 관한 이하의 내용은 최한수, "노무현 대통령탄핵에 관한 소고," 『대한정치학회보』, 제13집 3호, 2006, 106-118의 내용을 부분 재정리한 것임.

은 무엇인가? 어떤 요인들이 그처럼 신속하게 탄핵을 촉진시켰는가? 이미 앞에서 탄핵의 요인으로 작용하는 여러 변인들을 토론했다. 탄핵의 추진과 국회의 가결을 분석하기 위한 요인의 설정은 탄핵요인에 대한 이론과 함께 탄핵이 추진되는 각 나라의 정치구조와 과정 및 상황이 고려되어야 한다. 따라서 여기에서도 앞에서 토론한 요인을 토대로 하되 탄핵이 추진되던 당시에 우리나라에서 거론되지 않거나 부합되지 않은 요인(예를 들면 언론의 작용, 경제상황)들은 배제한 채 7가지를 대상으로 선정하기로 한다. 여기에 제시된 탄핵요인의 작용이 촉진적이냐 억제적이냐에 따라서 국회의 탄핵가결 또는 부결의 결과가 도출될 것이다.

1) 제도적인 권력균형

헌법은 문자적으로는 입법부와 대통령의 견제 및 균형구조이지만 국회 내의 세력이나 대통령의 개인적 리더십은 양자 권력의 우열을 좌우한다. 특히 대통령은 대통령직이 갖는 성문법적 권한 외의 광범위한 영향력을 가지며, 대통령직에 대한 전통적으로 우월한 인식은 대통령의 영향력을 더 강화한다. 특히 김영삼, 김대중 등 전임 대통령은 개인적 카리스마로 인해 대통령직의 영향력을 최대로 행사했다. 그러나 노무현 대통령은 취임 당시부터 국회에 대해 위약한 입장이었다. 우선 대통령선거에서 패한 야당(한나라당)이 국회의 절대다수 의석을 차지하고 있는 상황에서 노무현 대통령은 자신의 집권당을 분열시켜 군소정당을 배경으로 하고 있었다. 그뿐만 아니라 자신의 개인적 배경과 가볍게 인식되는 언행으로 인해 야권에게 전임 대통령이 가졌던 카리스마는 고사하고 대통령으로서의 권위마저 보여주지 못했다.[129] 이러한 상황은 야당으로 하여금 노무현 대통령에 대해 탈권위뿐만 아니라 경시의식 및 대통령을 축출하려는 목표를 갖도록 만들었다고 볼 수 있다.

탄핵을 최종 심판하는 헌법재판소의 재판관(임기 6년)의 9명(소장포함)의 구성은 3권 분립의 원칙에 따라 대통령이 3명을 직접 임명하고 국회가 3명을 선출하며, 국회의 승인으로 대통령이 임명하는 대법원장이 3명을 지명한 후 대통령이 임명한다. 따라서 9명의 재판관 가운데 대통령이 임명한 3명과 대법원장이 추천한 3명, 그리고 국회에서 추천하는 3명 가운데 1명이 집권당 몫이라면 최소한 7명은 대통령에게 우호적인 인물이라고 할 수 있다. 이 점은 야당에게 탄핵의 성공을 상대적으로 어렵게 만드는 장애물이다. 그러나 노무현 대통령 탄핵 당시 9명의 재판관 가운데 7명의 재판관은 노 대통령으로부터 임명장을 받지 않은 재판관들이었다(조선 04. 3. 13). 특히 3명은 한나라당과 민주당 그리고 양당이 공동으로 추천한 인물들이라는 점에서 비록 헌법재판소의 심판이 법률적 판단이라고는 하지만 정치적 사안이며, 명확한 기준이나 판례가 없는 상태에서 한나라당과 민주당은 나름대로 기대를 가질 수 있는 구성이라고

129 노무현 대통령 지신도 대통령직을 거는 발언을 서슴없이 했지만 야당도 걸핏하면 대통령의 축출에 대한 언급을 거침없이 쏟아냈다. 대표적인 예로는 ▲노무현 대통령 : "대통령직 못 해먹겠다는 생각이 든다"(2003. 5. 21). "측근비리와 관련 재신임 묻겠다"(2003. 10. 10). "다른 정책과 연계하지 않는 순수재신임 국민투표하자"(2003. 10. 13). 4당 대표회동서 "불법자금 한나라당 10% 넘으면 대통령 물러나겠다"(2003. 12. 14). ▲한나라당 : "진퇴자체만 놓고 국민투표하자"(2003. 10. 12). "대통령 측근의 비리가 대통령자신과 어떤 형태로든 관련되어 있다면, 그것도 당선 후의 일이라면 재신임 여부문제가 아니라 탄핵대상이다"(2004. 10. 14). ▲민주당 : "노대통령의 민주당 탈당에 대해 정치신의의 문제로 중간평가, 재신임을 물어야 한다"(2003. 9. 29). "노무현 대통령 측근비리 수사결과에 대해 대통령스스로 책임을 지거나 탄핵하는 절차만 남은 것 같다"(2003. 12. 30). "노무현 대통령의 불법경선자금에 대해 정상적인 사법절차가 진행되지 않는다면 탄핵의 방법밖에 없다"(2004. 2. 25).

판단할 개연성이 있다.[130]

2) 탄핵안 처리의 제도

헌법 제65조는 대통령에 대한 탄핵소추안은 국회 재적의원의 과반수로 발의할 수 있도록 규정하고 있다. 1980년대 후반 민주화 이후 총선거의 결과는 집권당을 비롯한 어느 정당도 과반수 의석을 확보하지 못해 왔고, 따라서 국회 내의 어느 한 정파가 단독이든 연합이든 탄핵안 가결 정족수인 재적의원 2/3(181명)를 확보하는 것은 매우 예외적일 수밖에 없다. 예를 들면 비민주적 선거제도, 야당의 분별 없는 분열, 선거 후의 권력을 배경으로 한 정계개편 등을 통해 집권당은 절대다수 이상의 의석을 확보할 수 있다. 그러나 야권의 경우는 집권당이 구조적으로 분열하거나 대통령에 대한 낮은 인기로 인해 집권당 의원들이 이탈하는 경우에나 가능할 수 있다. 따라서 탄핵의 가결은 아주 예외적인 상황에서나 기대해 볼 수 있는데 그러한 상황이 마련된 것이다.

야권의 당초 탄핵목적은 대통령의 '파면' 보다는 '견제' 였다. 그러나 탄핵소추안이 압도적으로 가결되자 목표는 '견제' 에서 '파면' 으로 상승되었다. 그러나 탄핵이 정치권에서 종결되기보다는(예를 들어 하원에서 의결하고 상원에서 심판하는 경우) 사법부, 즉 헌법재판소의 심판절차는 탄핵의 목적을 이루는 데 상대적으로 더 어려운 장애물이다. 탄핵안이 발

130 국회의 탄핵의결서가 제출된 당시의 9명 재판관 중 정당별 연고관계는 ▲김대중 대통령 임명 : 윤영철(소장), 송인준, 주선회, ▲최종영 대법원장 지명 : 김영일, 김경일, 전효숙 ▲한나라당 선출 : 권성 ▲한나라 · 민주 공동 선출 : 김효종 ▲민주당 선출 : 이상경 등이다.

의된 이후에도 노무현 대통령이 야권의 타협요구(사과나 4당대표 회담)를 거부한 것도 이러한 제도적 장벽을 염두에 두었을 가능성도 크다. 즉 탄핵에 대한 반대여론이 비등한 상황에서 일부 야당의원들이 표결에서 이탈해 의결정족수(2/3)에 미달되거나 최악의 경우 의결된다고 해도 헌법재판소에서 기각될 것이라는 기대를 가졌을 것이라고 판단할 수 있다.

3) 국회의 당파적 세력균형

노무현 대통령의 탄핵을 발의, 가결한 16대 국회의 세력분포는 숫자상으로도 탄핵을 주도한 다수당인 한나라당(144) 및 민주당(62)이 전체 271명의 재적의원 가운데 206명(76%)으로 2/3를 훨씬 초과하고 있었다.[131] 이러한 구조는 집권당의 심각한 분열에서 비롯되어 집권당과 민주당의 갈등은 더욱 심각했다. 즉 민주당은 노무현 대통령을 당선시킨 집권당의 위치에서 노무현 대통령을 중심으로 한 세력이 이탈해 신당(열린우리당)을 창당함으로써 분열된 군소야당으로 전락되었다는 점에서 노무현 대통령에 대해 극도의 반감을 갖기에 충분했다.

대통령선거에서 노무현 후보에게 석패한 한나라당으로서는 144석의 절대다수 의석을 바탕으로 16대 국회 임기 말에 노무현 대통령에게 반격할 수 있는 최후의 기회였다. 여기에 62석의 민주당이 오히려 탄핵을

131 다만 탄핵안을 처리하는 시점에서 한나라당 소속의원 가운데 7명이 구속중이고 공천 심사과정에서 탈락한 2명의 의원과 불출마를 선언한 2명 등 11명은 사실상 한나라당의 통제 밖에 있었고 4명이 외유중이어서 실제 국회의 표결에 참가할 수 있는 의원은 129명이었으며, 62석의 민주당도 구속중인 의원과 17대 국회의 불출마를 선언한 의원 등 일부가 당의 규율 밖에 있었지만 이들이 2/3를 위협하는 숫자는 아니었다.

주도하는 상황은 두 정당으로 하여금 탄핵안 가결정족수의 충족에 대한 가능성을 갖게 함으로써 미지의 대통령 탄핵의 길에 나서도록 한 것이다. 특히 야권은 이미 2003년 11월의 특검법 통과과정에서 공조의 위력을 과시한바 있다.[132]

4) 대통령의 대중적 인기와 여론

대통령의 대중적 인기와 여론은 대통령에 대한 인기와 탄핵추진에 대한 여론으로 구분할 수 있다. 대통령의 인기는 시중에 회자되는 대통령에 대한 산발적 인식이 아니라 객관적으로 조사 분석된 자료, 즉 여론조사를 바탕으로 하는 것이다. 그리고 여론은 국회에서 추진되는 탄핵에 대한 국민의 반응이다. 노무현 대통령의 탄핵문제가 제기된 것은 공교롭게도 취임 1년이 되는 시점이었는데, 그에 대한 여론은 전임 대통령들의 취임 1년에 대한 인기의 절반에도 미치지 못하는 극히 낮은 수준이었다.[133]

132 한나라당과 민주당은 이미 자민련과 함께 '노무현 대통령 측근비리 특검법'을 재적 272명 중 193명으로 가결시킨 바 있고(2003. 11. 10), 이에 대한 대통령의 거부권 행사에 대해 209표로 재의결(2003. 12. 4)한 바 있다. 대통령의 거부권에 대한 재의는 1954년 형사소송법안 이후 49년 만에 초유의 일이다.

133 청와대로부터 비판적 신문으로 인식되고 있는 조선일보의 노무현 대통령에 대한 취임 이후 1년간 직무수행에 대한 조사는 잘하고 있다는 반응은 25.1%에 불과한 반면에 잘못하고 있다는 응답이 56.2%였다(조선 2004. 2. 21). 이것은 전임 대통령의 같은 기간 직무수행 지지도(김영삼 55.0%, 김대중 55.9%)에 비해 절반에도 못 미치는 결과였다. 한편 조선일보와 다른 입장에 있는 서울신문(한국사회과학데이터센터의 조사)의 결과도 국정운영을 잘하고 있다는 응답은 12.8%인 반면에 잘못하고 있다는 평가가 48.5%에 달했다(서울 2004. 2. 25). 노 대통령에 대한 탄핵소추안이 국회에 제출된 이후인 9일 저녁에 조선일보와

반면에 야권의 탄핵추진에 대한 여론은 대통령의 선거법 위반에 대해서는 절대다수가 대통령이 사과해야 하지만 탄핵은 반대한다는 양비론으로 나타났다.[134] 이러한 현상은 한나라당과 민주당의 일체감이 강한 영남과 호남에서도 예외가 아니었다.[135] 결국 당시의 여론은 노무현 대통령의 국정운영에 대해서는 낙제점으로 평가하고 아울러 선거법 위반에 대해서도 사과해야 하지만 탄핵은 반대한다는 것으로 요약된다. 여론의 이러한 이율배반성은 선거를 한 달 앞둔 의원들에게는 행동방향을 정하기 어렵게 만들 수밖에 없다. 여기에서 야권의 의원들은 상황적 조건(탄핵에 대한 반대여론) 대신 구조적 조건(권력관계, 당파적 세력균형 그리고 대통령의 인기)[136]을 선택한 것이다. 즉 노무현 대통령의 낮은 인기는 국회의 2/3 이상의 거대한 세력을 가진 두 정당(한나라와 민주당)에게 대통령의 탄핵추진에 대한 유혹과 자신감을 충분히 자극할 수 있고, 더 나아가

한국갤럽의 조사에서도 노 대통령의 국정 수행에 대한 지지도는 '잘하고 있다'가 25%, '보통이다' 10.9%인 반면 '잘못하고 있다'는 응답은 57.3%에 달하는 등 그의 대통령으로서의 인기는 낙제점이었다.

134 "사과"해야 한다는 여론도 60%대(중앙 61% 2004. 3. 6, 조선 60. 8, 2004. 3. 10)로 일관되게 높았지만 탄핵안 제출에 대한 반대의견은 그 이상으로 압도적으로 최고 68.8%(한겨레 2004. 3. 6)에서 65.2%(KBS 2004. 3. 9), 53.9%(조선 2004. 3. 9)순에서 최저 48%(2004. 3. 5)에 이르렀다(중앙 2004. 3. 11참조).

135 지역별 탄핵안제출 찬성, 반대비율(%)은 아래와 같다.

지역	대전 · 충청	부산 · 경남	서울	경기 · 인천	광주 · 전라	대구 · 경북
찬성	20.5	22.5	34	29.6	12.8	36.4
반대	59.4	56.2	55.9	55.4	54.4	41.1

찬반여론조사는 2004. 3. 9(조선 2004. 3. 10)(표본오차는 95% 신뢰수준에서 ±3% 포인트)

136 여기에서 구조적 조건은 제도적 조건이나 일정기간 동안 정형화된 현상을 의미하고 상황적 조건은 당시의 특정 이슈에 대해 일시적으로 나타난 반응을 의미한다. 대통령의 인기는 당시의 여론조사로 측정된 것이지만 당시의 일정시점에 일정 사안에 대한 인기가 아니라 취임 후부터 당시까지의 국정운영에 대한 계속된 인식을 바탕으로 한 여론이라는 점에서 구조적 조건이라고 할 수 있다.

국민들에게 인기가 낮은 대통령을 축출하는 것이 야당의 역할이라고 인식하도록 만들었을 것이다.

5) 탄핵추진 정당(한나라당과 민주당)의 내부요인

한나라당 입장에서는 불법 대선자금 및 국회의 다수당으로서 국민의 여론을 무시한 국회 운영과정에서 국민들로부터 극도의 불신과 비판 속에 지지도가 추락하면서 17대 총선에 대한 위기감을 대통령 탄핵이라는 새로운 이슈로 돌파하려는 의도가 작용했다. 민주당은 특히 노무현 대통령에 대한 정치적 배신감을 대통령의 축출시도로 분출시켰다.

민주당 후보로 대통령에 당선된 노무현 대통령이 자파세력을 중심으로 민주당을 이탈해 열린우리당을 창당(2003. 11. 11)하면서 민주당은 집권당의 위치에서 결국 분열된 야당으로 내려앉게 되었으며, 17대 총선을 50여 일 앞둔 시점에서 지지도도 급격히 추락해 고사위기에 처한 상황에서 탈출하기 위한 극한적 대응이 필요했던 것이다.

야권은 아울러 탄핵으로 17대 총선거 기간 동안 노무현 대통령의 직무정지를 통해서 대통령의 선거개입 및 간접적인 관권선거를 차단하려는 의도를 가졌었다. 탄핵사유의 핵심이 대통령의 선거중립 위반이라는 점에서 나타난 것처럼 대통령의 직무정지는 곧 총선거전에서 대통령을 완전히 배제하는 효과를 초래할 뿐만 아니라 반대통령적 지지자를 규합하는 효과를 기대할 수 있기 때문이다.

지도부의 입장에서는 한나라당과 민주당 모두 당대표를 비롯한 지도부가 총선을 앞둔 상황에서 당의 지지도 하락으로 인해[137] 지도력의 위기에 봉착한 상황이었다. 한나라당 최병열 대표는 조기 전당대회 후에 백

의종군을 선언(2004. 2. 22)한 상태였고, 민주당 조순형 대표도 당 내 총선후보의 공천문제로 심각한 내홍에 휩싸여 있는 상황이었다. 여기에서 최병열 대표는 정치적으로 더 이상 잃을 것이 없는 막다른 상황에서 자신의 리더십 회복을 위해서는 공격적 승부수가 필요했고, 대통령에 대한 탄핵추진은 일순간이나마 자신이 당의 지휘봉을 휘두를 수 있는 호재였다. 그리고 탄핵의 결과로 당의 지지율이 상승된다면 그 공로를 바탕으로 재기할 수도 있다는 기대를 가졌다.[138]

조순형 대표의 선택도 비슷했다. 17대 국회의 4 · 15 총선의 전선이 한나라당과 열린우리당의 양각구도로 형성되고 민주당은 존립 자체가 위협받는 상황이 되면서 당권에 심각한 도전을 받고 있는 그로서는 노무

137 지역별 정당지지율(%)은 아래와 같다.

지역	대전 · 충청	부산 · 경남	서울	경기 · 인천	광주 · 전라	대구 · 경북
열린우리	27.6	18.8	24.5	25.9	29.0	12.5
한나라	10.5	26.9	21.2	19.9		31.3
민주	10.6	9.2	10.6	9.2	31.2	

자료 : (조선 04. 2. 23) (표본오차는 95% 신뢰수준에서 ±3% 포인트)

중앙일보의 2004. 2. 2 조사에서는 열린우리당 15%, 한나라당 13%, 민주당 6%, 민주노동당 5%순 이었고, '지지 정당 없음/아직 미정' 48%였다.(중앙 2004. 3. 13) 한국갤럽의 조사(2004. 3. 12)에서도 열린우리당 32.4%, 한나라당 16.3%, 민주당 8.3%였다. 사흘 전 갤럽조사에서 열린우리당 26.7%, 한나라당 18.3%, 민주당 9.3% 등이었던 것에 비해 열린우리당은 5.7%포인트 상승한 반면 한나라당과 민주당은 1–2%포인트씩 하락했다. 다른 여론조사기관들의 조사 결과들도 비슷하다. 각 조사결과를 종합하면 탄핵 이전까지 한나라당과 10%포인트 이내의 차이로 선두였던 열린우리당이 탄핵 이후에 한나라당을 15–20%포인트 가량의 격차로 따돌린 것으로 나타났다(조선 2004. 3. 15)

138 탄핵정국에서 중앙일보(2004. 3. 6)는 "최병렬 대표는 약화된 당 장악력을 다시 회복하는데 탄핵카드가 도움이 된다는 판단을 하는 것 같다. 주변에선 '탄핵 정국에 본격 진입하면 … 최대표의 위상은 강화될 것'이란 얘기도 나돈다고 보도했다. 조선일보(2004. 3. 10)도 "3월 18일 퇴진하는 최병렬대표도 '탄핵'에 마지막 승부를 걸었다"고 보도했다.

현 대통령에 대한 강공을 통해 당권을 강화하고 전통적인 민주당 지지계층의 결집을 목표로 '대통령 탄핵'을 승부수로 띄운 것이다(조선 04. 3. 10 참조). 정당과 정당의 지도부가 안고 있는 이러한 과제는 결국 탄핵에 대한 반대여론에도 불구하고 '당파성이라는 그물' 속에서 일사분란하게 탄핵을 향해 치달았다.[139]

6) 탄핵사유에 대한 정당성

야권이 내세운 탄핵사유의 요점은 국법질서 문란, 권력형 부정부패, 국민경제와 국정파단의 3가지 내용으로 구성되었으나 핵심은 "국민이 총선에서 열린우리당을 압도적으로 지지해 줄 것을 기대한다(2월 24일)" 등의 발언으로 선거법(제9조 1항, 공무원의 정치적 중립 의무)을 위반했다는 내용이다.[140] 그러나 이 내용은 중앙선거관리위원회가(3월 3일) '선거중립 의무 준수촉구' 조치를 내린 사항이다. 따라서 이 사안은 이미 국민들이 다 알고 있을 뿐만 아니라 선거전담기관의 판정이 내려진 사유이다. 그럼에도 이를 탄핵사유로 부각하면서도 탄핵발의의 전제조건을 대

139 미국의 경우도 탄핵표결에서 재선에 대한 고려보다는 당파성이 더 강한 것으로 나타났다(William B. Perkins, "The Political Nature of Presidential Impeachment in the United States," in Jody C. Baumgartner and Naoko Kada(eds.), Checking Executive Power : Presidential Impeachment in Comparative Perspective(Westport, Connecticut : Praeger, 2003), 40–42 ; Gary C. Jacobson, "Impeachment Politics in the 1998 Congressional Elections" *Political Science Quarterly 114*(*1*) (1999), 48–50.

140 언론도 탄핵사유에 대해 권력형 부정부패 및 국민경제와 국정파단의 내용은 외면하고 단지 선거법위반부분에 초점을 모으고 있었다. 즉 언론은 야권의 탄핵안 발의에 대한 여론조사의 결과에 대한 보도에서 "탄핵추진에 대한 공감여부", "선거법 위반에 대한 사과필요성 여부"에 대한 조사결과를 보도했다.

통령의 선거법 위반에 대한 '사과'로 설정함으로써 국민들에게 선거법 위반이 심각한 위법행위라고 하더라도 '사과'의 수준으로 축소시킴으로써 탄핵과 연결시켜 국민의 공감을 받아내는 데는 한계가 있었다.[141]

7) 대통령의 리더십

대통령의 리더십은 기본적으로 대통령직이 갖는 권력으로부터 나온다. 대통령 권력에 관한 연구로 유명한 미국의 노이스타드(Neustadt)의 대통령 권력에 관한 가장 유명한 단정은 '설득력'으로서, 이는 정치적 결과를 이루어내기 위해 다른 사람에게 영향을 미치는 대통령의 능력을 포함하는 개인적 힘"이다.[142] 이때 설득은 흥정(bargaining)을 통해서 이루어지며, 흥정은 상대가 협력하는 것이 그 스스로에게 이익이 된다고 느끼도록 하는 데서 가능해진다.[143] 여야가 극한적으로 대립했던 3-4공화국 당시 야당의 대표(예를 들면 박순천, 유진산, 이철승, 심지어는 김영삼까지)들은 박정희 대통령과 면담 후에는 대통령에 대한 반대의 태도가 현저히 달라졌던 경험은 시사적이다.

이러한 점에서 본다면 노무현 대통령은 흥정의 첫째 대상인 국회의 다수당에 대해 설득이 아닌 논리적 공격과 반박을 무기로 하는 독특한 리더십을 보여 이른바 '오기정치', '승부정치'의 모습을 보여준다.[144] 이

141 4·15총선 이후에 내려진 헌법재판소의 결정문에서도 이러한 배경은 잘 뒷받침된다.

142 Robert Y. Shapiro, Martha Joynt Kumar, Lawrence R. Jacobs (eds.), *Presidential Power* (New York : Columbia University press, 2000), 3.

143 Thomas E. Cronin & Michael A. Genovese, *The Paradoxes of the American Presidency* (2nd) (New York : Oxford University Press, 2004), 109.

것은 탄핵의 가장 직접적 요인인 야당의 사과요구에 대한 거부뿐만 아니라 공격적인 반박에서도 잘 나타난다. 노무현 대통령은 야당과의 타협과 국회의원들에 대한 설득을 통해서 탄핵 차단장치를 제거하고 탄핵 촉진제를 들어부은 셈이다. 결국 이것은 탄핵을 통해 대통령직이 63일간 정지되고, 이 기간 총리가 대행하는 결과를 초래했다. 사실상의 대통령이 존재하는 상황에서 직무를 대행하는 총리의 대통령 역할은 극히 소극적 · 제한적일 수밖에 없고, 이 기간 국정은 정체상태에서 벗어나기 힘들 것이다. 그렇다면 이것은 바로 대통령의 책임이다.

3. 탄핵의 실패와 정치적 함의

국회의 야권연합은 대통령을 탄핵했으나 탄핵에 대한 비판여론은 더 올라갔고[145] 탄핵을 주도한 한나라당과 민주당의 지지도는 내려갔다.[146]

144 당시 국회의장이던 박관용은 탄핵안이 가결되기 전 대통령과 4당 대표회담을 제의했지만 노무현 대통령이 거절했다며 대통령의 오기정치가 탄핵을 초래했다고 밝혔다(조선 2004. 3. 13). 노 대통령은 이에 앞서 3월 9일 탄핵사유에 대해 "굴복할 수 없다"는 반응을 나타냈다(중앙 2004. 3. 9).

145 탄핵안 발의에 대한 국민들의 반대여론은 탄핵안이 국회에서 가결된 이후의 반응에도 그대로 이어짐으로써 탄핵에 대한 국민의 부정적인 여론이 확고한 것을 보여주고 있다. 탄핵안이 가결된 3월 12일 여론조사 결과 대통령 탄핵안 가결이 '잘못된 일'이라는 응답이 최고 76%(중앙 2004. 3. 13)에서 69.6(미디어리서치, 조선일보 2004. 3. 13), 69.6%(KBS와 미디어리서치 조사), 69.9%(SBS와 TN소프레스)에서 가장 낮은 것이 60.8%(한국갤럽, 조선 2004. 3. 13)이었다. 미디리서치조사의 경우 9일의 65.2%에서 4.4%, TN소프레스의 경우 4.8% 높아진 것이다.

146 한국갤럽에서 12일에 조사한 정당지지도는 열린우리당 32.4%, 한나라당

탄핵에 대한 가장 극명한 결과는 한 달 후에 실시된 17대 총선에서 열린우리당은 152석으로 원내 절대다수 의석을 확보해 88년 여소야대 이후 16년 만에 여대의 고지를 점한 반면에, 한나라당은 121석으로 제2당으로 밀려났고 민주당은 9석의 군소정당으로 전락했다는 점이다. 그리고 헌법재판소가 5월 14일 탄핵을 기각해 대통령의 축출과 총선승리를 놓고 전개된 한나라당과 노무현 대통령과의 게임의 궁극적 목표인 '총선승리와 축출' 두 가지 모두에서 한나라당과 민주당의 완패로 끝났다.

그 배경은 무엇인가? 앞에서 제시한 탄핵과 유권자의 반응관계의 도형을 토대로 본다면 탄핵요인과 국회의 탄핵에 대한 유권자들의 반응은 긍정과 부정, 그리고 그에 따라 탄핵을 추진한 정당에 대해 지지와 반대로 나타날 것이다. 따라서 여기에서는 탄핵요인이 국회의원들에게는 촉진요인으로 작용했으나 유권자들에게는 부정적 요인으로 작용해 국회의 야권과 다수유권자 사이에 불일치가 나타났고, 17대 총선거를 통해 유권자들의 표심으로 나타난 것이다.[147] 그러면 어떤 요인이 탄핵의 정당성을 약화시키고 야권에게 비판적으로 작용했는가?

1. 탄핵주체에 대한 국민의 신뢰성과 정당성이 결여되었다. 국회의 절대다수 의석을 갖고 탄핵을 주도한 한나라당이 검찰발표를 기준으로 800억 이상의 불법 대선자금과 관련해 '차떼기 정당'이라는 인

16.3%, 민주당 8.3%였다. 이 결과는 3일전 조사의 열린우리당 26.7%, 한나라당 18.3%, 민주당 9.3%에서 열린우리당은 5.7%포인트 상승한 반면 한나라당과 민주당은 1-2%포인트씩 하락한 것이다(조선 2004. 3. 15).

147 윤종빈은 17대총선거에서 탄핵쟁점의 영향력에 대한 경험적 분석에서 "탄핵쟁점은 … 유권자의 투표결정에 상당한 영향력을 미쳤다"고 결론지었다 ; 윤종빈, "17대 총선에 나타난 탄핵쟁점의 영향력 분석," 『한국정당학회보』, 2005. 제4권 1호, 225.

식과 함께 다수의석을 바탕으로 구속 중인 의원을 석방시키는 등의 행태로 국민의 신뢰나 지지 대신 따가운 비판을 받고 있는 상황이었다. 특히 국민들은 노무현 대통령의 국정수행에 대해서는 부정적으로 평가하면서도 임기가 사실상 1달밖에 남지 않은 국회가 4년을 남긴 대통령을 탄핵한다는 점에 국민이 동의하지 않은 것이다.

2. 탄핵에 대한 의도에 국민들이 비판적이었다. 언론은 한나라당과 민주당의 탄핵추진을 총선을 위한 당략적 또는 당 지도부의 지도력 회복을 위한 정략으로 평가하는 상황이었다(조선 04. 3. 10, 중앙 04. 3. 6). 따라서 국민들도 탄핵을 상투적인 정치싸움 정도로 인식함으로써 이를 추진하는 야권에 대해 더 비판적이 된 것이다. 탄핵추진은 이러한 당파성으로 인해 국민들의 여론지지가 낮을 수밖에 없고,[148] '내용적 정당성의 결여'가 제도적 차원을 넘어서 국민적 저항을 초래한 것이다.[149]

3. 여론에 대한 객관적 판단이 미흡했다. 탄핵추진이 대통령에 대한 공격을 통해서 자기 당과 당의 지도자 스스로의 생존을 확보하려는 전투적 상황에서는 객관적 전황과 여론에 대한 정확한 판단이 흐려질 수 있다. 대통령의 사과 및 탄핵에 대한 여론조사에서 언론은 '사과'와 '탄핵'이 분리된 설문조사만을 보도하고 있다. "사과를 하지 않으면 탄핵해야 하는가"라는 설문이나 그에 대한 반응은 나타나지 않는다.[150] 이 경우 사과와 탄핵을 등식화하면 탄핵 반대보다

148 Michael J. Gerhardt, *op. cit.*, 193.
149 윤종빈, *op. cit.*, 225.
150 중앙일보가 사과해야 한다는 응답자를 대상으로 사과해도 탄핵을 추진해야 하는가에 그렇다는 응답은 23%, 사과하면 탄핵을 추진할 필요가 없다가 75%가 가장 구체적인 내용이지만(중앙 04. 3. 6) 여기에도 사과를 하지 않는 경우 탄핵과 연계되는 설문에 대해서는 보도하지 않고 있다.

사과에 대한 여론이 더 높기 때문에 사과를 하지 않는다면 탄핵을 추진해도 결국 탄핵 반대 여론도 탄핵을 수용할 것이라고 판단할 수 있는데 한나라당과 민주당은 바로 이 덫에 걸렸다고 할 수 있다.

4. 여론을 아전인수식으로 해석하면서 무시했다. 야권의 지도부는 탄핵 반대 여론에 대해서는 막상 국회가 탄핵안을 가결하면 국민의 여론이 수용하는 쪽으로 선회할 것으로 보았다. 여론은 일순간의 현상이라고 보는 것이 정치인들의 정형화된 의식이다. 권위주의 시대에는 언론의 통제와 권력의 조종을 통해서 여론에 대해 무수한 가변성을 만들어낼 수 있었기 때문이다. 결국 탄핵 반대 여론에도 불구하고 탄핵을 추진한 것은 시대의 변화에 의식이 아닌 구호로만 반응하는 정치권과 성숙된 시민의식 및 달라진 사회환경에 상당한 괴리가 존재한 반증이며, 정치인들이 갖는 우월의식과 시민에 대한 경시의식의 발로이다. 또한 한나라당과 민주당이 각각 영남과 호남에 강한 지지기반을 갖고 있으며 이 지역출신들이 당의 주류를 이루고 특히 이 지역에서 반노무현 정서가 강하다는 점에서 탄핵 반대 여론에 대한 반응도 약한 상황이었다. 이것은 추진과정에서 양당의 수도권 의원들이 반대 입장을 나타낸 반면에 영남권 의원들이 적극성을 나타낸 점에서 알 수 있다.

5. 탄핵사유에 대한 국민적 공감을 확보하지 못했다. 탄핵사유는 기본적으로는 대통령이 개인적으로 범죄에 관련되어 있다고 믿을 만한 충분한 이유가 있어야 하고, 그 범죄가 심각한 것으로 생각되는 내용으로 정치적 효과가 충분한 스캔들로 전환되어야 하며, 이것은 대통령에 대한 전체적인 호감(직무에 대한 여론조사와는 다른)을 보여주는 여론조사에 의해 측정될 수 있다.[151] 탄핵사유가 정치적일수록 여론의 공감을 얻어야 한다. 이를 위해서는 확증은 아니더라도 설

득력 있는 개연성이 제시되어야 한다. 노무현 대통령의 탄핵은 노무현 대통령에 관한 '어떤 의혹'을 중심으로 하는 스캔들의 폭로나 적발로부터 시작된 것이 아니라 대통령의 공개된 행동에 대한 위법성 문제를 둘러싸고 시작됨으로써 흘러간 필름을 다시 돌리는 격이어서 국민의 관심과 공감을 자아내는 데 실패했다.

6. 야권은 한 달 앞으로 다가온 총선 일정에 밀려 탄핵의 제기에서 발의, 의결에 이르기까지의 절차에서 여론의 저항 속에서 불과 보름여 만에 일사천리로 마무리했다. 이 과정에서 두 정당은 당 내의 의원들에 대한 규합과 집권당과의 투쟁에만 몰두하고 국민을 외면함으로써 여론의 지지를 얻으려는 노력조차 하지 못했다. 특히 탄핵과 관련해 우리 사회는 '친노(親盧) 대 반노(反盧)', 제도적으로 '대통령 대 국회', 이념적으로 '진보 대 보수', 영역적으로 '제도의 정치 대 운동의 정치' 사이의 대립이 중첩되는 양상을 내장[152]하였으나 야권은 대통령에 대한 낮은 지지도에 기대어 소수의 자파 지지세력의 결집에만 안주하고 탄핵을 반대하는 상대세력에 대한 설득에 실패한 것이다.

이상과 같은 배경들은 4 · 15 총선에서 야당의 패배로 연계되었을 뿐만 아니라 헌법재판소의 결정에도 그대로 이어졌다. 헌법재판소는 국회의 탄핵심판청구에 대한 판단결정은 탄핵사유의 존부에 대한 인정이 아니라 헌법질서의 수호의 관점에서 '법 위반행위의 중대성'과 '파면결정

151 Jody C. Baumgartner, "Introduction : Comparative Presidential Impeachment," Jody C. Baumgartner and Naoko Kada(eds.), *op. cit.*, 13.

152 박명림, "헌법, 헌법주의, 그리고 한국민주주의 : 2004년 노무현 대통령의 탄핵사태를 중심으로," 『한국정치학회보』, 39집 1호(2005 봄) 257.

으로 인한 효과' 사이의 법익형량의 원칙을 바탕으로 해야 하며, 국회가 제기한 탄핵사유의 위법은 인정되지만 "헌법을 수호하고 손상된 헌법질서를 다시 회복하는 것이 요청될 정도로 대통령의 법 위반행위가 헌법수호의 관점에서 중대한 의미를 가진다고 볼 수 없고, 대통령에게 부여한 국민의 신임을 임기 중 다시 박탈해야 할 정도로 국민의 신임을 저버린 경우에 해당한다고 볼 수 없다"(헌재결정문)는 이유로 심판청구를 기각한 것이다.

헌법재판소의 결정요지는 결국 헌법과 법률을 위반했기 때문에 유죄는 인정되지만 탄핵사유가 되기에는 약하기 때문에 '유죄판결'을 할 수 없다는 것이다. 특히 헌법재판소는 법위반 행위에 대해 대통령을 파면할 정도로 '국민의 신임을 저버린 경우'를 요건으로 함으로써 탄핵심판이 당시의 여론이나 선거결과를 바탕으로 할 수밖에 없다는 점을 나타내 주고 있다. 따라서 헌법재판소의 기각결정이 그 당시 절대다수의 여론이 탄핵을 반대했고, 특히 대통령이 자신의 신임과 연계하겠다고 공언한 4 · 15 총선에서 집권당이 승리함으로써 국민의 신임을 확보한 상황에서 내려졌다는 점은 많은 것을 시사한다. 만일 4 · 15 총선에서 열린우리당이 참패하였다면, 즉 국민의 신임을 얻지 못했다면 "국민의 신임을 배신하고 국정을 담당할 자격을 상실한 경우"에 해당할 것이다.

'탄핵'은 모호한 의미로 사용되지만 '국회의 탄핵소추'로 정의하는 것이 적절하다. 특히 탄핵사유에 대한 판단은 그 기준이 모호해 입법부가 정치적으로 판단해 결정하는 내용이며, 다만 이의 타당성은 상원이나 헌법재판소의 심판을 통해 결정된다. 따라서 탄핵이 바로 유죄나 파면을 의미하는 것은 아니고 탄핵심판기관의 탄핵결정을 통해서 파면 여부가 결정된다. 이런 점에서 노무현 대통령은 바로 한국의 앤드류 존슨 대통령이다.

탄핵은 입법부가 행정부를 견제하는 수단으로써 입법주의와 민주정치의 또 다른 구현이지만 정파적으로 추진된다는 점에서 권력게임의 한 양상이다. 그러나 정당의 탄핵추진과 성공에는 그에 상응하는 배경이 필요하다. 노무현 대통령의 경우 국회의 탄핵추진제도와 세력균형, 야당들의 규율, 그리고 노 대통령의 낮은 인기 등은 탄핵의 촉진적 요인이었으나 탄핵을 반대하는 여론은 억제요인이었다.

탄핵을 반대하는 여론은 탄핵을 주도하는 야권에 대한 국민의 신뢰, 탄핵추진의 의도, 탄핵의 사유 등 여러 요인들에 대한 국민들의 종합적 반응이라고 할 때, 탄핵의 궁극적 성공은 탄핵을 추진하는 정당들이 국민으로부터 신뢰를 받고 탄핵의 타당성에 대한 국민의 공감을 바탕으로 해야 한다는 점을 보여주었다. 특히 헌법재판소의 심판도 여론이 중요한 기준이었다는 점은 이를 잘 입증해 준다

탄핵은 촉진적 요인과 억제적 요인 사이에서 촉진적 배경이 우세하면 성공하지만 각각의 요인들, 즉 제도적 요인들은 탄핵에 필수조건이지만 탄핵 이후에 탄핵결과에 대해서는 여론이나 탄핵사유의 타당성 등 충분조건이 훨씬 더 강한 영향력을 갖는 것으로 나타났다.

탄핵이 헌법재판소에서 심판되는 것은 양면성이 있다. 헌법재판소 판단결정의 중요한 기준이 '국민의 신임'이라는 점에서 판단결정의 배경은 법리적 측면 외에 현실정치적 측면이 강하게 작용하였음을 보여주고 있다. 만일 헌법재판소의 판단결정이 현실 정치상황과 유리된 채 법전(法典) 속에서 이루어진다면 자칫 또 다른 사회적 갈등요인으로 작용할 수 있다는 점에서 헌법재판소의 현실적 판단은 지식에 의한 판단이 아닌 지혜에 의한 판단이라는 점에서 긍정적이다. 또한 국회의 탄핵이 당파의 권력게임에서 출발한다는 점에서 탄핵사유의 당파적 판단을 배제할 수 있는 장점도 있다. 그러나 국민이 선출한 2/3 이상의 국회의원들

이 판단한 탄핵사유가 최소한 6명의 재판관에 의해 재단될 수 있다는 점은 탄핵심판 결정에 대해 앞으로 연구되어야 할 과제이다.

Ⅸ. 대통령제의 평가

대통령제에 대해 학자나 정치가들이 제기하는 문제는 민주성과 안정성에 관한 것이다. 일반적으로 의회제는 민주성을 담보하고 있는 반면에 대통령제는 민주성에 한계가 있는 것으로 인식하고 있다. 또한 정치과정에 필요한 정부의 안정성과 관련해서는 의회제가 취약한 것으로 인식하고 있지만 대통령제의 비판자들은 오히려 대통령제가 취약성을 갖고 있다고 주장한다. 따라서 여기에서도 이 두 관심사, 즉 민주성과 안정성을 중심으로 대통령제를 평가하고자 한다.

1. 민주성

대부분의 학자들 문헌에는 의회제를 보다 좋은 대안으로 취급하고 있다. 1980년대 이전의 많은 대통령제 국가들은 권위주의 체계의 강화와 민주화 요구의 갈등 속에서 많은 혼란을 거듭했다. 이러한 현상들은 대통령제에 대한 부정적 인식을 더욱 강화하게 만들었을 뿐만 아니라, 학문적 연구에서도 대통령제는 특히 정치의 핵심인 민주성에 대해 많은 의구심을 자아내게 만들었다.[153] 이론가들이 대통령제보다 의회제를 더

153 스테판과 스카치가 1979년과 1989년 10년 사이의 세계 민주주의가 공고화된 41개 국가(스위스와 핀란드 제외)를 조사한 결과는 의회제 34개국, 준대통령제 2개국, 그리고 대통령제는 불과 5개국이었다. Alfred Stepan and Cindy

선호하는 배경은 민주성에 더 높은 가치를 부여하기 때문이다. 그러나 현역 정치인들 간에는 그러한 메시지가 잘 통하지 않는다.[154] 이런 점은 현실정치에서 대통령제의 선호 가능성을 강화시켜 준다.

제3세계 대부분의 대통령제 국가들은 1960년대 초 군부의 정치개입을 경험했다. 정권을 장악한 군부는 대통령직에 강력한 권력을 집중시

Skach, "Presidentialism and parliamentarism in Comparative Perspective," in J. J. Linz and A. Valenzuela (eds.), *op. cit.*, 121. 이것은 결국 41개 민주국가들에서 의회제가 민주주의를 지탱하는 데 더 좋은 능력이 있다는 것을 암시한다. 이것은 결국 대통령제가 의회제에 비해 태생적으로 비민주성의 요소를 더 가지고 있다는 것을 의미할 수도 있다.

반한엔(Tatu Vanhanen)은 1980–1988의 민주화 지표분석을 토대로 37개 순수 의회제와 22개의 순수대통령제의 민주화에 대한 분석을 통해 순수 의회제가 훨씬 더 높은 성과를 냈다고 평가했다. Tatu Vanhanen, *The Process of Democratization : A Comparative Study of 147 States, 1980–1988*(New York : Crane Russak, 1990). 이 자료를 토대로 하면 1973–1989년 사이 최소한 1년 동안은 민주적 기간으로 분류될 수 있는 국가들 가운데 OECD국가를 제외한 53개 국가 중 28개 국가는 순수의회제, 25개 국가는 순수대통령제, 그리고 준대통령제나 혼합제는 없었다. 그런데 25개 대통령제 국가들 중 5개 국가(20%)만이 1973–1989년 사이 계속적으로 민주국가였으나 28개 의회제 국가들 가운데는 17개 국가(61%)가 동일 기간에 10년간 연속적으로 민주국가였다. 이것은 결국 의회제가 대통령제보다 생존율이 3배 이상 높은 반면 순수대통령제는 순수의회제보다 정권 붕괴를 경함할 가능성이 배 이상 높다는 것을 보여주는 것이다.

또한 1945–1979년 사이에 독립한 93개 국가의 민주적 기록을 토대로 한 조사는, 1980–1989년 사이에 93개 국가 중 15개 국가만이 민주주의를 계속해서 지속해온 것으로 구분할 수 있는 반면에, 41개 국가가 독립 첫 해에 의회제로 기능했고, 36개가 대통령제 그리고 3개가 준대통령제, 36개국은 군주제로 기능했다. 이중에서 원래의 헌법형태가 무엇이든 비의회제 범주의 52개 국가는 1980–1989년 사이의 같은 기간에 계속 민주주의로 발전한 나라가 없는 반면에, 독립 첫 해에 실질적으로 의회제로 기능한 41개 국가 중 15개 국가(36%)는 민주주의로 계속 발전했을 뿐만 아니라 민주주의로 완전히 정착된 유일한 나라들이다. Alfred Stepan and Cindy Skach, "Presidentialism and Parliamentarism in Comparative Perspective," in J. J. Linz and A. Valenzuela (eds.), *op. cit.*, 124.

사르토리도 연구 당시를 기준으로 순수대통령제를 채택하고 있는 나라는 30여개 국가로 이들 대부분이 라틴아메리카에 있으며, 미국을 제외한 이 국가들

킨 권위주의적 대통령제를 통해서 권력을 유지했다. 대통령은 국가원수와 정부수반으로서의 행정 각 부뿐만 아니라 군대와 검찰, 경찰, 그리고 정보기관을 통제했다. 이러한 대통령직의 위치는 국민들에게 강제적 복종을 이끌어내는 권력으로써 일반적으로 대통령제가 의회제에 비해 비민주적 정치체계로 전염될 가능성이 크다는 주장은 바로 대통령제의 이러한 특성에서 비롯된다. 독점적 권력을 가진 대통령이 권력을 최대화하는 과정에서 자칫 대통령 개인에 의한 지배, 즉 권위주의 체계로 빠질 우려가 있다. 이 과정에서 군부개입의 악순환과 시민들의 민주화 운동으로 대통령제는 비민주적이고 불안한 제도로 인식되었다.

제3세계의 대통령제에서 주로 제기되는 민주성은 경쟁적인 선거를 통한 평화적인 정권교체의 보장 여부가 핵심을 이룬다. 제3세계의 권위

은 쿠데타 등으로 헌정이 중단되는 등 정치적 상황이 비관적이라고 평가하고 이러한 정치적 문제가 대통령제를 택하고 있기 때문이 아닌가 하는 의문을 제기했다. Giovanni Sartori, "Neither Presidentialism nor Parliamentarism," in J. J. Linz and A. Valenzuela (eds.), *op. cit.*, 107. 린즈는 유럽과 영국연방의 대부분의 안정된 민주주의는 의회제와 일부 준대통령제 및 준의회제인 반면에 대통령제 헌법을 가진 대부분의 나라는 불안한 민주주의이거나 권위주의 정권이라고 단정하고 민주적인 정치제도와 정치과정과의 관계는 더 많은 관심의 대상이어야 한다고 주장한다. Juan J. Linz, "Presidential or Parliamentary Democracy : Does it Make a Difference," in J. J. Linz and A. Valenzuela (eds.), *op. cit.*, 4.

154 1970년대와 1980대, 1990대에 새로 민주화된 대부분의 나라들은 다양한 정치적 권한을 가진 대통령을 선거하였다. 정치 엘리트들 사이에 대통령제에 대한 호감은 가이아나(Guyana), 나이지리아(Nigeria), 짐바브웨(Zimbabwe) 및 기타 국가들에서 내각제를 대통령제로 변경하는 결과를 가져오게 만들었다. 다만 헝가리(Hungary) 유권자들은 국민투표를 통해 강력한 직선 대통령제를 부결시키고 준대통령제를 채택했다. 소련과 동구권의 붕괴 후에 체코슬로바키아(Czechoslovakia)만이 대통령을 직선하지 않는 순수내각제를 채택했을 뿐이고, 새로 민주화된 국가 중에서 순수내각제는 주로 전 영국령의 현상으로 1980, 1990년대 말에 민주화로 이행한 파키스탄(Pakistan), 네팔(Nepal)에 남아 있다. Matthew Soberg Shugart & John M. Carey, *op. cit.*, 2–3.

주의적인 지배자는 패권적인 관제정당과 관권선거 및 언론에 대한 통제 등의 다양한 비민주적 방법이 동원되고 있다.[155]

그러나 대통령제는 국민이 직접 대통령을 선택한다는 점에서 국민에 의한 정부라는 민주정치의 원리에 부합한다.[156] 의회제는 다당체계의 경우 선거 이후에 여러 정당들 간의 복잡한 교섭을 통해서 수상이 출현하

155 오도넬은 새로운 라틴아메리카의 민주국가에서 관찰한 현상을 토대로 이러한 현상을 대의 민주주의와 개념적으로 반대되는 "위임민주주의(delegative democracy)"를 제시했다. 오도넬의 위임민주주의의 핵심적 특성은 1) 대통령이 자신을 정당 '위의' 존재로 나타내려 하며, 2) 대통령이 입법부와 사법부와 같은 제도들을 불필요한 장애물로 여길 뿐만 아니라 책임성과 함께 '귀찮은 존재'로 생각하고, 3) 대통령과 그의 참모들이 정치의 중심이며, 4) 대통령이 자신을 대부분의 현존 정치제도들과 상호작용들로부터 고립시키고 그의의 정치에 대해 책임을 지는 유일한 사람인 상황이다. Guillermo O'Donnell, "Delegative Democracy," *Journal of Democracy 5(1)* (January 1994), 55-69. 오도넬은 위임민주주의에 관한 그의 모델에 적합한 사례로 특히 강력히 개인적이며, 정체성과 우호관계가 없는 유권자들은 대통령선거가 국가운명을 책임지는 데 가장 적합한 개인을 선택하는 것으로 생각된다고 지적한다. 그의 위임민주주의는 하나의 기본전제에 바탕을 두는데, 대통령선거에서 다수로 당선된 사람은 그가 적합하다고 보는 대로 국가를 지배할 수 있으며, 그러한 현존 권력관계는 그의 임기 동안 허용된다는 점을 골자로 한다. Juan J. Linz, "Presidential or Parliamentary Democracy : Does it Make a Difference," in J. J. Linz and A. Valenzuela (eds.), *op. cit.*, 29. 지나치게 강한 비정상적 모성애와 같은 과도한 책임성과 권력욕이 혼합된 개인적 인성에 이를 부추겨 제도화한 것이 바로 독재체계라고 한다면 위임민주주의는 바로 대통령제가 독재체계로 변한 한 유형이다.

스테판은 이러한 위임민주주의 특성을 대통령제의 틀에 관한 다면적 논리에 의해 산출된 일종의 예측 가능한 병리현상으로 규정하면서 대통령제 민주주의는 그것의 틀에 관한 논리 때문에 항상 1) 대통령이 직접 선거되고 2) 정해진 임기를 갖는 특성을 나타낸다고 전제한다. 그리고 그는 1) 개인적인 위임을 받았다고 느끼는 대통령, 2) 입법부 다수를 갖지 않은 대통령을 자주 만들어내며, 따라서 대통령제의 논리는 1) 핵심적인 정치제도들(입법부와 정당)을 공격하는 논리를 채택하는 대통령, 2) 국민들에 대한 직접호소와 조직화된 정치 및 시민집단을 무시하고 과소평가하는 이론에 점점 더 의존하려는 대통령을 만들어낸다고 진단한다. 그리고 위임민주주의가 다른 제도적 틀들과 함께 존재하는 것을 의심할 수 없으나 순수의회제의 다면적 논리는 위임민주주의와 반대

기 때문에 국민의 선택과는 별개로 정부가 구성되고 수상이 결정될 수 있다. 더욱이 다당체계에서 지배연합의 변화와 수상의 교체는 국민의 참여 없이 총선거와 총선거 사이에서 일어난다.

대통령제는 특히 권력기관 사이에 권력을 분리시키고 서로 견제를 통해서 시민의 권리를 신장한다는 점에서 민주적이다. 이것은 바로 몽테스키외가 그의 '법의 정신'에서 이미 강조한 사실이다.[157] 대통령제의 권력분리는 곧 견제와 균형의 예측된 체계이다. 즉 정부와 입법부의 견제와 균형은 정권경쟁에 패배한 정당일지라도 입법부를 통해서 대통령을 견제하고 자신들의 정책을 추구하는 방법으로(집행권은 행사하지 못해도) 대통령선거의 승자독점 경향을 어느 정도 상쇄할 수 있다. 특히 의회선거에서 야당이 다수의석을 확보한다면 정책수립 권력은 대통령과 의회가 사실상 분할하게 된다. 이 경우 소수정부에 대해 무방비의 권력분점 현상으로 대통령제는 오히려 강한 제도가 가장 나쁠 수 있는 구조적 장치가 될 수 있다.[158]

로 작용하는 것 같다고 분석한다. Alfred Stepan and Cindy Skach, "Presidentialism and Parliamentarism in Comparative Perspective," in J. J. Linz and A. Valenzuela (eds.), *op cit.*, 130.

156 Juan J. Linz, "Presidential or Parliamentary Democracy : Does It Make a Difference," in J. J. Linz and A. Valenzuela (eds.), *op. cit.*, 6–7.

157 그러나 대부분의 의회제 지지자들은 '권력의 분리' 보다는 융합으로 정의되는 '의회제'가 개인의 자유에 더 큰 위험성을 가져온다는 관념에 절대 동의하지 않는다. 오히려 독립적인 사법부, 의회 내의 비판적인 야당, 다당 연합 내각 내의 상호 의심 등은 개인의 자유에 관한 정부의 남용에 대한 보호장치가 된다는 것이다. 또한 대통령제에서 권력분리의 장점은 행정부에 권력이 집중되는 것이 필연적이기 때문에 일부분 상쇄된다는 것이다. 사실상 동료적 행정부로서의 의회제에서는 워터게이트 사건과 같은 일은 애초에 발생하지도 않았을 것이라는 주장이다. Arthur M. Schlesinger, Jr., "Leave the Constitution Alone," in Arend Lijphart (ed.), *op. cit.*, 91.

158 그럼에도 미국의 대통령제가 아직도 기능하고 있는 것은 3가지 요인, 즉 1) 이

대통령제나 의회제가 정치과정의 민주성과 어떤 관련성을 갖는지, 관련성 여부의 배경은 무엇인지를 설명하기는 쉽지 않다. 립셋(S. M, Lipset)은 권력구조와 관련해 헌법적 변인들이 민주 또는 권위주의적 결과와 밀접히 연결되는지는 분명하지 않다고 전제하고 대부분의 남미의 정치가 미국 정치체계와 다르게 기능하는 것은 경제 및 문화적 요인에 기인한다고 진단한다.[159] 의회제이건 대통령제이건 잘 기능하는 민주주의는 주로 문화적 차이와 함께 경제적으로 더 발전된 지역과 세계의 신교지역에서 더 발견된다는 것이다.

한편 레이파트는 예외를 통해 이를 반박한다. 남부 유럽의 개신교 국가들도 1970대에 민주주의가 공고히 수립되었고(이태리는 상당히 일찍) 남미의 장기적이고 붕괴되지 않은 기록을 가진 나라, 1950년대 이후 코스타리카, 1960대 이후 콜롬비아와 베네수엘라 그리고 인도 등 세계의 가장 큰 민주국가는 또한 세계의 가장 가난한 국가였으며, 이러한 예외는 '비호의적'인 문화적 배경과 경제발전 수준은 민주주의에 절대적 장애가 아니라는 점을 보여준다는 것이다.[160] 메인워링 등은 대통령제와 민주성의 관계를 더 광범위하게 이해한다. 즉 대통령제는 다른 지역보다는 남미나 아프리카에서 채택될 가능성이 큰데, 이 지역에는 권력구조의 형태와 관계없이 민주주의를 위축시키는 많은 장애요인들이 존재할

념 혹은 더 좋은 실용적 융통성, 2) 위약하고 규율이 없는 정당, 3) 지역중심의 정치 때문으로, 이 3가지가 대통령이 선거구민의 선호와 교환할 필요가 있는 입법부의 표를 자기 편으로 끌어들일 수 있는 배경이라고 주장한다. Giovanni Sartori, "Neither Presidentialism Nor Parliamentarism," in J. J. Linz and A. Valenzuela (eds.), *op. cit.*, 109.

159 Seymour Martin Lipset, "The Centrality of Political Culture," in Arend Lijphart (ed.), *Parliamentary versus Presidential Government* (Oxford : Oxford University Press, 1992), 207.

160 Arend Lijphart, "Introduction," in Arend Lijphart (ed.), *op. cit.*, 22–23.

수 있고, 대통령제의 선택은 민주주의 역동성에 고도로 중요한 것으로 보지만 민주주의가 존속할 것이냐 붕괴될 것이냐를 결정하는 데 반드시 중요한 것은 아니며, 핵심적 주제는 행정부가 선택되는 방식, 입법부와 정당 간의 상호작용, 그리고 권력 그 자체의 유지가 민주정치의 근본적 중요성이라는 것이다.[161]

대통령제가 대통령직에 강력한 권한을 부여해 권력의 분립이나 견제와 균형의 원리를 갖추지 못한다면 당연히 민주성은 약화될 수밖에 없다. 예를 들어 대통령의 입법권을 과도하게 인정하여 수시로 긴급권을 발동하거나 입법부의 법안을 쉽게 거부할 수 있다면 권력의 축은 대통령에게 집중되고 상대적으로 민주성은 훼손될 것이다. 반대로 대통령의 권력을 과도하게 제한하고 입법부의 권한을 확대하면 집권당이 소수인 경우 대통령은 식물 대통령에 불과하게 된다.

정치체계의 민주성에 영향을 미치는 요인이 무엇이든 특히 1960–1970년대 대통령제 국가의 대통령이 누렸던 강력한 권력은 권위주의 정치체계의 배경이 되었다. 현재 대통령제를 채택하고 있는 민주정치체계에서 대통령의 강한 권력이 권위주의적 지배로 변질되어 민주성이 훼손되는 것은 아래와 같은 이유로 사실상 불가능하다.

1. 권위주의적인 대통령의 권력을 지탱해 주던 군대와 경찰이 더 이상 권력의 시녀에 머물지 않는다. 자유로워진 언론과 조직화된 시민단체, 그리고 참여적인 시민들의 적극적 감시는 군대와 경찰을 본연의 위치로 고정시킨 것이다.
2. 인터넷 매체의 급격한 발달은 전 시민을 하나의 그물망으로 연계해

161 Scott Mainwaring and Matthew S. Shugart (eds.), *op. cit.*, 29.

부당한 권력에 대해 동시에 저항함으로써 이 시민의 힘을 억압할 수 있는 권력은 더 이상 존재할 수 없다.

3. 시민이 조직화되고 참여적인 행태로 발전해 정치과정을 평가하고 비판하기 때문에 대통령 권력이 민주적 궤도에서 이탈하기는 불가능한 실정이다.
4. 군부 쿠데타는 모의과정에서 보안이 필요한데, 거미줄 같은 인터넷을 비롯한 첨단 통신망은 군인집단의 사전 모의의 비밀성을 보장하기가 불가능하다.

비민주성은 오히려 시민과 언론 그리고 새로운 매스 미디어(인터넷)의 감시망을 벗어난 새로운 영역에서 어떤 형태로 작용하는지에 대한 관심이 필요하다. 대통령제의 비민주성은 따라서 민주정치의 측면에서 대통령 권력의 확대 · 강화와 과도한 행사로 인한 권위주위적 정치체계로의 전환, 즉 민주정치의 후퇴에 대한 우려보다는 오히려 권력의 불균형, 불평등한 행사 등에서 평가되어야 한다.

2. 안정성

안정성은 정권의 지속성을 의미하며, 원래 의회제에서 내각의 존속기간과 관련되는 용어이다. 의회제는 내각의 빈번한 해임과 재구성으로 괴롭힘을 당한다. 의회제는 내각이 입법부에서 다수지지를 상실함으로써 불신임이 가결되거나 또는 공식적으로 불신임이 가결되지 않았는데도 내각을 붕괴시키려는 입법부 권한의 빈번한 사용으로 행정부가 불안정하게 된다. 이런 문제는 주로 바이마르공화국, 프랑스의 3, 4공화국 그리고 최근에는 준대통령제 이전의 스리랑카의 의회제[162]에서 야기되었고, 이 과정에서 정권의 안정이 중요한 과제가 되었다.

이 용어가 대통령제 정권에 사용된 것은 대통령제 정권이 군사 쿠데타로 붕괴되고 권위주의 정권이 민주화의 물결에 굴복되면서 비롯되었다. 대통령제는 이론적으로는 대통령이 국민으로부터 직접 선출되어 고정된 임기 동안 권력을 행사할 수 있다는 점에서 정권은 안정적이라고 할 수 있다. 비민주적 방법을 제외하고는 행정부를 축출할 수 없으며, 야당은 임기 동안 기다려야 한다. 대통령제의 이러한 특성은 정책수립 과정에 더 많은 예측성과 안정성을 제공할 것으로 기대된다. 그럼에도 불구하고 대통령제는 대통령직에 권력이 집중되어 민주성이 저하될 위험성과 함께 그에 대한 역기능으로 군부의 정치개입 등으로 군부정권이 초래되어 민주정권이 붕괴되거나 정치적 혼란의 위험성이 있다.

리그스(F. W. Riggs)는 대통령제와 의회제 중 대통령제가 군부개입으로 인한 불안정성이 더 크다고 주장한다.[163] 그러나 스테판(A. Stepan)과 스카치(C. Skach)는 대통령제의 불안정과 허약성이 권력구조 그 자체에

162 A. Jeyaratnam Wilson, *The Gaullist System in Asia : The Constitution of Sri Lanka* (London : Macmillan, 1980).

163 리그스는 1945–1985년까지의 분석에서 민주적 헌법을 채택한 제3세계 76개 국가 중에서 33개 국가가 대통령제인데 이 중에서 심각한 장애가 없이 생존한 정권은 하나도 없는 반면(30개 국가가 1946년에 군부개입에 의해 붕괴를 경험했는데 이 중 21개는 남미이고 7개국은 아프리카, 2개국이 아시아이며 3개국은 다른 수단으로 붕괴되었다), 43개 의회제 국가의 2/3는 잘 관리된 것을 발견했다.(43개 제3세계 국가가 제국의 지배를 벗어날 때 의회제를 채택했는데 이 중 29개국은 1985년까지 완전히 존속하고 13개 국가는 쿠데타에 의해 붕괴를 경험했다. 예외적으로 그라나다는 외형상 혁명을 가진 나라이다.) Fred W. Riggs, "Presidentialism : A Problematic Regime Type," *in* Scott Mainwaring and Matthew S. Shugart (eds.), *op. cit.*, 219.

서 비롯되기보다는 정당체계와 관련된다고 본다. 이들은 공고화된 의회제와 준대통령제 민주국가는 입법부 내에 많은 정당과 결합될 수 있는 반면에, 공고화된 대통령제는 사회경제적 · 이념적 · 인종적 균열과 입법부 내의 많은 정당의 맥락에서 민주적 지배를 용이하게 하는 다당연합 행태유형과 부합되지 않으며, 바로 이것을 대통령제 민주국가의 지속성이 낮은 이유로 설명한다.[164] 이것은 양당체계로 접근할수록 정부가 더 안정적이라는 것을 의미한다. 비OECD 국가 중 1973-1987년 사이 최소한 1년간 민주정치를 경험한 국가 중 대통령제에서 집권당이 다수당인 경우가 불과 48%인 반면에 의회제는 최소한 83%였다.[165]

164 이들은 1979년과 1989년 10년 사이의 세계 민주주의가 공고화된 41개 국가(스위스와 핀란드 제외)를 대상으로 락소(Markku Laakso)와 타게페라(Rein Taagepera)의 '유효 정당 수(Effective Number of Parties)' 공식을 사용해 입법부 내의 효과적인 정당 수를 조사하였다. 그 결과 34개 의회제 국가들 중 11개 국가는 3-7개 사이의 효과적인 정당 수를 갖고 있었고, 2개의 준대통령제 국가는 3-4개였으나 수순한 대통령제의 경우는 2.6개 이하였다. 특히 대통령제 민주주의로 1990년 이전까지 25년 혹은 그 이상 시종일관 지속된 국가는 거의 없는데, 민주국가로 지속된 칠레, 콜롬비아, 코스타리카, 미국, 우루과이, 베네수엘라 등 6개 국가 가운데 콜롬비아와 미국은 일관되게 양당체계였고, 코스타리카는 일반적으로 우월적 혹은 양당체계였으나 때로는 3개의 적절한 정당을 가졌다. 베네수엘라는 1973년 이후 두 주요 정당이 선거경쟁을 주도했으며, 정당체계는 기본적으로 양당체계로 작동했다. 우루과이도 대부분의 민주역사에서 우월정당체계나 양당체계였지만 1970년대 초 이후 3당 혹은 2.5당 형태로 이동했다. Alfred Stepan and Cindy Skach, "Presidentialism and Parliamentarism in Comparative Perspective," in J. J. Linz and A. Valenzuela (eds.), *op. cit.*, 121.

165 Alfred Stepan and Cindy Skach, "Presidentialism and Parliamentarism in Comparative Perspective," in J. J. Linz and A. Valenzuela (eds.), *op. cit.*, 127. 다만 칠레는 25년 이상 민주주의를 지속해 오면서도 다당체계를 가진 유일한 나라로서 칠레의 경우 다당체계와 그 체계가 분극화 체계이든 아니든 정당체계의 특성과 정권붕괴의 빈도 간에는 거의 관계가 없다. 칠레의 경우 대통령선거는 양당체계의 창설이나 다당체계에서 광범위한 연합구축을 고무하는 승자독점 경쟁이다. 어느 당도 다수를 확보하지 못하면 모든 후보들은 자신들의 선거기회를 극대

대통령제에 비판적인 주장을 하는 사람들이 내세우는 대통령제의 실패요인은 1960년대와 1970년대에 특히 남미의 대통령제 정권의 붕괴의 물결에서 수집된 자료에 바탕을 두고 있다. 이 기간 동안 대통령제의 아르헨티나, 브라질, 칠레는 의회제 하의 스페인에서 성공적인 민주주의의 복원과 명백히 대비된다. 그러나 그 붕괴가 다른 조건이 아닌 대통령제에서 기인했다는 것을 확인할 수 없다.[166]

3. 우리나라 대통령제의 과제

우리나라 권력구조는 대통령제와 의회제가 혼합된 독특한 성격을 가지고 있다. 이러한 독특성은 정부수립에서부터 권력경쟁을 둘러싼 각 정파들의 갈등의 유산이다. 미국의 대통령제는 백지상태에서 새롭게 창안된 구조이지만 프랑스의 준대통령제는 의회제를 보완하는 과정에서

화하기 위해 선거 전에 다른 당과 연합관계를 추구하는 소수 후보이다. Arturo Valenzuela, "Party Politics and the Crisis of Presidentialism in Chile : A Proposal for a Parliamentary From of Government," in J. J. Linz and A. Valenzuela (eds.), *op. cit.*, 190. 우루과이는 정당체계의 본질이 민주적 붕괴에 직접관련이 있는지에 대한 관념을 의심할 만한 최선의 비교사례이다. 우루과이의 경우 정당체계의 특별한 형태가 자체로 정권붕괴의 원인은 아니지만 정당체계 변인들은 민주정권의 위기에 하나의 역할 심지어는 중심적 역할까지도 수행했을 것이다. *Ibid.*, 204.

166 1960년대와 1980년대 사이에 의회제인 그리스(1967), 터키(1980)가 붕괴되었고 미얀마, 케냐, 소말리아를 포함해 동일 기간에 몇 개의 단명 의회정권이 있었고, 시기로 보면 1920년대와 1930년대에 독일, 이태리, 포르투갈, 발틱(Baltic) 3국의 민주주의가 붕괴되었다. Scott Mainwaring and Matthew S. Shugart (eds.), *op. cit.*, 20.

탄생된 구조이다. 우리나라의 권력구조는 처음에는 의회제의 골격에 대통령제를 가미한 기형적 구조로 출발했다가 점차 대통령제로 탈바꿈하는 과정을 거쳤다.

우리나라의 권력구조는 민주성과 안정성 두 가지 측면에서는 상당한 발전을 이루었다. 우선 정치과정의 민주성은 상당히 강화되어 어느 정도의 역의 물결에도 휩쓸리지 않을 정도로 발전되었다. 노무현 정권기간 야당이나 시민단체에서 정치권력의 비민주성에 대한 비판은 이슈가 되지 않았다. 또한 군부의 정치개입이 사실상 불가능한 상황에서 정부의 안정성도 당연히 보장되고 있다. 노무현 대통령에 대한 사상 초유의 탄핵사태가 발생했지만 대통령의 사임까지는 가지 않았다. 따라서 이제 우리나라의 권력구조에 대한 평가는 기능적 관점에 모아져야 한다.

제3공화국에 들어서면서 미국식의 순수 대통령제가 만들어졌으나 유신정권과 5공화국 군부정권에서는 신대통령제 또는 모방적 대통령제로 변질되었다. 6공화국의 대통령제는 여당과 야당이 권력의 어떤 제약 없이 성안한 구조이지만 오랫동안 제1공화국에서부터 배어 있던 의회제적 요소를 그대로 안은 혼합형태였다. 이러한 혼합형태는 법리적(法理的)으로는 대통령제에서 대통령의 전횡이나 독주를 총리와 각료차원에서 견제하고, 다시 국회를 통해 대통령과 정부각료를 견제하며 정책결정의 신중성을 기하는 것으로 이해될 수 있다. 물론 헌법 규정대로 운영의 묘를 살리면 이러한 긍정적 효과를 기대할 수 있다. 그러나 그러한 기대는 법전(法典)에서는 가능할지라도 정치의 장(場)에서는 현실적이기 어렵다. 이것은 우리의 경험이 잘 대변해 준다. 국무총리나 국무위원이 사실상 임면의 전권을 가진 대통령을 견제한다는 것은 법리적(法理的)인 이상(理想)이지 정치적 현실일 수는 없다.

오히려 대통령제가 자칫 가져올 수 있는 두 가지 역기능적 측면이 우려된다. 대통령이 집권당을 통제하고 있는 상황에서 집권당이 절대다수의석을 차지하면 대통령은 1) 국민의 직선이라는 최강의 정통성을 바탕으로 하는 국가수반의 위치, 2).내각제적 요소의 국회, 행정부 간의 융합권력의 행정수반, 3) 유럽의 내각제 정당보다 더 규율이 엄격하고 철저히 통제되는 정당을 배경으로 한다는 점에서 국회에 대한 해산권이 없지만 오히려 합법적으로 국회를 지배하게 되어 국회는 장식물에 불과하고 '황제적 대통령' 으로 항상 독재화할 요소를 가지고 있다. 국회에서 여당은 견제라는 국회 역할과 집권당으로서의 정부에 대한 지지라는 양면적 위치에서 대통령의 강력한 통제 속에 결국 정부의 옹호 및 야당의 공격에 대한 수비대의 역할을 담당하게 된다.

반면에 내각제와는 달리 정부를 선택하는 대통령선거와 국회의원선거가 별도로 실시되고, '여소야대' 상황이 되어 야당이 이를 정략적으로 이용하면 국정운영이 마비될 염려가 있다. 특히 국회의원선거에서 여당의 의석획득 프리미엄이 줄어들게 되면 여소야대의 가능성은 그만큼 증대된다. 게다가 국회가 국정감사권과 재적 과반수의 찬성으로 총리와 국무위원의 해임건의 및 탄핵소추를 할 수 있는 상황에서 야당과 정부가 대립하면 대통령의 국정운영에 제동이 걸릴 수 있는 소지는 더욱 강해진다.

또한 행정의 일원성을 특성으로 하는 대통령제에서 총리에 대한 국회의 동의는 실효성 없는 절차상의 지연(총리나 내각이 순응형일 경우)이나 또는 마찰(총리가 독립, 자율형인 경우나 특히 '여소야대' 국회에서 야당의 요구에 반응해야 하는 경우)을 불러올 수 있다. 반면에 국무위원들의 국회출석 발언은 정부의 이러한 독단과 전횡을 변호 · 합리화하는 기회로 될 수 있고, 국회의 국무위원에 대한 해임건의안은 오히려 대통령의 책임을 분산 · 희석시키는 역기능을 초래할 수 있다.

우리나라 대통령선거제도는 승자가 모든 권력을 독점하면서도 절대다수의 표를 확보하지 못함으로써 패자의 잠재적 경쟁력만큼 정통성이 위약해 일부 국민과 야당의 반대를 강화시키는 배경이 되고 있다. 모든 대통령제도가 갖는 임기의 경직성은 우리나라에도 큰 과제로 대두된다. 특히 대통령의 지지율이 한 자리 숫자로 추락하는 상황에서 대통령의 국정수행 리더십은 마비될 수밖에 없다.

대통령의 임기와 관련해 책임정치와 레임 덕을 이유로 중임제의 주장이 제기되지만 여기에서 책임성이 선거를 의식한 영합적 반응이라면 오히려 정치가 소비적으로 변질될 수 있다. 레임 덕은 임기의 문제가 아니라 대통령의 리더십과 집권세력의 구조적 문제라는 점에서 보면 단임제는 우리 권력구조의 핵심적 과제가 되지는 않는다고 할 수 있다.

미국은 대통령과 함께 부통령이 존재하는 데 반해 우리나라는 부통령직이 없다. 부통령의 가장 큰 역할은 대통령 업무의 보조와 대통령의 유고시에 대통령을 승계하는 것이다. 그러나 부통령을 런닝메이트로 하면 대통령의 그늘에 가려져 자칫 '잉여직'이 될 수 있고, 별도 후보로 하는 경우 자칫 정당이 다른 대통령과 부통령이 배출되면 대통령과 부통령의 갈등으로 행정부가 부조화의 어려움에 봉착할 수 있다.

대통령의 입법권, 특히 법률안 발의권은 기능적 측면에서는 긍정적일 수 있으나 자칫 행정만능주의가 행정편의주의로 전락되어 국민의 자유와 권리가 제한될 소지를 갖는다. 정부의 법안발의를 인정하는 대신 국회의 심의를 강화하는 보완이 필요할 것이다.

의회제

Ⅰ. 의회제의 개념과 기원

1. 의회제의 개념

의회제(parliamentarism or parliamentary system)는 의회를 중심으로 하는 정치체계의 권력구조이다. 즉 의회제는 "정부가 입법부의 위임으로부터 나오고, 입법부에 대해 정치적으로 책임을 지는 것을 특성으로 하는 입헌체계"로서[1] 하원, 즉 입법부와 정부가 융합된 "하나의 '융합' 권력체계의 형태"[2]를 나타낸다. 의회제는 따라서 정부가 의회로부터 지지되거나

[1] Michael Laver and Kenneth Shepsle, "Cabinet Ministers and Government Formation in Parliamentary Democracies," in Laver and Shepsle(eds.), *Cabinet Ministers and Parliamnetary Gocernment*(Cambridge : Cambridge University Press, 1994), 3–4

[2] Kaare Strom, "The Political role of Norwegian Cabinet Ministers," in Laver and

관용되어야 하는 권력구조로서 정부는 의회의원의 절대다수(50%+1)로부터 지지되거나 관용되어야 한다.[3]

의회제는 의회를 전제로 정부가 존립하기 때문에 의회가 정부의 필요충분조건이지만 정부는 의회의 충분조건이다. 이러한 특성은 의회와 정부가 완전히 분리된 대통령제와 다른 점으로써 대통령제나 준대통령제와 구별되는 하나의 권력구조에 대한 총칭이다.

여기에서 '의회'는 국민의 대의 및 심의기구로 나라에 따라 양원제 또는 단원제로 존재하며, 양원제의 경우 상원과 하원으로 구분된다.[4] '의회'는 양원제의 경우는 상원과 하원, 그리고 단원제의 경우는 하원을 가리킨다. 의회의 명칭은 국가에 따라 다른데 우리나라는 단원제로서 의회를 '국회'로 부른다. 한편 '의회'는 기능적으로 '입법부'로 불리는데, 단원제는 의회가 당연히 입법부이지만 양원제의 입법부는 하원을 의미한다(이 책에서도 하원 대신에 의회로 표기하고자 하며, 별도의 기술이 없으면 하원을 가리킨다).[5]

한편 '정부(Government)'는 정부수반 즉 수상과 각료집단을 가리킨다(정부수반은 정부의회 최고위 인물, 수상은 각료의 최고위 인물을 가리키지만 사실상 동일인이기 때문에 이 책에서는 '정부수반'과 '수상'을 교환적으로 사용한다). 물론 수상과 각료집단 산하에는 각 부서별로 직업관료들이 존재한다. 그러나 여기에서의 정부는 이러한 직업관료들을 제외한 정치적

Shepsle(eds.), *op. cit.*, 36.

3 Torbjorn Bergman, "Formation Rules and Minority Governments," *European Journal of Political Research 23*(1993), 56.

4 2000년 기준 단원제는 111개 국가, 양원제는 66개 국가로 집계된다. 김유남, 『의회정치론』(삼영사 : 2000), 83.

5 대통령제인 미국의 상원은 실질적인 입법활동에 참여하며, 따라서 입법부에 포함된다. 그러나 영국처럼 상징적인 위치인 경우는 제외된다.

으로 임명되어 의회에 책임을 지는 수상과 각료를 가리킨다. 정부라는 용어 대신에 '내각(Cabinet)'이라는 용어도 사용된다.[6] 다만 정부는 내각보다는 더 포괄적인 의미, 즉 국가를 상징하는 경우도 있지만 동의어이다.[7] 예를 들면 영국 정부, 한국 정부 등은 바로 영국이라는 나라, 한국이라는 나라의 의미도 전달된다.[8]

의회제는 입법부의 선거가 실시되면 새로운 입법부는 현 정부를 해산하고 새로운 정부로 대체할 권한을 가지며, 이것은 국민이 간접적으로 정부를 선택하는 방법이고, 입법부의 임기 중 의원들은 정부에 대한 지지를 철회하고 다른 정부로 대체할 권한을 갖는 한편 정부는 입법부의 해산권을 가지며, 각료의 대부분은 의원으로 충원되어 상호작용하게 됨으로써 민주성이 담보된다.[9] 의회제정권은 따라서 의회와 정부의 상호의존적 체계로서 "정부수반 즉 수상의 권력은 입법부의 다수에 의해 지지되어야 하고 불신임을 받으면 퇴진해야 하지만 정부수반(정상적으로 국가수반과 함께)은 입법부를 해산하고 선거를 요구하는 권한을 갖는 것"

6 버니는 수상과 각료집단을 '정부'로 표현하는 반면에 레이파트는 '내각'으로 부른다. Douglas Verney, *The Analysis of Political Systems*(London : Routledge & Kegan Paul, 1959), 37–38 ; Arend Lijphart, *Patterns of Democracy*(New haven and London : Yale University Press, 1999), 10–11.

7 Michael Laver and kenneth A. Shepsle, *Making and Breaking Governments : Cabinets and Legislatures in Parliamentary Democracies*(New York : Cambridge University Press, 1996), 29.

8 버니는 정부를 'Executive'로 표시하고 여기에는 국가수반(군주든 대통령이든)이 포함되는 경우로, 정부(Government)는 행정수반과 각료로 구성되는 집단으로 국가수반은 제외되며, 의회(Parliament)는 정부와 하원을 포함하는 제도를 의미하는 반면에 하원(Assembly)은 하원의원들로 구성된 집단이다. Douglas Verney, *op. cit.*, 37–38.

9 Alfred Stepan and Cindy Skach, "Presidentialism and Parliamentarism in Comparative Perspective," in J. J. Linz and A. Valenzuela(eds.), *The Failure of Presidential Democracy*(Baltimore : The Johns Hopkins University Press, 1994), 120.

을 핵심으로 하는 것이다.[10]

의회제는 정부가 의회의 통제 속에서 상대적으로 독립성과 자율성이 약한 의회의 예속상태를 상정하게 된다. 사실상 의회제의 출발 당시는 의회가 '남자를 여자로, 여자를 남자로 만드는 일'을 제외한 모든 일을 할 수 있다는 비유가 나올 정도로 의회의 영향력은 대단했다. 이러한 상황에서 정부는 의회에 가려서 보이지도 않는 미약한 존재였다. 따라서 의회제는 하나의 권력구조를 나타내기도 했지만 '강한 의회, 약한 정부'의 형태, 즉 의회가 입법부와 정부를 전체적으로 통제하는 상황에서 입법부와 정부와의 관계를 포괄하는 의미였다.

그러나 정부 각료들의 역할과 영향력이 증대되면서 내각이 정치과정의 중심으로 부각되고 의회제는 새로운 형태, 즉 고전적 의회제에서 근대적 의회제로 변화하게 되었다. 이 과정에서 내각제(cabinet system)라는 용어가 일반화되고 그 이전의 의회제를 고전적 의회제로 구분하게 되었다. 또한 내각에서 수상의 역할과 위상이 강화되면서 의회제에는 내각제 외에 정부수반을 나타내는 '수상'에서 '수상제'라는 새로운 이름도 부여되었다.

의회제가 의원내각제 또는 내각제, 그리고 수상제 등과 교환적으로 사용되고, 특히 현재는 의회제보다는 오히려 내각제가 가장 널리 사용되고 있으나 대통령제와 준대통령제가 행위자의 직을 나타내는 것을 감안하면 내각제보다는 오히려 수상제가 더 적절하다. 특히 내각제는 의회를 바탕으로 하는 권력구조의 의미를 제대로 전달하지 못하며 의원내각제는 의원이 아닌 인물도 입각하는 경우도 있기 때문에 의원내각제보다는 오히려 의회내각제가 더 적합할 수 있다. 한편 수상제는 수상이 동등

10 *Loc. cit.*

한 각료의 1인이라는 원리가 아직도 통용되는 상황에서 부적절하다. 이런 점에서 여기에서는 의회제로 사용하고자 하는 것이다.

의회제는 결국 광의적으로는 대통령제 및 준대통령제와 구별되는 하나의 권력구조와 함께 내각제 또는 수상제를 가리키며, 협의로는 입법부와 정부 간의 관계를 특성으로 하는 내각제 이전의 정부형태, 즉 고전적 의회제도를 나타낸다.

2. 의회제의 기원

의회제는 현대 권력구조의 효시이며, 의회제의 기원은 현대의 대의민주제의 기원이다. 아울러 준대통령제는 물론이고 대통령제도 의회제를 타산지석으로 해 탄생되었다는 점에서 모든 권력구조의 기원이다. 이러한 의회제의 기원은 현재 의회제의 종주국가인 영국의 헌정사이다. 따라서 의회제의 기원에 대한 탐구는 작게는 영국의 근대 권력구조에 대한 역사의 탐구이며 크게는 사실상 현대 대의민주주의에 대한 탐구이기 때문에 매우 복잡한 과제일 뿐만 아니라 이 책의 목적도 아니다.

의회제는 의회 그 자체의 존재만이 아니라 수상(prime minister)과 각료(minister)가 행정기능을 담당하는 모습을 상정할 수 있다. 사실상 18세기 이전의 영국 역사에서도 수상이 존재했지만 그의 권력과 책임이 의회의 다수에 의해 부여되는 것이 아니라 왕과의 관계에서 이루어졌기 때문에 현대의 수상과는 달랐다. 따라서 현대적인 의회제의 기원은 영국의 찰스(Charles) 2세가 복위해서 왕권을 행사한 1660년의 왕정복고부터 출발하는 것이 최선이다.[11]

왕정복고는 왕과 상원 및 하원의 협의와 인정을 통해 권력의 균형을 이루던 그 이전의 사고(idea)로 복구하는 것이며, 이것이 왕과 그의 신하들과의 관계가 아니라 왕과 의회와의 관계에 적용됨으로써 현대적 의회제가 출발된 것이다. 이 당시에 집행권은 왕의 수중에 있었고 각료들은 왕에 의해 임명되어 의회가 아니라 왕에 대해 책임을 지는 왕의 신하들이었으나 왕이 어떤 분야의 행정을 수행하는 데 의회의 동의가 없으면 불가능했다. 각료들 중에는 의원들도 포함되어 있었으나 의회는 각료들을 왕의 하수인으로 생각했고, 의회의 친구가 아니라 적으로 생각했다. 왕과 의회와의 갈등에서 의원겸직의 각료들은 의회가 아닌 왕을 대변했기 때문이다.[12] 이 당시에 다수의 각료가 있었으나 어느 누구도 내각을 구성하는 특정 권한을 갖지 않았다. 그뿐만 아니라 각료를 통제하는 인물도 없었고, 각료들이 하나의 연합체로서 왕이나 의회를 대하는 것이 아니었으며, 국왕 혼자 이러한 역할을 수행했다. 각료들 가운데 특정 인물이 왕에 대해 그의 정책제안에 더 영향을 미칠 수는 있어도 최종 결정은 왕 자신이 하였다.

이 당시 각료 중에 클라렌든(Clarendon, 1609–74) 경은 왕에 의한 정부의 수반은 아니었지만 각료 중에서 1인자로 인식되었다. 그는 왕이 전체적인 국사를 추밀원(Privy Council)과 협의하는 것이 더 이상은 어렵다고 보고 왕이 상의할 위원회의 설치를 제안했다. 이에 따라 설치된 위원회 중의 하나가 외무위원회(Committee on Foreign)였고, 그 이후 추밀원은 영국의 국정을 협의하는 중요기관에서 벗어났으며, 대신 주요한 책임은

11 Byrum E. Carter, *The Office of Prime Minister*(London : Faber and Faber Limited, 1955), 14.

12 Mary Taylor Blauvelt, *The Development of Cabinet Government in England*(New York : Macmillan, 1902), 35.

소규모의 위원회들의 수중으로 이전되었다. 물론 이 위원회들은 왕의 통제 하에 있었으나 현대적 의미의 내각을 향한 첫걸음이었다.[13]

영국에서 내각이 군주의 비공식적인 모임에서 공공적 모임으로 발전하는 데는 어려움이 있었다. 절대주의 시대에는 개인 각료들이 군주와 어느 정도 밀접성이 존재했지만 각료들의 결속력은 내각이 집합체로 발전하면서 자라났다. 역설적으로 이러한 발전을 위해서는 수상에 의해 주도되는 위계가 필요하다. 군주가 각료를 함께 소집하지 않고 개인적으로 초대하면 결속력은 발휘되기 어렵다. 군주가 각료를 개인적으로 임명하고 해임했지만 1746년에 최초로 집단신임이 가능했다. 1740년에야 '내각'이라는 용어를 가질 만한 하나의 형태가 발전했는데, 법을 바꾼 일은 없었으나 정당정부의 바탕에서 자연스런 관습의 변화였다.[14]

영국에서 의회의 위상이 제고된 것은 권리장전의 기초가 된 권리선언에서 비롯되었다. 권리선언에 의회의 우월성에 대한 원칙은 표현되지 않았으나 왕위계승에 관한 제한과 함께 역사적인 맥락에서 영국의 왕이 가질 수 있는 절대주의적인 특권은 없다는 것을 분명히 하고 있었다.[15] 그러나 이후 윌리엄(William)이나 그를 계승한 앤(Anne)도 의회나 각료에 대한 인식에 별다른 변화는 없었고 왕 자신들이 수상으로서의 역할을 대신했다.

앤 여왕 당시의 각료였던 고돌핀(Godolphin)도 현대적 의미의 수상의 위치는 아니었지만 사실상의 권한을 가지고 있었다. 이어 그의 뒤를 이은 할리(Harley)도 어떤 분야의 정책에 대해서는 왕으로부터 주도권을

13 *Ibid.*, 29–32.

14 Richard Pares, *King George III and the Politicians*(Oxford : Oxford University Press, 1967), 149ff.

15 Byrum E. Carter, *op. cit.*, 17.

받았으나 역시 의회에 대해 책임을 지는 위치가 아니었기 때문에 수상이라고 할 수 없었다는 점에서 근대적 의미의 내각이 존재하지 않았다.

죠지(George) 1세도 영국 정치보다는 하노버(Hanover)의 문제에 더 관심을 가지면서 내각위원회(Cabinet Council)에 참석을 게을리했는데, 이것이 오히려 각료의 권한을 증대시키는 계기가 되었다. 하노버 왕가의 두 국왕, 즉 죠지 1세와 2세의 즉위기간 동안에 근대 수상과 유사한 모습이 나타났는데, 바로 월폴(Robert Walpole) 경이었다. 그는 처음에는 타운센드(Townshend)와 권한을 분리해 타운센드는 외교, 그 자신은 재정에 관한 권한을 행사했으나 1729년 타운센드의 사임으로 내각의 모든 권한을 맡게 되었다.

월폴은 사실상 최초로 내각체계와 수상직을 창설해 근대적 의미의 의회제의 발전에 초석을 마련한 인물로서, 자신의 권력이 정당에 기초하고 내각은 간접적으로 정당에 의존해야 한다는 점에 대한 인식을 가지고 있었다.[16] 그는 하원의 불신임에 의해 사임함으로써 수상은 하원의 신임을 얻지 못하면 사임해야 한다는 규칙에 따라 행동했다.[17]

그러나 실제 수상으로 불린 최초의 인물은 펠럼(Henry Pelham)이었다. 왕이 펠럼과 그의 각료들을 교체하려고 시도했을 때 모든 각료와 그의 참모들이 총사직으로 저항했고, 왕은 새로운 내각을 구성하려고 했으나 의회의 반대에 부닥쳐 결국 펠럼은 권력을 회복하게 되었다. 죠지 2세를 이은 죠지 3세는 왕의 특권을 회복하려고 시도했으며, 1770년 자신의 인물로 수상과 각료를 충원했고 의회 내 정부의 활동과 각료의 모든 행동에 간섭했다.

16 *Ibid.*, 22.

17 Mary Taylor Blauvelt, *op. cit.*, 157–8 ; C. Grant Robertson, *England Under the Hanoverians*(New York : Putnman, 1927), 186.

1806년부터 1834년 사이의 기간은 각료들이 자신들의 정치적 우월성과 왕이 그들과 상의하는 입장에 있다는 것을 인식하고 왕과 투쟁한 기간이었다. 1834년의 선거법 개정안은 의회에 대한 내각의 책임을 분명히 인식하도록 촉진하는 도구가 되었다.[18] 그러나 카터(Carter)는 19세기 중엽의 수상이 현재의 수상과 비교해서 그들의 동료(각료)와의 권력관계를 나타내는 것은 아니라고 주장한다.[19]

각료들의 결속력은 각료들이 군주와 개인적으로 만나기 전에 열리는 모임에서 자라났다. 군주는 더 이상 분리지배를 할 수 없고 모든 각료에게 동일한 조언을 하게 되었다. 정부의 조직이 근대화되고 수상과의 위계가 발전했다. 군주는 더 이상 정부의 세세한 일에 관여할 수 없게 되었고, 정부기구들은 군주에 대해 어느 정도 자율성을 갖게 되었다. 왕권과 정부의 차이는 의회의 자율성 증대로 촉진되었다. 이상하게도 의회 다수에 대한 정부의 의존성은 군주 앞에서 수상을 강화했다.

영국에서는 사실상의 각료회의가 이루어졌으나 대륙에서는 그 권한을 인식하지 못했다. 프랑스의 제3공화국에서만 그것의 존재를 헌법에서 인정했다(1875). 대륙에서 최초의 연속적인 의회제 국가인 벨기에에서는 1918년까지 각료회의에 관해서는 법과 명령에도 거의 언급되지 않았다.[20]

1867년에 이어 1884년의 선거법 개혁은 투표권이 주택소유자들에게 확대되었고, 이에 따라 증대된 유권자들이 전체적으로 새로운 정치적 리더십의 기술을 발전시키도록 유도했다. 헌법은 수상과 평민들의 활동을

18 Byrum E. Carter, *op. cit.*, 30.
19 *Ibid.*, 35.
20 Klaus von Beyme, *Parliamentary Democracy : Democratization, Destabilization, Reconsolidation, 1789–1999*(New York : St. Martin's Press, Inc., 2000), 150.

대변할 수 있는 야당지도자를 요건으로 했다. 분파적 충성심과 부패 대신에 설득과 선전이 필요하게 되었고, 정당지도자는 자신의 선거구에 한정된 관심에서 전국적 선거지원에 나서면서 개인의 경쟁이 정당지도자간의 경쟁으로 번져갔고, 이 시기에 특히 디스레일리(Disraeli)와 글래드스톤(Gladstone)과 같은 위대한 정치가들의 활동은 근대적 의회정치로의 이행에 견인차 역할을 하였다.

이러한 정치발전은 19세기 말에 이르러 근대의 의회제적 대의정부로 발전하게 되었다. 대의정부는 버크(Burke)와 밀(Mill) 등이 애용하는 용어로는 국민의 대표로 구성되는 정부체계이지만 19세기 대부분의 대의정부는 스위스와 미국 두 주요한 공화민주제가 오히려 이상하게 보일 정도로 군주제였다. 이런 유형을 대의군주제(representative monarchy) 또는 입헌군주제(constitutional monarchy)로 부른다.

영국에서 태동해 성장한 의회제도 물론 입헌군주제이다. 그러나 제1차 세계대전 이후 세계적으로 전파된 의회제는 대부분 공화제적 의회제이며, 의회제는 가장 많은 나라에서 채택하고 있는 권력구조가 되었다. 헌팅톤(S. P. Huntington)이 첫 장기적인 민주화의 물결(1828–1926)로 부른 것은 대부부의 경우 의회제였다.[21] 의회제(parliamentarianism)는 결국 의회정부(parliamentary government)이며, 이는 대의정부(representative government)이다.

베이메(Klaus von Beyme)는 그러나 이론과 실제에서 의회정부는 1814년 이후 유럽대륙에서 발전했다고 전제하고 대륙에서 의회제로 불릴 수 있는 첫 정부체계는 1814년 프랑스의 차르떼(Charte) 정권이었다고 주장

21 Samuel P. Huntington, *The Third Wave, Democratization in the Late Twentieth Century* (Norman : University of Oklahoma Press, 1991), 16.

한다. 프랑스와 벨기에에서의 1830년의 혁명은 선출된 국민대표를 대륙 역사상 최초로 탄생시켰으며, 이것은 결국 의회에 대해 다수정부가 책임을 지는 원칙이 존중되는 입헌체계로 이어졌다는 것이다.[22]

영국의 경험을 토대로 할 때 의회제 정부는 결국 혁명의 산물이라기보다는 역사적으로 발전되어 온 것이며, 이 과정에서 3가지 국면이 있었는데, 한 국면에서 다른 국면으로 이행하는 데 항상 오랜 시간이 걸렸던 것은 아니다.[23] 첫째 국면은 정치체계 전반에 책임을 졌던 군주에 의한 정부가 존재했고, 둘째는 왕의 패권에 도전한 사람들의 집회, 즉 하원이 이루어졌으며, 셋째의 국면으로는 하원이 의회로서 활동하면서 정부의 책임을 떠맡게 되었고 군주는 대부분의 전통적 권력을 박탈당하게 되었다. 하원은 자금에 대한 권한을 확립하면서 궁극적으로 그들 자신의 관할영역을 요구할 수 있었고, 결국 군주의 역할은 입법부의 호의에 좌우되는 행정의 역할로 한정되었다. 헌법의 발전은 왕의 '행정권'과 구별하기 위해 하원에 '입법권'이라는 용어가 부여되면서 제2국면으로 들어섰다.

권력의 분립에 관한 이론이 유행하고 제3 및 현재의 국면으로 이행되면서 왕은 행정권을 각료에게 빼앗겼다. 각료는 점점 하원의 의원들 중에서 선택되었고, 의회가 신임을 철회하면 사임했다. 영국, 벨기에, 스웨덴 등의 의회군주제에서 군주는 실제로(형식적은 아니지만) 행정권의 행사조차도 중지되었고 정부는 입법부에 책임이 있는 왕의 각료들에게 이양되었다. 의회정부는 행정과 입법기능의 융합을 함의한다. 대표들의 단순한 집합체였던 하원이 의회로 변형된 것이다. 의회제는 결국 군주제가 단절 없이 계승되어 온 정치체계에서 주로 발전한 모델이다. 정치

22 Klaus von Beyme, *op. cit.*, 198–199.
23 Douglas Verney, *op. cit.*, 17.

체계에 참여하려는 시민계급과 적절히 타협한 군주제 정권은 의회제를 통해 존속되면서 실질적 권한을 시민계급에게 넘겨준 것이다.

Ⅱ. 의회제의 본질

1. 의회제의 기준

의회제는 권력구조의 하나로서 대표적으로는 영국의 권력구조이고 영국의 권력구조는 의회제를 채택하고 있는 대부분 나라들의 권력구조 모델이다. 앞에서 이미 토론한 것처럼 의회제는 4세기여 동안 변화를 거듭하면서 그 명칭도 '내각제'와 '수상제'라는 새로운 명칭이 부여되었고, 그 이전의 의회제를 고전적 의회제로 구별한다. 따라서 의회제의 본질은 고전적 의회제를 비롯해 내각제나 수상제로 불리는 현대적 의회제의 특성으로 구별된다.

1) 버니의 명제

버니는 미국의 모델을 중심으로 대통령제의 기준을 기술한 것처럼, 영국의 권력구조 발전과정을 토대로 의회제의 기준을 설정했는데, 이는 의회제의 특성을 이해할 수 있는 대표적 내용이다. 1959년에 출간된 버니의 의회제에 관한 문헌은 그 이후 지금까지 이 분야의 기본 토대를 이루고 있는데, 그가 제시한 의회제의 핵심 기준은 다음과 같다.[24]

24 *Ibid.*, 17–38.

1. **하원이 의회가 되었다** : 의회제 정부형태는 혁명보다는 진보의 산물로 군주에 의한 정부, 군주의 주도권에 도전하는 하원의 발흥, 그리고 하원이 정부에 대한 권한을 확보하는 3단계의 국면을 거쳤다. 이후부터 군주의 역할은 점차 하원의 의사에 의존하게 되었다.
2. **정부는 두 부분으로 분리된다** : 하원이 의회로 전환한 하나의 중요한 결과는 정부가 정부수반과 국가수반으로 분리되었다는 것이다.
3. **국가수반이 정부수반을 임명한다** : 입헌군주제에서 분리된 정부의 가치는 아주 분명하다. 국가의 합당한 업무는 입법부에 책임을 지는 정부가 수행하며, 이러한 정부의 수반은 미국처럼 국민이 직접 선출하는 것이 아니라 국가수반이 임명한다. 물론 국가수반의 정부수반 임명은 선거결과에 구속되지만 다수당이 없어 연합정부를 구성해야 하는 경우 국가수반의 수상 임명의 역할은 단순히 형식적인 것만은 아니다.
4. **정부수반이 각료를 임명한다** : 수상은 국가수반에 의해 임명되지만 각료들은 수상의 추천에 의해 국가수반이 임명한다. 수상은 보통 국가수반이 말할 수 없는 다양한 각료의 선택권을 가지고 있으며 각료구성에 책임을 진다.
5. **각료**(혹은 정부)**는 하나의 공동체이다** : 군주적 정부로부터 각료회의로의 전환은 군주 1인에서 집합체로 대체되었음을 의미한다. 구 정권에서는 왕이 행정권을 독점했으나 의회제의 수상은 단지 동등한 각료 중의 1인자(first among equals)이다.
6. **각료들은 의회의 일상적 구성원이다** : 의회제에서 정부의 각료들은 이중적 역할을 수행한다. 그들은 각료일 뿐만 아니라 동시에 유권자들로부터 선출된 의원이다. 의회는 정부와 하원을 포함하며, 정부

의 각료는 의회의원이다. 그러나 각료가 반드시 의원이어야 하는 것은 아니다. 스웨덴은 15명의 각료 중 1/3이 의원이 아니며, 네덜란드, 노르웨이, 룩셈부르크는 입각의 경우 의원직을 사임해야 한다. 그러나 만일 각료가 의원이 아닌 경우라도 각료들이 의회에 참여해 토론하고 정부의 행위에 대해 의회에 책임을 진다면 의회제라고 말할 수 있다.

7. **정부는 정치적으로 하원에 책임을 진다** : 의회제에서 정부는 하원에 책임을 지며, 정부가 현명하지 못하거나 또는 위헌적으로 행동하면 하원이 지지를 거부할 수 있다. 하원은 공식적인 불신임이나 정부의 중요한 제안에 동의하지 않음으로써 정부를 사임하도록 압력을 행사하고 국가수반이 새로운 정부를 임명하도록 할 수 있다.[25]
8. **정부수반은 국가수반에게 의회해산을 권고할 수 있다** : 유럽의 입헌군주제 이전에는 군주가 의회에 불만이 있으면 새로운 총선거를 통해 더 순종적인 의원들을 확보하고자 양원 중 하나 혹은 양원 모두를 해산할 수 있었다. 국가수반과 정부수반이 분리된 현대에도 의회를 해산하는 국가수반이 존재하지만, 국가수반은 단지 정부수반의 요구에 의해서만 의회를 해산한다. 과거에 정부에 대한 하원의 도전은 정부의 사임이 아니라 하원의 해산을 가져왔다. 오늘날 정부가 의회에 패배하면 하원이 아니라 수상이 사임하거나 의회해산을 요구한다. 그러나 해산은 하원이 아니라 의회, 즉 정부도 마찬가지이다. 다

25 한편 스테판과 스카치는 의회제의 기준을 2가지 즉 1) 정부는 입법부에서 다수의 지지를 받아야 하며 불신임을 받으면 퇴진해야 하며, 2) 정부는(보통 국가수반과 협의하여) 의회를 해산하고 조기총선을 실시할 권한을 갖는 것으로 구별한다. Alfred Stepan and Cindy Skach, "Presidentialism and Parliamentarism in Comparative Perspective," in J. J. Linz and A. Valenzuela (eds.), *op cit.*, 120.

만 정부는 새로운 의회가 구성될 때까지는 존속한다. 의회의 두 부분, 즉 정부와 하원 간의 갈등은 유권자의 해결 몫으로 남는다.

9. **의회는 전체적으로 다른 구성부분들보다 우월하지만 정부와 하원은 어느 쪽도 서로를 지배할 수 없다** : 의회의 전체적인 구성부분들에 대해 의회의 우월성에 관한 관념은 의회제의 특성이다. 즉 모든 의회(Parliaments)는 의회를 구성하는 정부(Governments)와 하원(Assemblies)에 대해 우월하다. 그러나 중요한 원리는 의회를 구성하는 요소들, 즉 하원이나 정부 모두가 서로를 완전히 지배하는 것은 아니라는 점이다. 정부는 하원의 지지가 필요하지만 그렇다고 하원이 우월한 것도 아니다. 왜냐하면 정부도 의회를 해산하고 유권자의 투표에 호소할 수 있기 때문이다. 의회제에서 하원과 정부의 우월성은 나라마다 다른데, '내각제'라는 명칭은 정부의 역할을 강조하는 것이다. 의회의 우월성은 엄밀하게는 정부의 기관들 간의 관계에 영향을 미치는 통치적 관념으로 궁극적으로는 유권자가 우월하다는 인민지배의 관념으로서, 정부는 국민으로부터 위임에 따라 행동해야 한다는 것이다.

10. **정부는 전체적으로 유권자에게 간접적인 책임만을 진다** : 의회정부는 하원에 대해서는 직접적으로 책임을 지지만 유권자에게는 간접적인 책임만을 진다. 정부는 전체적으로 유권자로부터 직접 선출되는 것은 아니며, 하원에 선출된 의원들로부터 간접적으로 임명된다. 각료들도 의회의 다른 구성원들과 마찬가지로 당선되기 위해 유권자 앞에 서야 한다. 그러나 이 경우 정부의 각료로서가 아니라 일상적인 하원의 후보로 서는 것이다. 당선된 후에 그들을 각료로 임명하는 책임은 수상에게 달려 있다.

11. **의회는 정치체계에서 권력의 핵심이다** : 의회제에서 집행권과 입법권

> 의 융합은 정치질서에서 의회가 가장 중요한 주도권을 갖는 원인이다. 의회는 정치 드라마가 공연되는 무대이고, 국민 의견의 광장이며, 미래의 정치지도자들을 훈련하는 학교이다. 의회제가 성공하기 위해서는 정부는 정부의 정책에 대해 하원이 제기하는 끊임없는 도전에 초조해 하거나 정부가 수행한 행정에 대한 비판에 머뭇거려서는 안 된다. 결국 하원은 정부의 기능을 잠식하려는 유혹을 참아야 한다. 여기에 분리기관들의 이익을 초월해 서로 견제하는 권력의 묘한 균형이 존재한다.

버니가 서술한 의회제의 기준은 의회제의 역사적 발전과정에 기초해 운영과정에서 나타나는 현상에 대한 기술이라는 점에서 포괄적이지만 중복성과 모호성을 갖는다. 이러한 점에서 버니의 의회제 기준은 대통령제와 구별할 수 있는 내용을 중심으로 다음의 6가지로 요약될 수 있을 것이다. 1) 국가수반과 정부수반의 분리, 2) 국가수반의 정부수반 임명, 3) 공동체로서 각료집단, 4) 각료들이 의회의 일상적 구성원으로 입법부와 정부의 융합권력, 5) 정부의 의회해산권과 의회의 정부 불신임권, 6) 정부는 유권자에게 간접적 책임보유 등이다.[26]

이러한 의회제의 기준은 의회제를 채택하고 있는 각 나라의 정치 · 사회적 환경에 따라 나름의 특성을 갖는 권력구조로 발전하게 되었다. 그럼에도 각 나라의 의회제는 의회제의 기준을 바탕으로 하는 공통적인 특

26 클라우스 본 베이메도 의회제의 기준에 대해 다음의 5가지를 제시한다. 즉 1) 수상은 당연히 의원이며, 2) 의원과 각료의 겸직이 가능하고(프랑스, 룩셈부르크 네덜란드 제외), 3) 정부는 의회다수로부터 신임을 상실하면 사임해야 하고, 이 경우 의회도 해산되며(노르웨이와 이스라엘은 제도화되지 않음), 4) 정부는 국가수반에게 의회해산을 요구할 수 있고, 5) 의회는 정부에 대한 질의와 조사위원회를 설치할 권한이 있다는 것 등이다. Klaus von Beyme, *op. cit.*, 9–10.

성을 갖는다.

2. 의회제의 특성

의회제는 영국의 권력구조를 기원으로 하지만 각 나라별로 이 제도를 도입하면서 그 나라의 특성에 맞도록 변화시켰다. 특히 이러한 변화는 시대의 변화에 따라 정치제도가 처리해야 할 과제가 달라지면서 의회제도 그에 따라 변화되었는데, 기존의 의회제는 고전적 의회제, 그리고 달라진 의회제는 현대적 의회제로 구별된다.

1) 고전적 의회제

고전적 의회제는 영국의 의회제에 기원을 두고 있는 영국의 전통적인 정부형태로서 현대적 의회제의 기원인 동시에 기본으로서 세계적으로 가장 널리 채택되어 온 형태이다.[27] 오늘날 내각제로 불리는 정부형태는 바로 고전적 의회제의 변형으로서 의회와 정부 사이의 권력관계 변화에 따라 명칭도 변화를 가져온 형태이다. 그러나 이러한 변화는 의회제의 근본적인 변화가 아니라 의회와 정부, 그리고 정부 내의 수상과 각료 간

27 모든 나라의 의회제가 영국의 의회제와 동일한 것은 물론 아니다. 각 나라의 권력구조는 나라마다 그 나라의 상황에 따라 부분적으로 다양한 모습으로 변화되었다. 다만 영국의 의회제가 대표적이고 기본적인 형태이기 때문에 의회제의 토론은 특별한 언급이 없는 한 영국의 모델을 중심으로 하게 된다.

의 권력과 역할의 부분적 변화이다.

하고피언(M. N. Hagopian)은 고전적 의회제의 핵심적 특성을 5가지 즉, 1) 하원에 의한 정부, 2) 신임투표, 3) 권력의 융합, 4) 개별 의원의 강력한 위상, 5) 동료적 집단으로서의 내각 등으로 구별하는데, 여기에서는 이 설명을 토대로 고전적 의회제의 특성을 알아보기고 한다.[28]

1. **의회에 의한 정부** : 고전적 의회제에서는 정치적 중심이 국민에 의해 선출된 의회에 있다는 점이 강조된다. 소위 의회의 황금기였던 19세기의 대표 및 민주정부 이론은 의회가 다른 정부기관보다 국민에게 더 가깝기 때문에 정치체계에서 입법부가 지배세력이 되어야 한다는 것이다. 자유선거는 입법부가 '국민 의사'의 주요한 윤곽의 반영을 보장할 것이라는 관점이다. 그렇다면 공공 정책 결정의 주도권은 의회가 가져야 하는 것이 옳고 정부는 '의회의 위원회(committee of the parliament)'[29]에 불과하다. 이것은 결국 19세기 자유주의자들이 가졌던 집중된 권력에 대한 공포 때문에 정부 자체가 의회에 의해 전체적으로 지배되지 않으면 철저히 통제받게 되어야 한다는 사고를 바탕으로 한다. 더욱이 입법부의 법률적 지배권은 전체 국민의 정치적 지배권의 궁극적 토대가 되었다.
2. **신임투표** : 신임투표는 고전적 의회제에서 입법부 우월성의 주요한 도구이다. 이것은 정부가 의회의 지지를 향유하는 한계에서 존재할 수 있다는 것을 의미한다. 정부는 국가수반에 의해 임명되는데, 국가수반은 의회에서 다수 지지를 받는 지도적인 개인을 수상으로 임

28 Mark. N. Hagopian, *Regimes, Movements, and Ideologies*(New York : Longman, 1984), 47–62.
29 *Ibid.*, 59.

명하며, 국가수반은 수상이 선택한 각료를 확인한다. 새로 구성된 정부는 의회의 다수를 확인하는 신임투표를 거쳐야 한다. 일단 취임한 정부도 끊임없는 불신임의 위협에 처하게 된다. 그러나 불신임은 우연한 패배라기보다는 정부가 특정 법안의 성공적 통과를 놓고 전개하는 게임을 선택할 때 야기된다. 신임투표는 정부가 주도하거나 허용하지만 패배는 사임이나 혹은 어떤 경우는 조기총선을 초래한다. 신임투표는 정부가 독자적으로 주도하거나 허용하는 반면에 의원들은 불신임을 주도할 수도 있고, 이것이 성공하면 정부는 붕괴된다. 정부는 불신임에 반대할 자원은 없지만 국가수반에게 의회해산을 요구하고 새로운 총선거의 실시를 위협하는 무기를 가지고 있다.

3. **권력의 융합** : 권력의 융합은 정부의 각료 중 전원은 아니라도 대부분이 의회의 의원이라는 것을 의미한다. 이것은 행정부가 의회 외에서 출현하는 미국의 대통령제와 다른 점이다. 각료의 일부는 의회에서 정부의 다수를 실현하는 역할 외에 정부의 어떤 부서를 책임지지 않는 '무임소 각료(ministers without portfolio)'도 있다.

4. **의원의 강력한 위상** : 고전적 의회제 모델에서는 의원들이 오늘날에 비해 정당규율과 조직의 통제를 덜 받았다. 정당은 이념적 공약보다는 후원자나 이익에 의해 마음이 통하는 사람끼리의 느슨한 연합이었다. 정당이나 정치지도자들이 의회에 파견한 의원에게 엄격한 규율을 적용하면 이들은 곧 반발이나 분열에 직면했다. 많은 의원들은 정당에 대한 분명한 소속감이 없었다. 정부의 안정과 유순한 다수를 보장할 강력한 정당규율의 무기가 없기 때문에 정부는 입법부와의 관계에서 불안한 위치에 노출되어 있다.

의원 개인들의 강력한 위상은 입법과정에서 정부보다는 의원입법이 더 중요하게 보이는 데에서도 잘 나타난다. 초기의 고전적 의회제에서는 공개적이고 강력한 토론을 특성으로 하며, 이것은 자주 고급의 연설경연을 야기한다. 이러한 의원 개인의 자유 확대의 배경은 의회의 운영절차가 탄력적이고, 위원회가 약하며, 정당발전의 수준이 낮고 정부가 현대의 의회제 정권보다 강력하지 못하기 때문이었다.

5. **동료적 집단으로서의 내각** : 고전적 의회제에서 정부는 확실히 집합적 정책결정 집단이었다. 수상은 19세기 영국의 글래드스톤(Gladstone)과 디스레일리(Disraeli) 같이 보통 이상의 강력한 개성을 갖기도 하지만, 확실한 수장이라기보다는 단지 '동등한 가운데 첫 인물' 로 생각되고 오늘날과는 달리 그들의 위계가 각료 이상으로 올라가는 것이 아니었다. 오늘날에 비하면 정책분야가 어떤 비책이나 전문성이 요구되지 않았기 때문에 전 각료가 함께 의미 있는 토론을 전개하기가 더 쉬웠다. 이것은 현대에 비해 내각의 정책결정에서 집합적 정책결정으로 유도하게 되었다.

'집합적 내각의 책임성' 에 관한 교의는 내각의 집합적 본질을 완전하게 표현한다. 이러한 견해에서 모든 각료는 내각이 취한 모든 조치에 똑같이 책임이 있다. 각료 개인은 그의 동료를 지지하거나 사임해야 한다. 어느 각료의 특별한 잘못은 전체 내각에 반영되며 총 사퇴의 원인이 될 수도 있다. 결국 내각은 흥망성쇠를 함께 한다.

2) 현대적 의회제

오늘날의 의회제는 18세기와 19세기 중에 영국에서 발전한 고전적 모델의 모습과는 다르게 변형되었다. 의회제의 특성은 시대에 따라, 그리고 나라에 따라 변화되어 왔고, 그 변화는 항상 계속되고 있다. 그러나 의회제의 기본 원리가 달라진 것은 아니다. 변화의 핵심은 의회와 정부와의 관계, 정부 내의 수상과 각료와의 관계, 그리고 의회제의 바탕이 되는 정당활동과 관계된다.

변화의 전환점은 분명하지 않다. 아마 전환점이 분명하다면 그 변화의 정도도 클 것이고 자칫 본질의 변화를 가져올 수 있다. 대표적인 예가 바로 프랑스이다. 프랑스는 기존의 의회제에서 대통령의 권력을 강화하고 국민으로부터 직접 선출하는 독립변인으로서의 변화를 통해 의회제가 준대통령제로 변화되었다.

의회제의 변화는 시대의 종속변인으로서 시대의 상황에 대응하기 위한 점진적 발전이었다. 그 대표적 내용이 정부의 강화이다. 정부의 역할이 증대되고 기능이 전문화되면서 의회의 종속변인으로서의 정부, 의회의 충분조건에 불과하던 정부가 독립변인으로서, 그리고 필요조건의 위치를 차지하는 변화를 맞게 된 것이다. 그러나 그 변화의 주체는 정부 자체라기보다는 시대적 상황이었다.

의회제에서 정부의 강화는 결국 의회와 상호관계에서 정부의 독자성과 자율성이 강화되는 의미를 전달하는 '내각'이라는 용어와 함께 의회제는 내각제로도 부르게 되었다. 따라서 내각제는 근대적 형태이다.[30] 그

30 내각은 당초 영국의 추밀원(Privy Council) 내에 왕이 신임하는 소수 인원의 집단으로 처음에는 내각회의(Cabinet Council)로 알려졌다. Sydney D. Bailey, *British Parliamentary Democracy*(2nd) (Boston : Houghton Mifflin Co., 1966), 161. 그런데 1714에 이르러 근대적 사고의 내각정부가 출현하기 시작했다. *Ibid.*, 164. 한편 베게홋은 이 당시의 내각을 국가의 입법부분을 정부부분에 연결해 동여매는 결합 위원회로 묘사했다. Walter Bagehot, *The English Constitution*(Oxford University Press, 1928), 12. 그러나 이 당시의 내각구성원들은 모두 추밀원의 구

러나 내각제가 의회제를 대체하는 것은 아니며, 다만 정부와 의회의 관계에서 정부의 위치를 강조하는 관념이다. 의회의 권한이 내각을 흔들어대는 의회 주도의 상황에서 내각이 스스로의 공간을 확보하고 스스로 정책을 주도함으로써 상대적으로 의회로부터 내각의 독자성이 강화된 현상이다. 내각에서도 각료들이 부서의 전체적인 정책을 구성하고 감독하며, 모든 중요한 정책이 여기에서 결정되기 때문에 내각은 정책을 집합적으로 결정하며 내각의 권력이 수상의 다양한 권한과 균형을 이루는 형태를 가리킨다.[31] 현대적 의회제가 갖는 일반적인 특성은 물론 고전적 의회제의 특성과 완전히 분리되는 것이 아니라 부분적인 변화라는 점에서 중첩되는 것은 당연하다. 이러한 맥락에서 현대적 의회제의 특성을 정리하면 다음과 같다.

1. **국가수반과 정부수반이 분리된다** : 하원이 의회로 변형되면서 국가의 운영은 국정의 실질적 운영책임자인 정부의 수상(prime minister 혹은 chancellor)과 국가의 의전과 상징적 역할을 수행하는 국가수반(군주 혹은 대통령)으로 분리되었다. 국가수반은 국가의 명목 및 의전상 최고 지도자이고, 국가의 주권과 존엄을 상징한다.[32] 국가수반의 기능은 지배하기 위한 것이 아니라 정부가 있다는 것을 보이기

성원이었고 일부는 동시에 의회의 구성원이었으며, 내각은 의회나 추밀원으로부터 어떤 것도 위임된 것이 없었는데, 근대적인 내각의 경향은 내각이 책임을 지는 의회에 대해 종(servant)보다는 주(master)가 된다는 것이다. Sydney D. Bailey, *op. cit.*, 165.

31 John P. Mackintosh, *The British Prime Minister*(London : Macmillan Press, 1969), 162.

32 국가수반의 공식적인 명칭은 입헌군주국에서는 왕 또는 여왕, 황제, 대통령, 그리고 의회공화국에서는 대통령으로 불릴 수 있다. 국가의 수반이 왕인 국가는 스웨덴, 노르웨이, 영국, 벨기에, 덴마크, 네덜란드, 스페인 등이다.

위한 것이다. 국가수반은 연합정권의 붕괴나 다른 국가의 비상시에 정부를 구성할 개인이나 집단을 선정하고 집행할 수 있도록 하는 책임을 가진다. 국가수반은 국민들에 대해 국가의 상징으로 의전적 역할을 수행한다. 상징적 의전활동은 권력의 행사와는 다르다. '상징' 은 대상이 그 자체 이상의 의미를 갖는 것을 말한다.[33] 반면에 정부수반은 주요한 실제적인 국가의 정치적 지도자이다.[34]

대통령제에서는 대통령이 정부수반과 국가수반의 역할을 동시에 수행하는 데 반해 의회제에서는 두 역할이 분명히 구분되며, 어떤 경우라도 두 직이 두 역할을 동시에 또는 교환적으로 수행하지 못한다. 의회제의 군주는 보통 세습에 의해 군주직을 점유하지만 대통령은 의회에서 선거한다. 대표적으로 영국과 일본은 세습적 군주를 갖고 있으나 독일은 의회에서 선출되는 대통령이 국가수반이다.[35]

33 상징은 감정적 · 심리적 · 도덕적 내용을 담고 있으며, 말로 쉽게 표현할 수 없는 의미를 전달한다. 상징은 그 대상과 그를 대하는 측의 상호작용과 커뮤니케이션에 좌우되기 때문에 사람들이 그 대상에 대해 의미나 가치 중요성을 부여할 때 상징성을 갖게 된다. 어떤 대상의 상징을 접하는 각자는 상징의 내용에 대해 다른 의미를 접하게 될 것이지만 어떤 공통적 맥락이 존재한다면 이러한 상징은 고정되고 공유되며, 표준화되기 쉽다. 의전적 활동은 자의적 활동이 아니라 기존의 관행이나 규칙에 의한 단순 활동이라는 점에서 권력의 행사와는 구분된다. 그러나 상징적 위치가 어떤 영향력도 갖지 않는 것은 아니다. 오히려 상징성이 갖는 특성은 국가원수의 활동이 국민에게 그 자체 이상의 의미를 전달할 수 있다. 국가원수의 권력은 원칙적으로는 명목상이지만 권력의 범위에서 국가원수가 개입할 권한을 부여하고 그를 정당화한다. Karl Beckson and Arthur Ganz, *Literary Terms : A Dictionary*(New York : Farrar, Straus and Girous, 1960), 246-7.

34 정부수반은 여러 명칭이 있다. 즉 prime minister, premier, chancellor, president of the council of ministers 등이다. 그는 정책수립과 정부를 통솔하는 최고의 위치이다. 대통령제에서는 대통령이 국가의 수반인 동시에 정부의 수반이다. 미국인들이 '정부(the Administration)' 라고 부르는 것은 의회정권에서 '정부(the Government)' 로 불리는 것이다. 'the Government' 는 국가의 수반을 포함하지 않고 수상, 각료, 그리고 각료급 이하의 다른 관료들을 포함한다.

2. **국가수반이 정부수반을 공식적으로 임명하는 형식적 절차를 밟는다** : 의회제의 전통적이고 일반적인 특성 중 하나가 국가수반이 정부수반을 임명하는 형식적 절차를 밟는 것이다. 대부분의 의회제에서 국가수반은 정부수반을 공식적으로 임명하는 절차를 밟지만, 이러한 절차는 의회의 세력을 토대로 이미 제시된 정답지를 내미는 형식적 절차이다. 물론 준대통령제의 프랑스에서도 대통령이 의회의 다수당을 배경으로 하면 실질적 임명권을 행사하지만 소수당인 경우는 역시 형식적 임명권을 행사할 뿐이다. 의회제는 또한 일반적으로 정부수반이 개인적으로 여러 각료들을 선별한다.
3. **정부는 공동체로서 각료집단으로 구성된다** : 의회제는 각료가 의회의 일상적 구성원으로 공동체적 혹은 동료적 정부인 반면에 대통령제는 1인, 비동료적 정부이다. 구정권 하에서 공동체로서의 정부는 왕의 의향에 바탕을 두고 있었지만 의회제에서 수상은 동등한 각료들 가운데 단순히 첫 번째 인물이다. 그럼에도 어떤 수상은 다른 수상들보다 더 힘을 가졌다는 것은 의심의 여지가 없다. 이러한 특이한 힘은 개인의 지도력과 함께 의회의 세력기반이 얼마나 확고하고

35 레이파트는 대통령제의 대통령은 정부수반인 동시에 국가수반인 반면에 의회제의 수상은 단지 정부수반이고, 대통령은 동시에 의회의원이 될 수 없는 데 반해 의회제의 수상과 그의 내각의 다른 각료들은 일상적으로 의회의원이라는 점을 의회제의 특성으로 하는 경우 2가지 문제점이 야기된다고 지적한다. 첫째는 중요한 경험적 예외로 네덜란드와 노르웨이의 경우는 의원이 각료로 임명되면 의원직을 포기해야 하지만, 이로 인해서 의회제정부의 운영에 어떤 중대한 영향을 받는 것은 아니라는 것이다. 둘째는 이러한 경험적 예외가 없다고 하더라도 대통령이 국가 및 정부수반이 되는 대통령제의 정부의 경우에서도 이러한 특성이 논리적으로 필수적으로 보이지는 않는 다는 것이다. Arend Lijphart, "Introduction," in Arend Lijphart(ed.), *Parliamentary versus Presidential Government*(Oxford : Oxford University Press, 1992), 4–5.

안정적이냐가 중요한 배경이다. 1당 정권의 수상이나 우월한 다당 연합의 경우 수상은 더 힘을 가질 수 있다. 정부에서 수상의 위치는 탁월한 위치에서부터 다른 각료들과 사실상 동등한 위치에 이르기까지 다양하지만 정책결정에서 상대적으로 항상 높은 동료성이 존재한다. 대통령제의 행정부 각료들은 대통령의 단순한 조언자이자 동시에 부하들인 것과 대조된다.

4. **각료들이 의회의 일상적 구성원으로서 입법부와 정부가 융합된 권력체계이다** : 정부 구성원들은 이원적 역할을 수행한다. 그들은 각료일 뿐만 아니라 동시에 (만일 상원의원이 아니라면) 다른 의원과 마찬가지로 지역구 유권자의 뜻에 따라 선출된 의회의원이다. 의회는 정부와 하원 모두를 포함하기 때문에 정부의 구성원은 사실상 의회의 의원이다. 각료는 역시 입법부 의원으로 법안을 제출하고 그 법안에 투표한다. 이것은 의회 다수와 정부 간의 긴밀한 협력을 보장하기 위해 의원과 각료직의 양립이 가능하도록 한 것이다.[36]

5. **정부는 의회해산권을, 의회는 정부불신임권을 갖는다** : 정부수반은 국

36 영국처럼 완전한 의회제국가에서는 각료들이 의회의 구성원이고 정부, 의회, 하원을 분명히 구별하기가 어렵다. 그러나 모든 의회제국가에서 각료가 의회의 구성원이 되는 것은 아니다. 스웨덴은 최근 한때 15명의 각료 중 의회구성원이 아닌 가료가 1/3에 이르렀다. 네덜란드, 노르웨이, 룩셈부르크 각료들은 실제로 각료로 임명받은 후에 의회의원이 되는 것이 금지된다. 여기에 각료가 군주에 책임을 질 때 권력의 분립에 관한 낡은 교조의 잔재가 있다. 각료들이 의회의원이 아닌 국가에서 만일 각료들이 의회의 토론에 참여하고 실제 정부의 업무수행에 대해 의회에 책임이 있다면 정부형태는 의회제 형태로 불린다. 스웨덴, 네덜란드, 노르웨이, 룩셈부르크의 모든 의회군주제는 이 조건들이 충족된다. 대통령의 업무수행에 대해 정부가 의회에 대해 책임이 없는 프랑스5공화국은 의회제가 아니다. 프랑스의 경우 대통령이 국민들로부터 직접 선출되는 '국민적 정당성' 과 의회 다수세력을 배경으로 하는 수상이 권력을 분할할 수 있는 제도라는 점에서 준대통령제로 불린다.

가수반에게 의회해산을 권고할 수 있으며, 아울러 정부는 정치적으로 하원에 책임을 진다. 유럽의 의회군주제 이전에 군주는 하원에 대해 불만이 있으면 새로운 선거 이후에 더 순종적인 대표의 선별을 확보하려고 하원을 해산했다. 오늘날 정부가 분리되면서 의회를 해산하는 사람은 아직도 국가수반이지만, 국가수반은 단지 정부수반의 요구에 의해서만 의회를 해산한다. 어떤 국가들은 일반적으로 하원을 해산하는 정부의 권한을 상당히 제한한다. 노르웨이에서 하원(Storting)은 스스로 해산하기도 한다.

정부는 하원에 대해 책임을 지며, 만일 하원이 정부에 대한 지지를 거부하면 내각은 의회의 불심임 가결로 해임될 수 있다. 즉 의회가 공식적인 불신임 결의나 혹은 단순히 중요한 정부의 제안에 대해 동의하지 않음으로써 정부로 하여금 사임하게 하고 국가의 새로운 정부를 임명하도록 한다. 이 명제는 바로 의회제가 다른 정부형태와 구별되는 핵심적 사항이다.[37]

6. **수상은 입법부에 의해 선택(select)되며,[38] 정부는 유권자에게 형식적으로는 간접적인 책임을 진다** : 대통령제와 달리 의회제에서 정부수반인 수상은 의회에서 의원들을 대상으로 선출된다는 점에서 간접선출이다. 즉 정부는 유권자들로부터 직접 선출되는 것이 아니라 유권

37 그러나 클라우스 본 베이메는 수상이 의회다수의 신임을 잃으면 의회는 해산되어야 한다는 것이 노르웨이와 이스라엘처럼 제도로 된 것은 아니며, 해산의 법률적 가능성은 프랑스 제3공화국처럼 비의회적인 대통령에 의한 남용 때문에 적용할 수 없게 되었다고 지적한다. Klaus von Beyme, *op. cit.*, 10.

38 레이파트는 수상의 경우 선출(elect) 대신 선택(select)을 고집한다. 그는 그 이유로 선출의 과정이 다양해 공식적인 선거로 부터 국가수반의 공식적인 지명에 의한 의회의 선출, 입법부에서 정당간의 교섭으로부터 비공식적으로 출현하기까지 여러 유형의 범위를 갖는다는 것이다. Arend Lijphart, "Introduction," in Arend Lijphart (ed.), *op. cit.*, 3.

자들이 하원에 선출한 대표들 가운데에서 간접적으로 임명된다.[39] 이러한 점에서 의회제는 국민에 대한 책임의 유형도 간접적으로 지는 것으로 이해한다. 즉 의회정부는 하원에 대해서는 직접적인 책임이 있지만 유권자에게는 단지 간접적 책임만 있다.

3) 고전적 의회제와 현대적 의회제의 차이점

이상의 현대적 의회제 특성은 정부와 의회의 관계에서 정부의 위상이 강화되는 반면에 의원의 위상은 약화되고, 특히 수상의 지위 및 역할이 증대되고 있으며, 신임투표의 경향이 퇴조되는 현상을 보이는 것이 고전적 의회제와 다른 점이라고 할 수 있다.[40]

1. **정부의 위상이 강화되었다** : 고전적 의회제의 기본 원리였던 '하원에 의한 정부'는 이제 더 이상 하원과 정부 간의 제도적 균형에 관한 적절한 묘사가 아니다. 정부가 정책과 입법을 통제할 몇 개의 새로운 무기를 고안하고 의회와의 관계에서 수상이 지배적인 역할을 수행함으로써 정부 역할의 확대와 의회 역할의 감소를 가져오게 되었다.

39 초기에는 의회주의로 인해 사라진 국민들의 주권을 국민들이 청원할 수 있는 군주와 국민간의 직접관계가 도입되었다. 영국에서는 아직도 공식적으로는 군주에게 청원을 할 수 있지만, 정부에 대한 청원은 선출된 대표를 통해서 하도록 되어 있다. 다른 의회의원처럼 정부의 구성원도 선거를 위해 그들의 유권자 앞에 서야한다. 그러나 그들은 정부의 구성원으로서가 아니라 통상적 방법에서 의회의 후보로서 서는 것이다. 일단 당선되면 그들을 각료로 변형시키는 책임은 수상 혼자(수상의 경우는 군주에)에게 달려 있다.

40 Mark N. Hagopian, *op. cit.*, 51–52 ; Edwin M. Coulter, *Principles of Politics and Government*(3rd) (Boston : Allyn and Bacon, Inc., 1987), 77–82 참조.

이러한 변화는 '행정적 혁명'이나 '의회의 사양(斜陽)'이라는 표현으로 설명할 수 있으며, 이는 곧 정부의 성장을 의미하는 것이다.

내각이 집행기관으로서 독립성과 자율성을 가지고 의회와의 구별을 분명히 하게 됨으로써 각료직을 겸한 의원들의 역할은 일반의원보다는 수상의 행정 보조자로서의 비율이 늘어나는 추세이다.[41] 사법적 심의의 강화에 따라 의회의 법률적 지배권도 광범위하게 잠식되었다. 대표적인 변화는 사법부가 의회에서 가결된 법을 위헌으로 선언하면 의회는 더 이상 전통적 의미의 지배권을 갖지 못하게 되는 것이다. 이러한 현상은 독일, 이태리 등에서 현저하다. 한편 권력의 분리가 확대 · 강화되면 '의회제'의 본질이 변화되는 것이다. 대표적인 사례가 프랑스이다.

내각의 현저한 위상 제고는 고전적으로 불리던 '의회제'가 '의원내각제'로 변화된 후 이 명칭도 다시 '내각제' 또는 '내각책임제'로 불리워지게 되었다. 그러한 가운데에서도 권한과 책임이 구조적으로 분산되어 국가 정책결정의 독단성과 하향성을 방지하게 된다.

2. **정당정치가 강화되고 의원의 위상이 약화되었다** : 고전적 의회제의 전환에서 가장 두드러진 특성은 개인 의원들의 위상이 약화된 것이다. 그 이유는 정당조직 및 정당규율의 발전과 의회의 업무에서 개인 역할의 감소에서 기인된다. 의회제는 정당정치를 배경으로 한다. 그러나 고전적 의회제의 정당은 느슨한 규율 속에 일체감도 약했으나 내각제는 정당 책임정치이다. 내각제의 정당은 명확히 천명된 정강 및 사회의 이슈에 관한 분명한 당의 입장을 천명하고, 강한 당의 규율 속에 의원들의 정당 일체감이 강하다. 정부는 의회의 소속정당

41 Mark N. Hagopian, *op. cit.*, 52.

의원들의 결속을 받침목으로 하기 때문에 원내정당에 대한 결속이 강해야 한다. 모든 의원들은 당의 정강에 관련된 문제에 관한 한 당의 지도(leadership)에 따라 투표해야 한다. 따라서 당의 통제 및 규율이 강할 수밖에 없다. 로스(Rose)가 영국 하원의원들의 경우를 "정당이라는 새장 안에서 울어대기는 하지만 새장을 이동시키는 손을 물지는 못하는 새"로 비유한 것은 이를 잘 나타내 주고 있다.[42]

정부와 의회의 갈등은 불신임이나 총선거가 뒤따르기 때문에 의원들은 당의 노선과 지역구 및 지지단체의 여론을 감안해 자신의 태도를 결정하게 된다. 물론 이 경우 여 · 야당은 각기 주로 소속정당의 노선에 응집력을 가지고 따르지만 절대적 순종은 아니다.[43]

소수당은 정상적인 상황에서는 주요 쟁점에 대해 정부의 계획을 좌절시킬 수 없다. 소수당들이 정부 · 여당의 정책결정과 법안통과에 반대하고 토론하는 것은 쟁점의 해결보다는 언론을 통해 자신들의 입장을 공중에게 전하게 되고 다음 선거에서 야당은 대안적 위치로 알려져 다음 선거에서 다수당의 기반을 다지고자 하는 데 있다.

3. 수상이 동료 각료 중의 1인자에서 위계적인 내각의 수반이 되었다 : 현대

42 Richard Rose, "British M,s : More Bank Than Bite?," Ezra N. Suleiman(ed.), *Parliaments and Parliamentarians in Democratic Politics*(New York : Holmes & Meier, 1986), 30–31.

43 영국의 경우 여당의원들의 대다수가 임기중에 한번 이상 정당방침에 반대하는 표결을 한다. 예를 들면 여당의원의 경우 1970–1974년 보수당 집권기에 평의원의 61%는 정부노선에 반대했고, 1974–1979년의 노동당 정권에서는 각료의원을 포함한 노동당의원의 81%가 적어도 한번은 표결에서 반대표를 행사했다. 그리고 이 당시 야당인 보수당의원의 경우 89%가 반대했다. 그러나 이러한 반대가 정책의 결정에는 큰 영향을 미치지 못한다. 보수당 정권기에는 1,101번의 표결이, 그리고 노동당 정권기에는 1,505번의 표결이 있었기 때문에 정당노선에 따른 응집력은 99%를 상회하는 것이다.

의 의회제, 즉 내각제에서도 정부는 정책이 제안되기 전에 일반적 합의를 도출해야 하는 의결기관으로서의 각료의 집합체이다. 그러나 오늘날 수상과 각료가 동등한 나라는 거의 없다. 수상은 모든 각료가 동료적 위치로 구성되었던 내각에서 위치가 강화되어 명실상부한 내각의 수반이 되었다.

수상은 정부를 구성하고 그 휘하의 내각을 통해 정책을 수립하고 법안을 제안하며 집행한다. 수상은 소수 특별 보좌관들과의 상의를 통해 작은 집단에서 정책을 수립하는 경향이며, 일반적으로 중진 의원이 주로 맡는 국방, 재무, 외교, 내무 등 주요 부서의 각료들로 구성되는 이른바 내부내각(inner-Cabinet)을 주위에 모은다. 이들에 의해 거론된 문제는 전체 각료회의에서 결론을 이끌어낸다. 그뿐만 아니라 수상은 정치적으로 정부를 상징하고 대표한다. 수상의 이미지는 바로 정부의 이미지이고 수상의 지지는 정부의 지지와 직결된다. 또한 수상은 소속정당의 대표로서 수상이 소속된 정당의 지지와 연계된다. 이러한 이유로 인해 수상은 각료들뿐만 아니라 소속 정당의 의원들을 지도하는 위치에 있게 된다.

수상의 이러한 지위는 동료집단의 내각에서 수상이 '준대통령(quasi-president president)'[44]으로 불릴 만큼 리더십이 강화되어 내각제는 다시 '수상제'로 불리기도 한다. 수상제(prime-ministerial system or prime-ministerial government)는 따라서 내각에서 수상의 위상과 권한이 상대적으로 강화된 구조이다. 사르토리(G. Sartori)는 내각에서 수상의 위상을 3가지, 즉 1) 비동등한 각료들의 최고위자(a first above unequals), 2) 비동등한 각료들 간의 최상위자(a first among unequals), 3)

[44] *Ibid.*, 25.

동등한 각료들 간의 제1인자(a first among equals)로 각각 구분했다.[45] 수상제는 바로 사르토리의 구분에서 수상이 비동등한 각료들의 최고위자의 위치에서 역할을 수행하는 정부형태를 나타낸다.

4. **신임투표의 경향이 퇴조되었다** : 정부에 대한 하원의 불신임은 의회제 정부를 불안하게 만드는 핵심 요인이었다. 의회제가 정부의 불안정을 가져온다는 인식은 바로 하원의 정부 불신임 때문이다. 그러나 영국의 다수제는 1당 다수정부가 정착되고 정당조직과 정당규율의 확립으로 정부 불신임은 거의 나타나지 않는다. 연합정부가 보편적인 많은 유럽 국가들에서도 의회제의 입헌적 인식은 고전적인 영국의 제도로부터 상당히 벗어났다. 수상에게 정부의 신임문제를 제기하고 내각의 구성과 의회해산을 포함하는 특권을 가진 수상제의 마련으로 인해 신임투표는 이제 더 이상 사용되지 않는 경향이다. 물론 의회는 어느 때고 내각을 견책할 권한과 개별 각료나 전체 내각에 대한 불신임 권한은 갖는다. 독일의 경우는 건설적 불신임제도를 사용하고 있다.

고전적 의회제가 현대적 의회제로 변화되면서 다음의 〈도표 1〉에서 보는 것처럼 명칭의 변화뿐만 아니라 고전적 의회제에서 현대적 의회제로 이행되면서 정부의 권력도 강화되고 있다.

고전적 의회제 모델은 의회의 권력이 정부의 권력을 압도하기 때문에 정부의 자율권이 극소화된 형태로[46] 우리가 의회제를 운위하면서 내각

45 Giovanni Sartori, "Neither Presidentialism nor Parliamentarism," in J. J. Linz and A. Valenzuela(eds.), *op. cit.*, 109.

46 Giuseppe Ieraci, "'Events' and 'Causes' in Cabinet Termination and Survival : Is Explanation Still Possible?," *West European Politics 19*, No. 1(January 1996), 57–59.

〈도표 1〉 입법부와 정부의 관계에서 정부의 권력

고전적 의회제		현대적 의회제		준대통령제	대통령제
(의회제 --	의원내각제 --	내각제 --	내각책임제 --	수상제)	

낮음 ⟵--------- 정부권력의 정도 ---------⟶ 높음

제의 최대 단점으로 꼽는 '정권의 불안정'으로 대표되는 의회제의 한 형태이다. 그러나 현대국가의 정부형태에서 이러한 모델은 이미 역사적 사례가 되었다. 이러한 역사적 예는 19세기 영국, 프랑스의 제3공화국(1871-1940)및 제4공화국(1946-1958)이며, 현대적 예는 이태리 등이다. 한편 현대적 의회제의 형태로서 내각(책임)제는 의회제라는 기본 구조를 배경으로 하지만 사회의 변화에 따라 적응된 의회제 권력구조의 한 형태로서 다른 권력구조라기보다는 의회제 권력구조의 한 정부형태이다.

현대적 의회제는 의회제보다는 내각제 또는 의원내각제라는 이름으로 더 많이 사용하고 있어 의회제와 사실상 혼용하고 있다. 그러나 의회제(parliamentarism)는 권력구조의 근본원칙을 나타내는 데 비해 내각제(cabinet system)는 권력구조의 한 형태를 가리킨다. 따라서 여기에서도 의회제는 대통령제(presidentialism)와 대비되는 권력구조로서, 그리고 내각제는 의회제의 한 형태로 구별한다. 그리고 여기에서 토론하는 의회제는 고전적 의회제를 기본으로 하되 현대적 의회제를 대상으로 한다.

3. 의회제의 변화배경

의회제가 고전적 형태에서 현대적 형태로 변화된 대표적 요인은 정부

가 의회와 점점 더 차별화되고 정부 자체의 안정과 정책 및 입법부를 통제할 많은 새로운 무기가 안출되어 왔기 때문이다. 이러한 전환은 결국 입법부와 정부 간의 제도적 권력균형의 변화로서 하고피언은 이를 3가지로, 즉 1) 정부의 성장, 2) 정부의 집행권의 강화, 3) TV와 매스 미디어의 성장 등을 든다.[47] 여기에서는 하고피언 등의 기술을 토대로 의회제의 변화배경을 아래의 4가지로 정리한다.

1. **정부가 성장하고 전문화되었다** : 20세기에 들어서면서 모든 수준에서 정부의 역할은 점점 증가하고 광범위해졌다. 특히 경제와 공공 정책이 주요한 성장분야이다. 그뿐만 아니라 사회의 변화에 따라 정부의 과제도 다양화되고 복잡해지면서 그에 따른 전문성이 요구되었다. 의회로서는 이러한 시대의 변화를 감당하기 어려웠고, 특히 외교나 복지국가의 과제 등은 전문적 관료집단의 보좌가 필요했다. 이러한 현상은 결과적으로 정부 위상의 강화를 초래하게 되었다.
2. **매스 미디어의 확대 보급과 수상의 권한이 강하되었다** : 매스 미디어가 확대 보급되면서 정치적으로 중요한 역할을 담당하게 되고, 수상이 자연스레 매스 미디어에 가장 많이 노출되면서 대중들로 부터 다른 동료 각료들보다 크게 강화된 권위를 확립하게 되었다. 매스 미디어, 특히 TV와 라디오의 성장과 정치적 영향력은 정치를 시청자의 안방으로 확산시켰는데, 그 인물은 각료나 의원보다는 주로 수상이다. 특히 선거과정에서도 수상은 모든 후보에 비해 매스 미디어의 조명을 독차지한다. 이로 인해 정부수반은 여러 문제나 정책을 설명하기 위해 거의 자동적으로 매스 미디어에 접촉한다. 선거운동이

47 Mark N. Hagopian, *op. cit.*, 50.

점점 공중파에 의지하게 됨에 따라 경쟁에서 정책과 정당은 약화되었으며, 정부수반과 야당지도자의 개인적 인기가 선거를 좌우하게 되었다.

3. **수상의 강화된 권위는 정당을 통괄하는 자원으로 활용될 수 있게 되었다 :** 내각이 정당의 중진들로 구성된 데다가 정당정치가 강화되면서 정당 보스로서의 수상은 명실상부한 단일 지도자로 급상승하게 된 것이다. 지역구의 의원들은 정당의 인기에 의해 자신들의 당락이 좌우되기 때문에 소속의원들이 오히려 수상의 이미지를 제고하는 데 앞장서고 있다.
4. **정부의 붕괴에 대한 우려와 의원들의 선거부담이 증대되었다 :** 내각의 붕괴, 특히 내각제의 약점으로 자주 거론되는 정부의 단명은 의회의 불신임보다는 집권당 자체의 분열이거나 또는 여 · 야가 근소한 의석일 때 의원의 사망이나 사임으로 인한 보궐선거를 통한 다수 지위의 상실 때문이다. 또 다른 측면으로는 정당의 강령과 전혀 다른 쟁점을 제기할 때 다수당의 분열현상이 일어나면 의회에서 그 쟁점에 대한 가결이 어렵고 의회해산과 새로운 총선이 따르게 된다. 유권자나 당원들은 정부와 의회의 갈등에 민감하게 반응한다.[48] 또한 만일 정부가 다수당의 지위를 상실하면 새로운 선거가 실시되어야 한다. 유권자의 수가 증대하고 관심이 제고되면서 의원들에게 선거는 회피하고 싶은 커다란 부담일 수밖에 없다. 또한 정부의 붕괴는 이제 여당의 책임뿐만 아니라 야당도 책임을 공유하는 상황이다. 독일의

48 이에 대한 사례로는 영국의 1972년에 제정된 '산업관계법' 을 둘러싸고 빚어진 보수당 정부와 노동조합과의 대립으로 노동조합 파업과 1974년 총선거의 실시가 대표적이다. 이에 관해는 Henry Pelling, *A History of British Trade Unionism* (London : Gallancy, 1976) 을 참조 할것.

경우는 건설적 불신임제를 고안해 정부의 안정을 꾀하고 있다. 한편 야당은 재야내각(Shadow Cabinet)을 갖는데, 이것은 다수당이 되었을 때 신속하게 내각을 구성하고 정부로서 활동하기 위한 예비내각이다.

모든 의회제의 변화내용과 그 배경이 동일한 것은 아니다. 의회제는 두 가지 형태, 즉 영국과 대륙의 모델로 구별된다. 영국의 의회제는 의회만이 정부에 대한 불신임권을 갖는다. 영국의 경우 실제로 의회제에서 수상의 권력이 의회의 권력을 압도하는 것은 수상의 강력한 특권이 아니라, 1당 정권인 경우 내각과 의회간의 공식적인 권력분립이 존재하지 않으며 각료는 의원직을 갖고 의회의 위원회에서 활동하기 때문이다. 영국의 입헌적 실제에서 내각은 의회의 첫 집행위원회인 반면에 유럽대륙 의회제에서는 정부가 의회로부터 공식적으로 분리되어 각료가 의원직을 겸하는 것은 아니다. 반면에 유럽대륙의 의회제는 불신임 문제의 제기와 의회해산의 결정에 대통령이나 의회가 포함될 수도 있는 등 상당히 다양하며, 수상이 강력한 권한을 갖는다.

Ⅲ. 정부의 유형

1. 정부의 본질과 유형

대통령제는 대통령이 국민의 직접선거를 통해 선출된다. 그 대통령은 국가수반이자 정부수반이다. 따라서 대통령선거가 곧 새로운 정부의 출발이다. 당선된 대통령은 각료를 임명한다. 각료를 임명하는 과정은 의회의 청문회 등을 거치지만 형식적인 절차에 불과하다. 여기에서 정부는 대통령을 중심으로 하는 각료집단을 말한다.

의회제는 국민이 정부수반, 즉 수상을 직접 선거하는 것이 아니다. 국민은 의회의원을 선거하고 정부는 이 총선거의 결과에 의해 의회에서 정부수반(수상)과 대부분의 각료가 충원된다. 영국처럼 단순다수 선거제도의 양당체계에서 총선거의 결과는 어느 한 정당이 의회에서 절대다수 의석을 확보할 수 있기 때문에 정부수반은 다수당의 리더가 맡게 된다. 이 경우는 다수당 리더가 의회에서 수상으로 비준되고 그를 중심으로 내각을 구성하기 때문에 구성원칙이나 과정이 단순하다.

영국 등 다수제 민주체계를 제외한 그밖의 거의 모든 국가는 선거제도의 특성으로 인해 어느 한 정당이 의회에서 절대다수 의석을 차지하기가 어렵거나 사실상 불가능하다. 왜냐하면 대부분의 국가들이 비례대표 선거제도를 도입하고 있고 소선거구제의 경우라도 비례대표제가 병행되는 혼합제를 채택하고 있기 때문에 다수의 정당이 난립하고 그 정당들에게 의석이 분산되기 때문이다. 따라서 의회제에서는 선거결과 절대다수 정당이 없는 경우 여러 정당이 연합해서 정부를 구성해야 하는데, 이를 연합정부 또는 연합정권으로 부른다.

이런 점에서 의회제의 정부는 다양한 성격을 갖는다. 바론(D. Baron)은 '정부'를 입법부와 관련시킨다. 즉 정부는 정책제안에서 신임투표에 반대투표하지 않는 정당으로서 각료직을 차지하지 않은 정당이라도 지지 정당은 정부로 간주한다.[49] 이것은 정부가 의회와 융합되어 있기 때문에 정부의 정책수립과 집행은 사실상 이 정책을 지지하는 의회의 각 정파가 추진하는 것이라는 사고를 바탕으로 의회의 융합적 측면을 중심으로 이해한 것이다. 현실적으로 정부를 구성하는 수상과 대부분의 각료는 하원의 집권당(들)의 구성원들이다. 정부와 내각이 동의어라는 점은 이미 앞에서 언급한 바가 있다. 이런 점에서 내각, 즉 정부는 "국가의 최고 수준의 정책수립에 참여하는 정치적으로 임명된 집행적 공직의 집합"[50]으로서 구체적으로는 수상과 각료집단이다.

의회제 정부의 유형은 두 가지로 대별된다. 하나는 의회의 과반수를 확보한 다수정부요, 다른 하나는 과반수 의석에 미치지 못하는 소수정부이다. 다수정부와 소수정부에서 1당정부를 제외한 다당정부는 모두 연합정부이다. 따라서 정부의 유형은 1당정부와 연합정부로도 구분될 수 있다. 정부의 이러한 유형은 총선거의 결과와 정당들의 연합에 의해 결정되는데, 의회에 의석을 확보한 정당의 수와 각 정당들의 의석분포에 의해 좌우된다. 정부의 유형은 〈표 1〉과 같이 분류할 수 있다.

49 David Baron, "A Spatial Bargaining Theory of Government Formation in Parliamentary Systems," *American Political Science Review 85*(1991), 139.

50 Wolfgang C. Muller and Kaare Strom, "Coalition Governance in Western Europe : An Introduction," in Wolfgang C. Muller and Kaare Strom(eds.), *Coalition Governance in Western Europe*(New York : Oxford University Press, 2003), 11.

〈표 1〉 다수정부와 소수정부 중심으로 분류한 정부의 유형(1)

<table>
<tr><td rowspan="3">다수정부</td><td>1당다수정부</td><td>최소안정연합다수정부</td></tr>
<tr><td rowspan="2">연합다수정부</td><td>과대연합다수정부</td></tr>
<tr><td>잉여연합다수정부</td></tr>
<tr><td rowspan="4">소수정부</td><td rowspan="2">1당소수정부</td><td>지지1당소수정부</td></tr>
<tr><td>비지지1당소수정부</td></tr>
<tr><td rowspan="2">연합소수정부</td><td>지지연합소수정부</td></tr>
<tr><td>비지지연합소수정부</td></tr>
</table>

자료 : Valentine Herman and John Pope, Minority Governments in Western Democracies, *British Journal of Political Science* 3(2), 4 1973. 192을 토대로 필자가 약간 변형해 작성함.

이상의 유형의 유형을 다시 1당정부와 연합정부로 구분하면 아래의 〈표 2〉와 같다.

〈표 2〉 1당정부와 연합정부를 기준으로 분류한 정부의 유형(2)

<table>
<tr><td rowspan="3">1당정부</td><td>다수정부</td><td>안정1당다수정부</td></tr>
<tr><td rowspan="2">소수정부</td><td>지지1당소수정부</td></tr>
<tr><td>비지지1당소수정부</td></tr>
<tr><td rowspan="5">연합정부</td><td rowspan="2">다수정부</td><td>최소안정연합다수정부</td></tr>
<tr><td>과대연합다수정부</td></tr>
<tr><td>잉여정부</td><td>잉여연합다수정부</td></tr>
<tr><td rowspan="2">소수정부</td><td>지지연합소수정부</td></tr>
<tr><td>비지지연합소수정부</td></tr>
</table>

그러면 이상의 도형을 여기에서는 다수정부와 소수정부로 구분하여 각각의 특성을 알아보기로 한다.

2. 다수정부

다수정부(majority government)는 두 가지 유형, 즉 1당다수정부와 연합다수정부가 있다. 다수정부의 유형을 구분하면 아래 〈표 3〉과 같다.

〈표 3〉 다수정부의 유형

다수정부	1당다수정부	안정1당다수정부
	연합다수정부	최소안정연합다수정부
		과대연합다수정부
		잉여연합다수정부

1) 1당다수정부

총선거(의회의 임기종료에 의한 선거)나 혹은 조기 총선거(의회해산에 의한 선거)에서 한 정당이 과반수의 의석을 확보해 1당 단독으로 다수내각을 구성하는 것으로 다수정부의 기본 형태이다. 이 경우는 연합이 불필요하다. 1당다수정부는 따라서 1당으로서 안정정부를 이룬 형태이다.

2) 연합다수정부

1당다수정부 외에 또 다른 다수정부는 다당다수정부(multi-party majority government), 즉 연합정부이다. 20세기에 들어서면서 의회정부의 확산과 선거제도의 개혁은 다당체계와 의회제에서 정부형태를 연합정권으로 만들어 나갔다. 이제 세계의 의회제에서 다당체계와 연합정부는 예외가 아니라 규칙이 되어버렸다.[51] 따라서 정부구성은 의회 내의 여러 정당들의 선택의 과정이고, 이는 곧 어느 정당들이 의회의 다수를 구성할 것인가의 짝짓기 선택과정이다. 다당다수정부는 한 정당으로 다수를 확보하지 못하기 때문에 최소한 2개 이상의 정당이 연합해 안정정부를 구성하는 경우이다. 여기에는 3가지 유형이 나타난다.[52]

1. **최소안정정부**(minimal winning government) : 이 정부는 2개 이상의 정당이 연합해 정부를 구성하되 의회의 과반수를 확보하는데 최소한의 정당으로 구성된 정부이다. 따라서 연합에 참여한 어느 한 정당이 이탈하면 정부는 소수정부가 되거나 붕괴위기를 맞는다.
2. **과대정부**(oversized government) : 2개 이상의 정당이 연합해 다수정부를 구성하되 최소안정연합과는 달리 의회의 과반수를 넘기고도 의석이 남을 수 있도록 다수의 정당들이 참여한 정부이다. 다만 여기에 참여한 정당들은 어느 정당도 단일정당으로서 다수의석을 확보한 정당은 없다. 따라서 연합에 참여한 정당 가운데 군소정당이 이

51 *Ibid.*, 1.

52 Valentine Herman and John Pope, "Minority Governments in Western Democracies," *British Journal of Political Science 3(July 1973)*, 192-3.

탈하는 경우는 정부의 안정에 영향이 없지만 주요 정당이 이탈하면 정부가 붕괴의 위기를 맞을 수도 있다. 거국내각이나 대연정의 한 형태이다.

3. 잉여정부(surplus government)[53] : 둘 또는 그 이상의 정당으로 구성된 연합정부로 이 정당들 중 하나는 의회의 과반수를 통제하는 정부이다. 따라서 이 정부는 그 연합이 아직 안정적이지 않은 경우 다른 정당을 포함해야 하는 상황의 최소안정연합이나 또는 연합다수에서 주요 정당이 이탈하면 정부의 붕괴가 우려되는 과대다수정부가 아니라 어느 소수당이 이탈해도 의회를 통제하는 정부이다. 잉여정부는 사실 거국내각이나 대연정의 경우 이외에는 나타날 필요가 없는 정부이다. 레이파트(A. Lijphart)는 과다 또는 잉여내각이 합의적(consensus) 특성을 갖는다고 진단한다.[54]

3. 소수정부

소수정부(minority government)는 51% 미만의 의석으로 정부를 구성하는 것이다. 이 경우도 하나의 정당이 소수정부를 구성하는 1당소수정부(one-party minority government)와 둘 이상이 연합해 소수내각을 구성하는

53 V. Herman과 J. Pope는 연합에 필요한 최소의 정당을 초과하는 연합을 잉여정부(surplus government)로, 그리고 Arend Lijphart는 과다정부(oversized government)로 부른다. 그러나 다수당이 존재하는 경우와 존재하지 않는 경우의 거국내각이나 대연정을 구별하기 위해서는 이를 구별하여 사용하는 것이 유용할 것 같아 여기에서는 과대정부와 잉여정부를 구별하여 사용하였다.

54 Arend Lijphart, *Patterns of Democracy*(New Haven : Yale University Press, 1999), 103.

다당소수정부(multi-party minority government), 즉 연합소수정부가 존재한다. 이러한 소수정부는 의회의 지지를 전제로 하는 지지소수정부와 사안별로 선별적 지지 속에 존재하는 비지지소수정부가 존재할 수 있다. 소수정부의 유형은 〈표 4〉에 나타나며, 이들의 특성을 구별해 보기로 한다.[55]

〈표 4〉 소수정부의 유형

소수정부	1당소수정부	지지1당소수정부
		비지지1당소수정부
	연합소수정부	지지다당소수연합정부
		비지지소수연합정부

1) 1당소수정부

1당소수정부는 의회의 다수를 통제할 수 없는 소수당이 맡는 정부를 가리킨다. 1당소수정부는 다시 지지1당정부와 비지지1당정부로 구분된다.

1. 지지1당소수정부(supported one-party minority government) : 1당정부가 의회의 다수를 통제하지는 않지만 정부의 구성원이 아닌 다른 당(들)의 지지를 받는 유형이다. 스트롬(Strom)이 '변장 속의 다수정부

55 Valentine Herman and John Pope, *op. cit.*, 192-3.

(majority governments in disguise)'[56]로 부른 상태이다. 이 경우 정부를 지지하지만 그 정부에 소속정당의 임원이 각료로 참여하지 않고 있는 정당은 연합정부를 구성하는 정당으로 계산되지 않기 때문이다.

2. **비지지1당소수정부**(unsupported one-party minority government) : 이 정부는 의회 내의 어느 정당(들)로부터 고정적인 지지를 받는 것이 아니라 각 정당으로부터 정책별로 지지를 받기 때문에 의회와 긴장관계에 놓이게 된다.

2) 연합소수정부

연합소수정부는 2개 이상의 정당이 연합해 구성한 정부이지만 연합한 정당들의 의석이 관반수에 이르지 못하는 정부를 말하다. 이러한 정부에는 다른 정당들로부터 지지를 받는 정부와 지지를 받지 못하는 두 유형의 정부로 구분된다.

1. **지지다당연합소수정부**(supported multi-party minority government) : 의회의 다수를 통제하지 않는 둘 또는 그 이상의 정당으로 구성된 연합정부로서 의회를 통제하지는 못하지만 연합에 참여하지 않은 정당들로부터 지지를 받는 경우이다.
2. **비지지다당연합소수정부**(unsupported multi-party minority government) : 다수의 정당들이 연합한 정부이지만 의회의 과반수에 이르지 못할

56 Kaare Strom, "Democracy, Accountability and Coalition bargaining," *European Journal of Political Research 31*(1–2) (1997), 56.

뿐만 아니라 다른 정당(들)으로부터 고정적 지지를 받지 못하는 불안정한 정부이다.

Ⅳ. 연합정부의 구성

연합은 모든 정치집단들이 어떤 특정 목표를 위해 공동 보조를 취하는 형태를 말한다. 그러나 보다 구체적으로 말하면 연합은 일단의 원내정당들이 1) 하나의 공통목적이나 일단의 공통목표들을 추구하는 데 동의하고, 2) 이 목적의 추구에 그들의 자원을 함께 하며, 3) 그들의 목적에 관한 구속력 있는 약속을 소통하고 형성하며, 4) 그들의 목적을 달성해 받게 되는 이익의 배분에 합의하는 것이다.[57]

1. 연합의 유형

정당들은 선거과정에서 공동 정권을 목표로 자신들의 정당 지지율이나 의석수를 늘리기 위해, 또는 어느 한 정당의 후보가 당선되도록 연합을 하게 된다. 이러한 연합은 선거 전이나 선거과정에서 추진되고 성사된다. 그러나 의회제에서 정부를 구성하기 위한 연합, 즉 정부구성 연합은 선거결과가 드러난 후에 추진되고 이루어진다. 이것은 연합정부 구성에서 각 정당들이 합리적 선택을 전제로 하기 때문이다. 정부구성을 비롯한 정치연합은 3가지 유형으로 나눌 수 있다.[58]

57 Eric C. Browne and John Dreijmanis, "Introduction," in Eric C. Browne and John Dreijmanis (eds.), *Government Coalitions in Western Democracies* (New York : Longman, 1982), 2.

1) 의회연합

의회연합은 의회 내에서 의석을 가진 정당(원내정당)들 간의 연합으로 의회제의 소수정부에서 발생한다. 단일 정당이 다수를 확보하지 못한 상황에서 어떤 정당은 정부에 참여하지 않고 다른 정당으로 하여금 소수정부를 구성하게 한다. 소수정부는 의회의 다수, 즉 51%의 의석을 확보하지 못한 정부이기 때문에 자력으로 의회를 통제할 능력이 없고 다른 정당들의 협력, 즉 의회연합이 필요하다. 따라서 의회연합 구성에 참여한 하나 또는 그 이상의 정당들은 그 정부의 생존을 안전하게 하면서 소수정부가 의회연합 정당들 간의 합의에 의해 운영되도록 요구하는 상황에서 나타난다. 이런 합의는 장기도 될 수 있고 임기의 한정에 따라 제한된 단기도 될 수 있다.[59]

소수정부가 구성되는 곳에서 그들의 존립은 헌법규칙에 의해 보조될 수 있다. 덴마크의 경우 소수정부에게 가장 고무적인데, 그것은 신정부가 취임과정에서 의회의 인준투표를 확보해야 하는 요건이 없기 때문이다. 대신 정부는 대체할 다수가 존재할 때까지 존속한다.[60]

58 Veron Bogdanor, "Introduction," Veron Bogdanor(ed.), *Coalition Government in Western Europe*(London : Heinemann Educational Books, 1983), 3-12.

59 예를 들면 1977-1978년에 영국의 자유당과 노동당의 협정의 경우이다. 또한 정부는 다른 법률안에 대해서는 다른 정당들의 지지를 추구할 수도 있다. 이것은 특히 덴마크에서 사용되는 방법으로 '도약다수(jumping majorities)'에 의한 정부로 알려져 있다. 소수정부는 또한 정부가 붕괴되기를 바라지 않는 전략적 이유를 가진 야당에 의한 용인의 바탕에서 외부의 지지 없이도 생존할 수 있다. 이것은 영국에서 1924, 1929-31, 1974년의 3번의 노동당 소수정부의 일반적 상황에서 볼 수 있다.

60 1973년부터 75년까지 존속한 하틀링(Hartling) 정부는 의회의 175석 가운데 22

소수정부의 가능성은 의회해산에 관련되는 규칙에 영향을 받는다. 수상의 의회해산 규칙이 쉬울수록 정부의 생존도 쉽다. 왜냐하면 소수정부가 의회에서 패배하면 수상은 해산권을 무기로 반대자들을 위협할 수 있기 때문이다. 정부의 재량권에서 해산할 수 있는 경우, 정부는 정부붕괴를 막기 위한 다른 정당에 대한 억제로써 해산권을 사용할 수 있는 이점을 갖게 된다.

2) 선거연합

선거는 누가 지배할 것인가를 결정할 뿐만 아니라 수상이 의회의 다수당을 바탕으로 하는가 혹은 다소 불안정한 정당연합의 선택인가를 결정한다. 따라서 정부의 구성은 선거연합에서부터 사실상 시작된다. 선거연합의 존재와 본질은 선거체계에 좌우된다. 선거체계는 선거구의 획정과 후보자의 입후보 및 선거운동, 그리고 유권자의 투표와 당선자의 결정방법에 관한 것이다. 이 중에서 특히 핵심은 선거구 및 투표와 당선자 결정방식이다.

선거구는 한 선거구에서 한명을 선출하는 소선거구와 한 선거구에서 2명 이상을 선출하는 대선거구로 구분된다. 이 양자 사이에 중선거구제를 넣기도 한다. 소선거구제에서는 후보자들 가운에 가장 많이 득표한

석의 지지에 불과했다. 스웨덴의 경우 헌법상 의회의장이 지명한 수상은 의회의 절대다수의 반대가 없으면 물러나지 않는다. 1978년 자유당 당수 올아 울스턴(Ola Ullsten)은 국회의장에 의해 수상으로 지명되었는데, 자유당의 39표의 지지만 받고 보수당과 공산당의 72명이 반대했으나 나머지는 기권했기 때문에 반대가 349석의 절대다수에 이르지 않아 의회의 10% 이하의 지지로도 집권했다.

후보가 당선되는 1위제와 절대다수의 득표를 요건으로 하는 재투표제로 구성되며, 대선거구제는 비례대표와 연계된다.

영국에서 채택해 오고 있는 1위제에서는 상호 협력을 추구하는 정당들이 표의 분산을 피하기 위해 상호 후보의 사퇴에 대한 규정의 합의를 통해서 연합이 이루어질 수 있다. 3개 이상의 정당이 경쟁하는 경우, 공동 보조가 가능한 2개의 정당이 모두 패배하는 것을 극복하기 위한 것이다. 그러나 어느 정당이 강력한 지역조직을 가진 곳에서는 후보사퇴를 받아들이지 않으려고 하기 때문에 연합에 도달하기 어렵다.

다른 선거제도에서는 다른 방식의 선거연합이 나타난다. 2투표제, 즉 1표는 선거구 후보에게, 그리고 나머니 1표는 정당명부에 투표하는 독일의 경우 연합정부에게 연합을 보장하는 분명한 호소를 하도록 한다. 유권자들에 1표는 지역구 후보에게, 그리고 다른 한 표는 특정 정당의 명부에 투표하도록 유도해 연합대상 정부가 최소한의 원내의석(5%조항)을 확보하도록 한다. 해당 정당은 이를 통해서 정당명부의 의석을 배분받아 의석을 증가시킬 수 있다.

프랑스에서 사용하는 재투표제는 재투표에서 연합의 표를 확보할 수 있는 정당에 프리미엄을 제공한다. 선거 중의 정당연합(apparentement)을 허용하는 명부식비례대표제에서는 독자적으로는 의석확보가 어려우나 연합에 의해서는 의석확보가 가능한 군소정당에 프리미엄을 제공한다.

단기이양식투표제에서는 정부연합에 대해 유권자들이 찬성하거나 반대하는 광범위한 기회를 제공한다. 만일 유권자들이 자신들의 표를 연합 상대의 한 정당에서 다른 정당으로 이양하는 것을 찬성하지 않으면, 이 제도에서는 정당들에 의해 합의된 연합협정이 효력을 발생할 수 없다. 단기이양식투표제에서는 상호 후보의 사퇴가 불필요하다. 정당들은 각자 선거운동을 하고 유권자들은 그들의 첫 선택 정당에 의해 제안된 연합협정에 자유롭게 찬성하거나 반대한다. 따라서 정당들은 정부에서는 연합하고 선거구에서는 싸우는 것이 아니라 정부는 물론 선거구에서도 연합할 수 있다.

연합에서 정부의 변화는 총선거에서 패배하기 때문이라기보다는 연합 파트너 간의 분열로 야기되는 정치적 위기로 인해 자주 초래된다.[61] 사실상 선거 없는 연합 파트너의 교체는 민주적 규범—정부는 의회의 지지를 받아야 하고 정부는 유권자의 지지를 향유해야 한다는 민주주의 원칙—에 반하는 것으로 생각된다. 이러한 의회주의의 원칙 사이의 충돌은 독일에서 극명하게 보여진다. 독일의 기본법 67조는 수상에 대한 불신임은 의회(Bundestag)가 다수의석을 확보한 후임 수상을 선출해야 제안할 수 있다고 규정하고 있다.

독일의 이른바 이 '건설적 불신임'의 목적은 무책임한 야당과 빈번한 의회해산이 이어졌던 바이마르공화국의 경험을 피하기 위한 것이다. 그러나 이것도 여전히 유권자가 신임하는 수상의 퇴진을 가능하게 해 유권자의 지지를 상실한 정당들에 의해 아직도 유권자의 신임을 가지고 있는 정당을 축출하기 위한 시도로 나타날 수 있다.[62]

61 Veron Bogdanor, "Conclusion," Veron Bogdanor(ed.), *op. cit.*, 274.

62 1972년 4월 CDU/CSU는—2표 차이로 실패했지만—SPD 수상 빌리 브란트(Willy Brandt)를 퇴진시키고 CDU/CSU의 지도자 라이너 바르젤(Rainer Barzel)로 대체하기 위한 건설적 불신임을 추진했다. 이때 SPD와 연합하고 있던 발터 쉴(Walter Scheel)은 의회에 대해 "오늘날 우리는 유권자의 참여를 허용하지 않고 정치적 다수를 교체하려는 시도에 직면했다. 이것이 기술적으로 정당하든 정당하지 않든 우리 민주주의의 신경을 습격하는 행동이다"라고 말했다. Veron Bogdanor, "Conclusion," Veron Bogdanor(ed.), *op. cit.*, 275.

3) 정부연합

정부연합은 의회 내의 2개 이상의 정당들이 연합해 정부를 구성하는 것으로, 이렇게 구성된 정부를 연합정부로 부른다. 정부(government)는 수상과 각 부서의 각료를 중심으로 하는 내각으로 행정부(administration)를 의미한다. 정부연합이 의회연합과 다른 점은 의회연합은 정부에 참여하지 않는 정당들이 포함되지만 정부연합은 정부에 참여하는 정당들 간의 연합이라는 점이다.

정부연합의 구성에 관해서는 많은 이론들이 있는데, 기본적인 방향은 구성되는 연합은 최소한 '안정(winning)' 상태여야 한다는 것이다. 여기에서 '안정'은 연합구성원들이 의회의 전체 의석 가운데 최소한 과반수(overall majority)를 차지하는 상태이다.[63] 그렇다고 모든 연합정부가 반드시 의회의석의 과반수에 이르는 것은 아니다. 2개의 정당이 연합하여 안정정부를 구성할 수도 있지만 2개 이상 여러 개의 정당들이 연합해도 51%의 의석비율에 이르지 못할 수도 있는데, 이 경우는 소수정권이 된다. 이것은 연합하는 정당들이 군소정당들이기 때문이다. 이와 관련해서는 뒤에서 토론할 것이다. 연합정부는 3가지 유형으로 구분될 수 있다.

1. 첫째 유형은 가장 익숙한 영국의 거국일치정부(Government of National Unity)이다. 이는 전쟁이나 경제위기 등 국가적 위기를 해결하기

63 연합과 관련해 사용하는 'winning'은 연합구성 측이 의회의석의 과반수(51% 이상)를 획득했다는 의미로 사용하는데 우리의 적절한 개념으로 '안정'을 사용했다. '안정'의 기준은 다양할 수 있으나 의회에서 정부가 구성되고 일반 의안이 처리될 수 있는 최소한의 기준이라는 점을 인식하면 될 것이다.

위해 전부는 아니지만 주요 정당 대부분이 함께 연합하는 경우이다.[64] 이런 유형의 정부는 영국이나 다른 대륙에서도 정상적인 평화시에는 드문 형태이다. 전쟁 이후에 가장 유명한 예는 1966-1969년 독일의 '대연정(Grand Coalition)'이다. 거국일치정부나 대연합은 전 국민이 전쟁승리와 같은 어떤 근본적인 목적에 동의할 때 효과적으로 기능할 수 있다. 평화시에 만일 대연정이 경제 위기상황을 타개하기 위해 구성되는 경우, 극단주의자들이 정부에 대해 반항하도록 할 가능성이 있기 때문에 매우 제한된 기간에 수립되어 그 위기가 해소되면 곧 해체되어야 한다.

2. 둘째 유형은 정당의 융합에 대한 준비단계의 연합이다. 이것은 20세기 영국 정치에서 아주 친숙하다. 거국일치정부가 아니었던 3번의 연합 중에서 2번의 연합은 사실 이 범주에 해당한다. 즉 1895-1905년까지 영국을 지배한 자유연합주의자당과 보수당 간의 연합, 그리고 보수당의 파트너로서 군소 국민노동당과 자유국민당을 남겨놓고 자유주의자 연합이 연합으로부터 사임한 1932년 9월 이후 국민정부이다.
3. 셋째 유형은 서유럽에서 발견되는 권력을 분할하는 연합이다. 이 유형은 영국에는 잘 알려지지 않았지만 유럽대륙에서는 보편적인 유형이며, '권력분할연합'으로 불린다. 이런 유형의 연합은 어느 정당도 독자적으로 다수를 확보하지 못했을 때 둘 또는 그 이상의 정당들이 다수정부를 구성하기 위해 결합할 때 나타난다. 권력분할

64 20세기에 영국에서는 이 범주에 해당하는 연합이 4번 있었다. 1915. 5-1916. 12 애스퀴스(Asquith) 내각, 1916년에 구성된 로이드(Lloyd)의 전시연합 내각, 1931년 8월에 구성된 맥도날드(Ramsay MacDonald)의 국민정부, 그리고 1940. 5-1945. 5까지의 처칠 연합 내각 등이다.

연합은 국민적 과제를 집행하기 위해 정치적 스펙트럼에 있는 모든 정당들을 포함하지 않기 때문에 거국일치정부와는 다르다. 반면에 이들은 연합상대들 간에 합의된 정책의 추진을 시도하며, 연합에 속하지 않은 야당은 이에 반대한다.

권력분할연합은 연합의 한 당사자를 복속시키려는 의도가 없다는 점에서 제2유형의 정당융합의 준비단계연합과는 다르다. 연합에 합의한 정당들은 선거협약에는 참여하지 않으며, 선거에서는 연합 파트너와 경쟁을 계속한다. 이 상호 협력의 구성은 1당이 독자적으로 다수를 얻기 어려운 비례대표선거제도가 촉진한다. 그리고 헌법적 전통은 1당소수정부의 구성에 앞서 다수연합의 추구를 요구하도록 한다. 유럽대륙의 보편적인 헌법적 규칙은 일반적으로 권력분할연합의 협상을 요구하며, 그러한 협의가 불가능할 때만 1당정부가 지명된다. 한편 영국에서는 선거제도가 1당다수 규범으로 만들어졌고, 1당이 다수를 얻지 못하는 경우는 매우 드문 경우이다.

2. 연합정부의 구성이론

의회제에서 정부의 구성은 경제 및 사회생활의 중요한 비중을 차지할 뿐만 아니라 대의정치의 심장을 마련하는 것이다. 만일 대의정치가 개인의 선호와 정치가의 야망, 선거와 정당경쟁, 입법부의 정치 및 정책수립과 정부와의 사이를 연계시키는 것이라면 정부구성은 의회제에서 이러한 모든 일에 공통으로 관계를 갖는다.[65] 구체적으로 의회제에서 정부구성(government formation)은 최소한 3가지, 즉 1) 정부의 고위 행정직에 개인의 충원, 2) 정부정책 계획의 수립, 3) 다소 응집력 있는 의원집단으로 의회영역의 구축(정부 대 야당) 등의 기능을 갖는다.[66]

그러나 연합정부의 구성은 각 정당들의 복잡한 이해관계로 인해 어렵고 복잡한 과제이기 때문에 정부의 구성과정에서 이러한 기능이 작동하기 어렵다. 연합정부의 구성은 다른 정당과 함께 정부를 구성해 국정을 담당하는 데 따른 이해득실의 면밀한 검토와 정당들 간의 지루한 힘겨루기의 결과이다. 약간의 진통을 겪으면서라도 연합정부의 구성이 조속히 이루어지면 다행이지만, 시간을 오래 끌거나 가건물식의 연합구성으로 인해 정부구성이 지연되면 정치적 불안으로 확산될 수 있다. 이것이 의회제가 가지고 있는 최대의 위험성이다.[67] 이런 점에서 연합정부의 구성은 의회제의 가장 핵심적 정치과제이다.

연합정부의 구성은 각 정당의 엘리트들 간의 협상에 의해 이루어진다. 어느 정당은 연합정부 구성의 참여자가 되고 어느 정당은 참여대상에서 제외된다. 그러나 참여대상의 모든 정당이 실제 참여하는 것은 아니다. 그렇다면 정당의 참여와 거부배경은 무엇인가? 각 정당의 엘리트들은 왜 연합정부 구성에 참여하거나 또는 거부하는가? 이러한 동기에 대한 설명은 보통 합리적 선택론과 게임이론들이 주로 동원되며, 연합에서 제도의 역할을 중시하는 이른바 '속박(constraint)' 접근방식 등도 포함된다.

뮬러(W. C. Muller)와 스트롬(K. Strom)은 연합의 형성이 전략적 · 게임적 · 제도적 · 기대적 요인을 갖는다고 본다.[68] 클라우스 본 베이메는 합

65 Michael Laver and Kenneth A. Shepsle, *op. cit.*, 4.

66 Kaare Strom, *Minority Government and Majority Rule*(Cambridge : Cambridge University Press, 1990), 24.

67 Michael Laver and Kenneth A. Shepsle, *op. cit.*, 4.

68 Wolfgang C. Muller and Kaare Strom, "Coalition Governance in Western Europe : An Introduction," in Wolfgang C. Muller and Kaare Strom (eds.), *op. cit.*, 4–5.

리적 선택의 관점에서 연합이론을 수의 이론과 정책정향이론으로 구분해 기술한다.[69] 그의 수의 이론은 라이커(W. C. Riker)의 제로 섬 게임으로부터 출발한다. 즉 모든 참여자들은 그들의 이익을 극대화하려고 노력하고, 그들이 게임의 규칙과 전략에 대한 완전한 정보를 갖는 한 합리적이라는 것이다.[70]

합리적 선택이론은 1945년 이후 체계적으로 발전해 온 게임이론에 기초를 두고 있다.[71] 가장 일반적인 개념에서 합리적 행태는 이성적이고 목적적인 행동들로 구성된다. 이것은 임의적이고 깊이 생각하지 않는 혹은 순수한 구조적 행동들과 대비된다. 그러나 합리성을 예로 인용하기 위해서는 많은 부차적 가정들을 만들 수 있어야 한다.[72]

69 Klaus von Beyme, *op. cit.*, 163.

70 William Riker, *op. cit.*, 32ff.

71 게임이론은 라이커가 『정치연합이론』, William H. Riker, *The Theory of Political coalitions*(New Haven : Yale University Press,1962)을 출간한 이래 의회정부 구성에 관한 연구의 주류를 이루었다. 정부 구성에 참여하는 각 정당들의 행동을 설명하는 이론은 많다. 그러나 그러한 이론에 대한 비교 고찰은 여기에서의 목적이 아니다. 이러한 이론에 대한 간략한 고찰에 관해서는 Kaare Strom, *op. cit.*을 참고할 것.

72 예를 들면 아래와 같은 내용들이다. Kaare Strom, *op. cit.*(1990), 30.

1) 합리성은 일단의 참여자들(players)이 각기 자기들의 이익을 위해 행동한다는 것을 전제로 한다. 이 참여자들은 그들이 선호하는 계획이 개개인에 의해 지시되는 개인들이나 집단들이다. 정당지도자들의 경우 각각의 그들의 정당 내에서 단기간에는 독재자처럼 행동한다.
2) 참여자들은 선택적 행동과 전략들에 직면하게 되는데, 이런 상황들은 일단의 결과에 인과적으로 연계된다. 만일 참여자들이 선택권을 갖지 못하거나 그 선택이 그들에게 전혀 중요성이 없다면 합리적 분석은 의미가 없다. 정부구성에서 가장 현저한 행동은 정부구성, 각료직 배분, 정책수립과 관련된다. 전략은 참여자들에게 어떤 상황에서 무슨 행동을 취할 것인가를 말해준다.
3) 참여자들은 그들의 전략과 관련되는 여러 결과들에 대한 선호순서를 가져야 한다. 이 선호순서는 이행성(transitivity)과 완전성의 기준을 만족시켜야 한다.

정당과 정부구성의 경우에서 합리성에 관한 가정은 겉보기에는 그럴듯하지만 인간행태의 인습화된 표상(representation)을 함의한다. 조직의 대표로서 정당의 지도자들은 매우 공적으로, 그리고 심사숙고해 정부참여에 관한 결정을 한다. 만일 이 결정들이 일관되지 않거나 인식된 정당이익을 증진하지 못하면 정당지도자들의 임기는 불확실하고, 그들의 능력은 쉽게 측정되고 합리적으로 행동하도록 억제된다. 그리고 정당지도자들은 공직담당 여부에 관해 많은 관심을 기울인다. 많은 사람들에게 정부의 각료직은 그들의 생의 최고의 야망을 나타내는 것이다.

다운스(A. Downs)는 일찍이 "정당은 정책을 수행하기 위해 선거에서 이기는 것이 아니라 선거에서 이기기 위해 정책을 제시한다"[73]고 갈파한 바 있다. 정당은 현재의 활동을 통해서 다음의 선거를 준비해야 하는 집

즉 모든 가능한 행동은 비교되어야 한다. 만일 A가 B보다 선호되고 B가 C보다 선호된다면 그때 A는 반드시 C보다 선호된다. 정구부성의 맥락에서 이것은 정당지도자들이 모든 가능한 정부해법에 관해 그러한 선호순서를 가져야 한다는 것을 의미한다.

4) 합리성은 덜 선호하는 결과에 대해 더 선호하는 결과와 관련되는 전략의 지속적인 선택을 함의한다. 이런 맥락에서 만일 다수당이 모든 가능한 대안에 대해 독자적인 지배를 선호한다면 선호순서가 변경되지 않는 한, 실제로 연합을 항상 피해야 한다.

이상의 가정들은 어떤 면에서는 엄격한 조건들이지만 공통적으로 그렇게 엄격한 것으로 믿어지지는 않는다. 예를 들면 합리성이 협의의 자기이익을 함의할 필요는 없다. 정부구성에서 합리성이 반드시 정당지도자가 오직 자신만을 위한다든가 그들 자신의 정당이익에 관심을 갖는다는 것을 의미하는 것은 아니다. 합리성은 공통적으로 믿어지는 것보다 훨씬 적은 제한적 가정이고 많은 적용에서 현저히 상식적인 것의 하나이다. 모어의 주장처럼 합리성의 가정은 전형적으로 이론가들에게 만들도록 요구되는 최소한의 비현실적 이론 중의 하나이다. Terry M. Moe, *The Organization of Interests*(Chicago : The University of Chicago Press, 1980), 14.

73 Anthony Downs, *An Economic Theory of Democracy*(New York : Harper and Row, 1957), 28.

〈표 5〉 6개 연합이론에 의해 예측된 정부연합(가정적 의석수 100석)

정당	(Left)	A	B	C	D	E	(Right)
의석수		8	21	26	12	33	
이론							
최소안정연합		ABC	ADE	BCD	BE	CE	
최소규모연합			ADE				
거래흥정연합					BE	CE	
최소범위연합		ABC		BCD		CE	
최소연계안정연합		ABC		BCD		CDE	
정책실현연합		ABC		BCD		CE	

Arend Lijphart, *Patterns of Democracy*(New Haven : Yale University Press, 1999), 93.

단이다. 따라서 정당은 유권자뿐만 아니라 당원과 활동가도 필요하다. 그렇다고 이들이 현재나 혹은 기대된 공직의 보상을 받는 것도 아니다. 오히려 많은 유권자들은 정책에 관심을 가지고 있고, 정당은 이들에게 반응해야 하며, 정당지도자들은 일반 당원들로부터의 지지도 필요하기 때문에 정부구성에서 정당의 행동은 권력동기뿐만 아니라 정책에 의한 영향에 의해서도 동기가 부여될 수밖에 없는 것이다. 정치인은 왜 선거에서 승리하려고 하는가? 이에 대한 대답은 매우 복잡하지만 공직추구(office-seeking)와 공공 정책의 집행은 결코 배제될 수 없는 핵심적 배경이다.[74]

여기에서는 연합이론을 바탕으로 한 레이파트의 예측 가능한 6가지

74 이에 관한 내용은 Michael Laver and kenneth A. Shepsle, *Making and Breaking Governments : Cabinets and Legislatures in Parliamentary Democracies*(New York : Cambridge University Press, 1996)을 참고할 것.

의 다수연합 유형을 중심으로 토론해 보기로 한다.[75]

1. **최소안정연합**(minimal winning coalition) : 라이커(Riker)의 '규모원칙'[76]에 바탕을 두고 있는데, 여기에서 가정은 정당이 자신들의 권력을 극대화하는 데 관심이 있고, 의회제에서 권력은 내각에 참여하는 것이며, 권력의 극대화는 각료직을 최대한 차지하는 것이다. 최소안정연합은 이러한 가정에 따라 입법부에서 정당들이 최소의 정당 참여를 통해 과반수의 의석을 확보하는 연합이다. 앞의 〈표 5〉에서 5가지 경우의 연합이 가능하다. 여기에서 최소안정연합은 A당과 B당, C당의 연합으로서 55석으로 가능하다. 이 경우 각료를 의석비율로 적절하게 배분할 수 있다. 그러나 C당과 E당의 연합 경우, C당도 51석을 만드는 데 50% 이상 기여했기 때문에 각료직의 과반수를 요구할 것이다.

   베이메는 최소안정연합(minimum winning coalition)은 참여자들이 오직 최소의 공동 참여자들과 이익을 공유하고자 하기 때문에 예측이 가능하다고 전제하고 참여자들은 권력지향적이고, 정책무의식적이며, 미국적 관점에서 이념은 주요 역할을 수행하지 못한다고 지적한다. 그러나 정책정향이론으로 볼 때 연합의 참여자들은 권력의 획득보다는 정책의 집행에 더 관심이 많으며, 이 모델에서 최소안정연합은 정책을 기준으로 동질적 위치를 갖는 정당들의 연합이다.[77]

75 Arend Lijphart, *Patterns of Democracy*(New Haven : Yale University Press, 1999), 91-95.

76 William H. Riker, *op. cit.*, 32-46.

77 Klaus von Beyme, *op. cit.*, 163 ; R. Axelrod, *Conflict of Interests. A Theory of Divergent Goals with Applications to Politics*(Chicago : Markham, 1970), 165ff.

2. **최소규모연합**(Minimum size coalition) : 이 이론은 최소안정정부이론과 같은 가정에서 출발하지만 이론적 기반이 논리적 결과에 이어진다. 여기에서 규모는 정당의 의석수를 의미한다. 만일 정당들이 그들의 각료 몫을 극대화하기 위해 불필요한 상대를 배제하려 한다면 의석수에서 최소한의 가능한 다수연합을 선호할 것이라는 이론이다. 예를 들면 E당은 C당과의 연합으로 59석이 되기보다는 A당 및 D당과 함께 ADE의 연합으로 53석을 만드는 것이 자기의 몫을 극대화할 수 있는 방법이다. 남부유럽의 신생민주국가는 정상연합을 산출함으로써 1990년대에 공고화되었다. 아일랜드와 독일은 보통 정상연합으로 보이는데, 이 경우 두 주요 정당이 연합 가능한 상대로 하나의 군소정당을 선택한다. 최소규모연합은 다른 것보다 더 안정적으로 생각된다.[78]
3. **흥정거래연합**(Bargaining proposition coalition) : '흥정거래'라는 용어는 레이서손(Leiserson)의 이론에서 비롯된 것이다.[79] 이것은 연합에 대한 협상과 흥정은 가능한 참여정당이 적을수록 쉽다는 주장이다. 따라서 이 이론은 B당과 E당 혹은 C당과 E당의 연합을 예측한다. 이런 점에서 레이파트는 이를 '최소정당수의 연합'으로 부른다.
4. **최소범위연합**(Minimal range coalition) : 앞의 이론들은 정당수와 의석

78 최소규모 연합은 클라우스 본 베이메의 표현으로 '정상연합'에 해당한다. 그는 정상연합에 대한 계산에 따르면 내각의 2/3 이상이(68%) 최소안정 연합으로 불릴 수 있다며, 자신의 계산으로 보면 10년간 120개 의회제 기간 중에 연합의 거의 50%는 과도 또는 과소연합이었기 때문에 정상연합이 아니었다는 것이다. Klaus von Beyme, *op. cit.*, 167.

79 Michael Leiserson, "Coalition Government in Japan," in Sven Groennings, E. W. Kelley, and Michael Leiserson (eds.), *The Study of Coalition Behavior : Theoretical Perspectives and Cases from Four Continents*(New York : Holt, Rinehart, and Winston, 1970), 90.

규모에 바탕을 두었지만 최소범위이론은 정당의 정강정책에 대한 선호에 기초한다. 즉 상이한 정책보다는 유사한 정책을 선호하는 정당 간의 연합과 연합의 지속이 용이하다는 가정이다. 물론 여기에서는 정책뿐만 아니라 연합을 통한 과반수의 의석확보라는 과제를 안는다. 이러한 점에서 위의 〈표 5〉에서 보면 가능한 연합의 형태는 가장 진보적인 A당과 가장 보수적인 E당을 토대로 하면 ADE의 연합보다는 ABC의 연합 가능성이 더 클 것이다. 마찬가지로 이념적 공간으로 볼 때 BCD, CE당의 연합도 가정할 수 있다.

5. **최소연계안정연합**(Minimal connected winning coalition) : 정당들은 정책적으로 가장 이웃한 정당들과 연합하려고 할 것이며, 그 다음으로 인접한 정당들은 다수연합이 구성될 때까지 추가로 연합할 것이라는 주장이다. 이 이론은 악셀로드(R. Axelrod)가 제안했는데, 그는 연합의 구성에 대해 연계, 즉 정책범위에서 인접한 정당의 구성과 불필요한 동반정당의 부재(devoid)를 가정한다.[80] 이 경우 반드시 최소안정내각일 필요는 없다. CDE연합의 경우 사실은 D는 불필요하지만 연계연합이라는 점에서 필요하다.
6. **정책실현연합**(Policy–viable coalition) : 이 연합이론은 정당의 정책선호와 정책실현 가능한 연합이 핵심이다. 정당이 공직의 차지보다는 정책의 실현에 관심을 갖고, 실질적 권력은 의회에 속해 있으며 내각보다는 의회에서 새로운 정책이 수행된다고 가정하면, 의회 내 정당의 이념적 공간에서 중앙에 위치한 정당이 중추핵심정당이고 위의 〈표 5〉에서는 C당이다. 이 중추정당은 정책을 지시할 수 있다. 왜냐하면 이 중추정당 좌우의 어느 정당도 중추정당이 바라는 정책

80 Robert Axelrod, *op. cit.*, 165–87.

을 실현하는 데 필요한 다수를 갖지 못했기 때문이다. 따라서 이것은 내각에 참여하는 정당의 수나 성격과는 관계가 없다는 것을 의미한다.

도드(L. C Dodd)는 연합정부 구성을 위한 교섭의 본질을 결정하는 요인들을 의회의 정당체계로 보고 의회 내의 정당체계 특성에 따른 연합 형태를 상정한다.[81] 즉 정당체계가 분극화, 파편화 그리고 불안정한 의회는 과소내각이 구성될 가능성이 크고, 이 내각을 최소안정내각으로 해소하기 위한 시도로 인해 과소내각은 일시적인 내각이 될 것이다.[82] 반면에 분극화, 탈파편화 상황에서 안정적 정당체계를 가진 의회는 최소안정내각을 추진할 것이고, 고도의 파편화 조건에서는 정당들이 다수연합을 고려하지 않음으로써 소수내각을 경험할 것이다. 극단적으로 균열적인 갈등에 이르지 않은 분극화된 조건에서는 최소안정내각이 가능할 것이고 임기도 안정적일 것이다.

그러나 탈분극화, 파편화, 불안정한 정당체계를 가진 의회에서는 여러 정당이 연합에 참여하다 보면 과대내각이 구성될 가능성이 크고, 이 과대내각은 또한 최소안정내각으로 전환하기 위한 시도로 인해 일시적 내각이 될 것이다. 또한 탈분극화, 탈파편화, 안정적 정당체계를 가진 의회는 최소안정내각이 구성될 것이고, 이 내각은 상당한 임기 안정성을 가질 것이다. 또한 룩셈부르그와 오스트리아의 경우처럼 양대 정당의 대

81 Lawrence C. Dodd, *Coalitions in Parliamentary Government*(New Jersey : Princeton University Press, 1976), 66–70.

82 파편화는 의회 내 정당의 상대적 세력과 수를 의미하며, 고도로 파벌화된 정당체계는 의회 내에 많은 정당들이 의석을 가지고 있으며, 이 정당들의 세력이 상대적으로 대등한 경우를 말한다.

연합은 과대내각이 불가피하다.[83]

이상의 이론들의 가치는 정부구성에 대한 강한 예측력을 가질 때 나타난다. 그러나 이러한 예측력은 개별적이라기보다는 범주적일 수밖에 없다. 이러한 이론은 현실정치에서 연합에 필요한 하나의 가이드로서의 역할도 할 수 있으며, 이러한 방식이 관행으로 굳어지면 상대적으로 법칙으로 발전할 수도 있을 것이다.

그러나 연합이론의 일반적인 예측력은 간신히 만족시키는 많은 조건들이 시간이 지나면서 상당한 변화를 가져와 쇠퇴했다.[84] 그 쇠퇴의 배경은 다양하다. 우선 정당의 균열이 반드시 이념에 의해 이루어지지 않음으로써 정당에서 이념의 영향력이 감소하고 있다는 가정을 갖게 만들었다. 어떤 나라의 헌법개정은 연합구성자의 행태에 영향을 미쳤다(예를 들면 스웨덴과 이스라엘). 또한 정부의 해산에 관한 이유는 거의 모든 경쟁가설에 의해 배제되었다. 이 이유들은 정당지도자들의 합리성 기준을 변화시키는 데 영향을 미쳤다. 연합구성에 참여를 고려하지 않던 새로운 극단주의 집단(예를 들면 벨기에의 급진적 인종집단이나 이태리의 신파시스트 등)이 태도를 변화시켰다.[85] 이제 정당들의 의미와 역할이 상당히 달라짐으로써 정당들이 판단하는 합리성도 달리지게 되었고, 가뜩이나 예외성을 많이 갖고 기준 자체에 논란이 많은 합리적 선택이론의 적실성도 새로운 전기를 맞게 된 것이다.

클라우스 본 베이메는 연합이론은 사례가 적기 때문에 문제가 있다고 전제하고, 특히 과대연합(하나 또는 그 이상의 불필요한 정당을 포함하는 연합)과 과소연합 및 1당소수정부의 경우 연합에 참여하는 정당의 수에 따

83 Klaus von Beyme, *op. cit.*, 70.
84 *Ibid.*, 169.
85 *Loc. cit.*

라 연합의 행태가 변하기 때문에 문제를 야기한다고 지적한다.[86] 즉 정당의 수는 연합자격을 가진 정당들의 의석수보다 덜 중요하며,[87] 특히 연합주의(consociationalism) 전통은 연합을 수용할 것으로 고려되는 정당의 수 및 크기보다 더 중요하다는 것이다. 또한 패권정당의 퇴조(이스라엘, 이태리, 일본, 인도 등)도 연합행태를 변화시켜 왔으나 순수한 수적 이론은 과거의 패권적 정당에 대한 비합리적인 한풀이의 동기를 거의 계산할 수 없다고 주장한다.[88] 이러한 사실은 대표적인 의회제 국가의 1945-1994년까지 반세기의 평균 정부의 수와 정부를 구성하고 있는 정당의 수, 그리고 이 정당들의 의회지지율을 나타낸 〈표 6〉에서 알 수 있다.

한편 정부연합에서 제도적 '속박'에 대한 고려의 중요성을 강조하는 주장은 연합이론이 연합정부 구성에 대한 설명에서 제도를 배제함으로써 비현실적 측면을 갖는다고 주장한다.[89] 여기에서 속박은 정부연합을 위한 교섭에 대한 어떤 제한으로서 정부연합의 교섭에 영향을 미치는 여러 제도적 변인들을 나타낸다. 즉 정부연합의 규모나 구성에 대한 어떤

86 *Loc. cit.*

87 *Loc. cit.*, 대부분의 나라에서 정부에 참여하는 평균 정당 수는 약 2개지만 벨기에(1970-1994, 4.3개), 네덜란드(1970년대 4.3개), 이태리(1980-1994, 4개)는 현저히 다르다. 다만 이태리는 약 4개 정당의 연합정부로서도 평균 의회지지율이 54.8%로 그리 큰 과대정부는 아니었다. 반면에 벨기에와 네덜란드는 많은 정당들의 연합이 과대내각을 가져왔고, 양당 연합의 룩셈부르그는 60-70%의 최고지지율을 가졌다.

88 1994년 이후 이태리의 기독교민주당과 스웨덴의 사회민주당 쇠퇴의 경우가 이에 해당한다. 과대연합은 스페인의 경우를 제외하고는 위기와 신생민주국가에서 공고화시기에 현저했다. 그리스와 포르투갈에서 과대내각이 빈번했다. 변화를 주도한 패권집단은 스페인의 UCD와 동유럽의 포럼유형의 정당들처럼 몇 년이 지나면 약화되었다. *Ibid.*, 170.

89 Kaare Strom and Ian Budge & Michael J. Laver, "Constraints on Cabinet Formation in Parliamentary Democracies," *American Journal of Political Science 38*, No. 2 (May 1994), 303-35.

〈표 6〉 정부의 의회 기반, 1945-1994

국가	오스트레일리아	오스트리아	벨기에	영국	캐나다	덴마크
정부수 정당수 의회지지율	27 1.8 58.5	19 1.8 75.8	32 3.1 61.6	19 1.0	20 1.0 55.1	30 2.2 58.3
국가	룩셈부르크	그리스	아일랜드	이태리	일본	독일
정부수 정당수 의회지지율	13 2.0 68.2	41 1.1 62.7	21 1.6 51.2	48 2.8 52.5	38 1.3 51.9	18 2.2 58.3
국가	뉴질랜드	네덜란드	노르웨이	포르투갈	스페인	스웨덴
정부수 정당수 의회지지율	22 1.0 57.4	20 3.3 61.0	24 1.7 46.9	15 1.6 60.0	7 1.0 49.9	24 1.5 47.3

Klaus von Beyme, *op. cit.*, 171 표 6.2. 이 표에서 준대통령제로 분류한 프랑스와 핀란드 그리고 대통령제인 미국은 제외함.

규칙이나 정부인준에 관한 규정, 그리고 국가수반의 위상 등은 중요한 제도적 환경이다. 또한 정부각료들의 정책결정 과정이 집합적이냐 개인적이냐의 여부와 내각사임에 관한 규정, 의회에서 법률안 처리에 대한 가결요건, 그리고 선거제도 등은 연합교섭을 촉진하거나 억제하는 제도적 요인들이다. 이밖에도 사회제도나 조직, 즉 기업, 종교, 노조, 대학, 그리고 대외 환경도 연합교섭에 영향을 미치는 요인들이다.[90]

90 예를 들면 독일은 헌법상 소수정부를 배제하고 건설적 불신임제도를 두고 있기 때문에 소수정부가 배제되고 교섭권이 달라진다. 벨기에의 헌법은 연합에서 두 가지 이상의 언어집단이 포함되어야 하기 때문에 특정 정당이 교섭권을 확보하며 둘 또는 그 이상이 구체적으로 존재해야 한다. 벨기에, 이스라엘, 이태리는 인준요건으로 다수연합이 선호된다. 이태리와 핀란드는 국가수반이 정부구성 과정에서 적극적 역할을 행사하기 때문에 대통령이 선호하는 정당이 교섭권을 행사할 수 있다. 스웨덴과 영국은 내각의 집합적 책임으로 인해 정책중심의 연

3. 연합정부의 구성원칙

정부구성 과정은 무질서한 것이 아니다. 내각은 고도로 구조화된 제도적 장치에서 구성되고, 그 과정의 뚜렷한 국면을 구별할 수 있다. 의회민주국가의 정부구성에 관한 규정은 헌법에 규정되거나 또는 비공식적인 경우 등 다양하다. 그러한 규정들의 가장 중요한 것 중의 하나는 수상과 내각에 대한 인준(investiture)요건이다.[91]

이태리는 수상으로 지명된 자와 전체 내각이 국가수반으로부터 지명받은 후 의회의 인준을 받아야 한다. 아일랜드는 수상 혼자만 의회에서 선출된다. 노르웨이의 경우 차기 정부 수반은 의회투표의 대상이 될 필요가 없다. 의회제의 오랜 전통을 가진 나라들은 헌법의 역사가 짧은 나라들에 비해 헌법문제에 관해 덜 명확하고 필요조건이 낮은 경향이 있다.[92] 그러면 여기에서 정부구성 지침으로서의 원칙과 과정을 토론해 보기로 한다.

정부구성 과정에서 국가수반은 최근 마지막 정부의 해산에 대한 이유를 평가하고 앞으로의 지배연합의 조망에 대한 고려를 해야 한다. 의회의 투표나 선거패배 혹은 정부 내의 갈등으로 인해 정부가 붕괴할 때 정부구성의 지침으로서 적용될 수 있는 5가지 원칙이 있다.[93]

합을 선호하며 이태리나 덴마크는 그 반대의 경우이다.

91 Kaare Strom, *op. cit.*(1990), 25.

92 *Loc. cit.*

93 Klaus von Beyme, *op. cit.*, 128–131.

1. **정부붕괴책임의 원칙** : 정부의 붕괴원인이 의회의 투표에 기인된다면 최근 마지막 정부를 종식시키는 책임을 가진 집단이 정부의 책임을 떠맡는 것이 정상이라는 원칙이다. 고전적 의회제에서 정부붕괴책임의 원칙은 정부구성의 가장 중요한 지침이었다. 19세기 영국에서 정부를 축출한 집단이 정부의 책임을 맡지 않는다면 규칙에 반하는 것으로 생각되었다. 그러나 두 번의 의회개혁(1832, 1867) 과정에서 정당교체와 정부붕괴책임원칙이 항상 분명히 나타나는 것은 아니었기 때문에 항상 적용되지는 않았다.

   20세기에 정부붕괴책임원칙은 (1924년 Baldwin이 축출되었을 때) 도저히 마음에 맞지 않는 노동당과 자유당의 연합으로 인해 정부가 종식되어야 할 상황에서 다시 토론되었는데, 자유당은 결국 노동당에게 소수정부를 구성하도록 강요했다. 한편 유럽대륙의 다당체계에서 유동적인 다수는 정부붕괴의 책임이 있는 정당을 따로 분리하기가 어렵다. 협의민주주의 체계에서도 정부붕괴책임원칙이 적용되기 어렵다. 의회의 정부 신임투표가 쇠퇴함에 따라 민주적 다수원칙이 중요시되고 정부는 대중의 투표에 의해 붕괴되기 때문에 정부붕괴책임원칙은 중요성을 상실했다.
2. **절대다수의 원칙** : 이 원칙은 선거 후에 민주정치에서 당연한 것이다. 양당체계의 선거에서는 정부구성이 선거의 가장 중요한 쟁점으로 부각되는데, 영국이 대표적 경우이다. 물론 다당체계로 분극화된 정당으로 구성되어 있는 정권이나 심지어 비례대표제의 상황(오스트리아, 독일)에서도 다수의 원칙이 적용되는 경우가 있다. 그러나 다당체계를 가진 다른 나라에서는 군소정당들이 지배정당에 반대하는 연합전선을 형성하는 경향이다. 이런 상황에서는 약간 변형된

다수원칙이 뿌리를 내린다. 그러나 영국과 뉴질랜드처럼 정상적 지침으로서의 다수원칙은 유럽대륙에서 거의 불가능하다. 왜냐하면 1918–1970까지 90번의 선거에서 단지 9번만 한 정당이 절대다수의 승리를 했을 뿐이기 때문이다.[94]

3. **상대적 다수원칙** : 절대다수원칙을 약간 완화한 변형으로 나온 것이다. 다당체계에서 선거결과 분명한 다수가 없기 때문에 이 원칙을 적용하게 되는데, 제1 · 2차 세계대전 기간 많은 국가에서 사회주의 정당들이 선호했다. 이 원칙은 절대다수원칙의 요건을 완전히 피하기는 어려운 상황과 1966까지 오스트리아의 경우처럼 때로는 가장 강력한 정당이 다수를 확보했으나 절대다수가 아니라는 딜레마(dilemma)로부터 대연정의 필요성이 추론되는 상황에서 제기된다.
4. **국민투표원칙** : 상대적 다수의 경우에 적용될 수 있는데, 선거에서 최다득표를 한 정당에게 정부구성의 과제가 부여된다. 국민투표원칙은 다수원칙의 두 변형 모두가 적용되기 어려운 위기상황에서 중요하다. 그러나 이 원칙은 한계를 갖는다. 초기의 여러 의회제에서 국가수반은—국민투표가 급진정당과 사회주의 정당에 유리하게 전개되어 나갔을 때—새로운 정파의 참여를 막기 위해 중력의 원칙과 같은 다른 지표를 옹호했다.
5. **중력(gravitation)의 원칙** : 분극화된 다당체계에서 가장 빈번하게 일어나는 현상으로, 정부붕괴책임원칙과 절대다수원칙의 여러 대안들을 적용할 수 없을 때의 대안이다. 이 경우 정부구성은 정당 스펙트럼의 중심에 있기 때문에 연합 파트너들을 발견할 가장 많은 기회를 갖는 정파들에게 위임된다. 중력의 원칙은 빈번히 소수정부를

94 *Ibid.*, 130.

가진 다당체계에서 많은 대통령들은 분극화된 정당체계를 중도로 유도하려는 최후의 수단으로 사용했다.

이상의 원칙들은 총선거결과 의회에 절대다수의 정당이 존재하면 정부구성은 그 정당의 당수에 의해 독자적으로 진행되지만 그렇지 못한 경우에 정부구성을 접근하는 정치적 관행이다. 의회에 절대다수의 정당이 없고 이러한 관행적인 원칙이 없는 경우, 정당들은 각기 정부구성의 주도권 쟁탈전에 돌입하거나 또는 서로 멀리할 수 있다. 따라서 이러한 원칙은 총선거 이후에 각 정당들에게 각자의 역할의 범위를 보여줌으로써 정부구성 작업이 구심적으로 이루어질 수 있게 해준다. 그러나 이러한 원칙이 그대로 지켜지는 것은 물론 아니다. 또한 이러한 원칙과 다르더라도 연합정부 구성은 각 정당들의 치밀한 이해의 조정결과이다.

4. 연합정부의 구성과정

새로운 정부의 구성과정은 연속적 정치과정에서 새로운 내각이 탄생하는 과정이다. 이 새로운 정부의 구성은 총선거를 거쳐 의회에 진입한 정당들 혹은 기존의 원내정당들이 새로운 내각을 구성하고자 하는 활동에서부터 막이 오른다.

의회 내의 정당들은 각 정당들의 의석분포를 바탕으로 어떤 유형의 정부를 구성할 것인가를 생각할 것이다. 예를 들면 각 정당들은 각자가 처한 세력을 바탕으로 상대적 다수당을 중심으로 단독소수내각을 구성할 것인가 혹은 연합소수내각인가 아니면 연합다수내각인가, 그리고 다수내각의 경우 과대내각인가의 여부를 고려할 것이다. 단독소수내각의 경우 의회에서 비참여 지지정당을 규합해야 한다. 연합내각의 경우 다수에 이르지 못하면 최초로 참여하는 정당 외에 추가로 어느 정당을 포함하느냐의 결정에 직면한다. 새로운 최초 연합의 구성원들은 다른 정당들이 참여하도록 요청하게 된다. 물론 최초 연합이 더 이상 확대되지 않는 것이 구성원들에게 바람직하게 보일 것이다. 따라서 연합을 주도하는 정당이 추가정당의 참여를 요청하는 데 대해 초기 연합의 기존 당사자들은 거부권을 가질 수 있다. 정당들 간의 이러한 고려 속에 정부구성은 일반적으로 3단계를 거치게 된다.[95]

1) 제1단계 : 수상 후보의 선택

정부구성 과정의 첫 단계는 정부구성을 주도할 의회 내의 정당과 수상 후보가 선택되는 것이다. 그리고 이 정당의 대표가 새로운 내각이나 현존 내각의 존속에 대한 명백한 제안자로 활동하도록 인정받는 것이다. 정치학자들은 이 인물을 '수상 후보(formateur)'로 부른다. 이 수상 후보는 협상이 성공하면 수상이 될 수 있는 인물이며, 내각구성에 대한 협상의 주도적 책임을 맡는다.

수상 후보의 인정과정은 국가수반이 어떤 사람에게 정부구성을 이끌도록 승인하는 것이다. 이 단계에서 어떤 국가수반(특히 직접 선출된 대통령)은 수상 후보자의 선정에 영향력을 갖지만 대부분 최소한의 역할만을 수행한다. 특히 입헌군주제에서는 정당 스스로 또는 퇴임하는 수상

95 Michael Laver and Kenneth A. Shepsle, *op. cit.*, 50–56.

이 수상 후보자를 선정한다. 예를 들면 그리스는 최대 원내정당이 첫 수상 후보자를 추천하고, 여기에서 정부구성에 실패하면 차순위의 원내정당이 충원하도록 헌법에 규정되어 있다. 영국이나 아일랜드는 원내 최대정당 소속이 아니더라도 퇴임하는 수상이 정부구성을 주도할 책임을 맡는다.

만일 의회상황이 아주 모호하면 수상 후보자 대신 임시 수상(informateur)이 지명될 수도 있다. 임시 수상은 정부구성과정에 직접 관련이 없이 경륜을 갖춘 원로 정치인이 맡는 것이 관행인데, 이들은 정부구성을 돕는 것이지 정부수반으로 기대되는 것은 아니며, 벨기에와 네덜란드가 대표적 국가이다.[96] 수상 후보자의 활동이 항상 성공하는 것은 아니다. 후보자가 정부구성에 실패하면 다른 사람이 후보자로 승인되고 정부구성 과정은 원점에서 다시 시작된다. 그 경우 후보자를 바꾸거나 정상적으로 제3당이나 정당연합을 대표하는 또 다른 사람에게 과제를 부여한다. 후보자는 정당들에게 어떤 형태의 각료직 배분을 토대로 참여를 제안하게 된다. 만일 이 제안이 단순히 현존내각의 유지라면 이러한 제안은 안정내각을 위해 다른 정당들에게도 되풀이된다. 그러나 그 제안이 현상유지가 아니라면 둘째 단계로 전환된다.

2) 제2단계 : 정당 간의 권력배분

수상 후보자가 1단계의 협상에 최종적으로 성공했을 때 제2단계의 협상이 시작된다. 이 시점에서 관련된 정당들은 두 중요한 이익, 즉 내각의

96 Kaare Strom, *op. cit.*(1990), 26.

각료직(portfolio)과 정부의 정책문제에 대한 배분을 해결해야 한다. 기본적 합의나 정부구성에 대한 이해는 정당들이 내각참여에 대한 입장을 분명히 하기 전에 이루어진다. 정당들은 그들의 의지에 반해서 정부의 참여가 강요될 수는 없기 때문에 정부구성 과정은 이론으로서의 단순한 다수지배 게임과는 다르다. 오히려 정부구성에 참여하는 정당의 지지를 확보해야 한다.

정부구성은 참여정당들에게 단기간의 공직보상을 분할하는 것일 뿐만 아니라 추진하기를 바라는 정책의 실현 가능성에 대한 정당 나름의 고려가 조화를 이루어야 한다. 따라서 정부구성의 성공은 참여정당들 간에 배정되는 각료직의 수와 분야(교육 혹은 재무 등)에 대한 합의가 중요하다. 각료직의 배분을 제안받은 정당들이 그 정부에 참여하기를 거부하면 다른 정당에 다시 제안하는 과정인 첫째 단계로 되돌아가게 된다.

각료직과 정책문제의 합의가 이루어진 이후의 상황은 나라와 정부에 따라 다르다. 이러한 쟁점들이 해결되었을 때 각 정당은 그 합의에 대해 내부로부터의 승인을 받게 된다. 그리고 각 정당이 참여를 수용하면 제3의 단계, 즉 의회의 표결과정을 밟게 된다.

3) 제3단계 : 수상의 인준

새로운 정부의 구성은 앞에서 이미 언급한 것처럼 의회의 정부에 대한 불신임에서 비롯되고 수상에 대한 인준으로 막을 내린다. 그러나 독일의 경우는 이 두 가지, 즉 처음과 마지막의 단계가 통합적으로 이루어진다. 즉 독일의 헌법은 정부의 불신임에 대한 요건으로 대체정부를 인준해야 한다. 이러한 '건설적 불신임제' 는 의회제의 공통적 현상은 아니며, 헌법상 정부의 퇴진과 새로운 정부의 구성에 독특한 현상이다.

이것은 물론 현 정부가 패퇴하면서 인준을 획득할 대안정부가 부재하는 가능성을 제기한다. 이 경우 관리내각이 퇴임정부의 정책을 집행한다. 그러므로 불신임이 가결된 후라도 퇴임정부의 정책은 유지된다. 따라서 정부구성과 관련해 핵심은 새로운 정부에 대한 표결이다. 이 인준표결은 많은 의회제 국가에서 분명한 헌법적 요건이다. 공식적인 인준절차가 없는 국가는 정부가 입법에 직면하거나 불신임 가능성의 국면에서 함축적인 인준표결이 이루어진다.

따라서 정부구성의 마지막 단계는 정당 간의 합의를 바탕으로 하는 수상 후보에 대한 의회의 인준이다. 이 과정은 정부구성 과정의 마지막 단계에서 당면하는 장애물이다. 이 단계에서 국가수반은 기껏해야 형식적 역할을 수행할 뿐이다. 스웨덴의 경우 국왕은 아예 수상 후보자 지명에 어떤 관여도 하지 않는다. 수상 후보자가 의회에서 절대다수의 지지를 획득하면 수상은 다음에 각료를 지명한다. 이들도 역시 의회의 다수 지지를 확보할 수 있어야 한다.

최초의 수상 후보 지명 후에 정부구성 과정은 거의 전적으로 원내정당지도자들의 손에 달려 있다. 구성과정의 승인이나 인준단계는 정당에게 낮은 단계이다. 협상과 함께 힘겨운 막후절충 등은 매우 어려운 단계이다. 각료배분과 정책문제에 관한 주요한 협상은 오직 정당지도자들에 의해 좌우된다. 근본적으로 내각구성 과정은 매우 적고 선별된 일단의 정당지도자들에 의해 이루어지는 게임이다.[97]

97 *Ibid.*, 27.

Ⅴ. 소수정부의 구성

의회제는 의회의 절대다수 의석을 배경으로 정부가 국가의 정책을 수립하고 집행하는 권력구조이다. 의회제 정부는 당연히 의회의 과반수 의석의 신임을 바탕으로 하는 다수정부여야 한다. 따라서 '소수정부'라는 용어 자체가 오히려 이상하다.

정부가 의회의 불신임으로부터 벗어나 있다는 것은 입법부로부터 다수의 신임을 확보하고 있다는 것을 함의하는 것이다. 그럼에도 대부분의 의회제 국가에서 현실적으로 소수정부를 경험하고 있다. 그러면 소수정부는 어떤 정부이며 어떤 토대 위에서 존립하고 어떤 기능을 수행하는가?

1. 소수정부의 본질

의회제 정부는 의회의 지지를 받든지 또는 의회로부터 관용이 되어야 한다. 만일 절대다수가 적극적으로 정부를 반대하면 정부는 사임해야 한다. 그러나 현실은 다르다. 입법부 의석의 과반수에 미치지 못하는 정부가 존재하고 있는 실정이다. 이러한 정부형태를 소수정부라고 부른다. 소수정부는 의회제에서 집권당(들)이 의회의 과반수에 미치지 못하는 상황을 말한다.

소수정부를 분할정부(divided government)로 분류하기도 한다.[98] 이러한 분할정부는 대통령제에서 집권당이 과반수 의석의 확보나 의회연합에 실패하는 경우 나타날 수 있다. 또한 준대통령제의 동거정부도 결국 분할정부이다. 분할정부에 대한 토론은 일반적으로 미국의 경우를 출발점으로 한다.[99] 따라서 집권세력의 의회의 과반수를 통제할 수 없는 상황은 각각의 권력구조별로 그 명칭이 달리 사용되는 실정이다. 즉 대통령제는 소수정부 또는 분할정부, 준대통령제는 동거정부 그리고 의회제는 소수정부이다.

의회제 정부는 정부의 헌법적 기능을 수행하기 위해서 여러 고비에서 의회의 다수지지를 확보해야 한다. 일반적으로 정부의 다수지지를 시험할 수 있는 두 가지 중요한 기준은 1) 신임투표, 2) 정부가 제안한 법률안의 최종 투표이다.[100] 신임투표는 야당이나 정부 스스로, 또는 출범과정에서 인준투표 규정으로 요구될 수 있다. 정부가 존속하려면 신임투표에서 승리해야 하며, 패배하면 정부는 붕괴된다.

그러나 정부의 존속이 정부의 입헌적 기능을 충분히 수행하는 것은 아니다. 정부가 법률안이나 예산안 또는 어떤 정책을 추진하기 위해서는 입법부의 지지가 필요하며, 이러한 지지는 각각의 사안별로 입법부의 표결에 의해 좌우된다. 따라서 정부는 이러한 과제를 처리하기 위해서는 가결에 필요한 의원들의 지지, 즉 가결정족수(effectiveness)가 필요하다. 가결정족수는 특별한 안건에 대해서는 최고 2/3나 또는 과반수를 요구하지만 일반적으로는 재적의원 과반수의 출석에 출석의원 과반수의

98 Robert Elgie, "What is Divided Government?," in Robert Elgie (ed.), *Divided Government in Comparative Perspective*(New York : Oxford University Press, 2001), 11.
99 Alan Ware, "Divided Government in the United States," in Robert Elgie (ed.), *op. cit.*, 21.
100 Kaare Strom, *op. cit.*(1990), 4–5.

찬성 등을 요건으로 한다. 따라서 입법부가 어떤 결정을 하려면 최소한 과반수의 지지를 요건으로 한다.

그렇다면 소수정부는 정부에 참여하고 있는 정당들이 통제할 수 있는 의석은 과반수에 이르지 못하지만 다른 정파, 즉 정부에 참여하고 있지 않는 정파나 무소속 의원들로부터 어떤 지지를 보장받는 정부이다. 여기에 소수정부가 존립할 수 있는 배경이 있다. 그렇다고 이러한 소수정부가 예외적이거나 드문 사례가 아니라 세계의 의회제 국가의 약 1/3이 여기에 해당한다. 1945년부터 1987년 사이에 벨기에, 캐나다, 덴마크, 핀란드, 프랑스, 아이슬란드, 아일랜드 공화국, 이스라엘, 이태리, 네덜란드, 노르웨이, 포르투갈, 스페인, 스웨덴, 영국 등 15개 국가에서 소수정부 전체의 빈도는 356개 정부 중 125개로 35.1%로 한 국가당 8개 이상, 약 10년당 2개에 해당한다. 특히 덴마크, 스페인, 노르웨이, 스웨덴은 모든 정부의 반 이상이 소수정부이며, 덴마크의 경우 25개 정부 중 3개만이 소수정부가 아니었다.[101] 이런 점에서 소수정부는 의회제의 주요한 정부형태로서 구성 및 존속배경 등에 유의해야 한다.

2. 소수정부의 구성배경

다당체계의 소수상황, 즉 과반수 의석을 획득한 정당이 없는 경우 여러 정당의 연합을 통해서 안정다수정부를 구성하게 된다. 그러나 그것이 불가능한 경우 관리내각체계에서 새로운 총선거가 실시되거나 소수

101 *Ibid.*, 58–59.

정부가 구성된다. 소수정부가 구성되는 경우에 대해 허맨(V. Herman)과 포프(J. Pope)는 아래의 5가지로 설명한다.[102]

1. 정부의 구성을 위한 연합이 정상적이지 않거나 다수정부의 구성이 잘 이루어지지 않는 나라에서 나타난다. 선거는 보통 1당이 의회의 다수를 확보하도록 기대되지만 선거결과 의회의 절대다수당이 출현하지 않음으로써 1당다수정부가 구성되지 못하는 경우로, 이러한 예는 1960년대 이후 아일랜드에서 볼 수 있다.[103]
2. 다수연합을 구성하는 데 심각한 결함을 가지고 있는 정당체계에서 전래되는 어떤 구조적 특성으로 인해 다른 정당의 참여를 유도할 수 없는 상황에서 소수당이 권력을 담당할 때이다. 이것은 의회의 정치체계 양 극단에 '이용 불가능' 한 표들이 있기 때문이다. 프랑스 제4공화국 말기에 소수정부가 구성되었을 때 '이용 가능한' 정당이 고도의 파벌화로 정당차원이 아니라 586명 가운데 약 380명의 의원만으로 정부를 구성할 수밖에 없었다. 이런 상황에서 다수정부구성은 더 어렵고 내각의 권한과 책임이 항상 불안한 상황에 처한다.
3. '잠정관리정부' 의 구성이다. 이것은 비정치적 정부가 구성될 수 있

102 Valentine Herman and John Pope, "Minority Governments in Western Democracies," *British Journal of Political Science 3*(july 1973), 195–8.
103 1961년의 선거는 144석 가운데 피아나 파일(Fianna Fail)이 제1당으로 70, 파인 가엘(Fine Gael) 47, 노동당 16, 기타 3개의 군소정당과 무소속이 11석을 차지했는데, 선거 후 3개의 주요 정당이 각각 다른 정당과 연합정부구성에 반대한다고 알림으로써 하원(Dail)이 개원하자 파일(Fianna Fail), 파인 가엘(Fine Gael) 노동당이 경선에 참여해 피나 파일당의 레마스(Lemass)가 72대 68표로 수상에 선출되었다.

는 결과로 인해 정당들 간의 정상적인 정치적 차이가 일시적으로 무시되는 경우에 구성된다. 이러한 정부는 단기간, 예를 들면 개헌이 통과될 때까지나 혹은 총선거가 실시될 때까지만 정교하게 구성된다는 의미에서 비정치적이다. 이러한 정부를 구성한 정당 간의 합의는 이 정부가 통과를 시도하는 당파적 본질의 주요 정책을 지지하는 데까지는 확대되지 않는다.[104]

4. 연합 파트너 사이에 그간의 협조가 붕괴되고 기존연합이 재구성되거나 다른 파트너(들)과 연합이 구성될 때까지 정부에 참여했던 하나 또는 그 이상의 정당들이 집권을 계속할 때 나타난다. 이러한 예는 노르웨이에서 볼 수 있다.[105]
5. 정부를 구성하는 정당이 의회의 다수에 미치지 못하고 소수에 불과한 상황이다. 이 소수정부는 우월한 1당이 소수정부를 구성하거나 다수연합정부가 지배하는 다당지배 상황에서 나타난다. 어떤 경우 지배정당은 무소속에 의존한다.[106]

104 잠정관리정부의 예는 아이슬란드에서 볼 수 있다. 1958년 12월 공산당-사회민주당-진보당 연합이 붕괴되고 52석 중 8석에 불과한 소수 사회민주당이 정부를 맡고, 독립당(19석)과 진보당(17석)이 정부를 지지했다. 사회민주당 당수 존슨(Emil Jonsson)은 정부의 광범위한 안정을 찾기 위해 총선거를 실시할 것이라고 선언했다. 총선거는 1959년에 실시되었으나 선거결과는 안정을 찾는 결과를 가져오지 못했고, 존슨은 다른 정당이 다수정부를 구성할 수 없으므로 그의 관리내각이 정권을 계속 담당한다고 선언했고 독립당이 정부를 계속 지지하기로 했다. 그러나 다수정부 구성전망이 없으므로 존슨은 1959년 10월 다시 의회가 해산될 때까지 정권을 담당했고, 뒤이은 의회에서 민주당-독립당 다수정부가 구성되었다.

105 노르웨이에서 1961년 노동당으로부터 이탈한 좌익인 사회인민당이 정부와 반노동당 연합세력간의 균형을 취해왔는데, 1963년 8월에 4개의 반노동당이 소수 노르웨이 노동당 정부에 대한 불신임에서 이 사회인민당 소속의 2명이 반노동당에 가담해 표결 결과 76대 74로 노동당정부를 패배하도록 만들었다. 이에 따라 반노동당의 보수당이 새로운 소수정부를 구성했다.

허맨과 포프는 이상의 배경을 토대로 하여 제1차 세계대전 이후부터 1971년까지 소수정부나 소수정부를 지지한 12개 민주국가를 대상으로 소수정부가 구성된 이유를 아래의 〈표 7〉과 같이 분류하였다.[107]

〈표 7〉 소수정부 구성의 이유

정부유형	비연합상황	연합구성 실패	관리내각	공조중지	거의 다수	합계
소수정부	2	11	7	6	5	31
지지 소수정부	6	15	5	8	9	43
합계	8	26	12	14	14	74

Valentine Herman and John Pope, Minority Governments in Western Democracies, *British Journal of Political Science 3*(2), 4, 1973, 198.

여기에서 기술한 소수정부는 결국 다수정부를 구성할 수 없는 이유이다. 〈표 7〉의 통계에서 1/3은 안정연합(winning coalition)이 실패했기 때문이다.[108] 약 1/5은 1당이 절대다수에 가까스로 미달했을 경우이다. 정부가 입법부 의석의 절대다수를 통제할 수 없는 소수상황에서 정부를 맡는 경우, 의회에서 가결정족수는 단순다수보다 약간 낮은 수라는 것을 보여

106 덴마크에서 1960년 총선거 이후 의회에서 179명 가운데 87석을 차지한 사회민주당과 급진연합정부가 구성되었다. 정부는 비정당대표 중에서 3명의 지지를 받을 수 있었다.

107 12개 국가는 오스트리아, 벨기에, 캐나다, 덴마크, 핀란드, 프랑스, 아이슬란드, 아일랜드, 이태리, 네덜란드, 노르웨이, 스웨덴 등이다.

108 오스트리아는 1970년 선거 이후 양대 정당인 인민당과 사회당이 가능한 연합 내에서 업무절차, 특히 조세, 주택 그리고 각료 배분의 기본적 미합의로 연합이 불발되고 자유당이 양대 정당 중의 하나와 다수연합정부를 구성할 선택권을 가졌다. 그러나 선거운동 기간 연합에 참여를 고려하지 않을 것이라고 선언해 결국은 자유당의 지지로 사회당 소수정부가 구성되었다. Valentine Herman and John Pope, *op. cit.*, 198.

준다. 그 반대의 가결정족수는 약간의 예외가 있지만 45-49%의 범주 안에 위치될 수 있다.[109] 소수정부는 또한 집권당의 공조붕괴, 그리고 12개의 소수정부는 잠정관리내각이었고 기타는 연합정부가 정부의 정상적 형태가 아닌 나라의 경우이다.

이상의 배경 외에 더 현실적인 이유는 연합형성을 오래 지연시킴으로써 유발될 수 있는 의회의 위신추락과 위기를 피하기 위한 것이다. 어떤 소수연합은 정부구성에서 '중력원칙'에 의해 촉진된다. 18개 소수연합에 대한 한 연구는 13개 연합이 중심 정당을 포함하고 있는 것을 발견했다.[110] 그러나 소수정부의 존재에 대한 정책정향 모델은 정당들의 동기가 공직추구 모델을 따르지 않기 때문에 평가가 더 어렵지만, 그렇더라도 그러한 정당들의 이념적 정책선호는 소수정부의 조건 하에서 최대화될 수 없기 때문에 부분적으로만 적합하다.[111]

소수정부는 또한 일종의 정치적 위기나 불안정의 징후로서 정치적 안정과 부정적으로 공변한다는 주장이 있으나[112] 이것은 어떤 형태의 어느 정도의 위기나 불안정이 소수정부와 연계되는지 분명하지 않다. 소수정부를 역사적 유산이나 정치문화와 관련시키거나[113] 의회정당체계가 파편

109 Valentine Herman and John Pope, *op. cit.*, 203-204.

110 Peter van Rozendaal, *Cabinets in Multy-Party Democracies*(Amsterdam : Thesis Publishers, 1992), 158.

111 Klaus von Beyme, *op. cit.*, 176.

112 Michael Taylor and Valentine Herman, "Party Systems and Government Stability," *American Political Science Review 65*(1971), 28-37 ; Lawrence C. Dodd, *op. cit.*, 133-139.

113 Gregory M. Luebbert, *Comparative Demovracy : Policymaking and Governing Coalitions in Europe and Israel*(New York : Columbia University Press, 1986) ; G. Bingham Powell, *Contemporary Democracies : Participation, Stability and Violence*(Cambridge, Mass. : Harvard University Press, 1982) ; Arend Lijphart, *Democracies*(New Haven : Yale University Press, 1984).

화될수록 안정연합 구성의 가능성이 더 어렵고 과소내각의 구성 가능성은 더 크기 때문에 정치적 분열이나 정당체계의 파편화와 관련된다는 주장도 있다.[114] 또한 분극화된 의회는 특히 파편화 및 불안정한 조건 하에서는 빈번히 소수정부를 경험한다는 분열적 갈등과 분극화로 보는 견해도 있다.[115]

한편 소수정부는 의회의 다수야당의 지지로 연명하기 때문에 정당들에게 매력적인 참여대상이 아님에도 불구하고 어떤 정당들이 소수정부에 참여하는 이유는 무엇인가? 그 해답은 정당의 존립근거에서 찾아진다. 정당의 목적은 집권에 있다. 정당은 이 집권을 통해서 두 가지를 달성하게 된다. 첫째는 내면적인 목표로서 정당구성원들의 고위직에 대한 야망이다. 둘째는 자신들의 정책을 구현하고자 하는 표면적 목적이다. 정당의 구성원들은 둘째의 목적에 대한 실현을 통해서 첫째의 목적이 이루어지기 때문에 둘째의 목적이 정당의 유일한 목적인 것처럼 보여 진다.

의회제에서 정당이 집권할 수 있는 길은 총선거를 통한 다수의석의 확보나 연합을 통한 다수정부에 참여하는 것이다. 그러나 이러한 다수정부가 불가능하면 관리정부체계에서 새로운 총선거를 실시하거나 소수정부를 구성하게 된다. 그러나 새로운 총선거는 많은 부담을 수반할 뿐만 아니라, 반드시 다수당이 출현한다는 보장도 없기 때문에 소수정부가 선호될 수 있다. 이러한 상황에서 정당들은 소수정부 구성의 참여를 통해서 자신의 정책을 실현하는 것과 야당의 포위로 인해 받을 수 있는 상처를 저울질하게 될 것이다.

114 Lawrence C. Dodd, *op. cit.* ; Ian Budge and Valentine Herman, "Coalitions and Government Formations : An Empirically Relevant Theory," B*ritish Journal of Political Science 8*(1978), 485–506.

115 Lawrence C. Dodd, *op. cit.*, 57–70.

스트롬(K. Strom)은 이와 관련하여 정당들이 소수정부 구성에 참여하는 배경을 정책동기와 정책의 영향력에 맞춘다.[116] 정당이 정책동기를 중요시한다면 정부구성에 참여하는 것과 의회에서 야당으로 활동하는 것 중 어느 쪽이 더 영향을 미칠 수 있는지를 저울질할 것이다. 정부의 권력이 야당에 비해 클수록 정부에 참여하려는 정당의 수는 늘어날 것이며, 이득의 차이가 적으면 정책지향적 정당의 참여는 낮을 것이고 지배연합의 확대에 대한 기회의 거절 가능성은 크다는 것이다. 따라서 소수정부 구성의 가능성은 커지지만 정부보다는 야당이 더 체계적으로 강력한 권한을 갖는 정치체계를 상정하기는 어렵기 때문에 정책영향력의 차이는 항상 긍정적일 것이고, 결과적으로 이런 바탕에서 정부권력을 포기하는 것은 합리적일 수 없다는 것이다.

정당은 그들의 근본적인 목적을 실현하기 위해 득표추구에 참여하게 되고, 단기적으로 내각참여에 대한 그들이 결정은 미래의 선거결과에 관한 기대에 의해 영향을 받게 될 것이다. 정당지도자의 중요한 관심은 미래의 선거이기 때문에 모든 것이 같다면 합리적 행동은 미래보다는 현재의 보상을 선호하며, 공직을 차지하는 비용과 이익을 계산해 현직으로서 잃을 가능성이 있는 표뿐만 아니라 미래에 공직과 정책영향력의 목표달성에 대한 손실의 결과도 고려할 것이라는 주장이다.[117] 스트롬의 설명은 경험적 분석이라기보다는 개연성을 바탕으로 하고 있다는 점에서 한계를 가지고 있지만, 합리적 선택을 바탕으로 한 설명으로 소수정부구성은 정당이나 특히 정당조직의 의회지도자들에 의해 만들어지는 합리적 선택의 결과로 이해될 수 있다는 의미를 갖는다.

116 Kaare Strom, *op. cit.*(1990), 38–44.
117 *Ibid.*, 68.

3. 소수정부의 존립배경

소수정부는 그 자체의 능력만으로 존속하는 것이 아니라 정부에 참여하지 않는 정파(들)의 지지를 바탕으로 존립한다. 따라서 이러한 정파들의 지지가 철회되면 정부는 붕괴된다. 소수정부는 중요한 표결에서 다수를 보장할 나머지 의석이 필요할 때 무소속이나 정당, 일반적으로 소수당의 지지에 의존한다. 정부가 어떤 지지를 받고 있느냐에 관한 최고의 지표는 정부를 지지할 것인가 퇴진시킬 것인가에 중요한 표결의 결과에서 나타난다. 이러한 지지가 이루어지는 배경은 다양하다. 정부를 지지하는 정당은 이념적인 이유로 야당보다는 정부와 더 밀접한 관계를 가질 수 있다. 비집권정당으로서 권력을 증대하기 위한 전략에서 나올 수도 있다. 그 정당이 유권자에게 책임 있게 보이고자 하는 경우도 있을 것이다.

모든 정부가 엄밀한 수적 의미에서 '안정(winning)'은 아니며, 많은 정부는 '대체적인 안정(almost winning)'이고, 다른 정당의 적극적 지지에 의존할 수 있는 입장이거나 안정연합의 구성이 그들을 불신임할 수 없는 입장이다. 그들은 따라서 안정연합보다는 '통제(controlling)연합'으로 보일 수 있다.[118]

스트롬은 모든 입법부의 결정이 절대다수를 요하는 것이 아니라 특별한 요건의 다수(헌법개정의 경우 2/3 다수처럼)나 단순다수를 요건으로 하며, 단순다수의 경우 야당이 분열하면 매우 중요한 상황변화를 초래하

118 Valentine Herman and John Pope, *op. cit.*, 200.

기 때문에 실제로 소수정부의 생존이 가능하고, 이 경우를 상정하고 소수정부에 참여한 정당의 선택은 합리적일 수 있다는 것이다. 그는 또 정부의 구성과정에서 정당은 공직에 대한 고려에 의해서만 동기가 부여되는 것이 아니라 정책영향력에 대한 기회에 의해서도 상당히 동기가 부여된다고 본다.[119]

허맨과 호프는 179개의 소수정부가 통제한 의석비율에 대한 분석을 통해서 의석의 12%만을 통제하는 아일랜드 소수정부의 경우에서부터 45% 이상을 통제하는 나라 등 다양한 것을 발견했다. 그런데 거의 1/3(42%)의 소수정부가 의석의 45% 또는 그 이상을 통제했다. 따라서 이러한 소수정부들은 의회의 가결정족수가 단순다수 이거나 혹은 그 이하라는 것을 암시하며, 만일 하나의 정당 혹은 다당이 의석의 거의 반을 통제할 수 있으면 정부를 구성할 가능성이 크다고 보았다.[120] 또한 〈표 8〉은 소수정부의 의석수가 많을수록 지지를 받을 가능성은 높아지며, 의석의 40% 이상을 통제하는 정부는 그러한 지지를 받을 가능성이 있음을 보여 준다.

반면에 소수정부는 대체적인 안정상태를 유지할 수도 있지만 실패할 수도 있다. 다수의석을 가진 세력과 많은 의석차이로 분리되는 경우는 중요한 표결에서 무소속이나 다른 정당의 지지를 받기 어렵다. 의석의 40% 이하를 통제한 25개의 소수정부 가운데 다수의 지지를 받은 정부는 8개 정부에 불과했다. 이러한 소수정부는 의회에서 과반수의 지지를 받기 어렵거나 지배연합의 구성에 대해 야당들로부터 방해를 받거나, 야당들이 대연합을 형성하는 국면에 직면할 수도 있다. 이들은 중요 표결에

119 Kaare Strom, *op. cit.*(1990), 40–44.
120 Valentine Herman and John Pope, *op. cit.*, 199.

〈표 8〉 다수당 부재상황에서 정부의 규모

정부유형	의석비율									
	19.9	20–29.9	30–39.9	40–49.9	50–59.9	60–69.9	70–79.9	80–89.9	90–99.9	N's
소수정부	6	4	7	14						31
지지소수정부	2	3	3	35						43
다수연합정부					33	9	1	3	6	52
과다정부					7	22	10	9	5	53
합계	8	7	10	49	40	31	11	12	11	179

Valentine Herman and John Pope, Minority Governments in Western Democracies, *British Journal of Political Science 3*(July 1973), 200.

서 몇 명의 무소속을 선별해 지지를 받을 게임을 할 만큼의 세력에도 이르지 못한다. 따라서 이러한 정부는 다른 정당들이 용인하는 한계 내에서 집권하고 또한 유지하게 되지만, 이러한 용인이 끝나면 대체적인 안정(almost-winning)소수내각이나 연합다수정부로 대체될 가능성이 크다.

소수정부는 총선거가 실시될 때까지 유지되는 임시 또는 과도정부의 경우도 있고, 다른 비지지소수정부의 범주는 더 지지를 받는 새로운 정부가 지휘할 때까지 정부를 맡는 임시정부도 있다. 이러한 정부는 두 유형으로 1) 다당체계에서 지배적 정당이 정상적으로 연합다수정부의 한 부분이거나 대체적 안정내각으로 정부를 맡는 것이다. 이 경우 국가원수는 지배정당의 지도자에게 연합다수정부가 구성될 수 있을 때까지 임시소수정부의 구성을 요구할 가능성이 있다. 그러한 요청은 어떤 특정 정당에게 할 수 있는데, 그 이유는 1) 가장 큰 정당이거나, 2) 정책과 인적 구성에서 지배과정의 계속성을 갖도록 선거의 실시 이전에 정부를 맡았던 정당, 3) 결국 다수연합이 구성되고 거기에 포함될 가능성이 있는 정당이기 때문이다.[121]

한편 입법부에서 최대정당의 규모(의석수)도 소수정부의 존재에 대한 중요한 설명배경이다. 허맨과 포프는 앞의 12개 민주국가를 대상으로 최대정당이 정부에 참여한 경우와 배제된 경우를 정당 규모별로 구별한 결과 74개 소수정부 가운데 최대규모 정당은 51개가 포함되고(69%) 105개의 연합다수정부 가운데 73개가 포함(65%)되었다.

〈표 9〉 최대정당의 규모별 정부참여와 배제

	〈19.9	20-29.9	30-39.9	40-44.9	45-48.9	49-50%+1	합계
포함	0	23	26	31	26	17	123
배제	8	16	21	4	5	2	56
합계	8	39	47	35	31	19	179

Valentine Herman and John Pope, Minority Governments in Western Democracies, *British Journal of Political Science 3*(July 1973), 203.

최대정당이 의석의 49%를 차지한 경우가 19번 있었는데 정부에 참여한 것은 17번 이었고, 이 17번 모두 각각의 소수정부를 구성했으며, 다른

121 이러한 소수정부의 예는 이태리에서 1968년에 볼 수 있다. 그해의 총선거결과 사회당이 1963년 이래의 기독교민주당-사회당-공화당 연합으로부터 이탈했다. 수상 모로(Signor Moro)는 대통령에게 사임을 알리고 대통령은 정당지도자들과 협의를 시작했다. 7월 10일에 대통령은 기독교민주당의 루모르(Signor Rumor)에게 정부구성을 요청했지만 대통령은 그의 정부구성이 불가능한 것을 알았고, 사회당의 참여요청과 중도-좌익연합의 복원은 성공하지 못했다. 결국 대통령은 상원의원인 레오네(Leone)에게 내각구성을 요구했고, 결국 1968년에 사임한 사회민주당 소수정부를 구성했다. 레오네는 정부구성에 위임했던 제한된 업무를 완수했고, 구조적인 의회의 다수 없이는 정부의 계획을 더 이상 효과적으로 추진할 수 없는 시점에 도달했다는 이유로 사임했다. 그리고 확대회담 이후 루모르는 12월에 기독교민주당-사회당-공화당의 중도좌파연합의 재구성을 알렸다. Valentine Herman and John Pope, *op. cit.*, 203.

당이나 무소속의 지지를 받은 사례는 14번이었다. 허맨과 포프는 이를 통해 정당의 규모(의석수)가 증가할수록 1당소수정부를 구성하거나 연합다수정부에 포함될 가능성은 크다고 분석했다.[122]

소수정부의 현상은 결국 정당들의 행태에 좌우된다. 이러한 정당의 행태는 의회를 중심으로 이루어지는 상호작용을 통해서 이해가 가능하므로 이 행태 뒤의 의도를 알아볼 필요가 있다. 정당은 거대하고 복잡한 조직이지만 정부구성의 게임에서 그들의 결정은 전형적으로 매우 작은 지도집단에 의해 이루어진다. 여기에서 정당 혹은 정당의 의회지도자에 의해 추구되는 대상들은 정부구성의 과정에서 얻으려고 추구하는 목적, 정부의 참여여부에 대한 결정시기, 그리고 다른 정당에게 그렇게 하도록 허용할지 여부 등과 관련된다.

소수정부는 정당의 행태뿐만 아니라 정당체계와도 밀접한 관계를 가질 것이다. 온건적 다원주의 정당체계는 정당 간의 온건한 이념적 간격, 구심적 경쟁, 양극적 정부형태를 특성으로 한다. 이러한 정당체계와 소수정부 사이의 연계는 우연 이상으로 많이 나타난다. 연합다수 대신 소수정부의 구성은 정당체계가 분극적 다원주의 대신 온건적 특성을 보이는 주요 이유이다.[123] 정부가 좁게 구성될수록 충성스런 야당에 대한 기회는 더 호의적이다. 소수정부는 온건다원주의 정당체계가 소수상황에서 대안의 기대를 갖도록 허용하며 새로운 선거요구에 반응할 수 있는 공간을 기존정당에게 제공한다.

한편 소수정부는 그 자체가 민주적 안정성의 심각한 위기를 나타내며, 행정-입법관계에서 다수지배 규범의 적용을 위반하는 것이다. 이것

122 Valentine Herman and John Pope, *op. cit.*, 203.
123 Kaare Strom, *op. cit.*(1990), 241.

은 자칫 대의제 연계가 붕괴되고 엘리트 소수지배를 가능하게 할 수 있는 논리의 발전이 우려된다. 이에 대해 스트롬은 소수정부는 정당지도자들이 선거에 대한 기대에 비중을 두는 상황에서 구성되기 때문에 과거의 선거가 아닌 미래의 선거에 더 반응하게 되고, 국민의 의사에 대한 기대로 인해 민주주의를 구체화시킨다고 주장한다.[124]

소수정부는 안전한 생존을 위해 다수정부에 비해 좌우의 공간에서 오히려 더 중간에 위치하는 경향이다. 단기정부는 또한 비효율적 정부와 같은 것으로 자주 여겨진다. 그러나 그 인과관계에 대한 답은 거의 찾지 못한다.[125] 우선 효율성의 측정방법에 대한 합의가 없다. 효율성, 법률안의 가결 수, 정부의 존속기간 혹은 그 정부기간의 사회 및 경제지표의 증가인가? 후자를 선호하지만 모든 효율성의 측정은 내각의 평균수명이 2년 이하인 체계에서는 착각이며, 비교연구가 아니라도 빈번한 소수정부체계를 가진 스칸디나비아 의회제가 다른 체계보다 효율성이 거의 낮지 않다는 것을 볼 수 있다.[126] 이러한 성취는 우연이 아니라 오히려 강력한 의회제 논쟁의 결과이다. 그럼에도 불구하고 소수정부는 차선으로 보였고, 분열된 체계는 최초의 기회에 최소안정연합의 규칙에 따르는 것이 최선인 것으로 인식되고 있다.[127]

124 *Ibid.*, 244.

125 Kaare Strom et al., "Constraints on Cabinet Formation in Parliamentary Democracies," *American Journal of Political Science 38*, No. 2 (May 1994), 303–35.

126 Klaus von Beyme, *op. cit.*, 177.

127 Lawrence C. Dodd, *op. cit.*, 68ff.

Ⅶ. 국가수반과 수상

1. 국가수반의 역할

의회제의 국가수반은 대통령제의 국가수반인 대통령과 달리 실질적 권력을 행사하는 것이 아니라 단지 상징적 지위에 있는 존재이다. 국가수반은 두 배경으로 구분되는데, 하나는 영국처럼 군주가 존재하는 의회군주제이고, 다른 하나는 독일의 경우처럼 의회나 다른 선거주체에 의해 선출되는 공화제의 국가수반이다.

국가수반의 권력은 19세기 이후 쇠퇴해 오면서 특권은 최소화되었다. 바게헛(Walter Bagehot)은 만일 양원에서 여왕에게 여왕의 사망인정서를 보내면 서명해야 한다[128]고 격하게 표현했지만, 이것은 의회제에서 국가수반의 지위와 역할을 극명하게 나타내 준다. 초기 입헌시기에서부터 시작된 "왕은 잘못을 할 수 없다"는 군주제의 공식은 의회제에서도 유지되어 왔으나, 군주가 정책을 수립할 권한도 없고 공공적인 정치연설에는 수상의 동의를 받아야 하는 상황에서 그 가치는 속빈 강정이 되었다. 심지어 구헌법의 효력이 계속되고 거부권을 허용하며 각료를 선택하고 의회를 해산할 독자적 권한이 허용되는 체계에서도 국가수반으로서 왕이 수행하는 역할은 헌법의 한정된 부분으로 전락되거나 제한되었다. 의회나 다른 선거주체에 의해 선출되는 국가수반의 역할은 군주보다도

128 Walter Bagehot, *op. cit.*, 51.

훨씬 약하다.

그럼에도 국가수반의 역할은 국가수반직의 계속성과 설득력 때문에 비중을 가지고 유지된다. 국가수반은 입법부에 대한 국가수반으로서의 역할, 정부의 형성과 해임 및 의회해산에서의 역할 등 정부와 입법부 간의 관계에 어느 정도의 영향을 미친다. 대중의 투표에 의해 선출된 국가원수(대통령)는 일반적으로 두 번의 임기가 허용되는데, 국가수반의 경쟁성이 약한 체계에서는 권력남용의 위험이 잠재해 있지 않은 것으로 보이기 때문에 이러한 문제는 제한이 없는 경우도 있다.

국가수반은 상징적 직위라는 점에서 의전적 역할 외에 실질적 역할은 입법적 기능과 정부구성에서 최소한의 역할에 한정된다.

1) 입법적 기능

국가수반은 입법부가 정당 간에 첨예하게 대립된 상황에서 설득과 조정의 역할을 통해 교착을 타개한다. 입법부가 과연 일반의사를 반영하는 합리적인 법을 만들 수 있을까에 대한 회의적인 정치이론은 결국 거대한 의회, 즉 대통령의 입법참여를 초래해 대통령제의 국가수반인 대통령은 법률안발의권, 긴급명령권, 거부권, 국민투표발의권 등의 권력을 갖게 만들었다. 그러나 입헌군주의회제에서 그 기능은 아주 제한적이어서 형식상으로 군주의 이름이 일부 사용되지만 실질적인 권한은 없다.

현대의 의회제, 특히 의회군주제에서 국가수반의 입법기능은 침식당해서 벨기에, 덴마크, 룩셈부르크 등 일부 헌법에 명목상으로 유지되고 있을 뿐이다. 다만 국가원수로서 어떤 법안에 대해 사전에 설득을 통해 재심하거나 연기하는 정치적 효과는 나타낼 수 있다. 그리고 의회의 법안에 대한 중립적 역할은 사법부가 담당한다.

2) 정부구성의 기능

정부구성에서 국가수반이 영향을 미칠 수 있는 상황은 정부의 사임순간과 이에 따른 정당지도자 간의 협의기간, 그리고 수상이 사임한 경우이다. 이런 상황의 과정은 어떤 제한과 함께 선거의 결과가 고려되거나(포르투갈) 혹은 대통령이 정부구성의 목적으로 정당지도자들을 불러야 하는(그리스, 불가리아) 형태로 이어졌다. 이 경우 국가수반은 단순한 조정자이다. 그러나 스웨덴은 국가수반이 완전히 배제되고 의회의 의장이 이 역할을 수행한다. 공고화된 의회제에서 국가수반의 행동은 단지 '예기된 반응(anticipate reaction)'이다.[129]

정부구성이 이상적으로 예측된 경우에는 국가수반의 영향력과 관계없이 마찬가지의 결과를 가져올 것이다. 1814년 이후 프랑스 입헌군주제 당시 루이 17세는 가장 강력한 집단의 리더에게 그가 다수를 가졌는지를 묻고 그가 확실히 대답하면 "내가 걸어서 나가겠다"고 말하고 그가 다수가 확실하지 않으면 "걸어서 나가시오"라고 말했다는 일화는 정부구성에서 왕의 역할이 얼마나 미미했는가를 잘 전해준다.

129 Klaus von Beyme, *op. cit.*, 127.

2. 수상의 지위와 역할

수상은 대부분의 의회제 국가에서 정부의 최고 지위, 즉 정부수반에 대한 특별한 호칭이다. 영국에서도 수상(prime minister)이라는 이름은 오히려 늦게 발전했다. 클라렌돈(Clarendon)은 '제일의 각료(first minister)'로 칭해진 최초의 인물이었고,[130] 월폴(Walpole)은 아마 첫 의회의 수상이었으나 그조차도 심지어는 '가짜고관(mock dignity)'이라는 용어로 불렸다.[131]

영국에서 수상제는 1867년 제2차 선거개혁 이후의 사례이다. 수상직 발전의 실질적인 조건은 정부의 업무가 더욱 복잡해졌기 때문이다. 군주는 더 이상 일상업무에 매이지 않으려고 했으나 내각회의의 사회권에 대한 집착은 여전했다. 이에 대해 신진 수상들은 내각에서 자신들의 우월한 역할의 인식을 확보하기 위해 두 전선, 즉 수상의 영향력을 제한하려는 세력과 군주와 각료가 연합하려는 세력들과 투쟁해야 했다. 군주는 또한 각료지명권을 보호하고 수상에게 완전히 넘겨주지 않았다.

수상직이 근대적인 이미지로 발전된 것은 영국의 디스레일리(Disraeli)와 글래드스톤(Gladstone) 시대였다. 수상의 명칭이 법에 등장한 것은 1917년이었고 수상직의 완전한 헌법화는 1937년 이후였다.[132] 가장 오래된 의회제 국가인 벨기에서는 이 칭호가 1831년 초에 언급되었지만 1918년 이

130 B. E. Carter, *The Office,of Prime Minister*(Princeton, NJ : Princeton University Press, 1956), 19.

131 E. N. Williams, *The 18th Century Constitution : Documents*(Cambridge : Cambridge University Press, 1960), 128, 132.

132 Klaus von Beyme, *op. cit.*, 159.

후에 공식화되었다. 의회에 대한 정부책임의 발전은 조정자가 필요했고, 정당정부는 수상직의 창설필요성을 증가시켰다.

현대의회제에서 수상은 가장 중요한 정치적 지위와 직책을 나타낸다. 특히 수상의 지위향상과 권한강화는 대통령제와 대칭으로 의회제가 수상제로 불리워지고 있는 상황이다. 로스(R. Rose)는 수상의 중요한 역할을 결정하는 변인으로 1) 헌법이 권력을 집중 혹은 분산시키는가, 2) 1당정부인가 다당연합정부인가의 두 가지를 상정하고, 이 두 가지 속성의 결합은 수상역할의 4가지, 즉 지도자, 교섭자, 곡예사, 상징으로서의 배경을 만들어낸다고 보는데, 이를 표로 나타내면 다음 〈표 10〉과 같다.[133]

〈표 10〉 수상역할의 분류

	헌법의 집중성	
정당정부	집중	분산
1당	지도자	교섭자
다당	곡예사	상징

Richard Rose, "Prime Ministers in Parliamentary Democracies," in G. W. Jones,(ed.), *West European Prime Ministers*(Portland, Oregon : Frank Cass, 1991) 19.

1. **지도자로서의 수상** : 단일국가에서 1당에 권한이 집중되면 수상은 효과적 지도자가 될 수 있는 최대의 기회를 갖는다. 영국체계가 대표적인 예이다. 권력이 집중된 체계에서 다수당의 수상은 정부에 대해 광범위한 영향력을 행사할 수 있는 잠재능력을 갖는다.
2. **교섭자로서의 수상** : 헌법상 권력이 분산되면 비록 1당정부라고 할지라도 수상의 역할은 크게 중요하지 않다. 수상은 정부의 다른 세

133 Richard Rose, *op. cit.*(1991), 18–19.

력들과 교섭하는 데 많은 시간을 보내야 한다. 다른 제도화된 권력 소지자와의 교섭은 헌법구도에 의해 권력을 분할하도록 되어 있는 정부에서 필요한데, 이런 경우는 전형적으로 연방제에서 나타난다. 예를 들면 캐나다의 수상은 각 지방단체장들과 교섭해야 한다.

3. **곡예사로서의 수상** : 연합정부의 수상은 연합에 참여하고 있는 모든 정당이 동시에 모호한 관계를 유지하도록 해야 한다. 그렇지 않으면 연합은 붕괴된다. 연합에서 각각의 정당들은 각각의 관료들을 통제하고 차기 연합에서의 입장과 득표를 위해 서로 경쟁한다. 이러한 상항에서 수상은 다수를 유지하는 데 우선순위를 두어야 한다. 덴마크나 네덜란드의 수상은 바로 다수를 유지하기 위한 곡예사로서의 도전의 예이다.
4. **상징으로서의 수상** : 의회민주주의에서 상징적 직책은 정상적으로 수상과 분리되며, 상징적인 국가수반은 군주나 대통령이다. 그러나 스위스는 예외이다. 스위스는 모든 연합에 있는 각료 가운데 수상직을 매년 순환하는데, 수상직의 순환은 집합적 합의에 대한 위임과 개인 또는 정당에 의한 리더십이 아니라는 것을 상징한다.

수상의 이러한 역할은 의회와의 관계 및 정당, 공중 그리고 각료들과의 관계에서 여러 형태로 나타나게 된다. 여기에서는 이러한 대상들과의 역할을 각각 토론해 보고자 한다.[134]

134 G. W. Jones, "West European Prime Ministers in Perspective," G. W. Jones(ed.), *West European Prime Ministers*(Portland, Oregon : Frank Cass, 1991), 168–175. 수상의 대 의회, 정당, 공중, 각료에 대한 역할은 주로 이 부분을 참고하였음.

1) 수상과 의회

의회제에서 수상의 존립은 의회의 신임을 확보하느냐의 여부에 좌우된다. 의회는 수상의 진퇴권한을 갖기 때문에 수상은 무엇보다도 의회의 지지를 유지하기 위해 주의를 기울여야 한다. 의회정부는 사실상 정당정부이다. 1당이 다수를 확보하면 수상직은 의회 다수당 지도자에게 돌아간다. 의회에서 과반수의 의석을 가진 정당은 100%의 정부권력을 향유하고, 그 정당의 지도자로서 수상은 정부의 전체적인 지위에 관한 우월한 영향력을 향사할 수 있다.

의회의 다수당이 없으면 수상은 정당들 간의 연합에 의해 좌우된다. 연합정부에서 수상은 정당 간 합의의 최소 공통분모를 대표하는 경향이 있다.[135] 연합정부의 결과는 권력의 분할로 나타난다. 수상은 1개 정당에서 차지하지만 모든 정당은 연합의 이익을 분할하기 때문이다. 연합이 불가피한 나라에서 모든 정당들은 수상직을 약하게 지속시키는 데 관심을 갖는다. 왜냐하면 나머지 정당들은 한 정당이 그 직을 독점하는 것을 반대하기 때문이다.

수상의 의회에 대한 관계는 의회의 정당체계에 좌우될 것이다. 수상직의 상실은 선거패배와 마찬가지로 내각과 의회의 신임상실로 일어날 가능성이 크다. 만일 1당이 의회에서 다수를 차지하면 수상은 그 직을 유지하는 데 정당의 내부 정치가 중요하고, 연합정부의 수상이라면 정당 간의 정치가 마찬가지로 중요하다. 수상은 압도적인 다수가 없는 정당의 수상보다는 압도적 다수를 가진 1당을 리드하는 것이 쉽다. 그러나 압도

135 *Ibid.*, 16-17.

적인 다수를 가진 수상의 정당이 분열되고 반항하면 소수당의 안정적인 연합을 조잡하게 짜맞추는 것보다 더 수상을 제약한다. 수상은 두 경우 모두 정당의 관리자로서 활동해야 한다. 의회는 정부와 수상의 탄생과 생존을 위해 매우 중요하기 때문에 정당은 매우 중요하고, 의회는 헌법이 정부의 존재에 대한 권한을 의회에 배분했기 때문에 중요하다.

소수정부는 특별한 다수를 확보하지 못할 의안을 의회에 제출하지 않아야 한다. 법안의 상당부분은 상대적으로 비논쟁적이기 때문에 정당 노선의 분열을 초래하지 않고 제안될 수 있고, 분열된 의회에서 야당은 정부에 반대하는 다수를 모으기가 어렵다는 것을 알게 될 것이다. 극단적인 경우로 덴마크의 자유당 정부는 1973-1975까지 의원의 1/8만을 확보하고 있었는데, 논쟁대상의 법을 만들 때 정당의 다른 결합으로 그 법안을 처리하는 특별 혹은 '도약다수(jumping majorities)'에 의존했다.[136]

다수연합의 수상은 연합의 붕괴로 수상직에서 물러나지 않도록 지켜야 한다. 총선거 없이 의회의 임기 중간에 연합상대를 바꾸는 것이 가능할 때, 연합 파트너들은 비록 수상을 반대하는 모의를 할지라도 모험을 하지는 않으며, 수상도 연합 파트너를 바꾸면서 연합의 세력을 강화하려는 모험은 하지 않는다. 만일 수상이 의회를 해산할 수 있다면 연합 내의 음모는 감소한다.

연합정부의 수상은 선거의 지지를 위한 정당 간의 경합에 휘말린다. 연합다수정부는 선거연합이 아니기 때문에 연합의 각 당은 다음 선거에서 자당의 득표가 증가되기를 원하고 현존 또는 가능한 다른 연합에서 자신들의 지위를 강화하려고 한다. 따라서 연합정부의 수상은 지도자

136 Pertti Pesonen and A.H. Thomas, "Coalition Formation in Scandinavia," in Veron Bogdanor, "Conclusion," Veron Bogdanor(ed.), *Coalition Government in Western Europe*(London : Heinemann Educational Books, 1983), 72.

이전에 조정자가 되어야 한다. 그러한 지위에 있는 사람은 의원들이 연합지도자를 따르는지 또는 자신의 소속정당 지도자를 추종하는지 확인될 수 없기 때문이다. 수상은 화려한 능력자보다는 팀 플레이어가 되어야 하는 것이다.[137]

2) 수상과 정당

수상에게 정치적으로 가장 중요한 최후의 자원은 정당이다. 수상은 자신이 원하는 일을 원할 때 원하는 방식으로 바로 할 수 없다. 이러한 제약을 하는 것은 헌법과 법률뿐만이 아니다. 오히려 모든 요인들 중에서 가장 중요한 것은 정당이다. 수상이 수상직을 유지하기 위해서는 그 정당의 지도자로서의 지위를 유지할 필요가 있다. 수상은 자신의 수상직을 그가 지도하는 정당에 의존하기 때문에 정당의 지지를 상실하면 바로 축출된다.

정부는 의회의 투표에 좌우되기 때문에 수상은 의회에 있는 정당의 관리에 우선순위를 두어야 한다. 정당별로 내부적인 지배, 지도자에게 부여된 재량권의 단위 및 범위 등이 다르다. 의회에서 압도적인 다수를 관리하기는 쉽다. 그러나 정당이 내부적으로 분열되면 될수록 수상에게는 제한적 요인이다. 수상은 각 내부의 파벌 보스들과 교섭해야 하기 때문이다. 만일 여론의 눈에 정부의 입장이 약하게 보이고 그 정당이 다음 선거에서 패배할 것같이 보이면 그것은 특히 수상에 대한 위협이다. 수상이 패배로 가는 것 같으면 정당과 수상 사이의 관계는 멀어진다. 그러

137 Richard Rose, *op. cit.*(1991), 18.

나 수상과 정부의 인기도가 높으면 정당은 수상을 강력히 지원한다. 대중적 지지에 의해서 측정되는 정책의 성공은 수상의 정당관리 업무를 쉽게 만든다.

내각의 정당구성—1당이냐, 연합이냐—은 내각과 각료에 대한 수상의 권력을 좌우한다. 1당정부의 수상은 다른 정당과 연합 파트너의 내각에 직면한 수상보다 일견 강해 보인다. 수상은 다른 정당의 노선보다는 자신의 정당노선을 더 잘 관리할 수 있을 것이다. 수상이 자신의 정당에 대한 권한이 클수록 다른 정당의 지도자와 교섭이나 협상을 해야 할 때 더 자율권을 갖는다. 그러나 수상은 지도자로서 자신의 위치에 대한 경합과 내부적인 분열을 지도해야 할 것이다.

강력한 파벌들은 수상이 추구하고자 하는 것에 반대할 수 있다. 그러한 상황에 처한 수상은 연합 파트너에 더 가깝게 느낄 것이고 자신의 정당을 향해 사용될 수 있는 그들의 압력을 내심으로는 환영할 것이다. 연합 파트너로부터의 압력은 원래 수상에 대한 속박처럼 보일지라도 사실상 자신의 정당이 자신에 대해 반대하는 것을 억제할 수 있는, 수상에 의해 발전된 자원일 수 있다. 따라서 이러한 압력은 오히려 자신의 정당 내부로부터 부과된 속박에 대해 수상을 자유롭게 만드는 배경이 될 수 있다.

압도적인 다수를 가진 1당이 없는 곳에서 수상은 소수정부의 지지를 확보하기 위해서나 혹은 연합참여를 위해 자신의 소속정당뿐만 아니라 연합 파트너 정당의 관리에도 열중해야 한다. 수상의 역할은 연합의 본질에 따라 다르다. 이것은 수상이 하나의 작은 정당과의 관계를 관리해야 하는지 혹은 많은 다른 정당과의 관계를 관리해야 하는지의 여부에 관한 것이다. 많은 정당이 협의의 대상이 된다면 수상은 정책을 주도하기보다는 균형을 유지하기 위해 더 많은 시간을 들여야 한다. 독일 수상에 비해 덴마크와 네덜란드 수상은 바로 이 점에서 비교된다. 네덜란드에 대한 한 연구는 수상은 작은 하나의 정당과의 연합보다 대등한 2개의 정당연합에서 더 많은 제약을 받는다.[138]

수상이 연합 가운데 작은 정당 소속이냐, 큰 정당 소속이냐의 문제도 중요하다. 큰 정당의 경우에 수상의 권력은 더 커질 것이다. 수상의 권한은 정부형태에 따라 1당다수, 1당소수, 연합-다수, 연합-소수 등 4가지로 분류할 수 있는데, 이 중에서 1당다수에서 가장 강하고 연합소수에서 가장 약하다. 수상과 내각과의 관계는 제로 섬 게임이 아니다. 강한 수상이 반드시 약한 내각을 의미한 것은 아니다.[139]

3) 수상과 공중

정부를 상징하는 정치인으로서 수상의 지위는 공중의 지지에 좌우된다. 공중은 여러 이익집단과 유권자이다. 수상은 이 둘 모두를 주의 깊게 관리해야 한다. 어떤 이익집단은 수상 소속의 정당에 대한 주요한 지지집단일 수 있다. 중도적인 집단들도 어떤 정책과 관련해 지지를 보내면 수상의 자원이 될 수 있지만 적대적이면 제약이 될 수 있다. 그러나 가장 중요한 공중은 유권자이다. 그들은 수상의 업무추진을 투표로 평가한다. 수상이 정부로 인식될수록 선거는 수상의 쟁점으로 전환될 가능성이 크다. 그렇다면 선거는 대통령선거와 같아진다. 그러나 표를 결정하는 요인으로서 수상의 영향력에 너무 많이 좌우되는 것은 우려되는 상황이다.

138 G. W. Jones, "West European Prime Ministers in Perspective," in G. W. Jones (ed.), *West European Prime Ministers*(Portland, Oregon : Frank Cass, 1991), 174.
139 *Ibid.*, 168.

정부정책의 성공, 특히 경제정책은 아마 더 중요할 것이다. 만일 정부가 성공적이고 인기가 있으면, 그리고 다음 선거에서 승리할 가능성이 있다고 생각되면 수상은 더 많은 정치적 자원을 갖게 되고, 정부를 관리할 더 많은 자유를 갖게 될 것이다. 만일 실패로 가는 것으로 보이면 유권자에 대한 수상의 의존성은 제약될 것이다.[140]

4) 수상과 매스 미디어

매스 미디어는 수상에 대한 어떤 인식을 만들어내면서 공중의 태도를 형성하는 데 기여한다. 특히 이와 관련해 TV는 수상이 공중의 지지를 얻기 위해 사용하는 중요한 수단이다. 수상이 매스 미디어로부터 지지를 받으면 수상에게 중요한 자원이지만 반대의 경우는 제약이다. 따라서 수상은 미디어의 일정과 요구에 맞추고, 그들에게 자료를 제공하며, 방송과 신문조직이 불편하지 않도록 미디어의 관리를 주요한 업무로 취급한다. 유권자들은 자신들이 직접 경험하는 대신에 미디어를 통해서 정치와 정부에 대한 정보를 획득한다. 그리고 미디어는 유권자들에게 수상과 정부의 평판을 제공하는 데 중요한 매체이다. TV에서 수상의 빈한한 능력은 정당, 의회, 내각을 관리하는 그의 능력에 손상을 입힌다.

표면적 이미지에 초점을 맞추고 개인에 집중할 필요가 있는 TV는 수상의 권력을 증대하는 데 현저하게 기여해 왔다. TV는 수상이 정부에서 가장 중요한 세력이라는 견해를 안출한다. 시간이 지나면서 그 의견의 평판은 공공 의식에 스며들고, 각료까지도 그것을 믿게 될 수 있다. 결국

140 *Ibid.*, 169.

이미지가 현실이다.[141]

수상의 우월성에 대한 인상의 발전은 역시 정부 전체 혹은 각료의 잘못을 수상의 탓으로 전가시킴으로써 수상의 개인적인 비인기를 이용하려는 야당에 의해 촉진될 수 있다. 이 잘못된 이미지는 수상을 희생양으로 삼아 스스로에 대한 잘못된 비난을 전환하고 싶은 각료 자신들에 의해서도 형성될 수 있다.

5) 수상과 각료 및 관료

수상은 홀로 활동할 수 없다. 수상에게는 수상이 결정에 이를 수 있도록 정보를 제공하고, 수상이 역할을 수행할 수 있도록 보좌하고, 충언하며, 명령을 실행하고 커뮤니케이션의 전달매체로서 활동할 보좌진이 필요하다. 거대하고 전문화된 보좌진은 수상의 핵심적 자원으로 보일 수 있으나 수상과 협력하는 사람들을 적대시할 수도 있기 때문에 또한 억제자가 되어 불리할 수도 있다. 특히 내각의 각료들은 선출되지 않은 수상의 측근들에 의해 그들의 의견이 지배된다고 느끼면 스스로 약하게 느껴질 것이다. 실질적인 내각은 이러한 '사설고문단(kitchen cabinet)'에 대해 적대감을 가질 것이다. 수상의 보좌진은 유익할 수 있으나 불리할 수도 있는 것이다.

수상이 정당이나 압력집단, 미디어를 잘 관리하고 의회와 고위 공무원, 각료들과 내각에서 아주 성공적으로 업무를 수행하고 정책을 제안하며 채택해도 집행단계에서 실패할 수 있다. 정부에서 강력하게 보이

141 *Ibid.*, 171.

는 수상일지라도 정책의 성공이 시험대에 오르면 미약하게 보일 수 있고, 정책집행의 실패는 선거패배를 가져올 수 있다. 유권자들의 투표태도는 수상이 내각과 의회 및 정당에서 얼마나 효과적인가의 여부보다는 정책성공과 실패에 더 영향을 받을 가능성이 크다.

성공적인 집행을 위해서는 수상과 관료들의 관계가 아주 중요하다. 수상은 거대한 정부의 조정자이고, 정부의 전체적인 수행에 대한 책임을 가진 하나의 각료이다. 자신들의 정치 및 소관부처에 대한 야심을 가진 각료들을 결속시키기는 어렵다. 정부가 더 커지고 복잡해지면서 어려움은 더 늘어난다. 전체적인 조정에 대한 강력한 필요성은 수상에게 일을 더 하도록 만들었고, 소관부처 활동을 지속적으로 하는 관료들과 더 접촉하도록 만들었다. 중요한 쟁점은 관료가 수상의 보조자로 행동한다는 것이다. 관료들은 업무를 추진하는데 수상의 자원이 될 수 있다.

3. 수상의 대표성

의회제에서 국가를 상징하고 대표하는 것은 수상이 아니고 국가원수로서의 국왕이나 대통령이다. 그러나 실제로 국가원수의 역할은 대외적으로 국가와 정부를 대표한다기보다는 대내적으로 국가의 상징적 역할에 한정된다. 대외적으로 정부는 물론 국가를 대표하는 것은 수상이다. 수상은 1인자일 뿐만 아니라 유일한 존재로, 10여 명 이상의 각료로 구성되는 내각의 단일 목소리이다.

많은 나라에서 공식적으로 정부의 변화는 사실상 내각의 변화가 아니라 수상의 변화이다. 이런 의미에서 수상은 분명한 정부의 헌법적 상징이다. 많은 나라는 정부구성 절차에서 수상을 최초로 선임한다. 수상의 내각구성원들과의 핵심적 관계는 한 사람의 각료와 전체로서의 내각에 대한 대표 등 두 가지 역할자로 행동하는 것이다. 수상의 권력은 연합정부에서도 매우 강력할 수 있다. 물론 나라마다 수상의 지위는 상당히 다르다. 노르웨이 수상의 권한은 상당히 위약하지만 독일 수상의 경우는 정부정책 결정에 강력한 권한을 갖는다.

수상이 실질적으로 정부뿐만 아니라 국가를 대표하는 성격은 국제관계에서의 지위와 역할에서 잘 나타난다. 수상은 다른 나라와의 외교 및 국제금융 관계 등 국가가 단일 목소리를 내도록 요구되는 국제협상에서 정책주도권을 가지며, 다른 정부와의 토론에서 국가적으로 목소리를 내는 유일한 입장에 있다. 국제외교의 규칙은 다른 나라와 동등한 정치지도자가 협상하도록 요구하기 때문에 수상은 자신의 정부에 대해 약속할 권한을 갖는 대통령이나 국가의 행정수반을 만난다는 것 자체가 그들과 같은 권한을 가졌다는 것을 보여주는 것이다. 수상은 외무장관으로서가 아니라 정부 및 국가의 지도자, 즉 대통령제의 대통령과 동등한 입장에서 국제적으로 활동하며, 이러한 수상의 외교적 업무의 참여는 수상을 더 유명해지도록 촉진하면서 수상의 지위와 권한을 더욱 증대시킨다.

4. 수상의 권력

1) 각료의 선임

각료의 임명권은 의회제 국가별로 다양하다. 수상은 공식적으로 각료의 임면권을 갖고, 입법부에 내각의 명단을 제출한다. 벨기에, 이태리, 네덜란드의 경우는 예외이지만, 실제로 정당지도자로서의 수상의 지위는 각료에 대한 공식적 임면권은 없지만 당 동료들인 각료에 대한 임면을 할 수 있다. 그러나 이 권한은 현실정치에 의해서 분명히 제한을 받는다. 선택이 수상 독자적이냐 혹은 연합협정에 의한 것이냐, 아니면 선택범위의 인재풀에 좌우되느냐 등이다. 특히 다른 정당소속의 각료에 대해서는 그 정당지도자의 동의 없이 교체하기가 어렵다.

수상은 외견상 큰 재량권을 갖는 곳에서도 정당에 의해 부과된 상당한 제약이 있다. 수상은 소속정당이나 연합정부에 참여한 정당들의 신임을 받는 각료를 선임하고 내각을 구성해야 한다. 수상은 자신의 정당이나 연합 파트너, 정당 내 파벌의 대표, 혹은 특정 각료직을 주장하는 사람을 임명해야 한다. 수상은 또한 일단 임명된 각료를 교체하거나 해임하는 능력도 다양하다. 영국의 수상은 범위가 넓지만 이태리나 네덜란드의 경우는 좁다. 임명, 교체, 해임의 권한에 공식적 제한은 없지만 실제로는 소속정당이나 연합동맹의 지지를 보유하기 위한 필요에 의해 제한을 받는다. 당 내에서 중요한 위치를 차지하는 인물은 특정 부서의 각료직을 요구할 뿐만 아니라 다른 내각의 움직임이나 해임에 대해 저항하게 된다.[142]

수상의 각료임명권은 법으로 규정될 수도 있다. 예를 들어 법적으로 각료는 의원만이 임명될 수 있다면 수상의 각료선택권은 크게 제한되지만 의회 내에서의 임명권은 증대한다. 또는 각료임명 대상자가 의원이 아니거나 의원직을 사임해야 하는 경우는 신임의 유지를 위해 비임명 전략을 사용해야 할 것이다. 각료직을 연합에 참여한 정당에게 분배해야

142 *Ibid.*, 166–68.

하는 연합정부에서는 어느 당이 어떤 각료직을 맡을 건인가가 결정되면 수상이 다른 당에 속하는 각료직에 개입하는 것은 어렵다.

2) 의회해산

정부가 입법부를 통제하는 가장 현저한 표시의 하나는 헌법적 권력으로 직접 의회를 해산하거나 혹은 확실히 이를 수용해야 하는 국가수반에게 건의하는 것이다. 이 권력은 정부로 하여금 의지대로 의회를 제거하고 선거를 실시할 수 있도록 해준다. (예외적으로 노르웨이는 4년 주기의 고정된 임기로 선거를 실시한다). 의회해산에서 국가수반의 모습은 잘 보이지 않는다. 의회해산권은 국가수반으로부터 수상으로 전환되었기 때문이다. 준대통령제를 제외한 대부분의 나라에서 의회해산에 대한 검토과정에서 국가수반의 조언자 역할은 감소되고, 해산이 필요하다면 국가수반의 동의 없이 이루어질 수 있다. 국가수반의 해산에 대한 대안으로 의회의 자진해산의 경우도 있다. 이스라엘(헌법 75조), 오스트리아(헌법 29.2조), 헝가리(헌법 27.2)가 예이다. 수상의 해산요구를 국가수반이 동의할지의 여부에 대한 논쟁은 이제 의미가 없다.

의회해산, 즉 현 정부가 의지대로 선거를 요구할 수 있는 권한은 반대자들에게 선거에 따른 부담을 부과하는 위협이 된다. 여론조사가 생생한 정보를 제공해 주기 때문에 정부는 그러한 여론조사를 통해 선거를 준비하고, 이어지는 선거결과에서 의회의 의석분포를 추산한다. 이것은 정부가 현재의 입법기반과 선거로부터 예상되는 결과 중에서 어느 쪽이 더 유리한가를 전략적으로 고려한다는 의미이다. 인기가 높은 정부는 항상 총선거를 요구하고 입법부의 입장을 증진할 수 있다. 인기가 낮은 정부라도 입법부의 다수를 상실하지 않는 한 여론과 관계없이 유지할 수는 있다.

의회제는 의회에서 정부가 탄생되기 때문에 의회해산은 곧 정부에 대한 불신임, 즉 정부의 붕괴로 이해된다. 따라서 의회해산은 또 다른 총선거와 정부의 구성을 수반하게 된다. 다만 양원제에서 상원은 정부를 퇴임시킬 권한이 없다는 점에서 역시 해산의 대상이 아닌 것으로 인식된다. 그러나 벨기에는 예외적으로 상원도 하원과 함께 해산된다(헌법 46).

의회해산의 파장은 크지만 그 과정은 정부의 구성처럼 복잡한 것은 아니다. 의회해산은 나라마다 다양하며, 그 조건은 헌법에 규정되어 있다. 그러나 의회해산에 대한 국민의 태도는 일종의 습관으로 되었고, 수상의 사임전술과 비슷하게 수상의 수중에 있는 전략적 도구로 인식되었다. 의회제정권에서 이제 의회해산은 1877년 이후에 일어났던 프랑스의 경우와 같은 쿠데타적인 행동배경으로 생각되지는 않는다.[143] 유권자는 물론이고 야당도 빈번한 의회해산을 수용하며, 따라서 대부분의 의회는 임기를 채우지 않는 경우가 허다하다. 의회해산의 원인은 다양한데, 클라우스 본 베이메는 5가지로 분류했다.[144]

1. 의회가 정부를 불신임하는 경우로, 정부는 헌법에 따라 의회를 해산함으로써 정부와 의회 다수 사이의 갈등을 국민들이 해결하게 된다. 이와 관련해 벨기에(헌법 제46조), 일본(헌법 69), 스웨덴(헌법 6 · 5), 헝가리(헌법 28 · 3) 등은 헌법에 각각 규정하고 있는데, 헝가리에서 이 조건은 정부가 1년에 4번의 불심임에 직면했을 때 적용된다.

143 Klaus von Beyme, *op. cit.*, 139.
144 *Ibid.*, 136–148. 의회해산에 관한 내용은 주로 이 문헌을 참고하였으며, 특기사항은 구체적 페이지를 별도로 명기하였음.

스페인에서는 불신임이 계류중일 때는 불가능하다. 독일의 경우는 불신임 결의에 앞서 재적의원 과반수의 찬성으로 신임수상을 선출한 뒤에 해산을 하도록 규정하고 있는데, 이를 건설적 불신임(Constructive vote of no confidence)제로 부른다.

2. 신임투표가 실패했을 경우로, 이는 독일(헌법 68)에서 볼 수 있다. 수상은 중요 정책이나 법안의 관철을 위해 의회에 신임투표를 요청하며, 신임이 확정되지 않으면 대통령에게 '비상입법상태(State of Legislative Emergency)'를 선언해 계속 집권하거나 의회해산을 요청할 수 있다.
3. 정부구성이 교착상태에 빠지게 됨으로써 의회해산을 초래할 수 있는데, 대표적으로는 불가리아(헌법 99.5), 독일(헌법 63.4), 그리스(헌법 41) 등이다. 독일의 경우 대통령의 수상추천권은 단 1회뿐이기 때문에 대통령이 추천한 인물이 의회에서 재적의원 과반수의 지지를 얻지 못하면 의회가 14일 이내에 역시 과반수의 찬성으로 직접 선출하거나 이를 충족하지 못하면 재투표를 통해 단순다수로 선출해야 한다. 이 경우 대통령은 단순다수의 지지를 받은 수상을 임명하든지 혹은 의회를 해산하고 60일 이내에 다시 선거하게 된다.
4. 국가적으로 중요 문제에 대해 국민투표의 대용으로 의회를 해산하는 경우로 그리스(헌법 41.2)에서 볼 수 있다. 국민투표의 대용으로 조기총선을 위한 의회해산은 영국형 의회제에서 자주 사용되어 왔다. 어떤 쟁점이 제기되면 이를 배경으로 조기선거가 실시되고 선거결과는 국민의 위임으로 해석된다. 노르웨이에서는 의회해산이 없다. 의회해산이라는 우회적 방법 대신 곧바로 국민투표가 실시되어야 한다. 국민투표는 정부의 계속성에 관한 까다로운 문제를 동시에 결정하지 않고 분명히 공식화된 대안에 관한 결정이 가능하다

는 이점이 있다.[145]

5. 선거법의 개혁이 종종 의회해산으로 이어졌다. 20세기 초에 선거법의 실험과 비례대표의 도입이 의회해산으로 이어졌는데, 벨기에(1848, 1894, 1900), 룩셈부르크(1918, 1919, 1970), 이태리(1870, 1882, 1913, 1919, 1933), 스웨덴(1919, 1921, 1970), 덴마크(1918, 1920)가 대표적이다.

의회해산은 정부붕괴로 이어지기 때문에 자칫 정치불안을 초래할 수 있다. 의회제 민주주의에 대한 가장 큰 우려나 단점으로 인식되는 문제가 바로 빈번한 정부의 붕괴와 의회해산이었다. 따라서 민주화 이후의 의회정권들은 여러 측면에서 헌법상 해산을 제한했다. 영국형 정권(영국, 아일랜드, 오스트레일리아, 캐나다)에서는 수상에 의한 빈번한 자유재량의 해산이 가능했기 때문에 영국은 연속적인 해산(1922, 1923, 1924, 1950, 1951, 1965, 1966)을 경험했다. 다만 의회의 조기해산은 임기의 정상적인 종료 1년 또는 그 이상의 기간이 남아 있어야 가능하도록 한정된다. 1945년부터 1995년까지 63차례의 선거 가운데 거의 1/4은 임기 말 이전의 조기해산으로 실시되었다.

협의민주주의적 요소를 갖는 대륙 의회체계의 벨기에, 덴마크, 이태리, 룩셈부르크, 네덜란드, 오스트리아, 그리고 준대통령제의 프랑스, 핀란드를 모두 합치면 1945–1995년까지 50년간 122번의 선거를 실시했다. 이 가운데 덴마크가 40년간 20번의 선거로 가장 많이 실시했으며, 평균은 약 15번이다. 이들 중 거의 반에 해당하는 54번이 의회 조기해산 때문에 실시된 것이다. 이들 중 1/3(33번)은 임기 말 2년 전에, 그리고 12번

145 *Ibid.*, 140–141.

의 사례는 덴마크(1953), 프랑스(1946), 아일랜드(1982)에서 각각 1년에 두 번의 선거가 실시되었다.

그러나 바이마르공화국(헌법 25), 오스트리아(헌법 29.1) 등의 경우는 '조기선거 후 1년간 해산불가'라는 조항으로 이러한 빈번한 조기해산을 막고 있다. 프랑스(헌법 12.4), 스페인(헌법 115.3)도 처음과 동일한 이유로 두 번째 해산은 금지되는 법률적 규정을 가진 나라이다. 또한 러시아는 긴급조치법의 시행중(헌법 109.5) 혹은 대통령에 대한 탄핵이 계류중인 때에는 의회해산이 금지된다.[146]

19세기에 이루어진 의회해산의 반은 정부와 의회와의 갈등이 원인이었으나(영국에서 8번, 네덜란드 5번, 벨기에 3번) 20세기에 들어서면서 의회체계의 민주화와 함께 이러한 경향은 달라졌다. 벨기에는 60년간(1900-1906) 13번의 해산 가운데 의회와 정부의 갈등에 의한 것은 한 차례도 없었으며, 영국은 16번 가운데 오직 한 차례(1924), 네덜란드는 10번 중 3차례(1904, 1933, 1958)였다.

반면에 스칸디나비아에서 의회해산은 드물고 노르웨이에서는 없다. 덴마크에서는 거의 사용되지 않고, 스웨덴에서는 1919-1970까지 보통선거의 도입과 헌법의 전체적 개정 사이에 단지 한 차례의 사례가 있었다. 의회해산은 대부분의 정부임기가 의회의 표결이 아니라 정규적인 민주적 선거에 의해 종료되기 때문에 중요성이 감소되고 있다. 해산이 아예 없거나(노르웨이, 이스라엘), 제한되거나(독일), 잔여임기의 짧은 임기로

146 1998년 4월 옐친(Yeltsin)이 그의 수상후보가 3번째의 표결에서도 다수를 확보하지 못하면 의회를 해산하겠다고 위협했을 때 탈공산주의자들은 대통령의 의회해산을 막기 위해 대통령에 대한 탄핵을 고려했다. 그러나 다수가 새로운 총선거보다는 비록 원하지 않는 수상이라도 수용하는 것이 좋을 것이라고 결정했다.

인해 선호하지 않는 나라들이 있기 때문에 계량적 비교분석은 어렵다.[147]

그러면 의회의 조기해산이 정부의 안정에 어떤 영향을 미칠 것인가? 몇 가지 이유로 인해서 일반화하기는 어렵지만 해산의 영향은 해산의 이유와 정당체계에 좌우된다. 만일 의회의 조기해산의 이유가 연합의 해체라면 결국 해산은 정부의 안정성을 강화할 수 있다. 반면에 분열된 다당체계에서 해산은 정부의 안정에 거의 기여하지 못한다(핀란드, 바이마르공화국, 네덜란드, 이태리 공화국). 의회해산에 대한 태도는 나라마다 다르다. 영국에서 조기해산은 정상적으로 보이지만 프랑스에서는 일종의 쿠데타로 보인다. 대부분의 나라에서 해산에 대한 요구는 다음 선거의 승리에 대한 희망과 관련된다. 영국과 벨기에에서 19세기 초기에는 선거승리가 기대되지 않을 때 의회해산을 요구하는 것은 불공정한 것으로 생각되었다.

3) 정책의 추진

대의체계의 원칙에서 수상은 대중적으로 선출된 의회의 신임에 좌우되지만 실질적인 지배는 의회가 아니라 수상을 중심으로 하는 정부의 책임이다. 수상은 정부의 일상 업무에서 각료 위에 군림하는 수장(chief), 각료와 함께 하는 의장(chairman) 등 다양하다. 의회체계는 입법부와 정부가 연계되어 있기 때문에 수상은 미국의 대통령제 형태의 견제와 균형의 대상이 되는 대통령보다 정부의 지휘에 더 큰 잠재적 영향력을 갖는다.

147 스웨덴에서는 헌법개혁 이전인 1970년까지는 의회해산의 경우 새로 구성되는 의회는 잔여임기에 한정되기 때문에 의회로서는 이점이 없었다.

수상은 헌법적 역할뿐만 아니라 주요 정당의 수뇌이다. 영국처럼 1당 다수정부에서 정당지도자로서의 수상의 역할은 정부지도자로서의 역할과 상당히 중첩된다. 따라서 다수당 정부에서 강력한 통제력을 가진 강력한 수상은 거의 선거된 군주같이 보일 수 있으며, 확실히 영국은 물론 뉴질랜드, 캐나다, 그리스 등 1당다수 정부의 전통을 가진 나라들에서 더 커보인다.[148]

어떤 수상은 자신의 정책분야를 확보하고 상당한 재량권을 행사하며 보스로서 각료를 지도한다. 수상은 내각의 과제설정과 각료회의의 사회, 각 과제별 토론 말미에 합의된 결정을 요구할 수 있는 권한을 갖는다. 수상은 상당한 재량권을 갖고 누가 무엇을 언제 어떻게 결정할 것인가, 즉 부서의 기능설정과 배분, 각료위원회의 구성과 회의의 개최 및 회의의 참여자, 일정과 과제 등을 선택한다. 그러나 모든 정부의 수상이 동일한 것은 아니다. 수상의 권한과 역할은 나라마다 다양하다. 정책이 각료의 수중에서 각료가 최대한의 재량권을 행사하는 경우, 수상은 집합체로서의 내각과 개별적인 각료 모두로부터 제약을 받는다. 동료 각료들과 함께 각료들이 허용하는 범위 또는 설정된 절차에 의해 활동한다.

수상과 각료는 공식적으로는 동등하지만 정치적으로는 그렇지 않다. 수상은 제한된 정책분야에 선별적 개입을 통해서 정책을 결정할 수 있다. 대부분의 중요한 쟁점은 내각의 토론을 거치기 때문에 수상은 여기에서 결과에 영향을 미칠 수 있다. 미국 대통령은 행정기관에 대한 책임을 가지고 있는 반면에, 의회제의 수상은 행정수반(chief executive)이 아니라 정부수반이기 때문에 특정 정책에 대해 개인적 책임을 지지 않는다.[149]

148 Michael Laver and Kenneth A. Shepsle, "Cabinet Government in Theoretical Perspective," in Michael Laver and Kenneth a. Shepsle (eds.), *op. cit.*

이에 대한 책임은 각각의 각료에 있다. 수상은 정부 전체에 대한 책임사항이 아닌 이상 각 부서의 잘못에 대한 직접적인 정책책임으로부터 제외되어 있지만 정부의 각 부처가 만드는 불가피한 잘못에 대한 비난은 피할 수 있다.

정책분야는 수상의 권력에 대한 자원이 될 수도 있지만 그 반대로 약점이 될 수도 있다. 어떤 점에서는 점수를 딸 수도 있지만 다른 측면에서는 해가 될 수도 있기 때문이다. 정책결정에 접근하는 것은 수상마다 다를 수 있다. 중요한 정치적 과제에 적극 개입하려는 수상과 외교, 국방, 경제 등의 중요 과제만 선별적으로 집중하는 경우이다. 그러나 수상이 정책을 달성하는 것은 그들의 정책분야에서 우선적인 역할을 하는 각료에 좌우된다. 만일 외교, 국방, 재정에 강력한 각료가 수상의 독단성이나 적극적인 개입에 저항하면 제약이 될 것이다.

수상의 정책적 활동은 수상이 자신의 업무를 어떻게 인식하느냐에 따라 다양하다. 수상이 어떤 노선을 추진해야 할 사명을 갖는다면 그 노선은 자신의 정책이나 정부 전체 혹은 정당의 정책이 될 수도 있다. 반면에 수상이 수장으로서보다는 의장으로서 활동하면서 정책에 관심을 두기보다는 자신의 역할을 정부를 함께 유지하면서 정책을 자신의 정당이나 연합 파트너, 각료와 함께 참여하고 있는 협상과정의 우연한 산물로 보면서 정책주도권을 각료에게 넘겨주고 피하는 방법을 찾거나 혹은 의원과 각료 사이를 조정하는 일에 한정할 수도 있다.

149 Richard Rose, "Prime Ministers in Parliamentary Democracies," in G. W. Jones (ed.), *op. cit.*, 13.

Ⅵ. 정부의 종료와 안정성

대통령제의 정부는 한 대통령의 고정된 임기가 끝나면 종료된다. 만일 한 대통령이 다음 선거에서 재선된다면 그 대통령의 임기는 다시 시작된다. 한 대통령이 재선되는 경우, 그 대통령 정부의 종료시점을 언제로 볼 것인가에 대한 합의는 없다. 한 번의 고정된 임기를 하나의 정부단위로 보면 재선되어 두 번의 임기를 만료한 대통령은 2개의 정부가 종료된 것이다. 그러나 한 대통령이 두 번의 임기를 연임한 것을 하나의 정부로 보면 하나의 정부가 종료된 것이다. 즉 정부의 단위를 규정된 임기를 기준으로 하는가 혹은 대통령을 기준으로 하는가에 따라 다른 것이다. 예를 들면 재선된 미국의 레이건, 클린턴, 부시 대통령은 4년의 고정된 임기 2번을 집권했다. 이 대통령들의 정부는 4년의 임기를 단위로 하면 정부의 종료는 각각 2번이다. 그러나 인물, 즉 대통령을 기준으로 하면 각각의 종료는 1번이다.

여기에서 임기의 종료시점 구분은 이 문제를 다루는 자의 목적에 따라 다를 수 있다. 2번의 임기, 즉 8년을 하나로 하여 '부시 정부'로 할 수 있고, 또한 둘로 하여 '부시 1기 정권' '부시 2기 정권'으로 할 수도 있을 것이다. 전자의 경우는 정부종료가 1회이고 후자는 2회이다. 그러나 대통령제는 대통령의 사망이나 탄핵 등 극히 예외적인 경우를 제외하고는 임기가 고정되어 정부의 종료는 정기적이고 당연하기 때문에 토론의 대상이 되지 않는다. 다만 대통령의 임기 말에 권력누수 현상(레임 덕)이 초래되는지의 여부에 대한 관심이 제기되는 실정이다. 그렇다면 의회제의 정부는 어떤가?

1. 정부종료의 본질

의회제의 정부는 임기가 고정되어 있지 않기 때문에 여러 배경에 의해 정부가 수시로 종료된다. 이것은 모든 정부—다수정부이든 또는 소수정부이든—에 해당된다. 그러나 의회제도 역시 정부의 종료시점에 대해 여러 주장이 제기될 수 있으며, 정부 종료의 빈도만큼이나 그 기준은 복잡하다.

의회제는 정부가 임기와 관계없이 수시로 붕괴되는가 하면 이와 관련해 의회도 자주 해산된다. 이러한 특성은 의회제 정부의 불안정성으로 간주된다. 따라서 의회제 정부의 안정성에 대한 연구들은 정부의 지속성에 대해 초점을 모은다. 정부의 지속성에 대한 기준은 결국 정부의 개시와 종료 사이의 기간을 나타낸다. 그런데 그 시점을 언제로 하느냐, 즉 정부의 시작과 끝의 기준이 무엇이냐에 따라 지속성은 달라진다. 위의 대통령제의 임기종료에 관한 기술에서 본 것처럼 의회제에서 정부의 종료는 헌법에 규정된 의회의 임기가 만료되거나 혹은 의회해산으로 새로운 선거가 실시되는 경우, 정부가 의회에서 다수지지를 얻는 데 실패하는 경우, 그리고 정부의 사임 등 몇 가지 상이한 방식에서 유발될 수 있다.[150]

정부의 지속에 관한 기준은 학자에 따라 정부의 존속기간, 수상의 재임기간, 여러 정부정책의 지속성 등에 관해 다른 기준을 적용하고 있기 때문에 매우 다양하게 나타나고 있다.[151] 블론델(J. Blondel)은 우선 정부의

150 Michael Laver and Kenneth A. Shepsle, *op. cit.*, 43–46.

151 David Sanders & Valentine Herman, "The Stability and Survival of Governments in Westtern Democracy," *Acta Politica 12*(1977), 347.

단위를 정부수반(수상)이 동일하고 의회에서 동일한 정당(들)의 지지에 의존하는 정부로 보았다.[152] 이에 대해 샌더스(D. Sanders)와 허맨(V. Herman)은 블론델의 이러한 정의는 3가지 약점이 있다고 지적한다.[153] 즉 1) 의회제가 스스로 정의하는 방식이 아니며,[154] 2) 의회가 정기 총선거 또는 조기 총선거 등을 거쳐 2대 또는 그 이상의 기간에 정부가 존속하는 경우, 원내 다수세력의 규모나 야당의 형태, 정당체계의 파벌화 등에서 의회가 다른 상황으로 존재할 가능성을 고려하지 못하고,[155] 3) 정부의 존속기간의 문제로 의회의 최대 존속기간보다 긴 경우가 나타난다는 것이다.[156] 따라서 샌더스 등은 블론델의 정의가 의회제의 정부(government)보

152 J. Blondel, "Party Systems and Patterns of Government in Western Democracies," *Candian Journal of Political Science 1(2)* (June 1968), 190.

153 David Sanders & Valentine Herman, *op. cit.*, 348–352.

154 예를 들면 오스트리아, 오스트레일리아, 일본 등의 경우는 이 나라들이 자체적으로 인정하는 정부의 수보다 줄어들게 된다는 것이다. 대표적으로는 오스트레일리아의 경우 1949–1966까지 자유당과 국가당(Country Party)의 연합으로 존속한 멘지스(Robert Menzies) 수상 정부는 7번의 총선거를 실시했기 때문에 7번의 정부구성으로 보는 반면에, 블론델의 정의를 기준으로 하면 1개의 정부가 된다. David Sanders & Valentine Herman, *op. cit.*, 348–352.

155 예를 들어 이 정의를 영국에 적용하면 1964–1970에 윌슨(Harold Wilson) 단일 노동당 정부가 존속한 것으로 나타난다. 그러나 실제로는 아주 다른 두 정부가 존재했다. 첫 정부는 1964년 10월의 총선 후에 구성되어 1966년 3월의 선거까지 존속되었으며, 두 번째 정부는 1970년 의회의 조기해산 때까지 이어졌다. 전자의 경우 정부는 4석 초과의 다수에서 의원의 사망과 사임으로 겨우 2명 초과의 다수로서 행동에 많은 제약을 받았으나 후자의 경우는 훨씬 많은 의석차이의 다수였기 때문에 정부활동에 제약이 상대적으로 적었다. 여기에서 두 번의 정부는 모두 수상과 연합정당이 동일했지만 의회의 활동과 두 정부의 기록은 현저히 달랐다. 블론델의 정의로는 이 다른 두 정부도 하나의 정부로 간주된다. David Sanders & Valentine Herman, *op. cit.*, 348–349.

156 블론델의 정의로 보면 전후 스웨덴 정부의 평균 존속기간은 7년 이상이었던 반면에 1971년까지 의회의 존속기간은 단지 4년이었다. David Sanders & Valentine Herman, *op. cit.*, 350.

다는 권력분리의 대통령제의 정부(administration)에 해당한다고 주장한다.[157]

한편 후르위츠(Leon Hurwitz)는 정부를 1) 선거 후 구성, 2) 수상의 교체, 3) 내각의 정당구성의 변화, 4) 총선거 사이의 사임과 동일 수상 및 내각구성원으로 재구성 중의 어느 하나를 충족하는 경우로 정의했다.[158] 후르위츠의 정의에서는 의회가 법정 임기종료나 조기해산으로 선거가 실시되면 정부의 임기는 자동적으로 끝나게 된다. 여기에서 기존의 정부와 동일한 수상, 동일한 정당으로 새로운 정부가 구성되는 경우 후르위츠의 정의로는 새롭고 다른 정부이지만 블론델의 정의를 기준으로 하면 하나의 정부가 되어 이를 적용하면 정부의 수가 달라진다.

샌더스 등은 정부의 안정성을 존속기간(duration)보다는 생존기간(terms of survival)으로 정의하면서 정치체계의 여러 의회의 특성들이 정부의 안정수준을 구체적으로 결정하는 정도를 구별하고자 했다. 즉 정부의 생존에 가장 크게 결합된 영향을 갖는 변인들은 반체계정당의 상대적 규모, 정부의 다수/소수의 상태, 정부의 연합정당의 수, 정부구성, 정당의 의석규모를 들었다.[159]

샌더스와 허맨은 후르위츠의 정의가 갖는 장점을 1) 정부에 대해 각국이 스스로 정의하는 것과 같은 방식으로 정의하기 때문에 정부에 대한 공통적이고 광범위한 이해가 용이하며, 2) 각각의 모든 정부가 특정 의회의 임기단위 내에 존속하며 대(代)가 다른 의회에 이어지는 정부를 하나의

157 대통령제에서는 대통령이 재선되는 경우 동일한 명칭이 이어진다. 예를 들면 부시정부는 4년 임기 이후 선거에서 재선되면서 다시 4년간 계속 된다. 따라서 이 경우는 의회의 정해진 임기변화와 관계없다.

158 Leon Hurwitz, "An Index of Democratic Political Stability : A Methodological Note," *Comparative Political Studies* 4(1971), 44.

159 David Sanders & Valentine Herman, *op. cit.*, 371-372.

정부로 보지 않고, 3) 정부의 존속기간을 그 정부가 소속되어 있는 의회의 존속기간보다 짧거나 같게 보고 있다는 점을 들고 있다.[160]

이처럼 정부의 종료시점은 이러한 배경에 따라 다양하게 규정될 수 있는데, 아래의 〈표 11〉과 같이 구별할 수 있을 것이다.

〈표 11〉 정부종료의 배경과 유형

<table>
<tr><th rowspan="2">의회선거 및 존속유형</th><th rowspan="2">정부사임의 배경</th><th colspan="2">선거 후의 정부(다수 혹은 소수)</th></tr>
<tr><th>1당정부</th><th>연합정부</th></tr>
<tr><td>임기만료 총선거
또는
의회해산 총선거</td><td>자동사임

불신임</td><td rowspan="2">A 기존 1당 동일 수상 정부
a 기존 1당 다른 수상 정부
B 다른 1당 다른 수상 정부</td><td rowspan="2">C 기존 연합 동일 수상 정부
c 기존 연합 다른 수상 정부
D 부분교체 동일 수상 연합정부
d 부분교체 다른 수상 연합정부
E 다른 연합정부</td></tr>
<tr><td>기존 의회의 존속</td><td>자신사퇴
연합구성의 변화
수상의 유고</td></tr>
</table>

이상의 〈표 11〉에서 선거 후의 정부 A a B C c D d E는 다수정부일 수도 혹은 소수정부일수 도 있다. A, C의 정부는 선거 후에도 기존의 정부가 그대로 이어지는 경우이고 a, c정부는 집권당의 수상이 바뀌는 것이다. D정부는 기존의 연합정부를 구성하던 정당들이 부분적으로 교체되지만 수상은 동일인인 경우이고 d는 수상이 바뀌는 것이다. 그리고 B정부는 총선거 이후에 다른 정당이 다수당으로 집권하는 것이고 E정부는 기존의 정부에 참하지 않았던 정당들의 연합이다.

160 *Ibid.*, 352–353.

1. 이상의 〈표 11〉에서 정부의 사임을 정부의 종료로 보면 1당정부 및 연합정부의 A a B C c D d E의 모든 경우의 기존정부는 종료되었다.
2. 정부의 종료를 집권당의 교체로 보면 1당정부인 B와 연합정부인 E는 분명히 기존의 정부가 종료된 것으로 볼 수 있고 연합정부인 d의 경우 기존 정부의 종료 범주에 포함될 수 있으나 다른 정부들은 존속되고 있는 것이다.
3. 정부의 종료를 수상의 교체로 보면 a, c는 동일 정당이 집권하지만 수상이 교체되었기 때문에 정부가 종료된 것이고, d정부는 수상뿐만 아니라 연합을 구성하고 있던 일부 정당까지 교체되었기 때문에 종료의 성격은 더 강하다. 이 경우 정부의 존속은 A, C, D정부이다.
4. 의회가 존속하는 상황에서 정부가 자진해서 사임하는 경우는 1당다수정부에서는 거의 나타나지 않을 것이다. 집권당 안의 파벌갈등이라면 의회해산으로 이어질 것이기 때문이다. 따라서 연합정부에서 발생할 가능성이 큰 경우로서 C c D d의 가능성인데 종료의 기준에 따라 종료 여부가 달라진다.
5. 연합의 변화는 연합의 붕괴 혹은 축소나 확대와 관련되는데, 역시 정부종료의 기준에 따라 다른 결과로 볼 수 있다.

이상의 토론을 토대로 할 때 어떤 경우이든 정부가 일단 사임하면 그 정부는 종료된 것으로 보는 것이 적절할 것이다. 따라서 의회가 헌법에 규정된 임기를 만료함에 따라 정부가 해산되고 새로운 총선거가 실시된 후에 또 다시 동일정당 또는 동일정당들의 연합정부 수상과 각료가 재집권해도 새로운 정부가 되는 것이다.

2. 정부종료의 배경

1) 의회의 임기만료에 의한 종료

의회의 임기만료에 의한 정부의 종료는 정상적인 종료이다. 이것은 의회제에서 헌법상 규정된 의회의 임기가 끝남에 따라 정부가 종료되는 것으로 가장 단순하고 직접적인 방법이다. 의회의 임기만료 시점에서 의회는 자동적으로 해산되고 새로운 총선거가 실시되어야 한다. 따라서 만일 의회의 고정된 임기가 없다면 내각도 무한정 존속될 수 있다. 그러나 실제로 현실을 직시해 보면 노르웨이의 경우처럼 정부가 의회를 해산하고 조기 총선거를 실시할 권한이 없는 경우를 제외하고는 의회가 지정된 임기까지 존속된다는 보장은 거의 없다.

그러나 현대적 의회제는 정기 총선거의 실시가 증가하는 경향이다. 즉 영국의 다수제 모델은 1당다수정부의 출현을 보장하며, 이러한 정부는 거의 의회의 임기종료까지 존속한다. 또한 합의제 모델의 연합정부도 정부에 대한 불신임 경향이 퇴조하면서 의회가 헌법에 규정된 4년 또는 5년의 임기를 채우고 그에 따라 정부도 존속되는 추세이다.

후르위츠(Leon Hurwitz)가 1945-1969까지 사이에 20개 국가의 260개 정부를 대상으로 분석한 결과 의회의 임기만료에 의한 정부의 종료는 53.1%(138개 정부)로 반 이상을 넘고 있는 것으로 나타났다.[161]

[161] Leon Hurwitz, "An Index of Democratic Political Stability : A Methodological Note," *Comparative Political Studies 4*, No 1(1971), 4, 44-58.

2) 의회의 임기중 종료

의회의 임기만료에 의한 정부의 종료 외에 의회 임기중의 정부종료는 의회와 정부 간의 갈등에 의한 정부에 대한 불신임이나 정부의 의회해산, 그리고 정부의 자진 사임 혹은 기타 예기치 못한 사유 등 그 배경이 다양하다.

1. **의회의 정부 불신임** : 의회의 정부 불신임은 곧 의회가 정부의 존립을 부정함으로써 정부가 사임하는 것이다. 의회의 불신임이 가결되면 정부가 퇴임하고 의회를 통해 새로운 정부를 구성하거나 아니면 정부가 의회를 해산하고 조기 총선거를 실시하게 된다. 정부는 또한 의회의 신임이 의심스런 경우 자진해서 의회에 대해 신임 여부를 묻는다. 의회에서 신임요구가 부결되면 정부가 퇴임하면서 의회가 해산되어 총선거가 실시된다.

   정부에 대한 불신임 표결에서 정부의 패배가 반드시 의회해산과 새로운 총선거의 실시로 이어지는 것은 아니고 나라마다 다르다. 예를 들면 이태리와 덴마크는 정부에 대한 불신임이 가결된 뒤에 의회 내의 정당들이 협의해 새로운 총선거를 실시하지 않고 기존의 의회에서 새로운 정부를 구성한다. 반면에 아일랜드는 정부의 불신임이 새로운 총선거를 수반한다. 베이메는 의회가 정부를 불심임해 정부의 임기를 종료시키는 배경을 다음의 5가지로 구별한다.[162]

   1) 의회가 초기의 공식적 인준에서 정부의 수용을 거부하는 경우

162 Klaus von Beyme, *op. cit.*, 179–180.

2) 의회가 정부의 국가예산을 수용하지 않는 경우
3) 탄핵이 결국 불신임 투표로 되는 경우
4) 수상이 정부의 운명을 결정하는 신임의 문제와 관련되는 실질적인 문제나 법안에 대한 투표를 연계함으로써 유발된 표결에서 의회의 반대투표
5) 공식적 신임문제가 아닌 중요한 문제에 대한 반대투표 등이다. 이상의 경우는 곧 의회가 정부를 불신임하는 것이다.

독일은 의회가 정부를 불신임하려면 동시에 대안을 구체화해야 한다. 즉 현존 정부가 붕괴되면 동시에 다른 정부가 구성되어야 하는 것이다. 따라서 의회는 과반수의 찬성으로 후임자를 선출한 다음에 대통령에게 수상해임을 요구해야 하는 이른바 '건설적 불신임제' 로 인해 정부의 불신임에 대한 전제조건이 존재한다. 영국은 다수당의 내분이나 연합의 분열, 소수정부의 경우 정부의 퇴진을 상정할 수 있으나 정부가 퇴진하는 경우 새로운 선거에 대한 부담과 여당의 지위를 유지하려는 요구로 인해 소속 당에 충성하게 되기 때문에 정부의 불신임은 형식에 불과한 실정이다.[163]

2. **정부의 자진사임** : 정부종료의 또 다른 주요한 유발은 정부가 의회에서 다수의 지지를 얻는 데 실패하거나 실패가 임박한 상황에서 자

163 원래 영국에서 불신임투표는 청원의 형태를 취했다. 1791년 의회의 장관 축출 요구는 매우 고상한 방식으로 표현되었다. 불신임투표는 의회가 찰스(Charles) 1세의 수상을 비판했던 1641년의 대충고(Grand Remonstrance)로 거슬러 올라간다. 로버트 왈폴(Robert Walpole)은 불신임투표 이후에 사임한 첫 수상이다. 야당은 개인으로서의 그를 무시하려는 것이 아니라 단지 그의 권력을 원하지 않는다고 선언했다. Klaus von Beyme, *op. cit.*, 179.

진해서 사임하는 것이다. 이러한 사임은 연립정부의 붕괴나 또는 정부에 참여하지 않은 정당이 정부에 대한 지지를 철회하면 소수당으로 전락해 입법부의 다수지지가 불가능한 상황에 처할 때 나타날 수 있다. 또한 연합의 주도 정당이 집권은 포기해도 현재의 의석을 유지하면서 총선을 피하고자 하는 경우에도 초래될 수 있다. 정부가 자발적으로 사임하거나 패배하더라도 정부구성 과정에서 새로운 정부의 구성에 실패하면 '구정부'는 '관리내각(caretaker)'으로 차기 정부의 구성까지 현상을 유지하며 존속하게 된다.

3. **의회해산** : 의회해산은 새로운 총선거를 수반하고 아울러 정부의 종료와 연계된다. 의회해산은 의회 스스로의 해산과 정부에 의한 해산, 그리고 개헌이나 국가원수 또는 정부수반의 유고에 의한 해산 등으로 구분할 수 있다. 자율적 해산은 의회 내의 주도 정당이 새로운 정부의 구성이나 특정 정책을 수행하기 위해 국민에게 동의를 구하는 경우 등에서 나타난다.[164] 그러나 중요한 것은 타율적 해산, 즉 정부에 의한 해산이다. 대부분의 의회제에서 수상은 직접 의회를 해산하거나 국가수반에게 해산을 요구할 수 있으며, 국가수반은 예외적 상황이 아니면 규정 혹은 관행으로 이를 수용한다.[165] 이것은

164 1982년 독일의 콜 수상이 의회해산 결의를 주도하고 조기 총선거를 실시한 경우가 대표적이다.

165 예를 들면 영국 정부의 의회해산은 의회가 정부에 대한 불신임 표시가 있는 경우, 정부가 제출한 주요 법률안을 부결하거나 정부가 반대하는 법률안을 가결하는 경우, 정부의 예산안 부결 또는 삭감의 경우 정부의 대응으로 해산할 수 있다. 독일은 대통령이 추천한 수상 후보자가 의회에서 인준획득에 실패하면 의회에서 14일 이내에 과반수의 지지나 또는 그로부터 다시 14일 이내에 과반수의 지지로 새로운 수상을 선출한다. 그러나 과반수의 지지자가 없어 단순다수로 선출되는 경우 대통령은 의회를 해산하고 새로운 총선거를 실시할 수 있다. 또한 수상이 정부의 중요한 정책이나 법률안의 관철을 위해 의회에 신임투

정부가 매우 중요한 전략적 무기를 소유하고 총선을 요구하는 것이다. 왜냐하면 수상은 자신에게 가장 유리한 조건에서 선거를 실시하려고 시도할 것이기 때문이다. 제2차 세계대전 이후 매우 정확한 여론조사의 확산은 수상에게 조기총선의 실시 시기에 대한 유용한 정보를 제공한다.

정부의 의회해산과 조기총선거의 실시는 법적인 이유가 아니라 정치적인 이유이다. 소수정부의 경우 지도자는 그가 선택한 시기에 선거를 요구할 수 있는 가능성은 거의 없다. 왜냐하면 그러한 선거를 실시할 결정이 국가원수의 승인을 필요로 한다면 이 승인이 항상 자동적으로 얻어지는 것이 아니기 때문이다. 만일 소수정부가 현재의 의회지지 수준으로는 더 이상 존속할 수 없다고 생각한다면, 국가원수는 정부의 조기해산 요구를 인정하지 않고 대신 다른 소수정부나 다당다수정부를 찾을 것이다. 의회해산과 조기총선거의 요구는 소수정부가 다수를 확보할 수 있다고 생각할 때 유권자에게 호소하는 경우이다. 이것은 일반적으로 여론조사의 결과나 대중지지에 대한 어렴풋한 느낌에 의한 영향이다.

의회해산은 다수정부를 구성하고 유지하려는 시도가 좌절되는 상황에서도 실시된다. 이 경우는 일부 정당 혹은 모든 정당들의 세력이 달라지고 다당다수연합의 구성이 쉬워질 것이다. 총선거의 실시는 또한 정당들이 협상하고 정책과 연합상대에 대한 합의의 정도를 알아보는 '휴식기간' 을 제공한다.

4. **정부형태나 연합구성의 변화** : 정부형태의 변화는 소수정부가 연합다

표를 요청하여 신임요구가 거부되는 경우 대통령에게 의회해산을 요청하게 된다.

수정부 특히 과대다수정부가 되는 경우로, 정부의 정당기반이 다른 정당의 정부합류로 변화된다. 대체적 안정소수정부는 이런 방식으로 정부에 합류할 소수정당을 선별해 확장한다.

연합구성의 변화는 기존의 연합소수정부에 다른 정당(들)이 정부에 추가되는 경우이다. 이 경우 소수정부는 다수정부로 전환될 수 있다. 그러나 아직도 소수정부로서 연합비다수정부의 구성은 자주 분명한 다수상실(clearly-losing)정부를 '대체적 안정정부'로 자주 전환한다.

5. **기타 정부의 종료** : 이상에서 토론한 배경 외에 의회와 관련 없는 정부의 종료 이유도 있다. 수상의 질명이나 사망, 자진사퇴, 국가수반의 변경, 국가수반 또는 연합정부 내의 갈등 등이다.[166] 이러한 경우도 새로운 후임자를 선정하게 되고, 그에 따라 새로운 정부가 구성된다.

3) 정부종료의 실태

정부의 종료에 대한 여러 배경과 관련하여 실제 정부가 종료되는 실

166 Klaus von Beyme, *op. cit.*, 185. 베이메가 분석한 정부사임의 원인(1831-1967)의 빈도는 아래와 같다.

정부사임의 원인

의회 투표	국가수반의 변화	국가수반과 의 갈등	선거	국가수반의 사망 또는 질병	자발적 사임	내각 혹은 연합의 해체
181	12	22	99	28	108	97

Klaus von Beyme, *op. cit.*, 188.

태는 어떻한가? 클라우스 폰 베이메는 민주주의 17개 국가에 대해 1946년부터 1990년까지의 종료배경을 분석했다. 그는 이 나라들의 정부종료 배경을 의회에 의한 원인과 선거, 연합의 붕괴, 연합의 확대, 자발적 사임, 수상의 유고(사망이나 질병), 국가수반과의 갈등, 의례적 사임 등 8가지 배경으로 구분해 분석했는데, 그 결과는 〈표 12〉와 같다.

〈표 12〉 정부종료의 실태, 1946-1990

국가	종료배경							
	의회원인	선거	연합붕괴	연합확대	자진사임	수상의 유고	기타	정부수
오스트레일리아		16				2		18
오스트리아		11	4		1	1		17
벨기에		9	18	2			1	30
영국		9			2	3		14
캐나다		12			2	1		15
덴마크	1	14	2	1		3		21
핀란드	3	11	10	6	4		2	36
프랑스		7		2	2		8	19
독일		11	2		1		1	15
아일랜드	1	13			2			16
아이슬란드		10	3	1		2		16
이태리	8	7	21	7	3			46
룩셈부르그		6	3	1		1		11
뉴질랜드		10			3	2		15
네덜란드	1	12	4					17
노르웨이	3	9	1		2	1		16
스웨덴	1	5	3	1		2		12
계	18	172	71	21	22	18	12	334
%	5.4	51.5	21.2	6.3	6.6	5.4	3.6	100

자료 : Klaus von Beyme, *op. cit.*, 189. 기타는 국가원수와의 갈등 및 의례적 사임임.

정부의 종료에 대한 사례를 배경별로 분석하는 작업은 쉽지 않다. 우선 사임의 배경이 어느 배경에 해당하는지를 구별하기가 곤란하다. '자발적 사임' 의 경우 표면적으로는 '자발적' 이지만 그 이면은 복잡한 요인이 도사리고 있다. 예를 들면 의회의 불신임이 예견되거나 연합을 구성하고 있는 정당들 가운데 어느 정당이 이탈하려는 경우 등이다. 따라서 형식은 자발적이지만 내용은 불가피한 타율적 사임인 것이다. 〈표 12〉에서 보여주는 결과에 따르면 정부의 종료는 역시 선거와 가장 관계가 밀접하다. 선거는 임기만료와 정부불신임 및 의회해산에 의한 것이다. 그리고 다음이 연합정부의 붕괴, 즉 정당들의 갈등에서 비롯되는 것이다.

4) 소수정부의 종료실태

정부가 종료되는 배경은 각 국가마다, 그리고 정부의 형태에 따라 다양할 수밖에 없다. 예를 들면 1당다수정부는 의회의 임기만료에 의해 정부가 종료될 가능성이 크며, 연합다수정부는 연합을 구성하고 있는 정당의 이탈에 의한 종료의 가능성이 있다. 반면에 소수정부는 의회의 안정된 지지기반이 없기 때문에 불신임에 의한 종료 가능성이 상대적으로 높을 수 있다. 한편 허맨과 포프는 소수정부를 대상으로 하여 정부가 종료되는 배경을 7가지로 구분해 분석했다.[167]

1. 정기총선거
2. 헌법개정
3. 의회해산과 조기총선거
4. 정부의 해산

167 Valentine Herman and John Pope, *op. cit.*, 211.

5. 수상의 은퇴나 사망
6. 정부형태의 변화
7. 연합구성의 변화

허맨과 포프는 이상의 7가지 항목별로 72개의 소수정부를 대상으로 분석한 결과 아래의 〈표 13〉에서 보는 것처럼 거의 반에 가까운(44.4%) 소수정부가 결국 불심임으로 마감되었다. 이것은 안정된 지지기반이 없는 소수정부에게는 당연한 결과일 것이다.

〈표 13〉 소수정부 종료배경

정부 유형 \ 종료 배경	법정선거	개헌후사임	조기선거	불신임	지도자교체	다수정부화	소수정부확대	합계
소수	8	1	3	13	1	2	2	30
지지소수	5	3	1	19	6	7	1	42
합계	13	4	4	32	7	9	3	72

자료 : Valentine Herman and John Pope, *op. cit.*, 211. 74개 정부가 72개로 준 것은 분석 당시 2개의 정부는 존속하고 있었기 때문이다.

한편 소수정부의 18%는 법정선거 때까지 존속한 것으로 나타나 소수정부도 의회임기 만료까지 존속되는 경우가 상당수 있음을 보여준다. 다만 13개의 정부가 다수정부로 된 9개의 정부에 기인하는 것이라면 소수정부가 의회의 임기만료까지 존속하는 가능성은 훨씬 더 낮아진다.

3. 정부의 안정성

1) 안정성의 본질

정치적 안정성(stability)과 관련하여 대부분의 학자들은 정치체계의 지속성(persistence, endurance), 정치체계의 정당성(legitimate), 그리고 정치체계의 효율적 정책결정(effective decision-making)을 언급한다.[168] 그러나 이러한 개념들은 모호하기 때문에 실체를 이해하기가 어렵다.[169] 정당성은 민주정부 그 자체로서 담보되는 것이며, 의회제 정부보다는 오히려 대통령제와 관련하여 문제가 더 제기되어 왔다. 효율성은 측정기준에 따라 다양하기 때문에 어느 특정 분야별 측정을 통해서 정치체계의 효율성을 가늠할 수 있을 것이다. 예를 들면 정치체계가 산출하는 결과에 대한 시민들의 만족감이나 또는 직접적으로는 국가가 투입한 비용에 대한 산출결과 등의 측정을 통해서 판단할 수 있을 것이다.

168 이러한 견해의 대표적인 학자들은 다음과 같다. G. Almond & S. Verba, *The Civic Culture*(Boston : Little, Brown, 1965); J. Blondel, "Party Systems and Patterns of Government in Western Democracies," *Canadian Journal of Political Science 1*(June 1968), 180–203 ; H. Eckstein, *Division and Cohesion in Democracy : A Study of Norway*(Princeton : Princeton Univ. Press, 1966); A. Lijphart, *The Politics of Accommodation : Pluralism and Democracy in the Netherlands*(Berkeley : Univ. of Cal. Press, 1968); B. Russett, et al (eds.), *World Handbook of Political and Social Indicators* (New haven : Yale Univ. Press, 1964).

169 이와 관련하여 후르위츠는 이들의 개념을 측정했는데, 이에 관해서는 다음을 참고할 것. Leon Hurwitz, "An Index of Democratic Political Stability : A Methodological Note," *Comparative Political Studies 4*(1971), 43–65.

정부는 정치체계의 하위체계로서 안정성의 문제도 그만큼 구체화될 수 있다. 이런 점에서 안정된 정부는 그 정부의 상태가 유지되는 것, 즉 위의 용어로 '지속성'과 가장 밀접히 관련된다. 특히 의회제는 정부나 의회의 고정된 임기가 보장되지 않는 상황에서 가장 중요한 정치적 과제는 다수당이 존재하지 않을 때 연합정부를 구성하는 것과 그 정부가 얼마 동안이나 유지되는가의 문제이다. 의회제에서 영국, 캐나다, 독일, 오스트리아, 뉴질랜드 등 몇 나라를 제외하면 의회가 임기를 다 채우는 경우는 오히려 이례적이다. 대부분의 의회제 정부는 의회라는 나무 위에 떠받혀 있는 소수정부이거나 2개 이상의 정당이 연합한 계약정부이기 때문에 항상 해체의 불안 속에 존재한다. 이러한 정부는 의회와의 관계에서 임기가 수시로 종료된다.

안정성은 바로 정부의 지속성이며, 지속성은 한 정부의 시작과 종료 사이를 의미한다. 그러나 정부의 시작과 종료도 그 정의와 기준을 어떻게 설정하느냐에 따라 다양하다는 점은 이미 앞에서 언급했다. 현상에 대한 정의는 현상을 분석하는 출발점이요 기준이기 때문에 정의에 따라서 현상의 특성이 다양하게 분석될 수 있기 때문이다.

정부의 안정성에 대해 학자들이 산출한 정부의 변화실태는 정부의 시작과 종료에 대한 기준에 따라 동일한 국가라도 다를 수밖에 없다. 예를 들어 블론델과 후르위츠, 도드가 각 나라의 정부 존속기간을 측정한 내용은 〈표 14〉와 같다.

다음의 〈표 14〉에서 보는 것처럼 오스트레일리아의 정부 존속기간에 대해 블론델은 43.9개월, 도드는 87.8개월로 배 이상의 차이를 나타낸다. 이러한 점에서 '정부의 안정성'에 대한 기준을 설정하는 것은 매우 복잡한 과제이다.

안정성은 '가/부', 즉 '안정'/'불안정'의 문제가 아니라 '정도', 즉 '어

〈표 14〉 각 학자의 정의별 정부의 평균 존속기간(개월)

국가	오스트레일리아	오스트리아	벨기에	캐나다	덴마크	독일	이스라엘
블론델	43.9	48.8	21.2	68.5	25.0	42.3	50.0
후르위츠	20.6	25.7	18.9	31.7	20.7	33.0	11.9
도드	87.8	72.8	26.2	67.0	30.7	33.1	14.0

국가	이태리	일본	룩셈부르크	네덜란드	뉴질랜드	노르웨이	스웨덴	영국
블론델	10.6	26.5	47.1	32.2	43.6	41.7	84.3	47.4
후르위츠	9.7	16.4	32.0	26.5	26.8	25.8	27.3	28.3
도드	12.7	19.2	59.0	28.9	103.7	47.9	36.0	67.8

자료 : D. Sanders and V. Hermans, *op. cit.*, 351. 표 2에서 필자가 발취작성.

느 정도 안정' 의 문제이다. 따라서 정부가 의회의 임기개시에서 출발해 임기만료까지 존속한다면 가장 안정된 정부이다. 그렇다면 선거 이후에도 동일정당이 재집권하면 안정성이 더 높은 것으로 보아야 하는가? 이러한 문제는 결국 정부종료의 기준과 관련되는 문제로, 여기에서는 이미 정상적 임기의 종료 그 자체로 안정성은 담보된다는 점에서 새로운 정부로 구별하고자 했다. 정부의 안정성에 대한 분석은 이러한 기준을 토대로 일정기간 동안 의회선거와 정부의 존속기간을 비교하면 국가별 차이가 나타날 수 있고, 이에 따라 국가별 특성에 따른 평가가 가능하기 때문이다.

한편 의회의 임기중에 정부가 사임하게 되면 그 자체로서 정치과정의 충격이고 현상의 변화이기 때문에 그만큼 안정성은 훼손되고, 의회의 한 임기중에 이러한 사임이 반복될수록 안정성은 낮아지는 것으로 볼 수 있다. 정부의 사임뿐만 아니라 연합정부에서 참여정당이 이탈하면 소수정부로 전락되거나 새로운 연합을 구성하는 절차를 밟아야 하기 때문에 역시 불안정성을 갖는다. 다만 기존의 정부를 더 견고하게 만들 수 있는 연합의 확대는 오히려 안정성을 높일 수 있다.

의회제에서 정부의 불안정성이 발생하게 되는 배경은 다양하다. 클라우스 본 베이메는 정부의 안정요인으로 1) 의회의 정상적 임기동안 정부의 존속 여부, 2) 비례대표제 등 선거체계, 3) 정부구성의 참여정당 수, 4) 극단주의 정당의 존재 여부, 5) 집권당에 대한 의회의 지지정도, 6) 시위나 저항운동과 같은 위기상황 등 6가지를 제시한다.[170] 그밖에 극단주의 정당의 존재와 함께 유권자의 변동성도 단명내각의 원인이 될 수 있다.[171]

후르위츠는 정기 총선거나 연합구성에 정당이 추가되어 일어나는 정부의 어떤 변화는 불안정성의 증거가 없는 반면에 불신임, 연합구성 정당의 이탈, 수상의 유고 등에 의한 변화는 안정성이 낮게 나타난다고 주장한다.[172]

2) 정부의 안정성과 정당체계

의회제는 정당을 토대로 하기 때문에 정부의 안정성은 정당체계와 불가분의 관계를 가진다. 클라우스 본 베이메는 정부의 임기는 의회제의 요인 외에 비의회적 요인에 의해 영향을 받으며 선거가 정부의 안정에 미치는 영향은 헌법규정보다는 정당체계에 더 좌우된다고 보고, 이런 점

170 Klaus von Beyme, *op. cit.*, 188–194.

171 Lawrence C. Dodd, *op. cit.* ; G. Bingham Powell, *Contemporary Democracy : Participation, Stablity, and Violence*(Cambridge : harvard University Press, 1982).

172 Leon Hurwitz, "Communication," *American Political Science Review* 65(1971, 1148–1149.

에서 초기 의회제를 중심으로 임기종료의 원인을 아래와 같이 몇 가지로 분류하고 있다.[173]

1. 양당제에 가까운 나라들은 선거가 정권교체와 연계된다[1868, 1874, 1880, 1886년 영국, 1845, 1847, 1852(간접적으로), 1870, 1878, 1884년 벨기에].
2. 약하게 조직화된 집단을 가진 다당체계는 정부가 연합 내의 갈등 때문에 빈번히 종료되었는데, 이것은 때로 의회에서 적대적인 표결에 의해 표현되었다(1920년, 1930년대의 프랑스, 1920, 1928년의 바이마르공화국).
3. 약한 정당체계이지만 강한 반체계집단을 가진 나라에서는 선거가 정부구성에 거의 영향을 미치지 못했다(1814-1830 프랑스에서는 극단적 왕당파와 공화파, 이태리 왕국에서는 성직권 존중주의자와 공화파).
4. 중도의 정부가 집권한 나라는 약간 다양한 결합으로 공직이 구성되었다(1914년까지 프랑스, 1920-1928 바이마르공화국, 양차 대전 사이의 벨기에, 네덜란드, 스웨덴, 노르웨이).
5. 정당체계가 분열 될수록 선거가 정부변화의 정상적 이유로는 약했다(독일의 1924, 1930, 1932, 핀란드의 1953, 1961 벨기에의 1925, 1932).

베이메의 분석은 정당의 수와 정부의 안정이 상관관계의 경향일 수 있으나 규칙성이 있는 것은 아니라는 것을 나타낸다. 반면에 도드(L. C. Dodd)는 다수당정부가 일반적으로 임기가 안정적이지만 다당 의회의 정부가 반드시 임기가 불안정한 일시적 정부라는 것은 사실이 아니라고

173 Klaus von Beyme, *op. cit.*, 182-185.

주장한다.[174] 도드의 분석을 토대로 다수당정부체계와 다당체계 모두에서 최소안정정부는 임기 안정적이지만 정부가 최소안정상태에서 이탈하는 만큼 안정성은 감소된다.[175] 최소안정정부 중에서는 연합정부보다는 1당정부가 더 안정적이다. 비정상적인 정부 중에서는 다당체계에서 과대정부가 가장 안정적이며, 이어 다당체계에서의 과소정부 그리고 과

174 도드의 주장은 아래와 같은 구조를 전제로 한다.

1) 의회게임의 목적은 정부통제이고, 게임의 행위자들은 의회정당이며, 공고한 단위로서 이 정당들은 합리적 방식에서 행동한다. 특히 정당들은 정부 내에서 그들의 권력을 최대화하기 위해 행동하고, 따라서 내각의 신분을 확보하고 유지하려고 노력한다. 그들의 노력에서 정당들은 유권자에게 한 다양한 약속과 우선적 이념에 제약을 받는다.
2) 의회게임에서 정부는 의회의 세력에 의해 수립되며, 어느 정당이 정부로서 보장받으려면 의회다수의 지지를 얻어야 한다. 다당제 의회에서 이 다수는 하나 이상의 정당들의 세력의 결합에 의해 이루어져야 한다. 어떤 상황에서 정당들은 이념적 갈등이나 분열로 인해 연합이 불가능하며 이런 조건하에서는 소수정부가 구성된다. 다른 조건에서는 의회의 다수를 갖는 둘 또는 그 이상의 정당연합을 통해 다수정부가 구성된다. 그러한 연합에서 각 당은 의회 내에서 그들의 세력의 결과에 따라 각료직의 비율을 확보한다.
3) 분석적으로 최소안정정부, 과대정부, 소수정부의 형태가 구성될 수 있다. 최소안정정부는 다수를 보장할 충분한 정당들이 포함되지만 다수의 신분에 불필요한 정당은 없는 상태이다. 과대정부는 정부의 의회다수지지를 보장하는데 불필요한 정당이 포함되는 경우이다. 소수정부는 의회의 다수를 보장하는데 충분한 정당이 포함되지 않는 경우이다.
4) 어느 의회에서 정부유형은 의회 내에 존재하는 2가지 교섭조건에 의해 결정된다. 즉 정보의 확실성과 교섭에 대한 정당의 우선적 의지이다. 정부의 구성과정에서 정당의 교섭 의지가 높고 교섭정보의 확실성이 클 수록 최소안정정부 구성의 확률이 크다.
5) 의회의 게임과정에서 정부의 임기안정은 정부의 연합상태에 의해 좌우된다. 최소안정정부는 임기의 안정성이 높을 것이고 과대 및 소수정부는 그 상태가 변하기 쉬울 것이다.

한편 도드는 북미의 캐나다를 포함한 유럽의 17개 국가를 대상으로 1918-1974년까지(프랑스는 제4공화국까지)의 기간 동안 조사를 통해 다수당정부

대연합정부 순이다. 특히 연합정부는 정당의 내부와 정당 간의 교섭을 만족시켜야 하는 반면에 1당정부는 단지 정당의 내부협상에만 관련된다는 의미에서 다당제 정부보다는 더 밀집된 정부이다. 마찬가지로 다수당이 포함되는 과대연합은 연합으로 구축되는 과대연합보다 임기가 더 안정적이다.[176]

정부구성에 참여하는 정당수가 많으면 안정성은 낮을 수밖에 없다.[177] 다수정부는 소수정부보다, 1당정부는 연합정부보다 더 안정적이다.[178] 그러나 반대의 결론은 수용할 수 없다. 즉 연합에서 정당의 수는 정부의 안정에 관계가 있지만 참여 정당수가 적다고 안정성이 높은 것은 아니다. 예를 들면 룩셈부르크, 오스트리아, 독일은 연합정부임에도 불구하고 1당정부의 영국보다 더 안정적이었다.[179]

는 평균 55개월 지속되었고, 연합정부는 평균 26개월 지속되었다는 것을 발견했으나 이러한 평균이 다당체계와 다수당 의회에서의 다양한 경험을 나타내지 못한다는 것이다. 그는 특히 다당 의회에서 내각의 임기는 다양해서 다당의회의 모든 내각의 23%는 40개월 혹은 그 이상 지속되었다고 강조한다.

도드가 조사한 기간 동안 대부분의 의회는 다당의회였고 다당의회의 33%가 40개월 이하 기간의 임기를 가진 경우는 없으며, 새로 구성된 정부가 아니라 구 정부가 지속된 기간을 포함하면 기간은 늘어날 것이다. 다당체계에서 모든 연합정부가운데 22%는 40개월 또는 그 이상 지속되었으며, 50개월 또는 그 이상 지속한 모든 연합 가운데(다수당의회에서 내각을 포함해) 약 60%는 다당 의회에서 연합정부였다. Lawrence C. Dodd, *op. cit.*, 16–18.

175 Lawrence C. Dodd, *op. cit.*, 158–159.

176 *Ibid.*, 161. 한편 듀베르제는 다당정치를 의회게임으로 묘사했는데 게임의 목적은 정부구성과 통제이다. 게임에서 임기안정내각은 결합된 정당연합으로부터 지지를 발견해야 한다. 즉 그들의 동맹은 항상 불편하고 초기의 결합을 붕괴하고 새로운 연합으로 대채하기 위한 음모가 의회의 로비 속에 끊임없이 존재한다. 결국 정부의 존속에 관한 설명은 의회게임을 이해하는 데 달려 있다. Maurice Duverger, *Political Parties*(London : Methuen and Co., Ltd., 1951), 400.

177 벨기에, 덴마크, 이태리, 네덜란드의 경험은 이런 가정을 뒷받침한다.

178 David Sanders & Valentine Herman, *op. cit.*, 346–377.

179 1945–1994 사이의 일부 의회제 국가 정부의 수와 연합정당의 수는 다음과 같다.

이런 점에서 정부의 안정을 정당연합에서 단순히 정당의 수로써 결론을 내기는 어렵다. 예를 들면 오스트리아, 독일, 룩셈부르크처럼 2.5당 체계에서 어떤 기간은 상당한 정부의 안정을 보였다. 두 차례의 세계대전 사이 벨기에처럼 3개의 지배정당체계를 가진 나라는 고도의 불안정을 경험했다. 유럽의 경우 1965-1985에서 3개 정당의 연합은 4 또는 5개 정당의 연합보다 안정성이 낮았으나 6개 또는 그 이상의 정당은 관리하기가 불가능하거나 또는 불안정한 것으로 입증되었다.[180] 제3당이 중요한 어느 한 집단과 계속 연계하면 대안이 없기 때문에 안정성은 높은(오스트리아 국가당처럼) 반면에 4, 5, 6개의 정당체계는 거의 일반적 규칙이 없다.

베이메는 여러 의회제에서 정부안정에 대한 결정은 정당의 수라기보다는 갈등해결의 전통이라고 지적한다.[181] 온건다당체계는 스웨덴처럼 구심적 방향, 혹은 벨기에처럼 합의적 전통에서 작용할 수 있다. 극단적 다당체계는 노르웨이처럼 구심적 방향이나 이태리처럼 원심적으로, 그리고 네덜란드처럼 합의적으로 작용할 수 있다. 이러한 유형들은 장기적인 발전을 설명한다. 단기적 갈등은 정부 임기종료의 현저한 이유에

정부 수와 정부구성 및 의회지지의 정당 수(1945-1994)

국가별	벨기에	덴마크	노르웨이	스웨덴	이태리	네덜란드	룩셈부르크	오스트리아	독일	영국	캐나다
정부 수	32	30	24	24	48	20	13	19	18	19	20
정부참여 및의회 지지 정당수(%)	3.1	2.0	1.7	1.5	2.8	3.3	2.0	1.8	2.2	1.0	1.0

Klaus von Beyme, *op. cit.*, 171 표 6.2에서 발췌함.

180 Andre-Paul Frognier, "The Single Party/Coalition Distinction and Cabinet Decision-Making," in Jean Blondel and Ferdinand Müller-Rommel(eds.), *Governing Together : The Extend and Limits of Joint Decision-Making in Western European Cabinets*(New York : St. Martin's Press, 1993), 49.

181 Klaus von Beyme, *op. cit.*, 187.

관한 계산을 포함해야 한다

후르위츠는 정부의 지속성(persistence)을 분석하면서 정부구성의 변화 유형을 8가지로 구분하고, 각 유형의 정부변화에 0에서 1까지의 지속성 점수를 부과한 뒤 지속성 점수의 총합을 1943–1970년까지의 각국의 다른 정부의 수로 나누어 정부지속의 지표를 계산한 결과 프랑스(13.50) 덴마크(12.25), 오스트레일리아(10.50), 핀란드(10.25), 벨기에(10.00) 등의 순으로 나타났고, 독일(5.25), 노르웨이(6.50)와 아일랜드(6.50)가 각각 낮게 나타났다.[182]

182 Leon Hurwitz, "An Index of Democratic Political Stability : A Methodological Note," *Comparative Political Studies 4(1)* (April 1971), 44–56. 8가지의 유형은 아래와 같다.

1) 총선거 이후의 구성으로 이것은 대통령제에서 대통령선거 이후 새로운 정부가 들어서는 것과 같다. 물론 정부의 재구성을 통해서 기존의 정부구성형태가 지속될 수도 있다. 선거 후의 정부구성은 최대의 지속점수 1.0을 부여할 수 있다.
2) 총선 사이에 수상의 변화로, 이는 수상이 자발적이든 강요에 의해서든 사임하는 것이 아니라 사망으로 인한 경우이다. 이 경우는 정치적 위기가 아니라 비정치적 변화라는 측면에서 역시 1.0이다.
3) 총선 사이에 내각의 정당구성의 변화로 이것은 수상은 그대로 유임하면서 정당이 추가되는 경우이다. 이 경우는 민주적 과정이 기능하면서 지속성을 반영한다는 의미에서 역시 1.0이다.
4) 총선 사이에 정부가 사임해 정당구성 중에서 일부 인물이 교체되는 정부의 재구성이지만 수상과 정당은 지속된다. 정부가 사임했다는 사실은 위기를 가정할 수 있다는 점에서 0.5를 부여했다.
5) 사망을 제외하고 총선 사이에 어떤 이유로 수상이 사임하며 정부를 구성하는 정당은 그대로 존속하거나 추가되는 경우이다. 수상은 자발적이 아닌 질병이나 혹은 불신임으로 사임하는 경우이다. 수상이 사임했다는 사실은 체계에서 어느 정도 불안정을 가정하게 만들어 0.25를 부여했다.
6) 총선 사이에 정부로부터 정당이 철수하고 수상은 그대로 지속하는 경우이다. 정당들 간의 합의가 약해지면서 연합을 구성했던 정당이 이탈하는 것이다. 이 경우는 사실상 정부 내의 의석분포에 따라서는 새로운 정부를 구성하는 개념에 해당하면서 5항에 비유되어 0.25를 부여했다.

의회제가 안고 있는 정부의 불안정성에 대한 보완책이 소위 '건설적 불신임' 으로 독일과 스페인 헌법에 도입된 것이다. 즉 수상은 후임 수상이 선출되어야만 물러날 수 있는 것이다. 그러나 건설적 불신임은 내각이 권력에 위치하지만 입법부 내의 다수에 의한 반대 때문에 정부가 제안한 어떤 법안도 채택 될 수 없는 것을 의미한다. 이것은 대통령제를 따라다니며 괴롭히는 바로 그 문제, 그리고 의회제에서는 발생하지 않을 것으로 생각되던 정부-입법부의 교착의 문제를 알리는 것이다. 따라서 건설적 불신임은 정부의 불안정 문제를 다소 해소할 수는 있겠지만 완전한 해결책과는 거리가 멀다.

클라우스 본 베이메도 수상에 대한 합의를 요건으로 하는 '건설적 불신임 투표' 는 긍정적 사고처럼 들리지만 심리적으로 그것은 오히려 정부 내의 반대자가 새로운 다수를 발견하기 위해 수상대행의 뒤에서 음모를 해야 하기 때문에 파괴적이라고 지적한다.[183] 그러한 투표의 유일한 성공사례(1982년 반슈미트)는 자유당이 그들의 수상을 배신하고 즉시 새로운 연합에 들어갔기 때문에 일종의 '배반의 쇼크(trauma of treason)' 를 야기한 것이 고작이었으며, 건설적 불신임은 결국 정확히 잡초의 뿌리는 건드리지 않고 놓아둔 채 끝을 잘라버리는 것과 비유된다.[184]

정부가 의회다수의 지지를 상실하는 것은 선거패배의 결과나 혹은 연합정부에 참여한 어떤 정당이 각료직을 사퇴해서 정부의 위기가 일어나는 것이다. 새로운 정부가 구성되기 이전의 공백기간에 어떤 사람이 공

7) 총선 사이에 정부로부터 한정당의 자발적인 이탈로 수상이 교체되는 경우로 지속성이 최소이기 때문에 0.00이다.
8) 수상의 암살로 인한 교체로 정부를 구성하는 정당도 내각에 존재하는 것이 적절하지 않은 경우로 7항과 같은 사실상의 정부교체로 역시 0.00이다.

183 Klaus von Beyme, *op. cit.*, 181.

184 *Ibid.*, 181–182.

식적인 권력의 지렛대를 잡아야 한다. 이 기간 동안에는 일반적으로 '관리' 내각이 정부를 운영한다. 만일 여러 정당들이 새 정부구성에 합의할 수 없다면 관리내각은 정부의 지위를 대표하면서 계속 집권한다. 건설적불신임 절차는 바로 관리내각을 대신해서 불신임의 부분으로써 대체정부가 제안되는 것이다. 아일랜드의 경우는 후임 정부가 취임할 때까지 퇴임하는 정부가 약화되지 않은 권력을 가지고 계속 존속한다.

정부의 불안정성 문제는 프랑스 제4공화국처럼 정부의 평균수명이 단지 7-10개월이었던 극단적 형태가 나타날 때를 상정하여 제기된 것이다. 그러한 빈번한 교체는 사실상 정부의 지배효능에 대한 해로운 결과를 낳을 수 있다. 그러나 소선거구제인 영국은 의회 내의 다수당이 단독내각을 구성함으로써 사실상의 고정된 임기를 유지하며, 비례대표제로 인한 다당체계의 대다수 국가의 정부들은 비록 다당연합 일지라도 상당히 오래 지속된다.[185] 특히 클라우스 본 베이메는 계량적 연구결과를 토대로 정부의 임기를 종식시키려는 의회의 이유가 감소하고 있음을 보여준다.[186] 그리고 내각이 최소한 2-3년 지속될 때, 4-5년의 보장된 대통령 임기와 비교해 큰 차이가 나지 않기 때문에 정부의 수명이 그리 중요하지 않게 된다.

의회제 국가는 정당을 중심으로 의회가 구성되고 정부가 탄생하기 때문에 정당을 촉진시킨다. 정당의 촉진은 비례대표제의 선거제도와 연합정부를 통한 정부에 참여할 수 있는 기회 등이 배경으로 작용하는 것이다. 예를 들면 1979-1989년 사이에 OECD 국가 중에 민주체계가 공고

185 정부의 존속기간에 관한 분석의 유용한 예로써는 David Sanders and Valentine Herman, "The Stability and Survival of Governments in Western Democracies," *Acta Politica 12*(1977), 346-377을 참조할 것.

186 Klaus von Beyme, *op. cit.*, 182-194.

한 43개 국가 중 핀란드와 스위스를 제외한 41개 나라를 대상으로 34개의 의회제 국가, 2개의 준대통령제 국가 그리고 5개의 순수 대통령제 국가 등 41개 정치체계의 입법부 내의 효과적인 정당수를 측정한 결과 34개 의회제 국가 중에서 11개 국가가 3개와 7개 사이에서 효과적인 정당수를 갖고 있었는 데 비해 순수 대통령제 민주국가에서는 효과적인 정당수가 2.6개 이상을 넘지 않았다.[187] 이러한 자료는 공고화된 의회제 및 준대통령제 민주국가는 입법부 내에 많은 수의 정당과 결합될 수 있는 반면에, 공고화된 대통령제 민주국가는 입법부 내에 많은 사회경제적·이념적 그리고 인종적 분열과 많은 정당들의 맥락에서 민주적 지배를 용이하게 하는 다당연합의 형태와 결합하지 않는다는 것을 보여준다.[188]

정부의 안정성과 선거체계의 상관성에 대해서는 아직도 논쟁이 진행 중이다. 단순다수제의 영국은 1당정부로, 반면에 비례대표제의 오스트리아, 스웨덴, 노르웨이 등은 연합정부로 안정성을 유지하고 있으며, 선거법 개정 이전의 일본이나 단순다수제의 인도, 파푸아뉴기니는 상대적으로 안정성이 낮은 것으로 나타났다.[189] 다음의 〈표 15〉는 이러한 점을 잘 보여준다.

187 여기에서 효과적인 정당 수는 락소(Markku Laakso)와 타제바라(Rein Taagepera)가 고안한 공식에 의해 산출된 의회 내의 정당 수를 말한다. Markku Laakso & Rein Taagepera, "Effective Number of Parties : Measure with Application to Western Europe," *Comparative Political Studies 12*(April 1979).

188 Alfred Stepan and Cindy Skach, "Presidentialism and Parliamentarism in Comparative Perspective," in J. J. Linz and A. Valenzuela(eds.), *op. cit.*, 121.

189 David M. Farrell, *Electoral Systems : A Comparative Introduction*(New York : Palgrave, 2001), 196.

〈표 15〉 선거체계와 정부의 안정성

국가	선거체계	1당정부(%)	정부의 평균기간(년)
스위스	명부식	0.0	8.59
자메이카	단순다수	100.0	5.99
영국	단순다수	100.0	5.52
오스트리아	명부식	33.8	5.47
오스트레일리아	선택식	100.0	5.06
캐나다	단순다수	100.0	4.90
미국	단순다수	89.1	4.45
스페인	명부식	100.0	4.36
코스타리카	명부식	100.0	4.31
뉴질랜드	단순다수	99.7	4.17
콜롬비아	명부식	52.9	3.48
스웨덴	명부식	70.4	3.42
노르웨이	명부식	79.4	3.17
아일랜드	단기이양	53.9	3.07
그리스	명부식	96.4	2.88
독일	혼합식	1.7	2.82
베네수엘라	명부식	83.1	2.72
네덜란드	명부식	0.0	2.72
일본	단기비이양	46.2	2.57
프랑스	재투표	53.1	2.48
덴마크	명부식	42.9	2.28
포르투갈	명부식	43.0	2.09
인도	단순다수	1.4	2.08
벨기에	명부식	8.3	1.98
이스라엘	명부식	0.1	1.58
파푸아뉴기니	단순다수	0.0	1.57
핀란드	명부식	10.9	1.24
이태리	명부식	10.3	1.14

자료 : David M. Farrell, *Electoral Systems ; A Comparative Introduction*(New York : Palgrave, 2001), 195. 이 표는 Farrell 이 A. Lijphart, Patterns of Democracy, *op. cit.*, 표 6.3, 7.1, 8.2를 토대로 종합해 작성한 것 중에서 필자가 일부를 발췌한 것이다. 이 표의 내용 중 이태리, 일본, 뉴질랜드 등은 선거법 개정 이전의 자료가 포함되어 있기 때문에 약간의 혼돈이 있을 수 있으나 전체적인 내용의 판단에는 유용하다.

이상의 〈표 15〉에서 보는 것처럼 정부가 4년 이상 유지된 나라들은 단순다수제가 약간 많지만 비슷하다. 다만 1당정부는 모두 4년 이상 유지되었으며, 여기에는 단순다수제뿐만 아니라 명부식비례대표제 국가도 포함되어 있다. 이런 점에서 선거제도와 정부의 안정성에 대한 논쟁은 계속될 수밖에 없지만, 전체적으로 명부식을 채택한 나라의 연합정부에서 정당비율이 높은 반면에 정부안정석이 낮게 나타나고 있어 비례대표제와 다당체계, 그리고 정부의 안정성은 관련성이 높게 나타난다고 볼 수 있다. 이미 오래 전에 로웰(L. Lowell)[190]이나 브라이스(J. Bryce) 경,[191] 그리고 라스키(H. L. Laski),[192] 듀베르제(M. Duverger),[193] 블론델(J. Blondel)[194]

190 로웰은 안정내각은 다수당정부가 필요하다고 주장하고 전쟁과 같은 특별한 상황을 제외하고는 연합정부는 단일 정부보다 임기가 짧다고 단정하면서 "의회제는 단일 정당으로 구성된 다수정부의 경우에만 강력하고 효과적인 정부가 될 것"이라고 결론지었다. Lawrence Lowell, *Governments and Parties in Continental Europe, Vol. 1*(Cambridge : Harvard University Press, 1896), 73–74.

191 브라이스경은 정당연합에 의해 구성되는 정부는 일상적으로 약한데 그것은 단지 결합이 불안정하기 때문이 아니라 공언한 원칙이 만족스럽지 못한 타협에 뒤엉켜있을 가능성이 있기 때문이라고 진단했다. 다당체계의 의회제에서 각 정당은 음모(intrigue)의 초점이 되며, 정당들은 서로 교섭하고 그들의 결합에 의해 비밀리에 그리고 갑작스레 정부를 구성한다고 주장한다. James Bryce, *Modern Democracies, Vol. 1*(New York : The Macmillan Co., 1921), 121–122.

192 라스키도 정부의 안정은 다수당체계가 필요하다고 주장하고 다수당체계는 대의정부가 기능하는 최고의 방법이며, 다당체계는 연합정부를 구성하든 소수정부를 구성하든 항상 위약할 가능성이 있다고 단정한다. Harold L. Laski, *Parliamentary Government in England*(New York : The Viking Press, 1938), 55–56.

193 듀베르제는 다당체계가 의회제에서 정부를 약하게 만들며, 다수당의 부재는 소수내각이나 연합에 기초한 이질적 내각의 구성을 필요로 하기 때문에 정부의 정책은 단지 단기적으로 제한된 목적에 미온적 조치만 가능하다고 주장한다. Maurice Duverger, *Political Parties*(London : Methuen and Co., Ltd., 1951), 407–408.

194 블론델은 내각제 정부의 임기안정은 그 나라의 정당체계에 영향을 받는데 두 가지 요인이 의회제에서 정부안정에 기여한다고 주장한다. 하나는 그 정당체계가 양당관계에서 1당정부가 우세한 경우이며 다른 하나는 1당정부는 일시적 예외를 제외하고는 최소한 하나의 대 정당이 없이는 불가능하다는 것이다. 가장 결정적으로 정부의 안정에 기여하는 요인은 1당정부인 반면에 크건 작건

등도 정부안정과 정당체계의 관련성을 강조했다. 이러한 주장들은 결국 연합정부는 필연적으로 임기가 불안정하며 정부의 안정을 추구하는 나라는 반드시 다수당정부를 이루어야 한다는 것이다.

의회제 정부의 '불안정성'은 의회제가 변화된 상황이나 정부의 심각한 실정(失政)으로 새로운 지도력이 요구될 때 신속히 정부를 교체할 유연성을 제공할 수 있기 때문에 정권 불안정성으로 연계되기보다는 오히려 안전한 가치를 제공할 수 있는 측면도 있다. 또한 여기에서 토론하는 안정성의 문제는 이율배반적인 측면을 갖는다. 즉 의회제는 언제든지 정부가 붕괴될 수 있는 제도이다. 그러한 제도에서 정부의 붕괴를 안정성과 관련시키는 것은 모순이다. 왜냐하면 안정성이 역기능을 수반한다면 정부의 임기를 보장하는 제도로 바꾸면 되기 때문이다. 따라서 의회제의 안정성은 정부의 임기를 보장하지 않는 제도로 운영하면서도 가능한 한 지속성이 길어야 한다는 전제를 갖는 것이다.

연합은 안정된 정부에 반한다는 주장이다. Jean Blondel, "Party Systems and Patterns of Government in Western Democracies," *Canadian Journal of Political Science 1*(June 1968), 198–199.

Ⅷ. 의회제의 평가

1. 의회제의 순기능과 역기능

의회제에 대한 평가는 곧 의회제의 순기능과 역기능, 즉 장단점에 관한 것이다. 일반적으로 권력구조의 순기능과 역기능은 양면적이다. 즉 의회제의 순기능이 대통령제의 역기능이 될 수 있고 의회제의 단점이 대통령제의 장점이 될 수 있다는 논리로 작용한다. 예를 들면 의회제의 장점으로 주장되는 민주성은 비효율성의 단점을 수반하며, 이것이 대통령제에서는 비민주성과 효율성으로 제기된다. 의회제에서 권력에 대한 탄력성은 불안정성의 역기능을, 대통령제에서 권력의 경직성은 정부의 안정성이라는 순기능으로 주장되기도 한다. 준대통령제에서도 마찬가지이다. 대통령제와 의회제의 장점이 자칫 단점으로 작용할 수 있다는 것이다. 장단점은 어느 측면에서 무엇을 강조하느냐에 따라 동전의 양면과 같은 것이다. 이런 전제에서 의회제의 순기능과 역기능을 아래와 같이 제기해 보고자 한다.

1) 순기능

1. 국가원수와 행정수반의 분리로 국가의전 및 행정업무의 분리를 통한 국민통합과 국정의 효율성을 제고할 수 있다.

국가원수는 정책의 수립과 집행에 대해 직접적 책임을 지지 않기 때문에 국민으로부터 불신과 비판의 대상에서 벗어나 있다. 특히 여당과 야당의 정쟁 소용돌이에서 비켜서 있기 때문에 여당이나 야당 어느 정파로부터도 비난의 대상에서 피할 수 있다. 따라서 국가원수는 고고한 위치에서 국민의 기대에 부응하며 국민의 통합에 중심역할을 수행하고, 행정수반은 국가정책의 실질적 집행에 전념할 수 있다.

대통령제는 대통령이 국가수반과 행정수반을 겸하기 때문에 행정수반으로서 실정과 야당으로부터 비판대상이 되면 결국 국가수반으로서의 상징성도 손상될 수밖에 없다. 야당과 국민으로부터 신뢰를 받지 못하는 국가수반은 국민통합과 국력의 결집을 선도할 수 없다.

2. **의회 및 정당의 경륜가가 정부의 고위직**(수상과 각료)**을 담당하면서 국정의 전문성과 분업을 바탕으로 효율성을 제고할 수 있다.**

의회제의 수상은 의회의 다선의원으로 풍부한 경륜과 당원들의 지지를 확보하고 있는 정당의 대표가 맡게 된다. 또한 각료도 의회의 중진의원이다. 이러한 각료들은 선출과정에서 의외성이 낮으며 각 분야별 전문성을 갖고 있기 때문에 정책의 효율성을 높일 수 있다. 여기에서 효율성은 정책의 수립과 집행의 시기적 적절성, 상황적 적합성 그리고 투입비용과 산출효과 등에 관한 것이다.

대통령제는 선거과정에서 필연적으로 대중매체, 특히 TV를 통한 이미지에 의해 선거가 좌우되기 때문에 정책에 대한 전문성이나 국민에 대한 지도력보다 대중적 인기가 선거결과를 좌우할 수 있는 요소가 많다. 이것은 국정수행 능력이나 국가지도의 철학에 대해 깊은 검증이 부재한 상황에서 의외의 인물이 대통령에 당선될 수 있다. 또한 집행권이 대통령의 수중에 있기 때문에 대통령의 잘못된 판단이나 편견에 의해 출발점이 잘못되면 정책의 방향이 오도될 수 있다. 대통령 정부의 각료들은 대통령에 의해 임면권이 좌우되는 대통령의 보좌진에 불과해 대통령의 국정운영 방향을 근본적으로 변화시키거나 심대한 영향을 미치기 어렵고 객관적으로 평가하기에는 한계가 있다.

3. 정당들과 각료들이 권력을 집합적으로 공유하기 때문에 1인 독재화가 방지되고 전 국민이 동원되는 치열한 권력경쟁이 지양될 수 있다.

의회제는 대부분이 연합정부 형태이기 때문에 최소한 2개 이상의 정당이 권력을 분할한다. 1당다수정부의 경우라도 수상과 각료가 집합적으로 권력을 행사할 뿐만 아니라 집권당과도 사실상 권력을 분할한다. 결국 연합정부는 권력을 정당 간, 각료 간 그리고 집권당과 정부가 공유하기 때문에 결정과 집행이 집합적이다.

대통령제는 대통령 1인이 국정의 최종 책임자이기 때문에 대통령의 독단과 독선적 행태에 대한 견제세력이 약하다. 이러한 독선과 독단은 자칫 대통령이 교묘히 비민주적인 방향으로 나아갈 수 있기 때문에 끊임없는 감시가 필요하다.

2) 순 · 역의 양면적 기능

1. 국민주권과 대의제 원리를 기반으로하는 여론 및 책임정치에 긍정적이지만 정치과정의 불안정성을 수반한다.

의회제에서는 의회의 임기는 정해져 있지만 고정된 것은 아니다. 정부의 임기는 의회의 임기 내에서 존속되기 때문에 종속적이다.

여론에 반응하는 정당과 그러한 정당들로 구성된 의회는 여론에 따라 정부의 운명을 좌우하게 된다. 아울러 의회와 정부는 여론의 반응에 따라 책임을 지게 된다. 여기에서 책임은 정부가 추진한 정책에 대해 의회로부터 신임을 얻지 못하면 의회해산과 정부의 해산을 가져오는 것으로 구현된다. 유권자에 대한 민감한 반응은 자칫 정책이 단기적 인기에 치우쳐 일관성이 결여될 우려가 있다는 주장이 있지만, 현대사회의 여론은 단순한 포퓰리즘이 아니라 전문적이고 합리적 토대를 갖는다는 점에서 반응은 당연하다.

그러나 의회제의 임기 비고정성은 반응성과 책임성에는 순기능적이지만 정치과정의 불안정을 초래할 수 있다. 의회해산과 정부의 붕괴는 정상적인 정책수행의 중단이나 선거결과에 따른 단절을 수반한다. 따라서 정책수행의 지연이나 불안정으로 인해 특히 국내외적으로 민감한 경제문제 등에 역기능으로 작용할 수 있다.

의회제는 대통령제에 비해 국민의 여론에 더 민감할 수 있다. 특히 정부와 의회가 대립하거나 소수정부의 경우 항상 조기 총선거에 대비해야 하기 때문에 국민의 여론, 특히 가벼운 일시적 여론에 정책이 춤출 수 있다. 여론에 무딘 대통령제의 잘못된 정책방향과 여론에 민감한 의회제의 일관성이 결여된 정책 가운데 어느 쪽이 더 부정적인지는 각 나라 그리고 각 정권별로 다를 것이다. 그러나 한편으로는 대통령제가 여론에 둔감하거나 의회제가 여론에만 춤추는 것도 아니다. 이것은 제도의 문제라기보다는 지도자의 리더십 스타일 문제와도 관련이 있을 것이다.

대통령제는 임기의 고정성으로 인해 정부의 정책이나 대통령의 국정수행에 대해 국민으로부터 지지를 받지 못해도 그에 대한 비판 이상의 어떤 변화도 불가능하다. 제재방법은 기껏해야 다음의 선거를 통한 심판이지만 선거까지는 또 다른 여러 요인들이 작용할 수 있기 때문에 그 책임과 반응은 모호할 수밖에 없다. 우리나라 노무현 대통령은 국정수행에 대한 국민의 지지가 10% 내외로 정부의 정책이 국민의 신뢰를 얻지 못한 상황에서 여러 난맥상이 노정되고 있지만 그에 대한 책임과 대안으로 임기가 지나가기만을 기다리는 실정이었다.

2. 의회와 내각의 융합권력을 바탕으로하는 신속, 강력한 국정수행에 긍정적이지만 자칫 수(數)의 정치로 오히려 반응성이 약화될 수 있다.

의회제 정부는 곧 의회의 지지를 전제로 하기 때문에 정부가 다수당을 토대로 하는 경우 정부는 걸림돌 없이 질주하면서 정부정책은 의회의 신속한 지지를 바탕으로 강력히 추진될 수 있다. 설령 의회와 정부가 대립하는 경우에도 근본적으로는 총선거를 통한 국민의 심판에 의해 해결하거나 중립적 위치의 국가원수를 통한 중재로 해소될 수 있다. 그러나 이러한 과정은 정책수행의 단절과 정치불안을 초래할 수 있다.

다수당 정부는 헌법의 근본적인 변화를 제외한 어떤 결정도 내릴 수 있기 때문에 야당은 무력화되고 야당이 대변하는 세력의 이익은 공허한 메아리로 그칠 수 있다. 특히 여야당의 대립이 이념을 기준으로 하는 경우 이런 현상은 심화될 수 있다. 특히 영국과 같은 단순다수의 선거제를 가진 의회제는 일당우위체계로 1당의 전횡과 1당 장기집권에 대한 우려가 제기된다.

반면에 영국이 보수당에서 노동당으로 정권이 교체된 것처럼 집권세력의 독주나 전횡은 일종의 기우로 드러나기도 한다. 특히 이익집단들의 활동이 증대하면서 의회는 이러한 집단들의 다양한 이익을 대표해야 하기 때문에 어느 한 정파의 독주나 독단의 가능성은 상대적으로 줄게 되었다. 대통령제인 미국의 경우 클린턴, 부시 행정부는 각각 8년을 집권했다. 대통령제에서 1인의 대통령은 8년의 집권이 최장기간이지만 한 정당은 그 이상의 집권도 가능하다. 의회제에서 1인의 수상이 8년을 집권하거나 또는 한 정당이 그 이상을 집권하기는 쉽지 않기 때문에 장기집권과 전횡의 문제는 기우가 되고 있다.

대통령제도 집권당이 소수당인 경우 의회에서 절대다수 야당의 반대에 직면하면 정부의 정책은 동맥경화 상태에 빠지게 된다. 특히 관용과 타협의 정치문화가 발전하지 않은 정치체계에서는 집권당과 야당의 정쟁으로 정부정책은 먼지가 쌓이고 정파 간에는 갈등의 골만 깊어지게 된다. 이러한 상황에서 여론의 질타는 정부와 야당의 야합이 합의로 포장될 수 있다.

3. 국가나 정부지도자의 간접선거로 인한 자질과 전문성 그리고 민주성 및 반응성에 대한 양면성이 있다.

정당과 의회를 통한 수상과 각료의 선출이 전문성의 자질을 담보한다는 순기능을 앞에서 제기하였지만 국민이 정부나 지도자를 직접 선택할 수 없고 의회의원이나 정당을 통해 간접적으로 선택하기 때문에 정당 내부의 역학구조로 지도자의 선출이 비민주적이고 부적격자가 수상직을 차지할 가능성이 있다. 대통령제는 국민이 대통령을 직접 선출하는 것을 민주성으로 평가한다. 그러나 국민이 직접 투표권을 행사하는 것은 사실이지만 과연 유권자가 대통령 후보에 대해 얼마나 정확하고 충분한 정보를 갖고 합리적으로 판단하는가? 유권자들은 기껏해야 매스 미디어를 통해서 후보자를 만나는 것이 고작이다.

그럼에도 의회제는 정부수반의 간접선거로 유권자들이 국정의 최고 책임자를 직접 심판하고 선택할 수 있는 길이 차단된다. 의회제의 수상직은 연고지역에서 의원으로 당선되고 정당 내부의 리더십 발휘로 가능하기 때문에 국민의 직접 심판과는 거리를 갖는다. 이러한 환경은 수상으로 하여금 전체 국민들보다 자신의 선거구민과 당 내 간부들의 요구에 먼저 반응하도록 만들 수 있다. 그러나 이러한 요구가 전체 국민의 요구와 달라도 국민들이 심판할 수 있는 방법은 아주 제한될 수밖에 없다. 연합정부의 경우 정당들의 게임에 의해 선출되는 수상은 국민의 의사와 일치되지 않아 수상의 선출이 자칫 정당인들만의 잔치일 수 있지만, 그렇다고 적격자가 선출되기 어렵다거나 이러한 과정이 국정의 효율적 수행과 민주적 절차와 반한다고 단정할 수는 없다.

3) 역기능

1. 의회제는 정당 난립과 정권의 불안정이 우려된다.

현대 선거에서 1당이 다수의석을 확보하기가 쉽지 않은 상황에서 의회제의 정당 난립에 의한 정권불안 요인은 상존한다. 영국은 단순다수제로 1당다수정권이 이어지고 있지만 대부분의 의회제는 선거방법으로 비례대표방법이거나 비례대표방법을 병행하는 혼합식을 채택하고 있다. 이러한 선거제도는 최소한 3개 이상의 정당이 의회로 진입하게 되며, 1당다수정부의 구성보다는 연합정권이 불가피하고, 이 과정에서 정부구성과 정부의 붕괴가 수반되며 정부의 불안정이 우려되는 것이다.

다행이 현대적 의회제는 여러 수상과 정부지위의 강화, 대중선거의 부담 등 제도 및 상황적 요인과 제도적 보완으로 정부의 불안정성은 상당히 해소되고 있다. 선거 이후 정부구성이나 정부의 정책에 대한 표결, 그리고 정부의 불신임이 의회해산과 정부 사임의 극한 상황으로 가지 않는 경향이다. 따라서 독일의 바이마르공화국이나 프랑스의 제4공화국은 확실히 의회제의 박물관에서나 볼 수 있는 현상이 되었다. 이러한 변화는 특히 언론의 역할이 증대되면서 정당이나 의회 그리고 정부의 활동가들이 스스로를 절제하고 여론에 민감하게 반응하면서 뚜렷해지는 경향이다. 그럼에도 의회제는 정부구성과 정부의 불신임, 그리고 의회해산이라는 정부의 불안정을 초래하는, 언제 폭발할지 모르는 뇌관을 안고 있다.

2. 의회가 정권투쟁의 장으로 비치거나 의원들의 권력남용과 부패가 우려된다.

의회제는 의회에서 정부를 불심임하거나 정부의 정책을 반대함으로 인해 정부가 붕괴되고 의회가 해산된다는 점에서 의회는 더 적극적 권력투쟁의 장이 될 수 있다. 이 과정에서 의원들은 권력을 남용하거나 특히 정부가 여당과 융합된 상황에서 의원들의 역할이 남용될 소지도 있다. 또한 빈번한 선거가 이어지게 되면 의원들이 선거를 준비하는 데 음성적인 정치부패가 기생할 우려도 있다.

2. 의회제의 조건

전체적으로 의회제는 다원사회의 권력구조로서 긍정적 측면을 많이 가지고 있다. 그러나 의회제가 민주정치체계에서 민주성과 안정성 그리고 효율성을 담보하는 권력구조로 발전되기 위해서는 상응하는 조건이 요구된다.

1. 한 정당이 절대다수의 안정적 의석을 확보하고 응집력이 강한 정당을 중심으로 하는 경쟁적 정당체계가 필요하다. 이것은 사회구조의 특성이나 선거체계에 크게 좌우될 것이다.
2. 유권자의 정당선호가 구심적으로 정향되어야 한다. 이것은 군소정당의 난립을 방지하고 양당제적 경쟁을 촉진하는 동시에 극단적 정당을 억제할 것이다.
3. 내각의 붕괴와 의회해산의 정치적 불안정에도 행정의 안정성을 위한 직업공무원제가 확립되어야 한다.
4. 중앙정치의 불안정과 별개로 지방행정의 안정을 위한 지방자치제가 정착되어야 한다.
5. 관용의 정신과 타협의 정당정치와 특히 충성스런 야당의 존재가 필요하다.
6. 후보자의 선정, 유권자의 동원 등 그간 정당이 수행하던 역할을 매스 미디어가 상당부분 대신하는 상황에서 정당의 위계나 결속력은 상대적으로 낮아지게 되기 때문에 여기에 적응할 수 있는 새로운 정치문화가 발전되어야 한다.

3. 우리나라의 적실성

의회제는 한국에 어떤 의미를 갖는가? 우리나라는 건국과정에서 의회제를 시도하다가 좌절되고 1960년대 초 제2공화국에서 도입했다. 그러나 당시 만연하던 군부의 개입(5 · 16군부 쿠데타)으로 9개월 만에 종료되었다. 당시의 우리나라의 의회제는 고전적 의회제의 형태였고 익숙하지 않은 제도를 처음 운영하는 과정에서 군부에게 개입의 빌미를 제공했다. 특히 이승만대통령체계의 독재에서 벗어나면서 강하게 분출하는 자유의 욕구와 나약한 장면의 리더십, 그리고 신구파의 갈등 속에 집권하자마자 분열한 민주당과 신민당은 서로 비판이 아니라 비난 속에 의회제가 갖는 '불안정한 정부' 의 낙인이 찍히게 되었다.

특히 제2공화국 당시의 우리나라 정당정치는 유아적 수준이었다. 가부장적 정치문화에서 정당도 인맥을 중심으로 하는 파벌수준이었다. 특히 4 · 19로 인해 경쟁정당이 소멸되어 민주당이 신파와 구파로 선거 후에 분당되면서 정책을 중심으로 하기보다는 인맥을 중심으로 하는 감정대립이 정부운영에 반영되었다. 그럼에도 정부를 종료시킨 것은 의회가 아니라 군부였다는 점에서 많은 아쉬움을 남긴다.

제2공화국의 특수한 상황의 의회제를 오늘의 상황에 동일하게 적용하여 평가할 수는 없다. 특히 우리나라는 1980년대 이후 심화된 지역주의로 인해 모든 지역, 모든 정파로부터 신뢰와 존경을 받을 수 있는 국가지도자가 필요하다. 또한 다원사회에 부합할 수 있는 다양한 전문인들의 집합적 정부도 요구된다. 이러한 상황에서 의회제는 몇 가지 제도적 조건을 보완하면 하나의 유용한 대안으로 검토대상이 될 수 있을 것이다.

준대통령제

Ⅰ. 준대통령제의 개념과 기원

제도에 관한 이론, 즉 제도이론의 초점은 왜 어떤 제도는 존재하고 지속하는 반면에 다른 제도는 존재하지 않거나 일시적인지에 관해 설명하는 것이다. 정확하게 말하면 제도이론은 합리적 확신을 바탕으로 핵심적인 제도의 결과뿐만 아니라 정교하게 만들어질 수 있는 대안적인 제도적 장치의 결과를 아는 데 필요한 것이다.

다른 제도도 마찬가지이지만 정치제도는 그 안에서 누가 어떤 목적으로 어떤 행위를 지속하는지에 관한 내용을 규정한다. 하나의 제도가 존재하면 그 제도에 따른 행태가 개재되며, 그에 따른 결과가 야기된다. 제도와 이 제도에 의한 결과 사이의 중요한 연계는 행태이다. 제도와 행태적 규칙성 사이의 본질적 차이가 없기 때문에 제도와 행태 사이의 선은 구별하기가 쉬운 것은 아니다.

제도는 행태의 산물일 수도 있지만 대부분은 제도 속에서 행태가 야기된다는 점에서 제도는 행위자의 행동을 규제하는 규범이다. 그러나 제도는 철칙(鐵則)이 아니라 행위자에 따라 어느 정도의 가변성을 갖는 연칙(軟則)이다. 따라서 제도와 그 제도에 의한 행위자 간에는 항상 상충되는 범위가 존재하기 마련이며, 이는 다른 제도나 다른 행위자의 판단 대상이 되기도 한다.

헌법은 이런 측면에서 국가권력을 행사하는 대통령직이나 수상직, 그리고 의회의 재량권이나 권력의 상호작용의 범위를 한정하지만 그 직을 맡은 대통령이나 수상 또는 의원들의 행태에 따라서 이 헌법적 제도는 다른 모습으로 비춰지기도 한다. 특히 대통령이나 수상 등 정치적으로 중요한 역할을 하는 인물은 본인의 특성 외에 이념과 그를 기초로 하는 정당, 그리고 의회의 구성에 따라 행태의 특성이 좌우되기 때문에 헌법이라는 제도만으로 한 국가의 권력구조의 특성을 분석하는 데는 한계가 따른다. 그 가운데 특히 준대통령제는 헌법상 규정 외의 여러 요인들 특히 의회 내 정파의 세력분포와 정당들의 상호작용 등의 복합적인 작용에 따라 다른 두 권력구조에 비해 정치과정의 가변성이 더 큰 구조이다.

1. 준대통령제의 개념

1) 개념의 연원

준대통령제는 우리 사회에서 '이원집정부제'로 부르는 권력구조를 말한다. 우리나라의 학계나 정계 등에서는 '준대통령제' 대신에 '이원집정부제'라는 용어가 널리 사용되며, '혼합제'라는 용어도 간혹 등장한다.

이러한 용어들이 지칭하는 대표적인 권력구조는 프랑스의 권력구조이고 핀란드의 권력구조도 하나의 예이다. 그러나 '준대통령제'는 1950-1960년대까지 개념의 구성 및 정의가 이루어지지 않은 모호한 상태였다.

준대통령제는 영어로 'semi-presidentialism'인데, 접두어 'semi'는 라틴어 '반(half)'에 해당한다. 이런 점에서 준대통령제는 완전한 대통령제가 아닌 대통령제와 비슷한 권력구조로 대통령제에는 못 미치고 그 부분에 의회제적 요소가 가미되지만 중심이 대통령직에 있다는 것을 함의하는 것으로 생각된다. 그러나 실제로 준대통령제 권력구조가 최초로 창안된 프랑스에서도 출발점은 의회제였다.

프랑스는 정치적으로 혼란스럽고 불안정한 의회제의 보완으로 의회의 권력을 제한하고 대신 국가수반의 권력을 확대강하는 방향으로 권력구조의 변경을 도모하는 과정에서 현대적인 준대통령제를 창안하게 된 것이다. 그러나 프랑스의 권력구조에 대해 프랑스 르몽드(*Le Monde*)지의 설립자이며 언론인인 메리(Hubert Beuve-Mery)가 1959년에 '준대통령제'라는 용어를 처음 사용하고,[1] 그 이후 프랑스의 정치학자 듀베르제가 학문적으로 개념을 정립함으로써 표면적으로는 대통령 중심의 대통령제와 의회제의 혼합형태처럼 인식되고 있는 것이다.

한편 우리나라에서 많이 사용하는 '이원집정부제'의 '이원(二元)'은 동등한 양수(兩首)를 의미한다. 따라서 이원집정부제는 대통령과 수상이 정부의 권력을 분점한다는 의미이다. 그러나 대통령제나 의회제가

[1] Robert Elgie, "The Politics of Semi-Presidentialism," in Robert Elgie(ed.), *Semi-Presidentialism in Europe*(New York : Oxford University Press, 1999), 1. 듀베르제도 이 점을 인정한다. Robert Elgie, "The Politics of Semi-Presidentialism," in Robert Elgie(ed.), *op. cit.*, 20 주 1 참조.

권력을 주도하는 주체를 중심으로 한 용어라면 이원집정부제나 혼합제는 구조적 내용을 중심으로 하고 있기 때문에 기존에 정착된 대통령제나 의회제와 사용하기는 부적합하다. 또한 대통령이 의회의 다수를 통제하면 수상은 사실상 대통령의 휘하에 소속되기 때문에 분점상태가 아니다.

용어는 현상을 가장 근접하게 표현해야 하고 보편성이 있어야 한다. 그러나 외국어를 우리말로 전환하는 과정에서 혼란이 수반될 수밖에 없다. 따라서 어떤 용어가 본질을 가장 잘 나타내는가를 고려해 선택하는 것이 최선이다. 이런 점에서 여기에서는 '준대통령제'를 사용하고자 하는 것이다.

특히 '혼합'은 둘 이상의 다른 것을 섞는 것을 의미하는데, 여기에서는 대통령제와 의회제를 섞었다는 뜻이다. 프랑스나 핀란드 등 준대통령제로 분류되는 나라의 권력구조는 대통령제와 의회제가 혼합되어 있고, 준대통령제의 개념을 개척한 듀베르제(M. Duverger)도 1958년 프랑스 5공화국 헌법이 의회제와 대통령제 모두의 요소가 혼합된 것이라고 지적한 바 있다. 프랑스는 제4공화국의 의회제에 국정의 일정부분을 담당하는 간접선거의 대통령을 설정해서 5공화국의 권력구조를 만들었다. 그리고 드골은 이 대통령의 권력을 강화하기 위해 대통령을 국민으로부터 직접 선출하는 제도로 변경했다. 이런 점에서 프랑스의 권력구조는 혼합이다. 그러나 혼합은 1%와 99%의 다른 것이 합쳐질 수도 있다. 그런데 대통령제나 의회제는 그 자체가 이미 일정부분은 상호 혼합되어 있기 때문에 단순히 혼합으로 부르는 것은 더 적절하지 못하다.

프랑스는 드골(de Gaulle)이 집권하는 동안은 분명히 대통령이 정치와 권력의 중심이었다. 여기에서 준대통령제의 명칭이 등장하고 이를 토대로 새로운 제3의 권력구조, 즉 준대통령제에 대한 개념화 작업이 시도되었다.

준대통령제의 개념을 선도적으로 개척해 온 정치학자는 프랑스의 듀베르제이다. 그가 프랑스 제5공화국 권력구조에 대해 1970년 '준대통령제'라는 용어를 학문적 측면에서 최초로 사용[2]하면서 학술적 개념으로 일반화되었고, 그 이후 대통령과 의회제도를 결합하는 많은 나라들의 권력구조를 학문적으로 묘사하는 용어로 일반화되었다.[3] 특히 듀베르제는 상대적으로 동질적인 헌법이 아주 다른 방식으로 적용되는 이유를 설명하는 데 이 개념을 사용했다.[4]

1980년 "유럽의 정치연구지(European Journal of Political Research)"에 발표된 듀베르제의 논문 「신정치체계의 모델 : 준대통령제정부」는 많은 나라들의 정부형태에 대한 토론을 제고시켰다. 1970년대 이후 준대통령제의 개념에 대한 듀베르제의 고심은 1980년의 그의 논문에서 최종적인 정의로 마무리되었으며, 준대통령제에 관한 표준적인 영어의 정의가 되었다. 그에 따르면 만일 헌법이 아래의 3가지 요소를 결합한 정권이면 준대통령제 정권으로 고려된다.

1) 대통령이 보통선거로 선출된다.
2) 대통령은 아주 상당한 권력을 갖는다.
3) 대통령이 반대한다고 해도 집행권과 정부권력을 가진 수상과 각료

2 J. Lovecy, "Comparative Politics and the Fifth Franch Republic," *European Journal of Political Research 21*(1992), 388.

3 Steven D. Roper, "Are all Semipresidential Regimes the Same? : A Comparison of Premier–Presidential Regimes," *Comparative Politics* 34, No. 3(April 2002), 253 ; Maurice Duverger, "A New Political system Model : Semi–presidential Government," *European Journal of Political Research 8*(1980), 165–187.

4 Maurice Duverger, *op. cit.*(1980), 177.

가 있고 만일 의회가 그들에 대해 반대하지 않는 한 그 직을 유지할 수 있다.[5]

이러한 헌법적 특성에 합치되는 나라는 1976년까지 프랑스, 오스트리아, 아이슬란드, 아일랜드, 바이마르공화국, 포르투갈, 핀란드 등 7개 국가였다.[6] 그러나 듀베르제는 프랑스에서는 대통령이 아주 강력한 방식으로 권력을 행사할 수 있는 데 반해 오스트리아, 아이슬란드, 아일랜드에서는 공식적 역할이 아주 제한되는 등 나라별로 정치권력의 사용이 아주 다르다는 것을 깨달았다. 그리고 바이마르공화국과 포르투갈, 핀란드에서는 대통령과 수상 사이에 권력의 균형을 이루고 있는 것을 인식했는데,[7] 그는 이러한 차이를 헌법의 내용, 전통과 상황, 의회다수의 구성과 의회와 관련한 대통령의 위치로 설명했다.[8]

듀베르제의 준대통령제 개념에 대한 토론은 영미학자들[9]이 적극적이었으며, 특히 포르투갈과 핀란드, 이태리에서 관심이 두드러졌다.[10] 프랑스 5공화국을 연구하는 학자들뿐만 아니라 포르투갈과 핀란드에서는 각

5 Ibid., 166.

6 Horst Bahro, Bernhard H. Bayerlein & Ernst Veser, "Duverger's Concept : semi-Presidential Government revisited," *European Journal of Political Research 34*(1998), 201

7 Maurice Duverger, *op. cit.*(1980), 167-177.

8 *Ibid.*, 165.

9 대표적인 영미학자들은 이 글의 인용에 나타나 있으며 이 글에서 인용되지 않은 학자로는 V. Boddanor, "Semi-Presidential System," in V. Boddanor(ed.), *The Blackwell Encyclopedia of Political Institutions*(Oxford : Blackwell Publishers, 1987), 561-562 ; K. R. Weaver & B. A. Rockman, "Assessing the Effects of Institutions," in B. A. Rockman & K. R. Weaver(eds.), *Do Institutions Matter?*(Washington, DC : The Brookings Institution, 1993), 1-41.

10 Horst Bahro, Bernhard H. Bayerlein & Ernst Veser, *op. cit.*, 205.

각의 정권을 묘사하는 용어의 유용성에 대해 거의 어떤 의구심도 제기되지 않았다. 특히 포르투갈은 그 개념이 정계 및 학계의 토론에 확실하게 수용되고 1982년의 개헌과 연계되었다.

이태리의 학자들도 1983년 초에 여러 논문에서 준대통령제를 다루었고, 준대통령제의 견지에서 포르투갈의 대통령직을 조사했다. 이들은 대통령의 보통선거는 준대통령제의 필수적 양식이라는 점을 강조했다. 이러한 과정에서 듀베르제는 준대통령제의 구별을 외형적(apparent) · 실제적(effective)이란 개념으로 보충하고 오스트리아, 아일랜드, 아이슬란드를 전자에, 그리고 후자에는 바이마르공화국, 핀란드, 프랑스, 포르투갈을 포함시켰다.[11]

그러나 그의 준대통령제 개념은 '항무지에 대한 개척'이라는 점에서는 높은 평가를 받을 만하지만 황무지에 나름의 개념을 구성하다 보니 너무 다양하게 묘사되고 모호하게 정의되는 바람에 본질을 분명히 나타내 주는 데는 한계가 따랐으며, 상당한 비판의 대상이 되었고 준대통령제의 개념에 대한 논쟁을 야기했다.

준대통령제의 개념에 대한 논쟁은 우선 개념의 대상이었던 프랑스의 권력구조가 갖는 다면성에서 기인되었다. 프랑스 5공화국은 두 얼굴을 가진 정부형태이다. 하나는 대통령이 의회를 장악하면 동시에 행정부를 사실상 장악해 대통령제와 유사한 얼굴이다. 다른 하나는 의회를 야당이 지배하면 행정부를 수상이 좌우해 의회제의 형태를 갖는 경우이다. 이처럼 사실상 실체 자체가 변하되는 상황이 초래되는 경우, 그 상황에 적합한 명칭이 주조되고 그에 따른 개념이 구성되어야 한다. 예를 들어 프랑스에서 의회가 '여소야대'로 구성되면 '동거정부'로 부른다. 이런

11 *Ibid.*, 203.

경우는 동거자 양측을 포괄하는 개념이 필요하다. 이것을 하나로 융합하려면 개념의 한계와 모호성이 대두되는 것이다.

개념적 혼란의 또 다른 배경은 실체가 변하지 않고 동일한 상태인데도 명칭이 다르기 때문에 혼란을 겪는 경우이다. 프랑스 5공화국의 경우 제도적 관점에서 보면 정권의 개념은 변하지 않고 실체는 동일한 상태에서도 여러 이름이 부여되어 혼돈스러운 측면이 있다. 예를 들면 프랑스 국내, 특히 프랑스의 헌법학계에서는 정치체계의 분석에서 준대통령제라는 용어는 거의 사용하지 않았고, 오히려 '(제한적) 대통령제', '원수제(principat)' 등의 용어가 제시되는가 하면, 준대통령제라는 용어는 프랑스 공화국의 '초대통령적(ultra-presidential)' 실체를 함의하기에는 너무 약하다는 주장도 있다.[12] 준대통령제가 대통령제와 의회제의 혼합이라면 의회제적 성격이 강하게 나타나면 준대통령제와 대칭되는 '준의회제'로도 불려야 마땅하다. 실제로 린즈와 스테판은 준대통령제 용어를 수용하면서도 준대통령제를 준의회제와 동의어로 사용한다.[13] 우리나라에서 사용하는 반대통령제, 이원집정(부)제, 혼합제 그리고 여기에서 사용하는 준대통령제라는 명칭도 사실은 프랑스의 권력구조를 대상으로 하고 있다는 점에서 본질의 차이가 아니라 용어상 차이에 불과하다.

듀베르제의 준대통령제에 대한 기본적인 사고는 대통령과 수상의 상호 의존성으로 구성되며, 수상이 의회에 좌우되고 대통령의 직접명령에

12 *Ibid.*, 203–204.

13 Juan J. Linz, "Presidential or Parliamentary Democracy : Does It Make a Difference," in J. J. Linz and A. Valenzuela (eds.), *The Failure of Presidential Democracy*(Baltimore : The Johns Hopkins University Press, 1994), 48 ; Alfred Stepan and Ezra N. Suleiman, "The French Fifth Republic : A Model for Import? Reflections on Poland and Brazil," in H. E. Chehabi and Alfred Stepan (eds.), *Politics, Society, and Democracy : Comparative Studies*(Boulder, Colo. : Westview Press, 1995), 394.

행동하는 정권이다. 듀베르제는 프랑스의 동거정부 이전의 현상과 서유럽의 7개 국가 민주정치체계의 관찰을 토대로 자신의 개념에 대해 정교하게 개진했다. 그러나 호스트 바흐로(Horst Bahro) 등은 듀베르제가 동유럽과 중앙아시아의 신생 또는 민주화 과정의 국가들에 대해 준대통령제로 분류했지만 그들이 매우 독특한 특성을 보여준다는 점에서 이상적인 타입의 준대통령제와는 현저히 다른 것 같다고 판단한다.[14]

듀베르제의 개념이 갖는 근본적인 문제는 두 가지 점에서 두드러진다. 첫째는, 그가 프랑스 5공화국에 사용한 '준대통령제'의 개념을 다른 나라들에 적용한 점이다.[15] 즉 외형적으로나 실제적으로 아주 다른 특성을 가진 정권들을 하나의 범주로 묶은 것이다. 둘째는, 프랑스의 5공화국 정권에서 동거정부가 등장(1986년)하기 이전의 프랑스 정부형태를 대상으로 이 개념이 구성되었고, 당시는 대통령이 정부의 운영을 주도하는 상황을 배경으로 한 것이었다.

이러한 한계에 대해 바흐로 등은 듀베르제의 개념은 정권의 기능에 관한 설명에 상당히 가치 있는 기여를 했지만, 최근에 민주화 단계에 있는 국가에 이식된 준대통령제 정부형태를 분석하는 데는 모호성을 나타

14 Horst Bahro, Bernhard H. Bayerlein & Ernst Veser, *op. cit.*, 215.

15 민주화의 '제3의 물결' (S. P. Huntington, *The Third Wave : Democratization in the Late Twentieth Century*(London : University of Oklahoma Press, 1993). 초기에 포르투갈과 함께 많은 다른 신생 또는 민주화도상의 국가들은 1) 상당한 권력을 가진 대통령의 국민직접선거 2) 의회의 신임에 좌우되는 정부라는 준대통령제의 최소한의 형식적 조건에 부합시켜 정부조직에 관한 헌법적 문제의 해결을 시도했다. 알제리, 마다가스카르(Madagascar), 니제르(Niger), 스리랑카, 아이티(Haiti) 등은 프랑스 5공화국헌법 모델을 택했다. 준대통령제는 중아시아와 몽골은 물론 동남유럽의 신생국 또는 새로 민주화되는 탈공산주의 국가들에게도 관심의 대상이었다. 그러나 실제로 이 모든 국가들이 듀베르제의 개념과 상응하는 것은 아니다.

내며, 특히 개념이 다양하게 묘사되어 준대통령제에 대한 그의 정의가 확실하지 않고 준대통령제의 대통령 권력에 관해서는 '상당한 권력', '중요한 적절한 권력', '아주 상당한 권력' 등 몇 개의 다른 명칭을 사용해 어떤 정확한 방향으로 구체화할 수 없다고 지적한다.[16]

듀베르제의 표현으로 대통령의 '상당한 권력'은 대통령과 수상(의회)의 권력관계에서 과연 어느 정도를 말하는 것인가? 즉 수상과의 권력배분 비율이 어느 정도일 때를 '상당'으로 묘사해야 하는가? '대통령적 정부'가 '절대적 권력'이라면 '비대통령적 정부' 또는 '반대통령적 정부', 즉 '동거정부'에서도 대통령 권력을 '상당한 권력'으로 묘사할 수 있는가? 프랑스 5공화국의 헌법이 시행되면서 바로 동거정부 형태로 나타났어도 준대통령제라는 명칭을 사용했을까?

어떤 현상에 대한 분석은 제도라는 하나의 기준으로 분류하는 경우와 상황 및 행위자를 포함해 3개의 기준을 만족하는 범주화는 대단한 차이를 갖는다. 듀베르제의 구분은 기본적으로 제도적 특성을 바탕으로 한다. 그러나 다른 나라도 마찬가지이지만 프랑스는 동거정부라는 상황적 특성과 대통령과 수상, 특히 드골이나 미테랑 그리고 시라크 등의 행위자 특성이 제도적 특성에 상응하는 영향을 미쳤는데도 듀베르제는 바로 이러한 변인들을 소홀히 다루었다.

레이파트(A. Lijphart)는 듀베르제의 준대통령제 개념은 다면적이고 대통령제와 의회제 사이의 중간거리를 함의하지 않는다고 주장한다.[17] 두하멜(Duhamel)은 듀베르제가 외형적 · 실제적 준대통령제의 차이를 도입한 점에 대해 헌법구조에 바탕을 둔 개념을 지배행태에 바탕을 둔 개

16 Horst Bahro, Bernhard H. Bayerlein & Ernst Veser, *op. cit.*, 203.

17 Arend Lijphart, "Trichotomy or Dichotomy?," *European Journal of Political Research, 31*(1997), 126.

념으로 대체했다고 비판하고, '정치체계'와 '입헌적 정권'을 구별해 사용하면서 정치체계는 지배적인 제도의 실체로부터 나오는 권력의 행사를 의미하는 반면에, 후자는 권력의 행사를 위한 규칙의 총체로 구별하고 프랑스를 준대통령 정권의 성격을 가진 대통령체계로 규정했다.[18]

2) 준대통령제의 개념

개념은 하나의 이론으로서 일반성을 가져야 한다. 일반화는 특정 사안에 대한 개념을 그 사안보다 더 넓은 현상에 적용할 수 있는 상태를 의미한다. 이러한 일반화는 현실세계의 사례들을 구분하는 기준이 될 수 있다. 구분은 사안의 다른 상태를 개념의 한 부류 안에 넣는 것이다. 그리고 이러한 각각의 부류는 명칭으로 구별된다. 따라서 개념의 명칭은 개념이 상징하는 내용을 전달하는 것이 필수이다. 하나의 개념을 두고 다른 명칭으로 대표할 때 혼란은 불가피하다. 따라서 다른 기능을 가진 다른 제도적 구성체를 상징하기 위해 다른 명칭을 사용하는 경우 그 명칭이 그 내용의 뜻에 부합되어야 한다. 또한 상황이 달라지면 기존의 개념이 보완되든지 아니면 구별할 필요가 제기되면 그에 적합한 다른 개념을 창출해야 한다.

권력구조에 관한 개념의 내용은 정책과정을 주도하는 행위자, 즉 헌법체계 내로 한정할 때 한편으로는 정부 및 의회 내의 정당, 그리고 다른 한편으로는 야당이 구성요소가 된다. 권력구조에 대한 개념은 바로 이 행위자들의 상호 관련성에 대한 묘사이며, 권력구조에 대한 구별은 바

18 Horst Bahro, Bernhard H. Bayerlein & Ernst Veser, *op. cit.*, 204.

로 행위자들 간의 제도적인 권력관계가 기준이다.

제도적 관력관계는 상황과 행위자의 특성에 영향을 받는다. 정치과정에서 가장 큰 영향은 선거를 통한 의회의 구성이다. 의회로부터 독립적인 순수 대통령제 정부나 종속적인 의회제와는 달리 준대통령제는 의회의 구성에 따라 정부가 질적으로 변한다는 면에서 상황적 특성에 따른 가변성이 가장 큰 권력구조이다. 또한 이러한 가변적 배경에서 행위자의 특성이 정치과정에 영향을 가장 크게 미칠 수 있다. 이러한 요인들은 준대통령제의 개념 논쟁을 불가피하게 만든다.

준대통령제에 대한 개념은 수년간 혼란의 연속이었다. 혼란의 핵심은 준대통령제에 대한 정의와 준대통령제로 구분될 국가의 목록을 둘러싸고 야기되었다. 이러한 혼란은 한편으로는 듀베르제 자신의 글에서 개념을 발전시키는 데 야기된 혼란과, 다른 한편에서는 다른 사람들의 글에서 그 개념이 어떻게 적용되느냐에 따른 것이었다. 아울러 준대통령제의 개념이 프랑스 정체를 대상으로 관찰한 내용을 토대로 하는 과정에서 프랑스의 정치과정이 대통령의 리더십과 의회의 구성에 따라 변화해온 점도 간과될 수 없을 것이다.

그러나 준대통령제의 문제에 대한 깊이 있는 작업은 지금까지 경시되어 온 정치체계의 변형, 상당한 정도의 정치제도의 이행에 관한 연구에 새로운 자극을 제공했다.[19] '준대통령제'는 이제 대통령제와 의회제의 하위 타입의 권력구조나 또는 이 권력구조들의 아류가 아니라 제3의 독자적 권력구조로서 나름의 개념을 갖는다. 준대통령제의 개념은 많은 비판에도 불구하고 듀베르제의 정의가 핵심적 단초를 제공한다. 그가 제시한 대통령의 직접선거, 대통령의 일정한 권력, 의회에 의한 행정부

19 *Ibid.*, 218.

는 준대통령제로 분류되고 있는 국가들의 권력구조에서 어떤 형태로든 나타나고 있는 현상이다. 여기에서 '어떤 형태'는 특히 대통령 권력의 정도와 대통령과 수상 그리고 의회와의 관계에 대한 국가별 차이를 포괄적으로 나타나는 표현이다.

오네일(P. O'Neill)은 준대통령제를 다음과 같이 두 가지로 정의한다.[20] 1) 정부수반으로서의 수상과 국가수반으로서의 대통령사이에 집행권이 분리되고, 2) 실질적인 행정권이 대통령직에 있는 집행체계이다. 오네일은 대통령은 직접선거하지만 권한이 약한, 예를 들면 오스트리아, 아이슬란드, 아일랜드는 준대통령제에 포함시키지 않은 반면에 대통령을 간접선거하지만 강한 대통령, 즉 알바니아, (전)체코슬로바키아는 포함시켰다.

한편 린즈(J. J. Linz)에게 준대통령제는 대통령이 의회의 지명이 아니라 직접선거이든 간접선거이든 국민에 의해 선출되어야 하며, 의회의 신임이 필요한 수상이 존재해야 한다.[21] 이 경우는 핀란드와 프랑스 그리고 포르투갈이 우선적으로 포함된다.

엘기(R. Elgie)는 듀베르제의 개념을 토대로 학자들이 제기한 준대통령제에 대한 다양한 주장들을 중심으로 하여 준대통령제의 속성을 '대중적으로 선출된 고정된 임기의 대통령이 의회에 책임을 지는 수상 및 내각과 함께 존재하는 정권'으로 정의한다.[22] 그는 이 정의가 순수한 헌법적 정의로서 국가수반과 정부수반의 실질적인 권력에 대한 가정이 아

20 Patric O'Neill, "Presidential Power in Post-Communist Europe : The Hungarian Case in Comparative Perspective," *Journal of Communist Studies 9(3)* (1993), 197.

21 Juan J. Linz, "Presidential or Parliamentary Democracy : Does It Make a Difference," in J. J. Linz and A. Valenzuela (eds.), *op. cit.*, 48.

22 Robert Elgie, "The Politics of Semi-Presidentialism," in Robert Elgie (ed.), *op. cit.* (1999), 13.

니라 공직에 취임하고 존속하는 방식을 지적한 것이라고 해석하면서, 결국 준대통령제는 대표적으로는 대통령제와 의회제와 같은 순수한 정권유형의 예로 나타난다고 강조한다.

그러나 엘기의 정의는 결국 앞에서 제시한 린즈의 정의와 유사하며, 특히 그의 설명대로 헌법적 정의는 각 나라의 정치문화와 관행에 따라 다른 결과를 가져오기 때문에 '문자적으로는 유사하지만 실천적으로는 다른' 측면이 간과될 수 있다. 결국 엘기의 정의는 의회제에서 국가수반을 국민이 직접 선출하는 내용을 추가한 것으로 주요 활동가들의 지위와 역할 그리고 권력관계는 의회제 중심이다. 그러나 준대통령제의 대통령은 의회제의 국가수반에 비해서는 월등한 권력을 행사한다는 점에서 준대통령제를 엘기의 정의에 '고정된 임기로 대중적으로 선출되어 어느 정도의 권력을 갖는 대통령이 의회에 책임을 지는 수상 및 내각과 함께 존재하는 정권'으로 이해하는 것이 적절할 것이다.

2. 기원과 발전

준대통령제는 프랑스의 권력구조의 변화와 발전에서 나타난 것이다. 프랑스의 정치사는 1878년 프랑스혁명을 기점으로 하여 그 이전과 그 이후로 양분된다. 오늘날의 정치체계는 1870년 나폴레옹 3세가 프러시아 전쟁에서 패배하고 정치적 혼미 속에 놓여 있던 1875년 제3공화국으로부터 시작된다. 프랑스는 1878년 이후 1870년까지 공화정, 입헌왕정, 보나파르트제국을 경험했다. 1940년 히틀러 군대의 진격에 따라 공화국이 해체되고 제1차 세계대전 당시의 군사영웅 페띠앙(Marshal Philippe Petain)이 의회의 압도적 지지로(569대 80) 프랑스 지도자로서의 전권을 맡았다. 이 당시 모든 사람이 동의하는 것은 제3공화국으로 복귀하는 데 대한 반대였다.

1944년 드골이 임시정부 수반으로 귀국했다. 그리고 새 공화국의 창건에 대한 제안이 1945년 10월 국민투표를 통해 압도적으로 가결되고, 헌법의회 선거가 승인되어 새 공화국의 헌법입안의 임무를 맡게 되었다. 그러나 새로 제정되는 헌법의 가장 기본적인 원칙의 일부에 대해 심각한 이견이 대립했다. 드골은 강력한 대통령제를 원한 반면 다른 정파들은 의회제를 원했다. 의회제를 원하는 정파에는 공산당도 포함되어 있었다. 온건한 사회당들은 강력한 의회제를 요구했다. 그런가 하면 다른 세력들은 행정부와 의회 간의 균형관계를 원했다. 드골은 자신의 제안이 분명히 거부되자 1946년 1월 정부수반에서 사임했다. 그러나 공산당과 사회당이 지지한 헌법초안도 1946년 5월 국민투표에서 부결되었다. 결과적으로 공산주의자들이 반대하는 가운데 사회당과 기독교민주당(MRP)의 타협으로 제2의 헌법의회가 1946년 6월에 선출구성되고 헌법안이 국민투표에 회부되어 가결됨으로써 제4공화국이 출범되었다.

제4공화국은 혁명 이후의 가장 단명한 정권의 하나인 동시에 가장 사랑받지 못한 정권 중의 하나였으나 4공화국에서 상당한 발전도 있었다. 가장 주목되는 것은 강력한 경제성장으로 1951년 이후 1958년까지 GDP가 33%증가했고 일반연금제가 만들어졌다. 그러나 4공화국은 많은 문제에 직면했다.[23]

23 Robert Elgie, *Political Institutions in Contemporary France*(New York : Oxford University Press, 2003), 11–12.

1. 1944–1947년까지 정부에 참여했던 강력한 정치세력인 공산당들이 자본주의 정권이라면서 헌법뿐만 아니라 정권 자체에 반대했다. 드골주의자, 특히 드골 자신도 공화국의 의회 지배구조에 반대하고 정치과정에서 벗어났다. 그런가 하면 반체계적인 극우정당도 출현했다.
2. 국가의 정치제도가 비판의 대상이었고, 특히 정치적 지도력이 결여되었다. 대통령은 권한이 없는 명목상 대통령이었고, 수상은 의회에서 고도로 불안정한 다수에 생존을 의지했다. 1946년부터 1958년까지 25차례의 정부와 15명의 수상이 바뀌었다. 재임 1년을 겨우 넘긴 정부수반은 2명에 불과했다. 1948년 한 정부는 불과 2일의 시한부였다. 게다가 의회는 상당한 입법능력을 가지고 있었다.
3. 정치지도자들이 탈식민지화의 쟁점에 직면했다. 1950년대 인도-중국 간의 전쟁에서 프랑스는 전혀 영향력을 발휘하지 못함으로써 외적인 상처를 받게 되었다. 1956년에는 모로코와 북아프리카의 튀니지(Tunisia)가 각각 독립했다. 비록 전쟁은 없었다고 해도 그 당시에는 프랑스의 내외적 지도자들에게는 분개하는 감정이 상당히 팽배했다. 중요한 것은 북아프리카의 알제리(Algeria) 문제였다.

1954년까지 알제리의 민족주의 운동의 유일한 힘은 독립의 쟁취라는 결론이었다. 그러나 알제리가 프랑스의 필수적 구성요소이기 때문에 프랑스에 잔존해야 한다는 생각을 공유하는 100만의 국외 이주 프랑스인, 즉 식민지에 정착하고 있는 사람들이 있었다. 이 이주자들은 식민지의 독립이 승인된 것을 보고 제4공화국 정부가 신뢰할 수 없는 정부라는 생각을 갖게 되었다. 이러한 태도는 본토 프랑스에도 제시되었다. 결과적으로 알제리 민족주의 운동단체와 프랑스 군대와의 무력충돌로 치달았을 뿐만 아니라, 알제리가 프랑스에 잔존하기를 바라는 사람들이 국내에서 쿠데타를 시도할 것이라는 위협까지 제기되었다.

1958년 5월 군부지배 또는 내전의 가능성이 다가왔다. 4공화국 정부는 더 이상 이 위기를 해결할 수 있을 것 같지 않았다. 그해 5월 13일 알제리에서 쿠데타가 발발했고, 알제리가 프랑스에 잔존하기를 바라는 장군들이 권력을 장악했다. 반란은 코르시카(Corsica)까지 확산되었다. 5월 29일 대통령 레네 코티는 드골에게 수상에 복귀하도록 요청했고, 드골은 6개월 동안 충분한 권력을 부여받는다는 것과 새로운 공화국, 즉 제5공화국의 창설을 감독한다는 조건으로 이를 수용했다. 의회는 이 내용을 인준했고(6월 3일), 헌법초안의 준비(7월 29일)와 정부의 동의(9월 3일)를 받아 28일 국민투표에 회부해 압도적으로 가결됨으로써 1958년 10월에 5공화국이 탄생된 것이다.

5공화국 헌법은 드골의 다음과 같은 정치적 소신의 발로였다.[24] 즉 드골은 3, 4공화국의 실패원인이 정당의 과도한 지배에서 비롯되었으며, 기존의 공화국제도는 오히려 정당의 역할을 고취했다고 주장했다. 새 공화국은 이러한 경험에서 벗어나 강력한 대통령제를 준비하는 것이 주목적이었다. 동시에 드골은 의회의 폐해를 수상과 정부역할의 강화를 통해서 극복하기를 원했다. 수상은 정부의 직무를 수행하는 데 자유로워야 하며, 사소한 언쟁과 점수 따기를 하는 정당들의 놀이터인 입법부는 길들여져야만 하다고 주장한다.

프랑스는 혁명 이후 최근까지 200년 이상 절대왕정에서 자유민주공화국에 이르기까지 13가지의 아주 다른 헌정체계, 즉 프랑스제국, 입헌

24 *Ibid.*, 14.

왕정, 독재, 절대공화국을 거쳤다. 이 기간 영국과 미국이 단일의 헌정체계를 이어왔다는 점에서 프랑스의 헌정체계는 불안정의 연속이었다. 프랑스 5공화국은 이러한 역사의 반제로 1958년 나타난 것이다. 5공화국 체계는 프랑스 정치사에서 가장 오랜 기간 존속한 정치체계는 아니지만 지금까지 거의 반세기에 걸쳐 상당한 제도적 안정을 제공해 왔다. 미래를 예견할 수 있는 최소한의 근본적인 변화에 대한 요구가 있지만 현재의 5공화국 체계는 이러한 요구에 아주 강하게 맞설 수 있는 체계이다.

5공화국의 헌법은 이러한 기본적 원칙을 반영한 것이다. 결국 헌법은 대통령을 중심으로 하되 기존의 의회제와의 혼합체계로 만들어졌다. 대통령과 수상은 각각의 독립적인 권한이 부여되었다. 이러한 혼합적 특성은 유럽대륙의 대표정부이론에 친숙하도록 의회주의의 모든 자취를 파괴하지 않고 프랑스 행정부가 강화되어야 한다는 드골의 생각을 대표하는 것이다.

드골은 지역 귀족 및 일정한 공직에 복무한 경험이 있는 사람으로 구성된 선거인단에 의해 선출되는 5공화국 첫 대통령에 압도적으로 선출되었다. 초기에 드골은 자신의 역할을 외교와 국방, 알제리 정책에 한정했으나 알제리 문제가 해결된 후 국내문제에 적극적으로 개입하게 되었다. 그는 자신의 경력을 배경으로 강력한 지도력을 행사할 수 있지만 후임자들은 그렇게 할 수 없을 것으로 생각하고 개헌을 통해 대통령의 리더십을 강화하는 방안을 강구했다. 즉 선거인단에 의한 대통령선거를 미국처럼 보통선거로 직접 선거하는 것이었다.

1962년 10월 개헌안이 국민투표에서 압도적으로 승인되었다. 이것은 프랑스 정치체계의 전환점인 동시에 5공화국 권력구조의 근본적 변화였다. 프랑스가 의회제로 갈 것이냐 대통령제로 갈 것이냐의 논쟁에 대한 마침표를 찍는 것이었다. 헌법개정이 대통령에게 헌법상의 새로운 권한을 부여한 것은 아니지만 선거인단에 의한 간접선거에서 직접선거를 통해 '대중적 정당성'이라는 새로운 영향력을 확보해 주게 된 것이다.

대통령의 직접선거 이전 대통령의 위상은 드골의 개인적 특성에 기인되었지만 1962년 개헌 이후에는 그것이 제도화된 것이다. 개헌 당시는 이미 드골이 대통령직에 있었고 강력한 전통인 대통령지배적인 행정부가 수립된 때였다. 따라서 대통령의 직접선거는 드골의 정통성을 강화했다. 프랑스 5공화국은 '원수제(principate)', '선거군주제', '국민투표민주주의' 등 다양한 용어로 그 특성이 묘사된다.[25] 이러한 용어들은 그 시기에 프랑스에 강력한 대통령직을 잘 나타내 주고 있다. 프랑스의 제5공화국 헌법기초자들도 1962년 이 용어를 무시했다. 이들이 추구한 것은 특정적이고 권력분리적인 목적을 가진 제도였다. 그리고 같은 유형의 기본적 헌법구조를 가진 준대통령제 정권이라도 실제로 나라마다 다른 정치적 관행을 보여준다.[26]

그러나 드골은 자신의 진퇴를 건 지방정부와 상원구조의 개혁안이 1969년의 국민투표에서 부결됨으로써 2년만 재임한 뒤에 사임하고 1969년에 첫 직접선거에 의한 대통령선거가 실시되어 드골의 후계자 퐁피두가 대통령직을 이었다. 이어 2000년의 국민투표에서는 대통령의 임기를 7년에서 5년으로 개정한 뒤 2002년에 대통령에 당선된 시라크(Jacques Chirac)가 2007년 5월에 임기를 마친 뒤 우파인 대중운동연합의 니콜라 사르코지(Nicolas Sarkozi)가 뒤를 잇고 있다.

그러나 대통령 중심의 정치구조와 과정은 1986년 동거정부가 들어서면서 중대한 변화를 경험했다. 대통령의 그늘에 가려져 있던 수상이 전

25 William Safran, *The French Polity*(5th) (New York : Longman, 1998), 178.

26 Robert Elgie, "The Politics of Semi-Presidentialism," in Robert Elgie(ed.), *op. cit.* (1999), 8.

면에 등장하면서 활활 타오르는 아침해살의 대통령 권한은 수상의 강한 반사력에 상대적으로 크게 빛을 잃었다.

1986년 이후 프랑스의 정치는 대통령이 의회다수의 지지를 받는 독자정부와 동거정부의 경험이 교차되었지만 동거정부를 통해서 대통령 뒤에 가려져 있던 수상이 전면에 나선 경험은 대통령의 장벽이 투명화되는 결과를 가져와 대통령이 수상을 뒤로 가리려 해도 과거처럼 완전히 가려지지는 않게 되었다. 이로써 프랑스 권력구조는 대통령과 수상의 권력이 양극선상에서 각자에게 부여된 제도적 권한과 개인의 개성 및 의회의 구성에 따라 서로 이동하는 가변적 권력구조의 길로 접어들었다.

프랑스의 권력구조가 의회제를 바탕으로 해서 준대통령제의 권력구조로 발전되었다면 대통령이 강력한 권력을 가진 '대통령–의회제' 적 권력구조를 약한 대통령과 강한 의회제의 준대통령제로 정착한 나라는 핀란드이다. 핀란드는 10세기에 국제적으로 여러 세력의 영향권에서 정치적으로는 스웨덴, 러시아 그리고 종교적으로는 로마정교와 그리스정교의 영향을 받게 되며, 13세기에는 스웨덴령이 되고 19세기에는 러시아지배에 들어간다. 1917년 러시아의 10월혁명의 결과 러시아가 붕괴되고 핀란드는 독립되어 공화국헌법이 마련되었다.

이후에도 1939년 소비에트가 다시 핀란드를 침입하고 1940년 소비에트와 강화한 뒤에 나치 독일이 소비에트와 개전하면서 핀란드는 소비에트와 전쟁을 선언했으나 독일의 후퇴와 더불어 소비에트에 항복해 소비에트의 영향 하에 놓이게 되었다. 1947년 2월 파리조약에 의해 연합국 및 소비에트와 정식으로 강화하고 독립을 승인받게 되었다. 핀란드는 좌우세력이 온건하게 존립하는 상황에서 권력구조도 이러한 역사적 · 사회적 배경의 산물이라고 할 수 있다.

핀란드의 권력구조는 유럽의 의회제와 미국의 대통령제를 혼합한 제도로 '의회-대통령제' 형태이다. 기본 방향은 급진적 수단을 통해서 핀란드에 민주주의를 달성하고자 하는 것이었다. 핀란드 권력구조는 두 반대되는 구조, 즉 권력융합체계의 의회제와 권력분립체계의 대통령제 부분을 함께 가져온 것이다. 이것은 공화파와 왕권파의 타협이었다. 그 결과 대통령의 정당성이 정치엘리트의 한 부분에 의해서는 의문시되고 다른 한쪽에서는 옹호되는 상황이 되었다.

핀란드 정치체계는 기본적으로는 의회제 정부형태를 선호했으나 권력분립체계의 필요성으로 인해 의회에 배타적 권한을 주지 않도록 하는 방향에서 내각제 형태에서 보기 드문 권한이 대통령에게 주어지고 대통령이 독자적으로 이러한 권한을 행사하도록 하게 되었다. 이것은 국민으로부터 직접 위임받았다는 배경을 기초로 하지만 냉전체계에서 핀란드의 생존전략과 연계되었을 것이다. 헌법취지는 대통령이 국민에 대해 단순한 명목상의 얼굴이 아니라 실질적 국가수반이었고 그에게 확고한 정부권력이 집중되었으며 의회와 함께 대표되고 내각은 의회에 종속된다. 기존의 헌법은 확실히 권력분립의 이상에 충실하고 대통령의 위치에 특히 주안점을 두었었다.

따라서 핀란드 권력구조[27]는 처음에는 일반적 분류형태로는 흔히 이원집정부제 또는 준대통령제로 불리지만 엄밀히 말하면 슈가트 등이 분류하는 '대통령-수상제'였다. 이 당시 대통령의 헌법상 지위와 권한은 프랑스보다 더 강력했다. 그러나 핀란드 헌법을 만든 사람들도 1919년 그 당시 준대통령제 정권을 창설한다고 말하지 않았다. 그 이후 핀란드는 1998년 2월에 정부가 준비한 신연합헌법 초안이 의회에 제출되고, 1999

27 핀란드 권력구조에 관해서는 M. S. Shugart & John M. Carey, *Presidents and Assemblies : Constitutional Design and Electoral Dynamics*(New York : Cambridge University Press, 1992) 61-63, 210-213을 주로 참조.

년 의회선거 이후 새로 구성된 의회가 이를 만장일치로 가결해 2000년 3월에 효력이 발생했다. 이 신헌법은 냉전시대에 대통령에 전환되었던 많은 권력을 의회에 회복시켜 정치권력의 균형을 이루었다.

오스트리아의 경우는 거의 10여 년간 국가수반이 주로 상징적 역할만 수행하는 내각제를 운영하다가 1929년에 준대통령제를 도입했으나 이러한 제도의 선례가 이미 자리잡혀 대통령직은 명목상이었다. 아이슬란드와 아일랜드의 준대통령제 채택은 정권의 민주적 신임을 확고히 하기 위한 상징적 행동이었다. 따라서 개인 또는 행정부 어느 누구도 강력한 지도력을 갖도록 규정을 마련하지 않았다. 이것은 결국 약한 대통령의 무대를 설치하는 데 유용했다.

오스트리아와 아이슬란드, 아일랜드의 준대통령제는 민주정부가 수립된 여러 해 이후에 채택되었지만 불가리아와 슬로베니아는 권위주의적 지배에 이어 바로 민주화 그 자체 과정의 한 부분으로 채택되었다. 이는 과거와 분명한 단절의 표시로서 체계의 민주적 요소를 극대화하려는 열망의 반영이었다. 이것은 대통령을 직접 선거하는 신정권 수립을 고취하고 장래에 권위주의적인 지배의 가능성을 피하기 위한 열망이었다.

1960년대에는 남미를 진원지로 해 전 세계의 개발도상국들이 군부 쿠데타의 창궐 속에 권위주의 정권이 곳곳에 전염되었다. 군부 독재자들은 주로 미국의 대통령제를 모방한 모방적 대통령제 혹은 신대통령제 권력구조로 강력한 권력을 휘둘렀다. 이 과정에서 시민들의 민주화 요구가 거세졌고, 독재자들은 이를 전략적으로 수용하면서 강력한 정권을 교묘히 유지하기 위한 방안으로 드골의 5공화국 헌법에 관심을 기울였다.

특히 독재 권력자들의 관심은 프랑스가 서구의 민주국가로 인식되고 있다는 점과 그러면서도 프랑스가 간접선거 방식이었다는 점에 구미가 당겼을 것이다. 그러나 1962년 프랑스가 간접선거 방식에서 직접선거로 전환하면서 프랑스의 정치제도의 관심은 독재자에서 오히려 독재자의 권력을 분산시키려는 반대파로 옮겨지게 되었다.

최근 중앙 및 동유럽과 구소련의 민주화 과정은 헌법과 제도에 대한 관심을 상당히 높였다. 새롭게 민주화된 많은 국가들은 새로운 헌법을 채택하고 특별한 정치제도를 선택했다. 이태리에서는 헌법개정이 수년간의 정치적 과제였다. 어떤 헌법이 더 좋은가? 여기에서 핵심은 행정부와 입법부와의 관계이다. 어떤 권력구조를 선택할 것인가? 의회제를 선호하는 사람은 대통령제의 위험성을 제기한다.[28] 반면에 대통령제가 아주 효과적으로 기능하도록 고안될 수 있다는 주장도 있다.[29] 1990년대 초에 동유럽과 전 소련에서 민주화 과정이 진전됨에 따라 독일에서도 준대통령제에 대한 관심이 늘어났다. 1990년대 말까지 그 용어는 광범위하게 전파되었고 정치학 교과서에도 준대통령제 정권이 하나의 장을 차지하게 되었다.

이러한 현상과 관련해 엘기는 준대통령제 정부형태를 채택한 나라와 그 이후에 즉각적으로 나타난 지도력 행태와의 사이에는 모든 사례에서 분명한 상관성이 있다고 주장한다.[30] 수상이든 대통령이든 리더십의 지배적인 형태가 출현한 국가와 대통령, 수상 그리고 의회 리더십의 다양한 유형이 나타난 국가와의 사례에는 특히 분명한 상관성이 있다는 것이다.

28 Juan J. Linz, "Presidential or Parliamentary Democracy : Does It Make a Difference," in J. J. Linz and A. Valenzuela (eds.), *op. cit.*

29 Matthew S. Shugart and Scott Mainwaring, "Presidentialism and Democracy in Latin America : Rethinking the Term of Debate," in Scott Mainwaring and Matthew S. Shugart (eds.), *Presidentialism and Democracy in Latin America* (Cambridge : Cambridge University Press, 1997).

30 Robert Elgie, "Semi-Presidentialism and Comparative Institutional Engineering," in Robert Elgie (ed.) *op. cit.* (1999), 286-289. 이 부분에 관한 기술은 이 내용을 중심으로 한 것이다.

Ⅱ. 준대통령제의 본질

준대통령제의 개념에 대한 논쟁의 핵심이 무엇이든 준대통령제는 집행체계가 대통령과 수상으로 분할된 권력구조에 바탕을 둔다. 준대통령제는 프랑스가 대표적 모델이지만 각 나라들이 대통령제와 의회제를 기본으로 하여 헌법을 변화시키는 과정에서 각각의 독특한 형태로 변화되었다. 변화의 방향과 핵심은 결국 대통령과 수상의 권력의 분할비율에 관한 것이다. 구체적으로는 정부구성과 정책수립 및 집행, 그리고 입법 등에서 대통령, 수상, 의회와의 상호 권력에 관한 것이다. 준대통령제 개념의 발전은 결국 각 나라의 이러한 제도와 상호 보완적으로 발전하면서 함께 구체화되었다.

대통령제와 의회제의 본질에 관해서 이미 앞에서 기술했는데, 이러한 내용들은 준대통령제의 본질을 찾는 데 유용한 토대가 된다. 준대통령제에는 대통령제의 본질과 의회제의 본질이 부분적으로 혼합되어 있기 때문이다.

1. 준대통령제의 기준

대통령제는 국민이 대통령을 직접 선거하며, 대통령은 고정된 임기를 가진 국가수반인 동시에 정부수반으로서 의회에 대해 책임을 지지 않고 의회 또한 대통령으로부터 해산의 대상이 되지 않는 균형 속의 견제를 원리로 한다. 반면에 의회제는 국가수반과 행정수반이 분리되며, 국가수반은 국민으로부터 직접 선출되지 않고 간접 선출되거나 세습된다. 행정수반은 의회의 지지를 배경으로 하는 정당과 수상이 맡기 때문에 정부는 의회에 의해 존립이 좌우된다. 그러나 의회 또한 정부의 해산 대상이기 때문에 의회나 정부는 헌법상 임기가 정해졌음에도 불구하고 보장되는 것은 아니다.

준대통령제는 기원으로 볼 때 의회제의 본질에서 출발한다. 이것은 준대통령제가 프랑스 권력구조를 모델로 하고 있기 때문이다. 프랑스의 준대통령제 권력구조는 4공화국의 의회제에서 나타난 정치적 불안정을 극복하기 위한 대안이었다. 준대통령제의 창안을 주도한 드골은 제4공화국의 정치적 불안정이 정당을 바탕으로 하는 의회의 과도한 권력에서 비롯되었다는 인식을 가지고 있었다. 의회제의 본질이 준대통령제에서 어떻게 변화되었는지를 보기로 한다. 의회제의 핵심적 기준은 아래와 같다.

국가수반

1. 국가수반과 정부수반이 분리된다.
2. 국가수반은 간접 선거된다.
3. 국가수반은 국가의 상징적 존재로서 의전적 역할을 담당한다.

정부수반과 의회

1. 정부수반은 각료 중의 1인이 수상이 된다.
2. 수상과 정부는 의회의 지지를 바탕으로 존립한다.
3. 정부는 의회를 해산할 수 있다.

이상의 의회제 기준에서 '국가수반직'을 대통령제의 대통령직으로 대체했다. 그러나 의회제의 원리가 존속되는 상황에서 국가수반직의 권력이 대통령제의 대통령직에 이를 수는 없기 때문에 결국 부분적으로 수상과 권력을 분할하는 제3의 구조로 탄생된 것이다. 대통령제의 대통령직에서 도입한 의회제의 국가원수직은 아래의 2가지이다.

1. 대통령을 국민으로부터 직접 선출한다.
2. 대통령이 상당한 실질적 권력을 소유하고 행사한다.

의회제의 원리에서 대통령을 직접 선거하는 것과 간접 선거하는 것의 차이만으로는 권력구조의 본질이 달라질 수는 없다. 의회나 선거인단에 의해 간접적으로 선거하는 것보다 국민이 직접 선거하는 것이 대통령직에 대한 정당성을 더 담보할 수 있다고 해석할 수는 있겠지만 그것은 정치적 해석이다. 중요한 것은 헌법에 규정된 대통령의 권력이다. 따라서 국민으로부터 직접 선거된 대통령이라도 입헌군주제의 왕에 해당하는 권력만 부여된다면 상징적 국가원수를 벗어날 수 없고 의회제를 넘어서기 어렵다. 그렇다면 의회제에서 벗어나려면 대통령직이 의회제의 국가원수와 달라야 한다. 듀베르제가 제기한 것처럼 대통령은 '아주 상당한 권력'을 갖는 것이다.[31]

'상당한 권력'은 그 권력의 정도가 매우 모호하지만 의회제와 준대통령제를 구별하는 근본적 기준일 수밖에 없다. 정치과정에서 대통령이나 수상 또는 의회가 가질 수 있는 권력은 입법권과 정책수립 및 집행권에 해당한다. 그리고 이러한 대통령의 헌법적 권력은 조작적 기준을 통해

[31] Maurice Duverger(1980), *op. cit.*, 166.

서 측정과 비교가 가능하다.[32] 그러나 대통령의 헌법적 권력은 의회의 정당 세력구조에 따라 달라진다. 또한 대통령은 헌법적 권력 외에 정치적 권력도 행사하기 때문에 대통령의 모든 권력을 측정하기는 어렵다. 그러나 대통령의 '상당한 권력'은 최소한 의회제의 국가원수가 갖는 최대의 권력과 구별되는 그 이상의 권력이 되어야 한다.

따라서 준대통령제의 대통령직은 의회제의 원리를 유지하면서 의회제의 상징적이고 의전적 국가원수직에 행정수반으로서의 대통령이 갖는 권력과 의회에 대한 견제와 균형의 당사자로서의 입법권을 상당부분 이전하고 특정 정당지도자로서의 정치적 지도력을 갖도록 한 것이다. 그리고 국가수반의 권력이 확대된 만큼 수상과 의회의 권력이 축소된 것이다.

메인워링(S. Mainwaring)은 "대통령직이 주로 상징적이냐 혹은 상당한 권력을 행사하느냐가 문제"라고 지적하면서[33] 핀란드와 프랑스만[34]을, 그리고 스테판(A. Stepan) 등은 프랑스와 포르투갈[35]을 준대통령제의 예로 내세웠으며, 슈가트(M. S. Shugart)와 카레이(J. M. Carey)는 준대통령제를 대통령제로부터 의회제로 달리는 어떤 연속선상의 중간에 위치해 있는 정권을 함의하는 것으로 정의하고[36]이 기준으로 구별하기 어려운 특징

32 권력의 이러한 측정과 이에 대한 비교된 내용은 이미 기술했고 다음에는 각 나라 준대통령제의 대통령권력을 측정한 내용을 제시할 것이다.

33 Scott Mainwaring, "Presidentialism, Multipartism, and Democracy : The Difficult Combination," *Comparative Political studies 26*(2) (1993), 203.

34 *Ibid.*, 205. 이 논문이 작성된 이후 핀란드는 2000년 개헌 이후부터 프랑스에 비해 대통령의 권력이 현저히 축소되었다.

35 Alfred Stepan and Cindy Skach, "Constitutional Frameworks and Democratic Consolidation : Parliamentarism versus Presidentialism," *World Politics 46*(Oct. 1999), 9.

36 Matthew Soberg Shugart & John M. Carey, *op. cit.*, 23. 가르리키(Garlicki)는 정부형태를 대통령제, 반대통령제(half–presidential system), 준대통령제, 의회제로 구

을 가진 정부들을 분류하는데 '수상-대통령제', '대통령-의회제'의 형태를 제의했다. 이것은 국가수반과 정부수반 그리고 의회 간의 권력이 어느 축으로 기우느냐에 좌우되는 것이다.

그러나 대통령과 의회정권에 대해 준대통령제를 옹호하는 소수 학자 중의 하나인 사르토리(G. Sartori)는 슈가트 등이 '준(semi-)'을 '두 개의 양극 사이에서 중간(midway)에 위치하는 정부유형'의 의미로 잘못 이해한 상태에서 혼란스런 용어인 수상-대통령제를 제안한 것은 잘못이며,[37] 수상-대통령제나 대통령-수상제의 범주에 적합한 사례가 매우 드물기 때문에 슈가트와 카레이가 불필요한 구분을 했다고 주장한다.[38] 그러나 몇몇 탈공산주의 정권은 이 범주에 들어맞는다. 러시아 대통령은 의회와 상의 없이 몇몇 수상을 포함해서 각료를 해임했고, 우크라이나 대통령은 독자적으로 각료를 해임했다. 이것은 결과적으로 '대통령-의회제'에서 대통령 권력이 아주 다른 것을 보여준다.[39]

준대통령제의 기준은 결국 1) 대통령(국가수반)을 직접 선출하고, 2) 대통령직은 대통령제의 대통령직에 부여된 의회에 대한 입법권, 행정수반의 집행권 및 정당지도자로서의 상당한 권력을 가지며, 3) 정부수반의 권력은 대통령이 헌법적으로 행사하는 범위에서 축소되어 이원화된 상태를 상정하게 된다.

분한다. Horst Bahro, Bernhard H. Bayerlein & Ernst Veser, *op. cit.*, 207.

37 Giovanni Sartori, "Neither Presidentialism nor Parliamentarism," in J. J. Linz and A. Valenzuela(eds.), *op. cit.*, 110. 주 12.

38 Giovanni Sartori, *Comparative Constitutional Engineering : An Inquiry into Structure, Incentives and Outcomes*(2nd) (London : Macmillan, 1997), 126.

39 Andrew Wilson, "Ukrain : Two Presidents and Their Powers," in Ray Taras(ed.), *Postcommunist Presidencies*(Cambridge University Press, 1997) 참조.

2. 준대통령제의 특성

준대통령제는 위에서 토론한 기준을 바탕으로 대통령제 및 의회제와 구별되는 제3의 권력구조로서의 특성을 갖고 있다. 국가수반과 행정수반이 분리되며 국가수반을 국민이 직접 선출하는 것은 대통령제와 같지만 대통령직에 부여된 권력과 대통령의 역할은 다르다. 대통령제의 대통령은 행정수반으로서 행정권을 전유하고 있는 데 비해 준대통령제의 대통령은 행정수반이 아니다. 이와 관련하여 사르토리는 준대통령제 정권에 부여된 2원적 권한을 강조하면서 준대통령제의 특성으로 다음과 같이 제시한다.

1. 국가수반(대통령)은 고정된 임기로 직접이든 간접이든 국민으로부터 선출된다.
2. 국가수반은 수상과 행정권을 분할함으로써 아래의 3가지 한정적 기준을 갖는 이원적 권력구조가 된다.
   1) 대통령은 의회로부터 독립되지만 독자적 혹은 직접적으로 지배할 자격이 부여되지 않아 그의 의사는 그의 정부를 통해 전달되고 진행되어야 한다.
   2) 역으로 수상과 그의 내각은 '의회-종속'에서 '대통령-독립'이다.
   3) 행정부 각 구성단위의 '자율 잠재력'이 존재하는 엄격한 조건 하에서 이원적 권력구조의 차이가 있는 균형(different balances) 및 행정부 내의 유력한 권력의 전환을 허용한다.[40]

준대통령제는 국가수반인 대통령 외에 행정수반인 수상이 존재하여도 의회제의 수상과는 달리 대통령이 일정한 행정권을 행사한다는 점에서 의회제와도 다르다. 즉 준대통령제는 대통령과 수상이 정부의 권력을 분점하고 있다는 점에서 의회제의 국가수반과 행정수반과의 관계와 다르며 대통령이 의회제의 국가수반과도 다르다.

대통령의 정부권력은 물론 헌법에 명시된다. 그러나 준대통령제가 의회제의 원리를 바탕으로 하기 때문에 정부권력은 의회의 당파세력에 좌우된다. 따라서 대통령과 수상이 동일정당이라면 대통령과 수상의 권력관계는 헌법의 규정, 정당 내의 리더십, 의회의 지지 등에 따라 좌우될 것이다. 프랑스는 대통령이 우월한 지위이기 때문에 대통령의 소속정당이 의회의 다수파가 되면 대통령은 수상을 지배하지만, 그 반대의 경우는 대통령과 수상이 서로 자신의 권력과 역할을 증대하기 위한 갈등 속에 빠질 수 있으며, 결국은 권력을 분할하는 동거정부가 된다.

슈가트 등은 이와 관련하여 준대통령제 대신에 '수상-대통령제'라는 명칭을 사용하고, 국가수반은 국민이 직접 선출하지만 대통령제와는 달리 대통령 혼자 최고의 통치자가 아니라 정부수반인 수상과 공존해야 하며, 대통령은 법안을 국민투표나 사법심사에 부의하는 등의 어떤 정치권력을 갖는 형태로 규정했다.[41] 슈가트 등은 또한 대통령과 수상 모두가 내각구성권을 갖는, 즉 대통령이 각료를 임면하고 그 각료들이 의회의 신임대상이 되는 경우를 '대통령-수상제'로 구별했다. 따라서 '수상-대통령제'는 현저한 권력을 가진 대통령의 존재와 함께 수상의 우월성을 가리키고 '대통령-의회제'는 대통령의 우월성과 내각의 의회

40 Giovanni Sartori, *op. cit.*(1997), 131-132.
41 Matthew Soberg Shugart & John M. Carey, *op. cit.*, 23.

에 대한 의존성을 포함한다.[42] 슈가트 등의 주장을 토대로 하면 결국 준대통령제는 '대통령-수상제'와 '수상-대통령제'를 포괄하는 특성을 갖는 권력구조이다.

준대통령제는 의회제의 원리에서 변화된 권력구조이지만 명칭은 린즈와 스테판이 제시한 준의회제가 아니라 준대통령제로 통용되는 것은 준대통령제의 원조국가인 프랑스에서 유래한다. 프랑스의 권력구조를 준대통령제로 부른 것은 그 당시 대통령이던 드골이 대통령으로서 강력한 권력을 행사하면서 의회제의 이미지보다는 대통령제의 이미지가 더 강하게 부각되었기 때문이다. 특히 슈가트와 카레이의 분류를 원용한다면 '대통령-절대다수 집권당'의 대통령은 국가원수인 동시에 사실상 정부수반이기 때문에 '준대통령제'라는 명칭이 오히려 대통령에게 부족했다.

그러나 드골 이후의 프랑스는 '대통령-절대다수 야당'에서 대통령과 수상이 권력을 분점하는 동거정부가 출연하면서 대통령의 권력은 극도로 제한되고 정부수반인 수상의 권력행사가 두드러졌다. 그러나 드골이 남긴 프랑스의 전통은 그래도 대통령의 존재가 우월하게 인식되고 있다. 그러나 핀란드는 2000년 이후 개헌을 통해서 대통령의 권력을 제한하여 형식은 준대통령제이지만 사실상 의회제에 준한다. 슈가트의 분류로 '수상-대통제'로서 준대통령제라는 명칭보다는 준의회제가 더 적합해 보인다. 이러한 다양한 준대통령제를 대통령과 수상의 권력정도를 중심으로 아래의 〈도표 1〉과 같이 구별할 수 있을 것이다.

42 *Ibid.*, 24.

〈도표 1〉 준대통령제의 구성

←-------- 권력 --------→			
수상(의회) 의회제	수상-대통령제	대통령-의회제	대통령 대통령제
A	B	C	D

이상의 〈도표 1〉에서 준대통령제는 B와 C의 범위를 차지하는 권력구조로서, 준대통령제를 기초로 하여 수상-대통령제와 대통령-의회제는 준대통령제의 하위 유형으로 구별하면 유용할 것이다. 즉 전체적으로는 준대통령제로 분류하되 구체적으로는 준대통령제 권력구조의 '수상-대통령제' 정부형태, '대통령-의회제' 형태 등으로 세분류하는 것이다. 이것은 의회제의 다수정부, 소수정부 등에 해당한다.

국가수반인 대통령이 정부권력의 일정부분을 행사한다고 해도 그 행사의 과정과 방법은 대통령제의 대통령과는 다르다. 즉 국가수반은 그에게 부여된 권력이 직접 또는 배타적으로 행사되기보다는 의회나 정부를 통해서 이루어진다는 한계를 갖는다.

정부수반은 의회신임의 대상이기 때문에 의회의 다수당 또는 다수연합의 지지를 배경으로 한다. 따라서 총선거 이후 정부구성을 주도할 정당이나 수상후보를 선정하여 이들을 중심으로 정부수반의 지명과 정부구성을 협의하는 의회제와는 달리 준대통령제에서 대통령이 수상을 지명하더라도 의회의 다수지지를 받아야 하기 때문에 대통령의 지명권은 의회다수를 배경으로 하지 않으면 형식적 절차에 불과하다.

의회를 배경으로 하는 대통령과 수상의 관계는 의회의 다수파가 대통령이나 수상 어느 한쪽과 연계되기 때문에 의회와 정부의 관계는 더 안정될 수 있다. 만일 대통령이 다수파를 장악하면 야당은 무기력해진다.

반면에 대통령이 소속한 정당이 소수당이면 반대 정파가 정부수반을 중심으로 정부의 권력을 주도하기 때문에 정부의 불심임이나 의회해산의 동기가 약화된다.

준대통령제는 결국 국민으로부터 직접 선출되어 국민을 배경으로 하는 국가수반인 대통령과 의회의 지지를 배경으로 하는 정부수반인 수상이 권력을 분할함으로써 대통령제의 강력한 대통령 권력을 제한하고 정당들 간의 갈등으로 인한 정부와 의회의 불안정성을 최소화하는 특성을 가진 권력구조이다.

이러한 측면에서 사르토리는 준대통령제는 대통령제를 발전시킬 수 있으며, 대통령제나 의회제보다 기대되는 제도로 본다.[43] 그러나 정치형태는 적용이 최선이기 때문에 준대통령제는 최소한 정당체계와 선거체계, 그리고 정치문화 및 분극화 정도의 맥락과 일치해야 한다고 주장한다.[44]

3. 준대통령제의 국가별 특성

준대통령제는 프랑스에서 제4공화국의 정치적 불안정을 극복하기 위한 대안으로 마련된 것이지만, 그 이후 이는 기존의 양대 권력구조(대통령제와 의회제)에 이은 또 다른 대안으로 자리 잡았고, 동구를 비롯한, 특히 신생민주국가들이 교조적으로 채택하고 있는 제도이다. 레이파트는

43 Giovanni Sartori, "Neither Presidentialism Nor Parliamentarism," in J. J. Linz and A. Valenzuela (eds.), *op. cit.*, 115.

44 *Ibid.*, 110–111.

"프랑스의 준대통령제는 공식적으로 프랑스가 지배했던 국가들 혹은 포르투갈과 같은 가까운 이웃 국가들뿐만 아니라 스리랑카나 아르헨티나와 같은 먼 나라에도 중요한 모델이 되었다"고 지적한다.[45]

준대통령제는 동유럽과 구소련에서 독재로부터 민주주의로 이양하는데 가장 효과적인 수단이 되었으며,[46] 어떤 상황에서 한 국가가 준대통령제를 선택하는 것은 적절할 수 있다.[47] 반면에 이원적 집행체계는 순수 대통령제만큼 혹은 그 이상으로 대통령의 인성과 능력에 좌우되며, 책임은 분산되고 추가적인 갈등이 야기될 수 있으며, 고정된 임기는 문제를 더 복잡하게 만드는 상황을 초래할 수도 있다.[48] 그러나 프랑스의 특징적인 '혼합적 대통령-의회제'는 폴란드부터 우크라이나에 이르기까지 동유럽의 신생민주주의를 정교하게 만드는 안내자로서의 가장 중요한 서구 모델이 되었다.

준대통령제는 이 과정에서 각 국가별로 독특한 형태의 권력구조를 발전시키면서 다양한 형태를 갖게 되었다. 그러면서도 이러한 국가들의 권력구조 형태를 준대통령제로 분류하는 것은 그만큼 준대통령제의 개념이 모호하기 때문이다. 예를 들면 오스트리아처럼 대통령은 단지 명목상이고 수상이 지배적인 정치적 인물인 경우가 있다. 오스트리아의 대통령은 국민으로부터 직접 선출되지만 권력은 정부와 의회의 의지에 좌우되기 때문에 의회제와의 차이는 대통령을 직접 선출한 다는 것뿐

45 Arend Lijphart, "Introduction," in Arend Lijphart (ed.), *Parliamentary versus Presidential Government* (New York : Oxford University Press, 1992), 26.

46 Maurice Duverger, "The Political System of the European Union," *European Journal of Political Research* 31 (1997), 137.

47 Giovanni Sartori, *op. cit.* (1997), 135–137.

48 Juan J. Linz, "Presidential or Parliamentary Democracy : Does It Make a Difference," in J. J. Linz and A. Valenzuela (eds.), *op. cit.*, 52.

이다. 또한 핀란드의 케코넨 대통령, 프랑스의 드골 대통령처럼 강한 인성의 대통령이 있는가 하면 슬로베니아의 밀란 쿠칸(Milan Kucan), 리투아니아의 브라자우스카스(Brazauskas)는 소극적인 인성의 소유자로 중요 문제를 수상과 의회에 넘기고 비공식적인 지도적 역할까지도 소극적이었다.

준대통령의 개념이 모호한 만큼 준대통령제의 기준도 다양하기 때문에 준대통령제 국가의 분류도 분류자에 따라 다를 수밖에 없다. 그 한 예로 엘기는 우리나라를 비롯해 41개의 국가를 준대통령제 국가로 분류하는데, 그가 지역별로 분류한 준대통령제 국가는 아래의 〈표 1〉과 같다.

〈표 1〉 지역별 준대통령제 국가

아프리카	아메리카	아시아/중동	중앙 및 동유럽	전소련	서유럽
앙골라	도미니카 공	레바논	불가리아	아르메니아	오스트리아
베냉	구아나	몰디브	크로아티아	아제르바이잔	핀란드
브르키나 파소	가이아나	몽골	마케도니아	벨로루시	프랑스
카페 베르데	아이티	한국	폴란드	그루지야	아이슬란드
가봉	스리랑카	루마니아	키르기스스탄		
가나	슬로베니아	리투아니아			
마다가스카르	몰도바				
말리	러시아				
나미비아	우크라이나				
니제르	우즈베키스탄				
토고	카자흐스탄				

자료 : Robert Elgie, 'The Politics of Semi-Presidentialism,' in Robert Elgie (ed.), *op. cit.*(1999), 14.

엘기는 준대통령제의 지도력 실제를 결정하는 데 중요한 요인으로 특히 정당정치를 강조하면서 정당정치를 바탕으로 의회다수의 국면이 어떤 나라에서는 체계의 기능에 아주 부적합하고 다른 나라에서는 적절하다고 분석한다.[49] 그의 이러한 분석에 따르면 오스트리아, 불가리아, 아이슬란드, 아일랜드, 러시아, 슬로베니아에서 의회다수의 정당정치 국면은 지도력의 형태에 거의 또는 전혀 효과를 갖지 못한다.

아일랜드의 경우 대통령선거의 결과는 정부의 정치과정에 거의 영향을 미치지 못하고 정부의 변화도 대통령의 역할에 거의 영향을 받지 않는다. 대통령직은 항상 약했다. 이것은 정당체계가 다수를 분열시키기보다는 안정을 만들어낼 수 있기 때문일 수 있다. 오스트리아와 슬로베니아도 정당의 상황과 무관하게 대통령직은 약한 상황이지만 러시아는 그 반대로 정당의 상황과 무관하게 대통령직은 강하다.

반면에 우크라이나는 의회다수의 부재가 집행적 지도력의 형태를 전환하는 요인이 되었다. 폴란드는 대통령이 특정 시점에 아주 다른 의회다수에 직면했고, 결과적으로 이것은 대통령/수상관계의 변형을 초래했다. 프랑스에서는 1962년부터 74년까지 대통령에게 충성스런 다수당의 출현으로 대통령 권력은 최대를 구가했고, 1986년 이후 대통령에 반대되는 다수의 빈도는 대통령 권력이 약해지는 동안 나타나는 동거정부 기간의 원인이 되었다. 핀란드는 시간이 지나면서 여러 상황이 지도력 변형의 한 원인으로 작용했다. 첫 두 전후 10년간은 정당체계의 파편화된 본질로 대통령은 연합형성에 개입하도록 되었다. 이것은 그 체계 내에서 국가수반의 위치를 강화하는 하나의 요소가 되었다. 결국 정당정치의 본질은 정치적 지도력의 유형을 전환하는 다른 요인, 즉 인성적 요인과 결합한다.

준대통령제는 그 본질에 대한 다양한 주장만큼이나 정치적으로도 다양한 관행을 보여준다. 엘기는 준대통령제 정권의 창설 이후 지도력의

49 Robert Elgie, "Semi-Presidentialism and Comparative Institutional Engineering," in Robert Elgie (ed.) *op. cit.*, 291–293.

변화를 3가지 관점으로 요약한다.[50] 1) 하나의 지배적인 형태를 경험한 나라, 2) 하나의 지배적인 유형에서 다른 유형으로 전환을 경험한 나라, 3) 어떤 지배적인 형태도 경험하지 못하고 다양한 정치적 관행의 경험을 계속하는 나라 등이다. 이를 각 나라별로 분류하면 〈표 2〉과 같다.

〈표 2〉 정권출범 후 준대통령제의 지도력 유형

하나의 지배적 형태		한 형태에서 다른 형태로 전화		지배적 형태의 부재
수상	대통령	대통령 ➞ 수상	대통령/수상 ➞ 수상	
오스트리아 불가리아 아이슬란드 아일랜드 슬로베니아	러시아	핀란드	포르투갈	프랑스 a 리투아니아 b 폴란드 c 루마니아 d 우크라이나 b

a : 대통령과 수상, b : 대통령, 수상, 의회, c : 대통령, 수상, 대통령/수상, d : 대통령과 대통령/수상.
자료 : Robert Elgie, 'Semi–Presidentialism and Comparative Institutional Engineering', in Robert Elgie (ed.), *op. cit.* (1999), 286.

준대통령제의 실제 운영에는 아주 다양한 정도의 차이가 있다.[51] 다양성의 정도는 1980년에 듀베르제가 지적한 원래의 규모[52]보다 크다. 이것은 그 이후 새로운 준대통령제 정권이 탄생했기 때문이다. 위의 〈표 2〉에서 보는 것처럼 지배적 형태를 나타내는 국가들 가운데 불가리아, 러시아, 슬로베니아의 정치적 리더십은 민주정치체계가 일천해 아직도 이양기에 놓여 있음에도 불구하고 지배적인 유형으로 되어 있다. 오스트리

50 *Ibid.*, 283.
51 준대통령제의 실제운영에 있어 국가별 차이는 Robert Elgie, "The Politics of Semi–Presidentialism," in Robert Elgie (ed.), *op. cit.*, 283–286의 내용을 요약한 것이다.
52 Maurice Duverger, *op. cit.* (1980), 167.

아의 클레스틸(Thomas Klestil) 대통령과 아일랜드의 로빈슨(Marry Robinson) 대통령은 전임자보다 더 능동적이고 강력한 권한을 행사했고, 불가리아의 젤에브(Zhelev)와 스토야노브(Stoyanov) 대통령은 많은 차이를 보였다.

이런 점에서 준대통령제 정권에서 대통령과 수상관계를 일반화하는 것은 위험하다. 오스트리아, 불가리아, 아이슬란드, 아일랜드, 슬로베니아는 대통령직이 실제로 제한적 권력만을 행사했고, 집행에 관한 지도력은 수상이 행사했다. 러시아는 대통령직이 상당한 권한을 가지고 있을 뿐만 아니라 실제로도 초대통령제(superpresidential system)로 생각된다. 포르투갈도 마찬가지이지만 특히 핀란드는 케코넨(Urho Kekkonen) 대통령의 집권기간 동안은 대통령지배체계에서 2000년대에는 수상우월체계로 전화되었다. 반면에 포르투갈은 대통령/수상균형체계에서 1976년 민주주의로 이행함에 따라서 곧바로 여러 해 동안, 특히 1982년 이후 수상정부체계로 전환되었다. 프랑스와 리투아니아, 폴란드, 루마니아, 우크라이나는 지도력의 지배적인 형태가 없는 경우이다.

Ⅲ. 대통령의 선거와 권력

1. 대통령선거

준대통령제의 대통령은 순수 대통령제의 대통령에 비해 권력이 한정적이라는 점에서 선거의 의미가 떨어진다. 그러나 의회제의 선출직 혹은 세습제의 국가원수에 비교해서는 월등한 실질적 권력을 갖기 때문에 대통령선거는 나름의 의미를 갖는다. 특히 대통령의 직접선거는 바로 준대통령제의 중요한 기준이 된다.

준대통령제의 대통령선거 과정이 대통령제의 대통령 선거와 큰 차이가 있는 것은 아니지만 그 결과는 아주 다르다. 예를 들면 순수 대통령제의 선거결과에서 나타나는 '승자독점, 패자 전실(全失)'의 현상이 준대통령제에서는 나타날 수 없다. 수상을 의회에서 선출하고 수상정부가 의회에 대해 책임을 지기 때문이다. 또한 대통령의 임기는 고정되지만 대통령의 권력이 약한 만큼 그 경직성도 둔화될 것이다. 준대통령제를 채택하고 있는 국가들의 선거방식이 모두 동일한 것은 아니다. 그러나 대부분의 국가들은 단순다수제이지만 프랑스와 핀란드는 재투표방식을 택하고 있다. 여기에서는 프랑스와 핀란드의 대통령선거를 중심으로 기술하고자 한다.

1) 프랑스의 대통령선거

프랑스에서 대통령 후보가 되려면 500명의 후원자 추천을 받아야 한다. 이 후원자들은 선거직을 가진 자로서 30개의 다른 현이나 해외지역에 분포되어야 하며, 어느 한 현에서 50명 이상이 되어서는 안 된다. 이런 취지는 대통령후보가 조직화된 정당지지나 무책임한 집단 또는 지역이익에 좌우되지 않도록 한 것이다.[53] 1958년 5공화국 헌법 제정 당시는 대통령을 선거인단이 선출했다. 그러나 1962년 개헌을 통해서 직접선거방식으로 변경했으며, 이 헌법개정은 정치체계 전체를 대통령제화하는 데 기여했다. 그리고 2000년에 7년 임기를 5년으로 단축했다. 대통령선거는 현재 정치체계의 성격을 규정짓는 계기가 되었고, 프랑스 정치에서 대통령직의 우월성을 설명하는 데 유용하다. 즉 대통령의 직접선거는 국가수반이 체계 내에서 현저한 인물이라는 것을 보장한다.

대통령의 선거방식은 절대다수-결선투표방식으로 1차 투표에서 과반수의 득표자가 없을 경우 1, 2위 득표자를 대상으로 결선투표를 실시해 승자를 가린다. 그러나 승리자의 득표율이 반드시 유권자의 절대다수가 되는 것은 아니고 단지 투표자의 과반수일 뿐이다. 프랑스의 선거과정은 1차 투표 후에 1, 2위를 차지한 후보를 중심으로 그 이외의 후보들이 합종연횡의 선거연합을 통한 정치적 연대를 하게 된다. 따라서 1차 투표의 1위 득표자가 2차 투표에서는 2위로 뒤바뀌는 경우가 가능하다. 1974, 1981년, 그리고 1995년의 대통령선거 결과가 대표적인데 1995년

53 Anne Stevens, *The Government and Politics of France*(2nd) (New York : St. Martin's Press, 1996), 69.

〈표 3〉 1995년 프랑스 대통령선거 결과

후보	정당	1차 투표(%)	2차 투표(%)
Jospin	사회당	23.3	47.4
Chirac	공화연맹	20.8	52.6
Balladur	공화연맹	18.6	
Le Pen	민족전선	15.0	
Robert Hue	공산당	8.6	
Laguiller	노동자투쟁연맹	5.3	
de Villiers	제3유럽	4.7	
Voynet	녹색당	3.3	
Cheminade	신연대연맹	0.3	
투표율	78.4	79.7	
무효표	2.2	4.7	
유효표	76.2	82.0	

의 경우를 보기로 한다.

이상의 〈표 3〉에서 보는 것처럼 1차 투표에서 23. 3%로 1위였던 죠스팽(Jospin)은 2차 결선투표에서 2위의 시라크(Chirac)에게 패배했다. 프랑스에서는 어느 정당도 의회선거에서 50% 이상을 득표하지 못했고, 이러한 경험과 정당체계 및 투표행태로 볼 때 미래에 대한 전망도 마찬가지이다. 대통령 후보들은 따라서 당선되려면 소속정당을 지지하는 유권자만으로는 부족하고 그 이상의 지지를 받아야 한다는 점을 잘 안다. 결국은 연합을 형성해야 한다. 이 과정은 1차 투표 이전부터 시작되어 2차 투표 사이에도 치열하게 이어진다.

연합을 구성해야 할 필요는 대통령이 이념적으로 생각이 같은 정당을 지지하는 유권자들로부터 지지를 받도록 유도해야 한다는 것을 의미한다. 예를 들면 사회당 후보는 공산당과 녹색당에 눈독을 드린다. 동시에 후보들은 무속이나 정치적으로 중립적인 유권자에게 호소한다. 근소한 표 차이는 부동표가 당락에 결정적이라는 점을 나타낸다. 후보에 대한 지지는 적어도 부분적으로는 개인 자질의 결과이지만 당략은 정부정책의 제시에 좌우된다. 이런 방식에서 대통령선거는 정치적 과제를 설정하고 대통령의 정책제안을 정치논쟁의 중심에 놓는다. 이러한 과정은 이른바 대통령 신화나 대통령화된 정치적 외형의 상징적 구성을 만들어낸다.[54]

결국 대통령은 한 정당에 소속은 되지만 광범위한 좌–우익의 정치적 집단과 유대를 가지며 부동표의 일시적인 지지를 받는다. 그리고 프랑스의 목소리로서 직접적으로 국민에게 말하는 국민대표의 자리를 차지한다. 그러나 순수 대통령제의 대통령선거 결과에서 보여지는 승자독점의 현상은 나타날 수 없다. 연합의 과정에서 권력의 배분이 이루어지고 정부가 의회에 대해 책임을 지기 때문이다.

이런 방향에서 대통령의 직접선거는 제도적인 대통령의 지위와 대통령 권력의 정치적인 표시 사이에 중요한 연계로써 작용한다. 직접선거체계와 관련해 대통령 후보는 선거인의 범위를 확대해 전체 국민에게 호소해야 한다. 대통령 후보들은 스스로를 국가의 화신으로 묘사하고 고급정치의 범위로 진입해야 하며, 이것은 고급 선거정치의 영역이다. 이러한 헌법과 선거요소의 혼합은 대통령이 일반 다른 정치인들과 다른 권위와 정통성을 보장받도록 하는 강력한 힘이다. 반면에 수상은 대통령에 의해 임명되고 의회와 대통령의 지지에 의해 지위가 존속되면서 끊임없이 위협받는다. 대통령은 국민의 소리를 대변하지만 수상은 정부의 대변자이다.

54 Lorna Milne, "The Myth of the President in French Political Culture," in John Gaffney and Lorna Milne(eds.), *French Presidentialism and the Election of 1995*(Aldershot : Ashgate, 1997), 34–41.

2) 핀란드의 대통령선거

핀란드의 대통령선거도 프랑스와 유사한 방식이다. 선거규정은 1919년 제정되어 1977년과 1981년, 1987년, 1991년의 개정을 통해 현재에 이른다. 1981년 이전 대통령선거는 동트방식(D' Hondt)에 의해 유권자가 선발한 300명의 선거인단이 선출했다. 그리고 1981년의 선거법 개정에서도 간접선거는 유지하되 선거인단을 301명으로 1명 늘렸다. 이것은 150-150의 동수 가능성을 피하기 위한 것이었다. 당선자 결정은 절대다수의 3차 투표로 하되 3차는 최고 득표자 2인이 결선투표를 함으로써 동수를 임의로 피하게 만들었다. 이것은 프랑스식에 한 차례의 결선투표제를 추가한 것이다.

1987년에는 준직접선거의 2투표제를 도입했다. 유권자들은 1표는 대통령 후보에게, 다른 1표는 선거인단에게 투표하도록 했다. 유권자의 직접선거에서 과반수를 획득한 후보가 없으면 선거인단에 의한 3차 투표로 당선자를 결정하는 것이다. 선거인단은 전국을 15개의 대선거구로 나누어 비례대표 의회의원의 선출방식과 동일한 정당명부식에 의해 동트식으로 당선자를 결정한다

현재의 선거방식은 1991년에 발효되어 1994년에 첫 적용된 직접선거방식으로 전체 유권자의 1차 투표결과 과반수 득표자가 없으면 2인의 최고 득표자를 상대로 2차 투표에서 당선자를 결정한다. 아울러 대통령에 대해 종전에 없던 연임 금지조항을 1차 연임으로 제한했다. 지난 2006년도에 실시된 대통령선거 결과는 〈표 4〉와 같다.

핀란드의 대통령 임기는 6년에 1차의 연임이 허용된다. 따라서 12년의 집권이 가능하다. 그러나 준대통령제에서 정책추진의 핵심은 의회와

〈표 4〉 2006년 핀란드 대통령선거 결과

	1차 투표 득표율	2차 투표
타라자 할로넨(Tarja Halonen)	49.4	51.8
사울리 니이니스토(Sauli Niinisto)	21.9	48.2
마티 반하넨(Matti Vanhanen)	20.0	
티모 소이니(Timo Soini)	2.6	
헤이디 하우탈라(Heidi Hautala)	2.4	
브자르네 칼리스(Bjarne kallis)	1.8	
헨리크 락스(Henrik Lax)	1.4	
아르토 라흐티(Arto Lahti)	0.5	

자료 : http://en.wikipedia.org/wiki/finnish-presidential-election,-2006에서 발췌정리.

수상정부라는 점에서 대통령제의 경직성이 갖는 문제보다는 오히려 의회제가 갖는 정부의 불안정성에 대한 보완이 필요하다.

2. 각국의 대통령 권력

대통령제와 준대통령제에서 가장 큰 관심의 대상은 대통령의 권력이다. 대통령제의 대통령은 대통령직에 부여된 기본적인 권력이 있다. 대통령은 행정권을 장악하고 있을 뿐만 아니라 일정한 입법권도 가지고 있다. 대통령의 권력은 각 국가마다 부문별로 범위나 정도에서 약간의 차이가 있더라도 대통령제로서의 특성은 유지된다. 특히 대통령의 이러한 권력은 의회 내의 세력균형도 극복할 수 있다. 예를 들면 대통령의 각료 임면권과 거부권, 긴급권 등은 제도적으로 보장된다면 집권당의 의석수와 관계없이 대통령의 독단적 권력이다.

그러나 준대통령제의 대통령 권력은 수상과의 상호작용 과정에서 의회의 세력균형에 따라 대통령 권력의 내용과 정도가 좌우된다. 대통령의 권력은 대부분 의회를 바탕으로 행사하기 때문에 집권당의 지지가 없다면 형식적 권력에 불과하다. 따라서 제도적으로 행사할 수 있는 독단적 권력이 필요하다. 대통령이 단지 의회에 의해 좌우되는 형식적 권력만을 갖는다면 무늬만 준대통령제이고 그 본질은 의회제나 다름없다. 이러한 예는 대통령의 직접선출이라는 이유로 오스트리아를 준대통령제로 분류하지만 의회제로 인식하고 있는 것에서도 잘 나타난다. 이러한 점에서 준대통령제의 대통령 권력은 준대통령제의 본질을 판단하고 평가하는 데 중요한 지표가 된다. 특히 대통령 권력은 바로 수상의 권력을 판단하고 유추할 수 있는 기준이 된다.

로퍼(S. D. Roper)의 분석은 이와 관련해 유용한 연구자료이다. 로퍼는 듀베르제가 사용한 준대통령제의 용어 대신에 슈가트 등의 용어인 '수상-대통령제'와 '대통령-의회제'를 사용했다. 그러나 슈가트 등은 '수상-대통령제'와 '대통령-의회제'를 준대통령제를 대체하는 용어들로 사용한데 비해 로퍼는 준대통령제를 대통령 권력의 정도에 따라 다시 두 형태로 분해하여 하위 개념으로 이 용어들을 사용했다. 로퍼는 준대통령제의 '수상-대통령제'와 '대통령-의회제'의 두 형태 가운데 대부분의 사례가 '수상-대통령제'의 범주에 해당한다는 관점에서 프랑스도 포함시켜 '수상-대통령제'의 대통령 권력을 비교분석했다.[55]

55 Steven D. Roper, *op. cit.*, 253–272. 슈가트 등은 대통령과 수상이 권력을 분할하는 준대통령제 형태의 권력구조를 대통령과 수상의 권력정도에 따라 〈대통령-수상제〉, 〈수상-대통령제〉로 구분했으며, 특히 슈가트 등은 준대통령제에서 수상의 권한이 강화되는 동거정부를 〈수상-대통령제〉로 불렀다는 점은 준대통령제의 특성에서 이미 기술한 바 있다. Malthew S. Shugart and john M. Carey, *op. cit.*, 55–75.

그의 분석은 준대통령제 국가들의 대통령의 권력을 이해하는 데 유용하지만 그의 분류가 절대적인 것은 아니다. 예를 들어 프랑스를 '수상-대통령제'로 구별한다면 '대통령-수상'의 준대통령제는 사실상 찾기 어렵다. 그는 모든 '수상-대통령제' 정권의 모델이 프랑스 5공화국이었고, 프랑스 대통령은 입법에 영향을 미칠 수 있는 수단은 거의 없지만 정권의 유연성과 대통령의 직접선거로 인해 사실상 대부분의 5공화국 동안 대통령제 정권처럼 기능했으나 다른 '수상-대통령제' 정권에서는 대통령의 입법 영향력이 훨씬 적었다고 지적한다. 많은 나라들은 프랑스 모델을 채택했으나 대부분의 다른 '수상-대통령제' 정권은 프랑스의 행정권의 분리와 속성을 복제하지 않았다는 것이다.[56]

로퍼는 자신이 준대통령제 정권 가운데 '수상-대통령제'로 분류한 유럽 국가들의 헌법을 대상으로 대통령의 입법 및 비입법 권력을 계량적으로 분석했다.[57] 로퍼는 그의 분석에서 슈가트와 카레이가 발전시킨 서열척도를 수정해 사용했다.[58] 물론 이러한 분석방법은 순전히 비계량적 · 인상적인 등급이며, 대통령 권력에 대한 비교적 평가는 전혀 아니다.[59] 그러면 다음에 로퍼가 분석한 국가별 준대통령의 입법적, 비입법적 권력을 보기로 한다.

56 Steven D. Roper,, *op. cit.*, 255.
57 헌법은 특정 권력의 부호화(coding)를 어렵게 만드는 많은 미묘한 차이가 있다. 예를 들면 대통령의 거부권과 같은 기본적 권력의 정의와 부호화는 더 복잡해진다(즉 일괄거부인가 또는 항목거부인가). 그럼에도 불구하고 대통령권력에 대한 몇몇의 측정이 발전되었고, 이러한 측정의 대부분은 대통령권력의 공통적 개념에 기초하고 있다. 또한 많은 이런 지수들은 탈공산주의 국가들의 대통령권력을 평가하기 위해 발전되었다. James P. McGregor, "The Presidency in East Central Europe," *RFE/RL Research Report 3*(1994, 2).
58 Steven D. Roper, *op. cit.*, 256.
59 Malthew S. Shugart and john M. Carey, *op. cit.*, 149.

1) 입법적 권력

대통령제에서 입법권은 의회에 있다. 법률안은 원칙적으로 의회가 발의하지만 나라에 따라 정부 또는 정부의 법안을 의회가 간접 발의하는 경우도 있다. 그러나 법률안의 가결은 궁극적으로 의회에서 이루어진다. 대통령이 입법과정에서 할 수 있는 역할은 거부권이나 긴급명령권을 행사하는 것으로, 거부권은 대통령이 가질 수 있는 가장 중요한 입법권의 하나이며, 긴급명령을 발하거나 국민투표를 요구할 권한은 대통령마다 다양하지만 정권의 유형에 관계없이 대부분의 직접 선출된 대통령은 거부권을 갖는다. 슈가트와 카레이의 분석은 직선 대통령제의 35개 국가에 대한 분석에서 어떤 형태로든 대통령의 거부권을 규정하지 않은 나라는 단지 12개 국가뿐이었다.[60]

준대통령제정권의 대통령 가운데에는 상당한 입법권력을 가진 대통령은 거의 없다. 준대통령제의 대통령 권력들을 대상으로 분석한 결과 대통령제의 대통령 권력과 비교하면 거부권의 재의는 3(2/3의 요건)이며 긴급권은 2(한시적이며 의회의 비준요건), 국민투표권은 4(대통령의 제안)로 환산할 수 있다. 표본 중에는 의미 있는 거부권을 가진 대통령도 없다. 다음의 〈표 5〉에서 보는 것처럼 사실 프랑스 대통령의 입법권은 점수가 단 1이다. 이것은 대통령의 권력이 개인의 인성적 자질이나 비입법적 권력의 결과에서 비롯될 수 있다는 것을 강조하는 것이다. 모든 유럽의 '수상-대통령제' 정권에 대한 입법권력의 첫 범위에 관한 점수는 0부터 5까지이고 평균은 2.3이다.

60 *Ibid.*, 155.

〈표 5〉 국가별 대통령의 입법적 권력

국가	거부권	긴급권	국민투표제안권	합계
오스트리아	0	0	0	0
핀란드	0	0	0	0
프랑스	0	1	0	1
아이슬란드	0	2	2	4
리투아니아	1	0	0	1
몰도바	0	1	4	5
폴란드	2	1	0	3
포르투갈	1	0	0	1
루마니아	0	1	4	5
슬로바니아	0	2	0	2

자료 : Albert P. Blaunstein and Gisbert H. Franz(eds.), *Constitutions of the Countries of the World* (Dobbs Ferry : Oceana, 1999) ; Malthew S. Shugart and john M. Carey, *Presidents and Assemblies : Constitutional Design and Electoral Dynamic*(New York : Cambridge University Press, 1992), Steven D. Roper, "Are all Semipresidential Regimes the Same? : A Comparision of Premier-Presidential Regimes," *Comparative Politics*, 2002, April, Vol. 34, No. 3, 259에서 재인용.

- 대통령의 거부권이 재의될 수 없다면 점수는 4, 재의결에 2/3의 다수를 요하는 거부권이라면 3이고 3/5은 2, 재의에 절대다수를 요한다면 1, 거부권이 없거나 재의결에 단순다수만 요구된다면 점수는 0이다.
- 제한이 없는 긴급권은 점수 4, 약간의 제한 속에 일시적인 긴급권을 가지는 경우 2(일시적 긴급권의 예는 이태리와 브라질에서 볼 수 있는데, 특정기간(일상적으로 90일 이내) 이후 의회가 비준해야 하는 경우이다.) 제한된 긴급권을 제정할 권한이 있는 경우는 1(이것은 예산과 같은 특정 정책분야에만 긴급권의 규정을 포함하는 경이다) 긴급권이 없거나 단지 의회에서 위임한 경우는 0이다.
- 국민투표를 제안하는 대통령 권력이 제한된다면 4, 시기와 주제별로 제한된다면 2, 제안권이 없거나 의회의 승인을 요한다면 0이다.

분석대상 국가들 가운데 폴란드가 2, 즉 3/5의 재의요건으로 가장 강하며, 리투아니아와 포르투갈은 절대다수의 재의요건으로 '여소야대'라면 사실상 무의미한 권력이다. 대통령제로 환산한 점수의 합계를 9로 할 때 최대가 몰도바와 루마니아가 각각 5로서 가장 강한 입권이 부여되었으나 역시 대통령제의 대통령 입법권에 비하면 약 절반에 해당한다. 오스트리아와 핀란드는 입법권이 없는 것으로 분석되었다.

2) 비입법적 권력

대통령 권력의 비입법적 범위는 전체적으로 대통령, 내각, 의회와의 관계이다. 비입법적 권력은 정부의 안정과 연합형성에 중요한 영향을 미치기 때문에 대부분의 연구는 이런 비입법적 권력에 초점을 맞춘다.

정부의 해산은 강력한 비입법적 도구이다. 러시아의 사례처럼 수상을 포함해서 내각 구성원의 해임은 현저한 대통령 권력이 될 수 있다. 각료의 해임은 아주 공통적인 비입법적 관행이지만 의회의 해산은 중대한 상황에서만 보유되는 극단적인 권력으로 보인다.

〈표 6〉에서 보는 것처럼 대통령 권력은 비입법적 활동의 기능이 더 강하다. 이 범위 전체 국가의 점수는 평균 4.5로서 입법적 권력의 거의 두 배이다. 입법적 권력이 없는 오스트리아와 핀란드에서는 비입법적 권력을 상당히 갖고 있다. 이 나라에서 수상과 정부는 상당한 입법적 권력을 갖는 데 비해 대통령은 비입법적 권력을 갖는다.

〈표 6〉 국가별 대통령의 비입법적 권력

국가	내각구성	내각해임	의회해산	합계
오스트리아	1	0	4	5
핀란드[61]	4	0	3	7
프랑스	1	0	4	5
아이슬란드	4	4	4	12
리투아니아	0	0	0	0
몰도바	1	0	1	2
폴란드	1	0	4	5
포르투갈	1	2	3	6
루마니아	1	0	1	2
슬로베니아	1	0	0	1

자료 : Albert P. Blaunstein and Gisbert H. Franz(eds.), *Constitutions of the Countries of the World* (Dobbs Ferry : Oceana, 1999) ; Malthew S. Shugart and john M. Carey, *Presidents and Assemblies : Constitutional Design and Electoral Dynamic*(New York : Cambridge University Press, 1992), Steven D. Roper, "Are all Semipresidential Regimes the Same? : A omparision of Premier-Presidential Regimes," *Comparative Politics*, 2002, April, Vol. 34, No. 3, 260에서 재인용.

- 비입법권력은 내각구성으로, 대통령이 전체 내각을 의회의 비준없이 임명하면 4, 전체내각이 비준의 대상이 되면 3, 대통령이 수상을 지면하고, 수상이 다른 각료를 임명하면 1, 대통령이 각료를 임명하지 않거나 의회의 추천에 의해서만 임명하는 경우는 0이다.
- 대통령이 어느 각료를 자신의 뜻대로 해임할 수 있다면 4, 권한이 제한되어 있다면 2, 의회가 후임 교체각료를 수용할 때만 해임하는 경우(건설적 해임) 1, 각료의 해임권을 의회가 가지는 경우는 0이다.
- 만일 대통령이 제한없이 의회를 해산하면 4, 회수나 시기가 제한되면 3(총선 전 특정 몇 개월이나 1년에 한번 등), 의회해산이 새로운 대통령선거를 요구하면 2이다. 새로운 대통령선거의 요구는 의회해산에 대한 대통령의 강력한 제재이다. 의회가 새로운 정부의 인준이나 법안통과의 불가능에 대한 반응으로써만 의회를 해산할 수 있다면 1, 대통령의 의회해산규정이 없다면 0이다.

앞의 〈표 6〉에서 보는 것처럼 아이슬란드 대통령은 독점적인 내각의 구성권을 가지고 있다. 즉 아이슬란드의 헌법은 대통령이 각료를 임면하며 내각의 사회자이다. 각료에 대해 의회가 할 수 있는 제재는 불신임이 아니라 탄핵이다. 아이슬란드는 집행에 대한 책임이 대통령에게 있는 것이 아니라 각료에 있을 뿐 거의 대통령제를 닮고 있다. 그밖의 나라들은 대통령이 각료를 임명하지 않거나 의회의 추천에 의해서만 임명한다. 각료의 해임은 포르투갈의 경우에만 제한적 권한이 있을 뿐 의회에 귀속되었으나 오스트리아, 아이슬란드, 포르투갈은 의회해산권을 가지고 있다.

〈표 7〉은 위의 두 범위의 합계를 보여준다. 아이슬란드를 제외하면 대부분 한정된 범위 내에 있다. 따라서 '수상-대통령제' 정권은 일반적으로 서로 유사하다. 그러나 유사성은 헌법에 관련되는 것이지 행정부의

61 핀란드는 2000년 신헌법의 효력발생을 통해 대통령의 권력이 의회로 이동됨에 따라서 대통령의 내각구성권도 역시 의회로 넘겨졌기 때문에 여기의 점수는 구헌법에 의한 대통령권력으로 이해해야 한다.

〈표 7〉 국가별 대통령 권력의 결합된 점수

국가	입법	비입법	합계
오스트리아	0	5	5
핀란드	0	7	7
프랑스	1	5	6
아이슬란드	4	12	16
리투아니아	1	0	1
몰도바	5	2	7
폴란드	3	5	8
포르투갈	1	6	7
루마니아	5	2	7
슬로베니아	2	1	3

자료 : Steven D. Roper, *op. cit.*, 260.

실질적인 권력은 아니다. 예를 들면 프랑스 대통령직과 오스트리아 대통령직은 동일한 점수이다. 이것은 프랑스 대통령은 아주 강력한 것으로 생각되고 오스트리아 대통령은 매우 수동적인 것으로 생각되었기 때문에 의외의 결과이다. 이와 관련해 홀메스(Holmes)는 대통령 권력은 헌법 그 자체로부터와 마찬가지로 비헌법적 자원에서 나오며, 비공식적 권력은 완전히 규범적이며 정신적으로 비헌법적이 아니라고 주장한다.[62] 이 범위의 점수는 대통령의 헌법적 규정에 기초한 것이고, 많은 경우 대통령의 긴급권, 국민투표 요구권, 내각해산과 관련한 헌법규정은 모호하다.

슈가트와 카레이의 서열점수 방식에 기초하면 '수상-대통령제' 에서 대통령 권력은 일반적으로 두 가지 유형, 즉 프랑스 모델과 '온건-형식' (moderate-formal) 모델이다. 프랑스 모델은 대통령이 한정된 비입법권을

62 Stephen Holmes, "The Postcommunist Presidency," *East European Constitutional Review 2*(winter 1993), 36-39.

가진다. 프랑스와 함께 오스트리아, 리투아니아, 몰도바, 폴란드, 루마니아, 슬로베니아 등이 이에 해당된다. '온건-형식' 모델은 대통령이 현저한 비입법적 권력을 가진다. 아이슬란드, 핀란드, 포르투갈의 경우이다. 이 나라 대통령들은 내각의 구성과 해산권이 더 강하지만 역설적으로 가장 약한 준대통제의 대통령들이다. '수상-대통령 정권' 간의 이러한 차이는 제도적 결과와 관련이 있는 것 같다.[63]

이상의 계량적 분석은 각 나라별 대통령 권력을 단일의 기준으로 비교하는 데는 유용하지만 비교를 위한 척도 자체에 주관적 요소가 많이 포함된다는 점에서 개별적 특성을 아는 데는 한계가 있다. 따라서 다음에는 프랑스와 핀란드를 대상으로 대통령의 권력을 구체적으로 알아보기로 한다.

3. 프랑스 대통령의 권력

프랑스 대통령의 권력은 특히 프랑스의 선거제도와 밀접한 관련을 갖는다. 즉 프랑스 대통령선거의 재투표(결선투표)제도는 국민들의 관심을 대통령에게 집중시키도록 만드는 데 충분하며, 그만큼 대통령의 지도력에 대한 정당성은 강화된다. 따라서 프랑스 대통령의 권력은 이러한 정치적 요소와 헌법이 규정한 법적인 요소가 결합되어 헌법에서 선언적으로 규정된 내용이라도 대통령이 그를 근거로 실제적 권한을 행사할 수 있는 구조이다. 이런 측면에서 프랑스 정치체계의 본질은 대통령화되어

63 Steven D. Roper, *op. cit.*, 269.

있으며, 이것은 대통령이 전체적인 정치체계에 지도력을 행사할 수 있는 잠재력을 가진 유일한 인물이라는 것을 의미한다.

프랑스 대통령은 아마 미국을 제외하고는 서구세계의 가장 강력한 지도자일 것이다. 그럼에도 불구하고 이원적 집행은 대통령이 기본적으로 상호작용해야 한다는 제한을 갖는다. 이러한 대통령 권력의 본질은 수년이 지나면서 다양해졌다. 드골, 퐁피두, 미테랑(1981–1986, 1988–1993) 하에서는 대통령직이 매우 강력해 정부가 대통령에 의해 주도되었다. 반면에 지스카르 대통령의 후반기(1976–1981)에는 대통령 권력이 수상권력과 경쟁되던 시기였다. 미테랑 대통령의 집권기중 1986–1988년, 1993–1995년 그리고 시라크의 첫 임기 동안(1997–2002)은 수상이 정책결정 과정을 지배하는 이른바 '동거정부' 기간이었다. 이러한 동거정부는 미테랑 대통령이 임기 중의 의회선거에서 집권당 및 연합세력이 선거에서 패배하고, 시라크 정권 당시는 의회를 해산했으나 역시 패배함으로써 초래되었다.

대통령의 권력이 다양한 것은 그 당시 정당정치의 특별한 지형의 기능 때문이다.[64] 대통령 지도력의 능력은 정당정치와 특별한 유기적 결합을 조건으로 한다. 정당지원과의 유기적 결합은 수상을 이원적 행정부 내에서 주요한 세력으로 등장시켜 동거정부를 구성하도록 한다. 대통령과 수상이 각각 소속정당이 다른 경우, 즉 동거정부 기간 동안은 대통령과 수상 사이에 잠재적인 갈등이 존재해 결국 권력의 헌법적 균형은 오히려 곤란한 경우를 만든다.

헌법은 대통령이 매일 매일의 국사에 직접적으로 관련되는 것을 보장

64 Robert Elgie, *Political Institutions in Contemporary France*(New York : Oxford University Press, 2003), 116.

하지 않는다. 대통령은 독자적이고 자율적 행위자로서 정치과정의 필수부분이 아니다. 대신 정부수반은 정치과정의 필수부분인 동시에 입법과정에서 우월성을 갖는다. 그럼에도 프랑스 헌법에 의한 대통령의 광범위한 명령권은 대통령으로 하여금 정부에 대해 우월성을 갖게 하고 이러한 배경으로 프랑스 대통령을 미국의 대통령보다 더한 최고의 입법자로 보이게 한다. 프랑스 대통령의 중요한 권력을 입법적 권력과 비입법적 권력, 그리고 정치적 역할로 구분해 그 경험을 보면 아래와 같다.

1) 입법적 권력

프랑스 대통령은 형식적으로는 국민투표권, 긴급조치권, 거부권 등을 보유한다. 그러나 이러한 권력들은 독단적으로 행사할 수 있는 것이 아니라 정부 및 의회와의 상호작용을 거친다는 한계를 갖는데, 그 내용은 아래와 같다.

(1) 국민투표권

프랑스 대통령은 미국 대통령이 갈망할 수도 있는 국민투표권을 가지고 있다(헌법 11조). 그러나 정확히는 국민투표를 주도할 권한이다. 즉 대통령은 헌법개정이나 광범위한 정책문제에 관해 유권자에게 국민투표를 단행할 주요 세력이다. 대통령의 국민투표 회부권은 독단적인 것은 아니고 정부나 양원 합동회의의 공동발의에 의해 제안된 법률안으로 조직이나 현존 정치제도에 영향을 미치는 것이어야 한다. 그러나 5공화국에서는 이러한 견제와 제한에 관계없이 국민투표가 사용되었다. 5공화국 국민투표 일정과 결과는 아래의 〈표 8〉과 같다.

〈표 8〉 5공화국의 국민투표

일자	주제	결과(%)	투표율(%)
1960. 1. 8	알제리 자치문제	가결 75.0	73.8
1962. 4. 8	알제리 문제 해결	가결 90.8	75.3
1962. 10. 28	대통령 직선	가결 62.2	77.0
1969. 4. 27	상원 및 지방정부 구조개혁	부결 47.6	80.1
1972. 4. 23	EEC 확대	가결 68.3	60.2
1988. 11. 6	신칼레도니아(New Caledonia) 협정	가결 80.0	36.9
1992. 9. 20	마스트리히트(Maastricht) 조약	가결 51.0	69.8
2000. 9. 24	5년 대통령 임기	가결 73.2	30.6

자료 : Robert Elgie, *op. cit.*(2003), 103.

국민대표로서의 정당성에 대해 의회를 대통령과 동등하게 인정하지 않은 드골 대통령은 1961년 알제리에 임시행정부를 세우는 권한에 대해 의회나 내각의 찬성 없이 국민들에게 직접 호소하는 방식으로 국민투표권을 발동했다. 드골 대통령은 이후 8년 동안 5번 이상 국민투표권을 사용했는데, 6번째 국민투표가 부결됨으로써 1969년 사임하기에 이르렀다. 드골 대통령에 이어 퐁피두(Georges Pompidou) 대통령도 1972년에 독단적으로 국민투표권을 사용했고, 국민투표는 가까스로 통과되었으나 내각과 의회의 허용이 없는 그러한 장치의 사용은 아주 냉담했다. 퐁피두는 그 이후 더 이상 국민투표권을 사용하지 않았다.

(2) 긴급조치권

프랑스 대통령의 가장 강력한 권력의 하나는 긴급조치권이다. 헌법 16조는 공화국의 제도, 국가의 독립, 영토의 보전이 중대하고 직접적으로 위협을 당할 때, 그리고 입헌정부 권한의 기능이 중단될 때 대통령은 이 상황에 의해 요구된 조치를 취하게 된다고 규정하고 있다. 대통령은 수상, 양원의 각 의장, 그리고 헌법위원회와 공식적으로 상의한 후 언제나 긴급조치를 취할 수 있다. 그리고 대통령은 이 사실을 국민에게 메시지로 알려야 하며, 대통령이 취한 조치가 입헌정부의 권한을 보장하려는 바람에 의해 초래되어야 하고, 가능한 최단기간 내에 부여된 기능을 완수하는 수단이어야 한다. 긴급조치 기간 하원은 개회되며, 해산에서 제외된다.

긴급조치권은 발동대상에 대한 해석상의 모호한 점(예를 들면 '위협'에 대한 해석이나 정규적인 기능에 대한 판단)을 통한 남용이나 과도하게 장기간 적용하더라도 그것을 견제할 분명한 대응장치가 없다는 점에서 사실상 위험한 권력이다. 특히 드골 대통령은 1962년 국민투표 당시 헌법 11조(국민투표 관련)를 위반한 것을 비롯해서 1962년 퐁피두 수상의 해임을 편법으로 처리하는 등 여러 차례 헌법을 무시했다.

헌법 16조는 사실상 시민의 무질서, 전쟁, 폭동 등에 대처하기 위한 대응책이지만 드골이나 퐁피두는 여러 차례 적대적인 의회다수를 제압하기 위한 정치적 목적으로 이를 사용하려는 암시를 주었다.[65] 따라서 반드골주의자들, 특히 미테랑 대통령이나 사회주의 및 공산주의자들은 독일에서 민주정부의 붕괴에 한 원인이 되고 반공화적 대통령에 의해 남용된 독일 바이마르공화국 헌법과 유사한 조항이 존재한다는 점에서 16조의 폐지를 제기했었다.

그러나 긴급조치는 1961년 3월 알제리의 폭동을 저지하기 위해 한번 발동되었을 뿐이다. 1962년 이후 40년 이상 이 조치가 발동되지 않은 채 그동안 테러나 다른 국내의 혼란은 정상적인 입법 및 행정수단으로 충분히 처리되었고, 이는 결국 프랑스 정치의 전통으로 자리 잡았다는 점에서 16조는 사실상 현실에서 멀어진 선언적인 박물관 조항으로 변했다. 대

65 William Safran, *The French Polity*(5th) (New York : Longman, 1998), 208.

신 내각에 의해서 선포될 수 있는 헌법 36조의 계엄법이 존재하고 있는데, 이는 긴급조치와 다르며 계엄법은 대통령의 무기가 아니다.

(3) 거부권

상하 양원에 교서를 보낼 권한이 있으며, 의회에서 채택한 법률이 정부로 이송되면 15일 이내에 이를 공표하게 되는데, 그 법 자체 또는 일부 조항에 대해 공표기간 이내에 의회에 재심을 요구할 수 있고, 이것은 거부될 수 없다(헌법 10조). 따라서 이것은 일종의 '유보거부권(suspensive veto)'이다. 아울러 대통령은 의회에서 통과된 법에 대해 공포 전에 헌법위원회에 입법내용에 대한 조사를 요구할 수 있다(헌법 61조).

2) 비입법적 권력

헌법상의 대통령 권력 가운데 입법적 권력을 제외한 중요한 권력은 정부구성과 각료임면, 의회해산권이다. 프랑스 대통령은 정부구성과 각료의 임면권을 가지고 있다. 그러나 이 권력은 의회의 정당세력에 좌우된다. '여대야소'의 상황이면 독단적 권력이 되지만 '여소야대'인 경우는 형식적 권력에 불과하다. 의회해산권도 독단적 권력이 아니라 수상 및 의회의장과 협의해야 하는 대상이라는 점에서 제한적이다. 이밖에 대통령은 각료회의 주재권을 통한 정책수행 기능과 외교국방 등의 정책에 권력을 행사하는데 각각의 권력과 역할을 보면 아래와 같다.

(1) 각료임면권

대통령은 수상을 임명하며 수상의 제청에 의해 각료를 임명하고 해임한다(헌법 8조). 이 조항에 관한 대통령의 역할에 대한 해석은 매우 탄력적이다. 동거정부의 경우를 제외하고 모든 수상은 수상직의 임명에 대해 대통령에게 전적으로 의존되어 있다. 수상은 독자적인 권력기반이 없이 대통령의 선호에 좌우된다.[66] 헌법은 수상이 일단 임명되면 어느 정도 독립성을 허용한다. 왜냐하면 헌법의 엄밀한 해석에 따르면 대통령이 아닌 하원만이 수상을 해임할 수 있기 때문이다. 그러나 의회의 수상해임은 내각의 불신임으로, 하원 자체가 대통령의 해산대상이 되기 때문에 하원은 정치적 위험에 직면한다. 이런 점에서 의회가 각료를 해임하기는 어려운 문제이기 때문에 결국 대통령의 영향력 범위이다. 따라서 대통령은 내각에 대한 해임권한은 없지만 실제로 대통령이 수상의 사임을 요구하면 그 직에 머물기는 어렵다.[67]

한편 각료에 대한 임면은 수상의 요청에 의해 이루어지며, 각료는 아니지만 9년 임기의 9명의 헌법위원 가운데 3명의 위원을 임명할 수 있는 권한을 갖고 있다. 헌법위원회는 대통령선거와 의회의원선거의 적법성

66 드골 대통령의 퐁피두(1962)와 코우베 데 무빌레(Couve de Murville, 1968), 퐁피두 대통령의 메스메르(Messmer, 1972), 지스카르 데스텡 대통령의 바레(Barre, 1976), 미테랑 대통령의 파비우스(Fabius, 1984), 크레송(Cresson, 1992), 삐에르 베레고보이(Pierre Beregovoy, 1992) 그리고 시라크 대통령의 알라인 쥬뻬(alain Juppe, 1995), 쟌 삐에르 라파린(Jean-Pierre Raffarin, 2002) 등이 대표적 예이다. 다만 1986-1988년의 '여소야대'의 의회상황에서 나타난 동거정부의 경우는 대통령과 수상이 합의해서 장관을 선택했으나 이 상황에서도 어떤 장관의 임명에 대해서는 대통령이 수상과 단순한 상의에 그친 경우도 있다. Vincent Wright, *The Government and Politics of France*(3th ed.) (London : Unwin Hyman, 1989), 28-29.

67 Anne Stevens, *op. cit.*, 107. 미테랑은 사실상 엄밀히 말하면 수상의 해임권한이 없음에도 실제로 1991년에 미헬 로카드(Michel Rocard)를 해임했다. 이런 점에서 수상의 사임은 사실상 강요의 형태를 취하게 된다. 예외는 1986과 1988년 사이 우익정부는 미테랑의 임명조차도 취소하는 등 수상의 모든 권한을 사용했다.

과 의회가 정한 법률의 위헌성을 결정하는 권한을 가진다.

(2) 의회해산권

대통령은 수상 및 의회의장(하원의장)과 협의해 의회를 해산할 수 있다(헌법 12조). 의회의 해산은 수상과 하원의장 그리고 헌법위원회와 공식적으로 협의하도록 규정하고 있으나 협의는 수상이 대통령의 의도에 관해 정보를 얻는 다는 요건 외에 거의 의미가 없다.[68] 대통령은 수상, 의장, 상원의장과 협의한 뒤 의회를 해산할 권력을 가짐으로써 특히 입법권과 의회에 대한 영향력이 강화되었다.[69] 다만 의회의 해산은 총선거 이후 1년이 지나야 한다.

(3) 각료회의 주재권

대통령의 헌법적 권력 중에 특히 중요한 점은 영국의 수상이 각료회의를 주재하는 것처럼 대통령이 주례 각료회의 의장으로서 사회권을 행사하는 것이다(헌법 9조). 대통령이 각료회의의 의장직을 수행하는 것은 수상과 각료의 임면 외에 내각의 운영에 직접적 영향력을 행사하는 것이며 대통령에게 다양한 범위의 개인적 정치자원을 부여하는 것이다.

68 William Safran, *op. cit.*, 180.

69 1962년 드골 대통령은 자신과 적대적인 의회를 해산했다. 1968년에는 집권당이 근소한 다수로 불안정하자 또 의회를 해산했다. 드골은 이 과정을 통해서 자신의 목적을 모두 달성했다. 1981년 미테랑도 대통령에 당선되자마자 의회를 해산했고, 총선결과는 미테랑에게 우호적인 다수의 확보였다. 또한 미테랑은 1988년 그의 재선 이후에 우파가 다수인 의회를 또 해산했으나 다수의 확보에 실패하고 대신 야당의 분열에 자족해야 했다.

(4) 외교국방정책 주도권

대통령은 최고 외교가로서 외국과 협상하고 조약에 서명하며(헌법 52조) 주요한 외교정책을 수행한다. 대통령은 또한 의전적 역할로 외국의 국가원수를 맞고 외국을 국빈으로 방문하며 대사에게 신임장을 주어 파견(헌법 14조)한다. 대통령이 외교 및 유럽에 관한 문제, 국방문제, 식민지 문제, 프랑스 공동체 문제 등에서 전통적으로 우월한 지위를 가지는 것은 프랑스 정치의 전통으로 확립되었다.[70]

대통령은 또한 국가수반으로서 국가 최고의 권위자이며, 헌법의 수호자이고, 국가의 계속성은 물론 중재자로서 정부권력의 정상적 기능을 보장하며(헌법5조) 국가이익의 수호자, 국민의 지도자, 국가의 전통과 유지의 실질적 화신으로 국가 미래행동의 안내자이다.[71] 또한 국군통수자로서(헌법 15조) 국방 최고회의를 주재하는 등의 국군 국방 및 외교업무에 중요한 역할을 수행한다. 대통령은 프랑스의 수호자이며, 프랑스인과 프랑스 공화국의 운명에 대한 책임을 지는 위치에서 국방정책을 항상 자신의 영역으로 취한다

70 예를 들면 대통령에 의해 결정된 중요한 정책들은 알제리독립(1962), 헌법개정 주도(1962, 1969), NATO 통합사령부로부터 프랑스의 철수(1966), 프랑화(franc)의 평가절하(1969, 1971), 석유수입의 감량(1974) 등이다.

71 Vincent Wright, *op. cit.*, 28. 1986년 미테랑 대통령은 "나의 유일한 의무는 국가의 계속성과 제도의 정상적 기능을 보장하는 것이다"라고 선언한 바 있다.

3) 정치적 역할

대통령의 정치적 역할력은 비헌법적 권력으로서 정치과정에 미치는 영향력을 말한다. 이러한 영향력은 대통령직과 함께 대통령의 개성으로부터 나오는 리더십의 발휘이다. 정치는 갈등을 전제로 하며, 모든 제도는 이익이 상충되는 참여자들 간의 타협을 통해서 기능하게 된다. 대통령은 고급 정치과정에서 이러한 갈등의 조정자로서 중요한 역할을 수행한다. 드골은 대통령의 위치를 정치를 초월하는 것으로 인식했지만 그 후임자들은 정치에 관여하지 않을 수 없었다. 1976년 1월 지스카르 데스텡 대통령은 정치가 '자신의 임무의 일부' 임을 공개적으로 인정했다. 대통령의 정치적 역할은 몇 가지 형태로 나타난다.[72] 대통령이 수행하는 정치적 역할, 즉 그의 리더십은 정치과정뿐만 아니라 국민의 삶 전체에 영향을 미칠 수 있지만 정치과정 속에서 사실상 제도화된 내용을 범주화하면 아래와 같다.

1. 대통령은 헌법상은 아니지만 사실상의 정부수반으로서 정부의 정책을 옹호하고 야당의 정책을 비판한다. 대통령은 TV에 출연해 정부활동을 정당화하거나 비판하고 설명한다. 지스카르 데스텡과 미테랑은 드골이 분파적 이익의 대표라며 멀리하던 중요한 이익집단 대표들과도 공식적 · 공개적으로 만났다.
2. 정치활동은 대통령의 지지자들과의 관계이다. 대통령은 그의 정책에 대한 의회지지와 정당을 지도하기 위해 점점 더 개입한다. 소속

72 Vincent Wright, *op. cit.*, 30−38.

정당이나 의회의 간부선출에도 관여한다.

3. 대통령의 정치활동 가운데 가장 두드러진 것은 선거활동이다. 영국의 수상과 같이 대통령은 총선거에서 자신의 지지자들을 위해 활동한다. 퐁피두나 지스카르데스텡, 미테랑 등 모든 대통령은 의회선거를 통해 자신의 지지세력을 절대다수로 만들어 대통령의 지위를 우월하게 확보해야 한다는 생각을 가졌다. 지스카르데스텡은 1974, 1981년 대통령선거 당시의 TV토론에서 이러한 견해를 피력했고, 소수파 대통령으로서 미테랑은 당선되면 의회를 해산하겠다는 생각을 확고히 했다.[73]
4. 대통령은 또한 각 현을 방문해 지방관리와의 접견을 통해 국민과의 접촉관계를 유지한다. 이런 점에서 국민적 행동의 고취자이며 향도자이다.[74]
5. 대통령은 정책수립가로서 외교와 국방정책 외에 헌법의 규정과 관계없이 사실상의 정부수반의 입장에서 중요한 정책수립자이다. 대통령의 정책수립 분야는 헌법과 헌법의 해석, 정치상황, 대통령의 개인적 소망 등에 따라 좌우되며, 대통령에 따라 관심영역이 확대되기도 한다.[75]
6. 대통령이 자신의 영역으로 역할을 수행하는 문제는 기타 돌발적인 정치적 문제이다. 정치적으로 미묘하거나 폭발적인 문제, 대통령이 순수하게 개인적으로 관심을 가진 문제, 선거공약 등으로 제시된 사

73 William Safran, *op. cit.*, 206

74 1962년 9월 20일 드골대통령의 라디오 연설, William Safran, *op. cit.*, 178에서 인용.

75 예를 들면 1969년 퐁피두가 대통령에 당선되면서 경제, 재정 및 산업문제의 중요성이 증대되었고, 1974년 지스카르 데스텡이 당선되면서 정치 및 사회 · 환경문제가 대통령의 중요한 영역이 되었다.

항 등에 대해 대통령의 개입은 확산되고 항시적이다. 대통령은 정책에 관한 일반원칙을 공식 또는 비공식 메시지를 통해 국민과 의회에 전달한다. 어떤 법안들, 헌법개정, 국민투표, 긴급권의 발동은 헌법위원회와 상의해야 한다.

대통령의 정치적 권력은 특히 제도보다는 개인의 정치적 자원을 배경으로 한다. 이러한 현상은 특히 드골의 경우 독특하다. 드골은 많은 제도적인 조치들을 취했는데, 그것은 법적인 권력뿐만 아니라 그의 독특한 카리스마적 권위 때문에 가능했다. 알제리아의 위기맥락은 드골에게 특별한 대통령 권력을 행사할 많은 기회를 부여했다. 극도의 위기와 드골에 대한 신뢰의 결합은 일종의 '자유독재'를 만들어냈다.[76] 특히 1962년 대통령 직선을 위한 개헌 추진과정에 대한 합법성 시비 등에서 드골 대통령은 대통령에게 부여된 헌법적 권력 이외에 자신의 권위를 통해 헌법을 초월하는 권력을 행사했다.

76 드골이 구정권 최후의 수상으로 취임했을 때 국가의 회복을 위한 필요한 입법조치를 취하도록 6개월간 그에게 충분한 권력을 행사하도록 했고, 이 권력은 5공화국의 신헌법 92조에 의해 1959년 2월 4일까지 연장되었다. 헌법92조는 경과규정으로 정부의 권한들을 위해 제도들이 마련될 때까지 제도들의 마련에 필요한 입법조치는 국가위원회와 상의 후에 법의 효력을 갖는 명령의 형태로 각료회의에서 제정하며, 정부는 또한 이 상황에서 국민의 삶에 필요하다고 생각되는 모든 조치를 취할 수 있다는 내용이다. 1958년 6월부터 1959년 2월까지 드골 정부는 378건의 명령을 발했다. William G. Andrews, *Presidential Government in Gaullist France*(Albany : Suny Press, 1982), 128–30. 이후 외교국방정책과 알제리 문제 등을 독점적인 대통령권력의 '확보된 영역'으로 설정하는가 하면 1960년부터 의회의 임시회 개회 및 법29조와 30조 그리고 수상의 해임(법8조) 등을 둘러싼 의회와 갈등 및 적법성 시비를 일으켰다.

4. 핀란드 대통령의 권력

핀란드 헌법은 1919년에 제정되었으나 현행헌법은 2000년에 개정된 새로운 헌법이다. 새 헌법은 핀란드 정치체계에 담겨 있던 대부분의 준대통령제 특성을 털어내고[77] 의회제 방향으로 이동함으로써 준대통령제의 권력구조에 의회제의 성격을 더 반영했다. 이 가운데 중요한 변화는 법안의 제출에 관한 최종적 결정이 대통령으로부터 정부로 이관된 것이다. 핀란드 헌법(3조)은 의회가 입법권을 행사하고 행정권은 대통령과 내각이 행사하며 내각은 의회의 신임대상이고 사법권을 독립된다고 선언하고 있다.

핀란드의 대통령은 다른 내각제 국가의 국가수반보다 훨씬 더 많은 행동의 자유를 갖고 있으나 대통령제의 대통령은 물론이고 준대통령제의 프랑스 대통령에 비해서도 권력은 약하다. 다만 2000년의 개헌 이전까지 대통령의 권력은 형식적이라는 의미에서 최고 권력이요, 의회제의 상징적 국가원수의 권력에 비해서는 대부분 실제적이었지만 현재는 실제적 권력이 상징적 권력으로 축소되었다.[78]

대통령은 실질적 권력이 제한된 만큼 정치적 책임이 없으며, 임기중 편법적인 이유로 해임되지 않는다. 대통령의 성공적 역할은 대통령이 각

77 Heikki Paloheimo, "Divided Government in Finland : From a Semi-Presidential to a Parliamentary Democracy," in Robert Elgie(ed.), *Divided Government in Comparative Perspective*(New York : Oxford University, 2001), 90.

78 Dag Anckar & Abo Academy, "Democracy in Finland : The Constitutional Framework," in Jan Sundberg and Sten Berglund(eds.), *Finnish Democracy*(Helsinki : The Finnish Political Science Association, 1990), 31.

정당들로부터 얼마나 멀리 떨어질 수 있고 모든 집단으로부터 존경받는 조정자가 되느냐에 좌우된다. 헌법상으로 정부는 의회의 신임대상이라는 점에서(헌법 64조) 의회제적 협약과 기본질서가 폭넓게 용인되고 있다. 이런 점에서 핀란드의 권력구조는 의회제적 준대통령제, 슈가트의 용어로 '수상-대통령제'로 분류될 수 있다. 대통령의 권력과 의무는 대단히 미묘한데 다음과 같이 요약할 수 있다.

1) 입법적 권력

(1) 거부권

거부권은 핀란드 대통령에게 부여된 가장 현저한 입법적 권력이다. 대통령은 의회의 법률안을 비준하거나 반대할 수 있으며, 비준 전에 대법원과 최고행정법원에 진술을 요구할 수 있다. 대통령이 법안의 비준을 거부하면 법안은 의회로 회송되어 재심되며, 대통령이 법안을 접수한 날로부터 3개월 이내에 비준하지 않으면 거부된 것으로 간주된다. 그러나 일반적으로 그 기간 안에 거부에 관한 결정을 내린다. 어떤 법은 이런 절차 없이도 효력이 가능하기 때문에 대통령은 단지 연기거부권을 가지며, 이것도 효과적이다. 대통령이 거부한 법률안은 의회로 반송되어 다시 심의되며, 의회가 과반수로 재의결하면 대통령의 비준절차 없이 효력을 발생하며 재의결하지 않으면 자동 폐기된다. 다만 대통령은 예산과 관련되는 문제는 거부권을 행사할 수 없다(헌법83조).

(2) 긴급권

대통령은 예외적 상황에서 1년의 기간 내에서 정부가 긴급권을 행사하도록 긴급권을 발동할 수 있다. 긴급권의 대상은 법의 집행과 관련되거나 법으로 규정되지 않은 문제에 관련된는 사항이다. 또한 대통령은 최장 3개월의 범위에서 국방불안의 상황에 대한 긴급권을 발동할 수 있고, 1회에 한하여 1년까지 연장할 수 있다. 이러한 긴급권은 의회의 인준을 필요로 한다.

대통령의 긴급권은 정부각료와 함께 헌법에 부여된 권한의 범위에서 발동할 수 있지만 법률에 긴급권을 발동할 구체적 인물이 적시되지 않았을 경우는 정부가 발동하기 때문에(헌법 80조) 실질적 권력은 정부에 있고 대통령은 공동 참여자에 불과하다. 따라서 정상적 상황에서 긴급명령을 발할 수 있는 권력은 대통령이 아니라 정부에 있다.

(3) 법률안 제출권

구헌법에서는 정부의 법률안 제출권이 대통령에 귀속되어 있었지만 신헌법에는 이러한 대통령의 권력이 정부로 이관되었다. 대통령이 할 수 있는 역할은 오직 정부가 제안한 법률안을 결정하지 않는 것이다. 그러나 이 경우라도 법률안은 더 심의를 하기 위해 다시 정부로 이송된 뒤에 정부의 결정으로 의회에 제출된다.

2) 비입법적 권력

핀란드 헌법 58조 1항은 대통령의 결정은 정부가 제안한 안(案)을 토대로 하여 이루어지는 것으로 규정해 대통령 권력의 한계를 명시하고 있다. 다만 정부구성과 관련해 의회가 선출한 수상을 임명한다(헌법61-1). 그러나 이러한 권력은 프랑스 대통령의 임명권과는 달리 형식적이며,

실질적 임명권은 기존의 대통령에서 의회로 이관됨으로써 대통령의 권력은 축소되어 독자적이 아니다.

(1) 각료임면권

대통령은 의회의 각 정파 간의 협상결과와 의회 의장의 의견을 청취한 후에 이를 토대로 수상 후보를 의회에 통보하고, 의회가 다수로 인준하면 수상으로 임명한다. 대통령은 또한 임명된 수상의 제청에 의해 각료를 임명한다.[79] 제헌헌법은 수상이 대통령에 의해 임명되었으나 새로운 헌법은 의회의 제청으로 대통령이 임명하도록 대통령의 권력을 축소했다.[80] 다만 의회의 각 정파가 합의에 이르지 못하면 대통령의 정부구성에 관한 정치적 역할은 증대된다.[81]

대통령은 또한 의회로부터 불신임된 수상이나 각료에 한해서 사임을 요구한다. 이는 대통령에게 독자적 해임권이 없기 때문에 결국 수상에 대한 대통령의 위상을 약화시킬 수 있다. 의회의 신임을 가지고 있는 수상이 대통령에게 사직이라는 압력수단을 행사할 수 있다는 점을 염두에 둔다면 대통령과 수상 사이에 결정적 이반현상이 발생하기 전에는 통상 대통령은 수상의 국정지위를 용인할 수밖에 없기 때문이다. 이에 따라 대통령에 대한 수상의 지위와 권한은 상당히 강하게 되어 있다. 대통령은 또한 각료 외에 대법원장과 지방자치단체장, 중앙은행장, 해외공관장 등에 대한 임명권도 행사한다.

79 정부 혹은 각료회의(내각)는 수상과 약 17명의 장관들로 구성된다.

80 수상은 의회에서 여러 정치집단들 가운데 협상을 통해 1명의 후보가 지명되는데 표결결과는 절대다수여야 한다. 절대다수에 이르지 못하면 2번째 후보를 지명해 같은 절차를 밟게 된다. 두 번째 후보도 절대다수 득표를 하지 못하면 3번째의 경우는 의원 중에서 후보를 선정할 수 있다.

81 www.answer.com/topic/constitution

(2) 의회해산권

대통령은 오직 수상의 제청에 의해 의회해산과 새로운 선거의 실시에 관한 명령을 발할 수 있다(헌법 58-3.2). 그러나 이 경우 대통령은 개회 중에 의회의 제 정파와 협의하며 독자적으로 의회를 해산할 수 있는 권한은 없어 실질적 권력이 빠져버렸다.

(3) 정부정책 결정권

대통령은 정부가 제출한 제안을 토대로 정부 내에서 정책을 결정한다(헌법 58-1). 정책결정권은 형식적으로는 아주 제한되어 있으나 실질적으로는 정부와 다른 결정을 유도할 수 있다는 점에서 의회제의 상징적 국가원수와 다르다.

대통령은 정부의 정책제안을 결정하거나 유보할 수 있지만 이러한 결정은 독자적 제안이 아니라 정부의 제안을 바탕으로 한다(헌법 58-1). 만일 대통령이 정부가 제안한 사안을 결정하지 않으면 정부로 회송되며, 그 이후 정부의 제안을 수용하거나 철회하는 결정은 정부의 새로운 제안에 따라 이루어진다(헌법 58-2). 이러한 절차는 대통령의 결정권이 정부와 상반될 수 있다는 것을 보여준다. 이 경우 대통령과 정부의 갈등은 막후 협상을 통해서 조율되기 때문에 표면적 갈등은 쉽게 해소된다. 그러나 정부가 제안한 과제들을 대통령이 반대할 수 있고, 이 경우 정부는 이 과제를 철회하든지 아니면 보완된 과제를 제출하도록 함으로써 대통령이 정부로 하여금 다양한 결정을 할 수 있도록 영향력을 행사하는 것이다. 그러나 이 과정에서 각료가 자유롭게 의견을 개진하고 대통령은 각료들에 의해 포위되어 정부의 제안으로부터 벗어나기는 사실상 어렵다. 이러한 점에서 보면 핀란드 대통령은 정부의 활동에 일정한 권력을 행사할 수 있지만 정부의 구성원에서는 비켜서 있다.

국가수반의 지도력을 강조하는 조건 하에서 정부정책을 순조롭게 관리하지 못하면 대통령과 내각은 갈등관계가 될 수 있다. 정상적 조건이 아닌 상황에서 대통령이 독자적인 지배를 시도하는 것은 필연적이다. 그는 정부의 일상업무에서 정부가 취하는 분명한 입장에 상충되는 개인적 정책을 삼가야 하고 각료들의 의견과 부합되는 결정을 해야 한다. 그는 충돌을 피하기 위해 항상 유연해야 한다.

(4) 외교국방정책권

대통령은 외국과의 관계를 결정할 권력을 보유해 외교정책의 최고 지도력을 확보하고 있다. 이것은 프랑스의 대통령과 유사한 기능이다. 대통령은 군 인사에 관한 결정을 내리고 국방의 최고 사령관으로서의 지위를 가지지만 군 최고 사령관으로서의 중요한 명령에 관한 사항의 결정은 관련 각료와 협의대상이다.

대통령제의 대통령 권력도 국가마다 같은 것은 아니다. 그러나 대통령제는 권력이 대통령과 의회의 양자관계인 데 비해 준대통령제는 수상이 추가되는 3자관계라는 점에서 그만큼 다양성이 늘어날 수밖에 없다. 특히 준대통령제가 대통령과 수상 어느 쪽에 권력이 집중되느냐에 따라 '대통령-수상', '수상-대통령제'로 분류하는 경우는 결국 두 개의 권력구조가 혼합되기 때문에 그 복잡성과 다양성은 증대된다. 예를 들면 프랑스는 대통령 소속정당이 의회의 다수를 점하는 경우 권력이 대통령으로 집중되어 사실상 권력의 분할에서 수상의 몫이 거의 사라지기 때문에 대통령제와 유사한 관계가 된다. 그러나 대통령 소속정당이 의회의 소수가 되면 정부에 대통령과 권력을 분점하는 수상이 등장한다. 그런가

하면 핀란드는 제도적으로 권력이 의회에 존재하기 때문에 대통령 권력은 한계가 있으며, 정부는 수상에 의해 주도된다. 따라서 준대통령제의 대통령 권력을 범주화하기는 상대적으로 어려울 수밖에 없다.

Ⅳ. 정부와 수상

1. 정부의 본질과 수상의 지위

순수 대통령제에서 정부는 대통령을 정점으로 하고 각료를 중심으로 하는 관료집단을 의미하며, 대통령은 국가수반이자 정부수반이다. 대통령제 정부에서는 대통령 외의 모든 각료나 관료는 대통령 부하의 위치이다. 대통령제의 대통령은 형식적 · 실질적으로 국가와 정부의 완전한 구성원이며 권력을 독점한다.

그러나 의회제는 다르다.[82] 의회제의 정부는 '국가의 최고 수준의 정책수립에 참여하는 정치적으로 임명된 집행적 공직의 집합',[83] 즉 수상과 각료집단을 의미한다. 정부는 의원들의 임기만료나 혹은 임기 중의 의회해산에 의한 총선거 또는 연합을 구성하는 정당의 변화에 따라 존립이 좌우된다. 수상은 정부의 최고, 최종 권력자인 반면에 국가원수(대통령 또는 국왕)는 정부에 포함되지 않는다. 즉 의회제에서는 국가와 정부의 대표 및 권력자가 분리되어 국가원수는 실질적은 물론 형식적으로도 정부에 포함되지 않는다. 다만 국가원수는 국가에 대한 상징적 역할에 대한 독점적 지위를 갖는다.

82 의회제의 정부와 내각에 대한 더 자세한 정의는 의회제편을 볼 것.

83 Wolfgang C. Muller and Kaare Strom, "Coalition Governance in Western Europe : An Introduction," in Wolfgang C. Muller and Kaare Strom (eds.), *Coalition Governance in Western Europe*(New York : Oxford University Press, 2003), 11.

준대통령제는 대통령과 수상이 권력을 분할한다는 점에서 정부에 대한 개념을 명확히 하기 어려운 점이 있다. 즉 대통령이 정부의 구성원이냐의 여부가 분명하지 않다. 준대통령제의 원조인 프랑스 헌법 제3장은 '정부'로 표기되어 있고 그 아래에 정부기능(20조), 정부수반(21조) 등으로 분류되고 있는데, 여기에서 정부수반(head of government)은 수상이며, 수상은 정부활동을 지도하는 것으로 규정되어 수상과 각료집단을 정부로 취급하고 있다. 이러한 조항만으로는 의회제처럼 대통령은 정부의 구성원에서 제외된다. 그러나 프랑스 대통령은 수상을 임명하며, 수상의 제청에 의해 각료를 임면하고(헌법8조), 각료회의를 주재한다(제9조). 대통령이 임명한 수상과 각료가 중심인 내각의 회의를 대통령이 주재한다면 이러한 대통령을 단순히 국가수반일 뿐이며 정부수반이 아니라고 할 수 있는가?

이러한 점에서 보면 준대통령제인 프랑스의 대통령은 분명히 정부의 구성원이며, 이는 곧 대통령이 정부를 실질적으로 주도한다고 볼 수 있다. 실제 드골 대통령 치하의 수상들은 대통령제 하의 총리나 국무장관의 역할에 불과했다. 동거정부의 경우 대통령과 수상이 합의해서 장관을 선택했으나 이 상황에서도 어떤 장관의 임명에 대해서는 대통령이 수상과 단순한 상의에 그친 경우도 있다.[84]

프랑스에서 대통령 소속정당이 다수인 경우 '대통령중심 정부'가 된다. 대통령이 중심이 된다는 것은 대통령이 정부의 정점이 되고 수상은 부수가 된다는 것을 나타낸다. 반면에 대통령의 정당이 소수인 경우 '동거정부'가 구성되며, 여기에서 동거의 주체는 대통령과 수상이다. 따라서 준대통령제 정부는 대통령 또는 수상 어느 한편이 정점을 이루기보

84 Vincent Wright, *op. cit.*, 78–79.

다는 대통령과 수상이 모두 포함되는 정부이다. 준대통령제의 '동거정부'는 대통령제의 다수정부, 소수정부 그리고 의회제의 다수내각, 소수내각, 연합내각과 구별된다. 여기에서 '동거정부'는 두 가지 의미를 갖는다. 하나는 대통령과 의회가 권력을 분할한다는 의미이다. 그러나 어떤 경우라도 대통령과 의회는 권력을 분할하고 있다는 점에서 '분할'은 대통령과 수상(반대당의 세력을 배경으로 하는 수상)이 권력을 분점하는 것을 의미하기 때문에 정부의 정점을 대통령과 수상이 공동으로 구성한다는 것을 나타낸다. 이런 상황은 대통령이 정부의 범주에 포함되는 것으로 볼 수 있다.

핀란드의 정부도 수상과 필요한 수의 각료로 구성된다고 규정(헌법 60조)되어 있지만 정부는 대통령의 결정을 집행하고(헌법 65-2), 이러한 결정이 대통령이 주재하는 정부의 회의에서 이루어진다면 역시 대통령이 정부로부터 배제되는 것이 아니다. 핀란드 대통령은 매주 금요일에 개최되는 정부 각료회의를 주재하면서 각료들이 제출한 정책을 결정한다.[85] 결국 준대통령제는 권력을 대통령과 수상이 분점하며, 순수 대통령제와 의회제의 기준으로 대통령이 정부구성원의 범주에 부분적으로 포함된다는 점에서 독특한 위치와 역할을 갖는다.

2. 수상의 권력

준대통령제의 수상은 직 · 간접으로 정부와 관련되는 대통령이 존재

85 http://www.answers.com/topic/president-of-finland

하기 때문에 의회의 지지를 배경으로 정부권력을 독점하는 의회제의 수상과는 지위나 권력이 다를 수밖에 없다. 의회제의 수상이 행정권을 독점적으로 행사하는 데 비해 준대통령제의 수상은 대통령에게 부여된 행정권만큼 제한될 수밖에 없다. 그러나 의회제의 수상이 갖는 권력은 정형화되어 대부분의 나라가 유사한 반면에 준대통령제는 그 나라마다 대통령의 권력이 다양하기 때문에 그에 따라 수상의 권력도 다르다. 따라서 여기에서는 프랑스와 핀란드 등 두 나라 수상의 권력에 대한 비교를 통해서 준대통령제 수상의 권력을 알아보기로 한다.

1) 프랑스 수상의 권력

프랑스 헌법은 정부가 국가의 정책을 결정하고 수행하며(헌법 20조) 수상은 정부의 업무를 주도한다(헌법 21조)고 규정해 수상은 정부수반으로 국가정책의 결정과 집행에 공식적인 책임을 지고 집행함을 명시하고 있다. 이것은 프랑스 권력구조가 내각제의 규범체계를 유지하고 있음을 보여준다. 이러한 프랑스의 수상직은 물론 대통령 및 의회의 구성 그리고 당시의 정치 · 사회적 과제에 따라 달라지지만 일반적으로 수상의 주요 업무는 다음과 같은 3가지로 요약된다.[86]

1. 정부정책의 전체적인 상호 조정의 보장과 정부정책의 순조로운 통과를 위한 끊임없는 의회와의 접촉
2. 연합정부에 참여하고 있는 정당에 대한 친절한 접촉의 유지와 집권

86 Vincent Wright, *op. cit.*, 78–79.

연립 정당들의 상충된 요구 사이의 조정

3. 국내 문제의 중심적인 정책수립(특히 동거정부 기간)이다.

프랑스 5공화국의 수상직은 특히 의회제를 지지하는 사람들로부터는 위약하고 영향력이 없다는 비판을 받아왔으나[87] 4공화국에 비해 몇 가지의 정치 및 제도적 배경의 변화에 따라 다음과 같이 월등하게 강화되었다.[88]

1. 의회의 권한이 제한됨으로써 연합의 변화에 의해 유발되던 불확실성에서 정부가 해방되었다.
2. 행정권의 확대와 정부 역할의 강화로 정부 지도자로서의 수상의 역할범위와 정당성이 강화되었다.
3. 정당체계의 발전과 지배정당에 안전하게 바탕을 둔 정부의 출현은 5공화국의 수상들에게 강력한 정치적 기반을 제공하고 수상직의 입장을 강화했다.

정책집행에 관한 수상의 권력은 대통령보다 크다. 수상은 한편으로 대통령과, 다른 한편으로는 정부, 의회, 집권당 연합 및 행정부와 양 방향 통로를 가지고 있다. 수상은 다른 장관에 비해 특권적 지위에 있으며(헌법 20, 21조), 행정부 내에서 매일 매일의 핵심적인 정책결정자이다. 정부의 의회에 대한 책임(헌법 20조)도 결국 수상이 주도(헌법 49조, 50조)한다.

수상은 특정 정책분야를 주도할 뿐만 아니라 최종적인 결정권자이며,

87 *Ibid.*, 77.
88 Anne Stevens, *op. cit.*, 106.

특히 각 부처 각료들 사이에 예산을 둘러싼 갈등상황에서 조정의 책임이 있다. 프랑스의 각료들은 다양한 정치적 배경을 갖고 있으며, 여러 정당들로부터 충원되기 때문에 수상의 역할과 능력은 특히 중요하다.

수상이 정부의 정책결정 과정에서 행사할 수 있는 가장 큰 영향력은 정부수반의 법령제정권(decree-making power)이다. 헌법은 의회가 법을 제정하지 않을 때 수상이 헌법상 소위 법의 지배 이외의 분야에서 법률에 부차적인 명령을 통과시키도록 규정했다. (이러한 규정은 헌법 13, 21, 34, 37조에 개별적 또는 연계적으로 규정되어 있다.) 결과적으로 의회는 매년 70건 정도의 법률을 통과시키는 데 반해 수상은 법률적 효력이 있는 부처 간 명령이나 규칙을 매년 8,000–9,000건 공포한다.[89]

수상은 대통령이 참석하지 않으면 각료회의의 사회를 맡는다(헌법 21조).[90] 또한 헌법상 의회에 대해 특별한 지위를 갖고 의회 운영과정에서 충분한 역할을 수행한다(헌법 34–50조). 여기에서 대통령과 수상은 의회에 대한 각자의 역할에 차이가 있다. 대통령은 상하 양원에 교서가 읽히도록 요청할 수 있으나(헌법 18조) 의회의 참석은 허용되지 않는 반면에, 수상은 정부의 의회와의 교제에 대한 책임을 진다. 정부는 의회에 책임이 있고(헌법 20, 49, 50조), 정부수반으로서 하원의 대정부 질문에 행정부의 주요한 대변인 역할을 맡는다. 또한 수상은 의회의 의사심의 일정에 밀접히 관련되고(헌법 48조), 정부수반으로 입법을 주도할 권력이 부여되며(헌법 39), 특정 과제에 대해 임시회의를 요구할 수 있다(헌법 29).

정부는 또한 정부의 정책을 수행하기 위해 의회에 대해 제한된 기간 동안 법의 영역 내에서 정상적인 법령을 통해 처리할 권력을 정부에 부

89 Robert Elgie, *op. cit.*(2003), 99.
90 1964년 4월 22일의 각료회의는 드골이 입원중이어서 퐁피두가 사회를 대리했다.

여하도록 의회에 요구할 수 있다(헌법 38조). 그리고 이 법령은 국가위원회[91]와 상의한 뒤 각료회의에서 제정되는데, 인준을 위해 시행일 이전에 의회에 제출되어야 한다. 입법절차를 촉진할 수상의 이러한 권력은 수상과 정부 각료에 대해 큰 재량권을 부여하는 동시에 입법과정이 신속하도록 하는 것이다.

2) 프랑스 대통령과 수상의 권력분할

프랑스의 권력구조는 대통령제와 의회제의 특성이 융합되었기 때문에 대통령과 수상 그리고 의회가 3각형으로 얽혀 권력도 분할되거나 서로 연관되는 범위가 넓다. 권력의 분할 또는 분할정부는 2–3명의 개인이 행정부 내에서 정책결정의 책임을 분할하는 상황이다. 그렇다고 '분할된' 지도력이 '동등한' 지도력을 의미한 것은 아니다.[92] 프랑스의 이러한 분할은 특히 동거정부 기간을 제외하고는 대통령에게 무게중심이 놓이지만 대통령과 수상의 재량권 외에 헌법적으로 분할된 권력이 존재한다.

3개의 정책분야(국방, 외교, 사법부의 독립)는 공동책임이 있으나 일반적으로 대통령이 가장 중요한 정치적 인물이다. 대통령은 헌법상 국가독립의 수호자이며 영토의 보전자로서(헌법 5조) 군대의 최고 사령관, 즉 군의 통수권자이다. 대통령은 군의 임면권을 가지며, 고위 국방회의와 위원회의 사회를 맡는다(헌법 15조). 대통령은 또한 조약에 대해 협상하고

91 국가위원회는 최고의 행정제도로 수상이 의장이지만 실제는 대통령이 각료 중에서 지명한 부의장이 주도하며 200여 명으로 구성된다. 주요 임무는 정부의 주요한 법률 및 헌법자문과 행정심판이다.

92 J. Blondel, *World Leaders*(London : Sage, 1980), 65.

재가하며(헌법 52조) 조약에 대한 준수의 책임이 있고(헌법 5조), 사법권의 독립을 보장(헌법 64조)하며, 사법부를 감독하는 고등사법위원회(High Council of the Judiciary)의 의장이다.

반면에 수상도 헌법상 국방에 대한 책임이 있다(헌법 21조). 국방과 외교문제에 관해서는 대통령이 어느 정도 더 큰 폭의 영향력을 행사할 수 있다. 그러나 미테랑 대통령의 경우 1986년 국방예산만은 대통령이 주재하는 각료회의에서 결정되었지만 다른 분야는 대통령이 참석하지 않은 상황에서 수상에 의해 결정되었다.[93] 수상은 또한 어떤 형태로든 조약의 작성에 관여되며(헌법 52조), 특히 법무장관이 사법최고회의의 부의장이고 여러 사법결정은 수상의 배서가 요구된다. 즉 헌법 19조는 몇 가지 예외를 제외하고 대통령의 결정에 수상이 배서해야 한다고 규정하고 있다.

대통령은 정부의 제안 또는 양원의 공동제안을 바탕으로 공적 권한을 다루는 법안에 대해 국민투표를 요구할 수 있다. 또한 대통령의 헌법개정안 발의는 수상의 제안으로 이루어진다(헌법 89조). 이러한 결정들은 대통령에 의해서 이루어지지만 결국 수상이나 다른 정부인사가 배서해야 한다. 대통령은 또한 행정부서나 국가 각 분야의 공무원 임명권도 이런 상황에 해당한다(헌법 13, 21조).

정부나 대통령의 행동은 모든 관련 각료의 배서가 있어야 한다는 규정은 두 가지 기능을 수행하는 절차적 장치이다. 하나는 관례적인 규범으로 국가수반과 정부수반이 공식적으로 분리된 정권 안에서 국가수반이 거의 모든 문제에 정부의 자문으로 활동하도록 하는 것이고, 다른 하

93 Robert Elgie, *The Role of the Prime Minister in France, 1981–1991*(London : Macmillan, 1993).

나는 정책의 수립과 집행에서 집단적 책임조치를 규정한 것이다.[94] 이것은 대통령 권력의 제한이고 아울러 수상과 권력의 분할이다. 예외적 사항은 수상의 지명, 국민투표 절차, 의회해산, 특정 권력에 대한 책임, 의회에 대한 교서, 헌법위원회와의 관계 등이다.

수상의 결정이 각료회의에서 토론되어야 한다는 상황도 권력분할의 범주에 포함된다. 정부의 모든 법안이 의회에 제출되기 전에 각료회의에서 승인되어야 하는데, 대통령은 이 회의의 의장으로서 최소한 정책결정 과정의 한 부분이다(헌법 9조). 정책결정의 주도권은 수상에게 있지만 대통령이 공식적으로 그 정책을 승인해야 한다. 예를 들면 대통령은 수상의 제청으로 각료를 임명하고 해임한다. 실제 각료에 대한 임명권은 수상에 있지만 각료의 임명에 대통령이 핵심적 역할을 수행한다.

3) 프랑스의 대통령과 수상의 관계

동양에는 하늘에 태양은 하나여야 한다는 말이 있다. 이것은 권력에서 두 정점은 존재하기 어렵다는 말이다. 그러나 준대통령제는 대통령과 수상이 양립하는 구조이다. 제도적으로 대통령과 수상의 권력과 역할이 구분되지만 동거정부의 프랑스에서 양자의 관계는 아주 미묘하다.

헌법은 대통령을 국가수반, 수상을 행정수반으로 분리했다. 그러나 대통령이 다수당을 확보하면 수상은 대통령 다음의 2인자에 머문다. 1959년 이래 몇 명의 수상은 대통령의 그늘에 있었다.[95] 드골, 퐁피두, 지스카

94 Anne Stevens, *op. cit.*, 86–87.
95 M.N. Hagopian, *op. cit.*, 77–8.

르, 미테랑은 모두 국가수반과 정부수반으로서의 권력을 행사했다. 대통령과 수상의 분업은 각각의 직책을 맡은 사람의 스타일과 인성을 반영한다. 드골 정권(1959-69)에서 대통령은 프랑스의 영광과 외교-국방 정책에 전념해 수상과 각료는 국내문제에 관한 재량권을 가졌다. 이에 따라 드골은 1968, 5-7월의 학생소요에 소홀히 대처해 결국 1969년 자신의 사임까지 가져왔다.

드골은 자신이 원하는 사람을 핵심적 부서인 국방, 외교, 내무장관에 임명했고, 퐁피두도 모든 각료의 임명에 개인적 관심을 가졌다.[96] 이러한 상황은 대통령과 수상이 더 밀접하다기보다는 때로는 함께 일하는 것이다.[97] 그러나 함께 일하는 대통령과 수상의 권력관계는 정치상항에 따라, 특히 의회의 구성에 따라 명암을 달리한다. 의회의 다수가 대통령을 지지하는 경우, 실제는 대통령의 주도 또는 대통령의 전횡 속에서 대통령을 따라 수상이 함께 일하지만, 그 반대의 경우는 동거정부로 함께 일하는 것이 아닌 따로 일하는 관계로 전환된다. 함께 일할 때는 불만이 내재할 수 있으나 따로 일할 때는 한계가 모호한 권력경계를 놓고 갈등이 수반된다.

대통령과 수상의 권력분할이 양자의 동등한 관계를 의미하는 것은 물론 아니다. 대통령과 수상 간의 관계는 광범위한 견해의 일치에도 불구하고 매우 본질적인 일에서 복잡하고 곤란하다. 대통령은 국민으로부터 선출되어 고정된 임기를 보장받을 뿐만 아니라 연임이 제한되지 않는 상황에서 다음 선거에서 또 다시 당선되고자 하는 입장이다. 이러한 대통령에게 수상은 잠재적 경쟁자이다. 따라서 대통령과 수상은 서로 머

96 Anne Stevens, *op. cit.*, 114.

97 Robert Elgie, *op. cit.*(2003), 102.

리 속에 마키아벨리의 군주론을 뇌일 것이다. 좌익 풍자적인 주간지는 이를 잘 묘사했다.

> 수상은 장점을 가져서는 안 된다. … 수상은 모든 잘못에 대해 책임을 져야 하며, 특히 그 잘못이 대통령의 잘못이라면 더욱 그렇다. 수상은 실수하지 말아야 한다. 그렇지 않으면 해임되거나 무능력하다고 사임을 강요당하게 된다. 더욱이 수상은 성공해서는 안 된다. 왜냐하면 그렇게 하면 결국 무능하게 되고, 그의 불명예는 더 심각해진다. … 수상은 정직하고, 활동적이고, 유능한 범인(mediocrity), 어두운 그늘에 대통령을 처박을 현저한 성공과 대통령에게 해가 될 분명한 실패 사에의 중간에 자신을 유지해야 한다.[98]

수상은 딜레마에 직면한다. 성공하면 대중적 인기를 누리지만 도전자로 보인다. 실패하면 무능하게 여겨진다. 그러나 동거정부의 수상은 법이 정한 재량권을 소신껏 행사할 수 있다. 따라서 수상이 장점을 갖고 능력이 있으면 대중적 인기를 바탕으로 도전자로서 성공할 수도 있다. 따라서 대통령은 대통령중심 정부에서 수상이 메었던 멍에를 공유하는 셈이 된다. 동거정부는 결국 대통령과 수상이 개성과 정치적 자원을 배경으로 갈등과 긴장 속에 정치적 게임을 이어가는 독특한 형태이다. 퐁피두 대통령은 1972년 기자회견에서 그가 수상에 대해 요구하는 방향의 윤곽을 다음과 같이 나타냈다.[99]

1. 수상은 가능한 한 대통령의 생각과 밀접히 상응하는 생각을 가져야

98 Vincent Wright, *op. cit.*, 85.

99 참고로 시기별 프랑스 역대 대통령과 재직기간은 아래와 같다. 1959–1969 드골, 1969–1974 퐁피두, 1974–1981 지스가르 데스텡, 198,–1995 미테랑, 1995–2007 시라크, 2007–사르코지.

한다.

2. 수상은 일반적인 정책방향의 문제와 가장 중요한 결정에서 국가수반의 탁월성을 의미하는 5공화국의 제도를 완전히 수용해야 한다.
3. 수상은 자신의 의무—당일의 정책방향에 대한 제시뿐만 아니라 의회에 대해 정책에 대한 책임 그리고 다수파와의 관계를 수행해나갈—를 수행할 수 있어야 한다.[100]

이것은 결국 "수상은 대통령을 따르라"는 주문이다. 드골의 '권력의 독점적 행사'를 비판한 당시 지스카르 데스텡 재무장관도 수상을 대통령에 대한 '충성과 활동적' 대변자로 인식했다.[101] 지스카르 대통령 하에서 수상 바레(Barre)는 정부수반이 아닌 경제문제에 대한 장관처럼 행동했다.[102]

드골의 후계자 퐁피두는 6년간 수상으로서의 경험을 갖고 있기 때문에 많은 행정적인 복잡한 문제에 대해 깊은 지식을 바탕으로 드골보다도 더 활동적인 행정수반이었다. 매크리디스(Roy Macridis)에 따르면, 퐁피두 대통령 재임기간 동안 프랑스 대통령과 내각의 관계는 미국 대통령과 내각의 관계를 닮았다.[103]

거의 30년 동안 수상에 대한 의회의 지지가 수상직의 유지에 대한 전제조건은 아니라는 것이 거의 금언처럼 생각되어 왔다. 대통령은 수상이 의회로부터 지나치게 신임을 받는데도 해임시킬 수 있다. 1962년 10월 수상 퐁피두는 의회의 불신임 가결로 사임했지만 대통령 드골은 의

100 William Safran, *op. cit.*, 181.
101 New York Times, 17 June 1976.
102 Robert Elgie, *op. cit.*(1993), 142–43.
103 R. Macridis, *French Politics in Transition*(Cambridge, Mass. : Winthrop, 1975), 29.

회를 해산하고 총선 때까지 그에게 수상직을 지키도록 한 뒤에 총선에서 승리해 다시 수상으로 재지명했었다.

1969년 퐁피두의 취임부터 수상으로 재직한 쟈스 챠반-델마스(Jacques Chaban-Delmas)의 해임은 1972년 7월 의회의 신임투표에서 368대 96의 압도적 다수의 지지를 받은 것도 부분적으로 작용했다. 반면에 1972년 4월 유럽공동시장의 영국 가입에 대한 국민투표에서 낮은 투표율(60%)은 퐁피두의 낮은 인기의 지표로 해석되었다. 여론조사 결과 챠반-델마스의 인기는 퐁피두보다 항상 높았고, 퐁피두의 수상에 대한 질투가 또한 해임을 촉진하는 결과가 되었다.[104]

정치적 질투가 챠반-델마스의 해임에 대한 유일한 이유는 아니었다. 수상에 대한 부정적 이미지가 더 많은 전화, 학생들에게 더 많은 장학금, 더 많은 주택을 약속하는 자신의 '신사회 정책' 집행에 대한 무능 등이 이유였다. 또한 퐁피두는 다가오는 의회선거 운동에서 드골당의 이미지 회복이 필요했고, 부패와 스캔들의 예가 된 정부를 깨끗이 해야 했다.

1972년 퐁피두 대통령은 "대통령은 의회의 구성을 고려해야 하지만 의회의 노예는 아니다"라고 말한 바 있다.[105] 제4공화국의 대통령들은 수상이 의회의 신임을 잃을 때 사임을 수용해야 했지만 5공화국 대통령은 의회의 불신임에도 불구하고 수상을 그 자리에 존속시킬 수 있다. 불신임안이 가결되는 경우 대통령은 의회를 해산하고 총선에서 승리해 수상을 재지명할 수 있기 때문이었다.

미테랑이나 시라크도 그들의 전임자처럼 대통령의 권력에 대한 강한 신념을 가지고 있었다. 특히 미테랑은 "수상과 장관은 대통령에 의해 한

104 William Safran, *op. cit.*, 206.
105 *Ibid.*, 205.

정된 정책을 집행해야 한다. 왜냐하면 대통령은 국민과 계약한 정책을 효과적으로 주입할 의무를 가진다. 수상의 역할은 중요하다. 그러나 중요한 순간 결정을 내릴 때 그 결정은 대통령의 책임이다"고 주장했다.[106] 이러한 상황에서 동거정부 기간을 제외하고 모든 수상들은 대통령에 의해 정치적으로 바람직하게 생각되는 자질을 소유했으나 대부분의 수상들은 그들의 대통령과 추종관계를 가졌다.[107]

3. 핀란드의 정부와 수상

핀란드는 헌법(61조)에 '정부의 구성'이라는 제목을 두고 있다. 핀란드의 수상은 의회가 먼저 선출한 다음에 대통령에 의해 임명된다. 대통령이 먼저 지명하고 그 다음에 의회가 선출하는 프랑스의 경우와는 확연히 다르다. 수상이 선출되기 전에 의회 내의 각 정파들은 정부구성과 정책 등에 관해 협상한다. 각 정파들은 협상토대에서 의회 의장의 견해를 청취하면 대통령은 이 내용에 따라 수상의 지명자를 의회에 통고하고 지명자는 의회에서 과반수의 지지를 받으면 수상으로 선거된다. 1차 지명자가 과반수를 득표하지 못한 경우 동일한 절차에 의해 2차 지명자에 대해 선거하고, 이 경우에도 과반수의 지지를 받지 못하는 경우 의회에서 직접 선거해 다수득표자를 수상으로 선출한다.

수상은 정부의 정치적 지도자이고 정부의 전체 정례회의(plenary ses-

106 *Le Monde*, 11 December 1981, William Safran, *op. cit.*, 181–2에서 인용.
107 *Ibid.*, 183–5.

sions) 및 각의의 의장으로 정부의 활동을 지도하고 감독한다. 전체 정례회의는 수상, 각료, 대법원장, 대학과 관련된 문제가 있을 때는 헬싱키 대학총장 등이 참석한다. 정부의 전체 정례회에서는 대통령의 권한 내의 결정사항에 대해 대통령에게 제안한다. 전체 정례회의는 또한 긴급명령을 발동할 권한을 가지며, 정부의 권한 하에 있는 정부 및 행정적 문제를 결정한다.

수상은 정부에 제출되는 다양한 정부정책의 견해들과 의회와의 문제를 조정할 책임이 있다. 수상은 대통령이 직무를 수행할 수 없을 때 대통령을 대행한다. 실제로 이러한 대행은 대통령이 해외여행 중에 대통령 주재 정부회의를 대신 주재하는 경우이다. 각료는 대통령에 의해 공식적으로 임명된 수상의 제청에 따라 대통령이 임명한다. 이러한 점으로 볼 때 핀란드의 '정부'는 의회제의 정부와 같은 의미로 볼 수 있다. 특히 수상은 2000년 헌법개정 이전의 정치체계에서는 부분적으로는 의회나 국가수반에 기대면서도 결국은 반대되는 정치세력 사이의 좁은 입지에 위치하게 되었지만 현재에는 독자적인 역할이 증대되었다.[108]

108 Jaakko Nousiainen (Trans. by John H. Hodgson), *The Finish Political System* (Cambridge, Massachusetts : Harvard University Press, 1971), 275.

V. 동거정부

1. 동거정부의 본질

입헌체계는 정부와 의회가 서로 견제와 균형의 유지를 통해 민주정치를 구현한다. 그러나 이러한 견제와 균형론은 하나의 이상이고 현실정치에서는 의회를 구성하는 정당의 의석수에 따라 다양한 모습을 갖는다. 가장 구체적 양태는 집권당이 의회의 다수를 통제한다면 견제는 형식에 불과하다. 야당은 정부의 정책수립과 집행에 대해 반대활동을 전개하겠지만 그것을 막거나 변경시키지는 못한다.

정부에 대한 견제는 야당이 의회의 다수를 통제할 때 비로소 가능하다. 이 상황에서 정부는 야당의 협조가 없으면 헌법상 의회의 동의를 필요로 하는 각종 활동이 불가능하기 때문에 정부의 권력은 정부 및 집권당이 야당의 요구에 반응해야 한다. 이러한 세력분포를 분할정부(divided government)로 부른다.[109] 이 경우는 정부와 의회가 권력을 분할하는 것으로 보이지만 집권당은 정부를 지지한다는 전제에서 보면 실제는 의회의 야당과의 분할이다. 또한 집권당이 의회 다수를 통제하더라도 의회연합이나 선거연합을 통한 다수라면 이미 정부 내에서 정당 간의 권력분할이 일어난 것이다.

109 이러한 관점에서 분점정부에 관한 국가별 사례연구는 Robert Elgie(ed.), *op. cit.*, (2001)을 참고할 것.

권력의 분할은 결국 정부권력을 여러 정당들이 분할하는 것이다. 그러나 이러한 분할은 권력구조에 따라 그 양태가 다르다. 대통령제는 '여소야대(與小野大)' 와 관계없이 정부가 탄생되기 때문에 2가지 유형의 분할이 발생한다. 하나는 집권당이 연합을 통해 의회의 다수를 통제하는 연합정권으로서 연합에 참여한 정당 간의 분할이다. 둘째는 '여소야대'의 상황에서 의회의 다수야당 혹은 야당연합과의 권력분할로 외형적으로는 정부와 의회와의 분할인데, 대통령제의 권력분할은 이런 상황을 의미하며, 이를 분점정부 또는 공유정부라고도 부른다.

의회제는 의회의 지지를 전제로 하여 소수정부를 제외하고는 정부가 의회의 다수를 통제하기 때문에 정부가 사실상 정부권력을 독점한다. 이것은 대통령제에서 집권당이 의회다수를 통제하는 상황과 같다. 그러나 소수당들이 연합정권을 구성하면 의회의 다수를 통제하기 때문에 의회와 분할이 아니라 참여정당들이 권력을 분점하는 정당 간의 권력분할이다. 소수정부의 경우는 복잡하다. 1당 소수정부는 의회의 다른 정당들과의 분할이지만 연합 소수정부의 경우는 연합에 참여한 정당들뿐만 아니라 다른 비참여 정당들, 즉 의회와도 분할하는 상황이다. 그러나 의회제는 연합정부나 소수정부가 권력의 분할현상을 나타내 주기 때문에 분점정부로 부르지는 않는다.

준대통령제는 국가수반인 대통령이 정부에 일정부분 관여하고 수상이 의회의 신임대상이라는 점에서 대통령제나 의회제보다 더 복잡하다. 우선 정부에 대통령을 포함시키느냐의 문제가 제기되는데, 앞에서 본 프랑스와 핀란드는 대통령이 정부에 어느 정도 관여함으로써 대통령을 정부의 범주에 포함시켰다. 그러나 프랑스와 핀란드를 비교하면 대통령이 정부에 관여하는 정도가 상당한 차이를 갖는다. 즉 프랑스 대통령은 핀란드 대통령에 비해 정부에 대한 권력이 훨씬 강하다.

프랑스의 경우는 집권당이 단독으로 의회의 다수를 통제하면 대통령 중심 정부가 된다. 연합을 통한 의회다수라면 정부는 연합에 참여한 정당들로부터 추천된 각료로 구성되기 때문에 정당 간의 분할이 된다. 그러나 단독 또는 연합을 통해서도 소수당인 경우, 수상은 야당의 지지를 받는 인물로 충원된다. 따라서 정부는 대통령과 수상이 대립적 관계에서 대통령과 수상에게 부여된 각각의 권력을 서로 행사하게 된다. 이 경우는 권력을 분할하는 것이다. 연합정권의 경우는 참여정당들이 서로 협조적 관계에서 권력을 분할하는 반면에, 준대통령제는 대통령과 수상이 대립적 관계에서 권력을 분할하기 때문에 이를 '동거정부'로 부른다. 따라서 준대통령제의 권력분할은 대통령과 의회의 다수야당을 대표하는 수상이 정부 내에서 공존하는 것이다. 이러한 상황을 권력구조별로 구분하여 정리하면 아래와 같다.

1) 대통령제 정부

정부와 의회와의 관계는 의회를 구성하고 있는 정파들의 의석수에 좌우된다. 물론 정부와 의회의 관계는 의석수 외에도 다른 여러 정치적 상황이 복합적으로 작용하겠지만 의석수는 가장 핵심적인 기준이다. 따라서 정부와 의회의 세력관계를 산술적 정의(arithmetical definition)를 토대로 구분하면[110] 대통령제에서 정부와 의회의 관계는 아래와 같이 3가지 경우가 가능하다.

110 Robert Elgie, "What is Divided Government?," in Robert Elgie(ed.) *op. cit.*(2001), 4.

1. 집권당 단독으로 의회의 과반수 통제 : 다수정부

대통령제의 정상적이고 당연한 현상으로 상정되어왔기 때문에 이러한 현상을 지칭하는 별다른 용어는 사용되지 않았다. 그러나 다른 상황과 구별하기 위해 여기에서는 이를 다수정부로 부르고자 한다. 이 경우는 대통령이 정부와 의회를 통제하기 때문에 강력한 권력을 바탕으로 필요한 정책을 추진할 수 있다.

2. 집권당이 다른 정당과 연합을 통해 과반수 통제 : 의회연합정부

집권당이 소수당이라서 단독으로 의회의 과반수를 통제할 수 없기 때문에 또 다른 정당과 의회연합을 통해서 의회의 과반수를 확보한 상황이다. 이 경우는 연합에 참여하는 정당이 정부의 일정부분의 역할을 담당한다는 점에서 권력을 분할하는 상황이다. 우리나라의 경우 김대중 정부에서 집권 민주당과 연합정당인 자민련이 참여했던 상황이다. 이 경우는 의회연합정권으로 부른다.

3. 집권당 단독의 소수세력 : 분할정부

집권당이 소수당으로서 의회의 과반수를 통제할 수 없는 상황으로 정부는 의회의 야당으로부터 지지를 필요로 한다. 따라서 정부는 의회와 관련되는 정책의 추진에서 야당의 협력과 지지를 요건으로 하기 때문에 정부의 권력은 의회의 야당과 분할된 상황이다. 이런 상황을 언론에서는 여소야대(輿小野大)로 부르는게 여기에서는 소수정부 또는 분할정부로 부른다.

2) 의회제 정부

의회제의 경우도 대통령제와 마찬가지로 3가지 경우가 가능하다. 다만 대통령제는 정부를 구성할 필요가 없지만 의회제는 의회의 의석수를 기준으로 정부구성 과정을 거치게 된다.

1. 다수당정부
   총선거에서 1당이 의회의 과반수를 통제할 수 있는 다수를 확보해 정부를 구성하는 경우로 당연히 의회의 신임을 확보한 정부이다.
2. 연합정부
   총선거에서 의회의 과반수를 확보한 정당이 없어 2개 이상이 정부를 구성했기 때문에 연합에 참여한 정당들이 권력을 분할한 상황이다.
3. 소수정부
   총선거에서 어느 정당도 과반수를 확보하지 못한 상황에서 다른 정당의 동의를 바탕으로 1당 혹은 2개 이상의 정당이 연합해 정부를 구성했으나 의회의 과반수는 통제하지 못하는 정부이다.

3) 준대통령제 정부

준대통령제는 다른 권력구조에 비해 대통령제와 의회제의 특성이 가장 많이 배합되었기 때문에 정부와 의회와의 관계도 상대적으로 복잡하다. 우선 준대통령제는 정부와 의회와의 관계뿐만 아니라 대통령과 정부와의 관계도 의회 정파들의 세력에 따라 달라진다. 대표적인 예로는 대통령에게 어느 정도의 권력이 제도적으로 보장되는 프랑스 모델과 대통령이 유권자로부터 직접 선출되지만 형식적 권력에 한정되는 핀란드 모델의 경우가 있다. 여기에서는 전자의 경우를 '대통령-수상제', 후자의 경우를 '수상-대통령제'로 구별하고자 한다. 그러나 후자는 의회제와 유사하기 때문에 대통령과 관련되는 정당이 의회의 다수를 차지하는 경우 대통령의 역할이 더 화려하게는 보일지라도 실질적인 권력의 행사는 다를 수 없을 것이다. 다만 의회제의 소수정부와 구별하기 위해 준소수정부로 부르고자 하며, 여기에서는 '대통령-수상제' 형태의 정부와 의회와의 관계를 보기로 한다.

1. **대통령 소속정당이 의회 다수통제 : 대통령 정부**

   대통령 소속정당이 총선거에서 의회의 다수를 점하여 의회를 통제하는 상황이다. 이 경우 대통령은 의회의 지지를 바탕으로 대통령제의 대통령 이상의 권력을 행사할 수 있다. 대표적인 경우가 프랑스 드골이다.

2. **대통령 소속정당이 연합**(선거연합, 의회연합)**으로 의회 다수통제 : 대통령 연합정부**

   대통령 소속정당이 의회의 다수를 점하지 못했으나 선거연합이나 의회연합을 통해 의회를 통제하는 경우 대통령 연합정부 형태가 될 것이다. 다만 그 정부는 연합에 참여한 정당과 권력을 분할하는 형태이다.

3. **대통령 소속정당이 의회 소수당 : 동거정부**

   대통령 소속정당이 의회의 소수당이면서 다른 정당과 연합하지 않은 경우로 의회의 과반수를 야당이 통제한다. 이 경우는 수상을 의회에서 선출하기 때문에 대통령은 수상 및 의회와 갈등관계에 놓이게 된다. 따라서 정부는 대통령과 의회의 지지를 배경으로 하는 수상 등 두 다른 세력이 공존하며 권력을 분할하게 되는데, 이런 상황을 동거정부(cohabitation)라고 부른다.

이상에서 토론한 내용을 토대로 각 권력구조별로 정부와 의회와의 관계를 시험적으로 아래의 〈표 9〉와 같이 구별해 보기로 한다.

〈표 9〉 정당별 의석수에 따른 권력구조별 정부형태

<table>
<tr><th colspan="2"></th><th>대통령제</th><th colspan="2">준대통령제</th><th>의회제</th></tr>
<tr><td rowspan="3">의회</td><td>집권당 〉야당</td><td>다수정부</td><td colspan="2">대통령정부</td><td>다수정부</td></tr>
<tr><td rowspan="2">집권당 〈 야당</td><td rowspan="2">분할정부</td><td>대통령-수상</td><td>수상-대통령</td><td rowspan="2">소수정부</td></tr>
<tr><td>동거정부</td><td>준소수정부</td></tr>
</table>

* 이 표에는 연합정부는 생략했다. 집권당이나 야당이 2개 이상으로 구성되어 있다면 다수, 분할, 소수, 또는 동거정부의 경우 내부적으로는 연합정부이다.

이상의 〈표 9〉에서 유의할 점은 소수정부는 의회제에서 수상을 중심으로 하는 정부가 의회 의석의 과반수에 이르지 못하는 경우이고, 준소수정부는 준대통령제의 수상-대통령 형태에서 대통령 소속의 정파가 과반수에 이르지 못하는 경우이다

이상에서 본 것처럼 정부형태는 의회의 세력에 의해 좌우되며 정부와 의회의 권력배분 관계를 나타낸다. 그러나 준대통령제의 동거정부는 의회를 배경으로 한 대통령과 수상과의 관계라는 차이점을 갖는다. 또한 동거정부는 준대통령제, 특히 대통령-수상 정부형태에서 나타나는 현상으로 사실상 프랑스 정부의 모델이다. 이런 점에서 여기에서도 프랑

스의 동거정부를 대상으로 토론해 보기로 한다.

2. 프랑스 동거정부

동거정부는 의회에서 대통령을 지지하는 정파가 절대다수를 차지하지 못하고 대신 대통령에 반대하는 정파, 즉 야당이 절대다수를 차지함으로써 대통령이 이 정파에서 수용할 수 있는 수상을 지명해 권력을 분할하는 정부를 의미한다. 따라서 대통령 소속 정파와 수상 소속 정파가 다르며, 오히려 수상 소속 정파가 의회 다수파를 형성하는 정부형태이다. 동거정부 기간은 권력이 대통령으로부터 수상으로 이전되는 경향을 보인다. 즉 정부의 집행권이 국가수반이 아니라 행정수반에 의해 행사되는 것이다. 1986년부터 1988년까지 동거정부 기간의 대통령 권력에 대한 술래이맨의 아래와 같은 기술은 이 상황을 잘 묘사해 준다.

> 동거정부로 알려지게 된 이 기간 동안 대통령은 지배하지 않았다. 대통령은 새로운 상황에 적절한 방식으로 권력을 행사했다. 대통령은 각료회의의 사회를 보았고, 국제회의에서 국가를 대표했으며, 영향력 있는 정책에 서명하는데 권력을 사용했다. 그러나 대통령은 더 이상 정책을 결정하거나 자신의 입법적 과제를 갖거나 자금을 배분할 위치에 있지 않았다.[111]

어느 학자는 5공화국의 헌법이 대통령화된 정부체계이지만 대통령은

111 Ezra N. Suleiman, "Presidentialism and Political Stability in France," in J. J. Linz and A. Valenzuela (eds.), *op. cit.*, 150.

오직 충성스런 의회다수의 지지로써만 지도력을 행사하는 지위에 있는 흩날리는 모래 위에 세워진 체계로 묘사했다.[112] 의회의 다수가 대통령에 반대되는 정파로 구성되면, 대통령은 의회가 수용할 수 있는 인물을 수상으로 지명해야 한다(헌법 20조). 이것은 결국 대통령과 반대되는 입장의 수상을 지명해야 하는 것을 의미한다. 이 경우 수상은 항상 대통령을 반대할 것이고, 집행권은 쪼개질 것이다. 이른바 동거정부 기간 동안 권력은 수상에게로 전환한다.

동거정부는 대통령 스스로의 권력이 상대적으로 약하다는 것을 의미한다. 동거정부는 총선거에서 대통령이 이끄는 정당의 패배가 원인이며, 이는 대통령이 개인적으로 이미 거부되었다는 표시로 받아들여진다. 이에 대한 사실 여부는 중요하지 않다. 문제는 대통령에 대한 신화의 가면이 벗겨진 것이다. 따라서 대통령의 국민과의 연계가 붕괴되거나 최소한 약화된다.

동거정부는 결국 시민들이 의회의 다수를 통해 대통령을 견제하려는 것이며, 이로 인한 대통령의 유보된 권력의 범위는 불문규정이다. 결과적으로 대통령은 수세적이고 국가수반은 반대되는 정치세력이 제시한 정책에 반응해야 한다. 반면에 정책과제는 새로운 다수당이나 연합, 특히 수상에 의해 설정된다. 그렇다고 이것이 국민으로부터 직접 선출된 대통령과 관련된 권력과 정통성을 수상이 향유한다는 의미는 아니다. 수상은 국가의 화신이 되겠다고 주장할 수 없고 단지 당시 정부의 대변자로서 중요하게 보이는 것이다. 다만 일반적으로 대통령이 결심하고 행동하면 수상이 그에 반응하는 과정에서 동거정부 수상이 행동하고 대통령이 그에 반응하는 것을 의미한다.

112 Robert Elgie, *op. cit.*(2003), 117.

동거정부에서 대통령은 외교 · 국방문제에 관해 어느 정도의 영향력을 행사한다. 그러나 국내정책은 수상의 집행이 현저하다. 이 상황에서 국내정책에 관한 대통령의 역할은 수상이 주도하는 정책을 지연시키는 정도이다. 국내정책에 관해 대통령은 자신을 수상에 대한 반대자의 위치로 만들 수 있다. 미테랑 대통령의 집권기 중 1986–1988, 시라크 대통령의 1997–2002 경우 대통령들은 정책을 제시하는 것이 아니라 반대하고, 의미있는 방향에서 정책수립 과정을 정할 수 있었다.[113] 프랑스는 아래와 같은 3차례의 동거정부를 경험했다.

제1기 : 미테랑 대통령의 1986–1988년
제2기 : 미테랑 대통령의 1993–1995년
제3기 : 시라크 대통령의 1997–2002년

드골 대통령이 동거정부의 상황을 상정했을 것인지는 의심스럽다. 즉 그는 1964년 1월 기자회견에서 "양두(兩頭)가 정상에 존재하는 것은 수용될 수 없다"[114]고 말했다. 이것은 드골이 5공화국 헌법을 제안할 때 동거정부의 현상을 상정하고 그 현상을 사전에 경고했는지도 모른다. 다행히 드골은 자신의 집권기간 동거정부는 경험하지 않았다. 대통령에서 물러난 뒤 그의 생애에도 동거정부의 현상을 목도하지는 않았다. 그러나 그의 사후에 '정상에 양두의 존재'는 현실로 나타났다. 그러나 다행히 정상의 양두는 심각한 갈등은 있으나 심각한 충돌은 없는 역할로 5공화국 헌법기초자들이 우려했던 상황은 극복되었다.

113 *Ibid.*, 119.
114 Major Address, *Statement, and Press Conferences of General de Gaulle, 1958–1964* (New York : French Embassy, 1964), 248, Vincent Wright, *op. cit.*, 181에서 인용.

동거정부에서 대통령과 수상의 상대적인 영향력에 가장 영향을 미치는 요인들은 정당정치이다. 즉 대통령과 수상의 상대적인 권력을 결정하는 주요 변인은 정당을 바탕으로 하는 의회의 다수이기 때문이다. 정당은 대통령 권력의 계속적인 행사에 결정적일 뿐만 아니라 대통령에 의해 지명된 동거정부의 수상이 재량권을 갖고 행정을 수행하는 토대이다.

다수가 대통령을 지지하면 국가수반은 정책에 영향력을 행사할 수 있는 최고의 위치가 되지만 반대의 경우는 수상이 국내문제에 책임을 진다. 어떤 상황이건 대통령과 수상권력의 정도를 결정하는 데 정당과 관련되는 3가지의 다른 요인들, 즉 단일 또는 연합정부 여부, 연합정당 간의 균형(또는 불균형)관계, 집권당의 결속력이나 파벌화 상황 등은 중요하다.[115]

1. 다른 모든 상황이 같다면 대통령이나 수상의 정당 내부의 관리부담을 덜어주는 1당다수가 연합에 의한 다수보다 지도력 발휘가 용이하다. 그러나 전통적으로 다당체계인 프랑스의 경우 1당다수는 기본적으로 드믄 경우일 수밖에 없다. 1959년 이후 대통령을 지지하는 의회다수 중에서 1당다수 기간은 10년 이내(1984-1986, 1988-1993, 2002-)에 불과하고 수상측, 즉 대통령을 반대하는 의회다수의 경우 1당다수는 한 차례도 없었다. 그리고 1988-1993년도 사실은 소수정부였지만 대통령과 수상 및 의회가 공존하는 상황에서 이루어졌다.
2. 프랑스는 전통적인 다당체계 외에 재투표제의 선거제도와 함께 유권자들이 이념적으로 확연히 구분되는 특성을 갖는다. 그러나 이념

115 Robert Elgie, *op. cit.*(2003), 120-125.

은 어느 경우이든 좌 · 우로 단순 구분되기보다는 하나의 극단에서 다른 극단에 걸쳐 다양하고 복잡하기 마련이다. 프랑스의 경우 우익도 온건한 우익과 극우가 존재하고 좌익도 사회주의와 공산주의가 존재한다. 그리고 이들 사이에 많은 이념들이 목소리를 내고 있으며, 정당은 이들을 대변하고 유권자는 이에 연결된다.

3. 의회선거의 재투표 선거체계는 원내 정당수를 감소하는 결과를 가져왔고, 강력한 다수를 확보할 기회를 증대시켰음에도 다당의 난립으로 인해 1당다수의 상황에 장애가 되었으며, 재투표제와 이념적 구별은 정당연합을 불가피하게 만드는 동시에 역설적으로 용이하게 만드는 배경들이다. 특히 대통령 소속정당이 의회에서 절대다수의 지지를 받더라도 그것이 선거연합의 결과라면 연합정부가 불가피하다. 예를 들면 1968년-1973년은 드골주의당이 의회에서 절대다수로 퐁피두 대통령을 지지했지만 선거연합으로 연합정부를 구성했으며, 1981-1984에도 사회당은 역시 절대다수의 지원을 받는 상황이었으나 선거연합으로 공산당과 연합정부를 구성했다. 이러한 경우는 물론 연합상대의 세력이 약한 불균형연합이다. 반면에 앞에서 언급한 대로 수상의 다수, 즉 동거정부는 3차례 모두 정당연합이었다.

4. 프랑스의 연합정부는 보통 간단하고 모호하지만 정책문서의 합의를 바탕으로 한다. 어느 정당도 의회 다수를 확보하지 못하면 대통령을 지지하든 또는 반대하든 2당 이상의 연합은 불가피하다. 특히 대통령에 반대하는 연합정부는 의회의원선거 이후에 수상의 정책결정의 자유를 제한하는 잠재성을 갖는 문서로 이루어진다. 공식적으로 합의된 정책문서가 없을 때라도 정당지도자 개인의 야망에 상충된다든가 혹은 연합정당들의 정책 우선순위가 현저히 다른 경우

연합정당 간의 관계는 문제를 안게 된다.

5. 대통령과 수상의 권력은 연합정부 본질에 의해서도 영향을 받는다. 균형연합, 즉 연합정당의 세력이 균형을 이룰 때와 불균형연합, 즉 정부에 참여한 정당 중의 하나가 다른 하나에 비해 세력이 클 때의 영향이 다르다. 모든 다른 상황이 같다면 불균형연합의 경우 대통령이나 수상은 세력이 큰 정당의 적극적 지지를 바탕으로 하는 것이 지도력을 증가시킬 수 있다. 그런데 대통령은 직접선거의 특성으로 인해 불균형 연합에서 대통령 소속정당의 세력이 상대적으로 약할 수 있고, 지도력이 약화되어 연합에 절대적으로 의존해야 할 경우도 있지만 수상은 상대적 다수당을 배경으로 하기 때문에 불균형연합은 수상의 지위를 강화하게 만든다. 대통령이 다수세력인 경우 1959-1984, 1995-1997 기간의 연합에서 3차례의 균형연합과 2차례의 불균형연합이었고, 수상의 다수세력, 즉 동거정부의 균형연합은 2차례 그리고 한 차례의 불균형연합이었다.
6. 대통령과 수상의 권력은 적어도 부분적으로는 대통령이나 수상이 지휘하거나 관계하는 정당이 내부적으로 잘 결속되어 있느냐 혹은 파벌화되어 있느냐에 좌우된다. 파벌로 구성된 정당보다 결속이 잘된 정당을 배경으로 하면 대통령이나 수상이 리더십을 발휘할 기회는 증대한다. 파벌로 구성된 정당은 결국 이념 혹은 이익이 다른 사람들의 연합이기 때문이다. 1959년 이후 45년의 정치과정에서 이 기간의 반은 정당의 결속이 강했고 반은 파벌화된 상태였다. 특히 동거정부 9년 동안에 7년간은 정당의 강한 결속이 유지되었다. 반면에 대통령의 세력이 다수였던 36년간 중에서 정당의 결속이 강한 기간은 15년에 불과했다. 그럼에도 불구하고 대통령은 직접 선출되었다는 점이 이를 극복할 수 있는 무기이다.

동거정부의 현상은 결국 정당정치의 소산이다. 그러나 5공화국 헌법의 사실상의 기초자인 드골은 정당에 대한 깊은 불신을 갖고 있었다. 많은 프랑스 국민들에게도 정당은 나쁜 인상을 준다. 이것은 5공화국 이전의 정권 불안정이 정당들의 무책임과 당리당략에 기인한다고 보기 때문이다. 5공화국 체계는 바로 이 정당의 영향을 감소하도록 정교하게 만들어진 것이다.

헌법은 정당과 정치집단이 참정권의 도구로 자유롭게 성립되고 활동하도록 보장(헌법 4조)하지만 5공화국 초에 정당의 역할은 축소되었다. 대통령은 정당정치 위에서 모든 국민의 공통적 이익을 돌보는 사람이다. 더욱이 1965년 헌법개정도 정당에 주목하기보다는 대통령이 국민과 직접 연계되는 내용이었다. 그렇지만 정당들은 과거처럼 체계의 작동에 중심으로 남았다. 결국 정당에 대한 드골의 인식은 과민이었고, 형식과 과정은 달랐지만 결과는 드골의 정치안정의 바람대로 귀착되었다. 그러면 이상을 배경으로 구성 · 운영된 프랑스의 동거정부 실태를 각 기별로 구분해 토론하고자 한다.

1) 동거정부 제1기

프랑스 5공화국의 대통령은 드골(1959-1969) 이후 1969-1974년까지는 드골의 후계자 퐁피두가 재임했다. 이 기간은 우파가 의회를 장악함으로써 우파인 풍피드 대통령은 수상에 비해 우월한 입장에서 권한을 행사했다. 1974년 대통령에 당선된 중도우파의 지스카르 데스탱도 당시 우파가 지배하는 상황에서 드골주의당 소속 시라크를 수상으로 하여 순조롭게 자신의 위치를 지켜왔고, 특히 1978년 총선거에서 좌파가 의회의 다수를 확보했으나 대통령에 대한 조직적 견제는 나타나지 않았다.

1981년 대통령선거에서는 5공화국 사상 처음으로 좌파인 사회당 당수 미테랑이 승리해 대통령이 되었다. 그는 곧 의회(하원)를 해산하고 이어 6월에 의회선거를 실시했다. 이 선거에서 좌파가 승리하면서 미테랑은 다수당을 배경으로 하는 대통령이 되었다. 미테랑은 사회당 소속의 모루아(Pierre Mauroy, 1981–1984), 파비우스(Laurent Fabius, 1984–1986) 등을 수상으로 지명함으로써 국가수반과 사실상의 정부수반으로서의 위치를 지킬 수 있었다.

그러나 1986년 의회선거에서 드골 및 지스카르 데스탱파인 반대통령파가 다수를 점함으로써 대통령과 수상 간의 관계는 극적으로 변했다. 미테랑은 자신보다는 의회가 선호하는 수상(시라크)과 각료를 임명할 수밖에 없었고, 대부분의 정책결정권, 적어도 국내문제의 정책관리는 수상에게 넘겨야 했다. 지금까지는 강력하던 대통령이 적대적인 수상 및 의회와 동거해야 할 의무를 지게 되면서 입헌적 준군주(semimonarch)로 변형되었다.[116] 5공화국 의회의 정부지지에 관한 구체적 의석과 당시 정부 및 대통령은 다음의 〈표 10〉과 같다.

5공화국에서는 동거정부의 권력분할에 대한 정확한 방법의 전례가 없기 때문에 특별한 형태로 결정되어야 했다. 새로운 정부는 의회의 지지를 받는 사람에 의해 주도되어야 한다는 것은 분명했지만 그 사람이 시라크가 되어야 한다는 것은 불분명했다. 미테랑은 아마 의회의 대통령에 대한 강요를 피하기 위해 시라크를 지명했을 것이다. 미테랑은 장

116 William Safran, *op. cit.*(1998), 185. 동거정부 기간의 대통령과 수상의 구체적인 사실적 역할에 관해서는 주로 이 문헌을 참고함. 샤프랑은 3차례의 동거정부를 제1기는 선례설정형 또는 정치적 막간극으로, 제2기를 개화된 대기 게임("Civilized" Waiting Game), 제3기를 공동정책결정 혹은 신 의회정권으로 구분했다.

〈표 10〉 의회의 정부지지 : 1959-2002

연도	정부	정부의석	총의석	정부지지율(%)	대통령
1959	우파	429	552	77.7	드골(우파)
1962	우파	268	482	55.6	
1965	우파	268	482	55.6	
1967	우파	242	487	49.7	
1968	우파	354	487	72.7	퐁피두(우파)
1969	우파	387	487	79.5	
1973	우파	268	490	54.7	
1974	우파	302	490	61.6	지스카르(중도우파)
1978	우파	277	491	65.4	
1981	좌파	329	491	67.0	미테랑(좌파)
1984	좌파	285	491	58.0	
1986	우파	286	577	49.6	
1988	좌파	272	577	47.1	
1993	우파	473	577	82.0	
1995	우파	473	577	82.0	시라크(우파)
1997	좌파	319	577	55.3	
2002	우파	365	577	55.3	

자료 : Robert Elgie, 2003, *op. cit.*, 169을 참고해 필자 작성.

관의 지명을 거의 전부 시라크에게 넘겼으나 외무 및 국방장관은 시라크의 선택을 거부했다. 미테랑은 두 분야에 대해서는 계속 대통령 영역으로 생각했다. 미테랑이 가진 정부와의 접촉은 주례 각료회의에 한정되었다. 여기에서도 미테랑은 자신의 역할을 훈계 정도로 한정함으로써 수상이 주도할 수 있는 길을 열어주었다. 그러나 시라크는 대통령의 외교정책 영역을 침범하려고 했다. 적어도 외교정책의 공동관리를 이루고자 했다.

반면에 미테랑은 국내문제는 주로 시라크에게 넘겼다. 미테랑은 시라크의 주요 정책추진을 막지 않았지만 시라크 정부는 독점적 집단이 아니었고, 각료 중에는 시라크와 경쟁적인 정파도 포함되었다. 정부는 내부조직의 결속력 결핍으로 약화되었고, 이는 대통령의 개입을 용이하게 만들거나 때로는 그것을 자극했다.

미테랑은 대부분의 국내정책 분야에서 물러남으로써 국민의 눈에 자신에 대한 대통령의 위상을 강화한 반면, 시라크의 증대된 정책결정 책임은 오히려 시라크 자신을 동여매는 긴 사슬로 작용했다. 시라크의 입장이 약화된 것은 시라크가 정부의 결속을 강화할 수 없었기 때문만이 아니라, 그의 확고한 약속에도 불구하고 공공의 압력에 직면해 자신의 정책방향을 확고히 유지할 수 없었기 때문이었다. 반면에 시라크의 제2기 수상직 출범 초기에 동거정부는 아주 순조롭게 작동했으나 끝에는 대통령과 수상 사이가 긴장관계로 악화되었다.[117]

미테랑은 1988년 대통령선거에서 수상이었던 시라크와 경쟁해 54%의 지지로 7년 임기의 대통령에 재선되었다. 그리고 이어 실시된 총선거에서 사회당이 단독으로 과반수의 확보에는 실패했으나 연합으로 의회를 장악하고 사회당의 로까르(Michel Rocard)가 총리가 됨으로써 제1차 동거정부는 막을 내렸다.

2) 동거정부 제2기

1993년의 총선거에서 우파인 드골주의파(Gaullist) 및 지스카르파(Giscardist) 세력이 압도적으로 승리함으로써 동거정부의 경험이 되풀이 될 것이 분명해졌다. 선거 전부터 결과는 예측되었고, 미테랑은 스스로 새로운 권력을 분할할 준비를 했다. 시라크는 다시 수상을 유지할 수 있었

117 William Safran, *op. cit.*, 187.

으나 대통령의 야심을 가진 그로서는 첫 동거정부에서의 부정적 경험, 즉 다음 대통령선거에서 유권자들로부터 외면당할 수 있는 인기 없는 정치적 결정에 대한 직접적 책임을 피하기 위해 오히려 다른 사람에게 넘기는 전략을 택했다.

이에 따라 미테랑은 우파인 발라뒤르(Balladur)를 총리로 하여 좌우 동거정부를 출범했다. 미테랑과 드골주의파 수상 발라뒤르는 서로 존경했을 뿐만 아니라 가능한 한 서로 계속되는 업무에 관심을 가짐으로써 제2의 동거정부는 순항했다. 왜냐하면 만일 관계가 붕괴되면 미테랑은 사임할 것이며, 그렇게 되면 다시 대통령선거가 실시되어야 할 것이고, 대통령선거는 시라크가 승리할 가능성이 컸다. 이 부분에서 수상 발라뒤르는 수상에 재임해 중요한 문제의 해결을 통해 자신의 지배능력을 보이고 언젠가 대통령이 될 수 있는 능력을 인정받고자 했다. 그는 공개적으로 대통령에 대한 야심을 공언하지는 않았기 때문에 드골공화연맹(DPR)의 가정적 대통령 후보는 시라크로 간주되었다. 그러나 발라뒤르의 대통령 꿈은 그의 인기상승으로 자극되었고, 여론조사는 오히려 시라크보다 더 인기 있는 후보로 나타났다.

미테랑과 발라뒤르는 실업문제, 보호시설, 헌법개정, 사회경제정책 등 몇 가지 쟁점에는 의견이 달랐으나 외교정책과 국방, 국제무역협상 등에는 의견이 비슷했다. 수상은 자신의 정책에 대해 대통령이 비슷한 의견을 갖는 경우 대통령의 관여를 쉽게 수용했고, 대통령과 수상은 빈번히 상의했으며, 특히 발라뒤르는 각료회의 전에도 대통령과 상의했다. 서로에 대한 공공의 비판을 피했고 국제회의에도 종종 함께 나타났다. 그들의 동거는 조화로운 관계에 의해 편리하게 촉진되었다.

발라뒤르는 여론조사의 높은 지지도에 고무되어 1995년 대통령선거에 출마했으나 우파 드골주의의 시라크 후보에게 패배하고 대통령과 의회가 우파로 정리되면서 2차 동거정부는 막을 내렸다.

3) 동거정부 제3기

1995년 대통령선거에서 중도우파의 시라크가 당선되면서 정부와 의회의 관계는 다시 등식의 관계, 즉 우파 대통령에 우파 의회의 관계로 변했다. 시라크는 드골주의파인 쥐뻬(Alain Juppe)를 수상에 지명했고, 정부는 시라크를 중심으로 하는 우파 단일정부로 확립되었다. 시라크는 집권 2년째인 1997년 의회를 해산하고 새로운 총선거를 실시했으나 좌파가 다시 의회를 장악하면서 좌파인 사회당 당수 죠스팽(Lionel Jospin)을 수상에 지명해 세 번째 새 동거정부가 출범했다. 새 정부의 시작부터 정책결정권은 효과적으로 수상에게 이전되었다. 이러한 이전은 시라크에 의한 암묵적인 인정의 결과였다.

시라크는 신정부 첫 회의에서 자신과 수상 사이의 동거정부가 고귀한 방식과 상호 존중 및 프랑스 이익에 대한 끊임없는 관심으로 이루어질 것이라는 희망을 피력했다. 그리고 프랑스 국경일인 7월 14일 기자회견에서 '온건한 대통령직'에 대해 언급하고 자신은 정부에 대해 반대하지 않을 것이며, 자신의 방식과 신념에 따라 5년 임기를 채울 것임을 제시했다. 동시에 그는 자신이 주요 국내문제에 언급할 권리를 갖고 있음을 밝히면서 죠스팽 정부의 정책에 대해 비판을 가했다.[118]

죠스팽은 대통령이 국군통수권자로서 국방과 외교정책에 책임이 있다는 것과 이것은 계속 대통령의 '확보된 영역'의 부분이 된다는 것을 인

118 William Safran, *op. cit.*, 189.

정했다. 그럼에도 불구하고 외교정책이 국내문제와 연계되는 한 수상의 특권을 외교정책 분야에도 확대했다. 수상은 대통령과 유럽연합 정상회담에도 동반했다. 신행정부의 내부관계는 항구적인 제도적 변화가 불확실한 운명에 처하게 되었다. 왜냐하면 대통령은 의회해산권을 가지고 있고, 그것을 적절한 시기에 행사할 수 있다. 그러나 실제로 한 임기 중에 두 번씩이나 의회를 해산한 대통령이 없다는 점에서 이것은 사실상 대단한 모험일 수밖에 없었고, 이러한 모험에서 다수확보에 실패하면 대통령의 사임으로 연결되는 상황이었다. 이런 점에서 제3의 동거기간은 일시적으로나마 수상이 지배적 위치를 점하는 상황에서 진행되었다.

죠스팽 총리는 2002년 4월 대통령선거에 출마했으나 참패하고 시라크가 압도적으로 재선되었다. 시라크는 대선승리의 여세를 몰아 같은 해 6월 실시된 의회선거에 앞서 우파를 통합한 대중운동연합(UMP)이라는 신당을 창당했다. 신당은 선거에서 다수의석을 확보함에 따라 우파인 라파랭(Jean Pierre Raffarin)을 총리로 하면서 제3기의 동거정부가 막을 내리게 되었다.

3. 프랑스 정부형태의 특성

제도는 정부의 능력에 영향을 미치지만 그들 자신의 역사를 만들지는 않는다. 프랑스 사례는 제도적 장치의 영향이 비제도적 요인에 의해 강하게 조정되는 경향을 보여준다.[119] 프랑스 권력구조는 프랑스 국내의 정

119 R. Kent Weaver and Bert A. Rockman, "When and How Do Institutions Matter?,"

치관찰자들과 린즈 등의 정치학자들이 다른 나라에는 제대로 들어맞지 않은 위험스런 경향이 있는 모델이라고 생각했던 것이다.[120]

린즈의 이런 분석은 준대통령제 모델이 대통령제가 갖는 가장 현저한 위험에 추가적인 유사한 약점을 결합한다는 것이다. 즉 국민으로부터 직접 위임을 부여받은 대통령이 그의 권력을 확대 해석하고, 심지어는 권위주의의 우려와 대통령과 의회의 분리선거체계에서 이원적인 민주적 정통성으로부터 오는 갈등의 잠재성이 갖는 위험, 그리고 대통령과 수상의 중첩되는 권력에 따른 2원적 집행체계에서 수상과 대통령 사이의 갈등에 대한 매우 실제적인 가능성 등이다.

린즈 자신은 프랑스 모델이 대부분의 새로 독립된 국가들에게는 '신생국가에 대한 상징'의 효과적 통합을 제공하는 보통선거를 통해 대통령을 인식하게 만들어 준다는 점에서 호소력이 있어 보이는 것으로 주목했다.[121] 미국식의 순수 대통령제도 이런 필요성은 충족한다. 그러나 미국식은 극단적인 권력분립 때문에 현재적으로 또는 잠재적으로 행정-입법부가 원천적으로 교착될 가능성을 가지기 때문에 신생국들이 보편적으로 거부하고 있는 대상이다.

엘기(Robert Elgie)와 그리그스(Steven Griggs)는 프랑스의 핵심적인 행정작용, 즉 행정정치 모델을 4가지 맥락에서 분석한다. 즉 독재정부, 공유정부, 분할정부, 각료정부(프랑스에는 내각모델은 없다) 등이다.[122]

in Weaver and Rockman, *Do Institutions Matter? Government Capabilities in the United States and Abroad*(Washington, D. C. : Brookings, 1993), 446.

120 Juan Linz, "The Perils of Presidentialism," in Lijphart(ed.), *Parliamentary versus Presidential Government*.

121 Juan Linz, "Presidential or parliamentary Democracy : Does It Make a difference?" Juan Linz and Arturo Valenzuela(eds.), *op. cit.*, 48–55.

122 Robert Elgie and Steven Griggs, F*rench Politics : Debates and Controversies*(London

1. 독재정부 모델은 한 개인에 의한 개인적 지도력의 행사로 정의될 수 있다. 프랑스에서 이것은 대통령이나 혹은 수상에 의한 개인적 리더십을 말한다. 비동거정부 기간에는 독재적인 대통령 정부, 그리고 동거정부 기간에는 독재적인 수상 정부가 존재한다는 것이다. 전자의 경우 정책을 주도하고 정책의 내용을 결정하며 정책에 대한 성공이나 실패에 대한 책임이 대통령에 있는 반면에, 후자의 경우 수상이 원칙적인 정책결정자이고 대통령은 권력이 없는 제2인자가 아니라 단지 매우 제한된 몇몇 분야에만 정치과정에 영향을 미칠 수 있는 위치이다. 엘기 등은 이 모델이 프랑스 행정정치의 가장 공통적 모델이었다고 주장한다.[123]

   그러나 이 모델은 대통령 권력의 정도를 과장해 대통령을 황제적 · 패권적 · 독재적으로 묘사하는가 하면 역시 동거정부 기간 수상의 권력정도를 과장하고 있다. 동거정부 기간에도 대통령은 여전히 상당한 권력을 행사하며, 대통령은 권력의 통제나 중재자라고 말할 수 있다. 결국 이 모델은 프랑스 5공화국 초기의 행정적인 현상은 생생하게 전달할 수 있지만 지금은 정치체계의 다른 분야의 발전을 고려하면 한때는 정확했다면 지금은 중요성을 상실했다.[124]

2. 공유정부 모델은 분할정부 혹은 행정공조 모델과 사실상 같은 특성을 갖는다. 이 모델은 정부의 일반적 사안에 대해 계속적 방법으로

and New York : Routledge, 2000), 27.

123 Robert Elgie and Steven Griggs, *op. cit.*, 34. 이들은 그 증거로 1962년 드골의 국민투표, 퐁피두의 차반-델마스(Chaban-Delmas)의 해임, 미테랑의 로카드(Rocard)의 해임, 그리고 1967년 드골의 프랑화의 평가절하 불 실시에 대한 개인적 결정, 퐁피두의 정부 방송체계개혁의 감독 등을 든다.

124 *Ibid.*, 37-38.

행정부 내의 고도로 제한된 소수의 사람들이 공식적이고 효과적으로 분할하는 상황으로 정의된다.[125] 이것은 2–3명의 개인이 행정부 내에서 정책결정에 함께 책임을 지는 상황이다. 그렇다고 분할된 리더십이 동등한 리더십을 의미하는 것은 아니다.[126] 대신 행정공조(executive co–operation)는 대통령과 수상이 기본적으로 정책결정에 책임을 지는 상황이며, 행정권이 분업화된 곳에서는 그럼에도 수상 쪽으로 기우는 동거정부 기간을 제외하면 대통령 쪽으로 기운다. 그렇다면 이런 방향에서 공조모델은 분할정부 모델과 맥을 같이 하며, 아울러 분할정부의 모델은 독재정부 모델의 가까운 친척이다.[127]

독재정부 모델과 분할정부 모델은 각각 강조점에 따라 차이가 난다. 즉 독재정부 모델이 강조하는 것은 대통령이나 수상의 불평등한 우월성이고 분할정부, 즉 동거정부 모델의 강조는 대통령과 수상관계의 밀접성이다. 대통령의 우월적 기간이나 동거정부 기간 어느 경우에도 대통령이나 수상 혼자 지배할 수 없다. 대통령과 수상은 따라서 한 파트너가 다른 파트너보다 상위라는 것이 인정된다고 해도 정책결정 과정에서 파트너로 취급된다.[128]

3. 분할정부 모델은 행정부 내의 분야별 분업이 있는 상황이다.[129] 프랑

125 J. Blondel "Dual Leadership in the Contemporary World : A Step Towards Executive and Regime Stability?," in D. Kavanagh and G. Peele (eds.), *Comparative Government and Politics : Essays in Honour of S. E. Fine*(London : Heinemann, 1984), 73–91.

126 J. Blondel, *World leaders*(London : Sage, 1980), 65.

127 Robert Elgie and Steven Griggs, *op. cit.*, 38.

128 *Ibid.*, 39. 행정공조 모델을 뒷받침하는 예를 들면 1997년 예산세목은 대통령 시라크와 수상 쥐뻬(Juppe) 사이의 회합에서 결정되었고, 시라크와 조스팽(Jospin)은 유럽중앙은행의 첫 의장을 프랑스인으로 하기 위한 주도적 역할을 함께 시도했다. 또한 양자는 각료회의에 앞서 회동을 갖고 정책을 토론하고 회의에서 공조했다. Robert Elgie and Steven Griggs, *op. cit.*, 40.

스 맥락에서 이 모델은 대통령과 수상 사이의 책임성에 대한 특별한 분산을 상정한다. 대통령은 외교, 국방, 국가 운영정책, 위기결정 등 고급정치 분야의 정책결정에 책임이 있고, 수상은 국내정책, 예산정책 그리고 일상적 정책결정과 같은 저급정치 분야의 정책결정에 책임이 있다. 그렇다고 대통령이 저급정치에 권력이 없다는 것은 아니다. 따라서 이 모델과 앞의 두 모델 간에 어떤 중첩되는 부분이 있다. 여러 모델의 차이는 무엇을 강조하느냐에 관한 것이다. 이 모델이 다른 앞의 두 모델과 다른 것은 대통령의 압도적인 임무를 고급정치에 놓고 수상의 주요 관심을 저급정치에 놓은 것이다. 앞의 두 모델처럼 각료는 정책결정 과정에서 거의 또는 실질적인 역할이 없다.[130]

이 모델은 책임의 분화, 더 구체적으로 말하면 대통령의 영향력을 단지 외교국방정책에 한정하고 있다는 한계를 갖는다. 라이트는 대통령의 유보된 영역을 5가지로 주장한다. 외교국방정책, 경제재정 및 산업정책, 사회 및 환경정책, 위기정책 결정, 순수히 개인적 이유로 대통령의 관심이 끌리는 영역 등이다.[131] 그러나 대통령과 수상의 책임을 엄격하게 분리하지 않으면 이 모델의 기본적 합리성은 사라진다.[132]

4. 각료정부 모델은 정책결정 과정에 우월한 개인이 없고 각료들을 핵심적 정치행위자로 보는 것이다. 이들은 상당한 법률 및 행정적 권한을 갖고 개인적으로 결정한다. 이들은 행정부 내의 가장 상급 정

129 *Ibid.*, 41.

130 Robert Elgie and Steven Griggs, 41.

131 Vincent Wright, *op. cit.*, 55.

132 Robert Elgie and Steven Griggs, *op. cit.*, 44.

치인으로서 정책과정을 감독하고 조율하는 역할을 수행한다. 프랑스 맥락에서 이 모델은 각료들이 독자적으로 정책을 주도하고 정책의 내용을 결정하는 책임이 있다는 것을 제시한다. 반면에 대통령과 수상은 단지 정책결정 과정의 조정자이고 기능을 순조롭게 보장하는 역할만을 수행함으로써 실질적이라기보다 상징적 역할에 머문다. 그러므로 이 모델은 앞의 세 모델과 아주 다르다. 프랑스 행정부의 맥락에서 이 모델은 많이 탐구되지 않은 상태이지만, 이 모델은 앞의 3가지 모델에 대해 좋은 대응점을 제공하고 이론상으로는 최소한 합리적 사례가 만들어질 수 있는 대상이다.[133] 그러나 각료에 대한 자율성의 관념을 현대 프랑스 5공화국에 적용하는 것은 한계가 있다.

켈러와 쉐인은 1958년 이후 발전한 프랑스 5공화국체계는 단일의 준대통령제 모델이 존재하는 것이 아니라 제도적 요인과 비제도적 요인이 결합해 형성된 결과로 본다. 그들은 시간이 지나면서 정치제도와 정치적 역동성 모두가 변화 발전해 오면서 1958년 이래 최소한 5가지 모델, 즉 합리화된 의회제 모델(1958), 자유독재 모델(1958-1962), 과도적 대통령, 혹은 정상 모델(1962-1974, 1981-1986), 온건적 대통령, 혹은 준정상 모델(1974-1981, 1988-1993), 수상-대통령 혹은 동거 모델(1986-1988, 1993-) 등이 출현했다는 것이다.[134]

133 *Ibid.*, 44-45.

134 B. John T. S. Keeler and Martin A. Schain, Institutions, "Political Poker,and Regime Evolution in France," in Kurt Von Mettenheim (ed.), *Presidential Institutions and Democratic Politics : Comparing Regional and National Contexts*(Baltimore : The johns Hopkins University Press, 1997), 87-102.

1. 합리화된 의회제 모델(1958)은 4공화국에서는 주로 의회에 무게가 주어졌는데 5공화국에 들어서면서 정부의 권력을 강화하도록 재구성되어 의회와 정부(내각) 사이의 권력의 균형을 이룬다는 권력균형의 의미이다. 이것은 결국 4공화국에서 의회에 부여되었던 강력한 권한을 삭제하고 대신 정부의 권한을 강화하는 것이다.
2. 자유독재 모델(1958-1962)은 국가위기의 맥락에서 대통령이 특별한 권력을 행사하고 의회를 제치고 긴급명령으로 법률을 대신하는가 하면 헌법을 초월한 권한을 행사하는 상황을 의미한다.
3. 과도한 대통령, 혹은 정상 모델(1962-1974, 1981-1986)은 대통령이 의회의 확고한 다수의 지지를 바탕으로 자신의 충성스런 측근을 수상으로 지명해 행정의 두 수반 사이가 위계적 관계로 설정된 상황이다. 프랑스의 공식적인 대통령 권력은 직접 선출되는 대통령들 가운데 아주 약하게 측정된 결과도 있지만,[135] 실제로 대통령은 헌법이 대통령에게 부여한 권한을 직접적으로 사용했고 수상과 정부의 특권을 간접적으로 행사했다.[136] 드골에 이어 퐁피두와 동거정부 이전의 미테랑 대통령도 의회에 대해 대통령 권력의 우월성을 실현하려고 시도함으로써 '정상적' 과도한 대통령 모델을 나타냈다.
4. 온건적 대통령, 혹은 준정상 모델(1974-1981, 1988-1993)은 대통령이 의회에서 단일정당의 지지는 물론 연합의 경우에도 소수파의 지도자인 경우 수상의 지명이나 정책수립에서 자신의 의도대로가 아닌 정권연합의 다수파의 요구에 의해 권력이 제한되는 상황이다.

135 Matthew Soberg Shugart & John M. Carey, *op. cit.*, 155. Table 8. 2.

136 M. Duverger, "A New Political System Model : Semipresidential Government," in Arend Lijphart (ed.) *op. cit.*, 142-149.

5. 수상-대통령 혹은 동거 모델(1986-1988, 1993-)은 대통령이 의회의 소수파의 지도자로서 다수의 야당에 의해 수상이 선택되어 대통령 권력이 극도로 축소되고 정부수반인 수상이 실질적 행정권을 행사하는 경우이다.

5공화국의 어떤 제도적 특성이 수상의 지배든 또는 대통령의 지배든 4공화국 정부보다 더 안정적이고 능률적일 수 있는 가능성을 강하게 높였다는 것은 의심의 여지가 없다. 5공화국의 프랑스 모델은 보다 대통령에게 큰 융통성과 집행권을 부여한다. 프랑스 모델은 대통령에게 입법사항을 주도할 수 있는 수상을 임명할 권한과 의회해산을 통해 행정-입법부의 갈등을 해소하거나 국민투표를 요구할 권한을 부여하는 것이 특징이기 때문이다.

그러나 프랑스 5공화국 헌법에 의해 현재 프랑스가 누리고 있는 효율성의 이미지는 오히려 허구적이라는 주장도 제기된다. 프랑스 5공화국 모델의 매력적인 느낌은 헌법에서 나온다기보다는 오히려 드골의 주도로 그 헌법을 도입한 이후 누렸던 안정성과 행정능력의 인상적 기록으로부터 나온다는 것이다.[137] 특히 드골의 성공은 그의 독특한 개인적 권위에 기인되었고, 다른 지도자들이 제도적 속박에 대해 무시하거나 조치를 취하도록 그에게 허용한 사실도 관계된다. 그는 그의 첫 8개월 동안 거의 독재권력을 행사하도록 허용되었고, 후에는 정당한 것 이상의 장기간 긴급권을 확대하도록 허용되었다.

5공화국 사례는 공식적인 제도의 중요성에 대한 정도뿐만 아니라 그 한계도 보여준다. 프랑스의 제도는 국내에서 긍정적인 영향을 보였다는

137 Arend Lijphart, *op. cit.*(1992), 15-21 참조.

점에서 현재 해외에서 광범위하게 적용되고 있는 점에 주목해야 한다. 일반적으로 강력한 요인을 제도적 변인보다는 문화적 요인으로 돌리는 립셋도 프랑스 5공화국을 '안정적 민주정부를 위한 가능성을 강화한' 분명한 정치제도의 유일한 사례로 든다.[138] 그러나 프랑스 동거정부의 장래성은 항상 불안정성과 정부의 비효율성의 잠재성을 수반한다. 그럼에도 프랑스의 정치과정은 대통령과 수상의 상호 절제와 균형 속에 잘 작동해 왔다. 이것은 특히 양자가 충돌하기 쉬운 대부분 주요한 외교정책 문제에 뜻밖의 예기치 않은 합의 때문에 가능했다. 물론 장래에도 그런 합의의 보장이 있는 것은 아니다.[139]

138 Seymour Martin Lipset, "The Generality of Political Culture," in Arend Lijphart, *op. cit.*(1992), 211.

139 John T. S. Keeler and Martin A. Schain, "Institutions, Political Poker and Regime Evolution in France," in Kurt Von Mettenheim(ed.), *Presidential Institutions and democratic Politics : Comparing Regional and National Contexts*(Baltimore : The johns Hopkins University Press, 1997), 104–105.

Ⅵ. 의회와 정부

1. 프랑스 의회의 특성

어느 정권이나 의회의 중요한 기능은 다수를 바탕으로 정부를 통제하고 국민의 의사를 대변하는 것이다. 의회는 이를 위해 모든 분야에 대해 일반 의사를 바탕으로 법률을 제정할 수 있어야 한다. 준대통령제 권력구조의 의회도 그 기능은 대통령제 및 의회제의 의회와 다른 것은 아니다. 다만 정부형태나 기능이 나라마다 다른 것처럼 의회도 각 국가별로 각각의 특성에 차이가 있을 뿐이다. 이런 점에서 여기에서도 프랑스의 의회를 중심으로 하되 핀란드 의회에 관해서도 간략하게 언급하기로 한다.

프랑스 의회의 특징은 5공화국 헌법에 잘 나타나 있는데, 이것은 드골의 의회에 대한 불신이 그대로 반영된 것이다. 즉 헌법은 의회의 정부에 대한 통제권뿐만 아니라 법률제정 능력도 제한했다. 프랑스 의회는 상원과 하원(국회)의 양원제로서 '의회'는 이들을 포함한다. 상원(Senate)은 의원정수 321명으로 9년의 임기이며 3년마다 1/3식 선거를 실시한다. 선거는 유권자들로부터 직접 선출되는 것이 아니라 선거인단에 의해 선출되며, 선거인단은 의원과 지방현의 의원, 그리고 시장, 기초자치단체의 의원 등으로 구성된다. 선거인단 수는 약 150,000명인데 이 가운데 95%가 지방의원이다. 선거체계는 2000년에 두 번째로 개정되었는데 아주 복잡하다. 의원정수 321명 가운데 304명은 현(department) 수준에서 선출되며, 한 현의 상원의원 수는 인구에 따라 최소 1명에서부터 최대 12명까지 다양하다. 그리고 5명은 해외지역에서, 12명은 프랑스 이외 지역의 프랑스인을 대표한다. 선거체계는 2차 결선투표 및 다수제방식이며, 당선자 결정방식은 비례쿼터와 최대평균명부제를 사용한다. 그리고 명부는 남성과 여성을 지퍼식으로 하여 제시한다.

상원은 대통령으로부터 해산의 대상이 아니며, 상원의장은 대통령 다음의 국가서열 2위이지만 상대적으로 헌법과 법률적 권한이 거의 없다. 따라서 대통령이 궐위되면 상원의장이 그 직을 대행하지만 형식적 직책이지 실제 의회해산이나 국민투표의 요구 등 대통령의 어떤 권력도 사용 할 수 없다. 다만 헌법위원 9명 중 3명에 대한 임명권을 갖는다.

국회(The National Assembly)인 하원은 577명으로 구성된다. 의원정수는 고정된 것이 아니라 선거체계와 선거구 조정에 따라 다소 증감될 수 있다. 1956년의 정수는 596명이었는데 1962년에는 최소 482명으로 줄었다가 2006년은 577명을 유지하고 있다. 임기는 5년이며, 소선거구에서 유권자로부터 대통령선거와 유사한 2차 투표로 직접 선출된다. 대통령선거와 특히 다른 점은 대통령선거는 2차 결선투표 진출에서 최다득표자 2인이 진출하는 데 비해 의회의원선거는 1차 투표의 총투표수의 12.5% 이상을 득표하면 누구나 2차 투표에 나갈 수 있다.

의회의 정기회의는 1년에 두 번으로 최대 170일 이내이다. 첫 회기는 10월 2일에 시작해 80일간이고, 둘째 회기는 4월 2일에 시작해 90일 이내이다. 개회일자가 공휴일이면 다음 근무일자로 순연된다. 아울러 의회는 수상의 요구나 의원 과반수의 요구로 임시회를 갖고 특정 안건을 심의한다. 임시회기는 최장 12일로서 소집의 대상이 된 안건을 마무리하자마자 종료된다. 임시회가 종료된 후 그달에 새로운 임시회는 수상만이 요구할 수 있다. 이와는 별도를 의회는 대통령의 요구에 의해 임시회의 개회와 폐회를 하게 된다. 의회는 연중개회일 수를 170일로 한정하고 있는데, 이러한 회기의 규정은 5공화국 이전에는 최소기간을 규정했으나 최대기간을 규정함으로써 사실상 의회의 활동을 시간적으로 제한하는 것이다.

상하 양원은 기본적으로 각각의 법안에 대한 동일한 단어에 합의해야 한다. 법안은 하원에서 통과되면 상원으로 이송된다. 상원은 규범적으로 하원과 동일한 권한을 갖는다. 즉 상원은 법률이 확정되기 전에 그것을 승인해야 한다. 그러나 상원과 하원이 특별한 법안에 대해 합의하지 못할 때 하원이 최종결정권을 갖는다는 점에서 상원은 하원, 더 나아가 정부의 하위기관이다.[140] 상원이 원안을 수용하면 정부가 서명하도록 정부에 보내진다. 상원이 거부하면 여러 절차가 남게 된다. 공통적인 안이 마련될 때까지 법안이 양원으로 왕복하게 될 있다.

만일 양원에서 각각 두 번씩 심의했는데도 합의에 이르지 못하면 정부는 양원으로부터 각각 7명의 위원으로 협상위원회의 구성을 요구할 수 있다. 협상위원회가 최종안에 합의하면 법안은 승인을 위해 양원으로 되돌려진다. 법안의 반 정도가 이 방법으로 처리된다. 정부는 또한 양원에 '재독회', 즉 재심의와 원안의 새로운 표결을 요구할 수 있다. 이 과정에서도 미합의가 지속되면 정부는 하원에 대해 단순다수로 법안의 최종안을 결정하도록 요구할 수 있다.

의원은 정부의 공직을 겸할 수 없다(법23조). 의원이 정부의 어떤 직

140 상원은 1999-2000년의 회기 중에 107일을 개회해 50건 이상의 법안과 60개 이상의 국제협약을 통과시켰고 또한 이 기간 중에 5,500건 이상의 수정안이 제출되었으며, 그 중 3,000건 이상이 통과되었다. 한편 정부는 1999년과 2000년의 의회 회기 중에 협상위원회를 23번 요구했고, 이 중 양원대표가 합의한 것은 7건이며 나머지 16번은 하원이 결정했다. Robert Elgie, *op. cit.*, 2003, 157.

에 취임하면 의원직을 사임해야 하며 보궐선거로 충원한다. 이러한 규정은 미국적 관점의 권력분립을 위한 규정이라기보다는 의회에 대한 정부 구성원의 의존성을 줄이기 위한 것이다.[141] 그러나 이 조항의 정신은 사실상 제대로 지켜지지 않았다. 많은 각료들이 실제로는 의정활동에 대한 의지도 없이 출마한다. 드골 자신도 자신의 각료들에게 이를 독려했다. 이것은 전국적 혹은 중요 선거구에서 당선된 사람이 각료로 입각했다는 정부의 이미지를 강화하기 위한 목적일 것이다.

그렇다면 유권자들은 선거 후에 곧 사임할 것으로 생각되는 후보에게 왜 표를 주는가? 유권자들은 의회의 위약성을 알기 때문에 오히려 권력에 밀착된 인사들과의 유대를 강화하기 위해 이들을 선택한다. 이러한 인물이 당선되면 선거구에 더 유익하다고 생각하기 때문에 당선되어 오히려 입각하기를 바라는 것이다. 의원의 입각은 아주 정상적인 절차로 되었다.[142]

헌법은 의회가 통과시킬 수 있는 법의 분야에 대해 현저히 제한을 가해놓고 있다. 의회는 헌법 34조의 한계 내에서 법률을 통과시킬 권한을 갖지만 이 법률 자체는 헌법 전체의 규정에 합치되어야 한다. 의회의 입법 범위는 시민자유, 사회안전, 교육, 국방 등 일상적으로 입법과정과 관련되는 대부분의 정책분야를 포함한다. 여기에는 시민자격과 시민권,

141 William Safran, *op. cit.*, 245.

142 1958년부터 1967년 사이 의원의 평가가 낮을 때 73명의 의원이 입각했다. 1959년과 1982년 사이 304명의 의원(81년에만 31명)과 23명의 상원의원이 여러 정부 직에 임명되어 의원직을 사임했다. 1981년 선거 직후 임명(혹은 지임명)된 44명의 장관 가운데 32명은 하원의원에, 그리고 3명은 상원의원에 선출된 사람이었다. 1993년 선거직후 임명된 30명의 장관 가운데 25명이 하원의원, 4명은 상원의원으로 선출된 사람이었다. 조세핀(Jospin)정부의 27명의 각료 가운데 수상 자신을 포함해 22명은 1997년 선거에 하원의원선거에 당선된 의원들이었다. William Safran, *op. cit.*, 246.

시민으로서의 자유, 납세와 징병, 형벌의 절차와 선거법 등의 범위에 관한 규칙을 결정하며, 또한 지방정부의 구성, 교육, 재산권, 사회안전 및 재정법 등에 관련된 법의 틀과 원칙을 결정한다. 그리고 그 법에 대한 세부적인 집행은 정부가 담당한다. 그 범위 밖에서 수상은 법의 힘을 갖는 명령을 발한다.

2. 프랑스의 의회와 정부의 관계

프랑스 권력구조의 내각제 요소는 행정부와 의회의 관계를 긴밀하고 중첩되게 만든다. 그동안 재임했던 수상의 반이 의회로부터 충원되고 많은 각료들이 의원출신이라는 사실, 대부분의 수상들은 법률적으로 요구되거나 필수사항이 아니지만 의회로부터 임명받는 것이 바람하다고 생각한다는 것은 마치 5공화국이 순수 대통령제로 시작해서 점점 전통적인 의회민주주의로 발전한 것처럼 보인다. 그러나 "프랑스 의회는 한때 세계에서 가장 강했으나 가장 약한 의회의 하나가 되었다"[143]는 표현처럼 프랑스 의회는 여러 구조적인 제약 속에 존재한다.

정부는 의회에 대해 정부의 정책수행을 위해 제한된 기간에 법의 지배범위 내에서 법령을 통해 취할 수 있는 권한을 정부에 위임하도록 요구할 수 있다(헌법 38조). 이것은 결국 의회가 정부에 대해 법령의 방식으로 법을 만들 권한을 허용하는 것이다. 이러한 사례는 1959년 이후 20

143 Philip Williams, *The French Parliament 1958–1967*(London : George Allen and Unwin, 1968), 21.

번을 넘는다. 예를 들면 의회는 1960년 알코올 중독과 매춘을 다룰 법안과 알제리에서 정부정책과 관련해 시위를 통제할 법을 만들도록 정부에 위임했다.

지스카르 대통령 시절에는 이 법을 사용하지 않았으나 미테랑 정부는 근무일수 축소, 퇴임년령의 하향조정, 유급휴가 기간의 연장 등 40가지를 법령화하기 위해 이 규정을 사용했다. 수상 시라크도 이 조항을 7번 사용했는데 3번은 미테랑에 의해 저지되었다. 정부는 개정안 전부 또는 일부가 정부가 수용하기로 선택한 개정안들과 함께 전체로 처리되도록 요구할 수 있다.

정부는 의제를 결정할 권한을 가지고 있기 때문에 정부의 법안은 의원의 법안에 우선한다. 즉 의회는 의회위원회에서 제안될 수 있는 개정안보다 정부법안의 검토로 입법토론을 시작해야 한다(헌법 42조). 또한 법률을 개정할 권한은 의원과 정부가 함께 갖지만(헌법 44조) 정부는 사전에 의회위원회에 제출되지 않은 어느 개정안의 검토에 대해서는 반대할 수 있다. 이 경우 의회는 정부가 제안하거나 수용한 개정안은 반드시 포함시킨 채 개정안의 전체나 일부를 일괄처리하게 되어 법은 전체로 수용 또는 거부가 결정된다(헌법 44조-3). '연계투표(blocked vote)'로 알려진 이 절차는 정부제안의 개정안에 대한 확실한 처리를 보장하고 다수연합 내에서 표명되는 반대나 특정 사안에 관련한 개정안에 의해 법률의 일관성이 무너지는 것을 막고 세부항목에 대한 의회의 개입을 효과적으로 배제한다.

드골과 퐁피두는 이 연계투표제를 빈번히 사용했다. 1959년과 1987년 사이 하원에서 197번, 상원에서 249번, 1988년과 1994년 사이 하원에서 95번, 상원에서 44번 사용되었는데, 상원의 경우 90% 이상의 성공률을 보였다. 구체적으로는 드골이 하원에서 114회, 상원에서 110회, 퐁피두는 각각 11, 32번, 지스카르는 32, 19회를 각각 사용했다. 정부는 일괄투표의 사용을 자제하려고 노력했지만 오히려 사용횟수는 늘었다.[144]

정부는 연례 예산안에 관해서는 완전한 주도권을 가지고 있다(헌법 47조). 정부가 제출한 예산안은 하원은 40일, 상원은 15일 이내에, 그리고 양원에서 최장 70일 이내에 공시적으로 승인되지 않으면 정부는 긴급명령으로 예산을 집행할 수 있다. 그 조항의 발동 혹은 그 조항 사용의 위협 때문에 예산안은 양원 모두에서 거의 매년 신속하게 처리된다. 의회는 정부의 세수를 감소하고 지출을 증가시키는 개정안을 제출할 수 없다(헌법 40조).

정부는 또한 긴급법안에 대해 정부가 원하는 대로 신속하게 처리하도록 선언하고 정상적인 의회절차를 단축하도록 요구할 수 있다(헌법 45조 4항). 정부는 1959년부터 1991년까지 571번의 법안 긴급선언을 했다.[145] 만약 야당이 다수가 아니라면 정부는 원하는 내용의 법을 원하는 시기에 통과시킬 수는 것이다. 정부는 또한 신임을 연계해 법안을 제출할 수 있다(헌법 49조).

수상은 각료회의의 심의 후에 정부의 정책에 관해 하원에 대해 책임을 분명히 하고 일반정책에 대한 진술의 기회를 가질 수 있다. 반면에 하원은 불신임 가결로 정부의 책임을 요구할 수 있다. 불신임 발의는 최소 하원의원의 10% 서명으로 가능하다. 불신임안은 상정된 이후 48시간이 지나야 표결이 이루어질 수 있으며, 하원의원의 재적과반수의 지지를 받지 못하면 부결되고 수상이 법안의 가결과 연계하는 경우를 제외하고는 동일한 회기에 재발의할 수 없다. 즉 수상이 각료회의의 심의를 거쳐 법안

144 William Safran, *op. cit.*, 237 및 258 주 28 참조.
145 Robert Elgie and Steven Griggs, *op. cit.*, 28.

의 통과에 관해 하원에 대해 정부의 책임을 약속할 수 있다. 수상은 그 정책이나 법안에 대해 정부의 책임을 약속으로 묶어서 불신임을 야기할 수 있는 것이다. 이 경우 만일 불신임안이 상정된 후 24시간 이내에 통과되지 않으면 법안은 가결된 것으로 간주한다. 이러한 사례는 1958년부터 1993년까지 70여 차례인데 모두 성공적이었다. 이 조항은 입법과정을 손쉽게 한다. 그러나 한편으로 의회의 심의기능을 부정하고 토론과 결정이 이루어져야 하는 의회에게 침묵을 강요한다.

만일 불신임안이 절대다수로 통과되면 정부는 사임해야 한다. 그러나 하원이 발의한 불신임의 경우 하원으로서는 절차가 부담이다. 우선 발의에 최소한 하원의원의 10% 서명이 요구된다. 표결은 48시간의 냉각기를 거친 후에야 가능하다. 가결은 하원의 재적의원 과반수의 지지를 받아야 한다. 그리고 하원은 한 회기에 한 번에 한해서만 불신임안을 발의할 수 있다.

5공화국 설립 이후 의회는 40회 이상의 불신임안을 발의했다. 동기는 일반정책, 특히 경제정책에 대한 불만에서 비롯되었다. 그러나 그 중에서 가결된 것은 한 번뿐이었다. 대통령선거 방법의 변경과 관련해 드골의 비헌법적 절차는 양원의 폭풍을 야기했다. 1962년 의회는 퐁피두 수상의 정부에 대한 불신임을 절대다수 이상으로 가결했다. 그러나 드골은 퐁피두를 해임하는 대신에 하원을 해산해 그의 의회에 대한 불신임을 표현했다. 의회선거 이후 드골당은 하원의 절대다수를 확보했고 퐁피두는 새 정부의 수상으로 지명되었다.

프랑스의 전통과 헌법에 따라 의원들은 정부(장관)에 대해 서면이나 구두로 질문할 수 있었으나(헌법 48조) 5공화국 첫 20여 년간은 정부 측의 교묘한 전략으로 인해 질문절차의 실효성에 대해 의문이 제기되었다.[146] 대부분의 서면질의는 요구된 기간 내에(1개월) 답변되지 않았고, 장관들은 특정 문제의 시급성을 무디게 만들기 위해 자주 답변을 지연시켰다. 장관들은 답변 자체를 거부하거나 각료들이 준비한 모호한 답변을 젊은 각료에게 대신 전달하도록 하여 읽는 사람이 구두로 상세히 설명할 수 없도록 했다. 1970년대 중반 이후 상황은 개선되어 서면질의 수와 답변 수가 급격히 증가했고, 구두질의 답변도 내용이 있고 중요하게 다루어졌다.

3. 프랑스의 헌법위원회

프랑스의 헌법위원회는 법안이나 조약 등이 헌법에 합치되는지의 여부를 결정하는 최고의 헌법기관인 동시에 고도로 정치화된 제도로서 의회와 불가분의 관계를 갖는다. 모든 종류의 규정은 국가위원회로 제출되어 규정의 범위와 법률적 검토를 거쳐 보완한다. 그러나 여러 법이나 규칙 하에서 적용되는 문제를 결정하는 곳은 헌법위원회이다. 헌법위원회는 9명의 임명직위원으로 구성되는데, 3명은 대통령이, 3명은 하원의장, 그리고 3명은 상원의장이 지명한다. 위원회의 위원장은 대통령이 9명의 위원 가운데에서 지명한다. 프랑스 헌법은 법이나 규칙을 몇 가지 유형에서 구별한다.

1. 사회, 경제 및 헌법 34조에 열거된 사항들과 관련된 일반 법은 의회가 제정한다.

146 William Safran, *op. cit.*, 243.

2. 공권력의 조직 및 그와 관련된(헌법 46조) 조직법은 의회에서 통과되지만 헌법위원회에서 헌법과 일치한다는 인정을 받은 이후여야 한다.
3. 헌법개정은 행정부가 제안하고 의회가 자문하며 국민이 비준한다.
4. 규칙은 의회에서 만든 법을 집행하기 위해 대통령이나 수상이 제정한다.
5. 긴급명령은 헌법위원회가 긴급명령에 의해 취급되는 사안이 규정적 특성을 가졌다고 인정하는 한 의회와 전혀 관련없이 대통령이나 수상이 제정한다.

정부는 헌법 16조의 발동을 결정할 때마다, 그리고 어느 법안의 합법성에 관한 문제가 있을 때마다(그것이 공식적으로 시행되기 전에) 혹은 국제조약(비준되기 전에)에 대해 헌법위원회와 상의해야 한다. 헌법위원회의 업무는 크게 두 가지로 대별된다.

1. 대통령 및 의회선거와 국민투표에서 공식적인 선거결과를 발표하는 일이다. 그리고 이것은 선거의 공정성과 대통령선거 등에서 선거비의 지출이 규정된 범위에서 이루어졌는지를 검토하고 선거의 합법성과 타당성을 보장한다. 헌법위원회는 선거 인정에 대한 책임이 있는 것이다. 이것은 우리나라의 중앙선거관리위원회의 성격이다.
2. 위원회는 모든 헌법문제에 관해 최종 결정자이다. 위원회는 상소의 심의권이 없다.

5공화국 첫 10년간 헌법위원회의 대부분의 결정은 정부에 호의적인 경향이었다. 심지어는 정부결정이 헌법절차를 위반해도 허용하는 정도였다. 가장 유명한 사례는 1962년 10월 28일의 대통령 직접선거로의 헌법개정이다. 이를 위해 정부는 의회를 무시한 채 국민투표를 결정했다. 자문의견에서 헌법위원회는 당초에는 정부가 선택한 절차는 합헌적이지 않다고 단언했다. 그것은 국민투표는 상하 양원에서 단순다수로 개정안을 통과시킨 후에만 실시될 수 있다고 규정한 헌법 89조를 위반했다는 것이었다. (국민투표를 피하고 개정할 수 있는 대안으로는 양원 합동회의에서 3/5의 찬성을 요구한다.) 이러한 자문의견이 무시되고 국민투표가 실시된 후 위원회는 개정에 찬성하는 시민의 판단에 깊은 인상을 받고 그 사안에 대해서는 그 자체가 판단불가능이라고 선언했다. 번복하기 어려운 위헌을 교묘히 비켜간 것이다.

수년 동안 헌법위원회는 행정부와 관계에서 견제와 균형의 장치로써 기능하는 것이 기대되지 않았다. 1958년과 1975년 사이 위원회는 484건의 결정을 내렸다. 이 중에는 선거와 국민투표 인정이 35건 포함된다. 1974년 헌법개정 결과 위원회에게 대통령이나 수상 혹은 양원 의장이 요청한 것뿐만 아니라 60명의 하원 또는 상원의원의 청원에 의해서도 (의회 통과 후 대통령서명 전에) 법안의 합헌성을 조사하도록 허용했다.[147]

위원회는 많은 위원들의 친행정부적 편향에도 불구하고 점차적으로 위원회의 해석의 범위를 넓혀갔고, 정부의 주장에 반해서 시민들의 권리 보호자로 보이게 되었다. 헌법위원회의 시민자유에 대한 열의는 1974년 이후 의원들이 호소할 능력을 갖게 됨으로써 점점 제도화되었다. 1974년과 1994년 사이 위원회는 상하 양원의원들로부터 286번의 청원을 받고 일반 법에 관련해 200가지에 대한 결정을 내렸다.[148]

147 *Ibid.*, 239.

그러나 이 '준사법적 재심리'는 미국이나 독일의 실제에는 훨씬 미치지 못한다. 미국의 대법원(Supreme Court)이나 독일의 헌법재판소와는 달리 프랑스 헌법위원회는 이미 법전에 있는 법 하에서 제기하는 '사례와 쟁점'은 판단하지 않는다. 그러나 헌법위원회가 프랑스 제도로 뿌리를 내리고 위원들이 자신에 대한 확신을 가지며 더 독립적으로 되어온 것은 분명하다. 위원회는 더 활동적으로 발전할 것으로 보이며, 존재 그 자체만으로도 많은 입법 및 행정적 자제를 유도했다.

4. 핀란드의 의회

핀란드 정치체계는 순수한 대의민주주의 원칙에 기초하며, 의회는 이러한 정치체계의 상징이다. 단원제인 의회(Eduskunta)는 200명의 의원으로 구성되며 임기는 4년이다. 의원들은 최소 12, 최대 18개의 선거구에서 정당중심의 비례대표방식으로 선출되며, 이 가운데 알란드 섬(Aland Islands)에서 1명이 포함된다.[149]

의회제처럼 핀란드 의회는 정부에 의해 해산대상이다. 대통령은 수상

148 *Ibid.*, 240.

149 1999년의 총선결과 각 당의 득표율과 의석수는 아래의 표와 같다.

각 정당의 득표율과 의석수

정당	사민당	중앙당	국민족연합당	좌익동맹	녹색연맹	스웨덴인민당	기독연합	진리당	무소속	기타	계
득표율	22.9	22.4	21.0	10.9	7.5	5.1	4.2	1.0	1.1	4.2	100
의석수	51	48	46	20	11	11	10	1	1	1	200

의 제청에 의해 의회 각 정파의 의견을 청취한 뒤에 회기 중에 의회를 해산하고 비상의회선거의 실시를 명할 수 있고, 의회는 선거 전에 임기를 종료해야 한다. 이 경우 의회선거에 의한 개회는 늦어도 선거 실시 명령 이후 90일이 시작되는 달의 첫날이어야 한다. 의회의 소집은 의회 스스로의 결정에 의해 이루어지지만 대통령이 개회선언을 한 후에 개회되기 때문에 의회소집에서 대통령이 영향력을 행사하게 된다.

의회는 의장과 2인의 부의장을 비밀투표로 선출한다. 의회는 각 헌법위원회, 외교위원회 등과 같은 위원회를 구성하며, 의장과 부의장 그리고 위원회 위원장들로 의장단회의도 구성한다. 의회의 가장 중요한 기능은 입법권의 행사이다. 법안은 정부나 의회대표가 제안하며 단순다수로 가결된다. 의회는 독자적으로 법안을 제출할 수 있지만 실제로 의회에서 대부분의 결정은 정부가 제안한 법안에 바탕을 둔다. 입법에서 정부는 주도적 위치를 점한다. 정부는 언제나 법안을 발의하고 의회보다 더 철저히 준비하고 더 많은 법안을 제출한다.

의회는 정부가 제출한 법안들의 합법성(legality)과 정부활동의 정치적 편법(expediency) 여부에 대해 감독할 권리와 의무를 가진다. 의회에서 책택된 법안은 인준을 위해 대통령에게 제출된다. 대통령은 3개월 내에 인준을 결정해야 한다. 대통령이 그 법안을 인준하지 않으면 재의를 위해 의회로 반송된다. 그러나 의회가 이를 재의하면 대통령의 인준없이 효력을 발생한다.

의회는 정부의 각료에 대해 불신임이 발의되면 신임투표를 하게 된다. 의회는 또한 현저한 법률지식을 가진 사람으로 옴부즈맨을 구성할 수 있다. 옴부즈맨은 4년 임기로 의회가 임명하며, 현저한 사유가 있을 경우 헌법위원회의의 의견에 따라 의원 2/3의 찬성으로 해임될 수 있다.

핀란드 헌법은 2000년 개헌이전까지는 대통령과 정부의 구별이 전적으로 분명한 것이 아니라는 주장이 있었다.[150] 그러나 정부를 주도하는 것은 수상이다.

150 Jaakko Nousiainen, "Bureaucratic Tradition, Semi-Presidential Rule and Pariamentary Goverment : The Case of Finland," *European Journal of Political Research 16*(1988), 232-3.

Ⅶ. 준대통령제의 평가

준대통령제는 대통령제와 의회제의 교배종이 아니라 의회제를 보완하는 과정에서 탄생한 돌연변이다. 일반적으로 준대통령제를 대통령제에서 나타나는 대통령의 독재적 권력을 분산하고 의회제의 불안정한 정부를 안정시키기 위해 절충된 제도로 인식하고 있지만 출발은 다르다. 준대통령제는 프랑스에서 출발했으며, 첫 출발의 배경은 의회제의 위약성을 보완하기 위한 것이었다. 프랑스는 근대적 의미의 대통령제를 경험하지 않은 나라이다. 따라서 준대통령제에 대한 평가의 전제는 대통령제의 권력을 제한해 수상에게 전이시키는 것이 아니라 의회제의 정부 안정을 위한 보완책으로써의 권력구조에 대한 평가이다.

그러나 준대통령제는 보완과정에서 대통령제와 의회제의 동률 교배종과 같이 나타나면서 이제는 대통령제와 의회제의 중간 형태로 인식하게 되었다. 여기에서 중간 정도라는 의미는 국가수반 및 행정부반 그리고 의회와의 권력관계를 나타낸다. 특히 신생독립국가들이 처음부터 준대통령제를 채택할 뿐만 아니라 핀란드는 오히려 대통령 편중의 준대통령제를 의회중심으로 이전하는 경향도 보였다. 그러면 준대통령제의 기능은 어떻게 평가되어야 하는가?

1. 순기능적 측면

1. 의회제의 최대 과제인 연합정부 구성과 관련해 준대통령제는 두 가지 형태를 갖는다. 하나는 프랑스 모델이고 다른 하나는 핀란드 모델이다. 프랑스는 대통령이 수상을 먼저 지명해 의회의 인준을 받는다. 물론 의회가 '여소야대'인 경우는 의회의 의사가 존중되며, 이 경우는 의회제의 형태가 된다. 그러나 대통령의 지명권은 의회에서 야당이 연합하는 과정을 단순화하고 촉진할 수 있다는 점에서 긍정적이다. 반면에 핀란드의 경우는 의회제의 정부구성 방식과 같기 때문에 이 부분에서는 준대통령제로서의 장점을 갖지 못한다.
2. 준대통령제의 대통령은 의회제의 국가수반과는 달리 국민으로부터 직접 선출되기 때문에 국민적 정통성을 갖고 국가원수로서 뿐만 아니라 행정부와 의회에 대해 나름의 권위를 갖고 영향력을 행사할 수 있다. 이러한 지위와 이미지는 국가적 위기나 심각한 정쟁의 극복과 갈등 조정자로서 필요한 역할이 기대된다.
3. 특히 프랑스의 모델은 국가원수가 국방과 외교분야의 사실상의 집행자로 국정을 수상과 함께 외치와 내치로 역할을 분담함으로써 더 효율적일 수 있다. 특히 임기가 보장된 국가원수로서의 외교업무는 일관성과 함께 국제사회에서 신뢰성을 쌓을 수 있다.
4. 유권자가 대통령에게 전폭적 지지를 보내는 경우 대통령은 의회의 다수를 확보해 사실상 대통령제보다 더 강하고 의회제 보다 더 융합된 정부를 이끌 수 있다. 강한 정부가 국가적으로 필요한 과제를 해결하거나 또는 다양한 이익을 대변하기 위한 이원적 권력이 필요

한 때에 국민의 선택에 따라 탄력적으로 권력구조를 운영할 수 있다.

5. 대통령은 정책수립 과정에서 어느 정도 영향력을 행사할 수 있기 때문에 정책에 대한 의회 및 국민의 지지가 높을 수 있고 정책의 내용도 내부적으로 검토 조율되는 단계를 거침으로써 부정적 측면을 최소화할 수 있다.
6. 대통령은 직접 집행권이 없기 때문에 수상에 의존하게 되고, 반면에 수상은 국민을 직접 상대하는 데 대통령의 힘을 이용하게 된다. 이런 과정은 대통령과 수상의 관계를 상호 견제와 협력의 관계로 발전시키면서 민주적 절차에 충실한 정부를 발전시키게 된다.

2. 역기능적 측면

이상의 내용은 사실상 대통령제와 의회제의 단점을 극복한 이상적 방향이다. 그러나 준대통령제는 자칫 대통령제와 의회제의 단점을 동시에 안게 될 우려가 있다. 물론 이러한 단점은 각 나라의 권력구조에서 대통령과 수상의 권력관계에 따라 양상과 정도는 다를 것이다.

1. 집권당이 의회다수를 확보했을 경우 대통령은 의회뿐만 아니라 직접 선출된 국민적 정통성과 또한 자신의 추종자를 수상으로 하는 정부를 통제하게 되어 제왕적 대통령으로서의 권력을 행사할 수 있다. 이 경우는 강한 대통령제에서 나타날 수 있는 권력의 전횡과 독단이 우려된다. 다만 여론에 의한 감시와 비판 그리고 성숙한 시민

의식이 대통령이나 수상 그리고 집권당의 권력행사를 제한할 것이기 때문에 20세기에 경험한 권위주의 체계로의 회귀는 불가능할 것이다. 그러나 핀란드 모델은 대통령의 권력이 극도로 제한되어 있기 때문에 이런 우려는 불필요하다.

2. 프랑스의 모델은 '여소야대'의 상황에서는 동거정부가 불가피하다. 동거정부에서는 3가지 상황이 가능하다.
   1) 대통령과 수상이 극도의 갈등 속에서 헤매거나
   2) 대통령이 정부를 외면하고 자신을 의례적인 국가수반의 자리에 한정시킴으로써 조용한 대통령으로 안주하거나
   3) 수상과 적절히 조율해서 협력관계를 유지하는 것이다.
   프랑스의 경험은 수상의 리더십에 따라서, 특히 외교문제를 놓고 갈등을 빚었으나 상호 인정 속에 무난히 동거한 것으로 나타나고 있다.
3. 의회임기의 비고정성은 자칫 대통령으로 하여금 수상과의 갈등을 의회해산이라는 실험으로 해결하려는 유혹에 이끌리게 만들어 정치의 만연화로 인한 정치불신과 사회 및 경제불안 요인으로 작용할 수 있다. 특히 의원들은 항상 선거에 대비하면서 정치부패가 우려된다.

3. 우리나라의 적실성

준대통령제를 우리나라의 권력구조로 상정하는 경우 우리나라는 프랑스 모델에서 '여대야소'에 의한 대통령의 강력한 권력행사에 대해 이

미 경험한 바가 있다. 현재의 대통령제도 '여대야소'라면 마찬가지이다. 집권당이 의회다수를 통제하면 대통령의 전횡과 독재가 나타나게 된다. 의회는 다양한 계급의 이익이 조정되고 타협되기보다는 대통령의 주의 주장이 일방독주할 우려가 있다. 따라서 이 부분에 대해서는 충분한 보완장치가 필요하다.

동거정부 상황에서 대통령과 수상의 심각한 갈등구조를 어떻게 극복할 수 있을 것인가에 대한 고려가 필요하다. 대통령과 수상, 여당과 야당의 대립으로 의회가 기약없이 공전을 거듭하는 의회문화에서 동거정부는 자칫 빈번한 국정의 정체와 파행이 우려된다.

대통령과 수상 그리고 의회가 대립하게 되면 대통령의 관심은 의회해산에 모아지고, 결국은 정치적 불안정 속에 선거를 대비해야 하는 의원들은 의원으로서의 본분보다는 유권자로부터 표를 모아야 하는 후보자로서의 역할에서 벗어나기 어렵게 된다. 이러한 상황에서 정부와 의회는 여론에 민감하게 되고 정책적 일관성이나 지속성, 그리고 올바른 정책의 강력한 추진이 가능할 것인가를 고민해야 한다.

한편 핀란드 모델은 사실상 준대통령제의 가면을 쓴 의회제이다. 대통령은 정부의 주도자가 아니라 견제자에 불과하다. 대통령이 국민으로부터 직접 선출된다는 점에서 국민의 대표로서 국민통합의 상징적 위치를 차지한다. 이러한 대통령은 지역과 계급의 이익을 조정하고 타협하는 역할을 수행하는 데 적절하다. 그러나 정치만연의 우리 정치문화에서 의회제는 정치과잉을 통해서 정치부패가 초래 될 수 있다.

우리나라는 강력한 지도력과 함께 안정된 정치과정이 필요하지만 다른 한편으로는 민주적 다원성이 요구된다. 이런 점에서 우리나라가 만일 준대통령제를 도입한다면 프랑스 모델과 핀란드 모델에서 우리의 현실에 필요한 내용을 적절히 배합하는 노력이 필요할 것이다. 즉 프랑스의 모델을 기준으로 할 때 '여대야소'의 상황에서 대통령과 집권당을 효과적으로 견제할 수 있는 장치와 동거정부에서 행정의 일관성과 안정성을 유지할 수 있는 제도, 그리고 핀란드 모델에서 대통령의 순기능적 역할을 증대하고 드골이 우려했던 의회만능주의를 제한할 수 있는 제도의 창안을 추구해야 할 것이다.

참고문헌

김철수. 『헌법질서론』. 서울 : 수학사. 1971.

김유남. 『의회정치론』. 서울 : 삼영사. 2000.

박명림. "헌법, 헌법주의, 그리고 한국 민주주의 : 2004년 노무현 대통령의 탄핵 사태를 중심으로," 「한국 정치학회보」, 제39집 1호(2005 봄).

안용교. 『한국헌법』. 서울 : 고시연구사. 1989.

유진오. 『헌법기초회고록』. 1980.

윤종빈. "17대 총선에서 나타난 탄핵쟁점의 영향력 분석." 『한국정당학회보』 제4권 1호. 2005.

최한수. "노무현 대통령 탄핵에 관한 소고." 『대한정치학회보』 제13집 3호. 2006.

_____. "한국 역대정권의 대통령제 권력구조 특성에 관한 연구." 『대한정치학회보』 제13집 2호. 2005.

_____. 『자유와 평등』. 서울 : 동명사. 2003.

_____. 『정치학연구방법론』. 서울 : 대왕사. 1994.

헌법재판소 결정문. 헌 나1 대통령(노무현) 탄핵. 2004.

동아일보. 서울신문. 조선일보. 중앙일보.

Allen, W. S. *The Nazi Seizure of Power*. New York : F. Watts. 1984.

Allen, William S. "Totalitarianism : The Concept and The Reality." in Ernest A. Menze. ed., *Totalitarianism Reconsidered*. New York : National University Publications Kennikat Press. 1981.

Almond, G. A. & Powell, Jr., eds. *Comparative Politics : A Developmental Approach*. Boston : Little, Brown and Co. 1966.

Almond, G. & S. Verba. *The Civic Culture*. Boston : Little, Brown. 1965.

Anckar, Dag & Abo Academy. "Democracy in Finland : The Constitutional Framework," Jan Sundberg and Sten Berglund, eds. *Finish Demokracy.* Helsinki : The Finnish Political Science Association. 1990.

Andrain, Chares F. *Political Life and Social Change.* Belmlont, Calif. : Duxbury Press. 1970.

Apter, David. "Government in Finland : A Semi-Presidential System?" *Parliamentary Affairs* 38. 1985.

Arendt, H. *The Origins of Totalitarianism.* Cleveland and New York : Meridian. 1962. 초판은 1951.

Axelrod, Robert. *Conflict of Interest : A Theory of Divergent Goals with Applications to Politics.* Chicago : Markham. 1970.

Bailey, Sydney D. *British Parliamentary Democracy*(2nd). Boston : Houghton Mifflin Co., 1966.

Bagehot, Walter. *The English Constitution.* London : Oxford University Press. 1958.

Bahro, Horst and Bernhard H. Bayerlein & Ernst Veser. "Duverger's Concept : Semi-Presidential Government Revisit," *European Journal of Political Research 34(2)*. 1998.

Barber, Benjamin R. "Conceptual Foundations of Totalitarianism," in Benjamin R. Barber, Carl J. Friedrich, and Michael Curtis, eds. *Totalitarianism in Perspective : Three Views.* New York : Praeger. 1969.

Barkar, Ernest. *Reflections on Government.* London : Oxford University. 1942.

Baron, David. "A Spatial Bargaining Theory of Government Formation," in Parliamentary Systems. *American Political Science Review 85.* 1991.

Baumgartner, Jody C. & Jody C. Baumgartner. "Introduction : Comparative Presidetial Impeachment," Jody C. Baumgartner and Naoko Kada. *Checking Executive Power : Presidential Impeachment in Comparative Perspective.* Westport, Connecticut : Praeger. 2003.

Beckson, Karl and Arthur Ganz. *Literary Terms : A Dictionary.* New York : Farrar, Straus and Girous. 1960.

Beer, Samuel H. "The Representation on Interests in British Government : Historical Background," *American Political Science Review 51.* Sept 1957.

Bentley, Arthur. *The Process of Government.* Cambridge, Mass. : Balknap Press of Harvard Univrsity Press. 1967.

Berger, Raoul. *Impeachment : The Constitutional Problems.* Cambridge, Massachusetts : Harvard University Press. 1973.

Beyme, Klaus von. *Parliamentary Democracy : Democratization, Destabilization, Reconsolidation, 1789–1999.* New York : St. Martin's Press. Inc. 2000.

Blauvelt, Mary Taylor. *The Development of Cabinet Government in England.* New York : Macmillan. 1902.

Blondel, Jean. "Dual Leadership in the Contemporary World : A Step Towards Executive and Regime Stability?" in D. Kavanagh and G. Peele, eds. *Comparative Government and Politics. Essays in Honour of S. E. Finer.* London : Heinemann. 1984.

______. "Party Systems and Patterns of Government in Western Democracies," *Canadian Journal of Political Science 1(2).* June 1968.

Boddanor, Veron. "Semi–Presidential System," in V. Boddanor, ed. *The Blackwell Encyclopedia of Political Institutions.* Oxford : Blackwell Publishers. 1987.

______. "Introduction," Veron Bogdanor, ed. *Coalition Government in Western Europe.* London : Heinemann Educational Books. 1983.

Bracher, Karl Dietrich. "The Disputed Concept of Totalitarianism." in Ernest A. Menze. ed., *Totalitarianism Reconsidered.* New York : National University Publications Kennikat Press. 1981.

Brooker, P. *Twentieth–Century Dictatorships : The Ideological Onearty States.* Basingstoke : Macmillan. 1995.

Broszat, M. *The Hitler State.* London : Longman. 1981.

Browne, Eric C. and John Dreijmanis. "Introduction," in Eric C. Browne and John Dreijmanis, eds. *Government Coalitions in Western Democracies.* New York : Longman. 1982.

Bryce, James. *Modern Democracies. Vol. 1.* New York : The Macmillan Co. 1921.

Budge, Ian and Valentine Herman. "Coalitions and Government Formations : An Empirically Relevant Theory," *British Journal of Political Science 8.* 1978.

Burke, E. "Thoughts on the Cause of the Present Discontents" (1770). Burks's Politics. Ross J. S. Hoffman and Paul Levack, eds. New York, 1949.

Butler, David. Howard R. Penniman, and Austin Ranney. "Introduction : Democratic and Nondemocratic Elections," D. Butler, H. R. Penniman and A. Ranney, eds. *Democracy at the Polls : A Comparative Study of Competitive National Elections.* Washington : American Enterprise Institution for Public Policy Research. 1981.

Carter, Byrum E. *The Office of Prime Minister.* London : Faber and Faber Limited. 1955.

Collier D. and S. Levitsky. "Democracy with Adjectives : Conceptual Innovation in Comparative Research." *World Politics 49.* No. 3. 1997.

Collier, D., ed. *The Authoritarianism in Latin America.* Princeton : Princeton University Press. 1979.

Coulter, Edwin M. *Principles of Politics and Government*(3rd). Boston : Allyn and Bacon, Inc. 1987.

Cronin, Thomas E. and Michael A. Genovese. *The Paradoxes of the American Presidency* (2nd). New York : Oxford University Press. 2004.

Curtis, M. "Retreat from Totalitarianism," in Benjamin R. Barber, Carl J. Friedrich, and Michael Curtis eds. *Totalitarianism in Perspective : Three Views.* New York : Praeger. 1969.

Dahl, Robert. A. *A Preface to Democratic Theory.* Chicago : University of Chicago Press. 1956.

______. *Modern Political Analysis.* New York : Prentice–Hall. 1984.

______. *Polyarchy : Participation and Opposition.* New Haven : Yale University Press. 1971.

Dahl, Robert A. and Charles Lindblom. *Politics : A Study in Basing Point Legislation.* Ithaca : Cornell University Press. 1952.

Davidson, Roger H. and Walter J. Oleszek. *Congress and Its Members*(7th). Washington, D. C. : A Division of Congressional Quarterly Inc. 2000.

Decalo, Samuel. *Coups and Army Rule in Africa.* New Haven : Yale University Press. 1976.

Derbyshire, J. D. and I. Derbyshire. *Political Systems of the World.* Oxford : Helicon. 1996.

Diamond, Larry. *Developing Democracy : Toward Consolidation*. Baltimore : The John Hopkins University Press. 1999.

Dodd, Lawrence C. *Coalitions in Parliamentary Government*. New Jersey : Princeton University Press. 1976.

Downs, Anthony. *An Economic Theory of Democracy*. New York : Harper and Row. 1957.

Duverger, Maurice. "A New Political System Model : Semipresidential Government." *European Journal of Political Research 8*. 1980.

______. "The Political System of the European Union." *European Journal of Political Research 34*. 1997.

______. *Political Parties*. London : Methuen and Co. Ltd. 1951.

Dyke, Van. *Political Science : A Philosophical Analysis*. Standford, Cal. : Standford University Press. 1960.

Easton, David. *The analysis of Political Structure*. New York : Routledge, Chapman and Hall, Inc. 1990.

______. "An Approach to the Analysis of Political System," *World Politics. Vol. 9*, 1957.

______. *The Political System : An Inquiry in to the State of Political Science*. New York : Alfred A. Knof, 1971.

______. *A Framework for Political Analysis*. Chicago : The University of Chicago Press. 1979.

Eckstein, H. *Division and Cohesion in Democracy : A Study of Norway*. Princeton : Princeton University Press. 1966.

Edwards George C. III, Stephen J. Wayne. *Presidential Leadership*(6th.). Belmont, CA : Wadsworth/Thomson Learning. 2003.

Ehrlich, Walter. *Presidential Impeachment : An American Dilemma*. Saint Charles, Missouri : Forum Press. 1974.

Elgie, Robert and Steven Griggs. *French Politics : Debates and Controversies*. London : Routledge. 2000.

Elgie, Robert. "The Politics of Semi−Presidentialism," in Robert Elgie, ed. *Semi−Presidentialism in Europe*. New York : Oxford University Press. 1999.

______. *Political Institutions in Contemporary France*. New York : Oxford University Press. 2003.

______. *The Role of the Prime Minister in France*, 1981–1991. London : Macmillan. 1993.

Eulau Heinz et al. "The Role of the Representative : Some Empirical Observations on the Theory of Edmund Burke," *American Political Science Review 53*. Sept 1959.

Fainsod, M. *Smolensk Under Soviet Rule*. Cambridge, Mass : Harvard University Press. 1958.

Fairlie, John A. "The Nature of Political Representation," *American Political Science Review 34*. April 1940.

Finer, S. E. *The Man on Horseback : The Role of the Military in Politics*(2nd). Harmondsworth : Penguin. 1976.

Fisher, Louis. *Constitutional Conflicts Between Congress and the President*(4th). Lawrence, Kansas : University Press of Kansas. 1997.

Friedrich C. J. and Z. K. Brzezinski. *Totalitarian Dictatorship and Autocracy*. New York : Praeger. 1961. 초판은 1956.

Frognier, Andre–Paul. "The Single Party/Coalition Distinction and Cabinet Decision–Making," in Jean Blondel and Ferdinand Müller–Rommel, eds. *Governing Together : The Extend and Limits of Joint Decision–Making in Western European Cabinets*. New York : St. Martin's Press. 1993.

Gerhardt, Michael J. *The Federal Impeachment Process : A Constitutional and Historical Analysis*(2nd). Chicago : The University of Chicago Press. 2000.

Getty, J. A. *Origins of the Great Purges : The Soviet Communist Party Reconsidered, 1933–1938*. Cambridge : Cambridge University Press. 1985.

Glucksmann, M. *Structalist Analysis in Contemporary Social Thought : A Comparison of the Theories of Claude Levi–Strauss and Louis Althusser*. London : Routledge and Kegan Paul. 1974.

Greenstein, Fred I. "Nine Presidents in Search of a Modern Presidency," in Greenstein, ed. *Leadership in the Modern Presidency*. Cambridge, Mass. : Harvard University Press. 1988.

H. Arendt. *The Origins of Totalitarianism*. New York ; Meridian. 1964.

Haggard, Stephan and Mathew D. Mccubbins, eds. *Presidents, Parliaments, and Policy.* New York : Cambridge University. 2001.

Hagopian, Mark, N., Regimes, *Movements, and Ideologies.* New York : Longman. 1984.

Hall, Peter A. and Rosemary C. R. Taylor. "Political Science and the Three New Institutionalisms," *Political Studies 44, No. 5,* 1996.

Hamilton, Alexander & James Madison and John Jay. *The Federalist Papers,* New York : New American Library., 1961.

Hart, John. *The Presidential Branch.* New York : Pergamon Press. 1987.

Heikki Paloheimo, "Divided Government in Finland : From a Semi-Presidential to a Parliamentary Democracy," in Robert Elgie(ed.), *Divided Government in Comparative Perspective,* New York : Oxford University, 2001.

Herman, Valentine and John Pope. "Minority Governments in Western Democracies," *British Journal of Political Science* 3. July 1973.

Hoffman, J. S. & Paul Levack, ed. *E. Burke's Politics.* New York : Alfred A. Knopt. 1949.

Holmes, Stephen. "The Postcommunist Presidency," *East European Constitutional Review 2.* 1993.

Horowitz, Donald L. "Comparing Democratic Systems," in Arend Lijphart, ed. *Parliamentary versus Presidential Government.* Oxford : Oxford University Press. 1992.

Horowitz, Donald L. "Comparing Democratic Systems," *Journal of Democracy* 1/4. Fall 1990.

Hough, J. F. and M. Fainsod. *How the Soviet Union Is Governed.* Cambridge, Mass. : Harverd University Press. 1979.

Hough, J. F. *The Soviet Union and Social Science Theory.* Cambridge, Mass. : Harvard University Press. 1977.

Huntington, S. P. *The Third Wave : Democratization in the Late Twentieth Century.* Norman : University of Oklahoma Press. 1991.

______. "Patterns of Violence in World Politics." in *Changing Patterns of Military Politics.* New York : Free Press. 1970.

______. "Social and Institutional Dynamics of One-Party Systems." in S. P. Huntington and C. H. Moore. eds. *Authoritarian Politics in Modern Society : The*

Dynamics of Established One Party System. New York : Basic Books. 1970.

______. *Political Order in Changing Societies.* New Haven : Yale University Press. 1968.

Hurwitz, Leon. "Communication," *American Political Science Review 65*, 1971.

______. "An Index of Democratic Political Stability : A Methodological Note," *Comparative Political Studies 4*, 1971.

Hutchinson, T. V. "Bentham as an Economist," *Economic Journal 66.* June 1956.

Ieraci, Giuseppe. "'Events' and 'Causes' in Cabinet Termination and Survival : Is Explanation Still Possible?" *West European Politics 19.* No. 1. January 1996.

Jacobson, Gary C. "Impeachment Politics in the 1998 Congressional Elections," *Political Science Quarterly 114*(1). 1999.

Janos, A. C. "The One Party State and Social Mobilization : East Europe between the Wars," in S. P. Hunting and C. H. Moore, eds. *Authoritarian Politics in Modern Society : Dynamics of Established One-Party Systems.* New York : Basic Books. 1970.

Janowitz, M. *Military in Political Development of New Nations.* Chicago : University of Chicago Press. 1967.

Jones, G. W. "West European Prime Ministers in Perspective," G. W. Jones, ed. *West European Prime Ministers.* Portland, Oregon : Frank Cass. 1991.

Kada, Naoko. "Comparative Presidential Impeachment : Conclusions," in Jody C. Baumgartner and Naoko Kada. *Checking Executive Power : Presidential Impeachment in Comparative Perspective.* Westport. Conn. Praeger. 2003.

Kantor, Harry. "Efforts made by Various latin American Countries to Limit the Power of President," in Thomas V. DiBacco, ed. *Presidential Power in Latin American Politics.* New York : Praeger. 1977.

Karl, Terry Lynn. "Imposing Consent? Electoralism Versus Democratization in El Salvador," Paul Drake and Eduardo Silva, eds. *Elections and Democratization in Latin America, 1980-1985.* San Diego : Center for Iberian and Latin American Studies, Center for US/Mexican Studies, University of California at San Diego. 1986.

Kaufman, R. R. "Industrial Change and Authoritarian Rule in Latin America : A Concrete Review of the Bureaucratic-Authoritarian Model," in D. Collier, ed.

The Authoritarianism in Latin America. Princeton : Princeton University Press. 1979.

Keeler, John T. S. and Martin A. Schain, Institutions. "Political Poker and Regime Evolution in France," in Kurt Von Mettenheim, ed. *Presidential Institutions and Democratic Politics : Comparing Regional and National Contexts*. Baltimore : The Johns Hopkins University Press. 1997.

Kent, Weaver, R. and Bert A. Rockman. "When and How Do Institutions Matter? in Weaver and Rockman, *Do Institutions Matter? Government Capabilities in the United States and Abroad*. Washington, D. C. : Brookings. 1993.

Kershaw, Popular. *Opinion and Political Dissent in the Third Reich : Bavaria 1933–1945*. Oxford : Oxford University Press. 1983.

Kiewiet, Roderick and Mathew D. McCubbins. "Presidential Influence on Congressional Appropriations Decisions," *American Journal of Political Science 32*, 3. August 1988.

Koenig, Louis W. *The Chief Executive*(3th ed.). New York : Harcourt Brace Jovanovich. Inc. 1975.

Kohn, Hans. "Communist and Fascist Dictatorship : A Comparative Study." in Guy Stanton Ford. ed. *Dictatorship in the Modern World*. Minneapolis : University of Minnesota Press. 1939.

Kornhauser, W. *The Politics of Mass Society*. Glencoe : Free Press. 1959.

Laakso, Markku & Rein Taagepera. "Effective Number of Parties : Measure with Application to Western Europe," *Comparative Political Studies 12*. April 1979.

Ladd, E. C. *The American Polity*. New York : W. W. Norton & Compony. 1985.

Lane, Jan–Erik and Svante Ersson. *The New Institytional Politics : Performance and Outcomes*. New York : Routledge. 2000.

Laski, Harold L. *Parliamentary Government in England*. New York : The Viking Press. 1938.

Lasswell, H. D. *Politics : Who Get What, When, How*. New York : Neridian Books. 1958.

______. "Cabinet Government in Theoretical Perspective," in Michael Laver and Kenneth A. Shepsle, eds. *Cabinet Ministers and Parliamentary Government*. Cambridge, New York : Cambridge University Press. 1994.

Laver, Michael and kenneth A. Shepsle. *Making and Breaking Governments : Cabinets and legislatures in Parliamentary Democracies.* New York : Cambridge University Press. 1996.

Leach, Edmund R. "The History of the Concept." *International Encyclopedia of the Social Sciences,* 2nd. vol. 14. 482–489.

Ledyaev, Valeri G. *Power : A Conceptual Analysis.* Commack, New York : Nova Science Publishers, Inc. 1997.

Leiserson, Michael. "Coalition Government in Japan," in Sven Groennings, E. W. Kelley, and Michael Leiserson, eds. *The Study of Coalition Behavior : Theoretical Perspectives and Cases from Four Continents.* New York : Holt, Rinehart, and Winston. 1970.

Lijphart, Arend. *The Politics of Accommodation : Pluralism and Democracy in the Netherlands.* Berkeley : University of Cal. Press. 1968.

______. *Democracies.* New Haven : Yale University Press. 1984.

______. "Trichotomy or Dichotomy?" *European Journal of Political Research* 31, 1997.

______. "Introduction," in Arend Lijphart, ed. *Parliamentary versus Presidential Government.* Oxford : Oxford University Press. 1992.

______. "Presidentialism and Majoritarian Democracy : Theoretical Observations," in J. J. Linz and A. Valenzuela, eds. *The Failure of Presidential Democracy.* Baltimore : The Johns Hopkins University Press. 1994.

Linz, Juan. J. "An Authoritarian Regime : Spain," in E. Allardt and S. Rokkan, eds. *Mass Politics.* New York : Free Press. 1970. 초판은 1964년.

______. "Presidential or Parliamentary Democracy : Does It Make a Difference," in J. J. Linz and A. Valenzuela, eds. *The Failure of Presidential Democracy Vol. 1 : Comparative Perspective.* Baltimore, MD : The Johns Hopkins U.P. 1994.

______. *Totalitarian and Authoritarian Regimes.* Boulder, Colorado : Lynne Rienner Publishers. 2000.

Lipset, Seymour Martin. *Political Man.* New York : Double Day. 1960.

______. "The Centrality of Political Culture," in Arend Lijphart, ed. *Parliamentary versus Presidential Government.* Oxford : Oxford University Press. 1992.

______. "Some Social ReQuisites of Democracy : Economic Development and Political Legitimacy," *American Political Science Review* 53. 1959.

Locke, John. *Second Treatise of Government*, C. B. Macpherson, ed. Indianapolis : Hackett Publishing Co., Inc. 1980.

Lovecy, J. "Comparative Politics and the Fifth Franch Republic," *European Journal of Political Research 21*. 1992.

Lowell, Lawrence. *Governments and Parties in Continental Europe. Vol. 1*. Cambridge : Harvard University Press, 1896.

Luebbert, Gregory M. *Comparative Demovracy : Policymaking and Governing Coalitions in Europe and Israel*. New York : Columbia University Press. 1986.

Mackintosh, John P. *The British Prime Minister*, London : Macmillan Press. 1969.

Macridis, Roy C. *French Politics in Transition*. Cambridge, Mass. : Winthrop. 1975.

Macridis, Roy C. *Modern Political Regimes : Patterns and Institutions*. Boston : Little, Brown and Company. 1986.

Mainwaring, Scott and Matthew S. Shugart, Juan Linz. "Presidentialism, and Democracy : A Critical Appraisal," *Comparative Politics 29*, No. 4. July 1997.

Mainwaring, Scott and Matthew S. Shugart, eds. *Presidentialism, and Democracy in Latin America*. New York : Cambridge University Press. 1997.

Mainwaring, Scott. "Presidentialism, Multiparty Systems, and Democracy : The Difficult Combination," *Comparative Political Studies 26*, 2. July 1993.

McDonald, Lee Cameron. *Western Political Theory*. New York : Harcourt Brace Jovanovich, Inc. 1968.

McGregor, James P. "The Presidency in East Central Europe," *RFE/RL Research Report 3*. 1994.

Mettenheim, Kurt von. "Presidential Institutions and Democratic Politics," in Kurt von Mettenheim, ed. *Residential Institutions and Democratic Politics : Comparing Regional and National Contexts*. Baltimore and London : The Johns Hopkins University Press. 1997.

Milne, Lorna. "The Myth of the President in French Political Culture," in John Gaffiney and Lorna Milne, eds. *French Presidentialism and the Election of 1995*. Aldershot : Ashgate. 1997.

Montesquieu, Charles Louis de Secondat. "The Spirit of the Laws," in Arend Lijphart, ed. *Parliamentary versus Presidential Government*. Oxford : Oxford University Press. 1992.

Muller, Wolfgang C. and Kaare Strom. "Coalition Governance in Western Europe : An Introduction," in Wolfgang C. Muller and Kaare Strom, eds. *Coalition Governance in Western Europe*. New York : Oxford University Press. 2003.

Neustadt, Richard E. *Presidential Power and the Modern Presidents : The Politics of Leadership From Roosevelt to Reagan*. New York : The Free Press. 1990.

Nousiainen, Jaakko. "Bureaucratic Tradition, Semi–Presidential Rule and Pariamentary Goverment : The Case of Finland," *European Journal of Political Research 16*. 1988.

Nousiainen, Jaakko (Trans. by John H. Hodgson). *The Finish Political System*. Cambridge, Massachusetts : Harvard University Press. 1971.

O'Donnell, Guillermo. "Illusions about Consolidation," *Journal of Democracy 7*, No. 2. 1996.

______. "Delegative Democracy," *Journal of Democracy 5*(*1*). 1994.

______. *Modernization and Bureaucratic Authoritarianism : Studies in South American Politics*. Berkeley : University of California Press. 1979. 초판은 1973.

O'Neill, Patric. "Presidential Power in Post–Communist Europe : The Hungarian Case in Comparative Perspective," *Journal of Communist Studies 9*(*3*), 1993.

Perkins, William B. "The Political Nature of Presidential Impeachment in the United States," in Jody C. Baumgartner and Naoko Kada, *Checking Executive Power : Presidential Impeachment In Comparative Perspective*. Westport, Connecticut : Praeger. 2003.

Perlmutter, A. *Modern Authoritarianism : A Comparative Institutional Analysis*. New Haven : Yale University Press. 1981.

Pesonen, Pertti and A. H. Thomas. "Coalition Formation in Scandinavia," in Veron Bogdanor, "Conclusion," Veron Bogdanor, ed. *Coalition Government in Western Europe*. London : Heinemann Educational Books. 1983.

Peters, B. Guy. "The Separation of Powers in Parliamentary Systems," in Kurt von Mettenheim, ed. *Presidential Institytions and Democratic Politics : Comparing Regional and National Contets*. Baltimore. MD : The John Hopkins University

Press. 1997.

Peterson. E. N. *The limits of Hitler's Power*. Princeton : Princeton University Press. 1969.

Pika, J. A. & J. A. Maltese. *The Politics of the Presidency*(6th). Washington, D. C. : CQ Press. 2004.

Pinney, Harvery. "Government by Whose Consent?" *Social Science 13*. October 1938.

Pitkin, Hanna Fenichel. *The Concept of Representation*. Berkeley, LA. : University of Calif. Press. 1972.

Plamenatz, John P. *Consent, Freedom and Political Obiligation*. London Oxford University Press. H. Milford. 1968.

Polsby, Nelson. *Community Power and Political Theory*. New Haven : Yale University Press. 1968.

Ponovan, John C. & Richard E. Morgan. *People Power and Politics*. Mass. : Addison-Wesley Publishing Co. 1981.

Powell, G. Bingham. *Contemporary Democracies : Participation, Stability and Violence*. Cambridge, Mass. : Harvard University Press. 1982.

Rappaport. D. "A Comparative Theory of Military and Political Types." in S. P. Huntington. ed., *Changeinge Patterns of Military Politics*. New York : Free Press. 1970.

Remmer, K. L. Neopatrimonialism : The Politics of Military Rule in Chile, 1973-1987, *Comparative Politics 29*. 1989.

Rigby, T. H. "'Totalitarianism' and Change in Communist Systems," *Comparative Politics 5*. 1972.

Riggs, Fred W. "Presidentialism : A Problematic Regime Type," Scott Mainwaring and Matthew S. Shugart. eds. *Presidentialism and Democracy in Latin America* Cambridge, New York : Cambridge University Press. 1997.

Riker, William H. "Electoral Systems and Constitutional Restraints," in Arend Lijphart and Bernard Grofman, eds. *Choosing an Electoral System : Issues and Alternatives*. New York : Praeger. 1984.

_____. *The Theory of Political Coalitions*. New Haven : Yale University Press. 1962.

Robertson, David Brian. "The Return to History and the New Institutionalism in

American Political Science," *Social Science History. Vol 17,* No. 1, 1993.

Roosevelt, Theodore. *Autobiography.* New York : Macmillan. 1913.

Roper, Steven D. "Are all Semipresidential Regimes the Same? : A Comparison of Premier–Presidential Regimes," *Comparative Politics 34.* No. 3. 2002.

Rose, Richard. *The Postmodern President.* Chatham. NJ : Chatham House. 1988.

______. "Prime Ministers in Parliamentary Democracies," in G. W. Jones, ed. *West European prime Ministers.* Portland, Oregon : Frank Cass. 1991.

______. "*British MPs : More Bank than Bite?*".

Rossiter, Clinton L. *Constitutional Dictatorship : Crisis Government in the Modern Democracies.* Westport Conn. : Greenwood Press, Publishers. 1948.

Rousseau, J. J. *Social Contract,* BK. III, No. XV.

Rozendaal, Peter von. *Cabinets in Multy–Party Democracies.* Amsterdam : Thesis Publishers. 1992.

Russett, B. et al. eds. *World Handbook of Political and Social Indicators.* New Haven : Yale University Press. 1964.

Safran, William. *The French Polity*(5th). New York : Longman. 1998.

Sanders, David & Valentine Herman. "The Stability and Survival of Governments in Westtern Democracy," *Acta Politica. Vol. 12,* 1977.

Sartori, Giovanni. "Neither Presidentialism nor Parliamentarism," in J. J. Linz and A. Valenzuela, eds. *The Failure of Presidential Democracy.* Baltimore, MD : The Johns Hopkins University Press. 1994.

______. *Comparative Constitutional Engineering.* New York : New York University Press. 1997.

______. *The Theory of Democracy Revisited : Part 1.* Chatham, New Jersey : Chatham House Publishers, Inc. 1987.

Schamis, H. E. "Reconceptualizing Latin American Authoritarianism in the 1970s : From Bureaucratic–Authoritarianism to Neoconservatism," *Comparative Politics 23.* No. 2. 1991.

Schapiro, Leonard. *Totalitarianism.* London : The Pall Mall Press. 1972.

Schlesinger, Arthur M. *Imperial Presidency.* Boston, Houghton Mifflin. 1973.

Schlesinger, Jr. Arthur M. "Leave the Constitution Alone," in Arend Lijphart, ed.

Parliamentary versus Presidential Government. Oxford : Oxford University Press, 1992.

Schmitter, Philippe C., and Terry Lynn Karl. "What Democracy Is and Is Not," *Journal of Democracy Vol. 2.* No. 3 (1991).

Schnapper, M. B., ed. *Presidential Impeachment.* Washington, D.C. : Public Affair Press. 1974.

Sera, J. "Three Mistaken Theses Regarding the Connection Between Industrialization and Authoritarian Regimes," in D. Collier, ed. *The Authoritarianism in Latin America.* Princeton : Princeton University Press. 1979.

Shapiro, Robert Y. & Martha Joynt Kumar, Lawrence R. Jacobs, eds. *Presidential Power.* New York : Columbia University Press. 2000.

Shaw, Malcolm. Malcolm Shaw, ed. *The modern Presidency : From Roosevelt to Reagan.* New York : Harper & Row. 1987.

Shugart, Matthew S. and Scott Mainwaring. "Presidentialism and Democracy in Latin America : Rethinking the Term of Debate,." in Scott Mainwaring and Matthew S. Shugart. eds. *Presidentialism and Democracy in Latin America.* Cambridge : Cambridge University Press. 1997.

Shugart, Matthew Soberg & John M. Carey. *Presidents and Assemblies : Constitutional Design and Electoral Dynamics.* New York : Cambridge University Press. 1992.

Shugart, Matthew Soberg and Stephan Haggard. "Institutions and Public Policy in Presidential Systems," in Stephan Haggard and Mathew D. Mccubbins, eds. *Presidents, Parliaments, and Policy.* New York : Cambridge University. 2001.

Skilling, H. Gordon. "Interest Groups and Communist Politics : An Introduction," in H. G. Skilling and F. Griffiths. eds. *Interest Groups in Soviet Politics,* Princeton : Princeton University Press. 1973.

Smith, Adam. *An Inquiry into the Nature and Causes of the Wealth of Nations.* New York : The Modern Library. 1937.

Spitzer, Robert J. *The Presidential Veto.* New York : State University of New York Press. 1988.

Stepan, Alfred and Cindy Skach. "Constitutional Frameworks and Democratic Consolidation : Parliamentarism versus Presidentialism," *World Politics 46.* 1993.

Stepan, Alfred and Cindy Skach. "Presidentialism and Parliamentarism in Comparative Perspective," in J. J. Linz and A. Valenzuela, eds. *The Failure of Presidential Democracy*, Baltimore : The Johns Hopkins University Press. 1994.

Stepan, Alfred and Ezra N. Suleiman. "The French Fifth Republic : A Model for Import? Reflections on Poland and Brazil," in H. E. Chehabi and Alfred S tepan, eds. *Politics, Society, and Democracy : Comparative Studies*. Boulder, Colo. : Westview Press. 1995.

Stevens, Anne. *The Government and Politics of France*(2nd). New York : St. Martin's Press. 1996.

Strom, Kaare. "Democracy, Accountability, and Coalition Bargaining.," *European Journal of Political Research 31*(*1–2*), 2. 1997.

______. *Minority Government and Majority Rule*. Cambridge : Cambridge University Press. 1990.

Suleiman, Ezra N. *Parliaments and Parliamentarians in Democratic Politics*. New York : Holmes & Meier. 1986.

Suleiman, Ezra N. "Presidentialism and Political Stability in France," in J. J. Linz and A. Valenzuela, eds. *The Failure of Presidential Democracy*. Baltimore : The Johns Hopkins University Press. 1994.

Taft, William Howard. *Our Chief Magistrate and His Powers*. New York : Columbia University Press. 1916.

Talmon, J. L. *The Origins of Totalitarian Democracy*. London : Secker and Warburg. 1952.

Taylor, Michael and Valentine Herman. "Party Systems and Government Stability," *American Political Science Review 65*. 1971.

Thelen Kathleen and Sven Steinmo "Historical Institutionalism in Comparative Politics," Sven Steinmo, Kathleen Thelen and Frank Longstreth (eds.), *Structuring Politics : Historical Institutionalism in Comparative Analysis*. Cambridge : Cambridge Univ. Press, 1992.

Truman, David B. *The Governmental Process*. New York : Knopf. 1951.

Thurber, James, A. "Introduction : The Roots of Divided Democracy," in James A. Thurber. ed. *Divided Democracy*. Washington, D. C. : A Division of Congressional Quarterly Inc. 1991.

Tsebelis, George. "Decision Making in Political Systems : Veto Players in Presidentialism, Parliamentarism, Multicameralism and Multipartyism," *British Journal of Political Science 25*. 1995.

Tussman, Joseph. "The Political Theory of Thomas Hobbes,". mpuhl, diss, 1947.

Valenzuela, Arturo. "Party Politics and the Crisis of Presidentialism in Chile : A Proposal for a Parliamentary From of Government," in J. J. Linz and A. Valenzuela, eds. *The Failure of Presidential Democracy*. Baltimore : The Johns Hopkins University Press. 1994.

Van Tassel Emily Field, & Paul Finkelman. *Impeachable Offenses : A Documentary History from 1787 to the Present*. Washington, D.C. : Congressional Quarterly Inc. 1999.

Vanhanen, Tatu. *The Process of Democratization : A Comparative Study of 147 States, 1980-1988*. New York : Crane Russak. 1990.

Verney, Douglas. *The Analysis of Political Systems*. Glencoe, London : The Free Press. 1959.

Weaver, K. R. & B. A. Rockman. "Assessing the Effects of Institutions," in B. A. Rockman & K. R. Weaver, eds. *Do Institutions Matter? Goverment Capabilites in the United States and Abroad*. Washington, D.C. : The Brookings Institution. 1993.

Weber, M. *The Theory of Social and Economics Organization*, trans. A. M. Henderson & Talcott Parsons. New York : Oxford University Press. 1947.

Weber, M. *Economy and Society*, G. Roth & C. Wittich, ed. New York : Bedminst Press. 1968.

Williams, E. N. *The 18th Century Constitution : Documents*. Cambridge : Cambridge University Press. 1960.

William G. Andrews, *Presidential Government in Gaullist France*(Albany : Suny Press, 1982), 128-30.

Wilson, A. Jeyaratnam, *The Gaullist System in Asia : The Constitution of Sri Lanka*. London : Macmillan. 1980.

Wilson, Andrew. "Ukrain : Two Presidents and Their Powers," in Ray Taras, ed. *Postcommunist Presidencies*. Cambridge University Press. 1997.

Wilson, Woodrow. *Congressional Government*. Boston : Houghton Mifflin. 1885.

Wright, Vincent. *The Government and Politics of France*(3th ed.). London : Unwin Hyman. 1989.

New York Times, 17 June 1976.

색인

〈사항 색인〉

[ㄱ]

가결정족수 332
각료 263
각료임면권 467, 477
각료회의 주재권 469
개념 21
거국일치정부 309
거래흥정연합 315
거부권 185, 187-188, 194, 217-218, 467, 475
거부권 재의결 189
건설적 불신임 308, 378, 394
건설적 불신임제 364
게임이론 313
견제와 균형 101
경직성 114
고전적 의회제 262, 276-277, 286, 291
공동독재 61
공유정부 497
과대다수정부 381
과대연합 320
과대연합다수정부 297-298
과대정부 299
과두독재 61
과소연합 320
관료적 권위주의 62
관리내각 379
구조 83
국가수반 272-273, 281-283, 346-347
국가수반의 역할 346
국무회의 182
국민적 대표 166
국민주의 171
국민투표권 197, 222, 464
국민투표민주주의 429
국회의 국무위원 불신임 214
법률안 발의 실태 216
탄핵소추 242
국회해산권 212
군부정권 66
군주적 대통령제 221
권력구조 83, 91
권력구조의 개념 83
권력분할연합 310
권력의 융합 278
권위주의 51

권위주의 독재체계 50, 52
권위주의적 민족주의 61
균형적 정부 99
기각 152
기구 30
기능 29
긴급권 475
긴급명령권 193-194, 218
명령법 195-196
조치권 195, 465

[ㄴ]

내각 261, 280
내각제 262, 271, 274, 280, 287, 291
내각책임제 287, 291
내부내각 289

[ㄷ]

다당다수연합 380
다수정부 299
소수정부 301
다수내각 483
연합 334
정부 92, 296-298, 345, 483, 499
다수당 내각 91
정부 500
단기이양식투표제 307
단순다수 선거제도 295
단순다수 1회 투표제 124
단순다수제 124, 210
당선자의 권력독점 129
대선거구 306
대연정 310
대통령 연합정부 501
정부 501
중심 정부 91-92
군주제 221
대통령선거의 방법 123
대통령의 개념화 113
권력 177
권한대행체계 144
당파적 권력 174
리더십 236
연임 138
임기 133
임기고정 118
입법권 183, 216
집행권 180
총리임명권 213
탄핵 149
대통령제 89-90, 92, 95, 282, 291, 332, 434, 442
부합성 204
정부 498
대통령제의 개념 95
기원 99
기준 106, 112
본질 105
부합성 220
특성 118
평가 245
정부 482

대통령직 대행 143
대통령직의 대행과 승계 143
대통령직 165, 177
대통령-수상 479
대통령-수상제 431, 441, 501
대통령-의회제 430, 438, 440, 442, 455
대표 166
독재정치 51
독재 46
동거정부 91-92, 332, 463, 482-483, 496, 498, 501-504
동거정부 제1기 509
제2기 512
제3기 514
동거정부의 본질 496

[ㄹ]
레임 덕 117, 140, 147

[ㅁ]
면소 151
명부식비례대표제 307
무임소 각료 278
무제한적 대통령제 90
민족주의 67, 171
민주정치 32
민주주의 32

[ㅂ]
반대통령제 90
반동적 권력 194
반정치 67
방어적 권력 189
법령제정권 486
법률안 발의권 184, 216
제출권 185, 476
법률안의 의결 185
분점민주주의 104
분점정부 497
분할정부 331-332, 496, 499
비례대표 307
비례대표 선거제도 295
비입법적 권력 459, 467, 476
비지지다당연합소수정부 302
비지지연합소수정부 297
비지지1당소수정부 297, 301-302

[ㅅ]
사법의 정치화 155
사회체계 27
상대적 다수제 124
상원 524
상징적 대표 168
선거구 306
선거군주제 429
선거민주주의 35, 42
선거연합 126, 306, 496
선거인단에 의한 선거 127
선거체계 306
선택투표제 125-126
선호투표제 127
소선거구 306

소수내각 91, 483
- 정권 309
- 정부 92, 296-297, 301, 305, 331-333, 338, 342, 344, 383, 483, 500
- 정부 구성의 이유 336
- 정부 종료배경 384
- 정부 형태 91
- 정부의 구성 331
- 정부의 구성배경 333
- 정부의 본질 331
- 정부의 존립배경 340

소추 151
소추의결서 151
수상 263, 290-291, 295, 346, 349, 481
수상 후보자 327, 330
수상과 공중 356
- 의회 352
- 정당 354

수상의 권력 360, 483
- 대표성 359
- 인준 329
- 지위 481
- 지위와 역할 349

수상제 262, 271, 289-291
수상-대통령제 438, 440-442, 455, 460, 475, 479, 501
순수대통령제 87, 90
순수의회제 87
승계 144
승자독점 132
승자독점 현상 132
신임투표 277, 290

[ㅇ]

안정성 386
안정1당다수정부 297-298
여대야소 467
여소야대 467, 497
여왕 281
연방주의자 논문집 101
연임 453
연임제 138
연합 304
연합내각 483
- 다수정부 297-299, 343, 380, 383
- 소수정부 297, 301-302
- 의 유형 304
- 정권 296
- 정부 91-92, 296, 299, 500
- 정부의 구성 304
- 정부의 구성과정 326
- 정부의 구성원칙 323
- 정부의 구성이론 311

왕 281
왕위계승법 100
외교국방정책권 479
원수제 418, 429
유보거부권 467
유보거부 190
유죄판결 152
의사민주정치 55

의원내각제 287, 291
의원의 각료겸임 213
의회 260, 272, 274
의회에 의한 정부 277
의회연합 305, 309, 496
의회연합정부 499
의회제 89-90, 92, 259, 263, 280, 282, 287, 291, 435, 442
의회제 정부 500
의회제의 개념 259
기원 263
기준 271
본질 271
순기능과 역기능 400
조건 407
특성 276
평가 400
의회해산 362, 365, 379
의회해산권 469, 478
의회-대통령제 431
위임권한 196
위임민주주의 197
이원적 민주적 정통성 114
2투표제 307
인민독재 61
인준투표 332
1당정권 71
다수정부 297-298, 334
소수정부 297, 300-301, 320, 344
1위제 124, 307
임기의 고정성과 경직성 133
임시 수상 328
입법권 269
입법부 260
입법적 권력 457, 464, 475
입법적 긴급명령권 195
준군주 510
입헌독재적 권력 193
입헌독재체계 46
잉여연합다수정부 297-298
잉여정부 297, 300

[ㅈ]

자유민주주의 36, 43
잠정관리정부 334
재야내각 294
재의 189
재투표제 125, 307
전제정치 51
전체주의 독재체계 73
절대다수제 125
정당연합 307
정부 260, 274, 282, 296, 309, 481
정부 불신임 377
정부구성 311
수반 272-273, 281, 283, 295, 482
연합 309
정부의 본질 481
안정성 385
유형 295
지속성(persistence) 371, 393

정부종료의 배경 376
본질 371
실태 381
정책실현연합 315, 318
정치의 사법화 155
정치체계 25
제도이론 411
제로섬(Zero-sum) 130
제한적 대통령제 90
조기 총선거 298
종교적 독재 61
주도적 권력 189, 194
준대통령 289
준대통령제 89-90, 92, 215, 280, 291, 332, 414, 422
준대통령제 개념 412, 421
기준 434
본질 434
정부 500
특성 439
준독재 58
준민주정치 57
준소수정부 501, 502
준의회제 441
중임제 138
지속성 386
지지다당연합소수정부 302
지지연합소수정부 297
지지1당소수정부 297, 301
집산주의 67

[ㅊ]

책무론 177-178
청교도주의 67
체계 29
초대통령 418
총독 102
총선거 298
최대정당의 규모 343
최소규모연합 315, 317
범위연합 315, 317
안정연합 315-316
안정연합다수정부 297-298
안정정부 299
연계안정연합 315, 318
정당수의 연합 317
추밀원 264

[ㅌ]

탄핵 150, 242
개념 150
결정 152
배경 159
사유 154, 226
소추 152
소추 의결서 226
심판 151-152
심판기관 151
요인 163, 226
정치적 함의 155
탄핵안 처리의 제도 229

특권론 177, 179

[ㅍ]

패권정당체계 57
패자전실 130
프랑스 대통령의 권력 462
  대통령선거 450
  동거정부 503
  수상의 권력 484
핀란드 권력구조 431
  대통령의 권력 474
  대통령선거 453
  의회 535
  정부와 수상 494

[ㅎ]

하원 272, 274, 525
한국의 권력구조 199
  대통령 탄핵 225
합리적 선택이론 313
항목거부 191
행정관 102
행정권 269
행정부 309
헌법내용의 부호화 202
헌법위원회 532, 534
헌법의 계량적 분석 202
헌법재판소 151, 153, 228
헌법적 권력 174
헌정론 177
현대적 의회제 276, 279, 281, 286, 291
  의회제의 특성 281
황제 281
흥정거래연합 317

〈인명 색인〉

[ㄱ]

고어(Al Gore) 129
글래드스톤(Gladstone) 268, 279

[ㄴ]

노이스타드(Neustadt) 236

[ㄷ]

다운스(A. Downs) 314
다이아먼드(L. Diamond) 35
달(Robert A. Dahl) 26, 33
도드(L. C Dodd) 319, 389
듀베르제(M. Duverger) 398, 414, 416
드골(de Gaulle) 414, 425, 427
디스레일리(Disraeli) 268, 279

[ㄹ]

라스웰(Harld D. Lasswell) 26
라스키(H. L. Laski) 398
라이커(W. C. Riker) 313
래파포트(D. Rappaport) 69
레이파트(A. Lijphart) 115, 139, 300, 420
로스(R. Rose) 350
로웰(L. Lowell) 398

로크(John Locke) 100, 166
로퍼(S. D. Roper) 202, 455
루소(Jean Jacques Rousseau) 165
루이 14세(Louis XIV) 165
루즈벨트(F. D. Roosevelt) 141 ,178
린즈(J. J. Linz) 53, 113-114, 145, 423
링컨(A. Lincohn) 123

[ㅁ]
매디슨(J. Madison) 100
매크리디스(Roy Macridis) 492
메인워링(S. Mainwaring) 111, 174, 437
메텐하임(Mettenheim) 96
몽테스키외(Montesquieu) 39, 99
뮬러(W. C. Muller) 312

[ㅂ]
바게헛(Walter Bagehot) 346
바움가트너(J. C. Baumgatner) 159
버니(D. V. Verney) 106
베이메(Klaus von Beyme) 363, 388, 395
벤담(Jeremy Bentham) 167
벤자민 프랭클린(B. Franklin) 102
부시(G. W. Bush) 129
브라이스(J. Bryce) 398
브레진스키(Zbigniew K. Brzezinski) 75, 77
블론델(J. Blondel) 371, 398

[ㅅ]
사르토리(G. Sartori) 96, 114, 438
샌더스(D. Sanders) 372
샤피로(L. Schaplro) 79
슈가트(M. S. Shugart) 110, 202, 437
슘페터(J. Schumpeter) 34
스미스(Adam Smith) 167
스테판(A. Stepan) 437
스트롬(K. Strom) 312, 339-340, 345
스펜서(Herbert Spencer) 83

[ㅇ]
아렌트(H. Arent) 53
아리스토텔레스(Aristotle) 26
앤드류 존슨(Andrew Johnson) 151
엘기(R. Elgie) 423
오네일(P. O Neill) 423
오도넬(G. O Donnel) 33, 62
월풀(Robert Walpole) 266, 349
윌슨(Woodrow Wilson) 194
이스턴(David Easton) 28

[ㅈ]
자노스(A. C. Janos) 62
쟈노위치(M. Janowitz) 67
제퍼슨(Thomas Jefferson) 141
죠지(George) 1세 266

[ㅋ]
카다(N. Kada) 159
카레이(J. M. Carey) 437
카프만(R. R. Kaufman) 65
칸토(H. Kantor) 117, 139

칼(Terry Karl) 34
캐리(J. M. Carey) 110-111
커티스(M. Curtis) 79
클린턴(W. J. Clinton) 151

[ㅌ]

타운센드(Townshend) 266
탈몬(J. L. Talmon) 76

[ㅍ]

퍼킨스(W. B. Perkins) 154
펄뮤터(A. Perlmutter) 53, 68
펠럼(Henry Pelham) 266
포드(Gerald R. Ford) 154
포프(J. Pope) 334, 343, 383,
프리드리히(Carl J. Friedrich) 40, 53, 75, 77
플라톤(Plato) 26

[ㅎ]

하고피언(M. N. Hagopian) 277
해가드(S. Haggard) 111
해밀턴(A. Hamilton) 100
허맨(V. Herman) 334, 341, 343-344, 372, 383
헌팅톤(S. P. Huntington) 60
헤드크(J. R. Hodtke) 147
호로위즈(D. L. Horowitz) 130
호스트 바흐로(Horst Bahro) 419
홉스(Thomos Hobbes) 166
화이너(S. E. Flner) 68
후르위츠(Leon Hurwitz) 373, 376

저자 약력

- 충남 홍성 중 · 고
- 건국대, 서울대 대학원, 건국대 대학원(Ph.d)
- 미국 코네티커트 대학원(Post Dr)
- CBS 아나운서, 정치부기자, 객원해설위원
- KBS 정치부기자, 칼럼니스트
- 한국정치학회상임이사
- 한국경찰대학강사
- 미국 코네티커트대, 일리노이대(어바나 샴페인) 객원교수
- 건국대학교 ◦건대신문편집인 ◦학생처장 ◦정치대학장
  ◦국제대학원장 ◦언론홍보대학원장
  ◦정치외교학과 교수(현)
- 신한국당 ◦송파병지구당위원장
- 한나라당 ◦송파을지구당위원장 ◦대통령선거대책본부 기획위원 및 TV토론 대책팀장
  ◦중앙연수원부원장 ◦정치대학원 교수부장 ◦정치개혁특위 자문단장
  ◦이회창대통령후보정무특보 ◦이회창총재특보

주요 저서 및 역서

- 현대정당론 • 한국선거정치론 • 한국정당정치변동론 • 정치학연구방법론
- 민주주의와 민주정치 • 자유와 평등, • 한국정치의 이해 • 한국정치의 새도전
- 현실정치 교과서정치 • 어느 정치학 교수의 산과 삶의 언어들
- 한국정당정치론(공) • 세계화 국가전략(공) • 현대사회와 여론(공) • 여성과 정치(공)
- 21세기 APEC의 비전(공) • 경제위기 극복을 위한 새로운 체제관리 방안(공)
- Modern Political parties(ed.) • 현대 비교정치 이데올로기(역), 미국정당정치론(역)
- 사춘기 자녀에 대한 참사랑과 헛사랑(역)

- e-mail : hans@konkuk.ac.kr

대통령 수상 준대통령 –국가의 권력구조–

초판1쇄 / 2007년 9월 20일

지은이 **최한수**
펴낸이 **여국동**
펴낸곳 **도서출판 인간사랑**
인 쇄 **백왕인쇄**
제 본 **은정제책사**

출판등록 1983. 1. 26. / 제일–3호

(411– 815) 경기도 고양시 일산구 백석동 1178–1
TEL (031)901–8144, 907–2003
FAX (031)905–5815
e-mail / igsr@yahoo.co.kr
igsr@naver.com

정가 35,000원

ISBN 978–89–7418–229–8 93340

※ 잘못된 책은 교환해 드립니다.